장애인 수영 (입문/트레이닝)

패러 수영
Para Swimming

최승권 · 안승옥

Rainbow
BOOKS

서 문

~~~

　수영은 오늘날 우리 국민 사이에서 가장 선호되는 생활체육 종목 중 하나로 자리매김하고 있습니다. 매년 실시되는 생활체육 실태조사에 따르면, 수영은 경기 종목 중 두 번째로 선호되는 종목이며, '앞으로 하고 싶은 운동'으로는 가장 많은 응답을 받은 종목입니다. 이는 국민의 건강 증진에 대한 높은 관심과 수영의 유익성이 맞닿아 있다는 점을 보여줍니다. 이러한 경향은 장애인 생활체육에서도 유사하게 나타나, 수영은 장애인들이 가장 하고 싶어하는 운동으로 조사되었습니다. 수영장이 필요한 종목 특성상 참여의 진입 장벽이 존재함에도 불구하고, 많은 국민이 수영에 대한 높은 참여 의지를 보이고 있다는 점은 우리나라 체육 환경이 점차 개선되고 있음을 시사합니다.

　국제 스포츠 무대에서 수영은 높은 경쟁력을 갖춘 종목으로, 패럴림픽 전체 메달의 4분의 1 이상을 차지할 만큼 중요도가 높습니다. 그러나 우리나라는 다양한 여건의 제약으로 인해 아직 기대만큼의 성과를 내지 못하고 있습니다. 이러한 현실은 우리에게 장애인 수영의 기반을 강화하고, 경기력을 높이기 위한 체계적 접근이 필요함을 알려줍니다.

　저자가 본서를 집필하게 된 계기는 2016년 리우 패럴림픽 당시 대한장애인수영연맹의 임원으로 참여하면서 대표팀이 강화 훈련할 때 그들과 합숙을 함께하며, 전략 수립 과정을 가까이서 지켜본 경험에서 비롯되었습니다. 더불어, 체육 고등학교에 재학 중인 가족이 수영 경기에 참여하면서 자연스럽게 수영 훈련의 실상을 이해하게 되었고, 이는 수영이라는 종목에 대한 과학적 분석과 지도 방법에 대해 고민하게 된 계기가 되었습니다. 특히 대표팀 훈련과정을 관찰하며, 경기 거리보다 현저히 긴 훈련 거리에 대한 의문이 들었고, 이는 곧 에너지 시스템과 훈련 설계의 과학적 연계성에 대한 학문적 관심으로 이어졌습니다. 이러한 경험은 저자가 장애인 수영에 적합한 맞춤형 훈련 프로그램 개발과 지도 원리 정립에 더욱 집중하도록 만들었습니다.

장애인 수영은 아직 국내에서는 자료와 연구가 부족한 분야입니다. 해외의 경우 올림픽 출전 선수를 대상으로 한 다양한 연구들이 축적되어 있지만, 장애인 수영에 특화된 문헌은 상대적으로 적은 실정입니다. 이에 저자는 외국의 장애인 수영 관련 자료를 수집하고 정리하여, 이를 체계적으로 정돈한 자료집을 구성하였습니다.

이 책은 총 세 부분으로 구성되어 있습니다.

▸ 제1부에서는 수영의 과학적 원리 및 학습 방법, 지도 원리, 초보자를 위한 지도 방법, 장애인의 이동 방법, 장애인 수영장의 시설 환경, 그리고 수상 안전에 관한 내용을 포괄적으로 다룹니다.

▸ 제2부에서는 장애의 개념을 명확히 정의하고, 장애 유형별 수영 지도법을 설명합니다. 여기서 장애 유형은 스포츠 등급분류를 할 수 있는 적격 장애로 한정하였습니다.

▸ 제3부에서는 장애인 수영의 발전 과정과 등급분류 체계, 경기력과 관련된 영법 요소를 평가하고 분석하는 방법을 제시합니다. 또한, 훈련을 위한 수영에서 요구되는 에너지 소비 개념을 설명하고, 이를 바탕으로 한 훈련 방법에 대해서도 소개합니다.

본서는 국내에서 출판된 장애인 스포츠 관련 자료 중 입문부터 전문적인 경기력 분석까지 아우르는 드문 시도로, 장애인 수영에 관심 있는 지도자, 예비 교사, 연구자 및 일반 독자에게 실질적인 도움을 주고자 합니다. 저자의 두 번째 장애인 수영 관련 출판물이지만, 여전히 부족한 부분이 있을 수 있습니다. 독자 여러분의 깊은 이해와 따뜻한 격려를 부탁드리며, 본서가 장애인 수영의 발전과 저변 확대에 작은 보탬이 되기를 진심으로 바랍니다.

2025년
저자 씀

CONTENTS

차 례

~~~

‖ PART **1** ‖
수영지도론

CONTENTS

차 례

〰

장애 유형별 수영지도

CONTENTS

차 례

~~~

|| PART **3** ||
트레이닝

CONTENTS

차 례

~~~

패러 수영
Para Swimming

패러 수영
Para Swimming

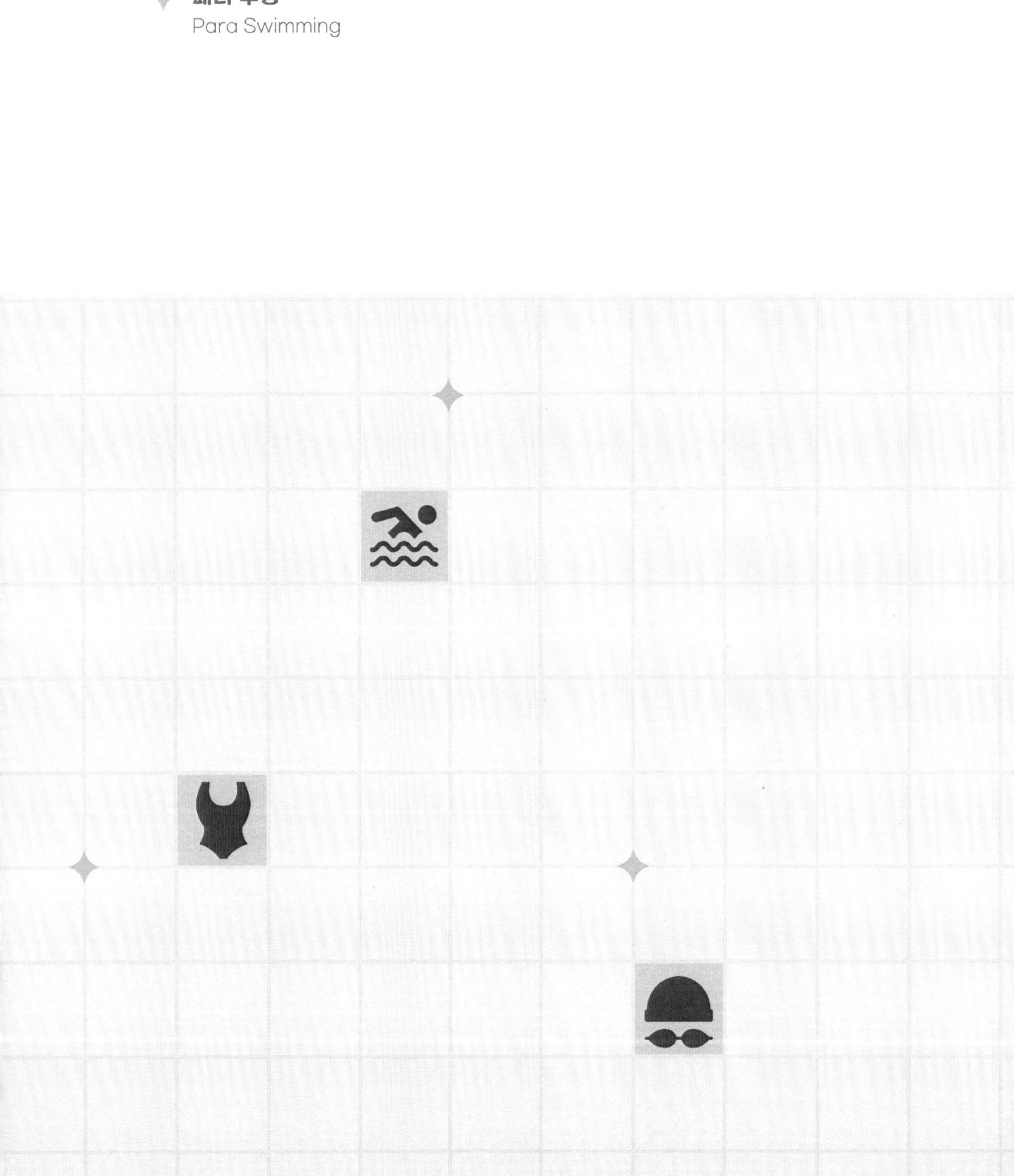

PART

1

수영지도론

1

장애인
수영의 역사

1

장애인 수영의 역사

01 수영의 역사

물은 만물의 근원으로 여겨지며, 인류의 생활과 불가분의 관계를 맺고 있는 중요한 자원이다. 인류는 물을 효율적으로 활용하기 위한 노력을 지속적으로 기울여 왔으며, 이는 수영을 통해 음식 재료를 획득하거나 상처 및 피부 질환을 치료하는 데에도 활용되었다. 수영에 대한 기록은 석기 시대의 동굴 벽화에서 수영하는 인물의 모습으로 나타나며, 1,500년에서 2,000년 전의 성경 및 그리스 서사시인 "일리아스"와 "오디세이"에서도 언급되고 있다. 기원전 4,000년의 이집트 점토 물개에는 네 명의 수영 선수가 크롤링하는 모습이 그려져 있으며, 가장 유명한 수영 관련 그림은 케비르 Kebir 사막에서 발견된 것으로, 이는 기원전 4,000년경으로 추정된다(Wikipedia, 2021).

인류의 역사와 함께 발전해온 수영은 19세기와 20세기에 유럽에서 수영 협회와 클럽이 설립되면서 대중의 관심을 끌기 시작하였다. 이는 경기 대회 수영으로 이어져 19세기 동안 지속적인 인기를 누렸으며, 1896년 아테네에서 개최된 최초의 근대 올림픽 게임의 종목으로 포함되었다. 20세기에는 수영이 일상적인 스포츠로 발전하면서 실내 수영장이 등장하고, 도시에는 공공 야외 수영장이 마련되었으며, 수영 클럽 활동은 여가 활동으로서 높은 인기를 얻었다. 이러한 변화에 따라 수영은 여가 활동과 수상 안전을 위한 교육의 필수 요소로 자리 잡아, 모든 국가의 체육 교육 과정에 포함되고 있다.

물을 치료 도구로 활용하는 관행은 고대 메소포타미아, 이집트, 인도, 중국 문명에서 유래하며, 이는 물을 진정시키고 치유하는 목적으로 사용한 사례로 볼 수 있다(De Vierville, 2004). 수중 치료와 운동은 오랜 역사를 지니고 있으며, 그 활용 목적에 따라 초기부터 상당히 정교한 형태로 발전해왔다(Wilk & Joyner, 2014). 수중 운동의 기원은 100년 이상 거슬러 올라가며, 1900년대 초에는 치료를 목적으로 하는 수중 운동이 시작되었고, 1930년대에는 수치료 hydrotherapy 가 체계화되어 물을 치료 매체로 활용하여 질병, 장애 및 건강 악화의 치료에 기여하였다. 이후 제2차 세계대전 중 부상한 군인과 민간인의 재활 수요가 증가함에 따라, 치료적 수중 운동이 널리 보급되었다. 이로 인해 수중 운동 지도자를 위한 훈련 프로그램이 시작되었고, 수중 운동은 레크리에이션, 교육, 체력 운동과 함께 의학적 목적으로도 활용되며 다양한 수영 프로그램의 개발을 촉진하였다. 1960년대에 들어서면서 물을 치료 수단으로 사용하는 것과 학교 교육 및 레크리에이션 환경에서 장애가 있는 개인을 위한 수영 프로그램 간의 공식적인 구분이 이루어지기 시작하였다(Lepore et al., 2007). 초기 장애인 수영 프로그램은 절단 및 하반신 마비와 같은 신체적 장애가 있는 사람들을 위한 수영 스트로크의 적응에 중점을 두었다. 1970년대에는 장애가 있는 개인을 위한 수영 프로그램의 범위가 확대되어 모든 유형의 신체적, 정신적, 정서적 장애가 있는 사람들을 포함하는 내용으로 발전하였다. 이 과정에서 수영 프로그램은 "Adapted Aquatics(장애인을 위한 수상 활동)"이라는 명칭으로 불리게 되었으며, 장애 유무에 관계없이 모두가 함께 참여할 수 있는 통합 수영 프로그램의 철학이 강조되었다. 일부 국가에서는 장애를 구분하는 분리 수영 프로그램과 지도자 자격을 폐지하기도 하였다(et al., 2007). 즉, 장애인 수영 adapted aquatics 은 1960년대와 1970년대에 장애와 관계없이 모든 사람이 기본적인 수영 기술을 배울 기회를 가져야 한다는 인식이 높아짐에 따라 발전하였다(Sherrill, 2004).

장애가 있는 사람들을 위한 수영 지도 adapted aquatics instruction 는 이제 캠프, 학교, 방과 후 레크리에이션 프로그램 등의 구색 맞추기 위한 종목은 아니다. 장애인 수영 지도는 지상에서의 체육활동 프로그램을 보완할 수 있을 뿐만 아니라 초중고 학생들을 위한 체육의 귀중한 부분으로서 또는 성인과 노인을 위한 체육활동 프로그램으로 대단히 좋은 수단이 되고 있다.

장애인을 위한 스포츠 종목 중 수영은 특히 인기가 높은 종목으로 자리 잡고 있다. 장애 유형에 따라 구분되는 3대 국제 경기대회인 패럴림픽 Paralympics, 데플림픽 Deaflympics, 스페셜올림픽(Special Olympics)에서 수영은 항상 정식 종목으로 채택되어 왔다. 장애인 수영 para-swimming 은 1960년 로마에서 열린 제1회 패럴림픽에서 처음으로 소개된 8개 스포츠 종목 중 하나로, 이후 패러 스포츠 para-sport 종목 중 가장 크고 인기 있는 종목으로 발전하였다. 1960년 패럴림픽 수영 경기에는 15개국에서 77명의 선수가 참가하였다. 데플림픽 Deaflympics은 청각장애인을 위한 대회로, 1924년부터 시작되어 가장 오랜 역사를 지닌 장애인 스포츠 대회로 알려져 있으며, 농아인올림픽으로도 불린다. 수영은 제1회 대회부터 정식 종목으로 포함되어 현재까지 단 한 번도 제외된 적이 없다. 스페셜올림픽 Special Olympics 은 1968년에 처음 개최된 지적장애(발달장애) 선수들을 위한 국제 경기대회로, 수영을 공식 종목으로 포함함으로써 미국을 포함한 전 세계의 수십만 명의 지적장애인들이 수영 프로그램을 이용할 수 있도록 기여하고 있다(Lepore et al., 2007).

수영은 인류의 역사와 함께 발전해 온 물과 관련된 활동 중 하나로, 오랜 시간 동안 재활 과정의 일환으로 활용되어 왔으며, 현재는 인기 있는 스포츠로 자리 잡고 있습니다. 특히, 장애가 있는 개인들에게는 다양한 가치적 측면에서 도움이 되는 프로그램으로 기능하고 있다. 2021년 대한장애인체육회에서 실시한 장애인 생활체육 실태조사에 따르면, 운동 경험이 없는 장애인들이 희망하는 종목 중 두 번째로 수영이 선정되었으며(1위는 걷기 및 가벼운 달리기, 54.2%), 전체 장애인 중에서는 수영이 가장 높은 비율(19.6%)을 차지하고 있다. 특히, 지체장애인과 지적/자폐장애인을 포함한 집단에서는 수영에 대한 선호도가 더욱 두드러지게 나타났다. 수영 프로그램은 장애 유형에 따라 특화된 프로그램일 수도 있으며, 장애 종류에 구애받지 않는 통합 접근 방식을 취할 수도 있다. 장애가 있는 개인을 위한 수영 교육은 영법, 수상 안전 훈련, 수상 활동과 관련된 여가 활동 지도 등 다양한 분야에서 유용하게 활용될 수 있는 교육 프로그램이다.

02   장애인 수상 활동

수중에서 수행되는 활동은 수영, 보트 타기, 다이빙, 스킨스쿠버, 레프팅 등으로 매우 다양하며, 이러한 활동을 통칭하여 수상 활동이라고 한다. 수영은 물속에서 이동하기 위해 팔다리를 움직여 헤엄치는 행위로 정의되며, 이는 수상 활동 중 가장 대표적인 형태로 간주된다. 사람들은 실내 수영장에서의 수중 운동, 아쿠아로빅 aquarobics, 다이빙 등의 활동을 수영과 구분하지 않고 일반적으로 '수영'이라고 지칭하기도 한다. 장애인을 위한 수중 운동의 역사는 수치료 aquatic therapy, 장애인 수영, 일반인과 함께하는 통합 수영 및 수중 운동 프로그램으로 발전해 왔으며, 이러한 프로그램은 치료, 교육, 레크리에이션, 스포츠 등의 다양한 목적을 위해 시행되어 왔다.

장애가 있는 사람들이 수영할 경우, 종종 '장애인 수영'이라는 용어가 사용되며, 때로는 '재활'이라는 표현이 덧붙여지기도 한다. '장애인'이라는 용어의 사용은 특별한 의미를 부여하려는 의도가 아닐 것으로 보이나, 장애인의 운동 참여를 촉진하고자 하는 측면에서 '장애인 수영'이라는 용어가 채택되었다.

장애인 수영

장애인 수영 adapted swimming 프로그램은 일반적인 수영을 수행하는 데 있어 근력, 유연성, 지구력, 평형성 등의 부족함이 있는 개인을 위해 수영 영법을 조정하여 실시하는 운동을 의미한다. 일반적으로 장애인 수영은 수영, 수상 안전, 생존 수영, 레크리에이션 활동을 통해 건강 증진과 재활을 도모하며, 나아가 스포츠 경기에 참여하여 자아실현을 추구하는 프로그램으로 정의된다. 이러한 프로그램은 다양한 수영 영법을 포함하지만, 수중 치료 운동이나 수치료와 같은 의료적 활동은 포함하지 않는다. 장애인 수영을 지도하는 전문가는 수영 관련 자격을 갖춘 체육 교사, 체육 지도자, 장애인 스포츠 지도사, 인명 구조원 등으로 구성된다.

장애인 수영은 1960년대와 1970년대 미국에서 장애 여부와 관계없이 모든 개인이 기본적인 수영 기술을 습득해야 한다는 인식이 확산됨에 따라 발전하였다. 한국에서는 장애인 수영의 보급이 특수교육대상 아동에게 수영을 가르치고자 하는 부모들의 인식 변화와 함께 수영 지노 클럽의 증가로 이어졌다. 또한, 패럴림픽 대회에서 수영 종목의 우수한 성과가 이와 같은 발전에 기여하였다. 더불어, 2020년부터 초등학교 교육 과정에 생존 수영 교육이 의무화됨에 따라 모든 특수교육대상자도 수영을 배우도록 하는 정책이 시행되었다. 생존 수영은 단순한 수영 기술을 넘어, 물이라는 환경과 다양한 상황적 위험(사고, 선박 침몰, 수상 레저 등)에서 구조자가 사고 현장에 도착할 때까지 안전하게 생존할 수 있는 기술을 의미한다(박정호, 2017).

수영 프로그램은 공공 및 민간 체육시설에서 광범위하게 운영되고 있는 체육 프로그램 중 하나이나, 장애인을 위한 프로그램은 전국의 장애인 체육관 및 수영 클럽에 한정되어 개설되고 있다. 외국의 수영 프로그램은 장애인의 스포츠 활동을 법적으로 보장하며, 일반적으로 성장 발달 중인 아동의 수영 기술 향상 및 수상 안전을 증진하는 데 중요한 역할을 하고 있다. 이러한 프로그램은 물에서의 놀이와 운동 기회를 제공하고, 사회적 환경에서의 움직임을 통해 자신감을 구축하는 데 기여하고 있다(Pan, 2010). 그러나 체육 시설의 수영 프로그램은 장애인이 희망한다고 해서 항상 공평하게 이용할 수 있는 것은 아니며, 수영 기술을 습득하고 다른 사람들과 어울릴 수 있는 사회적 환경에서의 운동 기회는 제한적이다(Moran & Block, 2010).

학교 체육 프로그램에서 수영을 교육과정에 포함시키는 것은 모든 학생이 장애 유무에 관계없이 함께 참여할 수 있는 통합 수영 프로그램을 모든 학교에서 개설해야 할 필요가 있다. 일반적인 수영 및 수상 안전 기술 외에도, 장애인 수영 수중 활동에는 학생들이 이전 경험을 바탕으로 새로운 기술을 습득할 수 있도록 장애인 지상 활동을 포함하는 것이 바람직하다(Lepore et al., 2007). 이러한 활동은 종종 장애 아동의 참여를 보다 용이하고 즐겁게 만들 수 있다. 예를 들어, 경련성 뇌성마비를 가진 아동은 지상에서 보행기를 사용해야 할 수 있지만, 물속에서는 부력 덕분에 도움 없이도 걷고 점프할 수 있으며, 이는 체력에 긍정적인 영향을 미치는 자신감 있는 활동과 새로운 움직임을 촉진할 수 있다.

수중 운동

수중 운동은 일반적으로 육상에서 수행되는 운동을 물을 매개로 변형한 활동적인 형태의 운동으로, 육상 운동을 보완하거나 대체할 수 있는 방법으로 인식되고 있다. 물의 부력, 수압, 점성 등의 물리적 특성을 활용하여 신체에 가해지는 부담을 경감하면서도 운동 효과를 극대화할 수 있는 장점이 있다. 수중 운동은 특히 수영장에서 여성과 노인들 사이에서 인기를 끌며, 아쿠아 스포츠 aqua sport 라는 명칭으로 발전하고 있다. 이동에 제한이 있거나 장애가 있는 개인을 위한 프로그램은 수중 재활 운동으로 알려져 있으며, 일부 관심 있는 개인들에 의해 수행되고 있다. 수중 운동 프로그램을 지도하는 전문가들은 대개 수영 지도 경험이 있는 이들로, 민간 자격을 통해 수중 운동 및 아쿠아 스포츠에 관한 지도자 자격을 보유하고 있다.

수치료

수치료 hydrotherapy/aquatic therapy 는 장애인을 위한 수중 운동으로, 치료적 목적을 가지고 시행됩니다. 수치료 프로그램의 주된 목표는 일반적으로 순환 운동, 근력 및 지구력, 가동 범위, 균형력, 협응력 등을 향상시키는 것이다. 수치료는 1930년대 미국의 정형외과 의사인 Charles Lowman에 의해 체계화되었으며, 그는 현대 수치료의 창시자로 널리 인정받고 있다(Lepore et al., 2007). 초기에는 주로 신체적 장애가 있는 사람들을 대상으로 사용되었으나, 현재는 모든 사람을 위한 운동으로서 수중에서 활발히 움직일 것을 권장하고 있다. 수중 운동 환경에 놓인 사람은 자연스럽게 치료적 느낌이나 안도감을 경험할 수 있지만, 수치료는 장애인 수영과는 본질적으로 다르다. 주요 차이점은 수치료가 치료 또는 의료 모델에 기반한 결과를 추구하는 반면, 수영은 교육 또는 레크리에이션 모델에 의존한다는 점이다. 수치료는 특정 개인을 위해 특별히 설계된 수중 운동으로, 물을 1차 치료 매개체로 활용하여 환자의 근골격계, 신경계, 심폐 상태를 능동적 또는 수동적으로 재활하는 과정이다(Vargas, 2004). 치료 수단으로는 whirlpool, 온냉 교대 목욕 contrast baths, 수동 운동 passive exercises 등이 사용된다.

수중 치료 프로그램은 통증이나 장애가 있는 사람들의 재활을 위한 수단으로, 일반적으로 온수풀에서 기능을 재활하거나 개선하기 위해 물의 특성을 활용하여 치료사(예: 물리치료사, 작업치료사)에 의해 운영된다. 치료 프로그램은 수동적인 가동 범위 ROM 활동, 물속 걷기, 간단한 움직임 운동으로 구성될 수 있다. 물속에서의 운동은 부상 위험을 줄이고 충격이 적은 움직임을 가능하게 하며, ROM을 증가시킬 수 있다(Verhagen et al., 2012). 이러한 이점은 adapted aquatics 수영 프로그램에서도 나타나며, 수치료와 수영 프로그램 참가자에게 발생할 수 있는 잠재적 결과의 유사성을 보여준다.

2

수영의 과학적 원리와 가치

2
수영의
과학적 원리와 가치

01 수영의 과학적 원리

물의 특성

인간의 삶에서 물은 필수불가결한 요소로, 우리 몸의 약 70%를 구성하고 지구 표면의 70% 이상을 차지하는 물질이다. 물은 인류의 역사와 함께 발전해온 다양한 활동에 있어 중요한 매개체로 작용하고 있다. 현대인들은 수영을 포함한 다양한 수상 및 수중 활동을 통해 건강을 유지하고 있으며, 스포츠 경기를 통해 물에서의 능력을 겨루며 경쟁하고 있다. 장애인 또한 일반인과 마찬가지로 물에서의 활동을 통해 건강과 스포츠를 즐기며, 물의 특성을 활용하여 재활의 수단으로 매우 효과적으로 이용하고 있다.

우리는 지상에서 움직일 때 공기의 존재를 거의 인식하지 못하며, 공기의 영향을 의식하지 않는다. 그러나 몸이 공중에 있을 때 땅으로 떨어지거나 균형을 잃고 쓰러지는 것은 중력이라는 물리적 작용에 기인한다. 중력을 극복하기 위해서는 기구를 사용하거나 힘을 기르는 방법이 필요하다. 물속에서 활동할 때는 전혀 다른 물리적 현상을 경험하게 된다. 수영 시 우리 몸에 영향을 미치는 물의 속성으로는 부력, 압력, 밀도, 점성 등이 있으며, 이러한 물리적 현상은 우리가 물속에서 의도한 움직임을 수행하는 데 도움을 주거나 방해하며, 건강 증진에 기여하고 장애로 인한 활동 제한을 극복하는 데 유익한 결과를 가져온다. 장애인들은 물의 물리적 현상과 속성을 체험하고, 수영의 과학적 원리를 이해함으로써 수영을 쉽게 배우고 습득할 수 있으며, 이는 자신감을 높이고 사회적 관계를 형성하며 일상생활을 독립적으로 영위하는 데 기여할 것이다.

따라서 지도자는 물의 물리적 특성과 수중에서의 움직임, 수영 시의 과학적 원리를 충분히 이해하고 강습 프로그램을 설계 및 실행할 수 있어야 한다. 또한, 강습에 참여하는 사람들의 움직임을 탐색하고 적응하는 과정을 면밀히 분석하여 그들의 요구를 충족시키고 개별화된 프로그램을 운영해야 한다. 수영과 관련된 과학적 원리 및 물의 속성과 관련된 내용은 다음과 같다.

부력

공중에 위치한 물체는 기체가 포함되어 있거나 경량이 아닌 경우 대개 지면으로 낙하하게 된다. 이러한 현상은 중력으로 정의된다. 지구상의 모든 물체는 높은 위치에서 중력의 작용으로 인해 아래로 떨어진다. 그러나 중력과는 반대로 물체를 위로 밀어 올리는 힘도 존재한다. 예를 들어, 철제 구슬은 물속에 즉시 가라앉지만, 철로 제작된 군함과 같은 대형 선박은 물에 가라앉지 않고 표면에 떠 있는 모습을 보인다. 또한, 물놀이를 할 때 튜브나 비치발리볼을 물속으로 밀어 넣으려면 상당한 힘이 필요하다. 물체가 수면 위로 떠오르는 것은 중력 방향과 반대 방향의 힘을 받아 이루어지는 현상이다. 이와 같이 중력을 극복하고 수면 위로 떠오르는 힘을 부력이라고 하며, 이는 아르키메데스의 원리 Archimedes's law 로도 알려져 있다.

물체에 작용하는 중력이 부력보다 클 경우, 해당 물체는 가라앉게 되며, 반대로 부력이 중력보다 클 경우에는 물체가 수면으로 떠오르게 된다(그림 1.2.1). 중력의 크기인 무게는 임의로 조절할 수 없지만, 부력을 증가시킴으로써 물 위에 떠 있을 수 있다. 예를 들어, 공기가 포함된 튜브나 구명조끼를 착용하는 것은 부력을 증가시키기 위한 방법이다(김은선, 2021). 모든 물체는 표면적이 클수록 더 많은 부피의 물을 밀어내는 현상으로 인해 물속에서 상대적으로 가벼워진다. 예를 들어, 골반이 넓고 엉덩이가 두툼한 사람은 엉덩이가 좁고 평평한 사람보다 더 많은 물을 밀어내어 더 잘 뜨는 경향이 있다. 신체 부위의 무게가 가벼울수록 물속에서 떠오르기 위한 힘이 덜 소모된다. 또한, 공기를 흡입하면 폐의 공기량이 증가하여 체중의 변화 없이 부양력을 증가시켜 떠오르기 쉬워진다. 지방 조직은 근육이나 뼈 조직보다 상대적으로 가벼운 특성을 지닌다. 따라서 동일한 표면적을 가진 두 사람이 물에 떠오르려 할 때, 한 사람은 비만이고 다른 한 사람은 근육이 발달한 경우, 비만한 사람이 근육질의 사람보다 더 쉽게 떠오르는 경향이 있다(Sherrill, 2004).

지상에서는 중력의 영향으로 인해 이동이나 자세 유지가 어려울 수 있지만, 물속에서는 부력의 도움으로 움직임이 용이해진다. 근력이 약하거나 뇌성마비와 같은 협응 장애가 있는 사람, 척수 손상으로 하지가 마비된 사람, 관절의 유연성에 제한이 있는 사람 등은 지상에서 중력으로 인해 움직임에 제약을 받는 경우가 많지만, 물속에서는 부력의 도움으로 더욱 쉽게 움직일 수 있다.

참고 | 아르키메데스의 원리(Archimedes's law)

어떤 물체가 유체에 잠길 경우, 해당 물체가 경험하는 부력의 크기는 물체에 의해 밀어내어진 유체의 부피에 작용하는 중력과 동일하다는 원리에 기반한다. 물체가 유체에 잠기면, 그 물체의 부피에 해당하는 양의 유체를 밀어내게 되며, 이로 인해 밀어내어진 유체의 무게가 물체에 작용하는 부력의 크기를 결정한다. 따라서 부력은 물체의 부피에 비례하여 발생한다. 또한, 물체에 작용하는 중력은 물체의 무게와 일치한다.

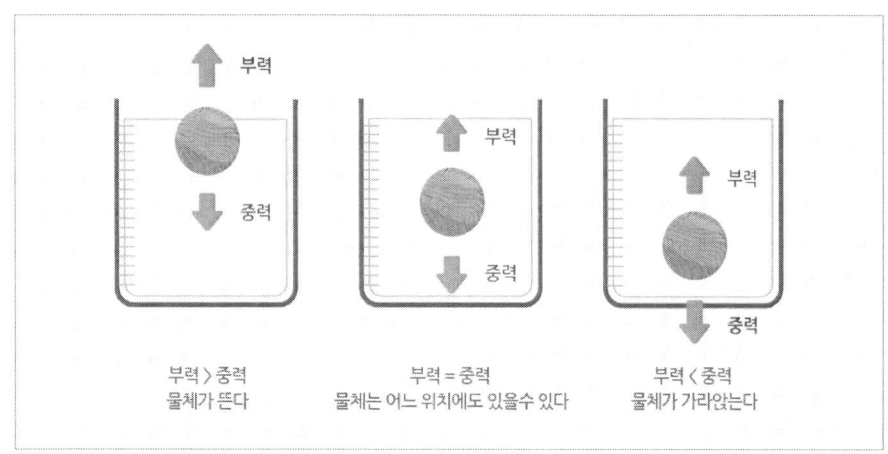

[그림 1.2.1] 물 속 물체에 작용하는 힘

　부력의 작용은 때때로 불안감을 유발할 수 있다. 수영을 시작한 지 얼마 되지 않은 사람들은 부력으로 인해 물속에서 의도한 방향으로 이동하기 어려워하거나, 다리가 떠오르면서 자세가 변화되어 불안감을 느낄 수 있다. 따라서 수영을 처음 배울 때 부력의 작용을 이해하고 올바른 자세 유지 방법을 습득하는 것이 중요하다. 즉, 물속에서 수영할 때 부력은 수면으로 떠오르는 움직임을 지원하고, 하강하려 할 때 저항을 제공하며, 수평으로 떠 있을 때는 지탱하는 역할을 수행한다.

물의 비중, 밀도, 점성

　물체를 물에 잘 띄우기 위해 부력을 활용하는 방법에 대해 논의해보자. 동일한 표면적(부피)을 가진 쇠 구슬과 코르크 마개를 물에 떨어뜨릴 경우, 코르크 마개는 수면에 떠오르는 반면 쇠 구슬은 가라앉는 현상이 관찰된다. 이는 비중 specific gravity 또는 밀도 density 라고 하는 물체의 물리적 특성과 관련이 있다. 비중은 물체가 물에 뜨는지를 판단하는 데 중요한 역할을 하며, 이는 물체의 무게를 그 물체와 동일한 부피를 기진 4℃의 물의 무게로 나눈 값으로 정의된다. 밀도는 특정 물질의 부피에 해당하는 질량을 나타낸다. 일반적으로 물의 밀도는 1g/㎤로 알려져 있다. 따라서 코르크의 비중은 0.24, 쇠 구슬의 비중은 7.87로, 이들 물질이 물에 뜨거나 가라앉는지를 쉽게 구별할 수 있다. 즉, 비중이 1보다 작으면 밀도가 낮아 부력이 중량보다 커서 물에 뜨게 되고, 비중이 1보다 크면 밀도가 높아 중량이 부력보다 커서 가라앉게 된다. 인체의 비중은 어떠한가? 인체의 각 부위에 따라 다르지만, 순수한 물의 비중 1을 기준으로 할 때, 뼈와 근육은 1보다 크고 지방은 약 0.94로 1보다 낮다. 인간의 몸은 약 70%가 물로 구성되어 있으며, 나머지 30%는 일반적으로 물보다 비중이 다소 낮다. 또한, 깊게 숨을 들이쉴 경우 인체의 비중은 물보다 약간 가벼워지는 경향이 있다. 따라서 지방이 많거나 폐활량이 큰 개인일수록 물에 잘 뜨며, 공기를 들이마실 때는 뜨고 내쉴 때는 가라앉는 현상이 발생한다. 물속에서 몸을 움직이지 않고 안정된 자세를 유지할 수 있는 이유는 인체의 비중이 물보다 크지 않기 때문이다.

　물속에서의 이동은 지상에서의 이동에 비해 상당한 어려움과 에너지 소모를 요구한다. 수중에서 앞으로 나아가기 위해서는 물을 헤치고 나아가야 하며, 이 과정에서 물의 성질은 서로 결합된 부분이 분리되지 않으려는 저항을 발생시키고, 마찰이 발생하는 특성을 지닌다. 이러한 현상은 물의 점성 viscosity 이라는 특성과 관련이 있다. 물의 점성은 온도가 상승함에 따라 감소하는 경향이 있으며, 예를 들어 25℃에서 점성을 1로 설정할 경우, 30℃에서는 약 0.7 정도로 나타난다. 점성은 운동을 방해하는 정도로 정의될 수 있으며, 수영 시 손이 운동하는 방향과 반대 방향으로 작용하는 힘을 느끼는 것은 점성의 효과에 기인한다.

물의 밀도와 점성은 수중에서의 움직임을 통해 체감할 수 있다.

○ 물속에서의 움직임은 지상에서보다 더 많은 힘과 에너지를 소모한다(점성).

○ 지상에서 수행하기 어려운 자세는 물속에서 상대적으로 쉽게 취할 수 있다(비중 및 밀도).

○ 지상에서 쉽게 수행할 수 있는 동작이 물속에서는 더 많은 힘을 요구할 수 있다(예: 허리 굽히기 – 중력의 영향)(비중 및 밀도).

○ 물속에서 빠르게 움직이는 것은 많은 힘을 필요로 하지만, 느리게 움직일 경우 상대적으로 용이하다.

이러한 이유로 하반신 마비나 운동 제한이 있는 장애가 있는 개인들은 물을 활용하여 근육을 점진적으로 강화할 수 있다. 뇌병변으로 인한 운동 장애가 있는 개인은 물속에서 다양한 움직임을 통해 협응력을 향상시킬 수 있다. 물속에서의 성공적인 움직임 성취는 학습 동기를 증진시키고 자신감을 고양하는 데 기여한다.

물의 압력

물속에 잠수할 경우, 지상에서 느끼는 것과는 다른 묵직한 압박감을 경험하게 된다. 이는 물속에 있는 신체에 작용하는 물의 무게가 압력으로 작용하기 때문이며, 이는 '밀폐된 용기에 있는 액체(물)의 일부에 압력을 가하면 그 압력이 물속에 있는 신체의 모든 부분에 균등하게 전달된다'는 파스칼의 원리 Pascal's principle 에 기초한다. 수압 hydraulic pressure 은 물속 깊이에 따라 증가하지만, 일반적으로 수영장 깊이에서는 큰 변화가 없다. 물의 압력은 수영 중 신체에 여러 가지 영향을 미치며, 다음과 같은 현상이 나타난다.

○ 숨을 들이마시는 것이 어려워진다. 이는 지상과 달리 가슴과 복부를 압박하는 물의 압력을 극복하기 위해 흉곽을 확장해야 하기 때문이다(폐활량의 감소).

○ 숨을 내쉬는 것은 상대적으로 용이하다(잠수 중 호흡 시 제외).

○ 수압의 영향으로 근육이 보호받고, 혈압, 근육 경련, 근육통 등이 감소한다. 통증의 감소는 심리적 안정을 가져오며, 혈액 순환 장애로 인한 다리 부종 증상을 완화시킨다(Koury, 1996).

○ 잠수 시 심박수가 감소하고(잠수 반응), 신장에서 수분의 분비가 증가하는 생리적 반응이 나타난다. 이러한 반응은 허리까지 물에 잠길 때도 발생한다(Innenmoser, 1988).

이러한 물의 특성으로 인해 심장 및 순환기 기능에 장애가 있는 경우, 신체가 부담을 느낄 수 있으므로 물에 적응하는 과정을 신중히 관찰해야 한다. 물의 압력은 천식, 척수성 소아마비, 근위축증 등의 환자들의 호흡 기능 향상 훈련에 활용될 수 있으며, 어깨 높이의 물에 서 있는 것만으로도 효과를 볼 수 있다. 그러나 일반적으로 건강 증진과 감염 저항력 향상을 위해 수영을 즐기며 활발히 움직이는 것이 더욱 바람직하다.

〈표 1.2.1〉 수영장 용도에 따른 수온의 범위와 최고 온도

용도에 따른 구분	수온 범위	최고 온도
수영 및 다이빙, 훈련	25° ~ 28°C	28°C
레크리에이션, 성인 강습	27° ~ 30°C	30°C
어린이/학생 강습	29° ~ 31°C	31°C
유아, 장애인	32° ~ 34°C	34°C
수치료 풀	33°C 이상	35°C
온천 풀	33°C 이상	40°C

물의 온도

수영장의 물은 피부와 접촉함으로써 즉각적으로 온도의 따뜻함이나 차가움을 인식하게 한다. 수영장 물의 온도는 신체의 근육, 혈압, 체온 등에 영향을 미칠 뿐만 아니라, 활동 동기에도 영향을 미친다. 수영장 물의 적정 온도에 대한 법적 규정은 존재하지 않지만, 수영 경기를 위한 수온은 25°C에서 28°C 사이로 설정되어 있다(대한수영연맹, 2020; 대한장애인수영연맹, 2018). 수영장 물의 온도는 연령대에 따라 물에 대한 적응도를 고려하여 차이를 두고 있으며, 물의 용도에 따라서도 온도 설정에 변화를 보인다. 일반적으로 권장되는 수영장 용도에 따른 수온의 범위와 최고 온도는 〈표 1.2.1〉에 제시되어 있다.

물은 온도가 쉽게 상승하거나 하강하지 않는 특성을 지니고 있다. 이러한 현상은 물의 비열이 매우 크기 때문으로, 비열 specific heat 은 특정 물질 1g의 온도를 1℃ 상승시키기 위해 필요한 열량을 의미한다. 우리 몸의 체온이 외부 기온의 변화에 크게 영향을 받지 않는 이유는 신체의 약 70%가 물로 구성되어 있어 비열과 밀접한 관련이 있기 때문이다. 또한, 수영장 관리 시 수온을 조절하는 것이 어려운 이유는 온도를 상승시키기 위해 필요한 열량이 상당한 에너지 비용을 수반하기 때문이다.

참고 | 수중 활동에 적합한 물의 온도

활동 목적	저온(cold) (10°C to 15°C)	시원함(cool) (26°C to 29°C)	중간(neutral) (33.5°C to 35.5°C)	따뜻함(warm) (36°C to 38.5°C)
운동 후 회복	+			
온냉 교대목욕	+			+
활발한 운동(경기)		+		
관절염 운동			+	
수중 치료			+	
심장 재활			+	
다발성경화증 운동		+		
척수 손상 프로그램			+	
파킨슨 프로그램			+	
휴식				+

출처: Wilk, K. E., & Joyner, D. (2014). The use of aquatics in orthopedic and sports medicine rehabilitation and physical conditioning. Thorofare, NJ: SLACK Incorporated.

물은 높은 밀도로 인해 공기보다 열전달이 효율적이므로, 인간은 물의 온도에 대해 매우 민감하게 반응한다. 그로 인해 물속에서의 활동은 온도의 영향을 쉽게 받으며, 근육의 수축 또는 이완 반응을 고려하여 신중하게 활동해야 할 필요성이 있다. 예를 들어, 뇌성마비 환자의 경우 경련성 근수축을 예방하기 위해 따뜻한 물에서 근육 이완을 촉진하는 것이 중요하다. 반면, 다발성경화증과 같은 신경근 질환을 앓고 있는 경우, 높은 온도의 물에서 활동하는 것은 과도한 에너지 소비를 초래할 수 있으므로 주의가 필요하다. 차가운 물에서 수영할 경우, 체온을 유지하기 위한 생리적 반응으로 피부가 수축하고 혈류가 제한된다. 반대로, 수온이 32℃ 이상인 물에서는 밀도가 감소하여(0.996Kg/L) 뜨기 쉬운 장점이 있으며, 근육 이완, 경련 및 통증 감소, 관절의 움직임 용이성, 말초 순환 촉진 등의 신체적 반응과 함께 심리적 편안함을 제공할 수 있다. 그러나 이러한 환경에서는 신체 에너지 소모가 증가하여 빠르게 피로해질 수 있는 단점이 있다. 따라서 수영의 이점을 극대화하기 위해서는 물의 온도가 신체에 미치는 영향을 충분히 고려해야 하며, 활동 중에는 신체의 반응을 면밀히 관찰할 필요가 있다.

저항과 추진력

수영의 영법에는 자유형, 배영, 평영, 접영 등이 있으며, 이들 영법은 나아가는 방식이 다르지만 하나의 원리가 작용하고 있다. 물속에서 팔을 휘저어 손으로 물을 끌어당기고 발로 물을 밀어서 뒤로 힘껏 보내면 앞으로 헤엄쳐나간다. 손과 발로 밀어낸 만큼의 힘으로 추진력을 얻어 물이 몸을 앞으로 밀어주는 이 원리는 '작용 반작용의 법칙'에 의한 것이다.

작용-반작용의 법칙을 적용하여 앞으로 헤엄치는 추진력을 얻더라도, 수영하는 동안 물의 밀도와 점성으로 인한 저항을 포함하여 신체에 여러 힘이 작용하게 된다. 느리게 헤엄칠 경우, 물의 흐름은 신체와 접촉하여 평행하게 층을 이루며 흐르지만(층류), 빠르게 헤엄치기 위해 손과 발을 힘차게 움직이면, 머리 앞쪽의 물을 헤치면서 압력이 발생하고, 신체 주위에 소용돌이(난류)가 형성되어 정면으로의 전진에 반대되는 저항이 발생한다(그림 1.2.2). 이 저항은 신체가 움직이면서 물의 입자를 끌어당기기 때문에 항력 drag 이라고 명명된다. 물은 공기보다 밀도가 약 750배 높으므로, 항력은 수영하는 사람에게 훨씬 더 큰 영향을 미친다. 항력은 피부 마찰 항력 friction drag, 형태 항력 form drag, 물결 항력 wave drag 등 세 가지 구성 요소로 구분된다(Mullen, 2018; Sherrill, 2004).

참고　**뉴턴의 운동 제3법칙: 작용 반작용의 법칙**

한 물체가 다른 물체에 힘을 가할 경우, 그에 상응하여 두 번째 물체는 첫 번째 물체에 대해 크기가 동일하고 방향이 반대인 힘을 작용하게 된다. 예를 들어, 손과 발을 사용하여 물을 당길 때, 물은 인체에 대해 작용한 힘의 크기와 동일하지만 방향이 반대인 반작용의 힘을 발생시켜, 결과적으로 인체가 앞으로 나아가도록 하는 효과를 나타낸다.

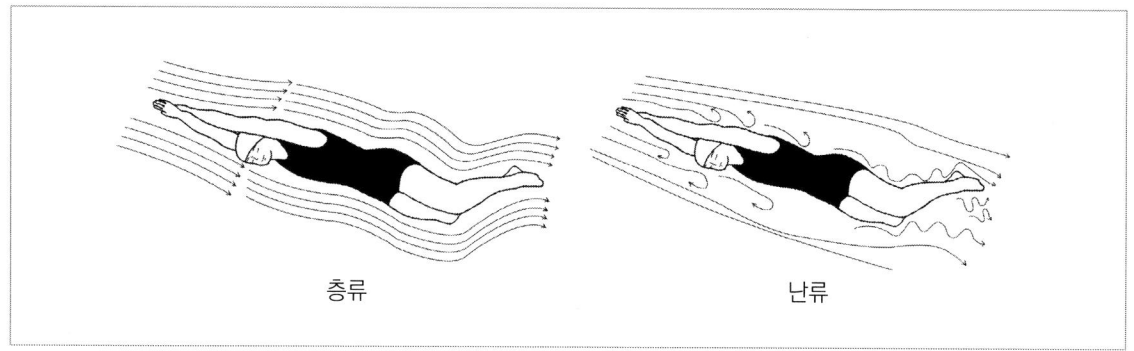

층류   난류

[그림 1.2.2] 층류와 난류

형태 항력은 압력 항력 pressure drag 이라고도 하며, 수영하는 사람이 물속에서 이동할 때 신체의 형태에 의해 발생하는 저항이다. 이는 신체의 앞쪽 가장자리와 뒤쪽 가장자리 사이의 압력 차이와 관련이 있다. 이 저항을 줄이기 위한 방법으로는 신체를 유선형으로 만들어 최소 단면적을 유지하는 것이 있으며, 이는 신체가 길고 둥글며 끝부분이 가는 형태를 갖추는 것을 포함한다. 물결 항력은 수영 중 물을 밀어내는 데 필요한 에너지로 인해 발생한다. 신체가 앞으로 이동할 때 물이 앞쪽에 쌓이고 뒤쪽에 "공동"이 형성되어 파도가 일어난다. 물 위와 물 아래의 파동이 수영하는 사람을 이리저리 떠밀기 때문에 물결이 일어나는 환경에서 수영하는 것은 더 어려워진다. 물속에서는 물결이 형성되지 않으므로 수면에서보다 잠영이 더 빠르며, 스트로크를 빠르게 할 경우 난류에 의한 저항이 증가하므로 스트로크를 길게 하는 것이 기록에 유리하다. 마찰 항력 friction drag 은 수영 선수의 몸과 물, 물과 공기 등 두 표면이 접촉할 때 발생하며, 점성 항력 viscous drag 이라고도 불린다. 마찰 항력은 물이 신체를 스쳐 지나가는 데 필요한 힘을 의미한다. 수영모를 착용하고, 물을 많이 흡수하지 않는 몸에 꼭 맞는 수영복을 착용하며, 수영복으로 가려지지 않은 신체 부위를 면도함으로써 수영 선수의 신체와 물 간의 마찰을 줄일 수 있다.

항력은 수영하는 자세에서 비롯되므로, 팔과 다리의 일부가 없거나 하반신 마비가 있는 경우 부력을 받아 자세를 유지하는 데 어려움이 있어, 일반인이 수영할 때 발생하는 항력과는 다른 현상이 나타난다. 따라서 지도자는 선수의 신체적 특징을 분석하여 적절한 지도를 제공할 필요가 있다.

02 수영의 가치

수영 프로그램은 오랫동안 장애가 있는 사람들에게 재활 수단의 하나로 인정되고 있었지만, 오늘날은 일상 생활의 한 자리를 차지하는 활동으로 생각하는 사람들이 많다. 수영 활동을 통해서 얻을 수 있는 신체적(생리적), 심리적, 사회적, 인지적 가치가 있다. 그리고 장애가 있는 사람들을 위한 수영 프로그램은 발달, 교육, 레크리에이션 등을 위한 프로그램이 될 수 있다.

수영의 매력

수영은 물을 매개로 하여 물의 물리적 특성을 활용함으로써 생리적, 심리적, 사회적, 인지적, 오락적 측면에서 다양한 이점을 제공하는 흥미로운 활동이다. 이는 수영을 하는 사람과 지도하는 사람 모두에게 매력적인 경험이 된다. 수영은 대표적인 유산소 운동으로서 건강 증진을 위한 활동일 뿐만 아니라, 부상 시 대체 운동, 여름철 피서 수단, 가족 단위의 물놀이 활동, 칼로리 소모를 통한 체중 관리, 그리고 노년층이 안전하게 즐길 수 있는 운동으로서의 장점이 있어 많은 사람들이 선호하는 운동이다(Becker, 2004).

수영은 부력과 정수압 hydrostatic pressure-물속에서 생기는 압력 사간의 상호작용에 의해 발생하는 무중력 효과를 통해, 지상에서는 수행할 수 없는 동작을 가능하게 하며, 모든 근육을 사용하고 움직일 수 있는 기회를 제공한다. 물은 신체를 가라앉지 않게 하고 중력을 상쇄하여, 지상에서 걷기 어려운 사람들이 물속에서는 걷게 하여 필요한 근육을 강화하는 데 기여한다. 즉, 부력으로 인해 중력이 근육에 가하는 스트레스가 감소함으로써, 수중에서는 지상에서 경험할 수 없는 신체적 자유를 느낄 수 있으며, 어떤 경우에는 지상에서는 결코 할 수 없는 방식으로 움직일 수 있다. 또한, 물의 점성 viscosity 과 응집력 cohesion 특성은 신체를 지지하는 동시에 저항을 제공하여, 이러한 특성을 가진 물속에서의 수영은 근력이 약한 사람들에게 매우 유익한 활동이 된다. 장애가 있는 개인이 지상에서 시도할 수 없었던 동작을 탐색하는 데 도움을 줄 수 있으며, 특히 수영은 자세 유지를 위한 근육을 강화하여 이동 운동 및 물체 조작 기술을 배우는 데 필요한 안정성을 개발하는 데 기여한다. 근육의 수축력이 약한 아동은 균형 유지에 어려움을 겪을 수 있으나, 수영을 통해 신체 중심부의 근력을 강화하고 균형 및 협응력을 향상시키는 데 도움을 받을 수 있으며, 심리적으로 안정되지 않은 상태에서 진정 효과를 제공하기도 한다. 또한, 온천물(33.3°~35.6°C)을 이용한 수영은 생물학적으로 체내로 열이 효과적으로 전달되어, 통증 완화 및 이완을 촉진하는 특성을 지닌다. 장애가 있는 사람들의 수영은 수중 치료 운동 therapeutic water exercise 에 초점을 두지 않지만, 따뜻한 물 자체는 치료 목표를 촉진하고 일부 질병과 심하지 않은 질환을 치료하는 데 유용하다(Becker, 2004).

신체적(생리적) 가치

운동은 건강을 유지하는 데 필수적인 요소이며, 수영은 신체적 제약이 있는 개인들이 건강을 증진시키는 데 효과적인 방법으로 평가된다. 수중에서의 운동 프로그램은 지상 운동 프로그램에 비해 움직임이 용이하므로, 장애가 있는 사람들은 수영을 통해 체력을 향상시킬 수 있는 기회를 갖는다. 수영의 생리적 이점은 주로 신체 기관의 발달(체력)과 운동 수행 능력의 향상이라는 두 가지 영역으로 구분될 수 있다.

신체 기관 발달

신체 기관 발달 Organic Development 은 체력 요소인 심폐지구력, 근력, 유연성, 체지방과 관련된 각 기관의 발달과 연관이 있다.

심폐 건강 증진

심폐 지구력은 심장, 폐 및 순환계가 격렬한 신체 활동을 지속할 수 있는 능력을 의미한다. 수영은 효과적인 유산소 운동의 하나로, 이를 통해 심장이 비대해지고 심장 근육이 강화됨에 따라 혈액이 혈관을 통해 조직으로 원활하게 공급되는 혈액 순환이 증가한다. 장애가 있는 개인이 수영을 통해 신체에 과도한 스트레스를 주지 않으면서도 심혈관계의 이점을 누릴 수 있다. 유산소 운동의 부족은 폐활량 감소의 원인이 되며, 폐활량은 최대한 깊게 흡입한 후 내쉬는 공기의 양을 나타낸다. 수영은 호흡 조절 및 심폐 기능 개선에 기여할 수 있다. 거품을 불거나 숨을 참는 행위, 입과 코를 통해 숨을 내쉬는 것은 호흡 기능과 구강 운동 조절을 향상시켜 언어 능력에 도움을 주고, 음식 섭취 시 침 흘림 문제를 감소시킬 수 있다. 또한, 가슴 깊이의 물에 몸을 담그면 호흡계에 압력이 가해져 호흡 활동이 약 60% 증가하며, 이는 수영 중 호흡 리듬과 기타 호흡 조절 활동을 더욱 뚜렷하게 하여 호흡근을 강화하고 호흡 작용을 개선하는 데 기여한다(Lepore et al., 2007).

근력 증강

근력과 관련된 체력 요소로는 근지구력과 순발력(파워)이 있다. 근지구력은 근육이 오랜 시간 동안 운동을 지속할 수 있는 능력을 의미하며, 순발력은 순간적으로 힘을 발휘하는 능력으로 정의된다. 수영은 신체의 거의 모든 근육군을 활용하여 물의 저항을 극복하는 운동이다. 물은 근육을 지탱하는 데 도움을 주기 때문에, 다른 형태의 근육 강화 운동이 어려운 사람들에게 적합한 운동 방식으로 평가된다. 척추이분증이나 근이영양증과 같은 장애를 가진 경우, 근육이 경직되거나 느슨해져 유산소 활동이 특히 힘들 수 있다. 그러나 물속에서는 지상에서의 움직임보다 근육을 더 쉽게 조절할 수 있으며, 이를 통해 근력을 향상시킬 수 있다. 따라서 수영은 근력 훈련이 어려운 상황에서 대안적인 운동으로 매우 효과적인 선택이 될 수 있으며, 전신 근육 강화에 유익한 운동으로 자리잡고 있다.

유연성 증진

유연성은 관절의 정상적인 가동 범위 range of motion, ROM 통해 구부리고 펴며 동작할 수 있는 능력을 의미한다. 유연성과 ROM은 체력과 관련하여 독립적으로 활동하고 유지하는 데 중요한 신체적 요소로 작용한다. 유연성이 부족할 경우 부상의 위험이 증가하고, 일상생활에서의 활동 수행이 어려워지며, 전반적인 독립성이 감소하는 경향이 있다. 신체적 장애가 있는 개인에게 있어 유연성은 가동 범위가 양호할 경우 독립적으로 활동하면서 부상의 위험을 줄이고, 기능 향상을 통해 일상생활 활동을 수행할 수 있도록 하는 데 중요한 역할을 한다. 물속에서는 중력의 부담이 줄어들어 움직임이 용이해지며, 신체를 지탱하려는 움직임이 많아져 가동 범위가 자주 사용되지 않는 신체 부위를 스트레칭함으로써 유연성이 자연스럽게 증가할 수 있다. 수영은 관절에 과도한 압력을 가하지 않으면서 유연성을 증진시키는 즐거운 방법이 될 수 있다. 특히 따뜻한 물은 진정 효과를 제공하며 신체적 및 정신적 이완을 촉진한다. 온수 수영장에서의 수영은 근육을 이완시켜 유연성을 높이는 데 기여할 수 있다. 따라서 수영은 종종 경직으로 고생하는 뇌성마비 환자에게 매우 유익한 활동으로 평가된다.

체중(체지방) 관리

체지방은 신체 내에서 분해되지 않고 축적된 지방의 양을 의미하며, 이는 건강과 밀접한 연관성을 지닌다. 모든 장애인에게 해당되는 것은 아니지만, 장애가 있는 경우 일반적으로 활동의 제한으로 인해 에너지(칼로리) 소비가 감소하여 체지방이 축적되고 체중이 증가하는 경향이 있다. 미국의 통계에 따르면, 장애 아동의 비만율은 일반 아동보다 약 38% 더 높으며, 장애 성인의 비만율은 장애가 없는 성인에 비해 약 57% 더 높은 것으로 나타나 성인 인구에서 건강 문제로 대두되고 있다.

수영은 칼로리 소모가 많은 운동으로 비만 관리에 효과적이다. 수영에서 소모되는 칼로리는 수영의 효율성과 부력에 따라 달라지며, 체지방이 많을수록 부력이 증가하여 시간당 500-650 칼로리를 소모할 수 있다. 수영은 영법에 관계없이 동일한 운동 시간 동안 달리기에서 소모되는 칼로리의 약 89%, 자전거 타기에서 소모되는 칼로리의 97%를 소모한다. 즉, 수영은 달리기보다 약 11% 적은 칼로리를 소모하지만, 자전거 타기보다는 3% 적은 칼로리를 소모한다. 이 데이터에 대한 중요한 경고는 칼로리 소비가 운동 강도에 따라 달라지므로, 충분히 강도 높은 수영을 수행할 경우 동일한 시간 동안 달리기보다 더 많은 칼로리를 소모할 수 있다는 점이다 (Weil, 2021).

운동 수행 능력

운동 수행 능력은 체력의 구성 요소 중 하나인 운동 체력과 대뇌의 운동 정보 처리 과정인 지각 운동으로 정의될 수 있다. 운동 체력은 협응력, 민첩성, 속도, 균형력 등을 포함하며, 지각 운동은 대뇌가 감각 정보를 해석하고 이를 통합하여 의도된 움직임으로 표현하는 과정을 의미한다(최승권, 2018).

운동 체력의 발달

수영은 다른 스포츠에서 요구되는 운동 기술의 발달 및 협응력 수준과는 다소 차이가 있지만, 이러한 기술을 향상시키는 데 기여할 수 있다. 수영의 각 영법은 팔과 다리의 동작, 호흡, 그리고 팔다리의 정교한 협응을 필요로 하므로, 다양한 영법을 익히는 과정에서 자연스럽게 협응력이 향상된다. 또한, 수영은 코어 core 근육을 포함한 여러 근육을 강화하여 균형력의 향상과 함께 부력에 의해 발생하는 뜨기 동작에서 중심을 유지하는 능력을 발전시킨다. 이러한 능력은 노인층의 낙상 위험을 줄이는 데에도 긍정적인 영향을 미친다. 수영을 통한 운동 체력의 다양한 요소와 기능적 기술의 발전은 다른 신체 활동 및 레크리에이션 기회로 이어질 수 있는 가능성을 지닌다.

지각 운동 요인

잘 구성된 신체 활동 프로그램은 신체적 및 운동적 발달에 긍정적인 영향을 미치는 것으로 밝혀졌다. 특히 장애가 있는 개인에게 있어 수영은 물속에서 부력의 효과로 인해 체중의 상당 부분이 경감되는 특성을 지니고 있어, 신체 기관 및 심동적 발달 영역을 향상시킬 수 있는 독특한 기회를 제공한다. 중력의 영향이 감소함에 따라 관절에 가해지는 하중이 줄어들고, 움직임에 필요한 힘이 감소하여 독립적인 직립 자세를 보다 용이하게 취할 수 있다. 이러한 환경에서는 이전에는 경험할 수 없었던 방식으로 팔다리를 자유롭게 움직일 수 있는 상상을 해볼 수 있다. 물의 접촉은 공간 인식 및 협응력 향상과 같은 신경 발달에도 긍정적인 영향을 미친다. 결과적으로, 이는 전반적인 활동 수준을 증진시키는 데 기여할 수 있다. 또한 수영은 피부, 전정계(균형을 유지하는 시스템), 시각계 및 청각계와 같은 정보 수집 기능을 가진 신체 부위에 자극을 제공하며, 물은 이러한 자극의 중요한 역할을 한다. 피부는 다양한 온도와 감각(물, 수건, 수영장 바닥 및 벽을 통해 제공됨)에 반응하고, 전정계는 불규칙한 물의 흐름에, 시각계는 끊임없이 변화하는 수면에, 청각계는 물속에서의 압력 변화에 반응한다. 따라서 감각 자극이 필요한 장애가 있는 개인에게 물은 지각운동 기능 발달의 중요한 요소로 작용할 수 있다.

심리적 가치

장애가 있는 개인을 위한 수영 활동은 여러 가지 심리적 이점을 제공하는 것으로 잘 알려져 있으며, 이러한 이점은 장애 여부와 관계없이 모든 개인이 경험할 수 있는 것임을 인식하는 것이 중요하다. 때때로 장애가 있는 개인의 심리적 부적응에 대한 우려가 과도하게 강조되는 경향이 있지만, 이는 반드시 정당화될 수 있는 것은 아니다. 심리적 가치는 부적응을 극복하는 데 국한되지 않고, 수영을 통해 지상에서 경험하기 어려운 다양한 활동을 수행할 수 있는 기회를 제공하는 데 중점을 두어야 한다. 개인이 심리적 장애를 겪고 있는 경우, 부적응을 극복하는 데 기여할 수 있는 긍정적인 경험을 쌓는 것이 중요하다. 수영 활동이 제공하는 몇 가지 심리적 이점은 아래와 같이 설명된다(American National Red Cross, 1977).

성공 경험

장애가 있는 개인이 특정 업무를 수행하고 성공의 감정을 경험하는 것은 특히 중요하다. 일반인을 중심으로 설계된 수많은 프로그램들 중에서 장애인을 위한 성공적인 과제를 신기한 시선으로 바라보는 경우가 빈번하다. 잘 구성된 수영 프로그램을 통해 달성 가능한 목표를 설정하고 이를 성취할 수 있도록 하는 것이 필요하다. 성공을 위한 기회를 제공하는 것은 모든 수영 활동 경험의 필수적인 요소로 자리 잡아야 한다.

자아상 향상

어떤 과제가 주어지더라도 이를 성공적으로 수행하기 위해 노력하는 경우, 개인의 자아상은 향상될 수 있다. 특히, 수행 능력에 제한이 있는 개인에게 있어 수영을 통해 얻는 성공은 그 중요성이 배가될 수 있다. 타인, 특히 동료들로부터 인식되는 성공은 장애의 유형이나 정도에 관계없이 모든 장애인을 위한 성취로 간주될 수 있다. 이러한 성취는 개인의 가치와 능력에 대한 인식을 증진시키며, 장애로 인한 정서적 영향을 경감하는 데 기여한다. 장애가 있는 개인에게 있어 수영장 가장자리에 놓인 빈 휠체어나 목발은 자유로운 움직임과 성공의 감각을 상징하며, 이는 자아상을 더욱 향상시키는 역할을 한다.

긍정적인 감정 분출구 제공

수영은 흥미로운 활동으로, 일부 개인에게는 쉽게 접근할 수 있는 몇 가지 놀이 활동 중 하나로 여겨진다. 과거에는 신체적 장애가 있는 사람들의 좌절감이 과도하게 강조되었던 경향이 있었으나, 이러한 개인들이 겪는 심각한 좌절감을 해소하기 위해 반드시 신체 활동이 필요한 것은 아니다. 그럼에도 불구하고, 수영 프로그램은 모든 참여자가 안심하고 좌절감을 해소할 수 있는 환경을 제공한다. 물을 손바닥으로 내리치거나, 밀어내고, 튕기며, 발로 차는 등의 활동은 일부 개인에게 놀이의 형태로 여겨질 수 있다. 이러한 활동에 참여하는 지도자는 그러한 행동을 주의 깊게 관찰하고, 적절하다고 판단할 수 있어야 하며, 안전하고 적합한 태도와 장소에서 이러한 행동이 이루어질 수 있도록 허용해야 한다.

정신 건강 개선

운동을 수행할 경우, 신체에서는 엔돌핀 endorphins 과 세로토닌 serotonin 이라는 호르몬이 분비된다. 이러한 화학 물질들은 기분을 긍정적으로 변화시키는 데 기여한다. 규칙적인 운동은 이러한 호르몬의 분비를 촉진하여 기분을 개선할 뿐만 아니라 불안, 우울증 및 부정적인 감정을 감소시키고 자존감을 향상시키는 효과가 있다. 또한, 운동은 스트레스 감소, 기억력 향상, 수면의 질 개선, 그리고 하루 종일 보다 편안하고 활기찬 생활을 가능하게 한다. 특히 수영은 불안과 우울증의 증상을 완화하고 스트레스 및 피로를 줄이며 자신감을 증진시키는 데 도움을 준다. 장애인을 위한 수영 수업에 참여하는 것은 또한 소중한 사회적 교류의 기회를 제공한다.

독립심과 자신감 향상

장애인의 이동 능력은 수중에서 훨씬 덜 드러나는 경향이 있다. 지상에서 휠체어를 이용해야만 이동할 수 있는 경우에도, 수중에서는 도움 없이 걷는 것이 가능할 때가 종종 있다. 일반인들이 당연하게 여기는 독립적인 이동성은 장애인에게 심리적 활력을 제공하는 중요한 요소가 될 수 있다. 수중에서의 부력은 지상에서 어려운 또는 불가능한 많은 동작을 가능하게 하여, 장애인이 자신의 장애를 덜 의식할 수 있는 기회를 제공한다. 특히 독립적으로 움직일 수 있는 능력이 향상된다면, 이는 추가적인 자신감을 부여할 수 있다. 스포츠 활동이 삶의 문제를 마법처럼 해결하지는 않지만, 수영은 삶의 질을 향상시키고 자신감 및 신체상 body image 을 향상시키고, 기분을 나아지게 한다.

사회적 가치

수영 활동에 대한 심층적인 지식과 이해는 장애가 있는 개인을 포함한 다양한 참여 기회를 창출한다. 이러한 재미있는 활동에 참여할 수 있는 기회는 지역 사회 내에서 연령에 적합한 경험을 추구하도록 유도한다. 복지와 자유에 대한 감각은 일시적으로 개인이 긴장과 스트레스를 해소할 수 있도록 도와주며, 많은 경우 신체적 장애의 영향을 완화하는 역할을 한다. 새롭게 발견된 레크리에이션 경험의 사회적 이점은 장애인뿐만 아니라 타인에게도 지속적으로 긍정적인 영향을 미친다. 수영은 여가 시간을 즐겁게 보낼 수 있도록 지원할 뿐만 아니라 참가자가 사회적 가치를 실현하는 데 기여한다. 수영의 즐거움은 삶의 다른 영역으로 확장될 수 있는 중요한 사회적 자산으로 작용한다.

사회적 관계 형성

수영의 주요 장점 중 하나는 사회적 측면에 있다. 수영을 배우고 정기적으로 수영장에 참여함으로써, 유사한 활동을 즐기는 다른 장애가 있는 개인들과 함께 다양한 사람들을 만날 수 있는 기회를 제공받는다. 이러한 사람들과의 상호작용을 통해, 공통의 생각과 감정을 가진 이들과 대화하고 연락하며 사회적 관계 social network 을 형성할 수 있다. 물론, 이러한 과정은 개인의 타고난 성격에 따라 다소 차이를 보일 수 있는 문제이기도 하다. 때때로, 사회적 교류나 관계 형성보다 성취를 추구하는 경쟁적인 마음이 우선시될 수 있으며, 이는 클럽이나 팀의 일원으로서 소속감을 느끼고 강한 유대감을 형성하는 기회가 될 수 있다.

참여 촉진

장애는 특정 환경의 영향을 받아 그 정도가 달라질 수 있으며, 때로는 거의 인지되지 않을 수도 있다. 과거에는 사회적 조건이 장애를 심각한 제약으로 만드는 경우가 빈번하였다. 그러나 현재는 모든 개인의 인권을 우선시하며, 장애의 유무와 관계없이 통합사회를 지향하는 것이 당연시되고 있다. 이에 따라 장애가 있는 개인을 일상생활에 통합하고, 일반인과 유사한 방식으로 사회적 자원과 기회에 접근할 수 있도록 보장하고 있다. 일부 장애인은 활동에 제한이 있을 수 있으나, 과학 기술적 지원을 통해 기능을 수행하고 다양한 방식으로 활동에 참여할 수 있다. 수영은 장애인이 적극적으로 참여할 수 있는 활동 중 하나이다.

평생 스포츠

수영은 신체에 과도한 부담을 주지 않기 때문에 평생 동안 지속할 수 있는 운동으로 평가된다. 수영은 물의 특성과 신체 활동에서의 자유로움 덕분에 어린 시절부터 노년기까지 지속적으로 참여할 수 있는 스포츠이며, 때로는 경영 및 수상 활동의 안전을 위한 중요한 운동으로 간주된다. 이러한 이유로, 수영은 장애가 있는 많은 사람들에게도 선호되는 스포츠 종목이다.

부상 시 대안 운동

운동선수가 특히 하체에 부상을 입었을 경우, 체력 수준을 유지하기 위해 수영을 권장하는 경우가 많다. 수영은 체형 유지에 기여할 뿐만 아니라 재활의 한 방법으로도 활용된다. 이는 물의 저항이 지면에서 경험하는 긴장 상태나 충격 없이 근육을 효과적으로 단련할 수 있도록 하기 때문이다.

피서·가족 활동

물에서의 활동은 수영을 기본으로 하며, 이는 안전을 위한 필수적인 수단으로 간주된다. 해변이나 수영장과 같은 장소에서 여름철의 더위를 피하는 효과적인 방법으로 수영은 매우 유용하다. 수영은 편안하고 부드러운 움직임을 제공하며, 리드미컬한 운동으로서 훌륭한 신체 활동이다. 또한, 가족 단위의 여가 활동으로서 수영은 물과 관련된 시설에서 즐길 수 있는 훌륭한 방법이다.

안전

수중 활동은 지상에서의 활동과는 달리 항상 사고의 위험을 동반하고 있다. 특히, 익사 사고는 우리나라 아동 사망 사고 중 교통사고에 이어 두 번째로 많은 사망자를 초래하는 사고로 나타난다(통계청, 2019). 수영은 물에서 발생할 수 있는 익사 사고를 예방하기 위한 가장 효과적인 방법으로 평가된다. 장애가 있는 개인을 위한 특별히 설계된 수영 프로그램은 매년 어린이들 사이에서 발생하는 우발적인 익사 사고를 줄이는 데 필수적이다. 모든 어린이는 우발적 익사에 취약하지만, 장애가 있는 어린이는 더욱 큰 위험에 처할 수 있으며, 이러한 사고로부터 보호하기 위해서는 수영 기술이 필요할 수 있다. 물에 대한 적응, 안전 기술, 수영 기술을 일정 수준까지 교육하는 수영 프로그램은 가족이나 레크리에이션 활동에서 안전을 보장하는 데 기여할 것이다. 이는 부인할 수 없는 사회적 이익을 제공하며, 수영 프로그램의 주요 목표 중 하나로 자리 잡고 있다.

CHAPTER

3

수영
학습의 원리

3

수영 학습의 원리

수영 학습의 이해

수영 학습의 목적

수영을 처음 배우는 이들이 물속에 들어가는 경험이 즐겁고 흥미로우며 활동적이라면, 수영을 익히는 데 있어 어려움이 없을 것이다. 따라서 수영 지도자들은 초보자들이 물과의 접촉을 통해 긍정적인 경험을 쌓을 수 있도록 신중하고 체계적인 프로그램을 개발해야 한다.

수영 프로그램의 일반적인 목적은 다음과 같다.

○ 안전한 수영 환경에서 다양한 활동을 통해 수영을 배우며 물에 대한 자신감을 증진시킨다.
○ 수상 활동에 내한 적절한 지식과 기술을 교육하여 물 안전의 필요성에 대한 인식과 이해를 높인다.
○ 레크리에이션 수영의 기초를 형성하는 다양한 영법 및 생존 수영 기술의 습득을 장려한다.
○ 인명 구조 기술을 익혀 위험 상황에서 적절히 대응할 수 있는 능력을 배양한다.

수영 학습의 과정

수영을 배우거나 지도하는 과정에서 물에 뜨고 기술을 익히는 데 있어 서두를 필요는 없다. 수영을 시작할 때는 개인의 속도와 능력에 따라 발전할 수 있는 여지가 주어져야 한다. 학습자는 물속에서 자신의 신체가 수행할 수 있는 것과 수행할 수 없는 것을 탐색할 수 있는 시간을 가져야 한다. 지도자는 초보자 개개인의 요구와 두려움을 이해하는 것이 필수적이다. 물속에 얼굴을 담그거나 발이 바닥에서 떨어지는 등의 특정 활동에 대해 불안감을 느낄 때, 지도자는 학습자들을 안심시키고 격려해야 한다. 초보자가 새로운 시도를 주저할 경우, 지도자는 조급해하지 말고 다시 생각하여 다른 접근 방식을 통해 활동을 재개할 필요성을 인식해야 한다.

수영 초보자들은 지도자에게 지속적으로 의존하는 경향이 있다. 이러한 과정은 수영을 가르치는 지도자에게 가장 보람 있는 순간 중 하나로 여겨질 수 있다. 말이 거의 없는 초보자들이 다음 수영 수업을 기다리는 행복한 "돌고래"처럼 발전하는 모습을 지켜보며 만족하지 못하는 지도자는 없을 것이다. 지도자로서의 역할이 가장 행복한 순간이 아닐까 생각된다.

수영을 처음 배우는 과정을 살펴보면, 땅에서 균형을 잡고 안정적으로 움직이던 환경에서 물이라는 새로운 환경으로 이동하게 되며, 결과적으로 깊이를 판단하고 발을 딛고 균형을 유지하는 데 어려움을 겪게 된다. 이러한 과정에서 심리적 불안을 극복하고 물에 친숙해지며 활동을 시작하게 된다. 이후에는 물에서 부력을 느끼며 균형을 유지하고 이동하는 능력을 배우면서 발전하는 과정을 경험하게 된다. 이러한 과정은 수영 학습의 필수적인 요소로 간주된다(Hastings, 2010).

초보자에게 다양한 영법을 지도하기 전에 습득해야 하는 학습 과정은 다음과 같다.

정신적 적응

수영을 배우기 시작하는 개인은 다양한 환경, 상황 또는 과제에 유연하게 적응하며 물에 대한 친숙함을 형성하는 초기 단계에 있다. 이 과정에서 개인은 물속의 다양한 상황에 자동적으로 적절히 반응할 수 있는 능력을 습득하게 되어, 스스로 물에 대한 두려움을 극복하게 된다.

균형 제어

균형 제어는 부력을 통해 몸이 수면 위로 떠오르고, 물의 물리적 특성을 체득하며 조절하는 과정을 포함한다. 이를 통해 수영자는 물속에서 통제된 방식으로 자세를 유지하거나 변경할 수 있다. 새로운 환경이나 상황을 조절하는 것은 초보자에게 종종 도전적이며, 과도한 움직임이 발생할 수 있다. 따라서 수영자는 원치 않는 움직임을 방지하고 효율적인 자세 제어를 달성하기 위해 미세한 수준의 균형 조절 기술을 습득할 필요가 있다.

움직임

이 과정은 물에 대한 정신적 적응을 통해 친숙해지고, 수중에서 신체를 조절하며 효율적이고 숙련된 활동을 수행하기 위한 원하는 움직임을 생성하는 능력을 개발하는 것을 목표로 한다. 이 단계에 도달하면 수중 활동이 더욱 여유로워지고, 물에 떠서 이동하는 것이 가능해진다. 이러한 학습 과정은 각 단계가 서로 밀접하게 연결된 연쇄적 구조로 이루어져 있다. 따라서 학습 진행은 지도자의 격려, 칭찬, 이해와 함께 이루어져야 한다. 초보자들은 물에 대한 자신감을 키우고 지도자에 대한 신뢰를 쌓으면서 깊은 물에서의 활동을 시작할 수 있다. 지도자는 초보자가 깊은 물에 익숙해질 수 있도록 천천히 많은 격려를 제공하며 지원할 수 있다. 초보자일수록 자신감이 증대되면서 깊은 물에서의 활동을 시작할 수 있는 기회를 갖게 된다.

〈표 1.3.1〉 학습 단계의 특성

특 성	학습자 수준		
	인지(초급)	연합(중급)	자동화(상급)
움직임 속도	느림	보통	빠름
정확성	부정확	다양함	정확
움직임 흐름	어눌함	보통	매끄러움, 쉬움
움직임 계획	한정됨	확장됨	광범위, 적응형
일관성	안정됨	부조화(가변성)	안정됨
적응성	불변	적절히 융통함	융통성
피드백 증가 필요	예	예	아니오

수영 학습의 단계

수영의 영법을 배우는 원리를 이해하고 이를 효과적으로 활용한다면, 수영 지도는 더욱 효과적일 것이다. 장애인을 대상으로 한 교육에서는 단일한 지도 방법만이 존재하지 않으며, 각 개인의 특성을 고려한 개별화 교육 계획 individualized educational plan 에 따른 접근 방식이 지도-학습 과정을 개선하는 데 기여할 수 있다는 점을 인식해야 한다. 수영 영법의 학습은 학습자의 경험에 따라 다르게 이루어지며, 모든 학습자는 수중 활동 기술을 포함한 다양한 기술을 경험하고, 이를 통해 뚜렷한 단계를 거치면서 영법을 습득하고 숙련도를 향상시킨다. 학습자는 점차 더 쉽고 매끄럽게 움직이며 과제에 대한 주의가 감소하는 가운데, 더 빠르고 정확하며 일관된 수행을 보이게 된다(Schmidt, 1991). 이러한 수중 활동 기술의 학습 과정에서 나타나는 발전 양상은 종종 학습 단계라고 불리는 질적 변화의 특징을 지닌다.

Fitts와 Posner(1967)에 따르면, 사람들은 새로운 운동 기술을 배울 때 나이와 운동 능력에 관계없이 초보 단계에서 선수 수준으로 발전하기 위해 세 가지 단계를 거친다. 즉, 수영 학습에서 관찰되는 행동 변화는 인지(초급), 연합(중급), 자동화(상급)라는 세 가지 학습 단계로 구분되며, 각 단계는 서로 구별되는 특정한 특성을 지닌다.

〈표 1.3.1〉은 단계별 특성을 요약한 것이다(Langendorfer & Bruya, 1994). 지도자는 수영 강습 참여자의 학습 단계를 이해함으로써 그 단계에 가장 효과적인 지도 방법을 선택할 수 있다.

인지 단계

물속에서의 활동을 처음 경험하는 초기 과정인 인지 cognitive 단계에서는 학습자가 새로운 과제에 직면했을 때, 무엇을 해야 할지, 어떻게 운동해야 할지를 이해하고자 한다(Gentile, 1972). 이 단계에서 개인은 수중에서의 움직임을 이해하고 팔다리를 적절히 조정하기 위해 상당한 정신적 노력을 기울이므로 '인지 단계'라고 명명된다. 학습자의 운동 계획 또는 schema 은 이 단계에서 제한적이고 초보적이기 때문에, 학습자는 움직임 선택의 여지가 적고 경험이 부족하다. 운동 계획은 목표 달성을 위한 기능과 정확한 정보 인식 능력을 요구한다. 이 단계에서는 다양한 오류가 발생하며, 운동 수행의 일관성이 결여된 경우가 많기 때문에, 학습자는 수중 운동 기술을 순차적으로 실행하고 운동 기술에 부여된 명칭을 통해 움직임을 이해하고자 한다. 그 결과, 초보자의 수중 동작은 기술 수행에 필요한 근육 움직임을 제어하는 과정에서 상대적으로 느리고 어색하며 정확성이 결여되고 오류가 빈번하게 발생하는 특징을 보인다. 비록 초보자가 자신의 수행에 있어 어느 정도 일관성을 보이지만, 이러한 일관성은 초보자의 행동 계획에서 선택할 수 있는 옵션이 제한적이기 때문에 융통성과 적응성이 결여되어 있다.

연합 단계

중급 단계 또는 연합 단계 associative stage 는 운동 기술을 습득하고 다듬는 과정으로 정의된다. 초보자는 기본적인 운동 계획을 수립하는 반면, 연합 단계의 학습자는 기술 수행에 필요한 다양한 조건을 고려하게 되며, 기술을 보다 부드럽고 편안하게 수행할 수 있도록 노력해야 한다. 이 단계에서는 기술을 세련되게 만드는 데 중점을 두며, 완벽한 수행이 이루어지지 않더라도 오류를 식별하고 수정하는 과정이 포함된다. 이로 인해 속도, 정확성, 일관성 등이 향상될 수 있다(한국운동심리학회, 2007). 수영하는 학습자에게는 실수에 대한 격려와 교정 정보를 제공하며, 구체적인 피드백을 포함한 다양한 연습이 필요하다. 수영 지도자는 다양한 유형의 피드백을 효과적으로 제공할 수 있는 방안을 마련해야 한다. 이 단계에서 나타나는 불규칙하고 일관성 없는 행동 특성은 종종 기술의 퇴행 regression이나 학습의 고원 현상 plateau 을 나타내며, 이는 지도자와 학습자 모두에게 좌절감을 초래할 수 있다. 이러한 현상은 학습자의 동기, 긍정적인 연습 의도, 그리고 지속적인 연습 의지를 감소시킬 수 있다. 중급 단계에서 이러한 문제들이 발생한다는 사실을 수영 지도자와 관계자들이 이해한다면, 보다 효과적인 지도에 도움이 될 것이다. 연습 시간에 더 많은 다양성을 추가하거나 충분한 휴식을 제공하거나 동기부여를 위한 게임을 도입함으로써 학습의 퇴행과 고원 현상을 완화할 수 있는 방안을 모색할 수 있다.

자동화 단계

자동화 단계 autonomous stage에서 학습자는 운동 motor 수행에 있어 빠르고, 정확하며, 부드럽게 움직일 수 있지만 여전히 지도자의 지원이 필요하다. 이러한 움직임은 학습자의 풍부한 경험과 반복 연습으로 힘들이지 않고 자동적으로 이루어지는 듯한 느낌을 준다. 비록 다양한 조건에 적절히 적응할 수 있는 능력을 갖추고 있음에도 불구하고, 숙련된 학습자는 수행의 일관성을 유지한다. 이 단계에서의 학습은 최종 단계에 도달하더라도 종료되지 않으며, 수강생이 필요로 하는 변화의 유형은 기술의 발전과 밀접한 관련이 있다. 이 학습 단계에 있는 개인은 도전적이고 흥미로운 연습 환경이 제공되지 않을 경우 쉽게 지루함을 느끼고 행동에 문제가 발생할 수 있다. 안내 발견 교육 guided discovery teaching 기법의 맥락에서, 더 도전적인 문제와 질문은 상급 수준의 학습자에게 쉽게 제시될 수 있다. 상급자는 기술에 대한 다양한 변형이나 더 어려운 변형을 고안하도록 요청받을 수 있다. 능숙하고 경험이 풍부한 수영 강사는 탐색 및 안내된 발견 기법을 활용하여 단일 수업 내에서 모든 학습 단계에 있는 수영 참가자들을 효과적으로 수용할 수 있다(Langendorfer & Bruya, 1994).

02 수영 학습의 영향 요인

생리학적 요인

수영 영법은 쉽게 습득하는 것이 아니므로 수영을 배우려는 사람은 수중 활동 기술과 영법을 발전시키기 위해 적절히 연습하여야 한다. 수영 영법의 기술을 습득하기 위해서는 강습 참여자가 기술을 습득할 준비가 되었는지, 목표를 이해하는 능력이 있는지, 도전적이지만 감당하기 쉬운 수준에서 기술을 연습하면서 피드백을 받아들이려는 의지 등이 있을 때 가능한 일이다. 장애가 있는 참가자의 준비 상태는 자주 뒤떨어지며, 이러한 참가자는 적합한 기술을 배우는 데 어려움을 겪는다(Auxter et al., 2005). 생리학적 요인은 개인이 학습하는 방법과 내용에 영향을 미치는 신체의 해부학과 생리적 변화이다. 이러한 요인에는 병리학, 질병, 사용 불능, 또는 환경이 신체의 기능적 능력에 미치는 영향과 약물이 어떻게 기능을 변화시키는지 등이 포함된다(Lepore, Gayle, & Stevens, 2007).

신체 기관

운동 기술 습득은 신체 외부의 환경 정보를 중추 신경계로 전달하여 이를 지각하고 분석, 종합함으로써 움직임 패턴과 기술 수행을 지시하기 위한 정보 처리 과정을 포함한다. 수영은 실내외 수상 활동이 가능한 장소에서 평생 동안 활용할 수 있는 활동으로, 장애의 종류와 특성에 따라 수상 활동 기술의 학습 및 실행에 여러 제약 요소가 영향을 미친다. 기능적 능력을 제한하는 다양한 요소로는 신체 구조 및 기능의 제한(예: 연골 무형성증 또는 단신), 비정상적인 자세(예: 척추후만증), 반사 통합의 불량(예: 뇌성 마비), 비정상적인 근육 구조(예: 근육 이영양증), 절단 등이 있다. 따라서 하나 이상의 신체 기관에 장애가 발생할 경우 수영을 배우는 것이 상당히 어려워질 수 있다. 수업을 체계적으로 계획하고 창의적인 교육 전략을 수립하며 효과적인 교육 방법을 실행하는 것과는 별개로, 교육을 시작하기 전에 개인의 운동 능력과 인지 능력을 평가하고 이에 대한 계획을 세우지 않으면 모든 참여자의 시간을 낭비하게 될 것이다.

약물

선천적 및 후천적 장애 외에도 약물은 수영 학습에 긍정적 또는 부정적 영향을 미칠 수 있다. 약물의 긍정적인 측면으로는, 정신 질환, 정서 및 행동 장애, 주의력 결핍 장애를 가진 개인에게 약물 치료가 상당한 행동 변화를 유도할 수 있다는 점이 있다. 예를 들어, 어린이에게 사용되는 각성제는 과잉 행동을 감소시키고 단기 기억력을 향상시킬 수 있다. 그러나 일부 개인은 과도한 치료를 받고 있다고 인식할 수 있으며, 이는 특히 상태가 불안정한 사람들, 약물 치료를 막 시작한 사람들, 또는 사춘기에 신체적 변화를 겪고 있는 사람들에게서 더욱 두드러진다. 약물의 부작용은 체력의 발달 및 유지에 어려움을 초래할 수 있으며, 메스꺼움, 구토, 식욕 증가,

체중 감소, 빈혈, 시각 및 청각 장애, 과잉 행동, 실신, 집중력 저하 등의 증상이 약물 사용으로 인해 발생할 수 있다. 따라서 약물이 학습 및 수상 활동 수행 능력에 미치는 잠재적 영향과 함께, 복용량을 놓치거나 지연될 경우 개인의 행동이 크게 변화할 수 있음을 고려하여, 수업 전에 약물 복용 여부를 확인하고 약물의 작용에 대해 충분히 이해하는 것이 중요하다.

심리학적 요인

각 개인은 심리적으로 독특하며, 다양한 심리적 요인에 따라 개인의 학습 속도가 달라진다. 수중 활동 지도자는 여러 가지 지도 방법을 활용하여 참가자의 학습 과정을 지원한다. 장애가 있는 개인은 수상 활동 기술 습득에 방해가 되는 심리적 특성을 가질 수 있다. 따라서 지도 전략을 개발하기에 앞서 불안, 학습 동기, 인지적 준비성, 사회적 능력, 선호하는 학습 방식 등과 같은 심리적 요인을 면밀히 검토해야 한다.

불안

불안anxiety 은 특정 활동에 대한 걱정이나 고통을 의미하며, 이는 종종 심한 공포감에서 비롯된다. 수영과 같은 활동 환경에서 불안은 정신적 적응 및 학습을 방해하는 요인으로 작용할 수 있다. 일반적으로 수영을 처음 시작하는 사람이나 두려움을 느끼는 개인은 정신적으로 적응하는 데 시간이 필요하며, 신체적, 정서적, 정신적 장애가 동반될 경우 이 적응 기간은 더욱 길어질 수 있다. 수영하는 사람들은 익사에 대한 두려움으로 인해 불안을 경험할 수 있으며, 부적절한 지도나 예기치 않게 물에 빠지는 경험, 물에 대한 경고문(예: "물 근처에 가지 마십시오. 그렇지 않으면 익사할 것입니다!")으로 인한 두려움, 신체 능력의 부족 또는 익숙하지 않은 환경에서의 불안 등을 겪을 수 있다. 또한, 어린이는 보호자가 강습 후 자신을 데리러 오지 않을까 하는 두려움을 느낄 수 있으며, 거동이 불편한 사람들은 물속에서 미끄러질 경우 물 밖으로 나가지 못할까 하는 두려움을 가질 수 있다. 이러한 두려움은 근육 긴장을 유발하고, 불수의적 근육 운동 및 회피 행동을 촉발하며, 물에 뜨지 못하는 신경학적 반사를 초래할 수 있다. 따라서 두려움은 참가자의 학습 동기와 능력을 저하시킬 수 있는 강렬한 감정으로 작용한다. 불안으로 인해 나타나는 회피 행동의 예시는 다음과 같다(American Red Cross, 2004).

- ○ 어깨를 옹그림
- ○ 몸이 굳어짐
- ○ 주먹 쥐기
- ○ 입술을 움츠리거나 깨물기
- ○ 따뜻한 물에서도 떨림
- ○ 지도자 또는 기타 지지물에 매달리기
- ○ 화장실에 자주 감

수영 참가자가 물에 대한 두려움과 불안을 극복할 수 있도록 지원하는 것은 안전하게 수영 기술을 연습하는 데 필수적이다. 참가자가 두려움을 극복하게 되면 보다 자유롭게 학습할 수 있는 환경이 조성된다. 따라서 형식적 또는 비형식적인 두려움 감소 프로그램의 시행을 고려해야 한다. 수영 학습 과정에서 두려움을 완화하기 위해 다음과 같은 사항을 고려할 필요가 있다.

- 두려운 반응을 조롱하거나 성급하게 반응하지 말 것
- 응석을 부리지 않고 인내할 것
- 친절하게 안내하되 강요하지 말 것
- 차분하고 부드러운 목소리로 모든 내용을 설명할 것
- 단계 간 이동을 점진적으로 진행할 것
- 비경쟁적인 활동을 활용할 것
- 집에서 호흡 조절 연습을 하도록 유도할 것
- 시간과 장소에 따라 감정을 적절히 조절할 것

학습 동기 유발

동기 유발은 "행동을 유도하는 힘 또는 특정 목표를 향해 나아가도록 하는 내적인 상태"로 정의될 수 있다(Sherrill, 2004). 이는 내재적 동기와 외재적 동기로 구분될 수 있다. 개인은 기술 향상, 개인 목표 달성, 타인과의 경쟁, 여가 시간 활용, 흥미 추구, 클럽의 요구사항 충족, 친구 사귀기, 또는 중요한 타인(주요타자, significant others)을 기쁘게 하기 등 다양한 이유로 수영 강습에 참여할 수 있다. 이러한 참여의 실제 이유를 파악하고, 참가자가 이에 따라 목표를 설정하도록 지원하는 것이 중요하다. 만약 개인이 자발적으로 수영 강습에 등록하지 않는다면, 학습 동기가 결여될 가능성이 있다(Lepore et al., 2007).

이해 능력

이해 능력은 수영 강습의 방향을 파악하는 능력, 수영 강습 환경에 대한 정신적 적응, 수영 강습에 대한 선입견, 선택적 주의 등 여러 요소의 결합으로 구성된다. 방향을 이해하는 능력은 참가자의 인지 수준과 지시 사항의 인지 수준에 따라 달라지며, 따라서 효과적인 지시 사항을 준비하기 위해서는 참가자의 발달 연령을 고려해야 한다. 그림, 간결한 문장, 핵심 단어 및 구문을 활용하는 것은 정신 연령이 낮은 학습자를 교육하는 데 중요한 전략으로 작용한다. 또한, 동작 어휘가 제한적일 수 있으므로 참가자가 지도자가 사용하는 용어를 이해하는지를 확인하는 것이 필요하다. 예를 들어, '구부리기', '펴기', '비틀기', '구르기'와 같은 용어는 인지 능력이 낮은 참가자에게는 생소할 수 있다. 정신적 적응의 정도는 개인이 학습할 준비가 되었는지를 결정하는 중요한 요소이다. 이와 관련하여 두려움과 동기는 정신적 적응에 중대한 영향을 미친다. 수영 활동 환경에서 긴장을 완화하는 능력은 인지적으로 안전성을 인식하고, 언제 두려운 상황이 발생할지를 예측하는 데 의존한다. 예를 들어, 호흡 조절 능력이 향상되면 두려움이 감소하므로, 호흡 조절은 종종 정신적 적응에 중요한 역할을 한다.

수영 강습에 대한 부정적인 선입견은 참가자에게 심리적 부담을 줄 수 있다. 많은 사람들은 이전의 수업에서 특정 강사, 프로그램 또는 시설에 대한 불만을 들었을 가능성이 있으며, 이러한 불만은 수업 진행 중에도 발생할 수 있다. 이로 인해 참가자는 수영에 대한 부정적인 이야기를 들으며 강습에 임하게 될 수 있다. 예를 들어, "체중 증가를 초래하고, 귀 질환을 유발하며, 전염병을 퍼뜨린다"는 등의 수영에 대한 부정적인 인식이 전파되는 경우가 있다. 그러나 이러한 소문을 차단하고자 하는 강사는 학습에 실질적인 도움이 되지 않을 수 있다. 사실과 전혀 다른 소문에 대한 정직한 답변은 모든 참가자를 편안하게 하고 선입견을 해소하는 데 가장 효과적인 방법이 될 수 있다. 선택적 주의력 selective attention 은 여러 자극 중에서 필요한 자극에만 집중하는 능력으로, 이는 인지적 학습 준비 능력을 형성하는 데 기여할 수 있다. 강사는 참가자의 정신적 발달 수준에 맞춰 명확한 지시를 제공할 수 있지만, 참가자가 중요한 정보에 주의를 기울이지 못할 경우 학습에 방해가 될 수 있다. 외부의 소음, 타인, 그리고 환경에서의 활동은 선택적 주의력이 부족한 참가자가 자신의 세계에 몰입하거나 다른 자극에 주의를 기울이지 못하게 할 수 있다. 조용한 환경에서 다른 강습자 없이 가르칠 기회는 거의 존재하지 않기 때문에, 이를 해결하기 위해 강사는 언어 사용에 세심한 주의를 기울이고, 과제 수행에 대한 긍정적인 피드백을 제공하며, 선택적 주의력에 어려움을 겪는 참가자가 강사와의 상호작용에 지속적으로 집중할 수 있도록 흥미로운 활동을 설계해야 한다.

사회적 능력

사회적 능력은 타인과의 상호작용 능력을 의미하며, 특히 그룹 수업에 참여할 때 수영 기술 습득에 중요한 역할을 한다. 많은 사람들이 장애인을 포함한 수영 강습에 참여할 수 있는 신체적 능력을 갖추고 있지만, 적절한 사회적 능력이 결여된 경우가 많다. 그룹 내에서 효과적으로 기능하기 위해서는 약 5년의 사회적 연령이 요구된다. 예를 들어, 개인이 차례를 기다리거나 규칙을 준수하며, 지시에 따라 행동을 시작하고 중지하는 데 어려움을 겪거나, 자원을 공유하지 못하는 경우, 그룹 내에서 수영 기술을 습득하는 데 상당한 어려움을 겪게 된다(Lepore et al., 2007). 또한, 타인과의 만남을 통해 친구를 사귀는 능력은 수영 강습을 포함한 다양한 사회적 환경에서 중요하다. 자신의 성과를 평가하는 데 어려움을 느끼거나, 자신의 능력이 타인의 능력에 미치지 못한다고 생각하거나, 자기중심적인 성향을 가진 개인은 강습에서 학습하는 데 큰 어려움을 겪을 수 있다. 특히 자폐증을 가진 일부 개인은 집단과의 유대감을 형성하지 못하거나, 타인에 대한 관심이 부족하거나, 공격적인 행동을 보일 수 있다. 이러한 행동적 문제는 긍정적인 학습 환경을 저해하고, 모든 학습자의 학습 성과를 감소시킬 수 있다. 자신과 타인의 학습 과정을 방해하는 행동을 지속적으로 보이는 경우, 특정 행동 중재, 학습 지원 보조원, 또는 보다 제한적인 환경으로의 이동과 같은 추가적인 지원이 필요할 수 있다.

학습 방식

강습 참여자가 정보를 처리하고 활용하는 방식은 학습 성과에 중대한 영향을 미칠 수 있다. 보다 효과적인 결과를 도출하기 위해서는 개인의 특성에 가장 적합한 지도 방법을 선택해야 한다. 이와 관련하여 두 가지 중요한 요소를 고려해야 한다. 첫째, 강습 참여자가 선호하는 학습 방식을 파악해야 한다. 모든 개인이 시각적, 청각적, 운동 감각적 방식으로 정보를 처리하는 것은 아니며, 각자는 특정한 방식에 대한 선호를 가지는 경향이 있다. 둘째, 현재 참여하고 있는 강습의 목표에 가장 적합한 지도 스타일을 선택해야 한다(Mosston & Ashworth, 2002). 지도 전략을 강습 스타일과 일치시키는 일반적인 원칙은 개인차를 고려하여 다양한 접근 방식을 수용할 것을 권장한다. 모든 참가자에게 다양한 방식으로 자료를 제시한 후, 효과적인 스타일을 찾아 지속적으로 적용하는 것이 중요하다. 그러나 장애나 정신적 연령에 따라 모든 참가자를 동일한 지도 스타일로 분류하는 것은 적절하지 않다. 직접적, 간접적, 소그룹, 일대일, 구조화된 방법 또는 덜 구조화된 방법을 활용하고, 시각적, 언어적, 촉각적, 운동 감각적 입력을 통해 지도 발표의 질을 향상시킴으로써 참가자에게 학습 기회를 극대화할 수 있다. 다양한 교육 전략을 활용하면 모든 참가자가 선호하는 스타일과 관계없이 여러 방식으로 정보를 수용할 수 있는 능력을 개발할 수 있다.

03 수영 학습의 방법

다양한 환경에서의 연습: 가변성

많은 수영 지도자들은 초급 수영 프로그램을 운영할 때 전통적으로 물장구치기 flutter kick 를 유사한 방식으로 먼저 가르치는 경향이 있다. 이 연습은 모든 수영 학습자가 수행하는 기본 동작으로, 대부분의 지도자와 학습자들은 "물장구치기"라는 용어를 발차기 또는 킥 kick 과 동의어로 사용하고 있다. 또한, 학습자들은 일반적으로 풀장 가장자리나 킥보드를 잡고 정적인 자세에서 물장구치기를 배우고 연습하는 경우가 많다. 이러한 수영 지도 방식은 오랜 역사를 가지고 있지만, 기술을 가르치고 연습하는 방법이 제한적이라는 특징이 있다. 프로그램이 개설된 장소에 관계없이 지도자들이 수영 기술을 가르치는 과정, 연습 형태, 학습 방법은 거의 유사하며, 차별성이 부족하다고 할 수 있다. 이러한 단조로운 지도 방식은 수영을 배우고자 하는 학습자들의 동기부여를 저하시킬 수 있으며, 나아가 일률적인 연습 환경은 향후 학습에 장애가 될 가능성이 있다.

수영 학습은 다양한 연습 조건의 변동성을 통해 최적의 발전을 이루게 된다. 실제로 연습 계획을 수립할 때 가장 우선적으로 고려해야 할 요소는 연습의 가변성 variabilky of practice이다. 연습의 변동성이란, 기술을 습득하는 과정에서 다양한 움직임과 환경적 상황을 경험할 수 있도록 하는 것을 의미한다. 예를 들어, 수중에 적응하기 위한 활동을 진행할 때, 앞선 사람을 따라잡기, 수건을 이용한 줄다리기와 같은 게임 및 여러 가지 수중 재주넘기를 통해 다양한 경험을 쌓음으로써 물속에서의 활동에 자연스럽게 적응할 수 있게 된다.

Schmidt(1991)에 따르면, 다양한 환경에서 운동 기술을 연습하는 개인들이 고정된 환경에서 연습하는 개인들보다 더 빠르고 정확하게 학습하는 경향이 있다. 이와 유사하게, 다양한 조건에서 개방 기술 open skills 즉, 움직임의 속도와 방향에 따라 조정되는 기술을 배우는 것이 학습 효과를 증진시킬 수 있다는 점이

〈표 1.3.2〉 가변적 연습과 불변적 연습의 차이

연습의 종류	연습의 특성	결과
가변적	많은 게임, 훈련, 연습, 활동 상황	확고한 기억력, 광범위한 행동 기술 계획, 새로운 환경에 쉽게 적응
불변적	제한된 게임, 훈련, 연습, 활동 상황	기억력 약함, 제한적, 행동 계획이 협소함, 적응력 한계

Gentile(1972)에 의해 제시되었다. 이론들은 사람들이 기술을 습득할 때, 필요할 때마다 기술을 발휘할 수 있도록 기억 속에 운동 계획이나 운동 도식 schema 이 형성된다는 점을 시사한다. 일정한 연습 조건에서 지속적으로 학습할 경우, 동일한 자극이 반복적으로 제공되어 기술이 활성화된다(예: 호흡 조절 유도 자극인 '얼굴에 불기'). 반면, 가변적인 연습 조건에서는 동일한 기술을 수행하기 위해 다양한 자극을 제공할 수 있다(예: 호흡 조절 유도하기 위해 '빨대로 불기', '촛불 끄기' 등). 다양한 자극에 대한 반응을 통해 기술을 익힌 후에는, 향후 매우 다양한 상황에서 해당 기술로 반응할 수 있는 능력을 갖추게 된다. 즉, 기억 속에 행동을 위한 폭넓은 계획을 형성하게 된다. 반면, 매우 제한된 범위의 자극에만 반응하여 기술을 배우는 경우, 행동을 위한 보다 협소한 "계획"을 가지게 된다. 이러한 학습자는 미래에 상황 변화가 적은 경우에만 기술을 발휘할 가능성이 높다. 따라서 가변적인 조건에서 학습한 사람들은 미래의 상황에 대응하는 데 있어 더 높은 다재다능성을 지니며, 다양한 상황에서 습득한 기술을 수행할 수 있을 것이다. 이러한 관점에서, 다양한 환경 변화 속에서 학습하는 것이 일정한 조건에서 습득한 기술보다 더 효과적으로 발휘될 것임을 알 수 있다. 이 개념은 〈표 1.3.2〉에 제시되어 있다.

반복 학습 경험

수중 운동 기술을 습득하기 위해서는 충분한 구체적인 연습 경험이 필수적이다. 운동 학습의 핵심 원리 중 하나는 학습자가 운동 기술을 효과적으로 익히기 위해서는 반복적인 연습이 필요하다는 점이다. 많은 수영 지도자들은 강습자가 수영 기술을 수행한 후 몇 차례의 반복만으로 충분하다고 여기는 경향이 있다. 그러나 이는 운동 학습에 관한 연구 문헌과 일치하지 않는 주장이다.

수영 기술을 실제로 습득하기 위해서는 여러 번의 적극적인 반복 연습이 요구된다. 수영 강습에 등록하지 않은 사람들이 다시 수영을 배우러 왔을 때, 그들이 모든 것을 잊어버렸다는 것은 수영 지도자들 사이에서 흔히 제기되는 불만이다. 지도자들은 종종 개인의 운동 능력 부족, 기억력 저하, 또는 주의력 결핍으로 인해 동작을 잊거나 제대로 수행하지 못한다고 생각한다. 그러나 이는 아마도 그들이 처음부터 해당 기술을 제대로 배우지 않았음을 의미할 가능성이 높다. 사람들은 물속에서의 활동을 요청하거나 필요에 따라 반복하기 전에 여러 차례 연습을 통해 기술을 익혀야 한다. 일관된 행동을 수행하지 못하는 것은 종종 학습의 연합 단계에 있는 중급자의 특징으로 나타난다(학습 단계 참조). 수행 능력은 일반적으로 초기 단계에서 매우 빠르게 향상되며, 처음 12회 이상의 연습 후에는 점차적으로 향상이 둔화되기 시작한다. 그러나 수년간의 연습 후에도 개인은 속도, 정확성, 적응성 측면에서 여전히 기술을 향상시킬 수 있다(Schmidt, 1991). 성인 수영 선수들은 노화가 진행됨에도 불구하고 특정 기술을 올바르게 연습함으로써 수영 기록을 단축할 수 있는 가능성을 보여준다.

연습 의지

"연습만이 기술 완성의 지름길이다"라는 표현은 단순히 반복적인 행위를 통해 수행 능력을 향상시킬 수 있다는 의미로 해석되어서는 안 된다. 반복적인 연습만으로는 높은 수준의 기술을 습득하기 어렵다. 기술 습득에는 다양한 요소들이 영향을 미친다. 그 중 하나인 연습 의지 practice intentions 는 종종 잘못 이해되곤 한다. 정해진 움직임 패턴을 강습 받으며 고집스럽게 반복하는 것보다는, 실수나 오류를 줄이기 위해 개선하고자 하는 욕구가 필요하며, 이를 위해 수정 정보를 이해하는 것이 중요하다. 개선의 욕구를 갖기 위해서는 물속에서의 다양한 경험을 즐길 줄 알아야 한다. 사람들의 미소와 웃음은 긍정적인 연습 의지를 나타내는 진정한 지표이다. 반면, 울거나 억지로 연습하는 사람은 긍정적인 연습 의지가 결여되어 있으며, 그 결과로 자신감이나 기술이 향상되지 않을 가능성이 높다. 수영 기록이 좋지 않은 사람들은 종종 이러한 긍정적인 연습 의지가 부족한 경우가 많으며, 이는 지속적인 실수로 인해 좌절감을 느끼게 된다. 긍정적인 연습 의지를 기르는 데 기여할 수 있는 두 가지 요소는 교정 정보 feedback 입력과 분산 학습이다.

피드백

사람들이 긍정적인 연습 의지를 지속적으로 유지할 수 있도록 지원하기 위해서는 움직임에 대한 교정 정보 feedback 를 제공하는 것이 필수적이다. 이를 위해 유도 발견 학습 guided discovery 기법을 활용하여 올바른 기술과 효율적인 이동 패턴에 대한 정보를 전달할 수 있다. 피드백이 결여될 경우, 개인은 부적절하거나 비효율적인 움직임에 익숙해질 위험이 있다. 반복적인 실수는 필연적으로 성과 저하를 초래하며, 이는 심지어 더 큰 좌절감으로 이어질 수 있다. 이러한 좌절은 긍정적인 연습 의지를 약화시킬 수 있으므로, 연습의 효과를 향상시키기 위해서는 반드시 유용한 피드백을 제공해야 한다.

분산 학습

수영 기술을 습득하고 연습하는 과정에서 중요한 요소 중 하나는 연습과 휴식의 비율이다. 짧은 휴식 간격 또는 간헐적인 휴식을 포함한 연습 방식을 집중 학습 massed practice 이라고 하며, 연습 사이에 더 자주 또는 더 긴 휴식 간격을 두고 진행하는 방식을 분산 학습 distributed practice 이라고 한다. 이러한 연습과 휴식의 비율에 대한 효율성을 비교한 연구들은 상반된 결과를 보이고 있으나, 몇 가지 일반적인 결론을 도출할 수 있다. 분산 학습은 즉각적인 수행력 향상과 더 나은 장기 학습 효과를 제공하는 것으로 나타나며, 특히 복잡하고 어려운 과제인 수영 기술의 경우 분산 학습이 권장된다. 또한, 분산 학습은 어린이와 경험이 부족한 학습자에게 유익한 것으로 보인다(Magill & Anderson, 2017). 〈표 1.3.3〉은 분산 학습의 장점을 요약한 자료이다 (Langendorfer & Bruya, 1994).

이와 관련된 연구에 따르면, 미취학 아동 및 초보자를 위한 수영 프로그램은 일일 강습 시간이 짧고, 기술 연습 사이에 충분한 휴식을 포함하며, 다양한 기술을 혼합하여 지도하는 것이 필요하다.

<표 1.3.3> 분산 학습: 미취학자 수영 프로그램에 관한 연구 결과와 연습 원리

연구 결과	연습의 예
분산 학습을 통해 우수한 수행력 향상	– 레슨(강습)을 30분 이내로 유지 – 기술 사이 휴식 시간을 제공 – 많은 게임, 훈련, 활동 사용
분산 학습은 우수한 학습을 촉진	– 수업마다 기술을 반복 – 매주 제한된 연습 테스트를 사용
어리고 경험이 없는 아동들은 분산 학습으로 가장 잘 학습함	– 어리고 경험이 없는 아동들을 위해 더 짧게 수업 – 아동들에게 기술 사이의 휴식을 더 많이 제공
복잡하고 힘든 기술은 분산학습이 필요	– 복잡한 기술은 휴식 더 제공. – 아동의 피로(푸른 입술, 떨림, 울음)를 관찰 – 복잡한 기술을 더 단순한 부분으로 배분 – 재미와 즐거움을 강조

분산 휴식 시간을 제공하는 효과적인 방법 중 하나는 각 강습 세션에서 다양한 기술을 지도하는 계획을 수립하는 것이다. 각 기술은 여러 가지 과제를 포함한 연습을 통해 이루어질 수 있다. 또한, 게임, 노래, 그리고 보다 단조로운 훈련 사이에 다양한 활동을 삽입하는 것은 단순히 참가자들에게 휴식 시간을 제공하는 것에 그치지 않고, 보다 풍부하고 다양한 연습 기회를 제공할 수 있다. 이러한 다양한 게임과 활동의 도입은 학습 동기를 증진시키고, 학습 도식 schema 의 향상에도 기여하는 것으로 나타난다.

04 수영 기술 향상을 위한 행동 관리

행동 관리 behavioral management 는 수영 강습자를 지도하기 위해 학습의 효율성을 높이기 위해 쉬운 과제에서부터 어려운 과제로 진행되는 체계적인 과제 및 활동을 통해 단서와 결과를 정확히 계획하고 적용하는 과정을 의미한다 (Sherrill, 2004). 행동 관리는 개인의 사회적 행동을 긍정적으로 변화시키기 위한 모든 행위를 포함하며, 수영 기술의 학습을 촉진하고 사회적 행동을 장려하기 위해 지도자가 구축하는 체계적인 행동 과정으로 정의될 수 있다. 이 접근법은 인간의 행동이 자극 stimulus 을 주면 반응 responses 이 일어난다고 하는 조작적 조건 형성 operant conditioning 의 원리를 기반으로 한다. 행동 접근법에서 조작적 조건 형성은 선행사건-행동-후속 결과 antecedent-behaviour-consequence, ABC 모델로 설명되며, 행동(B)은 이전에 발생한 선행 사건 antecedent (A)과 행동(B) 이후에 나타나는 결과 행동 (consequence, C) 간의 상호 관계를 형성한다(그림 1.3.1). ABC 행동 접근법은 행동 전후에 발생하는 선행 사건과 후속 결과가 행동에 미치는 영향을 고려하여, 이를 수정하거나 조절함으로써 새로운 행동을 학습하고 기존 행동을 조절할 수 있는 기회를 제공한다(이소현, 박은혜, 2006). 행동 관리는 지속적인 관찰을 통해 개인의 반응 또는 반응 빈도를 높이기 위해 결과를 체계적으로 구성해야 하며, 주변 환경에 의해 통제될 수 있는 요소를 포함한다. 이

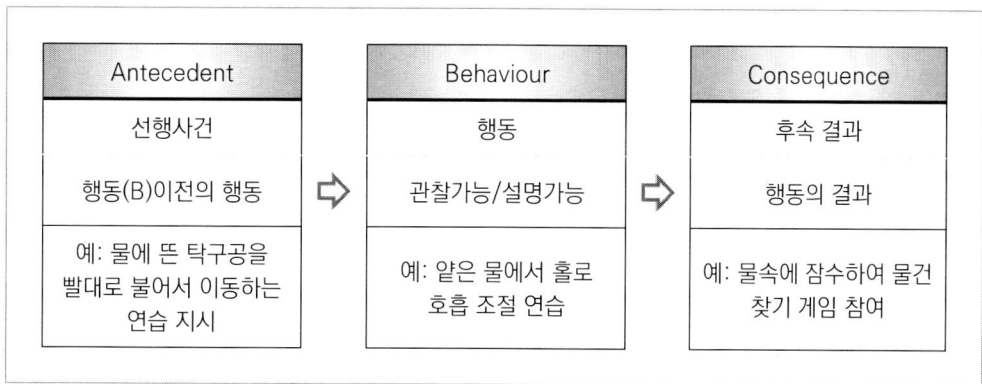

[그림 1.3.1] ABC 행동 접근법

접근법은 기술 습득을 촉진하는 데 활용되며, 지도 내용의 체계적인 조작을 통한 직접적인 방법과 선행 사건 및 수행 결과의 조절을 통한 간접적인 방법을 통해 사회적 행동을 유도할 수 있다(Winnick, 2011/2014).

조작적 조건 형성 기법은 지도자가 수영 기술을 보다 효과적으로 가르치고, 분열적 행동 disruptive behaviour 을 효과적으로 관리하는 데 유용하다. 조작적 조건 형성은 "행동에 영향을 미치는 행동과 환경 사건 간의 관계"로 정의되며, 이는 관찰 가능한 행동으로 나타나며, 예를 들어 물에 발을 담그거나, 물속으로 뛰어들거나, 얼굴에 물을 튀기거나, 빛을 응시하거나, 누군가를 때리는 행동을 포함할 수 있다. 조작적 조건 형성 원리에 따라 적절한 행동을 증가시키고 부적절한 행동을 감소시키기 위해서는 어떤 수단(강화물)을 사용할 것인지, 이를 어떻게 활용할 것인지(강화물 이용 방법), 그리고 어떤 방식(강화 기법)으로 실행할 것인지를 판단해야 한다. 강화는 미래의 행동 비율을 증가시키는 후속 결과와 밀접한 관련이 있다.

강화는 정적 positive 강화와 부적 negative 강화로 구분될 수 있다. 정적 강화는 특정 행동이 발생한 직후에 개인이 선호하는 자극(강화물)을 제공함으로써 해당 행동의 빈도나 확률을 증가시키는 자극이다. 반면, 부적 강화는 개인이 원하지 않는 특정 자극(주로 불쾌한 상황이나 사물 등)을 제거함으로써 바람직한 행동의 강도와 빈도를 높이는 방식이다(그림 1.3.2). 정적 강화와 부적 강화는 모두 행동의 빈도를 증가시킨다는 공통점을 가지고 있지만, 그 차이점은 정적 강화는 바람직한 행동을 통해 원하는 자극(예: 휴식, 칭찬, 음식 등)을 획득하는 반면, 부적 강화는 바람직한 행동을 통해 원하지 않는 자극(예: 운동장 돌기)을 회피할 수 있다는 점이다.

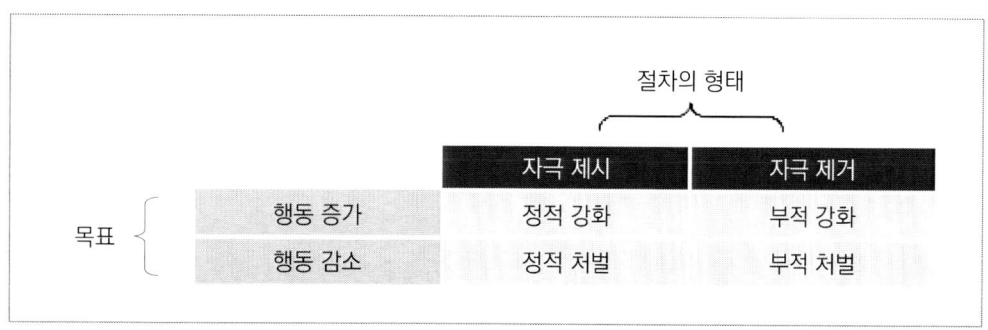

[그림 1.3.2] 조작적 강화와 벌(한국심리학회, 2014)

정적 강화

[그림 1.3.3] 정적 강화

정적 강화 positive reinforcement 는 행동이 일어난 다음에 선호하는 자극을 제공하여 해당 행동의 빈도를 증가시키는 과정을 의미한다. 이는 바람직한 행동이나 반응에 따른 긍정적인 결과를 나타내는 것으로 설명될 수 있다 (그림 1.3.3). 예를 들어, 어린 수영 강습자가 게으르게 행동하며 긴 레인을 4회만 수영하는 경우, 지도자는 강습자가 긴 레인을 2회 수영할 때마다 대기 지역에서 1분간의 자유 시간을 제공하겠다고 안내한다. 이후 몇 주에 걸쳐, 강습자는 긴 레인 수영 횟수를 20회로 증가시킨다. 이와 같이 긴 레인을 수영한 결과(행동)로 인해 강습생은 자유 시간을 얻게 되며, 이는 행동의 빈도(레인 수영)가 증가했음을 나타낸다. 또 다른 예로, 한 아이가 수영장에 들어가는 것을 매우 꺼리는 경우, 아이가 마침내 수영장에 입수하겠다고 응답하고 수영장 가장자리에 서게 되었을 때(반응), 지도자는 아이에게 큰 미소를 지으며 "수영장에서 만나서 반가워"라고 말한다(결과). 이후 수업 중, 그 아이는 매일 사회적 칭찬을 받게 되어 수영장 가장자리에 훨씬 더 빠르게 서게 된다.

정적 강화물은 특정 행동 이후에 발생하는 실제 결과를 의미한다. 앞서 언급한 예에서 자유 시간과 사회적 칭찬은 정적 강화물의 역할을 하였다. 정적 강화물은 지도자가 이를 "보상"으로 간주하는 것과는 무관하게, 행동의 결과로서 정의된다. 자유 시간은 학습자가 이를 얻기 위해 더 열심히 노력하도록 유도하는 가치 있거나 의미 있는 시간이어야 한다. 즉, 자유 시간이 수영 거리를 늘리는 데 효과적이지 않았다면, 이를 정적 강화물로 간주할 수 없다. 자유 시간은 수영을 통해 얻은 것이라는 의미에서 보상으로 해석될 수 있지만, 실제로 행동 빈도를 증가시킨 경우에만 정적 강화물로 분류될 수 있다. 이와 유사하게, 사회적 칭찬은 짧은 시간 내에 개인을 긍정적인 행동으로 유도할 때에만 정적 강화물로 인정될 수 있다. 축하의 말, 자유 시간, 선호하는 구기 운동의 허가, 리본, 별 딱지 등은 정적 강화물로 여겨질 수 있지만, 이러한 요소들이 행동에 미치는 영향을 명확히 확인하기 전까지는 그 효과에 대한 확신을 가질 수 없다.

정적 강화제는 행동의 변화를 유도하는 중요한 요소로 작용한다. 이는 특정 행동의 빈도, 속도 및 지속 시간을 증가시킴으로써 이루어진다. 그러나 한 상황에서의 정적 강화가 다른 상황에서 동일한 개인이나 다른 개인의 행동에 반드시 영향을 미친다고는 할 수 없다(그림 1.3.4). 예를 들어, 어떤 어린이는 다이빙 지역에서 자유 시간을 즐기고 이를 위해 수영하기를 원할 수 있지만, 다른 친구는 깊은 물을 두려워하거나 1분에 2회 왕복하는 것이 어렵다고 느낄 수 있어, 자유 시간을 정적 강화로 인식하지 않고 수영을 중단할 수도 있다. 따라서 장애인 수영 프로그램을 운영하는 지도자는 보상의 효과를 관찰해야 하며, 보상이 정적 강화제로 작용하기 위해서는 행동의 변화가 필수적이다.

장애인 수영 프로그램에 적용되는 대부분의 강화제는 참가자들이 인식할 수 있는 것들이다. 예를 들어, 금전적 보상을 사용할 경우, 수영자가 받은 동전이나 지폐는 그 자체로 정적 강화제가 되기 위해서는 그 가치가 인식되어야 한다. 또한, 별 딱지와 같은 보상은 수영자가 그 중요성을 인식한 후에야 긍정적인 반응을 이끌어낼 수 있다. 다행히도, 수영 지도자들은 장애 유무에 관계없이 대다수의 사람들이 등 두드리기, 미소, 언어적 칭찬과 같은 간단한 강화에 긍정적으로 반응한다는 점을 알 수 있다. 이러한 형태의 강화는 지도자가 쉽게 수행할 수 있는 방법이다.

토큰 강화 시스템 token systems 은 효과적으로 구축될 수 있다. 여기서 토큰은 그 자체로는 가치가 없지

[그림 1.3.4] 강화는 상황에 따라 다름

만, 특정 특권을 획득하는 데 사용될 수 있는 스티커나 동전 등을 의미한다. 사람들은 토큰이 구매 가치를 지닌다는 사실을 인식하게 되었다. 정적 강화물이 최대의 효과를 발휘하기 위해서는, 원하는 반응이 발생한 직후에 강화물을 제공해야 한다. 이러한 방식은 학습자가 강화물이 특정 반응에 대한 보상임을 이해하도록 돕는다. 만약 강화물이 지연되어 제공된다면, 이는 혼란을 초래할 수 있으며, 목표 행동의 빈도를 증가시키는 데 효과적이지 않을 것이다. 또한, 강화물의 크기가 한계 내에서 클수록 반응 빈도가 증가하는 경향이 있다.

벌

벌 punishment 의 목적은 원치 않는 행동을 제시하거나 긍정적인 반응을 제거하여 특정 행동의 빈도를 감소시키는 것이다. 벌은 최소화되어야 하지만, 특정 상황에서는 필요할 수 있다. 벌은 정적 강화와 같은 방식으로 행동에 미치는 영향을 기반으로 엄격하게 정의되며, 이 경우 행동의 빈도가 감소하게 된다. 예를 들어, 어린이가 스킨 다이빙 수업 중에 또래의 스노클을 방해하거나 다른 사람의 물안경을 벗기는 등의 부적절한 행동을 한다고 가정해 보자. 이때 지도자는 즉시 "내가 친구들과 다시 활동해도 된다고 말할 때까지 수영장 옆에 앉아라"라고 지시할 수 있다. 이러한 행동은 강습생이 부적절한 행동을 할 경우 강습을 받지 못하도록 하여, 시간이 지남에 따라 그 행동의 빈도가 감소하게 된다. 물 밖으로 내보내는 것은 특정 행동(스노클을 막는 행동) 이후에 긍정적인 경험(물속에 있는 것)을 하지 못하게 하여 벌의 역할을 한다. 만약 어린이가 물을 좋아하지 않는다면,

물 밖으로 내보내는 것은 효과적인 벌이 되지 않을 것이다. 또 다른 일반적인 예로는 핸드폰으로 게임하는 특권, 용돈, 자유 수영 시간 등을 제거하는 것이 있다.

벌은 감소하거나 제거해야 할 행동 이후에 부정적인 자극을 제시하는 것을 포함한다. 벌을 주는 사람의 전형적인 모습은 질책이다. 만약 강습생이 차례를 지키지 않고 부적절한 행동을 한다면, 지도자는 강한 목소리로 "얘기 그만해!"라고 말할 수 있으며, 이는 시간이 지남에 따라 그 행동을 멈추게 할 수 있다. 부적절한 언동은 이러한 질책을 통해 제거될 수 있으며, 질책은 처벌로 분류될 수 있다.

지도자들은 의도된 벌이 정적 강화로 작용하지 않도록 주의해야 한다. 예를 들어, 지도자가 다른 강습생이 "날 봐, 날 봐, 날 봐"라고 소리치는 부적절한 행동을 하는 동안 "아니, 나는 널 보지 않을 거야. 바보 같은 짓 그만둬."라고 질책한다고 가정해 보자. 그러나 몇 번의 수업을 통해 지도자는 소리치는 행동의 빈도가 증가한다는 사실을 알게 된다. 질책은 벌을 주는 것이 아니라 소리치는 행동을 강화하는 결과를 초래할 수 있다. 강습생은 관심을 받고 싶었을 수도 있으며, 이른바 벌하는 질책이 그들에게 필요한 관심이 되었을 수 있다. 따라서 질책은 강화되고, 결과적으로 소리치는 행동이 증가하게 된다. 또 다른 예로는 부적절한 행동이 의도치 않게 강화될 수 있는 경우를 들 수 있다. 두 명의 지도자가 물가에서 대화 중 한 사람이 대화에 끼어들었을 때, 지도자 중 한 명이 "방해해서는 안 된다"라고 말했음에도 불구하고 요청 사항을 처리하고 대화를 계속하는 경우, 무례한 행동이 긍정적으로 강화된 것이다. 결국 그 사람은 지도자를 기다릴 필요가 없게 되며, 지도자는 방해 행위를 긍정적으로 강화하고 있다. 벌을 주는 사람과 강화물은 항상 행동에 미치는 영향을 기준으로 명명되어야 하며, 의도된 행동에 대한 영향이 아니다.

벌은 때때로 효과가 없을 수 있다. 앞서 언급했듯이, 의도적인 벌이 강화물로 작용할 수 있으며, 벌의 강도가 충분하지 않을 수도 있다. 예를 들어, 특정 버스 좌석에 앉을 권리를 제거하는 것은 적절한 처벌이 아닐 수 있다. 벌은 적절한 강도로 주어져야 하며, 엄중한 벌은 명확한 도덕적 함의를 가져야 한다. 사회적 질책이나 수업에서 제외하는 것 외에도, 장애인 수영 지도자는 강습생의 행동 치료사, 상담사, 학교 교사 등의 지시가 없는 한 벌을 주어서는 안 된다. 전문가들은 일반적으로 부모와 협력하여 일한다. 처벌의 또 다른 어려움은 부작용이다. 예를 들어, 벌을 받은 사람은 감정적으로 화가 나서 탈출이나 회피 반응을 보일 수 있다. 이는 강습생들이 향후 수영 강습을 피하게 만들 수 있다. 따라서 벌을 사용해야 한다면, 바람직한 행동이 정적으로 강화되는 환경에서 이루어져야 한다. 다음에 설명할 소거는 벌의 문제점을 방지하기 위해 고려해야 할 사항이다(Reid & O'Neill, 1989).

소거

소거 extinction, 消去 라는 용어는 부정적인 행동을 완전히 제거하는 것을 의미하며, 이는 조건 반사에서 강화가 더 이상 제공되지 않을 때 해당 반응이 나타나지 않게 되는 과정을 설명한다. 어떤 방식으로든 강화되지 않는 반응은 그 빈도가 감소하고 궁극적으로 중단한다. 이러한 현상이 소거이다. 부적절한 행동이 신체적 또는 심리적 해를 끼치지 않는 경우, 종종 무시함으로써 효과적으로 처리될 수 있다. 예를 들어, 어린이가 두 지도자를 방해하는 상황을 다시 살펴보면, 만약 강습생이 소리를 지르지 않으면 지도자들은 그들의 대화를 계속할 수 있을 것이다. 대화가 끝난 후, 지도자들은 방해한 학생의 관심사를 다루고 싶을 수도 있다. 그러나 그 강습생이 무시당하게 되면, 시간이 지나면서 그 행동은 소거될 것이다. 유사한 상황은 지도자가 말하는 동안 한 강습생이 잡담하거나 부적절한 행동을 하여 주의를 끌어야 하는 강습에서 자주 발생한다. 이 경우, 부적절한 행동이 강화되고 있으므로 교사는 해당 학생의 행동을 무시하는 것이 바람직할 것이다. 이는 다른 학생들이 혼란을 정적으로 강화하지 않는다는 전제를 바탕으로 한다. 소거 절차를 처음 시작할 때, 부적절한 행동은 감소하기 전에 오히려 증가할 수 있으며, 강습생이 포기하기 전에 관심을 끌기 위한 시도가 증가할 수 있다.

소거는 종종 긍정적인 강화와 함께 효과적으로 사용된다. 즉, 부정적인 행동을 무시하고 긍정적인 행동을 강조하는 방식이다. 강습생이 부적절한 행동을 보일 경우, 해당 행동을 무시하도록 유도한다. 반면, 강습생이 적절하게 행동하고 원하는 대로 행동할 때, 그러한 반응은 바람직하다고 평가된다. 우리는 종종 "이제 요청한 행동을 할 때가 되었다"라고 속삭이는 경향이 있다. 예를 들어, "학습자가 긍정적으로 행동하도록 유도하라", "잘 들어라", "줄을 서서 기다려줘서 고맙다", "물속으로 뛰어드는 모습이 좋았다"와 같은 메시지를 전달한다. 많은 숙련된 지도자들은 "강습생이 잘하는 행동을 포착하고 강화하도록 노력하라"라고 강조한다.

행동 형성과 행동 연쇄

앞서 설명한 내용은 강화될 수 있는 행동이 발생할 것이라는 가정에 기초하여 논의되었다. 그러나 특히 신체적 기술과 관련하여 이러한 행동은 복잡하여 쉽게 발생하지 않을 수 있다. 행동을 유지하거나 증가시키기 위한 방법으로는 행동 형성과 행동 연쇄가 있다. 행동 형성 shaping 은 소규모로 분석된 일련의 행동을 단계적으로 강화하여 새로운 목표 행동에 점진적으로 접근하도록 하는 과정을 의미한다. 이 방법은 새로운 기술을 가르칠 때 가장 일반적으로 사용된다. 반면, 행동 연쇄 chaining 는 특정 목표 행동을 수행하기 위해 필요한 행동을 일련의 단계로 세분화하고, 학생이 이 단계를 순차적으로 수행하도록 하는 과정을 나타낸다(최승권, 2018). 행동 형성은 최종 반응이 달성될 때까지 최종 응답에 대한 작은 진전을 강화하는 방식으로 진행된다. 과제 분석은 부분적으로 이러한 조작적 조건화 원리에 기초하고 있다. 예를 들어, 크롤을 가르칠 때 팔을 돌리는 풍차 동작 windmill action 을 강화할 수 있다. 여러 차례의 강습과 추가 지도가 이루어진 후, 팔 동작의 회복 단계가 물 밖에서 실행되지 않으면 강화는 보류될 수 있다. 마지막으로, 보강을 제공하기 전에 팔꿈치가 굽혀져야 한다. 이러한 과정을 통해 팔 동작이 형성된다. 때때로 특정 행동에서는 반응이 연속적으로 발생해야 할 필요가 있다. 이러한 일련의 반응은 행동 연쇄(behavior chain)로 정의된다. 행동 연쇄의 각 구성 요소는 개인의 행동 레퍼토리에 이미 존재할 수 있으나, 개인은 행동 연쇄를 정확한 순서로 수행하는 방법을 학습해야 한다. 예를 들어, 수영 수업을 받기 위해서는 일련의 결과가 발생해야 한다(그림 1.3.5).

[그림 1.3.5] 수영 강습을 위한 행동 연쇄

새로운 환경에 대한 두려움이나 물에 대한 극심한 공포를 가진 중증 장애인은 행동 연쇄의 구성 요소를 개별적으로 수행할 수 있음에도 불구하고, 전체 행동 연쇄를 수행하는 데 어려움을 겪거나 저항을 보일 수 있다. 이 경우, 행동 연쇄의 각 단계를 강화할 필요성이 있을 수 있으며, 각 단계에서 상당한 개선이 이루어질 수 있다. 예를 들어, 수영장 건물에 들어가는 것에 대한 거부감을 느끼는 중증 장애인이 한동안 풀 가장자리에 앉아 발로 물을 튕기는 방법을 배웠다면, 이는 상당한 향상을 나타내는 사례로 볼 수 있다. 행동 형성과 행동 연쇄는 새로운 기술을 가르치는 데 효과적인 방법이 될 수 있다. 행동 형성은 움직임이 복잡하고 유사한 요소가 충분할 때 발생하며, 행동 연쇄는 개별적으로 수행되는 순서가 뚜렷한 단계로 구성될 때 적용된다.

역행 행동 연쇄 backward chaining 는 지도자들이 숙지해야 할 중요한 기술이다. 특정 행동들은 이 기법에 특히 적합하다. 이 방법은 행동 연쇄의 첫 번째 단계를 강화하는 대신, 마지막 단계를 먼저 수행하는 방식이다. 예를 들어, 지도자나 보조자가 강습생에게 혼자서 옷을 입는 방법을 가르치고자 할 때를 가정해 보자.

양말을 신는 과정을 위한 간단한 역행 행동 연쇄 절차는 다음과 같다.

○ 지도자는 양말을 발가락과 발뒤꿈치 위에 놓고, 강습생은 양말을 다리 위로 당긴다. 이때 지도자는 강습생의 행동을 강화한다.

○ 지도자는 양말을 발가락에 놓고, 강습생은 양말을 발뒤꿈치 위로 끌어올린 후 다리 위로 올린다. 이 과정에서도 지도자는 강습생의 행동을 강화한다.

○ 마지막으로, 강습생은 발가락 위에 양말을 올리고, 이때 지도자는 다시 강화한다.

그러나 사다리를 타고 내려오거나 얼굴에 물을 튀기고 머리를 담그는 것과 같은 최종 구성 요소가 두려운 경우, 이 기법은 적합하지 않다. 이러한 경우에는 순행 행동 연쇄를 유지하는 것이 바람직하다.

프리맥 원리

프리맥 원리 Premack principle 는 학습자가 선호하는 활동을 활용하여 덜 선호하는 활동에 대한 학습 동기를 증진시키는 개념이다. 예를 들어, 학습자가 물에 떠 있는 것을 싫어하고 물장구치기를 좋아하는 경우, 물에 떠 있는 동안 열까지 세는 과제를 수행한 후에 물장구치기를 하도록 하는 방식이다. 즉, 학습자가 선호하는 활동 자체를 강화물로 활용하는 것이다. 이러한 강화물을 활용함으로써 학습자는 자신이 선호하는 활동에 참여할 수 있으며, 이는 다른 활동에 대한 학습 동기를 부여하는 데 기여한다.

촉진

촉진 prompts 은 학습자가 특정 행동을 수행할 수 있도록 간략한 단서를 제공하는 자극으로 정의된다. 이러한 단서는 각 강습 시간마다 제공되어야 하며, 학습자가 반응할 때까지 지속적으로 제공되어야 한다(Sherrill, 2004). 학습 강화 기법으로서 촉진은 다음의 네 가지 유형으로 분류될 수 있다.

신체적 촉진

지도자가 강습생의 신체에 접촉할 때, 예를 들어 크롤 동작을 수행하는 과정에서 신체적 지원이 상당히 필요하여 팔을 잡고 동작을 조정하는 경우가 발생할 수 있다. 촉진의 정도가 낮은 경우(감소)는 팔꿈치 아래를 가볍게 두드려 팔꿈치를 올리도록 유도하는 방식이다. 모든 촉진은 지도자와 강습생 간의 직접적인 신체 접촉에 의존하지 않고, 킥보드를 잡고 활동하는 동안 지속적으로 이루어져야 한다는 점이 중요하다.

시각적 촉진

지도자는 강습생이 특정 동작이나 순서를 집중적으로 관찰하도록 유도하는 방법을 사용한다. 예를 들어, 고급 시각적 촉진의 경우, 지도자는 강습생에게 거품을 불어내는 과정을 관찰하게 한 후, 지도자와 함께 해당 동작을 반복하도록 한다. 시각적 촉진을 감소시키는 방법으로는, 지도자가 입술을 오므리는 동작을 과장하여 시연하고, 강습생에게 입술을 오므리는 자세를 기억하도록 하여 동작을 수행하도록 유도하는 방식이 있다.

언어적 촉진

지도자는 다양한 형태의 소리, 단어 및 지시를 활용하여 의사소통을 수행한다. 예를 들어, 고급 언어적 촉진은 지도자가 특정 동작(예: "아래로-2-3, 위로-2-3")을 통해 학습지를 언어적으로 안내하는 과정을 포함할 수 있다. 언어적 촉진이 감소하는 경우에는 팔을 아래로 내리는 동작을 상기시키는 것이 포함될 수 있다.

촉진 없음

이 경우, 지도자는 앞서 언급한 세 가지 촉진 방법을 직접 활용하지 않고도 특정 기술을 유도하기 위해 강습생의 주변 환경을 조성할 수 있다. 초기 두 가지 촉진 방법인 신체적 촉진과 시각적 촉진은 강습생이 구두 지시에 반응할 수 있도록 항상 언어적 촉진과 함께 이루어져야 하며, 지도자는 최소한의 보조를 제공하면서 강습생에게 과제를 시작할 기회를 부여하는 것이 중요하다. 또한, 강습생의 기술 수준이 향상됨에 따라 지도자의 보조 정도는 점차 감소해야 한다. 예를 들어, 강습생이 숨을 내쉰 후에는 거품을 불어내도록 구두로 지시하는 것만으로 충분하다. 신체적 촉진은 점진적으로 감소하거나 서서히 줄여야 하며, 이를 '용암법 fading, 溶暗法' 이라고 한다. 이는 지도자가 제공하는 보조를 점진적으로 줄이는 것을 의미한다. 신체적 촉진의 경우, 강습생이 물속에서 위아래로 동작하는 과정에서 지도자가 강습생의 손을 잡을 때 가해지는 압력을 줄일 수 있다. 언어적 촉진의 경우, 강습생이 과제를 수행할 때 전체 기술 지침에서 몇 가지 주요 내용을 간소화하여 언어적 촉진의 양을 줄일 수 있다. 한편, 촉진에 대한 몇 가지 일반적인 사항을 고려할 필요가 있다.

○ 강습생에게 의미 있는 촉진을 제공하는 것이 중요하다. 예를 들어, 강습생이 신체적 촉진보다 언어적 촉진에 더 잘 반응하는 경우, 교육적 대화에서는 언어적 촉진에 중점을 두어야 한다.
○ 촉진의 타이밍은 매우 중요하므로, 기술 시연 직전에 촉진을 적용하는 것이 바람직하다.
○ 지도자는 강습생이 독립적으로 기술을 수행하고 기능적인 여가 기술을 습득할 수 있도록 촉진을 점진적으로 감소시키는 방법 fading prompts 을 숙지해야 한다.

촉진을 점진적으로 감소시키는 과정에서 고려해야 할 몇 가지 사항은 다음과 같다.

첫째, 강습생이 과제를 시도할 때까지 기다린 후 촉진을 제공해야 한다. 둘째, 강습생이 기술을 자신 있게 수행할 수 있는 경우에 촉진을 서서히 줄여야 한다. 셋째, 촉진을 감소시키기 위한 지침은 언어적 및 신체적 촉진에서 시작하여 언어적 및 시각적 촉진, 언어적 촉진, 그리고 최종적으로 촉진 없음으로 변화하는 과정을 포함한다. 넷째, 촉진을 점진적으로 줄이기 시작할 때는 유연성을 유지해야 하며, 목표는 촉진을 줄이는 것이지만, 만약 정체 또는 회귀가 발생할 경우 촉진을 다시 증가시킬 가능성을 고려해야 한다. 마지막으로, 강습생과 지도자 간의 신체적 근접성의 중요성을 인식해야 하며, 두 사람 간의 거리 변화가 촉진의 효과에 영향을 미칠 수 있음을 유념해야 한다.

용암법

용암 fade-out: 溶暗 은 영화나 TV에서 화면이 처음에는 밝다가 점차 어두워지는 현상을 지칭하는 용어이다. 용암법 fading 은 지원이나 촉진 prompt 을 점진적으로 감소시켜 학습자가 스스로 문제를 해결하도록 유도하는 행동 중재 기법 중 하나이다. 강화물 용암은 강화 계획을 연장하여 각 개인이 더 높은 수준의 수행을 하거나 더 빈번하게 반응해야 함을 의미한다. 예를 들어, 특정 수영 경로를 따라 완주할 때마다 정적 강화를 받던 학습자는 강화를 받기 위해 두 번의 성공을 거쳐야 하며, 이후에는 세 번의 성공이 요구된다(Winnick, 2011/2014).

4

수영 기술
지도 원리

4

수영 기술 지도 원리

~~~~~~~~~~

01 수영 지도자의 품성

장애가 있는 개인을 대상으로 수영을 지도하는 경우, 일반 수영 지도자와는 구별되는 특별한 지식과 인성이 요구된다고 생각된다. 사람을 지도하는 데 있어 특별한 능력이 존재하는가에 대한 질문이 제기될 수 있다. 수영 지도를 효과적으로 수행하기 위해서는 수영에 대한 전문 지식이 필수적이며, 지도 대상의 신체적, 인지적, 정서적 특성을 이해하고 수영 기술을 분석할 수 있는 능력 또한 필요하다. 더불어, 수영 지도자로서 올바른 품성을 갖추는 것이 중요하다. 즉, 누구나 보기에도 부드럽고 친절한 지도자가 이상적인 지도자라고 할 수 있다. 장애인을 대상으로 수영을 지도하는 사람에게는 다음과 같은 품성이 요구된다(Dunn, 1997; 최승권, 2018).

정서적 성숙

정서적 성숙이란 감정에 휘둘리지 않고 주어진 환경에 적응하며 문제를 해결하는 능력을 의미한다. 이는 장애인을 대상으로 하는 수영 지도자가 갖추어야 할 가장 중요한 자질 중 하나로 평가될 수 있다. 지도자는 장애인들이 안정적인 환경을 조성하여 물에 적응하고 수영 기술을 습득할 수 있도록 지원해야 한다. 만약 지도자가 자신의 심리적 문제를 해결하지 못한다면, 강습생의 문제를 효과적으로 해결하기 어려울 것이다. 장애인의 특성상 정서적 안정이 필수적인 상황에서, 지도자가 자신의 감정을 조절하지 못하고 부정적인 태도를 보일 경우, 이는 강습생의 부적응 행동을 유발할 수 있는 요인이 될 수 있다.

인내와 유머 감각

물은 모든 사람에게 편안한 환경이 아닐 수 있으며, 수영을 배우기 위해 자발적으로 참여하더라도 두려움을 느낄 수 있다. 이러한 상황에서 부드럽고 여유로운 유머를 제공할 경우, 이들은 어떤 반응을 보일까? 인내심과 유머 감각은 수영 강사가 갖추어야 할 중요한 자질로 평가된다. 장애가 있는 학습자들은 발전 속도가 때때로 매우 느릴 수 있으므로, 인내심을 가진 태도가 필요하다. 이들은 학습 과정에서 도움에 감사함을 느끼지만, 동시에 스스로의 능력을 발휘하고 자립하며 최대한 "정상"에 가까워지기를 희망한다. 따라서 수영 강사는 이러한 욕구에 민감하게 반응해야 하며, 학습자가 집중할 수 있는 질 높은 프로그램을 제공해야 한다.

창의력

수영 지도 시 기술이나 장비를 활용하여 활동을 진행하는 데 있어 기존의 방법만으로는 지도에 어려움이 발생할 수 있다. 지도자는 운동 기술의 수행 능력뿐만 아니라 장비의 개선을 통해 효과적인 지도를 제공해야 할 필요가 있다. 이 과정에서 요구되는 것은 지도자의 창의적 사고이다. 신체적 또는 인지적 제한이 있는 경우, 상상력이 풍부한 지도자는 프로그램에 적합한 시설과 장비를 조정하고 수정할 수 있다. 창의적인 지도자는 특정 개인의 요구를 충족시키기 위해 적절한 대안을 제시할 수 있는 능력을 갖추고 있다. 더 나아가, 창의적인 지도자는 자신이 가르치는 이들이 창의력을 발휘할 수 있도록 지원하고 격려하는 데 뛰어난 역량을 보인다. 수영을 지도하는 과정에서 적절한 운동 기술 패턴을 강요할 경우, 학습자의 수행 의욕이 쉽게 저하될 수 있다.

조직 능력

조직 능력은 강습을 체계적으로 운영하는 능력으로 정의되며, 훌륭한 지도자는 수영 프로그램을 효율적으로 진행하여 시간 낭비를 최소화한다. 지도 방법에 관계없이, 신중하게 계획된 강습 절차와 잘 조직된 수영 강습은 높은 효율성과 뚜렷한 성과를 나타낼 수 있다. 조직 능력이 뛰어난 경우, 지도 대상자들은 원하는 목표를 보다 쉽게 그리고 확실하게 달성할 수 있다. 반면, 강습 계획 없이 진행되는 수영은 학습 효과를 기대하기 어려울 뿐만 아니라 행동 관리가 이루어지지 않아 시간 낭비를 초래할 수 있다.

긍정적 태도

수영 지도자가 강습생을 대하는 긍정적인 태도는 필수적인 덕목으로 간주된다. 지도자는 민감성과 이해심을 갖추어야 하며, 지나치게 걱정하지 않는 태도를 유지해야 한다. 장애가 있는 학생들은 적절한 경우에 지도, 활동, 장비에 있어 장애가 없는 학생들과 동등한 참여 자격을 가지며, 필요에 따라 활동 관련 요소들을 조정하여 지도를 받아야 한다. 강습 참가자와 그 보호자는 평등한 경험을 창출하기 위해 필요한 것 이상의 특별한 대우를 요구하거나 기대하지 않는다. 그러나 지도자들은 지나치게 걱정하고 지원하려는 경향을 보일 수 있으며,

이는 결국 지도자의 긍정적인 태도에 부정적인 영향을 미칠 수 있다. 또한, 헌신적이고 유능한 수영 지도자는 강습 계획 및 설계, 행동 관리 및 실제 지도, 적절한 관리를 통한 프로그램 최적화, 학교 및 지역사회 프로그램과의 연계를 통한 활성화 등 다양한 기술을 습득해야 한다. 특히, 장애로 인해 독특한 요구를 가진 강습생을 지도하기 위해서는 지도자가 우수한 기량을 갖추는 것이 필수적이다. 더불어, 전통적으로 지도 프로그램에서 강조되지 않았던 부가적인 업무에 대한 준비도 필요하다. 이러한 과제에는 개별화된 수영 지도를 위한 목표 설정, 활동 변형, 과제 분석, 적절한 보조 제공, 자원봉사자 및 보조교사에 대한 지도 및 관리, 전문가와의 협력 및 학부모 상담, 문제 행동에 대한 효과적인 관리, 그리고 문서 작성 및 행정 처리와 같은 업무가 포함된다.

02 수영 지도의 설계

수영 교육을 실시할 때, 설계도가 필수적인 것처럼, 체계적인 지도 계획을 위한 문서가 필요하다. 일부 수영 지도자는 오랜 경험에 의존하여 모든 강습생이 유사한 수준에 있다고 잘못 판단하고, 이에 따라 강습 계획을 수립하지 않고 지도할 수 있다. 특히 장애인이 수영을 배우고자 할 때, 이러한 지도자로부터 수업을 받는 것은 바람직하지 않다. 지도 내용의 일부는 임시방편적으로 처리할 수 있지만, 대상자의 특성을 고려하지 않고 현재의 수행 능력 평가와 목표 설정 없이 진행되는 지도는 교육의 효과성을 보장할 수 없다.

강습생이 경험해야 할 내용을 체계적으로 조직한 전체 지도 계획은 교육과정으로 정의된다. 이는 주로 학교 교육에서 사용되는 용어이나, 수영 프로그램의 강습 계획으로 이해할 수 있다. 강습 계획을 수립하는 이론에는 발달 교육 모형, 인간 중심 모형, 움직임 교육 모형 등이 존재하지만, 본 논문에서는 장애가 있는 사람들이 수영 강습을 통해 성취한 결과를 바탕으로 지도 설계를 제안한 Kelly(2011)의 성취-기반 지도(교육과정) 모델 Achieve-Based Curriculum ABC model 을 중심으로 설명하고자 한다.

성취-기반 교육과정(ABC 모형)

성취-기반 교육과정 Achieve-Based Curriculum 모델(Kelly, 2011)은 수영 교육 과정에서 발생할 수 있는 문제를 해결하기 위한 체계적인 접근 방식으로 정의될 수 있다. '성취 기반 achievement-based'이라는 용어는 장애가 있는 개인이 수영 강습을 완료했을 때, 그들이 어느 정도의 수영 기술을 수행할 수 있는지를 교육의 궁극적인 목표로 삼고 있음을 의미한다. 이는 수영 기술의 이해와 수행 능력에 중점을 두고, 이를 바탕으로 교육 계획을 수립하여 지도하는 과정을 포함한다. 즉, 강습을 통해 달성하고자 하는 목표를 기반으로 하여 교육 계획을 설계하는 과정이라고 할 수 있다. ABC 모델은 프로그램 계획, 사정, 실행 계획, 교수, 평가 등 다섯 가지 요소로 구성되어 있으며, 이는 [그림 1.4.1]에서 확인할 수 있다(Wessel & Kelly, 1986). 이 다섯 가지 구성 요소는 각각 독립적인 특성을 지니고 있지만, 상호 의존적인 관계를 형성하고 있다. 예를 들어, 강습생들이 학습 목표를 인식하기 전에는 사정이 불가능하며, 강습생을 대상으로 학습 목표에 대한 사정 assessment 을 실시하고 이 정보

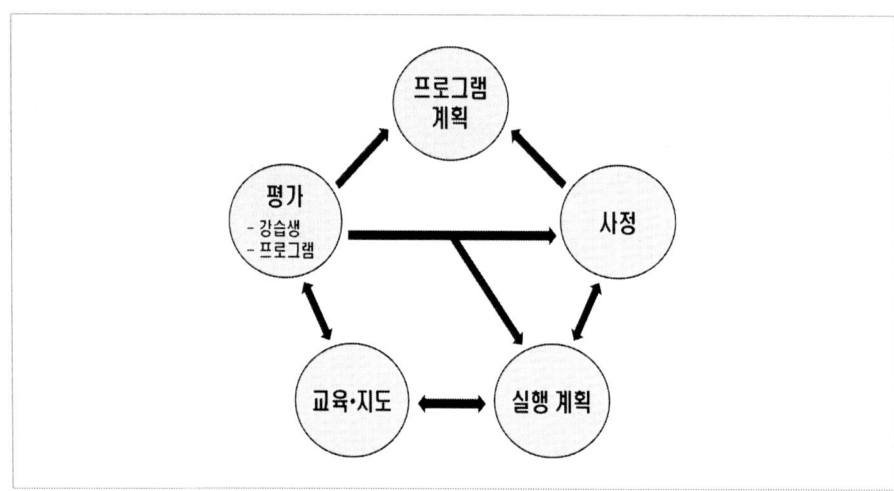

[그림 1.4.1] 성취-기반 교육과정: ABC 모델의 구성 요소와 관계 (Kelly, 2011).

를 실행 계획에 반영하기 전까지는 지도 활동을 시작할 수 없다. 이러한 모든 과정은 명시된 프로그램 계획을 준수해야 한다. 프로그램을 효과적으로 운영하기 위해서는 지도자가 강습생에 대한 지속적인 사정을 수행해야 하며, 지도 계획을 수립하기 위해서는 사정 자료를 활용해야 하고, 진도 및 지도 효과성, 프로그램 계획의 적절성을 평가하기 위해서는 평가 자료를 이용해야 한다(Kelly & Melograno, 2004). 성취 기반 교육과정 Achieve-Based Curriculum 과 관련하여 ABC 모델의 다섯 가지 구성 요소의 개념을 요약하면 다음과 같다(Kelly, 2011).

프로그램 계획

ABC 모델에서 프로그램을 계획하는 방법은 목표 기술을 수행하도록 하고 부족한 기능 부분을 분석하여 기술을 보완하는 과정을 반복하는 하향식 접근법 top-down approach 하향식 접근법 top-down approach 을 채택한다. 이 접근법은 가능한 기능적 기술을 목표로 하여 실행에 필요한 시간과 자원을 파악하여 설계하는 것을 포함한다. 프로그램 실행 계획은 장애가 있는 학습자의 독특한 요구와 이용 가능한 시간에 맞추어 설계된다.

사정

두 번째 단계는 의사결정을 위한 정보 자료를 수집하는 과정으로, 장애 유형, 스포츠 등급, 현재 수행 능력 수준, 최소 제한 환경 least restrictive environment, LRE 배치 판단, 수영 지도 시 요구되는 사항 등을 규명한다.

강습 실행 계획

본 단계는 강습생의 요구 사항을 반영하여 강습 계획을 수립하는 과정이다. 특히, 수업 중 어려움을 겪는 장애가 있는 개인을 지도하거나 이전에 수영 학습에서 부정적인 경험을 가진 학습자에게는 체계적인 지도 계획이 필수적이다. 수업 계획을 개발하는 실제 과정은 비교적 간단하다. 독특한 요구가 있는 대상에 대해 창의적인 활동은 흥미롭게 진행되며, 즉각적인 피드백을 제공하고 과제 수행 시간을 극대화하는 데 중점을 둔다.

교육/지도

지도는 설정된 목표를 달성하기 위해 교육 환경을 관리하는 역동적인 과정이다. 효과적인 지도 방법은 다음과 같다.

○ 정확한 평가 자료를 확보한다.
○ 교육생과의 대화를 통해 과제 수행에 필요한 초점이 무엇인지, 잘못 수행되고 있는 부분은 무엇인지, 그리고 이를 어떻게 수정할 수 있을지를 논의한다.
○ 초점에 대한 명확한 피드백을 제공한다.
○ 과제에 대한 집중 시간을 극대화하고, 반복적인 수정 시도를 많이 한다.
○ 평가 및 개선이 가능한 교육 계획을 수립한다.

평가

ABC 모형의 평가는 설정된 목표와 예측에 따라 변화의 정도를 측정하고, 이러한 변화의 가치를 평가하여 학습자의 수행력 자료를 분석하는 과정이다. 평가는 형성 평가와 총괄평가로 구분될 수 있다. 형성 평가는 교육 과정 중 목표 도달 시점까지의 수행력을 측정하는 반면, 총괄평가는 설정된 기준에 대한 수행력이나 진도를 해석하기 위해 주기적으로 실시된다. 지도 초점에 대한 피드백을 제공하기 위해 특정 기술 수행에 지속적으로 초점을 맞추어 평가하는 것이 형성 평가의 특징이다.

03 개별화 수영 지도 계획

개별화 교수 individualized teaching 또는 개별화 지도는 전통적인 정형화된 교육 방법이 학생들의 다양한 요구를 충족시키지 못한다는 인식에서 출발한 교육 모형이다. 이는 각 개인에게 적합한 학습 프로그램을 제공하기 위해 설계된 접근 방식이다. 개별 지도 모형은 학생들이 미리 계획된 학습 과제의 순서에 따라 자신에게 맞는 속도로 학습할 수 있도록 구성된다(Siedentop, 1983/1991). 개별화 접근법은 반드시 일대일(1:1) 학습을 의미하는 것이 아니라, 학생들의 교육적 요구에 적합한 방식으로 지도를 받아야 함을 강조한다. 예를 들어, 수영 교육을 받을 때, 개인의 강습 경험과 장애의 특성에 따라 물에 대한 적응력과 수영 기술이 다를 수 있으므로, 효과적인 지도를 위해 개별화 교육 계획 individualized educational plan, IEP 을 수립할 필요가 있다. 따라서 장애인을 대상으로 하는 수영 강습은 '개별화 수영 지도 계획'을 마련하고 실행해야 한다.

개별화 수영 지도 계획의 구성 요소

수영 지도 계획은 지도자가 단독으로 작성하는 것이 아니라, 강습에 참여하는 모든 관련 인력이 함께 참여해야 한다. 예를 들어, 뇌성마비를 앓고 있는 학생이 경련 증상과 구축 예방을 위해 물리치료를 받고 약물을 복용하며 학교에 재학 중인 경우, 수영 지도자는 물론 물리치료사, 약사, 전문의, 학교 체육 교사, 보호자 등이 모두 협력하여 참가자의 신체적, 병리적, 인지적 특성을 종합적으로 고려한 수영 지도 계획을 수립해야만 효과적인 지도 결과를 기대할 수 있다. 비록 이러한 접근이 이론적으로만 보일 수 있으나, 올바른 지도 계획을 수립하기 위해서는 모든 관련자의 노력이 필수적이다.

지도 계획은 강습 참가자의 현재 수영 수준, 목표 설정, 목표 달성에 소요되는 시간, 목표 달성 여부의 평가 방법 등을 명확히 설명하는 체계적인 문서이다. 개별화된 지도 계획의 구성 요소에는 인적 사항, 현재의 수영 수행 수준, 장기 및 단기 지도 목표, 강습의 시작 및 종료 시기, 지도 방법 및 평가 계획, 기타 협의자들이 정하는 사항이 포함된다. 개별화 수영 지도 계획은 매우 다양할 수 있으며, 미국의 장애인 교육법 (Individuals with Disabilities Education Act, IDEA, 1997)에서 요구하는 개별화 교육 계획의 구성 요소는 다음과 같다.

- ○ 학생, 부모, 교사의 인적 사항(장애 유형 및 판정 등급 포함)
- ○ 학생의 현재 수행 능력 수준
- ○ 측정 가능한 구체적인 연간 목표와 단기 목표
- ○ 제공될 특수교육, 관련 서비스 및 지원 사항
- ○ 개별화 교육의 기간과 교육 과정 수정 등의 시작 일자, 기간, 빈도, 장소
- ○ 연간 목표 향상 결과의 측정 방법(타당도와 신뢰도가 인증된 검사 도구)
- ○ 부모에 대한 정기적인 통지 방법
- ○ 부모의 승인

지도 계획의 예: 목표 설정 1

[그림 1.4.2]는 초등학교 6학년 여학생으로서 뇌성마비 장애(특히 하지의 마비 상태가 더 심한 편이다)와 지적장애가 있는 강습 희망자를 대상으로 한 개별화 수영 지도 계획의 예를 제시한 것이다(Block, 2000; 2007).

지도 계획의 예: 목표 설정 2

강습생에 대한 사정 자료를 바탕으로, 수영 기술 지도를 위한 방향을 검토하고 몇 가지 목표를 그릴 수 있다. 개별화 수영 지도의 목표는 다음과 같이 설정할 수도 있다(Reid & O'Neill, 1989).

- **장기 지도 목표 1:** 물속에서 서고 걷는 능력이 향상될 것이다.

- **현재 수행 능력 수준:** 1.2m 깊이의 풀에서 도움 없이 스스로 10초간 서 있을 수 있다. 몸을 약간 뒤로 기울이고, 넘어지지 않을 만한 힘과 균형을 유지하기에 어려움이 있다. 균형을 잃지 않은 채 네 발걸음을 걸을 수 있다. 그 후는 몸의 균형을 잡고서 힘을 지탱할 수 있는 신체 반응 부족으로 넘어진다.

- **단기 지도 목표:**
  1. 1.2m 깊이의 물속에서 4회 중 3회를 스스로 몸을 지탱하며 1분간 서 있을 수 있다.
  2. 1.2m 깊이의 물속에서 4회 중 3회를 3.3m 거리까지 걸어가는 데 성공한다.

- **장기 지도 목표 2:** 물에 뜬 상태로 배영을 할 수 있는 능력을 기른다.

- **현재 수행 능력 수준:** 목에 부유 기구를 착용하고 누운 자세로 15초간 물에 떠 있을 수 있으며, 이는 당황하여 몸을 틀기 전까지 유지될 수 있다. 이때 긴장을 완화하고 팔을 벌려 편안한 자세를 유지하는 것이 중요하다. 수중에서 추진력을 얻기 위해 팔을 움직이지만, 좌우의 신체 협응력이 부족하여 몸이 뒤틀리는 현상이 발생한다. 수영을 배우는 사람들은 몇 차례의 스트로크를 시도한 후 당황하여 몸을 돌리게 된다. 누워서 수영하는 것이 필요한 몇 가지 이유는, 엎드려 떠 있는 경우 호흡이 어려워지고 수영장의 물을 삼킬 위험이 있으며, 배영 자세가 물을 가로질러 나아가는 데 더 용이하기 때문이다.

- **단기 지도 목표:**
  1. 목에 부유 기구를 착용한 채 4회 중 3회를 약 3분간 몸을 틀지 않은 채 뜨기에 성공한다.
  2. 목에 부유 기구를 착용한 채 4회 중 3회를 1.2m 깊이의 풀에서 3.3m 거리까지 양팔을 저어서 앞으로 추진하는 데 성공한다.

- **장기 지도 목표 3:** 친구들을 믿고 함께 어울리는 능력이 개선될 것이다.

- **현재의 수행 능력 수준:** 사회성 영역 IEP 참고

[그림 1.4.2] 개별화 수영 지도 계획의 수행 목표 예시

장기 목표(10개월)

1. 자유형으로 20m를 헤엄친다.
2. 배영으로 10m를 헤엄친다.
3. 서서 다이빙한다.
4. 안전 지식: 물에 빠졌을 때의 호흡 및 보조물을 잡는 데 특히 초점을 둔다.
5. 다양한 방법으로 입수 및 퇴수: 미끄러져 들어가기, 크게 점프하여 들어가기, 사다리 타고 들어가기
6. 수구(공놀이) 기술: 드리블, 던지기, 받기, 슛하기

단기 목표(6주 동안: 2주간 연습할 때마다 1회 강습)

1. 자유형으로 10m를 헤엄친다.
2. 배영으로 5m를 헤엄친다.

3. 무릎을 꿇고 다이빙한다.
4. 조금 낮은 안전 지식
5. 입수 및 퇴수: 미끄러지기, 점프하기, 사다리 타기
6. 공놀이 기술: 기초 드리블, 던지기

강습 계획

개별화 수영 지도 계획이 결정되면 강습 계획을 개발할 수 있다(그림 1.4.3). 강습 계획은 수영 기술 체계(다음 항에 설명), 장단기 목표, 현재 수행 능력 수준 사이의 연관성을 나타낸다.

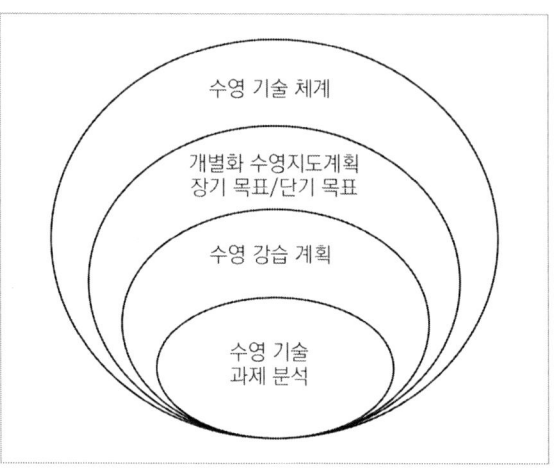

[그림 1.4.3] 강습 계획의 구성 요소

강습 계획

- **지도자:** OOO   보조자: 3명
- **수상 안전 기술:** 엎드려 끌기 및 리커버리
- **강습:** 돌고래반
- **시간:** 10:00 ~ 10:30
- **움직임 기술:** 걷기

활동	촉진/대형 및 장비
복습 과제 - 호흡 조절 - 호흡 연습을 위해 주름 빨대를 이용 - 입술을 물에 담그고 흥얼거림 - 지도자가 보조하는 기본 엎드려 끌기 자세	- 강습생과 지도자가 중앙을 바라본 원형 대형 - 지도자는 손가락으로 "음~", "파~" 입 모양 강조
엎드려 끌기 및 리커버리 - 끄는 거리 증가(2.5~3m) - 끌 때 호흡 조절 포함 - 새우뜨기 자세 설명 및 시범 - 손으로 "물잡기" 강화	- 자원봉사자들과 위치를 분산시킴 - 앉아 무릎 굽혀 웅크리기: 손을 이용해 무릎 굽혀 웅크리는 자세(tuck)를 도와줌
안전 - 풀에 들어가는 세 가지 방법 - 풀에서 나오는 세 가지 방법	
물속에서 여러 방향으로 이동하기 - 연습 후, 일련의 신호(왼쪽, 오른쪽, 높은 곳으로 등)로 동료 따라가기	- 지도자가 행동을 신체적으로 강조하며 따라하기
활동을 점차 감소시킴 - 빨간불, 녹색불 - 탁구 볼 줍기	- 강습생들이 2인 1모둠(지도자와 강습생)으로 게임을 주도할 기회 제공

[그림 1.4.4] 강습 계획의 예시

엎드려 뜨기 자세로 돌아가기의 순서

• **선행 기술**: 물속에서 상당히 편안하게 자세를 변화함
• **이름**: 000 • **일시**: 6월 1일 ~ 24일 • **지도자**: △△△

과제 순서	지도자의 촉진				비고
	신체적	시각적	언어적	독자적	
1. 엎드려서 풀 가장자리를 잡고 무릎을 접은 다음 뻗는다.	✓	✓	✓		1일-모든 동작을 도움
2. 물속에 서서, 점프하고, 무릎을 가슴에 닿은 후 선다.	✓	✓	✓		
3. 풀 가장자리를 잡고 엎드려 무릎 굽히고 펴기, 서서 무릎 굽히고 펴기를 번갈아 한다.		✓	✓ ✓		4일-혼자 수영 8일-힌트 제공
4. 가슴 깊이 물속에 서서 팔을 앞으로 뻗고 측면 아래로 젓는다.		✓	✓		
5. 엎드려 떠서 머리를 들고 팔을 아래로 저으며 무릎 굽히기와 서기 자세를 실시한다.				✓	12일-지도자는 약간 떨어져 있음

[그림 1.4.5] 엎드려 뜨기 자세로 돌아가기의 순서

강습 계획서에는 "개별화 수영 지도 계획"에 명시된 장기 목표와 단기 목표가 모두 포함되어야 한다. 기본 내용 요소로는 안전 교육, 안전 기술, 이동 기술 및 지속적인 활동이 포함된다(그림 1.4.4). [그림 1.4.5]는 엎드려 뜨기 자세로 돌아가는 과정(회복)의 순서를 설명하고 있다. 상습 계획에 따라 강습 기술 중 하나를 선택하여 구체적으로 설명하였다. 강습 성과를 향상시키기 위해서는 수영 활동 기술에 대한 과제 분석이 필수적이다. 각 강습에서 계획된 지도 기술의 수에 따라 2-3개의 과제 분석이 요구될 수 있다.

수영 기술 지도를 위한 과제 분석 ──────

수영 지도에서의 과제 분석 task analysis 은 수영 기술을 효과적으로 가르치기 위해 수행 기술을 시작 단계에서 최종 목표 단계까지 세분화하거나, 쉬운 단계에서 어려운 단계로 나누어 준비하는 과정을 의미한다. 수영의 과제 분석은 기술을 구성하는 요소들을 몇 가지 원칙에 따라 면밀히 분석하여 장애인 수영 강습자가 지도할 수행 목표를 점진적으로 달성할 수 있도록 하는 실질적인 준비 과정이다(김의수, 2013). 과제 분석을 통해 수영 지도자는 무엇을 가르쳐야 하는지, 그리고 어떤 순서와 절차로 지도해야 하는지를 구체적으로 계획할 수 있으며, 강습 참여자의 성취 정도를 단계별로 평가할 수 있다. 또한, 과제 분석은 개별화된 수영 지도 계획의 단기 및

장기 목표를 설정하는 기초 자료로 활용되므로, 대상자의 수준에 따라 체계적으로 수행되어야 한다(최승권 외, 2005). 수영 기술의 과제 분석은 동작 변동 단계별로 지도 내용을 세분화함으로써 지도할 과제가 명확해지고, 지도 과정이 완료된 후에는 기술 습득 정도를 용이하게 평가할 수 있는 기반을 제공한다.

수영 지도에서의 과제 분석은 개별화된 수영 지도 계획을 바탕으로 운동 기술 수행, 자택에서 센터까지의 이동, 그리고 수영장 입장 활동 등 다양한 측면을 포함하고 있으며, 그 방법 또한 다양하다. 장애인을 대상으로 한 과제 분석은 일반적으로 일상생활 과제 기능을 포함하는 생태학적 과제 분석 ecological task analysis 이 주로 수행되며, 스포츠 기술을 지도할 경우에는 동작 중심의 과제 분석이 이루어진다. 수영의 생태학적 과제 분석은 운동 기술이나 움직임뿐만 아니라 강습생의 특성과 선호도를 고려하며, 운동 기술이나 움직임의 수행에 영향을 미칠 수 있는 환경 요소를 분석하는 데 중점을 둔다. 즉, 수행자를 중심으로 수영 강습 전후의 환경을 평가하는 방법을 의미한다. 이러한 생태학적 과제 분석은 환경과의 상호작용을 통해 수행자의 인지적, 정의적, 심동적 발달을 도모하기 위해 과제를 세분화하여 설계하는 것으로, 특히 환경적 요인을 다양하고 심도 있게 다룰 때 주로 활용된다(Sherrill, 2004; Winnick, 2011/2014). 동작 중심의 과제 분석은 움직임의 질적 수행 능력을 향상시키기 위해 적용되며, 인지적 또는 신체 기능적 장애가 중증인 경우 세부적인 움직임 기술에 대해 단계적으로 지도할 필요가 있을 때 유용하다. 따라서 과제 분석의 대상이 되는 활동은 기초적이고 단순한 움직임이거나 하나의 과제 활동으로 선정되는 것이 적합하다. 일반적인 스포츠 지도 상황에서는 기술 동작에 대한 과제 분석을 통해 개별 동작을 지도하는 경우는 드물지만, 장애인 수영 지도 상황에서는 장애 수준에 따라 가장 기초적인 동작을 구분하여 반복 연습해야 하는 경우가 많다. 장애가 심해 움직임에 제한이 있는 경우, 과제 분석을 더욱 구체화하여 팔과 다리 동작을 구분할 수 있다(최승권 외, 2015).

04 수영 기술 체계

개별화된 강습 및 프로그램 계획을 수립할 때, 수영 기술 교육을 위한 학습자의 요구, 관심사, 동기와 같은 요소들이 중요하게 작용한다. 이러한 환경적 요소는 참가자와 지도자 모두에게 학습 상황을 이해하는 데 도움을 준다. 따라서 개별화된 수영 지도 계획을 수립하기 위해서는 수영 기술 평가(현재 수행 능력 수준)를 기반으로 단기 목표와 장기 목표를 설정하는 것이 필요하다.

[그림 1.4.6]은 개별화된 수영 지도 계획 수립에 활용할 수 있는 "수영 기술 체계"를 나타낸다. 이를 통해 수영장에서 안전하고 즐거운 경험을 위한 다양한 활동 경로가 존재함을 알 수 있다. 수상 활동에서 개인이 무한히 발전하는 것은 아니며, 때로는 기술 습득에 있어 진전이 없을 수도 있고, 개인마다 학습의 차이를 보인다. 제시된 수영 기술 체계는 개별화된 수영 지도 계획을 수립하고, 개인의 요구, 관심, 능력 등에 적합한 활동과 기술을 선택할 수 있는 수중 활동 체계를 구성하고 있다.

수영 기술 체계도의 기본 전제는 안전과 신뢰를 위한 수영의 기초 기술 습득의 중요성에 있다. 이는 물에 대

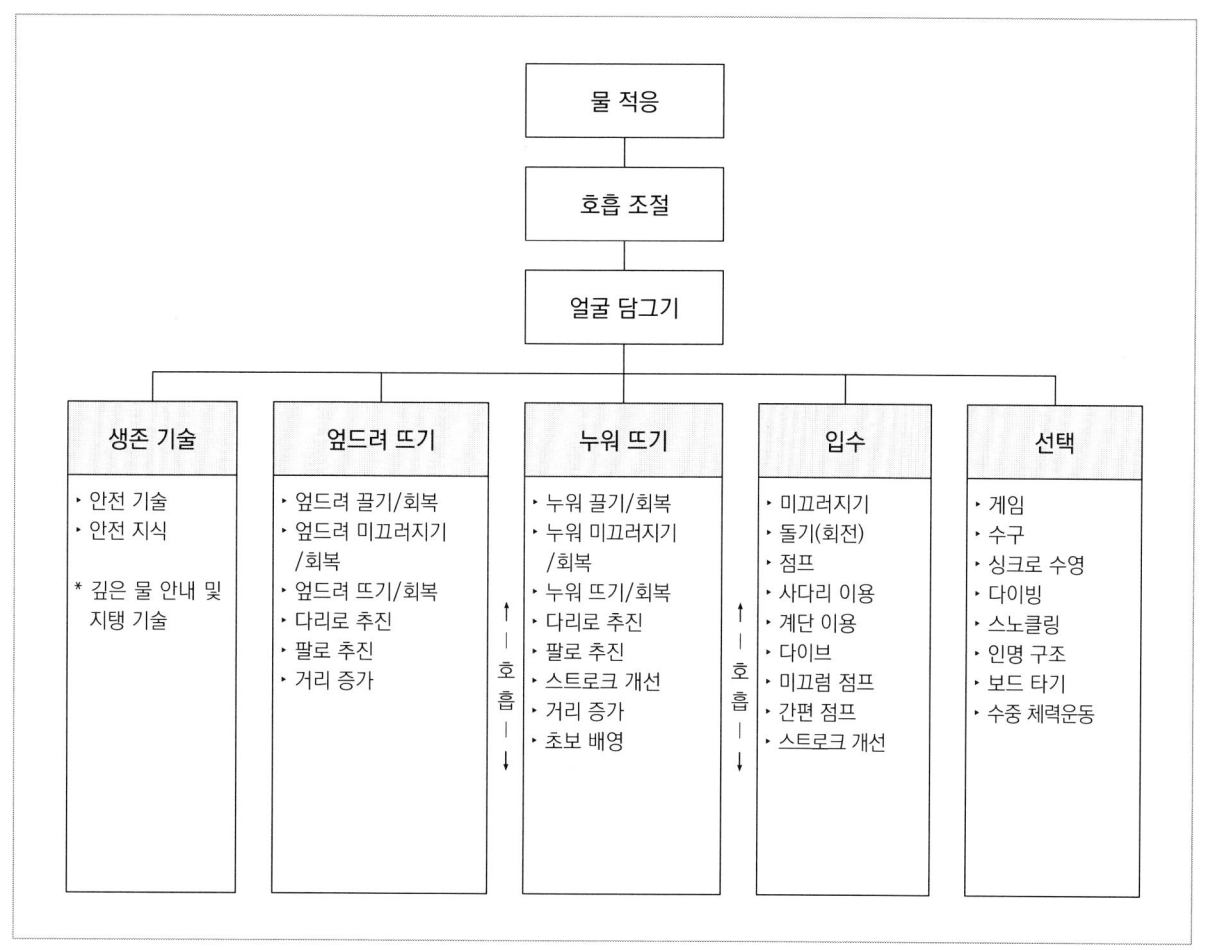

[그림 1.4.6] 수영 기술 체계

한 적응, 호흡 조절, 얼굴 담그기 등의 기초적인 학습을 거친 후, 수영 영법의 발전을 위한 다섯 가지 기본 영역 또는 움직임을 포함한다. 이 다섯 가지 기본 영역은 생존 기술, 엎드려 뜨기, 누워 뜨기, 입수, 그리고 수상 활동의 유형을 포함한다. 엎드려 뜨기와 누워 뜨기 자세의 발전 상황에 대한 개략적인 설명을 제공하며, 나머지 세 가지 또는 다섯 가지 활동에 대한 설명은 생략하였다. 사실, 이 다섯 가지 움직임은 수영장에서 활동하는 동안 언제든지 다른 움직임과 연결될 수 있는 상호 연관성을 지닌다(Reid & O'Neill, 1989).

수영 기술 체계도가 시사 하는 바는 다음과 같다.

○ 강습생의 요구와 능력에 기반을 두어 수영 기술 지도를 진행해야 한다. 엎드려 뜨기와 누워 뜨기를 배우고, 입수 방법을 익히며, 앞으로 추진하는 기술을 지도하는 것은 사전에 정해진 사항이 아니다.

○ "물에서의 안전"과 "물에 대한 자신감"을 증진시키는 활동에 우선적으로 초점을 맞춘다. 이에 따라 참여해야 할 수중 활동을 선택한다.

○ 개별화된 수영 지도 계획의 관점에서, 수영 기술 체계는 지도자에게 수영 활동의 확대와 다양한 참여 기회를 상기시켜 주는 출발점이 된다.

수영 초보 기술의 과제 분석

수영의 초보 기술은 지도자의 판단에 따라 다양하게 나타날 수 있으며, 수영 기술 체계를 기준으로 초보 기술을 교육하기 위한 안내 자료로 활용될 수 있다. 또한, 지도자는 이를 바탕으로 자신만의 과제 분석 절차를 개발할 수 있는 모델로 활용할 수 있다. 다음에 제시된 9개의 과제 분석 예시(그림 1.4.7)는 단지 참고용이며, 이는 발달 순서나 수영 학습 과정을 나타내기 위한 것이 아님을 유의해야 한다.

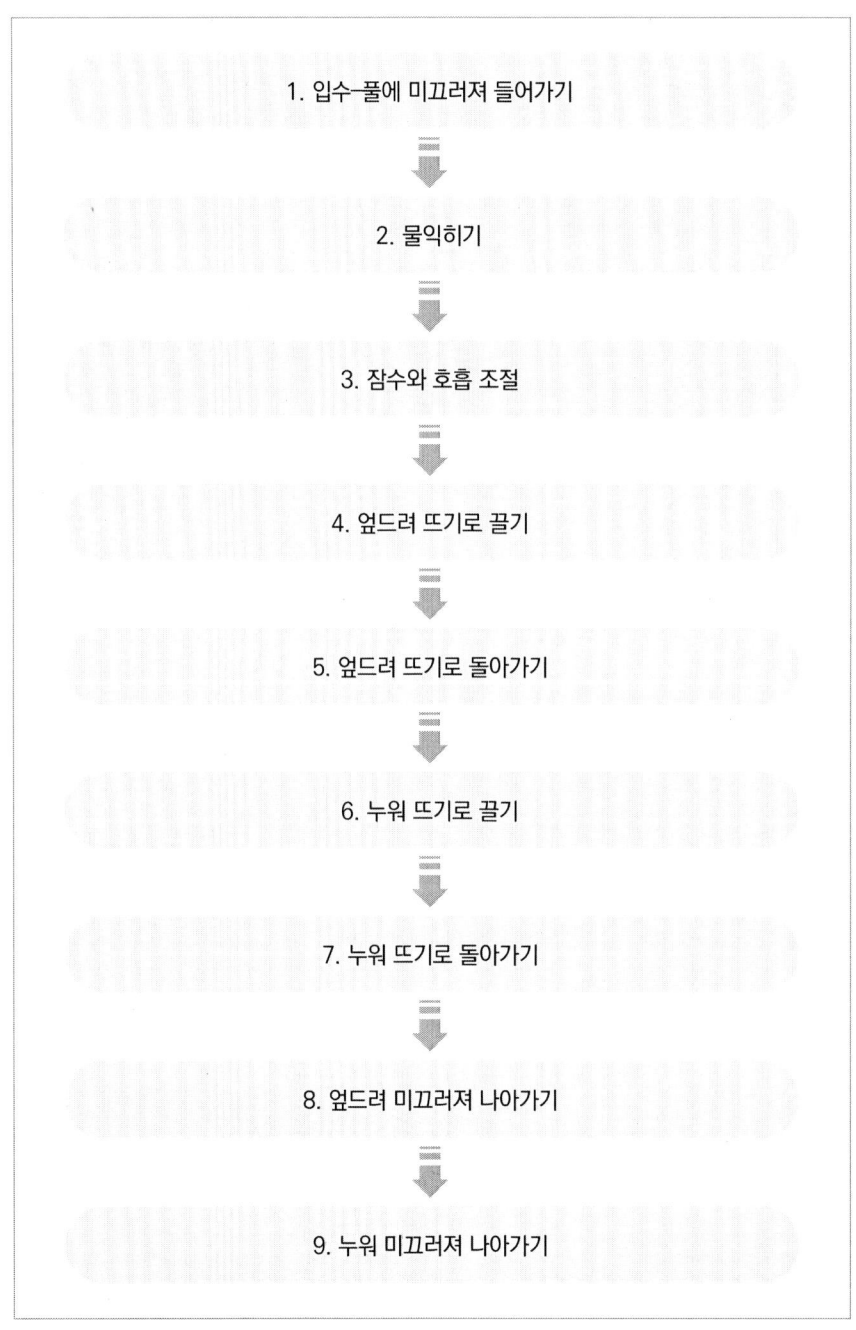

[그림 1.4.7] 수영 초보 기술 과제 분석의 예

1. 입수 – 풀에 미끄러져 들어가기

준비 동작

◯ 풀 가장자리에 편안히 앉아 있음

과제 순서	촉진/자극	지도상 유의점	
1. 풀 가장자리에 앉아 물에 발을 담근다.		– 손으로 강습생의 다리와 몸통에 물을 붓는다. – 체중 이동 지도: 체중을 좌우로 옮기는 연습을 한다.	
2. 물에 다리를 담그고 돌아서 배를 대고 엎드린다.	– 지도자는 강습생 앞 물속에 서서 몸 돌리는 동작을 돕는다. 몸을 잡고 지지하는 정도는 자신감 수준에 따라 줄일 수 있다.	– 몸통을 바닥에 가깝게 유지한다. – 손으로 천천히 움직인다. 자세 바꿀 때 안전한지 확인한다.	
3. 풀 가장자리를 잡고 물속으로 미끄러져 들어간다.	– 지도자는 강습생의 바로 뒤에 서서, 강습생이 물에 들어갈 때 몸을 지탱해준다.	– 몸을 벽에 가깝게 둔다. – 지도자는 강습생이 물로 미끄러져 들어갈 때 신체 접촉 정도를 다양하게 할 수 있다.	
4. 강습생은 양손으로 풀 가장자리를 잡는다.	– 지도자는 강습생 바로 뒤에 서서 팔을 벌려 강습생을 감싼다.		
5. 강습생은 가장자리를 잡고 팔을 펴는 연습을 한다.	– 지도자는 강습생 바로 뒤에 서서 팔을 벌리고 강습생을 감싼다. – 지도자는 강습생 옆에 서서 강습생의 등을 가볍게 만져서 지지한다.	– 시간 변화를 주어 팔 펴는 연습을 한다(2~3회 팔 펴기, 2~3초 동안). 속도를 달리하여 연습한다. – 팔 운동 루틴의 하나로 벽 잡고 팔 굽혀펴기를 한다.	

2. 물 익히기

준비 동작

○ 풀 가장자리에 편안히 앉아 있음

과제 순서	촉진/자극	지도상 유의점	
1. 풀 가장자리에 앉아 손으로 몸에 물을 적신다.	- 지도자가 강습생의 손을 이끌어 물을 적시는 동작을 도와준다. - 지도자는 물 적시는 동작을 통해 강습생의 손을 자극한다.	- 풀 가장자리에 앉아 있는 것이 익숙하지 않은 경우, 젖은 솔, 물부리개, 물총, 수건 등을 풀 가장자리에 놓아두는 것이 좋다. - 풀 옆에 놓인 플라스틱 물놀이 물총 사용을 고려한다. - 강습생이 편안해지면 풀 바닥을 따라 가장자리까지 이동하도록 한다. 손을 뻗어 물부리개에 물을 채우도록 한다.	
2. 발목, 무릎, 허리, 가슴 깊이 물에 선다. 손으로 몸에 물을 적신다.	- 지도자는 강습생 앞에 서서 강습생의 손, 팔을 잡고 지지한다. - 지도자는 강습생에게 손으로 물을 적시도록 권장한다. - 지도자는 벽과 거리를 두거나 지지하는 거리를 변화시킨다.	- 벽이나 킥보드 등을 이용해 잡고 서도록 한다. - 잡지 못하는 강습생들을 위해 대체 장비를 사용한다. - 풀 가장자리나 킥보드를 잡고 팔을 굽히거나 펴는 게임을 통해 서 있는 거리를 다양하게 한다. - 타인이 곁에 있을 때 더 편안하게 느낄 수 있도록 물을 가볍게 튀긴다. - 선이나 마커 주위의 장애물 코스를 걷도록 권장한다. - 풀에 장난감, 스펀지를 흩뜨려놓고 가져오라고 한다. 활동 수준에 따라 물체의 위치를 바꾼다. - 물이 너무 깊으면 설 수 있도록 테이블이나 의자를 물속에 넣는다.	
3. 허리 깊이 물에 서서 가슴과 어깨까지 물속으로 들어가고 나오는 동작을 한다.	- 상하 보빙(bobbing) 동작을 배우기 시작할 때 지도자의 손을 잡는다. 지도자는 상하 움직임을 장려하기 위해 가벼운 힘을 줘 움직인다. - 지도자는 리드미컬한 위아래 보빙 동작을 장려한다.	- 장애물 코스를 만들어 물체 아래로 자맥질한다. - 2~3회 상하로 움직이며 사이에 몇 걸음씩 보빙 동작을 혼합한다. - 발을 어깨너비로 벌리고 균형과 정렬의 자세를 한다. 균형을 단단히 잡기 위해 더 넓게 벌리도록 권장한다.	

과제 순서	촉진/자극	지도상 유의점	
4. 허리 깊이와 가슴 깊이의 물에서 걷거나 뛴다.	- 지도자가 한 손 또는 두 손을 잡고 도와준다. 지도자는 강습생 바로 앞에 마주 보고 선다. - 지도자는 신체적 도움이 필요할 경우를 대비하여 강습생과 0.5~1m 거리를 유지한다. - 지도자는 강습생이 도움 없이 지정된 지점까지 갔다가 돌아올 때 풀 가장자리에 남는다.	- 음악을 사용하고 짝과 릴레이, 태그, 이어가기 같은 게임을 사용할 수 있다. - 풀을 가로질러 볼이나 킥보드를 밀어낸다. - 팔과 다리를 발달시키는 기본적인 아쿠아 피트니스 운동을 소개한다. - 약간의 물을 튀기는 활동을 혼합한다. - 자신감을 높이기 위해 걷는 속도와 경로를 변화시킨다.	
5. 허리와 가슴 깊이의 물에서 풀을 가로질러 홉, 스킵, 점프한다.	- 지도자는 한 손 또는 두 손을 잡고 완전히 서도록 한다. - 지도자는 강습생 옆에서 진행한다. - 지도자는 강습생이 풀을 가로질러 가는 동안 풀 가장자리에 남는다. - 지도자는 강습생 옆으로 가서 크롤 당기기 또는 개 패들 동작 같은 전체 팔 동작을 시범 보인다.	- 다른 강습생이나 그룹 근처에서 활동하도록 격려한다. 이것은 강습생들이 더 활동적인 환경에서 편안함을 느끼도록 하는 것이다. - 예를 들어 스퀘어 댄스 또는 트위스트와 같은 음악과 춤을 이용한다. - 8-10분 아쿠아 피트니스 강습에 참여하도록 권장한다. 장비에 대한 소개로 홀라후프 또는 튜브를 사용한다. - 방향 전환 활동 : 앞으로, 뒤로, 옆으로 걷기.	

3. 잠수와 호흡 조절

준비 동작

○ 얼굴에 물을 묻히고 편안한 상태. 얼굴을 물 가까이 둠

과제 순서	촉진/자극	지도상 유의점	
1. 지상에서 물체를 불어 보낸다. 탁구공 불기.	- 지도자는 손으로 강습생의 숨 내쉬는 것을 느끼고 힘차게 하도록 한다. - 지도자는 손가락을 이용해 강습생의 입술과 뺨을 만져 입을 오므려 불어내도록 한다. - 지도자는 손가락으로 강습생의 입을 가볍게 가리고 호기 시작 및 정지 동작을 시범 보인다.	- 쉽게 날릴 수 있는 가볍고 떠다니는 물체를 사용한다. - 골판지, 플라스틱 튜브를 사용하여 호흡의 세기를 높일 수 있다. - 물체를 정지시키기 위해 밸런스 빔, 수건, 튜브를 사용하여 "작은 울타리" 역할을 하게 한다.	

과제 순서	촉진/자극	지도상 유의점	
2. 수면에 떠 있는 물체(풍선 또는 탁구공)를 불어 보낸다.	- 지도자는 강습생을 마주 보고 팔을 뻗는다. 지정 공간에 물체를 놓는다. - 지도자가 뒤로 이동하며 강습생이 앞으로 움직이게 유도하고, 입으로 불어내는 동작을 계속한다. - 지도자는 손가락을 사용하여 "입술을 오므리는" 입 자세를 권장한다.	- 나중에 강습에서 이 상황을 기억해 이용하도록 한다. - 호흡 조절을 꾸준히 연습한다. - 손닿을 거리에 물체를 두고 유지하는 연습을 한다. - 물 위의 잔물결을 일정하게 만든다.	
3. 물속에서 얼굴을 15~30cm 내밀고 숨을 내쉰다.	- 지도자는 손가락을 사용하여 필요에 따라 "입술을 오므리는" 자세를 돕는다. - 지도자는 손가락을 이용해 일정 시간 동안 호흡하도록 격려한다.	- 탁구공을 사용할 경우, 공이 멀어지지 않고 가까이 있도록 한다. - 강습생이 편안하게 계속 이어서 숨을 쉬도록 한다.	
4. 턱을 물속에 넣은 채 호흡 연습을 한다.	- 지도자는 강습생의 어깨에 손을 얹고 물속에 일정 수준 잠기도록 한다. 편안해지면 신체 접촉 양을 줄이고, 신체적 촉진을 대비해 손을 어깨 가까이 댄다. - 지도자는 손을 물 바로 밑에 놓아서 턱으로 건드릴 수 있도록 한다. - 강습생이 킥보드 아래에 있는 것처럼 보일 수 있다(호흡 공간의 높이는 필요에 따라 다름).		
5. 수면 바로 밑에서 입으로 숨을 내쉬고, 이어서 입과 코로 들이쉬고, 마지막으로 얼굴 전체를 물에 담그는 연습을 한다.	- 지도자는 강습생의 어깨에 손을 올려 일정한 자세를 유지한다. - 지도자가 강습생 바로 앞에 서서 호흡 동작을 비슷하게 수행한다. - 지도자는 손으로 머리를 물 안팎으로 내밀고 넣는 것을 물리적으로 조정한다. 턱을 가볍게 건드려 촉진을 줄인다. - 지도자는 호흡을 위해 손을 이용해 머리를 들어 올리도록 한다.	- 강습생에게 눈으로 확인할 수 있는 단서를 상기시키거나 소리를 내어 호흡을 강화한다. - 물속에서 전진할 때 호흡이 더 쉬워지는 경우가 있다.	

과제 순서	촉진/자극	지도상 유의점	
6. 물속에서 얼굴을 밖으로 내밀고 넣으며 여러 번 숨을 쉬는 연습을 한다.	- 지도자는 손으로 압박하는 것을 이용하여 머리를 들어 올려 숨을 쉬게 한다. - 지도자는 직접 접촉하지 않고, 호흡 동작이 생각나도록 탭할 준비를 한다.	- 여유를 갖고 숨을 부드럽게 고르게 쉰다. - 천천히 부드러운 거품을 일으키도록 한다. - 지도자는 리듬 있게 숫자를 카운트한다. 즉 불어내-2-3, 머리 들어-2-3, 불어내-2-3을 센다.	
7. 수직 보빙 자세로 연속해서 숨을 내쉬는 루틴을 여러 번 연습한다. 강습생은 풀 가장자리에서 엎드린 자세로 떠 있는 물체를 잡을 수 있다.	- 지도자는 강습생과 마주 보고 손을 잡는다. - 지도자는 강습생의 손을 잡고 위아래로 움직이도록 유도한다. 강습생이 움직임에 더 편안해지면 위로 당기는 양을 줄인다. - 지도자는 강습생 옆에 있고 강습생은 풀 가장자리를 잡고 앞에서 한 것을 그대로 동작한다. - 지도자는 강습생 앞에 서서 호흡 패턴에 대해 말로 신호한다. 자신감이 생기면 지도자는 강습생의 옆에 있다가 약간 멀리 있는다.	- 리듬 있게 카운트한다. "위-2-3; 아래-2-3." - 반복하여 리듬 있게 카운트한다. - 강습생이 숨을 내쉴 때, 즉 걷거나 발을 차도록 유도한다. - 호기심과 다른 기술(즉, 앞 끌기 자세)을 시도한다. - 호흡을 위해 머리를 돌리는 자세 (즉, 앞, 우측, 좌측)를 권장하기 시작한다.	

4. 엎드려 뜨기로 끌기

준비 동작

○ 도움을 받아 엎드려 뜨기 자세를 편하게 함(최소한 턱을 물속에 담근 상태)

과제 순서	촉진/자극	지도상 유의점	
1. 한쪽 팔을 뻗어 풀 벽을 잡고 반대 팔은 지도자를 향한다. 두 발은 벽에 댄다(무릎이 발보다 낮은 자세).	- 지도자는 강습생 앞에 서서 어깨를 물속에 넣고 앞을 바라보도록 한다.	- 장애가 있거나 학습 장애가 있는 사람에게는 어려운 자세일 수 있다. - 적응이 요구되는 자세이다.	

과제 순서	촉진/자극	지도상 유의점	
2. 지도자는 강습생을 팔 밑으로 당겨 누른다. 지도자는 강습생을 풀 가장자리를 따라 제자리에서 앞으로 끄는 자세로 셋을 센 다음 똑바로 세운다.	– 지도자는 강습생 앞에 서서 팔 밑에 있는 강습생을 잡는다(앞에서 끄는 자세). – 지도자는 강습생 자세 유지를 위해 손의 위치를 이용한다. – 지도자는 어깨를 물속에 담그고 강습생을 겨드랑이에 고정한다. 이 자세는 조정을 잘할 수 있고 강습생과 눈을 잘 마주칠 수 있다.		
3. 전면 견인 자세로 도움을 받는다. 지도자는 천천히 뒤로 움직이기 시작한다. 3–5초의 짧은 시간 순서대로 시작한다.	– 지도자는 강습생을 양손으로 잡고 팔을 구부린 채로 부드럽게 뒤로 물러난다. – 지도자는 강습생에게 가능하면 얼굴 전체를 물에 넣되 턱을 물속에 담그는 것을 유지하도록 권한다. – 순서대로 호흡 조절 연습을 하도록 권장한다. 강습생이 편안한 경우, 풀 가장자리를 따라 앞에서 끌어준다.	– 전면 견인 지지 자세: 지도자는 어깨를 물속에 담그고 강습생을 마주 본다. 지도자는 팔을 구부려 강습생을 붙잡아 더 밀착한다. 강습생이 안심하는 정도에 따라 지도자는 팔을 펴서 강습생과의 거리를 늘린다.	
4. 전면 견인 지지 자세로 8–10초 동안 지도자의 도움을 받는다. 순서에 따라 손으로 이끈 후 똑바로 설 수 있는 능력을 키운다.	– 지도자는 팔을 뻗어 앞쪽 견인 자세로 잡는다. – 지도자는 팔 밑에서 잡는 힘을 줄인다. – 지도자는 팔 아래를 두 손가락으로 잡고 끈다. – 물결을 따라 움직이려면 지도자는 일정 속도를 유지하여 뒤로 이동하며 강습생과 30~60cm 이상 거리를 두지 않아야 한다.	– 지도자가 강습생의 어깨를 가볍게 들어 올려서 서는 동작을 시도한다. – 양팔로 끌며 격려한다. – 발차기, 패들 당기기, 거품 불기, 물속에 얼굴 담그기, 고개 돌려 옆으로 숨쉬기 등의 여러 기술을 견인 자세로 시도한다. – 장난감이나 공을 쫓아간다. – 물이 지지하는 역할이 되도록 해본다.	

5. 엎드려 뜨기로 돌아가기

준비 동작

○ 물속에서 몸의 자세를 편하게 바꾸는 능력

과제 순서	촉진/자극	지도상 유의점	
1. 엎드린 자세로 풀 가장 자리를 잡고 다리를 접은 다음 뻗는다.	- 지도자는 강습생 뒤에서 발을 잡고 천천히 앞으로 나아가 손을 사용하여 강습생의 무릎을 굽혀준다. 이 동작을 여러 번 반복한다.	- 다리를 부드럽게 구부리고 뻗는다. 공처럼 둥글게 말듯이 실시하는 것을 머릿속으로 그려본다.	
2. 물속에 서서, 점프하여 무릎을 가슴에 닿도록 굽힌 다음 선다.	- 지도자는 강습생을 겨드랑이 아래에서 안아서 위로 이동하며 무릎을 굽히는 자세를 취하도록 한다. - 강습생이 점프하고 무릎 굽히는 동작에 더 익숙해지면 지도자는 강습생의 어깨를 더 단단히 잡고 위로 들어 올리고 무릎을 굽히도록 한다.	- 상상해서 어떤 물체가 위로 뛰어오르거나 뜨거운 바닥에 있다고 생각한다. - 균형을 잡기 위해 팔을 사용한다. 가능한 한 많은 물을 잡으라 요구한다.	
3. 풀 가장자리를 잡고 엎드린 자세에서 무릎을 굽히고 펴기, 선 자세에서 무릎을 굽히고 펴기를 번갈아 가며 한다.	- 지도자는 강습생 바로 뒤에 서서 "아래로 퍼 올리기" 동작을 통해 강습생의 팔을 물리적으로 움직인다. - 지도자는 강습생의 바로 뒤에 서서 물을 퍼 올릴 때마다 한 걸음씩 앞으로 나아간다.	- "다리 접기, 펴기. 다리 접기 그리고 서기." - "실제로 뻗어!"	

과제 순서	촉진/자극	지도상 유의점	
4. 가슴 깊이의 물에 서서 팔을 앞으로 뻗고, 팔을 옆으로 쓸어내린다.	- 지도자는 강습생 앞에 서서 점프, 무릎 접기, 퍼 올리기 동작을 지시한다. 추가 신체적 도움이 필요한 경우 지도자는 강습생을 겨드랑이 밑에서 안아준다.	- "손이 물을 밀어내는 것을 느껴보세요."	
5. 엎드린 자세에서 시작하여 머리를 들어 올리면서 팔을 아래로 쓸어내리는 동작과 무릎 굽히기, 서기 자세를 결합하여 실시한다.	- 지도자가 강습생을 완전히 뒤로 견인하는 자세를 가정한다. 지도자는 강습생의 엉덩이에 손을 갖다 대고 힘주어 "앉으며 무릎을 접는 자세"를 하도록 한다. - 지도자는 강습생이 머리와 굽힌 무릎을 들어 올리도록 몸을 부드럽게 들어 올린다. - 지도자는 뒤에서 견인하는 자세를 돕는 양을 줄인다. 팔을 뻗은 상태로 강습생의 머리를 두 손으로 안듯이 잡고, 신체적 촉진으로 강습생의 무릎 굽힌 자세가 되도록 가볍게 들어 올린다. - 지도자는 옆에 서서 앉으며 무릎 굽히기를 하도록 지시한다. 시작하며 머리를 앞으로 들거나 과잉 전방 움직임을 멈추게 신체적 촉진을 해야 하고 팔을 신속히 뻗는 자세이어야 한다. - 강습생이 어깨를 물속에 담그고 뒤를 돌아보고 뒤쪽으로 미끄러져 나아가는 자세를 취하도록 유도한다.	- "머리를 들어 올려. 머리가 하는 일을 몸이 따라갈 것이야." - 연속해서 앞으로 미끄러져 나아가고 되돌아오도록 격려한다. - 뇌성마비가 있는 강습생은 도움이 필요할 수 있다.	

6. 누워 뜨기로 끌기

준비 동작

○ 지지받아 편안한 누워 뜨기 자세

과제 순서	촉진/자극	지도상 유의점	
1. 팔을 앞으로 뻗고 풀 가장 자리를 잡고, 발을 벽에 붙이고, 몸을 웅크린다. - 초보자는 풀 바닥이나 가장 자리에 발을 올려놓는다.	- 지도자는 강습생의 머리 아래의 어깨 바로 뒤에 선다. 지도자는 아래로 팔을 뻗어 강습생의 엉덩 이를 잡는다(뒤에서 끌기).	- 무엇을 할 것인지 정확히 설명한다. - 손으로 지지할 때, 초기 후방 견인 준비 자세에서 풀 가장자리를 힘 있 게 잡는다. - "천장을 쳐다보거나 머리를 뒤로 젖 혀 물에 닿도록 한다." - 풀 벽을 천천히 밀도록 한다.	
2. 지도자는 강습생에게 후방 견인 자세를 취하도록 하 고 지지한다. 3-5초의 짧은 시간 순서 대로 행동을 시작한다.	- 지도자는 강습생과 몸을 가깝게 유지한다. - 후방 견인을 위해 뒤로 부드럽게 물러나며 끈다. - 어깨를 이용해 강습생을 지지한 다. 머리와 어깨로 강습생의 머 리를 감싸서 지도자의 팔을 자유 롭게 한다. - 누운 자세를 유지하도록 턱 밑에 있는 강습생을 툭 친다. - 강습생의 엉덩이를 밀어서 물속 에 앉지 않도록 한다. - 강습생이 불편할 경우 풀 가장자 리를 따라 끌고 간다. 강습생은 풀 가장자리를 따라 손을 움직일 수 있다.	- 완전 후방 견인 지지 자세: 강습생의 머리를 지도자의 어깨에 올려놓는 다. 지도자의 팔이 강습생의 몸 옆구 리를 따라 내려가 엉덩이를 단단히 잡는다. 강습생의 자신감 정도에 따 라, 손의 위치는 등 위쪽, 어깨, 머리 를 지탱하도록 올라갈 수 있다. - 지도자는 어깨를 물에 잠긴 상태로 강습생의 엉덩이를 잡는다. 물이 받 쳐주도록 놔둬! 이 자세는 조절을 잘할 수 있고 눈을 마주칠 수 있게 한다.	

과제 순서	촉진/자극	지도상 유의점	
3. 지도자는 강습생을 8-10 초 동안 지지한다. 각 견인을 한 후에 강습생이 똑바로 서 있는 자세로 돌아가는 능력을 키운다.	– 강습생의 엉덩이에서 어깨로 손의 위치를 천천히 옮겨간다. 이를 위해서는 물결이 생기도록 계속 이동해라! – 지도자가 일어서며 어깨로 강습생의 머리를 밀어 올린다. 엉덩이를 아래쪽으로 두드려 서도록 한다. – 누운 자세 되돌리기 내용은 7번 과제를 참조한다. 후방 견인의 지지 정도는 다양하다. 팔을 뻗고 머리를 감싸 뒤로 견인한다 (즉, 지도자는 강습생 어깨를 잡고 팔을 조금 뻗는다). – 지도자의 팔은 강습생의 어깨를 잡고 완전히 편다. – 팔을 완전히 뻗은 상태에서 강습생 등을 지지한다. – 출렁이는 물결을 이용해 일정하게 뒤로 계속 움직여야 하며, 강습생과 지도자 사이에 30~60cm 이상의 간격을 두지 않아야 한다.	– "발가락부터 머리까지 쭉 뻗으세요." – "일어나면 재빨리 무릎을 굽히고, 고개를 들고 손으로 아래로 밀어요." – 물장구치기, 스컬링, 피닝과 같은 기술을 누워 끌기에 적용한다. – 천천히 리듬 호흡에 집중한다. – 어린 강습생이 머리를 들고 일어나 앉는 경향이 있는 경우에는 물 위에 이동식 또는 물체를 출발 위반용 줄에 매달아 주의를 유지한다. – 뇌성마비가 있는 강습생은 허리를 펴서 서 있는 자세에서 이동하는 데 어려움을 겪을 수 있다. 긴장을 풀도록 한다. 팔다리가 구부러지지 않도록 한다.	

7. 누워 뜨기로 돌아가기

준비 동작

○ 물속에서 상당히 편안할 정도로 몸의 자세를 변경함

과제 순서	촉진/자극	지도상 유의점	
1. 강습생은 누운 자세로 풀 가장자리에 몸을 기대고 다리를 접었다가 뻗는다.	– 지도자는 강습생의 엉덩이에 손을 대고 강습생 뒤에 서 있는다. 지도자는 무릎을 접은 자세를 유도하기 위해 손을 사용한다.	– "앉아서 무릎 접은 자세를 취한다." – "천천히 부드럽게!" – 상상력 사용: "공이나 해파리처럼 둥글게 말아준다."	

과제 순서	촉진/자극	지도상 유의점	
2. 강습생은 물속에 서서, 점 프하고. 무릎을 가슴에 닿 도록 굽히고 그렇게 한 다 음 선다.	- 지도자가 강습생 등 뒤에 서서 강습생이 점프하여 무릎을 굽힐 때 겨드랑이를 잡고 지지한다. - 강습생이 점프하여 무릎 굽히는 동작에 더 익숙해질수록, 지도자 는 신체 지지 양을 줄일 수 있다.	- "점프하여 무릎을 굽혀라" - 점프하여 무릎을 굽히는 동작을 반 복하는 게임을 만들어라.	
3. 강습생이 팔을 앞으로 뻗 은 채 물속에 서서 몸을 향해 물을 뿌린다.	- 손으로 강습생의 엉덩이를 잡고 강습생 옆에 서 있는다. 지도자 이러한 지지 방법을 사용하여 부 드럽게 밀고 들어올리기 동작으 로 무릎을 굽히고 펴는 자세를 통해 강습생의 자세를 유도한다. - 무릎을 잘 뻗도록 강습생의 무릎 을 확실히 터치한다.	- "손으로 물을 최대한 많이 잡아라." "최대한 높이 점프해라."	
4. 강습생은 물속에 서서 점 프하여 물을 퍼 올리며 무 릎을 가슴까지 굽힌다(앞 을 보고 뒤로 누운 자세).	- 지도자는 강습생 바로 뒤에 서서 물을 푸는 동작을 유도한다. 강 습생이 동작에 더 익숙해지면 지 도자는 직접적인 신체 자극의 양 을 줄인다.		
5. 강습생은 누워 뜨기 자세 를 시작하고 무릎을 굽히 고 서며 팔을 휙 흔드는 동 작을 결합한다.	- 지도자는 강습생 바로 앞에 서서 신체적 촉진과 언어 단서를 제공 한다. 지도자는 무릎을 굽히는 동작과 물을 퍼내는 동작을 지지 하고 시작하기 위해 강습생의 어 깨를 잡는다. - 지도자는 강습생이 완전히 일어 설 때까지 동작 내내 강습생의 어깨를 잡아줄 수 있다. 이 신체 적인 촉진은 강습생들이 물 퍼내 기, 무릎 굽히기, 서기 동작을 더 편하게 할 때 줄인다. 예를 들어 지도자는 강습생 어깨 아래 가볍 게 두드려 동작을 개시한 다음 강습생의 등 뒤에 손을 놓고 직 립 동작을 멈추고 안정화 할 수 있다.	- 머리를 앞으로 들어 올려 무릎을 접 는 자세를 권장한다. - 일련의 누운 자세 되돌리기를 장려 한다. - 팔은 뒤쪽 아래로, 그리고 앞쪽 위로 떨어뜨려야 한다.	

8. 엎드려 미끄러져 나아가기

준비 동작

○ 편안하게 엎드린 자세 끌기. 호흡 조절

과제 순서	촉진/자극	지도상 유의점	
1. 출발 자세 : 강습생 어깨가 물에 잠기도록 한다. 한 발을 벽에 붙이고 밀어낼 준비를 한다. 한쪽 팔을 뻗어 풀 가장자리를 잡고 다른 팔은 미끄러져 나아가기 위해 앞으로 뻗을 준비를 한다.	- 지도자는 팔을 뻗은 강습생의 바로 앞에 선다.	- 강습생의 어깨가 물속에 잠겨 있도록 한다. - "천천히 부드럽게 미끄러져 나아가" - "안심해" - 미끄러져 나아가는 것을 상상해보도록 한다. - "몸의 모양이 로켓이나 화살처럼 만들어 전진해봐."	
2. 지도자는 물속에 얼굴을 담근 강습생의 손을 잡는다.	- 지도자는 강습생의 손을 부드럽게 잡는다.		
3. 강습생이 발을 떼고 지도자가 강습생을 1~1.5m 거리에서 부드럽게 잡아당긴다.	- 미끄러져 나아가는 동작을 보완하면서 부드럽게 앞으로 당긴다.	- 지도자 쪽으로 발을 밀어 - "위쪽이 아니라 앞으로 나가!" - "쭈~욱 뻗어."	
4. 신체적 촉진 없이 1~1.5m 거리에 있는 지도자에게 다가간다. 지도자는 강습생을 잡아 강습생의 원래 동작을 돕는다.	- 지도자는 강습생의 자세와 전방 스트레칭 동작에 대해 말로 지시한다. - 강습생이 도움이 필요한 경우 지도자는 손을 뻗는다.	- "제대로 도달했어!" - 다리로 밀지 못하는 강습생은 한쪽 또는 양손으로 옆으로 밀어서 다이빙을 할 수 있다.	
5. 벽에서 1~1.5m 떨어진 곳에 서서 벽을 향해 미끄러지듯 나아간다.	- 도움이 필요할 경우 지도자가 미끄러져 나아가는 강습생 옆에 서서 있는다.		
6. 벽에서 시작하여 다음은 길게 미끄러져 나아가는 동작을 수행한다.	- 지도자는 강습생 앞에 서서 뒤쪽으로 걸어간다.	- 빠른 회복 강조 : "무릎 접기, 밀기, 서기, 균형잡기." 킥보드 없이 미끄러져 나아가기 동작을 하면 상체가 솟고 몸의 자세가 흐트러지기 때문이다. - 강습생에게 미끄러져 나아가며 발차기를 하도록 한다. - 몸의 유선형을 강조한다.	

9. 누워 미끄러져 나아가기

준비 동작

○ 편안하게 누운 자세 끌기

과제 순서	촉진/자극	지도상 유의점	
1. 출발 자세: 강습생은 어깨를 물속에 담그고; 머리를 뒤로 젖히고, 발을 벽에 대고, 그리고 지도자에게 기댄다.	– 지도자는 강습생 뒤에 서서 강습생의 어깨를 부드럽게 만진다.	– 긴장을 풀어라! – 머리는 물속에 있는 어깨의 물에 닿아야 한다.	
2. 지도자는 강습생의 머리와 어깨를 부드럽게 잡는다. 강습생이 1~1.5m 밀고 미끄러져 나아간다.	– 지도자는 팔 바로 아래를 잡고 강습생의 어깨와 접촉을 유지한다. 강습생의 자신감과 신체 자세에 따라 약간 힘을 주어 당긴다.	– 지도자 쪽으로 힘주어 민다. – 뇌성마비가 있는 사람을 위한 발차기는 때때로 다리가 "엇갈려" 있어서 힘들 수 있다. 발 디딤 동작이 더 효과적일 수 있다.	
3. 이제 강습생은 풀 가장자리에서 풀 중앙을 향해 1.5m 뒤로 미끄러지기 시작한다.		– "몸을 펴!" – 미끄러져 나아가기를 하며 발차기를 하도록 강습생을 격려한다.	
4. 강습생은 풀을 가로질러 일련의 누워 미끄러져 나아가기를 수행한다.	– 지도자가 강습생 뒤에 선다. 도움이 필요한 경우 팔로 다음과 같은 신체 단서를 변경한다. • 어깨에 터치 • 가벼운 머리 받침 • 어깨 아래에 가볍게 터치 • 머리 아래를 가볍게 두드리기	– 빠른 원래 자세 강조. – "무릎 접기, 밀기, 서기, 균형잡기"	

수영 지도의 원리

수영 교육에 있어 강압적인 언어나 행동은 필요하지 않다. 부드럽고 긍정적인 피드백은 학습자가 기술을 적극적으로 습득하도록 유도하는 가장 효과적인 방법이다. 칭찬은 좋은 습관을 형성하고 초보자에게 동기를 부여하는 데 매우 긍정적인 영향을 미친다. 초보자가 특정 활동을 시도할 수 있는 능력에 대한 자신감을 갖는 것은 학습에 긍정적인 영향을 미친다. 초보자를 가르치는 지도자의 성공 여부는 초보자들이 느끼는 자신감과 전반적인 행복감에 크게 의존한다. 지도자에 대한 신뢰가 결여되면 두려움이 커지고 즐거움이 감소하게 되며, 즐거움이 없으면 연습에 대한 흥미를 잃게 된다. 연습이 이루어지지 않으면 초보자는 수영을 배우는 데 필요한 기술을 강화하거나 긍정적인 태도를 발전시키지 못할 것이다. 따라서 재미있는 활동과 게임은 수영 교육 및 학습에 필수적이다. 나이에 관계없이 초보자는 두려움보다는 재미를 통해 더 많은 성과를 이룰 수 있다. 재미있는 게임과 활동을 통해 기술을 자연스럽게 소개할 수 있으며, 사람들은 물에 대한 두려움보다 활동에 더 집중하게 된다.

장애가 있는 개인 수영 프로그램과 일반 수영 교육 간의 차이는 지도자를 위한 다음의 원칙을 통해 구분할 수 있다. 이러한 장애가 있는 개인에 대한 수영 교육 원칙 중 다수는 유치원 프로그램에서도 적절하게 적용될 수 있다(Langendorfer & Bruya, 1994; Sherrill, 2004).

○ 지도자는 풀의 가장자리가 아닌 강습생과 함께 물속에 있어야 하며, 지도자와 강습생 간의 신체적 접촉은 강습생의 안정성과 특성에 따라 이루어져야 한다. 궁극적으로는 물속에서 혼자서 움직일 수 있도록 하는 것이 목표이나, 이를 서두르지 않아야 한다.

○ 강습생들이 꺼려하는 "얼굴을 물속에 담가"라는 지시는 피해야 하며, 대신 게임을 통해 강습생들이 싫어하는 활동을 의식하지 않고 수행하도록 유도하는 프로그램을 도입해야 한다.

○ 수중 활동을 가르칠 때 사용하는 언어의 수를 최소화해야 하며, "위", "아래", "당겨", "되돌려", "킥 2-3-4"와 같은 용어는 대부분 이해할 수 있을 것이다. 목소리의 톤을 조절하여 지시 내용을 효과적으로 전달할 수 있다. 예를 들어, 위로 이동할 때는 목소리를 높이고 아래로 이동할 때는 낮추며, 힘을 주어 당기는 단계에서는 크고 힘찬 목소리를, 회복 단계에서는 부드러운 목소리를 사용해야 한다.

○ 설명-시연 기법보다 지도자가 강습생의 팔다리를 직접 움직여 원하는 동작을 유도하는 것이 효과적이다.

○ 강습생의 움직임을 지도자의 자세, 팔 움직임, 킥을 정확히 모방하도록 유도해야 한다.

○ 수영 교육에서 일반적으로 이루어지는 것보다 훨씬 이른 시점에 싱크로나이즈드 스위밍, 점프, 다이빙을 소개해야 하며, 재주넘기와 이동 운동의 조합을 강조해야 한다. 즉, 순서를 배열하고 다른 사람이 개발한 순서를 기억하여 실행하도록 한다.

○ 개인 차이에 따라 요구 사항을 조정해야 하며, 모든 초보 수영자에게 필요하다고 생각되는 능력을 정해진 검사 방법이 아닌 개인의 강점을 바탕으로 한 테스트 계획을 수립해야 한다.

○ 움직임 패턴을 좌우 양측 bilateral, 일방 unilateral, 교차 crosslateral 패턴 순서로 동작하도록 권장한다. 평영과 기본 배영 elementary backstroke 은 보통 가장 먼저 지도하는 실제 수영 영법이다. 평영의 좌우 양측 동작은 보통 지도하지 않아도 수중 수영에서 나타난다.

5

장애인 수영: 입문

5

장애인 수영: 입문

장애가 있는 개인을 대상으로 한 수영 교육 및 여가 활용은 여러 가지 제약으로 인해 쉽지 않은 상황이다. 특히, 수영을 배우기 위한 환경(지도자, 수영장, 강습 프로그램)이 장애인에게 매우 제한적이기 때문에 이들이 수영을 배울 기회는 상대적으로 적다. 장애가 있는 개인의 수영은 일반인의 수영과 본질적으로 다르지 않지만, 장애인의 신체적, 인지적, 사회적 특성을 충분히 이해하고 지도할 수 있는 능력이 요구된다. 장애의 유형이 다양하기 때문에, 장애의 특성을 어느 정도 이해하는 것만으로는 효과적인 지도에 한계가 있을 수 있다.

장애가 있는 개인을 위한 수영 교육 방법에 대한 연구 자료는 상대적으로 부족한 실정이다. 'Sherrill의 물놀이 성공 모델 Sherrill Water Fun and Success Model'은 장애가 있는 사람들이 물에 잘 적응하여 안전하게 수영할 수 있도록 구성된 수영 초보자를 위한 프로그램이다. 다음의 내용은 Sherrill(2004)의 저서 Adapted physical activity, recreation, and sport: Crossdisciplinary and lifespan(6th ed.)에 수록된 Adapted Aquatics 내용 중 물놀이 성공 모델 부분을 발췌한 것이다.

01 Sherrill 물놀이와 성공 모델

Sherrill 물놀이와 성공 모델 Sherrill Water Fun and Success Model 은 발달장애가 있는 아동들에게 수영을 가르치는 Texas Woman's University 실습 프로그램 가운데 일부분으로 시작되었다. 프로그램의 가장 중요한 세 가지 목표는 첫째 자아개념 self-concept 향상, 둘째 자신감 self-confidence 향상, 셋째 용기 courage 를 기르는 것이다. 이러한 목표 다음으로 지도자는 신체상 body image 요인의 발달에 전력을 기울인다. 신체상은 신체에 대하여 갖는 느낌이나 태도로서, 자신의 신체 부위와 기능에 대한 만족의 정도를 말한다(Naver 지식백과, 2016). 신체상 요인의 예로는, (가) 신체 부위의 식별, (나) 고유감각 proprioception 의 개선, (다) 내적 언어 inner language 개념의 발달 등이 있다.

신체 부위의 식별은 팔, 손, 다리, 발, 몸통, 머리 등 신체의 각 부분을 구분할 수 있는 능력을 의미한다. 고유 수용 감각은 개인의 신체에 대한 인식을 나타내며, 이는 근육의 수축이나 이완 시 생성되는 감각 정보로서, 자기 신체의 각 부분에 대한 위치 정보를 포함한다(최현석, 2009). 예를 들어, 물속에서 부력의 영향을 받으면서도 팔이나 다리의 위치를 인식할 수 있는 능력이 이에 해당한다. 이러한 감각은 물속에서 팔을 벌리거나 뜨기 자세를 취할 때 근육이 작용하여 발생하는 관절 운동에 의해 제공되는 감각 정보로 설명될 수 있다. 내적 언어는 개인이 스스로 대화하며 자기 자신을 조절하는 기능을 의미하며, 수영 중 자세나 동작에서 상반되는 움직임을 이해하는 데 기여한다. 예를 들어, 구부리기와 일직선, 수직과 수평, 누운 자세와 엎드린 자세, 당기기 pull 와 리커버리(회복)와 같은 언어 개념의 이해를 포함한다.

자아개념을 강화하기 위한 기법으로, 아동들에게 물속에서의 재주넘기 동작 stunt 및 기술의 명칭을 인식하고 이를 연습하도록 유도하는 방법이 제안된다. 이러한 동작과 기술을 성공적으로 수행한 후, 이를 다른 사람에게 설명함으로써 수행한 움직임에 대한 어휘를 습득하게 된다. 이 과정은 아동들에게 물속에서 새로운 모험을 시도할 수 있는 동기를 부여하는 것으로 보인다. 수영 환경에서의 움직임 어휘의 적용은 학교와 체육관에서 배운 단어를 강화하여 학습의 전이에 기여하고, 기술의 분리를 최소화하는 데 도움을 줄 것이다.

Sherrill 물놀이와 성공 모델은 물에 적응하기부터 수영 영법 stroke 을 배우기 전까지의 과정을 수준별 3단계로 구분하고 단계마다 움직임을 난이도에 따라 쉬운 움직임부터 어려운 움직임으로 나열되어 있다(표 1.5.1). 모델은 활동 수준에 따라 Level I(물 적응하기 Explorer), Level II(물 익히기 Advanced Explore), Level III(보조 없이 뜨기 Prebeginner Floater) 3단계로, Level I, II는 물속 움직임 탐색 과정이고, Level III는 영법 전 과정이다.

Level I(물 적응하기)은 지도자의 도움 없이 수영장 벽 근처에서 독립적으로 이동할 수 있는 능력을 기르는 것이 목표이다. 이는 수영장 벽에서 손을 떼고 몇 피트 떨어진 곳에서 기본적인 이동 운동 패턴을 수행하는 것을 포함한다. 물에 처음 들어가는 사람들 중 일부는 물에 대한 두려움을 느낄 수 있으므로, 이들을 위한 물 적응 활동을 준비하는 것이 중요하다. 따라서 개인이 스스로 물속에서 이동할 수 있는 자신감을 가질 수 있도록 다양한 활동 경험을 제공해야 한다. 이 단계를 완료하면 주요 성과는 보조 없이 독립적으로 물속을 이동할 수 있는 능력이며, 이를 통해 수료증이나 자격증 등의 인증을 통해 동기부여를 강화할 수 있다.

Level II(물 익히기)의 수행 목표는 두려움 없이 물속에 얼굴을 담그는 행동과, 주저하지 않고 수영장 바닥에서 발을 떼어 올리는 것으로, 이 과정에서 지도자의 도움을 받아 수평 자세를 취하는 것이다. 이러한 행동이 성공적으로 이루어지면, 수영자는 물속에서 재주넘기, 물구나무서기 및 다양한 동작을 수행할 수 있는 능력을 갖추게 된다.

Level III(보조 없이 뜨기)의 목표는 긴장을 충분히 이완하고 몇 초 동안 수면에 떠 있는 능력을 기르는 것이며, 이는 수영 학습의 첫 단계로 간주된다. 수중 활동은 수면에서보다 잠수 상태에서 더 효과적으로 이루어지며, 수영장은 잠수하여 길이의 절반을 이동할 수 있는 능력을 요구한다. 수영 스트로크를 배우기 전에, 싱크로나이즈드 스위밍의 기본적인 스턴트 동작을 능숙하게 수행할 수 있어야 하며, 이를 바탕으로 음악에 맞춰 개인적인 동작으로 발전시킬 수 있다. 물속에서 걷기, 달리기, 점프, 호핑, 팔을 움직여 헤엄치기, 그리고 싱크로나이즈드 스위밍 동작 등을 음악에 맞춰 다양하게 조합하여 일관된 움직임을 수행하는 능력도 요구된다.

〈표 1.5.1〉 Sherrill 물놀이와 성공 모델의 수준별 과제

(Level I) 물 적응하기: 물속에서의 움직임 탐색
1. 혼자 입수 퇴장하기 2. 레일 잡고 풀 가로질러 걷기 3. 강사 손 잡고 풀 가로질러 걷기 4. 혼자서 서기 5. 킥보드 잡고 풀 가로질러 가기 6. 혼자서 여러 번 점프 혹은 홉하기(hop) 7. 걷고 평영 팔 동작하기 8. 풀을 가로질러 다양한 이동운동 하기 9. 빨대로 거품 불기 10. 풀을 가로지르며 탁구공 불기
(Level II) 물 익히기: 물속에서의 움직임 탐색
1. 물에 얼굴 담그기 2. 거품 불기(5초) 3. 손으로 바닥/발가락 만지기 4. 바닥에 있는 물건 찾기 5. 강사 보조로 수평 뜨기 6. 강사가 끄는 킥보드 잡기 7. 도움 없이 물에 뛰어들기 8. 누운 자세로 뜨기 9. 물 깊이 변화: 쪼그려 앉았다 서기(거꾸로도 실시) 10. 앞사람 따라서 하기 놀이 11. 벽 잡고 누워서 발차기
(Level III) 보조 없이 뜨기: 영법 배우기 전
1. 거품 불기(10초) 2. 엎드려 벽 잡고 발차기 3. 자세 변화: 서기, 지지해서 엎드려 뜨기, 서기 4. 엎드려 뜨기 5. 자세 변화: 서기, 지지해서 누워 뜨기, 서기 6. 누워 뜨기 7. 보드를 이용한 플래터 킥(Flutter kick) 8. 해파리 뜨기 9. 평영 팔 동작하기 10. 어떤 영법이든 절반만 하기 11. 물구나무서기, 앞 공중제비, 뒷 공중제비, 통 모양, 표면 다이빙과 같은 스턴트를 적어도 1회 수행
주의: 수준별 과제는 순서대로 실행

장애인 수영 지도의 원칙

장애인 수영 프로그램과 일반 수영 지도 간의 차이점은 지도자를 위한 다음의 원칙에 명시되어 있다. 이러한 원칙 중 다수는 유치원 프로그램에서도 적절하게 적용될 수 있다(Langendorfer & Bruya, 1995).

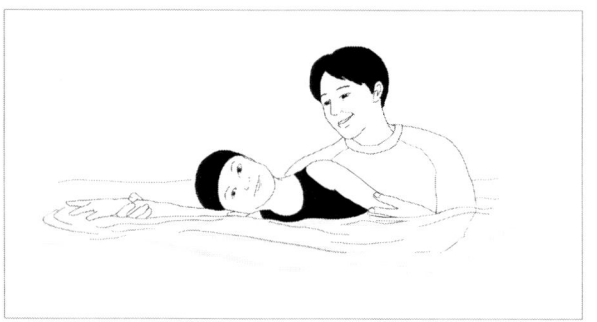

[그림 1.5.1] 지도자와 수강자의 1:1 신체적 접촉

1. 지도자는 수강자와 함께 물속에 있어야 하며, 풀 가장자리에 위치해서는 안 된다(그림 1.5.1). 지도자와 수강자 간의 신체적 접촉은 수강자의 안정성과 개별적 요구에 기반을 두어야 한다. 수강자가 물속에서 독립적으로 움직일 수 있도록 하는 것이 궁극적인 목표이나, 이를 서두르지 않아야 한다.

2. 수강자들이 꺼려하는 과제인 "얼굴을 물속에 담가라"는 표현은 피해야 한다. 대신, 게임을 통해 수강자들이 불편함을 느끼지 않도록 유도하는 프로그램을 도입하는 것이 바람직하다.

3. 수중 활동을 가르칠 때 사용하는 언어의 수를 최소화해야 한다. "위", "아래", "당겨", "킥 2-3-4"와 같은 용어는 수강자가 이해할 수 있다. 목소리의 톤을 적절히 조절함으로써 지시 내용을 효과적으로 전달할 수 있다. 예를 들어, 위로 이동할 때는 목소리를 높이고, 아래로 이동할 때는 낮추며, 힘을 주어 당기는 단계에서는 크고 힘찬 목소리를, 회복 단계에서는 부드러운 목소리를 사용하는 것이 좋다.

4. 설명-시연 기법보다는 지도자가 수강자의 팔다리를 직접 움직여 동작을 유도하는 것이 효과적이다.

5. 수강자의 움직임을 거울처럼 반영하여 그들이 받아들이는 모습을 자주 보여준다. 지도자의 자세, 팔의 움직임, 킥을 정확히 모방하도록 유도한다.

6. 수영 지도에서 보통 시행되는 것보다 이른 시점에 싱크로나이즈드 스위밍, 점프, 다이빙을 도입한다. 재주넘기와 이동 운동의 조합을 강조하며, 차례로 배열하고 순서를 기억하여 실행하도록 한다.

7. 개인의 차이에 따라 요구사항을 조정해야 한다. 모든 초보자에게 필요하다고 여겨지는 능력을 정해진 검사 방법이 아닌 개인의 강점을 기반으로 한 테스트 계획을 수립해야 한다.

8. 움직임 패턴을 좌우 양측 bilateral, 일방 unilateral, 교차 crosslateral 패턴 순서로 동작하도록 권장한다. 평영과 기본 배영 elementary backstroke 은 보통 제일 처음 지도하는 실제 수영 영법이다. 평영의 좌우 양측 동작은 보통 지도하지 않아도 수중 수영에서 나타난다. [그림 1.5.2]는 양측 스트로크의 단순성과 팔다리가 좌우 반대인 교차 스트로크의 상대적 복잡성을 비교한 것이다.

좌우 양측 운동과 교차 운동의 기본 Bilateral and Crosslateral Basics

기본 배영의 좌우 양측 동작은 Snow angel(눈에 누워 팔다리를 위아래로 휘저어 천사 모양 자국)과 Jumping jack(거수 도약 운동)의 움직임과 유사하다. 지상 연습은 아동들이 샤워하기 전이나 샤워 후 옷을 입기 전에 사용되어 학습 전이에 도움이 된다. 물에서 연습하는 것처럼 하기 위해 천장에 해먹 hammock 을 매달아 부유 기구로 활용하고, 공중에서 팔 동작을 수행하며, 물속에 테이블을 놓고 누워 기본 배영의 양측 팔다리 동작을 쉽게 수행할 수 있도록 할 수 있다.

　[그림 1.5.2]는 수중 수영, 평영, 기본 배영에서 팔과 다리의 좌우 대칭 동작과 더 복잡한 좌우 팔다리 교차

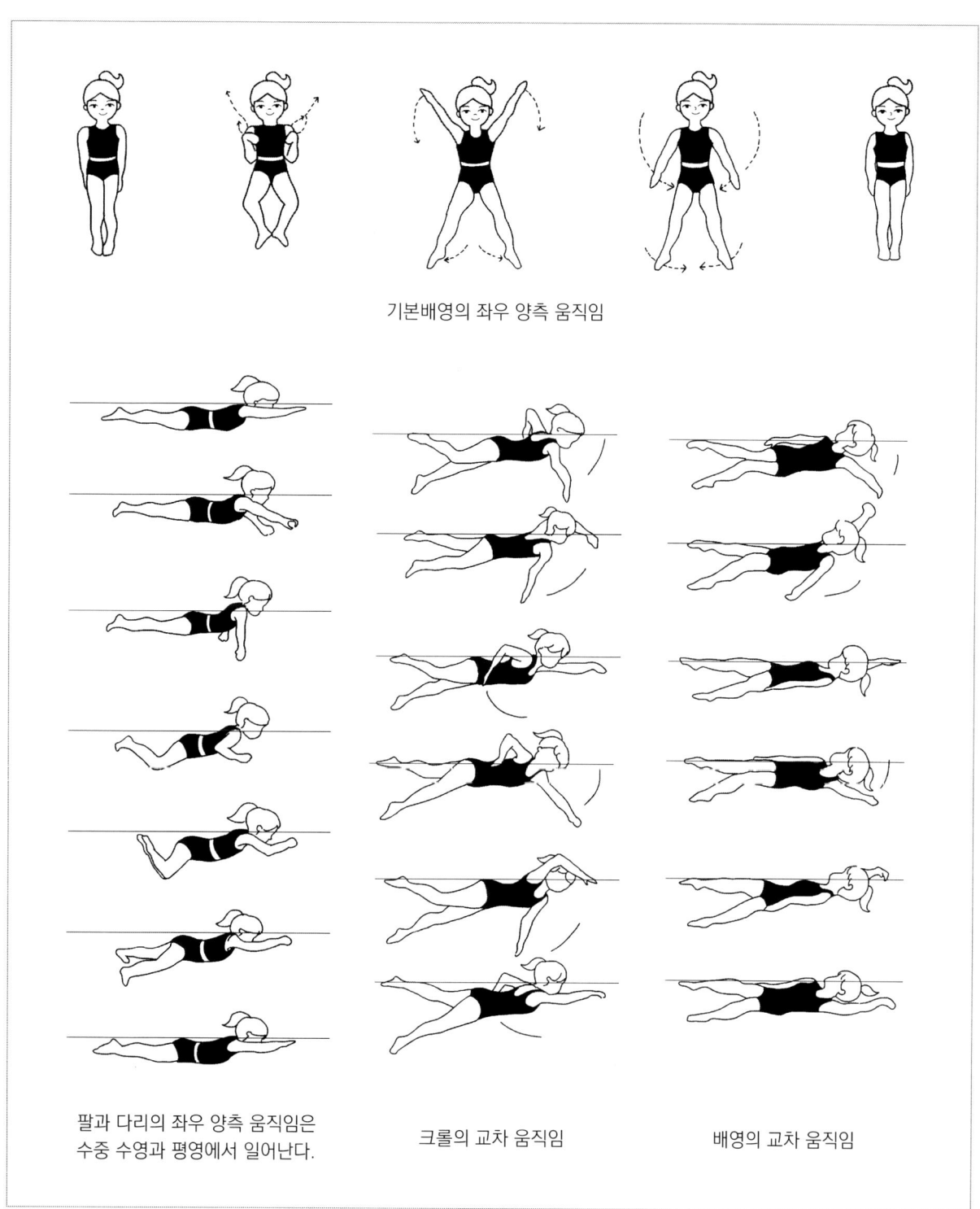

기본배영의 좌우 양측 움직임

팔과 다리의 좌우 양측 움직임은
수중 수영과 평영에서 일어난다.

크롤의 교차 움직임

배영의 교차 움직임

[그림 1.5.2] 양측 운동과 교차 운동의 비교

동작인 교차 수영 스트로크를 보여준다. 다리 발차기는 팔의 모든 움직임 주기에 맞춰 6회 이루어진다. 예를 들어, 오른팔을 당길 때 오른쪽 다리는 위로, 아래로, 다시 위로 차는 동작을 수행한다. 물장구치기 flutter kick 는 강력하고 빈번하게 이루어져야 한다. 팔 스트로크와 다리 킥은 수직이 아닌 수평 자세에서 연습해야 하며, 지도자는 수평 자세에서 새로운 기술을 시연하는 것이 중요하다. 어떤 수영 영법도 자유형만큼 숙달하기 어려운 스트로크는 없다. 물장구치기가 일부 수강생에게는 리드미컬하고 자연스럽게 느껴질 수 있지만, 많은 이들에게는 어려운 동작으로 인식된다. 3/4 박자의 음악에 맞춰 첫 번째 박자에 강한 악센트를 두는 훈련은 킥을 보다 편안하고 효과적으로 수행하는 데 도움이 될 수 있다. 그렇지 않으면, 이러한 연습은 복부 근력을 강화하는 데 유용할 수 있다. 지상 훈련과 수중 훈련 모두 중력과 하강 동작이 결합되는 경향이 있으므로, 이는 바람직하지 않은 동작으로 피해야 한다. 따라서 수강생이 적절한 박자에 맞춰 강하게 킥을 할 수 있도록 바닥에서 30~45cm 정도 높이의 장치를 설계할 필요가 있다.

크롤 스트로크 중에는 다리가 움직이지 않고 동일한 평면에 있는 경우가 없으므로, 물장구치기 준비 운동은 두 다리를 바닥에 두는 것이 아니라 [그림 1.5.3]에 묘사된 자세에서 시작해야 한다. 협응력이 부족한 수강생은 킥의 리듬이 숙달될 때까지 팔을 출발 자세에서 움직이지 않는 것이 바람직하다. 팔이 움직이지 않더라도 "오른팔 당기고" 또는 "왼팔 당기고"라는 지시를 "킥-둘-셋"으로 대체할 수 있다. 이 운동의 첫 번째 단계는 바닥에 누워서 진행하고, 다음 단계는 팔과 다리를 늘어뜨린 채 벤치에 누워서 수행한다.

만약 물장구치기 동작이 몇 주 동안 발전이 없는 것으로 보인다면, 수강생이 동작이 자연스럽지 않다고 느끼고 킥하는 방법을 번갈아 하는 동작으로 변경해야 할 필요가 있다고 가정할 수 있다. 이 경우, 크롤의 가위차기 scissors kick 을 플러터 킥 flutter kick 으로 대체함으로써 Trudgen stroke(크롤의 손의 움직임과 가위 킥을 합친 영법으로 스피드는 나지 않으나 피로가 덜함)로 바꿀 수도 있다.

지도자는 다양한 기본적인 수영 기술을 교육해야 한다. 장애인을 위한 프로그램에서 성공의 기준은 여러 가지 수영 영법 중 한두 가지를 능숙하게 수행하는 능력으로 정의된다. 수영자가 물속에서 안전함을 느끼고 수영을 즐기는 한, 어떤 영법을 사용하는지는 중요하지 않다. 움직임 탐구의 주요 목적 중 하나는 수영자가 스스로 수영 방법(영법)을 발견하도록 유도하는 것이다.

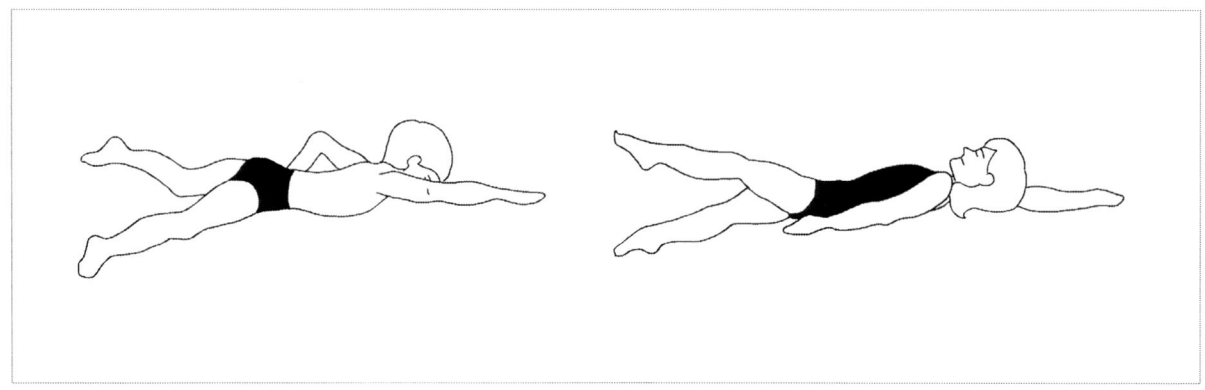

[그림 1.5.3] 물장구치기(flutter kick) 준비운동: 시작 자세

02 물 적응하기 수준(Level I: Explorer)

수영을 시작하는 개인들이 물과 처음 접촉하는 경험은 활동적이고 즐거우며 흥미로운 것이어야 한다. 수영 지도자는 수강생들이 물속에 들어가는 두려움을 극복하고 긍정적인 경험을 쌓을 수 있도록 신중하게 단계별 발달 과정을 설계할 필요가 있다.

초보자를 위한 수영 프로그램은 다음과 같은 목표를 지향한다.

○ 안전한 환경에서 다양한 활동을 통해 물에 대한 자신감을 증진시키기

○ 적절한 지식과 기술, 활동을 교육하여 불안감을 해소하고 수상 안전의 중요성에 대한 이해를 높이기

○ 레크리에이션 수상 활동의 기초가 되는 수중 활동 기능을 바탕으로 수영 스트로크 및 기타 수중 기술을 습득하기

○ 인명 구조 기술에 대한 이해와 실행 능력 배양

초기 단계에서는 무모한 행동을 피해야 하며, 초보자는 자신의 페이스와 능력에 맞춰 발전할 수 있는 기회를 가져야 한다. 신체가 할 수 있는 것과 할 수 없는 것을 탐구할 시간을 제공하는 것이 중요하다. 지도자는 초보자에게 필요한 사항과 그들의 두려움을 이해하는 것이 필수적이다. 지도자는 초보자들이 특정 활동에 대해 걱정할 때 안심과 격려를 해야 하며, 만약 초보자들이 새로운 것을 시도하는 것을 주저한다면, 지도자는 한 걸음 물러서서 다른 접근 방식을 통해 활동을 재소개할 필요가 있다(Harmer et al., 2001).

수영을 배우기 시작하는 개인들이 물에 적응하고 익히는 효과적인 방법은 물속에서 자연스럽게 즐길 수 있는 활동을 하는 것이다. 놀이를 통한 학습은 자연스러운 과정이며, 물을 놀이터로 활용함으로써 어린이와 성인 모두 게임을 통해 자신감을 얻고 물 안전의 원리를 습득하는 즐거운 방법이 된다. 게임을 통해 배우는 것은 움직임, 균형과 안정성, 신체의 형태와 자세를 변화시키는 방법, 그리고 올바른 호흡 조절을 이해하는 즐거운 방법이 된다. 장애가 있는 개인들은 종종 그룹 게임에 적극적으로 참여하지 못하는 경우가 있지만, 수영장에서는 제한적 보조 없이도 훨씬 더 큰 중재와 통합이 이루어질 수 있다. 그룹 활동의 장점, 구성 및 규모는 다음과 같은 요소를 고려하여 결정하는 것이 바람직하다(Association of Swimming Therapy, 1992).

그룹 학습의 장점은 다음과 같다.

○ 새로운 지도자가 참여하여 도움을 주며 배울 수 있다.

○ 이해하기 어려운 개인들은 다른 사람들을 모방할 수 있다.

○ 능숙한 개인들은 다른 사람들이 더 노력하도록 도울 수 있다.

○ 자신감이 부족한 개인들은 다른 모든 사람이 성취하는 모습을 보고 종종 시도하지 않았던 움직임을 시도할 가능성이 높아진다.

○ 개별적으로 수영하는 것보다 비슷한 목표를 가진 사람들과 함께 있을 때 긴장이 일반적으로 감소한다.

○ 풀 공간을 더 효율적으로 사용한다.

그룹 구성은 다음과 같은 기준에 따라 이루어진다.

○ 지상에서의 장애 유형에 따른 구분이 아닌, 수중에서의 유사한 활동 능력을 바탕으로 그룹을 형성한다.

○ 연령과 신장에 따라 적절한 수심에서 활동할 수 있도록 결정하며, 프로그램은 모두에게 적합해야 한다.

○ 프로그램 진행 속도는 개인의 필요에 따라 조정되며, 일부는 더 느린 속도와 추가 시간이 요구될 수 있다.

그룹의 규모는 다음과 같은 요소에 의해 결정된다.

○ 이용 가능한 수영장의 면적

○ 그룹을 관리하는 지도자의 역량

○ 지도하고 있는 기술의 종류

○ 유사한 기능을 가진 참여자의 수

최대 실행 가능한 그룹 규모는 1명의 지도자와 5명의 강습생으로 제한된다. 그룹 지도자는 프로그램을 운영하며, 특정 강습생 간의 소통을 촉진하는 역할을 수행한다. 또한, 각 단계에서 필요한 만큼의 지원을 제공하며, 강습생들이 독립적으로 수영할 수 있도록 돕는 것을 목표로 한다.

수건 게임

참여자들에게 각각 수건을 제공한 후, 수영장과 가정 또는 목욕탕에 위치한 욕조를 비교하는 활동을 진행한다. 이 과정에서 편안한 질문을 통해 참가자들의 물에 대한 관심을 유도한다.

○ 수건을 사용하여 어떤 행동을 하는지 말로 설명하지 않고, 직접 시연해 보도록 한다.

○ 샤워 시 몸의 어떤 부위부터 씻는지를 질문한다.

○ 얼굴, 목 뒤, 팔꿈치, 복부, 다리 등을 씻었는지 확인하고, 발바닥은 어떻게 씻는지에 대해 질문한다.

○ "누군가가 등을 씻어주는 것을 선호하나요? 그렇다면, 짝을 지어 서로 번갈아 가며 등을 씻어보세요."라고 제안한다.

○ 수건을 공 모양으로 말아 짝과 함께 던지고 받아보는 활동을 진행한다.

○ 공을 놓쳤을 경우, 수영장 바닥에서 발가락으로 수건을 집어보도록 유도한다.

스펀지 게임

사람들에게 각각 스펀지를 나눠 준다.

○ 수영장 바닥에 뭔가 보이나요? 네, 맞아요. 접시, 숟가락, 그릇, 컵이 있습니다. 네 직업이 뭔가요? 네, 맞아요. 접시를 원하는 대로 회수하여 스펀지로 닦아 풀 가장자리에 정리해두세요. 가장 많이 집어서 밥상을 차린 사람이 이깁니다.

○ 벽을 닦아본 적 있나요? 여러분 각자가 벽에 자신만의 공간을 정하고 벽을 스펀지로 문질러 닦으세요. 세차해 본 적 있어요? 벽을 자동차로 생각하고 닦아보세요. 우리가 닦을 수 있는 곳이 어디일까요? 바닥 닦는 법 아는 사람은? 어디보자.

○ 이 큰 튜브를 보시겠습니까? 이 튜브를 골대로 활용하여 스펀지를 골인시키는 활동을 진행해 보도록 합시다. 스펀지를 튜브 내부로 던져 넣는 것이 가능할까요?

○ 스펀지를 활용하여 다른 던지기 게임을 진행할 수 있을까요? 예를 들어, 도망가는 사람에게 스펀지를 던져 맞히는 게임이나 피구 게임을 할 수 있다. 자원봉사자가 도둑 역할 또는 피구 게임의 주자로 참여하여 게임을 진행한다. 신체에 맞을 위험이 있으므로 자원봉사자가 도둑 역할을 맡는 것이 바람직하다.

참여자들은 스펀지를 물에 담근 후 다음 게임을 진행한다.

○ 누가 먼저 양동이에 물을 채울 수 있을까요? 양동이에 물을 채우는 유일한 방법은 스펀지를 사용하여 물을 옮기고 짜내는 것이다.

개인전

누가 가장 많은 스펀지를 회수해서 짜내고 다시 물에 던질 수 있을까요?

짝 게임

한 사람은 물속에 남아 스펀지를 회수하고 풀 가장자리에 있는 짝에게 물에 젖은 스펀지를 건네주고, 짝은 스펀지를 짜서 다시 물속으로 던진다.

○ 물 위에 떠 있는 색깔 있는 스펀지를 지정해서 그 스펀지를 건져 풀 가장자리에 옮겨 놓는 게임이다. 사람들은 모두 한 손을 수영장 가장자리에 올려놓는다. "출발"이라는 신호에, "파란색 스펀지를 회수해서 가장자리에 놓으세요. 노란 스펀지? 핑크 스펀지?"

○ 변형: 형태나 크기가 다른 스펀지가 물에 떠 있다.

○ 누가 두 개의 스펀지를 회수하여, 한 개씩 발로 밟아 둘 수 있을까? 스펀지를 밟고 서 있는 사람은 누구? 손 드세요.

불기 게임

불기 게임은 수중 및 수면 위에서 할 수 있는 활동으로, 리드미컬한 호흡을 통해 진행되는 중요한 체험이다.

○ 각각 참가자에게 30~40cm 길이의 투명한 빨대를 제공한 후, 빨대를 이용하여 똑바로 서서 걷고 물속에서 거품을 생성하는 활동을 시도해 보도록 한다.

○ 떠 있는 탁구공을 빨대로 불어서 벽까지 이동하세요. 장난감 배를 옮기려면?

○ 가장자리에 놓인 풍선에 바람을 넣고 이를 풀에 던져 넣고 건너편 벽까지 옮기세요. 가장 많이 불어서 옮겨 놓는 사람이 승리한다. 풍선을 옮길 때는 한 개만 옮길 수 있다.

○ 팔, 목에 낄 수 있는 부유 기구에 입으로 공기를 넣어 부풀린 다음 착용한다.

○ 실에 매달린 탁구공에 공기를 빨대로 불어내 공이 오래 흔들리도록 한다.

물 적응하기를 위한 자기 테스트

아동들의 활동은 기본 운동 기술 fundamental motor skill 즉, 이동 운동(걷기. 달리기, 호핑, 갤로핑, 구르기 등), 비이동 운동(굽히기, 비틀기, 돌기, 앉기 등), 조작 운동(던지기, 치기, 받기, 튀기기 등) 등이 발달하여야 게임과 스포츠를 수행하는 데 어려움이 없다. 수영을 배우기 위해서는 무엇보다도 물에 대한 두려움을 극복하고, 물속에서 균형을 유지하며 원하는 동작을 수행할 수 있어야 한다. 또한, 수중 활동은 주로 개별적인 움직임으로 이루어지기 때문에, 아동은 기본 운동 기술을 개별적으로 발전시킬 필요가 있다. 이를 위한 효과적인 학습 전략 중 하나는 자기 테스트 활동 self-testing activities 이다(Karabourniotis, et al., 2002). 자기 테스트 활동은 질문에 답하거나 연습 행동을 통해 자신의 경험을 바탕으로 수행 능력을 평가하는 것으로, 장기 학습 long-term learning 을 증진시키는 데 기여하는 학습 전략이다(Fiorella & Mayer, 2015). 이러한 방법은 질문이나 연습에 대해 자신이 수행할 수 있는지를 기억하며 학습하고 수행 능력을 향상시키는 데 매우 효과적이다. 다음의 자기 테스트 활동을 통해 물에 대한 적응력을 향상시킬 수 있으며, [그림 1.5.4]는 지상에서 연습하는 기본 운동 기술을 나타내고, 질문(자기 테스트)은 이와 관련된 활동이다.

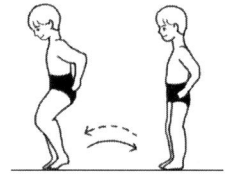

제자리 멀리뛰기

"풀을 향해 앞으로 점프할 수 있습니까? 뒤로 뛰어내릴 수 있을까? 옆으로? 또 다른 방법으로 점프할 수 있을까요? 점프할 때 무거운 것을 들고 할 수 있을까요?"

수직 점프 및 팔 뻗기

"얼마나 높이 뛸 수 있을까?" 다양한 색깔의 깃발이 달린 폴은 점프의 높이를 점진적으로 증가시키며 강화물로 이용한다. "점프할 때 어떤 깃발을 만졌나요?"

양손으로 막대 잡고 넘기

"막대기, 스카프, 또는 줄을 양손으로 넓게 잡고 뛰어넘을 수 있나요?"

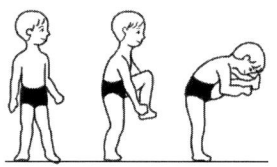

발 들고 발가락 건드리기

"발가락에 인사 좀 해줄래? 한 발 들고 깡총 뛰어오르기?"

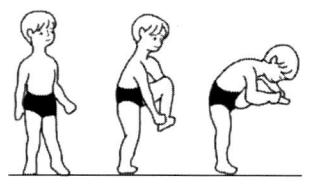

점프해서 무릎(발) 건드리기

"점프해서 무릎을 터치할 수 있니?"
"뛰어올라 발가락을 만질 수 있나요?"

한발 균형 잡고 비행하기

"한 발로 서서 만들 수 있는 자세는 어떠한 것이 있을까? 발레 아라 베스크를 할 수 있나요? 발끝으로 서서 돌 수 있을까?"

아라베스크

물속 달리기

"수영장을 가로질러 달리는 데 몇 초나 걸릴까? 3분 동안 달리면 풀 어디까지 갈 수 있나요?"

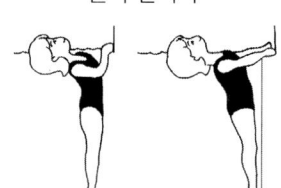

뒤로 젖히며 까치발 서기

"풀 벽에 매달려 뒤로 젖힐 수 있나요? 발바닥을 바닥이 아닌 벽에 대고 이렇게 할 수 있나요? 한 손으로 잡고 뒤로 젖힐 수 있나요?"

풀 바닥 선 따라 이동하기

"수영장 바닥에 그려진 선 위로 걸어갈 수 있나요? 줄을 서서 행진 할 수 있나요? 선 위를 뒤로 걸어갈 수 있나요? 선 따라 옆걸음으 로 갈 수 있나요?"

팔 뻗어 지탱하기

"풀 벽 앞에 서서 가장자리에 두 손을 올려놓으세요. 팔굽혀펴기 를 몇 번 할 수 있을까요? 팔을 뻗어서 몸이 물 밖으로 나오게 할 수 있나요? 팔 힘만으로 물 밖으로 나올 수 있나요?"

[그림 1.5.4] 지상에서 연습하는 기본 운동 기술

물 익히기 수준(Level Ⅱ : Advanced Explorer)

물 익히기 단계에서는 수영자가 머리를 물속에 담그고, 그 깊이를 위에서 아래로 또는 아래에서 위로 조절하는 방법을 학습한다. 또한, 수영자는 가능한 모든 방법으로 물속에 들어가는 경험을 시도한다. 물속에서 수평 자세를 유지하는 것은 안정적이지 않지만, 지도자의 지원이 있을 경우 가능할 수 있다.

수건을 이용한 게임

태워주기

짝을 이룬 두 사람이 손을 잡고 발을 바닥에서 들어 올리면, 물속에서 수평 자세를 취하여 서로를 끌어 이동시킬 수 있다. 이러한 이동 놀이에서는 기차, 배 또는 기타 이동 수단을 설정하고 이에 적합한 노래나 음향 효과를 추가함으로써 참여자들의 상상력을 자극하고 물놀이의 즐거움을 배가시킬 수 있다. 손을 잡고 물에 떠 있는 상대에게 대화를 시도하며 뒷걸음질을 하면서 시선을 지속적으로 유지하고 끌어당기는 방식으로 상호작용을 진행한다. 이러한 과정에서 즐거움과 함께 물속에서의 두려움을 잊고 신뢰가 형성되면, 다음 단계로는 손을 잡아당기면서 수건이나 킥보드에 매달리도록 유도하는 것이 중요하다. 따라서 수영장을 가로지르는 놀이를 지속하면서 두 사람의 거리를 점차 멀어지게 하는 방식으로 진행할 수 있다.

줄다리기

두 명이 각각 수건의 끝을 잡고, 풀 바닥에 위치한 줄을 기준으로 마주 서서 수건을 당기는 활동을 진행한다. 참가자가 물속에서 균형을 유지하고 몸통을 효과적으로 조절할 수 있다면, 여러 명이 팀을 이루어 줄다리기를 수행할 수 있다. 추가 인원은 한 번에 한 명씩만 팀에 합류할 수 있다.

뱀 꼬리 잡기

약 2m 길이의 줄 끝에 수건을 묶어 놓습니다. 민첩한 참가자가 풀밭 주변에서 줄을 당기게 됩니다. 이 활동의 목적은 누가 먼저 수건을 잡을 수 있는지를 확인하는 것입니다. 수건을 먼저 잡은 참가자는 뱀을 잡아당기는 역할을 수행하게 됩니다.

앞사람 때리기

또래들이 원을 형성하여 안쪽을 향해 서 있다. 술래는 손수건을 들고 원의 바깥쪽에 위치하며 반시계 방향으로 이동하면서 앞서 달아나는 사람을 추적하여 손수건으로 태그하는 게임이다. 달아나는 선수는 반 바퀴를 돌고 원 안으로 잠수하여 안전한 지점에 도달하면, 원 안의 선수와 교대하여 달아나는 역할을 수행하게 된다.

수영할 때의 여러 가지 몸의 모양

턱 tuck, 파이크 pike, 레이아웃 layout 이라는 용어는 싱크로나이즈드 스위밍, 다이빙, 체조와 같은 운동 분야에서 사용된다. 물에 대한 익숙함을 기르는 과정에서는 지상, 얕은 물, 공중에서의 신체 자세를 형성하는 방법을 배우며, 이는 물속에서도 적절한 자세를 취하는 데 기여한다. 체육관의 트램펄린과 스프링보드에서 동작을 연습함으로써 수영장에서의 자세 취하기가 용이해진다. 이러한 맥락에서 물속에서의 자기 자극에 대한 이해, 즉 고유 수용 감각 proprioceptive awareness 을 향상시키기 위해 몇 가지 자세를 설계하였다.

물속에서 턱, 파이크, 레이아웃 자세를 처음 시도할 때, 종종 바닥으로 가라앉는 경험을 하게 된다. 많은 사람들이 물속에서 신체의 형태를 취하다가 우연히 몸이 떠오르는 것을 발견하게 된다. 만약 이러한 뜨는 경험을 하지 못한다면, 호흡 조절과 균형 잡기 연습을 하게 된다.

입수 방법

많은 아동들은 수영보다 점프나 다이빙을 선호하는 경향이 있다. 초기 단계에서는 지도자와 함께 한 손 또는 두 손을 잡고 물에 들어가려는 시도를 할 수 있다. 물에 대한 첫 경험에서는 두려움과 거부감이 동반되기 때문에, 성인들은 물속에서 팔을 뻗어 아동을 편안하게 받아주기를 기대한다. 물에 들어가는 방법은 다양하므로, 아동들이 물에 들어가도록 동기를 부여하기 위해 여러 가지 시범과 놀이를 실시한다.

"물에 발이 먼저 들어가는 방법에 대해 모두 이야기해 보세요?"라는 질문에 대해 아동들은 다음과 같은 방법을 제시할 수 있다:

○ 수영장을 등지고 사다리를 내려가기
○ 수영장 가장자리에 앉아 다양한 다리 모양으로 물에 들어가기(그림 1.5.5)
  (a) 편안한 자세
  (b) 턱 자세
  (c) 파이크 자세
  (d) 한쪽 다리를 곧게 펴고 다른 쪽 다리를 구부린 자세 등
○ 물 쪽을 향해 무릎을 꿇거나 반쯤 굽히기
○ 물을 등지고 무릎을 꿇거나 반쯤 굽히기
○ 물 쪽을 향해 쪼그려 앉기

다음 질문을 통해 원하는 답을 유도해 내도록 한다.

턱(tuck) 자세
구부린 무릎을 양팔로 껴안는 다이빙형

> "지상에서 턱(tuck) 자세를 얼마나 다양한 방법으로 해낼 수 있습니까? 물속에서? 공중에서?"

파이크(pike) 자세
허리를 구부리고 다리를 뻗는 자세

> "지상에서 파이크(pike) 자세를 얼마나 다양한 방법으로 해낼 수 있습니까? 물속에서? 공중에서?"

레이아웃(layout) 자세
체조 선수가 다리를 턱하는 것(tucking)이 아니라 몸을 직선으로 뻗는 기술을 의미함.

> "지상에서 레이아웃(layout) 자세를 얼마나 다양한 방법으로 해낼 수 있습니까? 물속에서? 공중에서? 뒤로 레이아웃을 할 수 있나요? 앞으로? 옆으로?"

곡선 모양(curved)의 자세

> "지상에서 몸을 곡선 모양으로 만드는 방법은 얼마나 됩니까? 물속에서? 공중에서? 전면 레이아웃과 곡선 모양을 합쳐서 만들 수 있습니까? 곡선 모양의 백 레이아웃? 곡선 모양을 옆으로?"

[그림 1.5.5] 수영할 때의 여러 가지 몸의 모양

○ 물을 등지고 쪼그려 앉아서
○ 물 쪽을 향해 서서: (a) 바로 들어가기, (b) 물에 닿기 전에 공중에서 점프 및 무릎 굽히기, (c) 점프하고 공중에서 턱하기(tuck), (d) 점프하고 박수치기, (e) 점프하고 돌기, (f) 점프하고 발가락 터치하기, (g) 홉, (h) 도약
○ 물을 등지고 서서: (a) 바로 들어가기, (b) 점프, (c) 홉, (d) 파이크 드롭하기

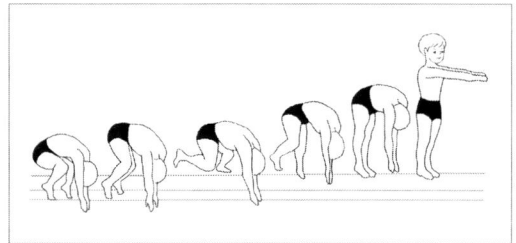

[그림 1.5.6] 다이빙 학습 단계

"머리부터 물속으로 들어가는 동작의 다양성은 얼마나 되는가?"라는 질문에 대해, 아이들은 다이빙을 배우는 과정에서 여러 가지 단계를 언급할 수 있다. 이들은 옆으로 누워서 물속으로 통나무처럼 구르는 방식이나, 앞 공중제비를 수행하는 방법 등을 제시할 수 있다.

물 익히기 수준의 자가 테스트 활동

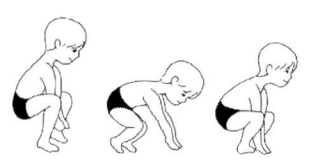

개구리 점프

⇰ "물속에서 개구리처럼 점프할 수 있나요?"

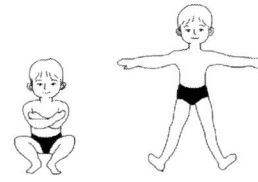

용수철 팅기기(jack-in-the-box)

⇰ "물에 쪼그리고 앉아 있다가 벌떡 일어나 상자를 열면 인형이 팅겨 나오는 것(jack-in-the-box)처럼 '팅~이잉' 소리를 낼 수 있나요?"

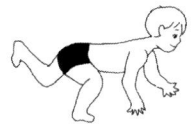

강아지 걸음
(손발 4개가 풀 바닥에 닿으면 강아지 걸음, 손발 3개가 닿으면 다리를 저는 강아지 걸음 걷기)

⇰ "물속에서 머리를 들고 강아지 걸음을 할 수 있나요? 아픈 강아지 걸음을 할 수 있나요?"

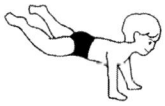

노새 발차기

⇰ "물속에서 노새 뒷발차기를 할 수 있나요?"

물개 걸음

⇰ "물속에서 물개 산책을 할 수 있나요?"

낙타 걸음

⇰ "낙타가 물속을 걸을 수 있나요? 이것은 또한 개구멍 통과하기라고도 불립니다."

-[다음 장에 이어서]-

-[앞 장에 이어서]-

달걀 앉기에 이은 V자 앉기

"풀 바닥에 달걀이 서 있는 것처럼 앉아 있을 수 있어? 물에 앉아서 달걀이 가라앉듯이 아래로 가라앉는 것을 할 수 있나요?"

인간 공튀기기

"풀 바닥에서 무릎을 구부리는 동작을 다섯 번 할 수 있나요? 여러분은 공이 튀기고 있다고 생각하세요."

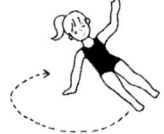

맷돌갈기

"수영장 바닥에서 맷돌이 돌아가듯이 움직일 수 있나요?"

무릎 균형잡기

"한쪽 무릎과 두 손을 짚은 상태에서 물속에서 균형잡기 묘기를 할 수 있나요? 양팔을 들어 한쪽 무릎으로 균형을 잡을 수 있나요?"

[그림 1.5.7] 물 익히기 수준의 자가 테스트 활동

벽 잡고 물장구치기

벽 잡고 물장구치기 Bracketing 는 한 손 또는 두 손으로 풀의 홈통(레일)을 잡고 발을 풀의 바닥에서 들어 올려 몸을 수평으로 유지하는 자세를 의미한다(그림 1.5.8). 이때 취하는 자세는 엎드려 뜨기와 누워 뜨기가 있으며, 벽을 잡고 물장구치기를 수행할 수 있다. 이 활동은 재미를 느낄 수 있어 물에 적응하는 데 유익하다.

[그림 1.5.8] 벽 잡고 물장구치기

풀 바닥에서 물건 집기

물속에서의 적응 과정은 시각적 인식을 통해 새로운 맥락에서 공간적 관계를 학습하는 것을 포함한다. 초기 단계에서는 지도자 손을 잡고 함께 잠수하는 경험을 할 수 있다. 물속에서 두 사람은 서로의 눈을 마주치고, 악수하며, 손과 팔의 움직임을 관찰할 수 있다. 이후에는 바닥에서 다양한 종류의 물체를 집어 올리는 도전 과제를 수행할 수 있다. 이 과정에서 형태, 크기, 무게, 색상 등을 구별하는 연습은 물체를 드는 행동과 함께 할 수 있다.

04   보조 없이 뜨기 수준(Level Ⅲ: Prebeginner Floater)

보조 없이 뜨기 수준(Level Ⅲ) 단계는 수영 스트로크를 활용하여 수영하기 전에 물에 뜨고 자유롭게 활동할 수 있도록 하는 교육 과정이다. 이 단계에서는 (a) 수평 자세에서 수직 자세로의 전환, (b) 뜨기, (c) 보빙 bobbing 즉 물속에서의 상하 움직임, (d) 엎드린 자세와 누운 자세에서의 활동, (e) 싱크로나이즈 수영에서의 간단한 재주넘기와 같은 다양한 움직임을 습득하는 과정이 포함된다.

수평 자세에서 수직 자세로

수평 뜨기 자세에서 수직 뜨기 자세로의 전환은 비교적 간단한 동작이다. 그러나 이 과제의 난이도는 부력의 양, 비중, 그리고 팔다리의 결손 또는 마비 정도에 따라 달라질 수 있다. [그림 1.5.9]는 수평 자세에서 다른 자세로의 간단한 전환 동작을 나타내고 있다.

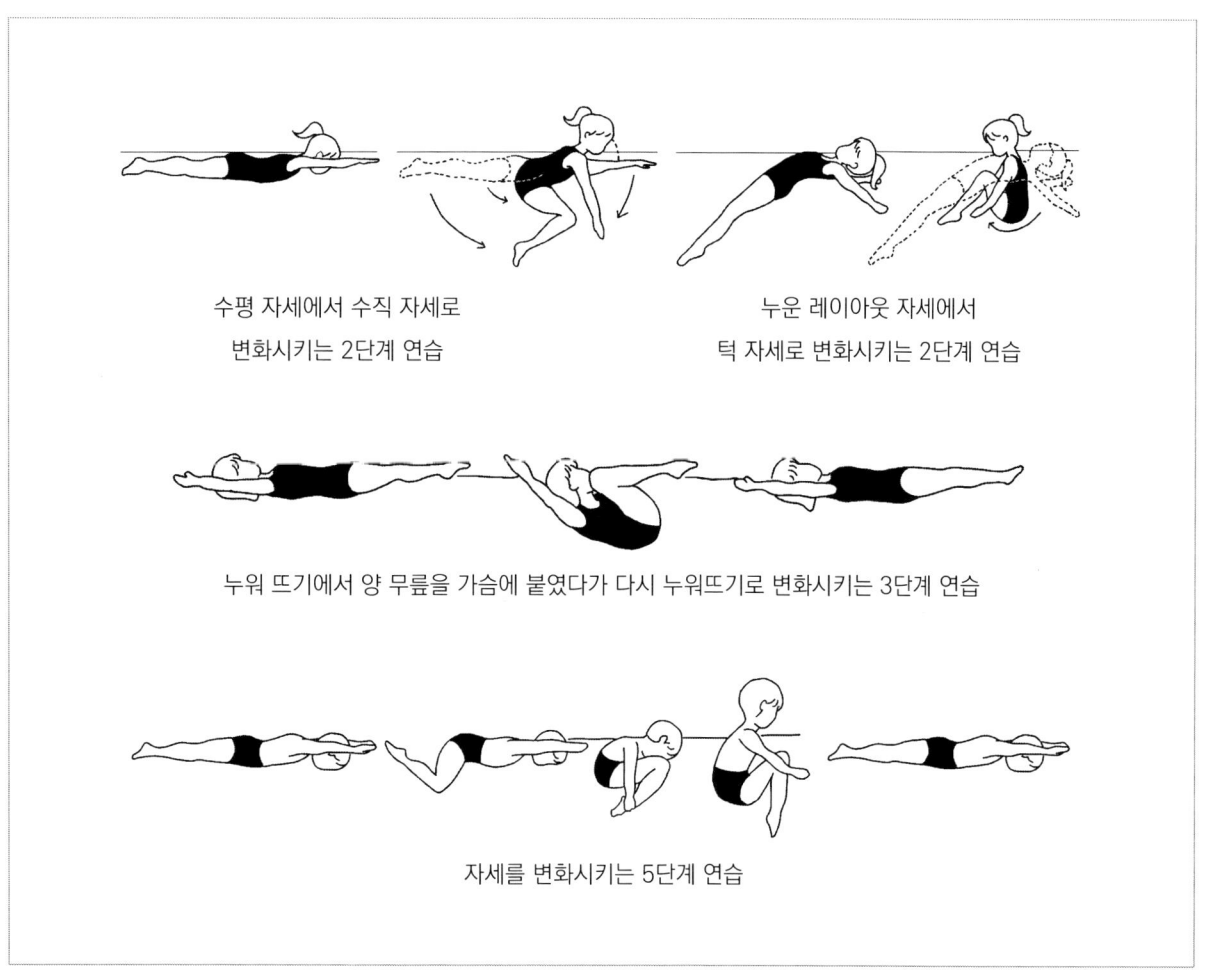

수평 자세에서 수직 자세로
변화시키는 2단계 연습

누운 레이아웃 자세에서
턱 자세로 변화시키는 2단계 연습

누워 뜨기에서 양 무릎을 가슴에 붙였다가 다시 누워뜨기로 변화시키는 3단계 연습

자세를 변화시키는 5단계 연습

[그림 1.5.9] 자세를 변화시키는 연속 동작

뜨는 원리 이해

사람들은 체격이 다양하고 절단 장애가 있는 경우에도, 절단 부위가 다른 사람들에게 물에 뜨는 방법을 가르치기 위해 부력, 비중, 부력의 중심과 같은 용어를 어느 정도 이해해야 한다.

부력(buoyancy)부력 buoyancy 은 물속에서 떠오르는 성질을 의미한다. 인간의 부력은 각 신체 부위를 물로 대체할 수 있는 양과 해당 신체 부위의 무게에 따라 결정된다. 따라서 신체 부위의 표면적이 클수록 더 많은 물로 대체될 수 있으며, 그에 따라 더 많은 물을 밀어내게 된다. 예를 들어, 골반이 넓고 엉덩이가 큰 사람은 좁고 평평한 엉덩이를 가진 사람보다 더 많은 물을 밀어내게 된다. 신체 부위의 무게가 가벼울수록 물에 뜨는 데 필요한 힘이 적어진다. 이와 같은 맥락에서, 동일한 표면적을 가진 코르크 마개와 대리석을 물에 떨어뜨리면, 가벼운 코르크 마개는 물에 뜨고 대리석은 가라앉게 된다. 인체의 지방 조직은 근육과 뼈 조직보다 상대적으로 가벼운 특성을 지닌다. 따라서 동일한 표면적을 가진 두 사람 중 한 사람이 비만이고 다른 사람이 근육량이 많다면, 비만한 사람이 근육질의 사람보다 더 쉽게 물에 뜨게 된다. 부력은 아르키메데스의 원리에 의해 설명되며, 이는 액체에 잠긴 물체에 작용하는 힘이 대체된 액체의 무게와 같다는 원칙이다.

인체의 비중 specific gravity 은 아래의 공식에서 보듯이 동일한 양의 물과 비교한 체중을 나타낸다.

$$\text{비중} = \frac{\text{체중}}{\text{몸 부피에 해당하는 물의 무게(물의 밀도)}}$$

대부분의 성인은 충분한 공기를 흡입했을 때 비중이 1보다 약간 낮은 값을 나타낸다. 이는 폐가 공기로 가득 차 있을 때, 머리를 수면 위에 두고 떠 있을 수 있음을 의미한다. 숨을 내쉰 후 인체의 비중은 약 1.02로 측정되며, 이 값이 1.02를 초과할 경우 물속에서 떠 있는 데 어려움을 겪게 된다. 인간이 물속에 있을 때의 부력 중심 center of buoyance, CB 은 지상에 있을 때의 무게 중심 center of gravity, CG 과 유사한 기능을 수행한다. 두 중심 모두 체중의 중심을 나타내며, 신체의 회전 축 역할을 한다. 부력 중심은 주로 흉강 thoracic cavity 에 위치하며, 비만일수록 그 위치가 낮아지는 경향이 있다. 만약 어떤 물체가 균일한 밀도를 가진다면, 그 물체의 부력 중심과 무게 중심은 일치하게 된다. 그러나 인간의 경우 이러한 일치는 이루어지지 않는다. 물속에서 신체는 마치 시소와 같이 균형이 이루어질 때까지 지레의 받침점인 CB 주위를 오가는 1종 지레로 비유될 수 있다. 부력 중심과 무게 중심이 동일한 수직 선상에 위치할 때만 사람이 안정적으로 떠 있을 수 있다.

남성은 일반적으로 여성에 비해 부력이 낮은 경향이 있다. 부력 중심을 상승시키기 위해 무게 중심을 높이는 방법이 있으며, 이는 팔을 머리 위로 뻗거나 무릎을 구부려 발뒤꿈치가 몸에 닿도록 하거나, 턱 tuck 자세나 해파리 자세를 취함으로써 달성할 수 있다. 또한, 공기를 충분히 흡입하고 가능한 한 숨을 거의 내쉬지 않는 것도 부력을 증가시키는 데 기여할 수 있다. 운동량 momentum 이 증가함에 따라 발과 다리가 바닥으로 내려가면서 전체 몸이 아래로 끌리는 현상이 발생하므로, 다리를 들어 수평 자세를 취하려고 시도하는 것은 바람직하지 않다. 만약 자신이 가라앉는 존재라고 느낀다면, 수평 자세보다는 수직 자세에서 시작하는 것이 부력을 얻는 데 도움이 된다. 비만인 경우 물속에서 균형 유지에 어려움이 많으며, 이러한 문제의 보완 방법을 학습해야 한다. 예를 들어, 배영 할 때 몸이 뒤집히지 않도록 팔 스트로크를 평소보다 두 배 빠르게 수행해야 할 필요가 있다. 엉덩이, 다리, 발이 수면 위로 올라오는 경우가 많아 킥을 제대로 수행하기 어려운 상황이 발생한다. 비만 초보자들에게 가장 불안한 경험은 수평 자세에서 수직 자세로 전환하는 과정이다. 아무리 노력해도 다리가 아래로 가고 어깨와 몸통이 앞으로 나와 무게 중심과 부력 중심이 발 위에 일직선으로 정렬하기 어렵다.

팔이나 다리의 절단이 있을 경우, 무게 중심과 부력 중심의 위치에 영향을 미치며 이는 부력과 균형에도 영향을 준다. 팔다리의 상실로 인해 무게 중심과 부력 중심이 반대 방향으로 이동하게 된다. 예를 들어, 오른쪽 다리나 팔을 잃은 경우 신체의 무게가 중심이 되는 왼쪽으로 기울어지는 경향이 있다. 선천적이든 후천적이든 절단 수술을 받은 개인은 수영을 잘 할 수 있는 가능성이 있다. 각 개인이 자신의 요구에 가장 적합한 뜨기 자세와 수영 스트로크를 찾을 수 있도록 다양한 움직임을 탐구하는 것을 권장한다. 중증 지체장애가 있는 경우, 누워서 하는 배영을 선호하는 경향이 있는 것으로 보인다. 특히 다음과 같은 스트로크를 제안한다.

- **두 다리 절단** 배영, 평영
- **한 다리 절단** 배영, 기본 배영, 횡영
- **양팔의 절단** 누워서 가능한 킥. 이러한 사람은 수평 자세에서 직립 자세로 전환하기 매우 어렵다.
- **한쪽 팔 절단** 횡영 혹은 누워서 다리 킥을 하고 한쪽 팔로 피닝하며 finning 수영한다.
- **한쪽 다리와 한쪽 팔 절단** 다리로는 횡영을 하고 팔은 효과적인 피닝 finning 동작을 한다.

경련성 또는 마비성 근력 불균형인 사람은 수평 자세에서 돌거나 회전하는 경향이 있다. 안정되게 뜨기 위해서 머리를 몸통 회전과 반대 방향으로 돌려야 한다. 배영을 크롤보다 먼저 가르쳐야 하며 대칭 스트로크는 비대칭 스트로크보다 먼저 숙달되어야 한다.

보빙

보빙 bobbing 은 호흡을 위해 수면 위로 머리를 들었다 내리는 동작을 반복하는 행위를 의미한다. 물속에서의 보빙은 팔의 움직임을 제외하면 제자리에서 수직으로 점프하는 것과 유사하다. 이 동작은 얕은 물이나 깊은 물에서 수행할 수 있으나, 일반적으로 머리가 잠기는 깊이의 물에서 이루어진다(그림 1.5.10).

보빙은 두 가지 단계로 구성된다. 첫 번째 단계인 하강 단계에서는 양팔을 동시에 위로 올리면서 몸이 아래로 내려간다. 발이 수영장 바닥에 닿으면 팔의 동작이 종료된다. 이후 상향 단계에서는 양팔을 아래로 눌러 몸을 위로 밀어 올린다. 보빙의 팔 동작은 목표 방향과 반대 방향으로 밀어내는 개념으로 설명될 수 있다.

보빙은 여러 가지 목표를 달성한다. (a) 호흡 리듬을 향상시키고, (b) 폐활량을 증가시킨다. 즉, 수영하는 사람은 과호흡하는 경향이 있으며, (c) 고유 수용 감각 proprioceptive awareness 을 높이고, (d) 준비운동으로 사용된다. 특히 천식에 걸린 아동들에게는 보빙이 권장된다. 보빙의 변형은 전진 보빙 Progressive bobbing, 한 다리 보빙, 턱 tuck 자세 보빙, 짝지어 시소 보빙하기 등이다.

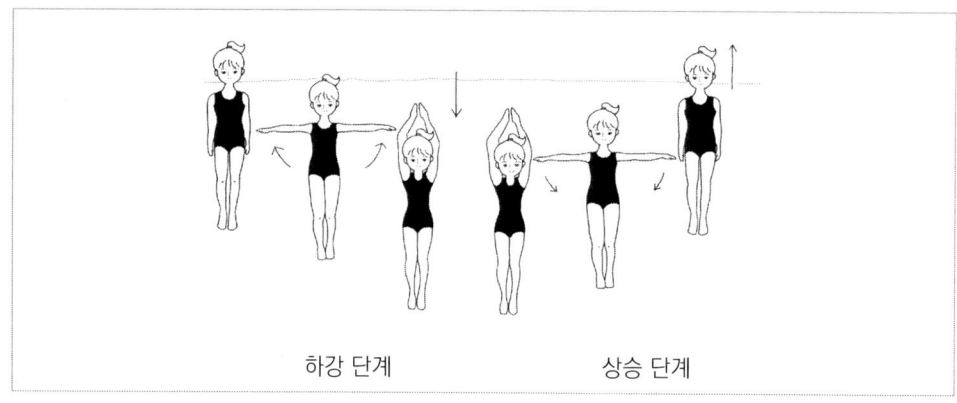

하강 단계   상승 단계

[그림 1.5.10] 보빙(Bobbing) 동작

전진 보행

하강 단계는 제자리 보빙과 같다. 그러나, 상승 단계는 다리를 사용하여 몸을 대략 65° 각도로 하여 풀 바닥을 밀어낸다. 팔의 움직임은 기본적으로 같으며, 전진 보빙은 수영장의 깊은 곳에서 얕은 곳으로의 이동 수단으로 사용될 수 있다는 점에서 생존 기술이다.

한 다리 보빙

턱 tuck 자세 보빙

팔은 위로 당기고, 다리는 발이 바닥에 닿도록 뻗는다. 상승 단계 – 팔은 아래쪽으로 누르고 무릎을 가슴으로 당기며 상승 마지막에 완전한 턱이 이루어지도록 한다.

짝과 시소 보빙

먼저 짝과 마주 보고 손을 잡는다. 그런 다음 트램펄린에서 짝과 점프할 때처럼 한 사람은 올라가고 다른 사람은 내려가는 것처럼 리듬 있게 보빙한다.

피닝 Finning (지느러미 수영)과 스컬링 Sculling (노젓기 수영)

뜨기를 익힌 후, 몇 개월간의 강습 기간 동안 팔과 손의 움직임에 중점을 두고 연습을 진행한다. 이 과정에서는 누워 뜨기, 엎드려 뜨기, 턱 tuck, 파이크 pike 등의 자세를 통해 다양한 문제를 탐구하고, 여러 가지 움직임을 시도함으로써 자신감을 키우도록 한다.

  ○ "누워 뜨기 자세에서 스컬링 할 때 손을 위치시킬 곳은 몇 군데일까?"

  ○ "팔과 손을 어떤 자세로 해야 몸을 쉽게 움직일 수 있을까?"

  ○ "손의 위치에 따라 팔 동작을 어떻게 할 수 있는가?"

  ○ "물속에서 똑바로 서 있을 때, 어떤 움직임이 가라앉는 듯한 느낌을 주는가? 만약 가라앉는다면, 여러 가

지 움직임 중에서 어떤 것이 몸을 수면으로 상승시킬 수 있는가?"

○ "누운 자세에서 팔을 어떻게 움직여야 머리 쪽으로 나아갈 수 있는가?"

○ "물속에서 자세를 변경하기 위해 팔을 어떻게 움직여야 하는가? (a) 엎드려 뜨기에서 서기, (b) 엎드려 뜨기에서 누워 뜨기, (c) 누워 뜨기에서 서기, (d) 누워 뜨기에서 엎드려 뜨기?"

○ "한 팔만 움직일 경우 어떤 결과가 발생하는가? 한 팔만을 사용하여 몸을 좌우로 이동시킬 수 있는가?"

○ "몸을 왼쪽(오른쪽)으로 직선으로 이동시키는 방법은 무엇인가?"

○ "어떤 방법으로 물을 밀어낼 수 있는가? 물을 끌어당길 수 있는가?"

이상적으로, 강습자들은 다양한 움직임을 탐구하여 팔과 손의 움직임을 통해 감정을 표현할 수 있어야 한다. 지상에서의 대화 중 나타나는 몸짓을 물속에서도 수행할 수 있도록 격려하는 것이 중요하다. 충분한 시간을 제공하고 격려함으로써, 강습자들은 스스로 피닝과 스컬링을 수행하는 것을 발견하게 될 것이다.

피닝

피닝 Finning 은 물고기의 지느러미 움직임에서 유래된 용어로, 생존 수영 기술 중 하나로 분류된다. 이 방법은 팔을 이용하여 물속에서 이동하는 방식으로, 차렷 자세로 누운 상태에서 팔꿈치까지 팔뚝을 굽히고 손바닥을 발 쪽으로 향하게 한 후, 손바닥으로 물을 밀어내는 동작을 수행한다. 이때 물을 밀어내는 방향은 머리 쪽과 반대인 발 쪽으로 설정된다. 이러한 일련의 동작은 물을 누르듯이 밀어내고, 즉시 팔을 빠르게 굽혀 다시 물을 밀어내는 과정을 반복하는 형태로 이루어진다(그림 1.5.11).

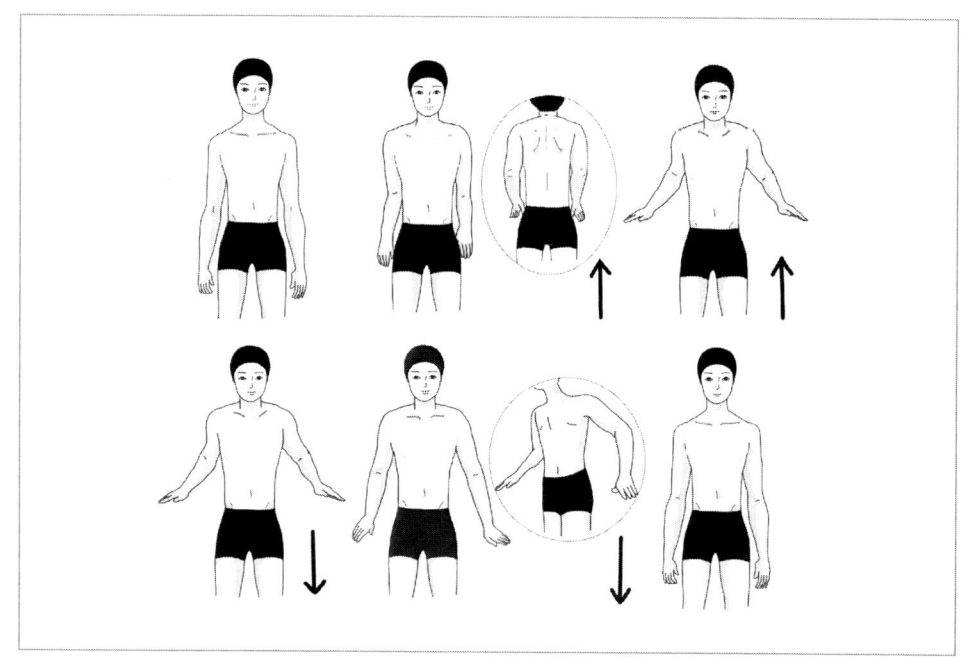

[그림 1.5.11] 피닝(finning) 동작

스컬링

스컬링 Sculling 은 보트의 진행을 위해 노를 젓는 동작에서 유래된 용어로, 생존 수영법의 일종으로 물의 흐름을 조절하는 팔과 손의 움직임을 의미한다. 스컬링을 배우는 목적은 다음과 같다(Lucero, 2015).

○ 물에 대한 감각 키우기

○ 물 붙잡는 법을 배우기

○ 손 자세 hand pitch 변경 연습

스컬링은 손을 이용하여 8자 형태로 움직이며 물속에서 부유하고 전진하는 기술이다(그림 1.5.12). 이 기술을 익히기 위해서는 손을 움직이며 물을 잡아 밀어내는 감각을 습득해야 한다. 스컬링 시 손의 위치는 팔을 머리 위로 뻗었을 때, 팔을 내려 복부 아래나 허벅지 옆에 두는 등 여러 가지 방식으로 조정할 수 있다. 손동작은 물속에서 수행하기 전에 지상에서 먼저 소개하고 숙달하는 것이 중요하다. 스컬링은 모방을 통해 배우기 어려운 복잡한 패턴을 포함하고 있다. 스컬링 할 때 손을 벌리고 모으는 동작에서의 손의 피치 hand pitch 는 중심선에서 멀어지는 경우 [그림 1.5.13] (a), 가까워지는 경우 [그림 1.5.13] (b)와 같이 한다.

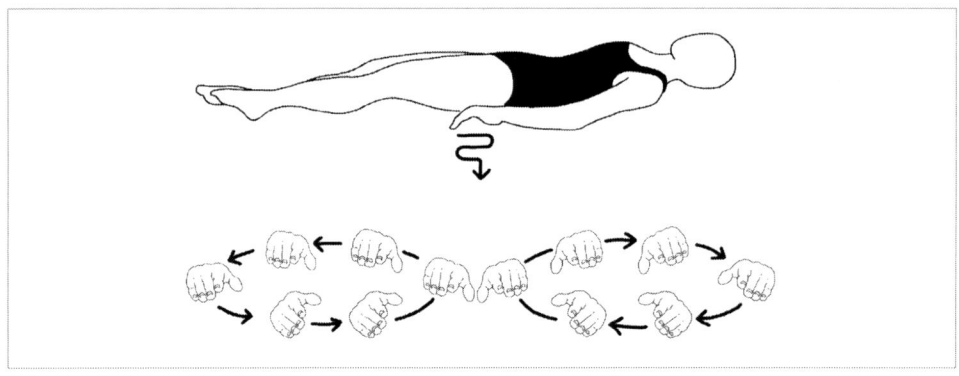

[그림 1.5.12] 스컬링 할 때의 손동작 (8자 움직임)

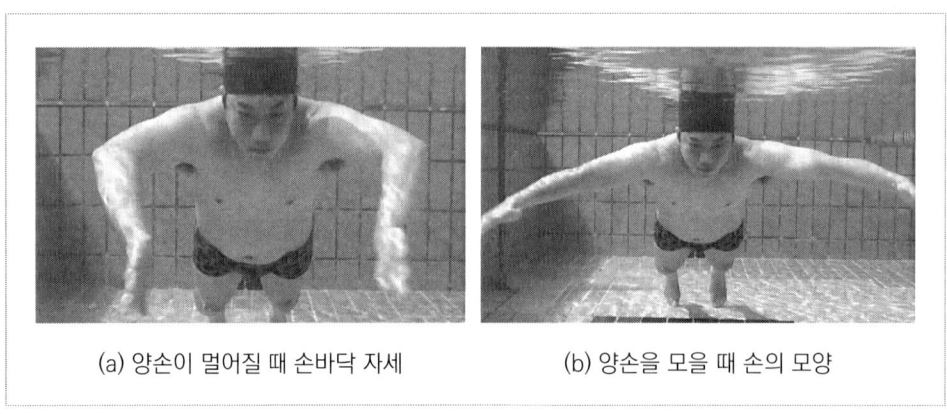

(a) 양손이 멀어질 때 손바닥 자세   (b) 양손을 모을 때 손의 모양

[그림 1.5.13] 스컬링시 손을 벌리고 모으는 손의 모양

〈표 1.5.2〉 스컬링 할 때 문제점과 대처 방법

문제점	대처 방법
손에 걸쭉한 물질이 느껴지지 않는다.	손이 물에 완전히 잠겼는지 확인한다. 쓸어내는 손동작을 더 빨리한다. 손목을 꽉 잡으세요. 손목을 약간 아래로 비스듬히 해서 시도해 본다.
아무 데도 움직이지 않는다.	양방향으로 더 빨리 쓸어내는 손동작을 한다. 손이 움직이는 경로에서 물을 안과 밖으로 누르지 않는다. 8자를 그리는 모양의 동작을 한다.
측면에서 하는 스컬링이 되지 않는다.	팔꿈치를 너무 많이 움직이지 않도록 한다. 팔꿈치를 움직이지 말고 손으로 바깥과 안쪽으로 빠르게 누르듯이 동작한다.

스컬링은 7 단계로 실시하며, 스컬링 시 생기는 문제점과 그 대처 방법은 〈표 1.5.2〉와 같다(Lucero, 2015).

1단계

어깨 깊이의 물속에 서서 손바닥이 서로 마주 보도록 하고, 어깨 너비만큼 벌려 물속에 완전히 잠기게 한다. 팔꿈치는 몸에 밀착시킨다. 손을 중앙으로 이동시키면서 손바닥이 서로 닿기 직전에 손의 방향을 바꿔 엄지손가락이 아래로 향하도록 하여 어깨 너비로 벌린다. 이때 엄지손가락이 위로 향하는 자세와 아래로 향하는 자세의 차이에 유의해야 한다.

2단계

양손이 가장 넓은 지점에 도달하면 손을 부드럽게 회전시켜 엄지손가락이 위로 향하도록 한다. 이 동작은 좌우 손으로 각각 8자 형태의 둥근 부분을 따라가는 느낌으로 수행한다.

3단계

손에 실체가 있는 물체를 쥐고 있다는 느낌을 가져야 한다. 일부는 부드러운 물체를 쥐고 있는 느낌을, 다른 일부는 단단한 물체를 누르는 느낌을 표현한다. 이러한 물체에 대한 느낌을 좌우로 이동시키며 8자 모양의 모서리를 따라간다. 이 과정이 스컬링이다.

4단계

다음 단계로 물속에 엎드려 양팔을 머리 위로 뻗는다. 가벼운 물장구를 치면서 팔을 뻗은 상태에서 스컬링을 시작한다. 손이 완전히 물속에 잠기도록 조절한다. 양손이 벌어질 때는 엄지손가락을 아래로 향하게 하여 물을 바깥쪽으로 누르고, 양손이 모일 때는 엄지손가락이 위로 향한 상태에서 물을 안쪽으로 누른다. 스컬링 동작이 진행되는 동안 물을 단단히 잡고 있는 듯한 느낌을 유지한다. 이 상태에서 30초 동안 전진 동작을 시도한다.

5단계

엎드려 뜨기 자세를 하고 손을 복부 아래에 위치시키고, 스컬링 동작을 사용하여 이 위치에서 30초간 전진 동작을 시도한다.

6단계

엎드려 뜨기 자세에서 손을 다리 옆에 위치시키고, 스컬링 동작을 사용하여 30초간 전진 동작을 시도한다.

7단계

스컬링 훈련을 통해 물을 효과적으로 잡는 능력을 배양하였다면, 이를 자유형 수영에 적용해 볼 수 있다. 자유형에서 팔을 앞에서 뒤로 신속하게 당길 때, 스컬링 동작의 연장선으로서 길게 늘어나는 느낌을 경험하게 된다. 이 과정에서 스트로크의 전체 경로를 통해 물을 단단히 잡아주는 것이 중요하다.

싱크로나이즈 스위밍 스턴트

싱크로나이즈드 스위밍 Synchronized Swimming 에서의 스턴트 stunts 규정은 일반적으로 체조의 텀블링과 유사한 특성을 지닌다. 물속에서 스턴트를 수행함으로써 고유 감각이 향상되고 신체 인식이 개선되며, 다양한 움직임을 모방하는 연습이 가능해진다. 아래에 설명될 스턴트는 수영 초기 단계에서 숙달할 수 있는 기술들이다. 이러한 스턴트를 하기 위한 주요 전제 조건으로는 물속에서의 편안함, 떠 있는 동안 스컬링을 수행할 수 있는 능력, 그리고 자신의 신체가 공간 내에서 어떤 위치에 있는지를 인식하는 예리한 감각이 포함된다. 학습 속도가 느린 경우, 스트로크 조절에서 기술과 지구력을 습득하기 전에 간단한 싱크로나이즈 스위밍 스턴트를 먼저 배우는 것이 필요하다. 모든 스턴트는 [그림 1.5.14]와 같이 엎드려 뜨기와 누워 뜨기 자세에서 시작된다.

스턴트는 다른 과제의 움직임 탐색 방식과 유사한 접근 방식을 따른다. 언어적 지시는 거의 사용되지 않으며, 경우에 따라 간단한 시범, 스턴트를 도식화한 차트, 동영상 등을 통해 물속에서 새로운 자세를 시도하도록 동기를 부여한다. 스턴트는 시작 자세에서부터 점진적으로 더 어려운 자세로 진행된다. 턱 tuck 자세로 이행되는 스턴트는 파이크 pike 또는 레이아웃 layout 자세에서 수행되는 스턴트보다 상대적으로 용이하다.

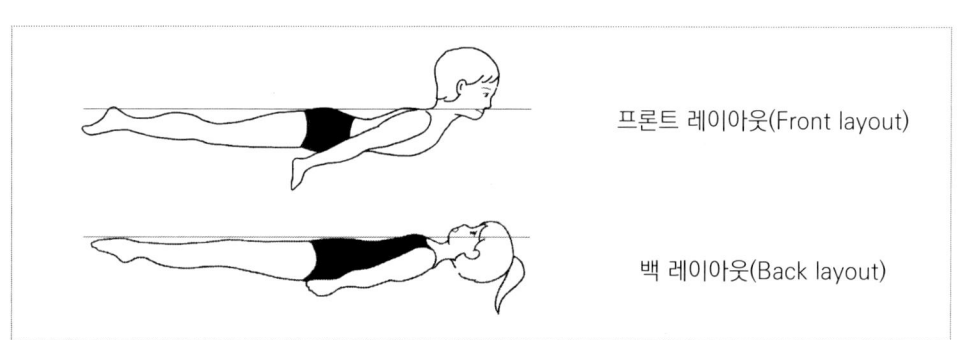

프론트 레이아웃(Front layout)

백 레이아웃(Back layout)

[그림 1.5.14] 스턴트(stunts) 시작 자세

누워뜨기 자세에서 시작하는 스턴트

터브(Tub)

누워 뜨기 자세에서 허벅지를 수면에 수직이 되도록 턱 자세를 만들 수 있는가? 이 자세에서, 몸을 동그랗게 회전시키기 위해 스컬링을 할 수 있는가?

로그 롤링(Log rolling)

뻗은 다리를 굽히지 않으면서 곧게 편 몸을 계속 굴릴 수 있는가? 이것은 지상에서 하는 '통나무 구르기' 스턴트와 같다.

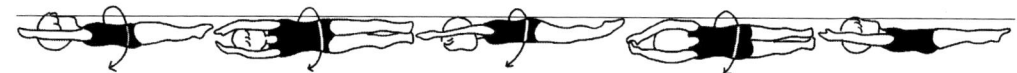

백 턱 재주넘기(Back tuck somersault)

턱 자세에서 후방 롤을 실시할 수 있는가?

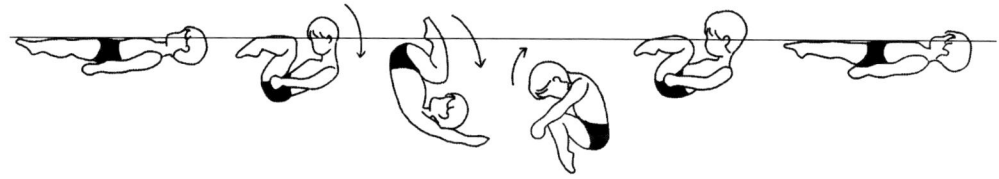

파이크 업(Pike up)

어깨 관절에서 팔을 과도하게 펴는 동시에 안쪽으로 회전시키면서 엉덩이를 아래쪽으로 떨어뜨릴 수 있는가? 파이크 자세에서 발가락을 잡는 자세로 밑으로 가라앉을 수 있는가?

백 파이크 재주넘기(Back pike somersault)

몸통이 물 밑에 있고 수면과 평행한 자세로 파이크 자세를 가정할 수 있는가? 이 파이크 자세에서 후방 롤을 수행할 수 있는가? 이 재주넘기의 어느 부분이 조개(굴) 모양과 같은가?

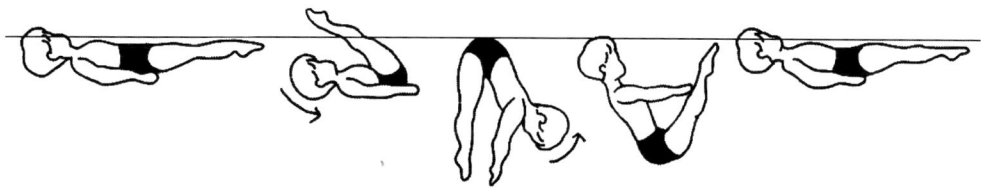

토르페도(Torpedo)

누운 자세에서 몸이 발 방향으로 나아가도록 머리 위로 손을 써서 물을 밀어낼 수 있는가? 머리와 어깨가 물에 잠기는 것은 선택 사항이다.

백 돌핀(Back dolphin)

머리는 수면 아래에서 크게 원을 그리며 나아가며 몸을 이끌고 백 레이아웃 back layout 자세를 유지할 수 있는가? 한쪽 무릎을 구부린 채 같은 스턴트를 할 수 있는가?

싱글 발레 레그(Single ballet leg)

한 다리는 수면에 수직이고 다른 다리는 수면 위로 뻗은 채 수영장을 가로질러 갈 수 있는가?

서브마린(Submarine)

싱글 발레 레그 Single ballet leg 를 하는 동안, 온몸을 수직으로 세운 다리의 발목까지 잠근 다음 수면으로 올라갈 수 있는가?"

백 워크오버(Back walkover)

백 돌핀 back dolphin 을 시작할 수는 있으나 다리가 수면 위에 있는 동안 벌릴 수 있는가? 이 스턴트는 엎드려 뜨기 front layout 로 마무리된다.

프론트 레이아웃 자세에서 시작하는 스턴트

프론트 턱 재주넘기(Front tuck somersault)

턱 자세로 앞구르기를 돌 수 있는가?

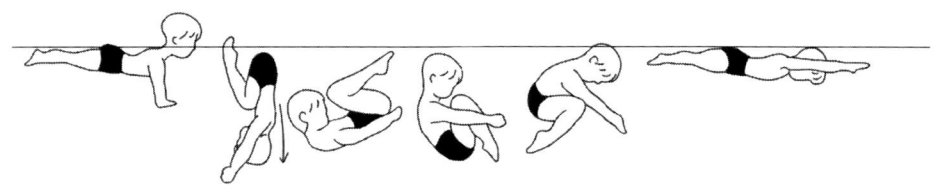

나르는 돌고래(Flying porpoise)

물속에 서서 튀어 올라 나르는 돌고래가 되어 다이빙을 할 수 있는가?

돌고래(Porpoise)

허벅지가 수면에 평행하게 있으면서 허리를 구부려 몸이 바닥에 거의 수직이 되도록 할 수 있는가? 이 자세에서 몸 전체가 수직이 될 때까지 두 다리를 들어 올린 다음 물속으로 잠길 수 있는가?

프론트 파이크 재주넘기(Front pike somersault)

돌고래를 시작할 때와 같은 파이크 자세를 가정할 수 있는가? 이 자세에서 앞구르기를 할 수 있는가?

프론트 워크오버(Front walkover)

돌고래를 시작할 때와 같은 파이크 자세를 가정할 수 있는가? 다리가 물 밖으로 나오면 벌린 다음 내리면서 다리를 모아서 백 레이아웃으로 마무리한다.

물속에서 롤링(Rolling in the Water)

물속에서 뒤에서 앞으로 그리고 그 반대로 구르는 방법은 각각 싱크로나이즈드 스위밍 서클 내에 이름이 있다. 이 용어들을 사용하여 사람들이 수행할 수 있는 스턴트의 이름을 가르쳐 의사소통 기술을 향상하도록 한다.

하프 로그롤(Half logroll)

누워 뜨기에서 엎드려 뜨기로, 또는 그 반대로 바꿀 수 있는가?

로그롤(Logroll)

팔을 머리 위로 뻗은 백 레이아웃 자세에서 시작하여 팔을 몸통을 가로지르거나, 한쪽 팔을 다른 팔과 교차하거나, 한 다리를 다른 다리 위로 넘기면서 로그롤을 실행할 수 있는가?

코크스크류(Corkscrew)

사이드 스트로크 자세에서 엎드려 뜨기 또는 시작할 때와 같은 쪽으로 로그롤을 할 수 있는가? 사이드 스트로크가 왼쪽에 있으면 왼쪽으로 완전히 롤을 실행한다.

리버스 코크스크류(Reverse corkscrew)

만약 사이드 스트로크가 왼쪽에 있다면, 오른쪽으로 완전한 롤을 실행할 수 있는가?

말린(Marlin)

(a) 백 레이아웃 자세에서 시작할 수 있는가, T자 자세의 팔, 손바닥은 아래로, (b) 오른쪽으로 롤링을 하고, 오른쪽 팔을 사이드 스트로크 자세로 이동시키고, 왼쪽 팔을 사이드 레이아웃 자세로 이동시키고, (c) 양쪽 팔

을 T자 자세로 하고, 프론트 레이아웃 자세로 계속 롤링하고, (d) 왼쪽 팔을 사이드 스트로크 자세로 이동시키고, 오른쪽 팔을 사이드 레이아웃 자세로 이동시키고, (e) 팔이 T자 자세에 있는 상태에서 백 레이아웃 자세로 마무리 할 수 있는가?

참 고 **용어정리**

- ✔ **스컬링(Sculling)**: 몸을 띄우거나 이동하기 위해 팔과 손을 젓는 동작이다.

- ✔ **에그비터 킥(Egg beater kick)**: 몸을 띄우거나 이동하기 위해 양쪽 다리를 번갈아 안쪽으로 젓는 동작이다.

- ✔ **하향 수평 자세(Back layout position)**: 얼굴을 위로 향하도록 하고, 수면에서 일직선으로 누워 뜬다.

- ✔ **상향 수평 자세(Front layout position)**: 얼굴을 아래로 향하도록 한 후 수면에서 일직선으로 엎드린다.

- ✔ **터브(Tub)**: 양다리를 구부린 상태에서 수면 위를 바라보고 누운 자세로, 종아리가 수면과 수평을 이룬다.

- ✔ **발레 레그(Ballet leg)**: 얼굴을 수면 위로 놓은 수평 자세에서 한쪽 발을 수직으로 뻗는 동작을 취한다.

- ✔ **플라밍고(Flamingo)**: 한쪽 발을 수면 쪽으로 수직이 되도록 뻗고, 다른 한쪽 발은 가슴 쪽으로 끌어당기는 동작이다.

- ✔ **턱(Tuck)**: 다리를 구부려 무릎을 최대한 가슴에 밀착시킨 후 물에 뜬 자세를 취한다.

- ✔ **수직 자세(Vertical position)**: 몸을 곧게 편 상태에서 수면과 수직이 되도록 하는 동작으로, 머리는 수면 아래로 향하고, 양다리를 곧게 뻗어 모으는 동작이다.

- ✔ **파이크(Pike)**: 몸을 90° 구부린 상태로, 상체는 수면 아래를 향하며 양다리는 수면과 평행하도록 한다.

- ✔ **크레인(Crane)**: 수직 자세(vertical position)에서 한 다리를 앞쪽으로 90°로 벌리는 동작이다.

- ✔ **스플릿(Split)**: 수직 자세에서 다리를 180°로 벌려 수면과 평행하게 뻗는 동작이다.

- ✔ **레이아웃(Layout)**: 다이빙과 체조 등에서 보이는 몸의 포지션으로, 다리를 한데 모아 곧게 히고 등은 아치형을 만들며 팔은 올리고 내린다.

CHAPTER

6

수영장 이동과
수중 보조

01 이동 보조

02 보조(의존) 이동

03 자력 이동

04 수중 자세 보조

수영장 이동과 수중 보조

01 **이동 보조**

풀장에서의 이동은 개인의 장애 정도와 이동 목표에 따라 상이하게 나타난다. 휠체어를 이용하여 특정 목표 지점으로 이동하거나, 수중에서 활동할 때에는 지지나 보조를 통해 움직임이 가능해야 하며, 풀에 들어가거나 나오는 과정에서도 자력으로 이동할 수 있거나 타인의 도움을 필요로 할 수 있다. 이러한 모든 상황에서 개인은 기능적 능력에 맞추어 신체적 부담을 최소화하고 안전하게 이동하는 것이 중요하다. 다음 내용에서는 물체를 들어 올릴 때의 원리, 보조 이동 및 자력 이동에 대한 설명을 제공한다.

물체 이동을 위한 원리

이동에 어려움이 있는 개인이 수영장에 들어가거나 나올 때, 그들의 기능적 능력에 따라 혼자서 또는 1~2명의 다인의 도움을 받을 수 있다. 일반적으로 시각장애가 있는 경우, 이동을 위해 안내자의 팔꿈치를 잡는 것이 일반적이다. 또한, 휠체어를 이용하는 개인은 모든 활동을 독립적으로 수행할 수 있거나, 1~2명의 타인의 도움이 필요할 수 있다. 이동 시 가장 중요한 요소는 안전이며, 이는 이동하는 개인뿐만 아니라 이동 보조를 하는 사람에게도 해당된다.

휠체어를 이용하는 개인을 1명 또는 2명이 들어서 수영장 가장자리로 이동시키거나, 다시 휠체어로 옮길 때, 이동 대상자를 들어 올리는 사람에게는 허리 부상의 위험이 존재한다. 물체를 들어 올리는 자세는 운동 역학적으로 허리에 가해지는 저항 토크로 인해 부상을 초래할 수 있으며, 주의를 기울이면 안전하게 이동 작업을 수행할 수 있다. 이동 방법은 다양하므로, 이동을 원하는 개인이 적절한 방법을 선택할 수 있도록 해야 한다.

장애가 있는 개인을 수영장이나 수영 시설에서 이동시키고자 할 때, 부상 없이 안전하게 들어 올리고 내려놓기 위해 다음 사항을 유념해야 한다.

[들어 올리기 전]	물체나 사람을 들어 올리기 전에 양발을 약간 벌려 지지면을 확장하고, 대상을 최대한 몸에 가깝게 위치시켜야 한다. 물체를 들어 올리기 위해 손을 물체 쪽으로 뻗는 것은 피해야 하며, 무거운 물체를 몸에서 멀리 두고 들어 올릴 경우 부상의 위험이 증가한다.
[들어 올리는 중]	물체를 들어 올리거나 내릴 때에는 허리를 굽히지 않고 무릎을 구부리며 다리를 곧게 펴서 천천히 수행해야 한다. 이 과정에서 몸을 비틀어서는 안 되며, 방향을 변경해야 할 경우에는 몸통이 아닌 발을 이동시켜 회전해야 한다.
[들어 올린 후]	물체를 들어 올린 후에는 가능한 한 물체를 신체에 가깝게 유지하는 것이 중요하다. 물체의 무게 중심이 신체로부터 멀어질 경우, 힘의 분배가 불균형해져 물체를 놓칠 위험이 있으며, 이로 인해 허리 부위에 가해지는 스트레스가 증가하여 부상의 가능성이 높아질 수 있다.

물체 이동을 위한 바른 동작

수영장에 입장하거나 퇴장할 때, 그리고 지체장애가 있는 학생들의 등하교 및 승하차 시, 무거운 물체를 안전하게 이동하기 위해서는 운동 역학적으로 적절한 힘을 발휘하는 자세가 필수적이다. 아래의 내용은 안전하게 물체를 이동하는 방법에 대해 설명하고 있다.

○ **물체를 들어 올리기 전 사전 계획 수립:** 이동할 장소는 어디인지, 혼자 수행할 것인지 아니면 도움이 필요한지를 고려해야 한다. 또한, 주변에 있는 부유 기구나 수건과 같은 물품을 정리해야 한다.

○ **물체를 허리에 밀착시키기:** 물체를 허리에 최대한 가까이 두고 들어 올리면, 등에 가해지는 부담이 감소한다.

○ **안정된 자세 유지하기:** 균형을 유지하기 위해 발을 어깨 너비로 벌리고, 허리가 아닌 무릎을 굽혀 몸을 낮춘다. 또한, 바닥이 미끄럽지 않은지 확인해야 한다.

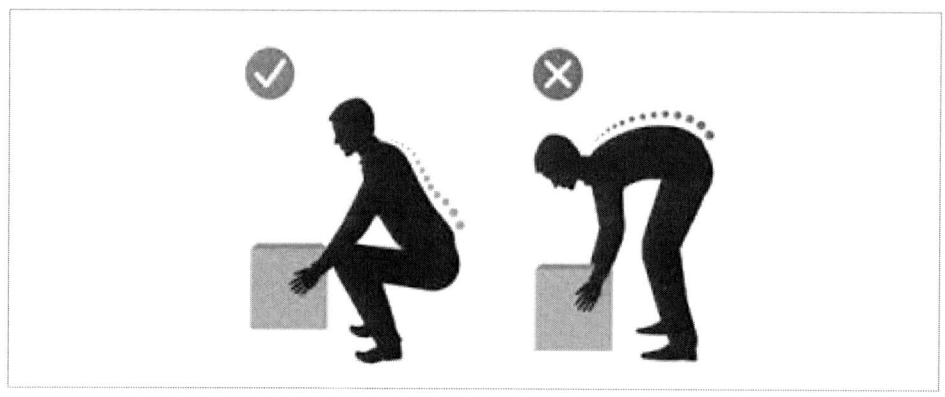

[그림 1.6.1] 물체 들어 올릴 때의 바른 자세

○ **무릎을 완전히 굽히지 말 것**: 물체를 들어올릴 때 허리, 엉덩이, 무릎을 완전히 굽히지 않고 약간만 굽히는 것이 효과적이다. 이 자세는 일반적으로 알고 있는 스쿼트 자세이다.

○ **다리 펴서 들기**: 물체를 들어올릴 때 허리 대신 다리를 펴서 들어야 하며, 이동 방향을 변경할 때는 몸을 비틀지 말고 발을 움직여 어깨와 발이 동일한 방향을 향하도록 해야 한다.

○ **정면을 바라보며 부드럽게 들어올리기**: 고개를 들어 정면을 바라보며 부드럽게 물체를 들어올린다. 갑작스럽게 들어올릴 경우 부상의 위험이 증가할 수 있다.

○ **내려놓기**: 물체를 내려놓는 과정은 들어올리는 과정의 역순으로 진행해야 한다.

02 보조(의존) 이동

이동을 원하는 개인이 최소한의 힘을 사용하거나 전혀 힘을 사용하지 않고 수행하는 이동 방식은 '보조 이동'이라고 정의된다. 보조 이동의 방법으로는 2인이 마주 보고 들기, 2인이 상체와 하체를 함께 들어주는 방식, 쏟아 내기식 이동(scoop transfer), 그리고 세워서 바닥에 앉히는 방법 등이 포함된다(Lepore et al., 2007; Miller, 1995/2006). 이동에 제한적이고 어려움을 겪는 경우, 안전한 이동을 위해 최소 2명의 보조자가 필요하다. 그러나 보조자가 1명만 있는 상황에서는 부득이하게 휠체어를 눕혀서 쏟아 내기식 이동을 시행할 수 있다. 상체 또는 하체에 어느 정도 힘이 있는 경우, 1명의 보조자가 기꺼이 이동을 도울 수 있으며, 이 경우 보조자는 대상을 일으켜 세운 후 이동 방향으로 몸을 돌려 앉히는 방법을 사용할 수 있다.

2인 마주 보고 들기

휠체어에서 풀 가장자리에 내려놓기

○ 보조자는 대상자에게 신호하는 이동 방법을 문의하거나 이동 절차에 대해 설명한다.
○ 보조자는 서로 마주 보며 휠체어와 나란히 서서 휠체어의 브레이크를 잠그고, 발판과 팔걸이를 분리하여 휠체어 아래에 배치한다.
○ 보조자는 발을 벌리고 무릎을 굽힌 후, 등을 곧게 펴고 머리를 수직으로 유지한다.
○ 한쪽 팔로 대상자의 등을 감싸거나 지지하고, 다른 팔로는 대상자의 허벅지나 엉덩이에 가까이 위치시켜 잡는다. 보조자가 손을 잡는 방법으로는 손목 맞잡기, 손가락 잡기, 손 맞잡기 등이 있다.
○ 보조자 1명의 지시에 따라, 들어 올리는 사람은 무릎과 엉덩이를 펴고(허리가 아닌 다리를 사용하여), 이동 지점을 향해 이동한 후, 풀을 바라보며 무릎을 굽혀 조심스럽게 바닥에 내려놓는다.
○ 1명의 보조자는 물속에서 대상자의 다리를 움직여 무릎을 굽혀 풀 가장자리에 걸치도록 한다.
○ 보조자는 손을 대상자의 겨드랑이를 지지하며 들어올리고, 다른 보조자는 몸통을 지지한다.
○ 물속의 보조자는 대상자를 허벅지에 앉히거나 눕힌다.

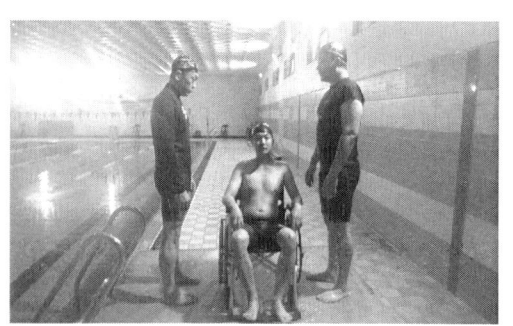

2인 마주 보고 들기 위치 선정

정확히 들어 올리기 준비 자세

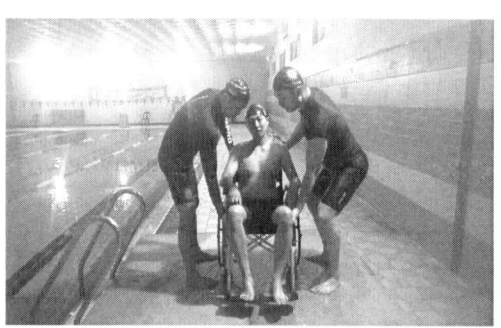

숫자 세며 들어 올리기

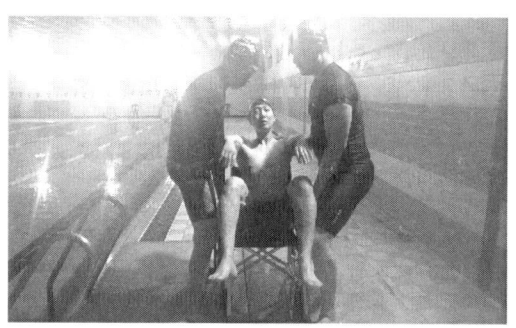

말로 소통하며 이동 시작

무릎을 굽혀 내려놓음

1명은 몸통을 계속 지지함

겨드랑이를 받쳐 올림

무릎에 놓고 균형 유지

[그림 1.6.2] 2인 마주 보고 들기

2인 상·하체 들기

휠체어에서 풀 가장자리에 내려놓기

○ 보조자 1명은 대상자 뒤에 서고, 다른 1명은 대상자 옆 옮길 방향에 선다. 대상자는 앉아서 팔짱을 낀 자세를 한다.

○ 뒤쪽 보조자는 대상자 겨드랑이로 팔을 넣어 뻗어 대상자의 손목을 잡는다.

○ 뒤 보조자는 휠체어 뒷바퀴의 옆(이동 방향 쪽)에 발을 놓고 휠체어 등받이에 몸을 붙인다.

○ 앞 보조자는 대상자의 다리를 양발 사이에 놓고 무릎을 굽혀 스쿼트 자세를 한다. 대상자의 무릎 오금 부위에 팔을 넣어 들어 올릴 준비를 한다.

○ 뒤 보조자가 '하나, 둘, 셋'을 세면, 보조자가 동시에 무릎을 펴고 일어선다. 발을 옮길 방향으로 딛고 내려놓을 준비를 한다(다리를 펴고 2명의 드는 사람이 완전히 일어설 때까지 다리로 단단히 동시에 들어 올려야 한다.

○ 발을 옮길 방향으로 딛고 이동 장소(입수 지점)로 옮겨 지시에 따라 부드럽게 내려놓는다.

○ 풀에 입수하기 전까지 보조한다.

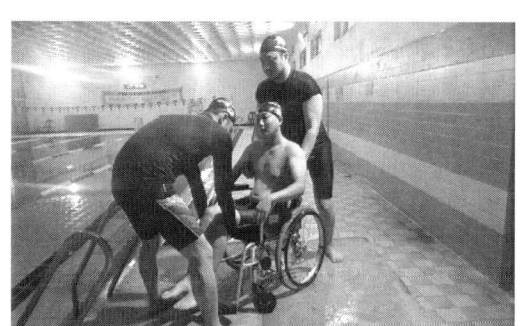

2인 상하체 들기 자세. 손목 잡고 다리 들기

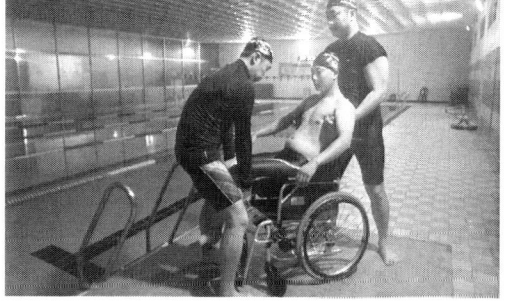

들어 올려 옮기는 동작

지시에 따라 옮기기

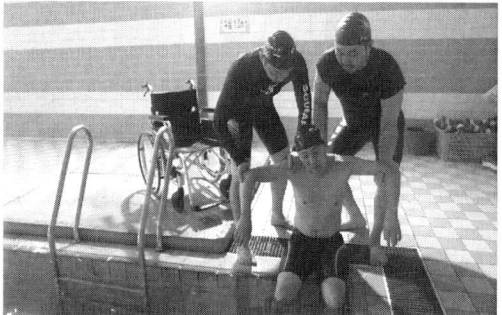

풀 입수 전까지 지지함

[그림 1.6.3] 2인 상·하체 들기

2인 상·하체 들기

풀 가장자리에서 휠체어로 옮기기

○ 대상자는 앉아서 팔짱을 낀 자세를 한다.

○ 보조자 1명은 대상자 뒤에서 무릎을 굽혀 스쿼트 자세를 하고, 다른 1명은 휠체어를 바라보고 대상자 옆에 앉는다.

○ 뒤 보조자는 대상자의 겨드랑이 밑으로 팔을 뻗어 손목을 잡고, 다른 보조자는 대상자의 무릎 오금 부위에 팔을 넣어 들어 올릴 준비를 한다.

○ 뒤 보조자의 번호 지시에 따라 무릎을 펴며 들어 올린다.

○ 대상자를 휠체어의 좌석 중앙으로 앉히고, 휠체어 등받이 쪽으로 부드럽게 당긴다.

○ 휠체어 팔걸이, 발판을 조립하고 발을 바르게 놓는다. 필요 시 안전 스트랩을 맨다.

1인 쏟아 내기식 이동

휠체어에서 풀 가장자리에 내려놓기

이동 보조자가 휠체어에 앉아 있는 대상자보다 체중이 현저히 가벼운 경우, 보조자가 단독으로 이동시키는 것은 상당히 어려울 수 있으며, 이로 인해 부상의 위험이 존재한다. 1인 '쏟아 내기식 scoop transfer ' 이동 방법은 대상자의 체중이 너무 무거워 휠체어에서 직접 들어 올릴 수 없는 상황에서 활용되는 기법이다. 이 방법에서 보조자는 휠체어를 뒤로 기울여 바닥 가장자리 deck 로 눕힌 후, 대상자를 휠체어 밖으로 끌어낸다. 이후 바닥에서 휠체어로 다시 위치를 이동시킬 때는 이 과정을 역으로 수행하여, 대상자를 "퍼 올려" 휠체어로 옮긴다 (Miller, 1995/2006). 이 이동 방법은 신체 크기가 상이한 사람들을 대상으로 반복적인 연습을 통해 숙달할 필요가 있다. 아래의 절차를 통해 이동 대상자를 안전하게 옮기는 과정을 설명한다.

○ 옮길 지점 바닥에 매트를 깔아놓는다. 휠체어의 브레이크를 잠그고 발판을 떼어낸다.

○ 휠체어의 등받이에 대퇴관절과 몸의 측면을 밀착하면서 프레임 아래에 있는 젖힘 보조 막대 tipping lever 와 이동 손잡이를 아래로 눌러 휠체어를 뒤로 기울인다.

○ 보조자는 휠체어를 뒤로 젖히는 동안 상체를 세운 자세로 유지하고, 천천히 한쪽 무릎을 굽혀 바닥에 대고 뒤로 기울인다. 이때, 양팔과 가슴으로 휠체어를 지지한다.

○ 휠체어 등받이를 마루까지 낮추며, 이때 팔뚝 사이에 대상자의 머리가 오도록 하여 목이 과도하게 굴곡되지 않도록 주의한다.

○ 브레이크를 푼다.

○ 양 무릎을 굴곡 시킨 자세에서 대상자의 대퇴관절을 더 깊게 굽힌다. 대상자는 누워 다리를 얼굴 쪽으로 넘긴 자세에서 다리를 감싸서 몸을 둥글게 한다.

○ 옆에서 한 손으로 휠체어 등받이로부터 몸통을 말아 엉덩이를 든다. 다른 손으로 휠체어를 밀어낸다.

○ 양 무릎과 몸통을 신전시키고 두 다리를 매트에 내려놓는다.

휠체어 뒤로 젖히기

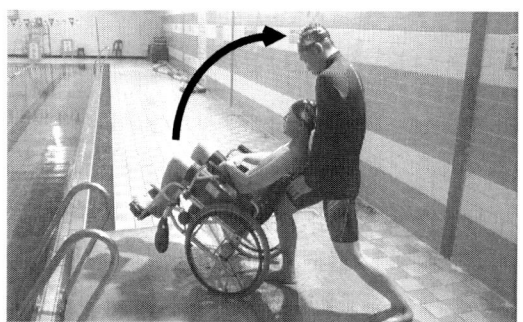

무릎 세워 균형 유지

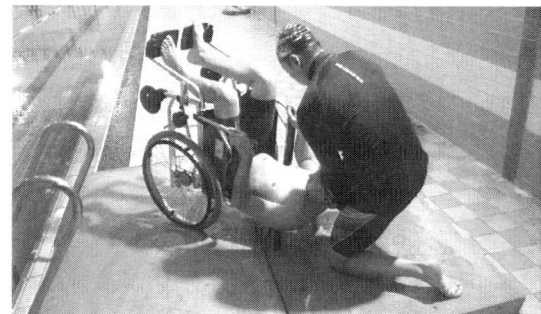

목과 어깨 받치기

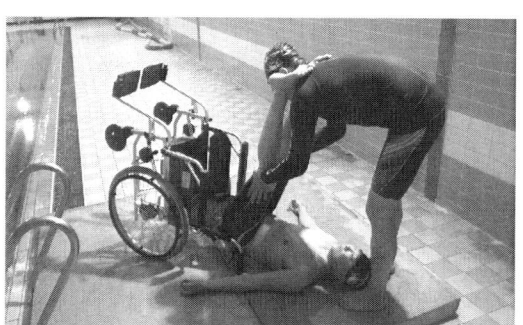

엉덩이 들어 휠체어 제거

[그림 1.6.4] 1인 쏟아 내기식 이동

쏟아 내기식 이동

풀 가장자리 바닥에서 휠체어로 옮기기

대상자를 "쏟아 내기식" 이동 방법을 통해 휠체어로 안전하게 옮기기 위해서는 다음과 같은 절차를 따른다.

○ 휠체어를 매트 위에 위치시키고 브레이크를 해제한 후 방석을 제거하여 휠체어의 손잡이가 바닥에 닿도록 뒤로 기울인다.

○ 대상자는 누운 자세를 취하며, 양 무릎을 가슴 쪽으로 당겨 굴곡 시킨다. 이때, 양 무릎 뒤쪽에 양팔을 감싸서 자세를 유지한다.

○ 한 손은 엉덩이 아래에 두고, 다른 손으로 휠체어를 등 아래로 당기면서 몸통을 굴곡 시켜 휠체어를 깊이 당깁니다. 이 과정은 휠체어 사용자의 엉덩이가 휠체어 좌석에 가까워질 때까지 지속되어야 한다.

[그림 1.6.5] 가슴으로 지지하며 휠체어 세우기

○ 이 단계에서 브레이크를 잠그고 방석을 제자리에 넣는다. 두 다리를 휠체어의 앞쪽 가장자리 너머에 걸칠 수 있도록 한다.

○ 대상자의 머리와 두 어깨(보조자의 무릎 위에 둘 수도 있음) 아래에 양팔을 밀어 넣어 휠체어 손잡이를 잡는다.

○ 대상자와 몸을 밀착시키고 상체를 세운 자세를 유지하면서 휠체어를 세우기 시작한다. 다리의 힘을 이용하여 휠체어를 들어 올린다(그림 1.6.5).

세워서 바닥에 앉히기

○ 보조자는 휠체어에 앉은 대상자 앞에 서서 휠체어에서 들기 쉽게 대상자의 엉덩이를 휠체어 앞쪽으로 이동시킨다.

○ 대상자의 발 바깥에 발을 딛고 지지 기반을 편안하게 유지한다.

○ 대상자 앞에 무릎을 굽혀 반쯤 웅크린 자세로 선다.

○ 보조자는 두 팔을 대상자의 갈비뼈나 허리 부위를 양손으로 감싸 잡는다.

○ 보조자는 몸을 뒤로 젖히고 셋까지 세며 무릎을 펴면서 의자에서 들어 올린다.

○ 몸을 세워 일으킨 후, 대상자는 보조자를 잡고 이동 방향으로 몸을 틀어 회전한다.

○ 보조자는 대상자를 단단히 잡고 균형을 유지하면서 부드럽게 앉힌다.

세워서 돌려 앉히기 자세

들어 올리는 자세

옮길 장소로 돌며 이동하는 모습

균형 유지와 천천히 앉히기

[그림 1.6.6] 세워서 바닥에 앉히기

03 자력 이동

이동 장애가 있는 개인이 자력으로 이동하기 위해서는 상당한 힘, 균형력 및 기능적 능력이 요구된다. 자력 이동을 배우는 과정은 어려울 수 있으며, 숙달을 위해서는 지속적인 연습이 필요할 수 있지만, 이러한 과정을 통해 개인의 자존감을 향상시킬 수 있다. 자력 이동의 방법은 대상자의 선호도, 근력, 몸통의 안정성, 팔 길이, 그리고 손과 팔의 기능적 사용에 따라 달라진다. 자력 이동 능력을 갖추게 되면 일상생활뿐만 아니라 여가 활동 중에도 지역 수영장을 이용하는 데 큰 어려움이 없을 것이다.

자력 이동을 통해 휠체어에서 침대, 자동차, 수영장 풀 등으로의 이동이 가능하며, 반대 방향으로의 이동 또한 수월할 것이다. 수영장에 접근하는 방법으로는 널판 슬라이딩 보드 sliding board를 이용한 이동이 있으며, 이는 체격이 큰 개인에게도 효과적인 이동 방법이 될 수 있다.

널판 이동

널판을 이동하는 방법은 주로 몸통과 상체의 원활한 움직임을 활용하지만, 혼자서 휠체어에서 다른 위치로 이동에 어려움을 겪거나 상체 근력이 부족한 경우에 널판을 미끄러지듯이 이동시키는 방식으로 사용된다.

○ 휠체어 발판을 접거나 제거하고, 이동 방향의 팔걸이를 분리하여 바닥에 놓는다. 널판을 배치하기 위해 엉덩이를 들어야 할 경우, 팔걸이를 지지대로 사용한 후 널판을 놓고 팔걸이를 제거하는 절차를 따른다.

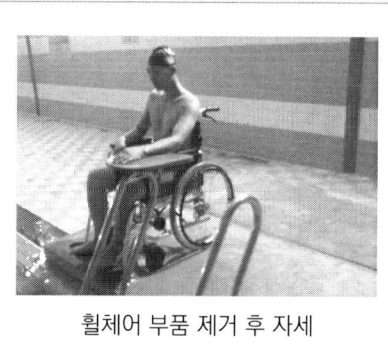

휠체어 부품 제거 후 자세

이동을 위한 널판 위치

손 짚고 이동하기

다리 들어 옮기기

[그림 1.6.7] 널판 이동 방법

○ 휠체어 의자 높이와 이동 지점의 높이가 비슷한지 확인하고 휠체어를 이동 지점 옆에 세우고 브레이크를 잠근다.

○ 널판을 엉덩이 밑과 이동 지점을 연결하여 놓는다. 보조자의 도움을 받아 널판을 견고하게 설치할 수도 있다.

○ 대상자는 한 손으로 휠체어를 잡고 다른 손은 널판을 짚는다(보조자는 필요 시 돕는다).

○ 손을 옆으로 짚고 힘을 주어 널판 위를 미끄러지듯이 천천히 옮긴다.

○ 몸통을 이동한 다음 다리를 한쪽씩 들어 앞쪽으로 옮긴다. 균형 잡는 데 어려움이 있으면 보조한다.

휠체어에서 바닥에 내려앉기

무릎 굽혀 앉기

○ 매트가 깔린 이동 지점 옆에 휠체어를 위치시킨다.

○ 브레이크를 잠그고 고정한 후 발판을 떼어낸다.

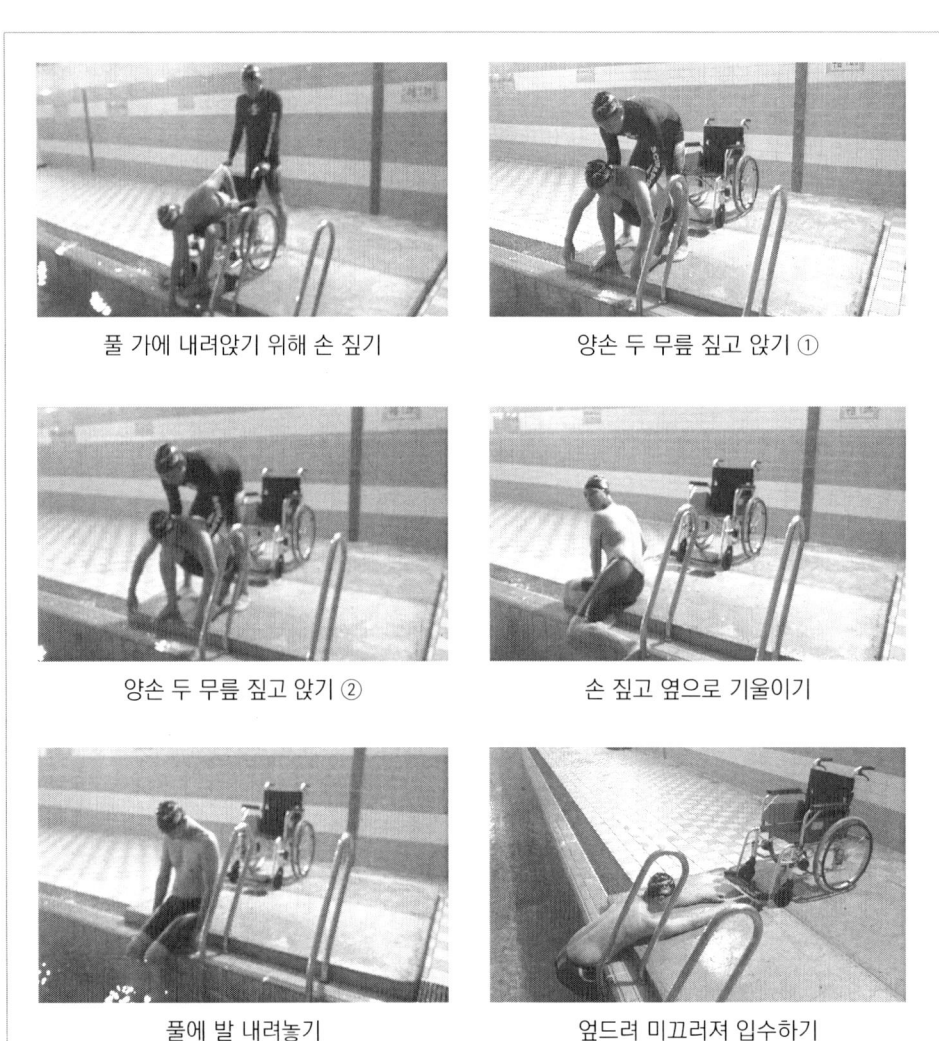

풀 가에 내려앉기 위해 손 짚기	양손 두 무릎 짚고 앉기 ①
양손 두 무릎 짚고 앉기 ②	손 짚고 옆으로 기울이기
풀에 발 내려놓기	엎드려 미끄러져 입수하기

[그림 1.6.8] 휠체어에서 바닥에 내려앉기(무릎 굽혀 앉기)

○ 엉덩이를 좌석 끝자락으로 이동하고 발을 약간 뒤로 옮긴다.

○ 한 손으로는 팔걸이 또는 휠체어 좌석 틀을 잡고 무릎이 닿을 바닥에 손을 놓도록 한다.

○ 휠체어를 잡았던 손도 바닥을 짚는다.

○ 손을 옆으로 짚고 엉덩이를 조절하고 몸을 측면으로 기울인다.

○ 다리를 풀로 옮기고 풀 가장자리에 다리를 걸치고 앉는다.

○ 수영 능력에 따라 엎드려서 미끄러져 풀로 들어가거나 안전한 깊이의 물에 다이빙하여 입수한다.

휠체어에서 바닥에 내려앉기

엉덩이로 내려앉기

○ 매트가 깔린 이동 지점 옆에 휠체어를 위치시키고, 브레이크를 잠가 고정한 후 발판을 떼어낸다.

○ 손을 팔걸이 또는 휠체어 의자 틀을 잡는다.

○ 엉덩이가 휠체어에 닿지 않도록 하고 다른 손은 매트 위를 멀리 짚는다.

○ 몸을 틀고 매트로 내려갈 때 엉덩이를 돌리며 매트에 직각으로 부드럽게 앉는다.

바닥에서 휠체어에 올라앉기

정면으로 타기

○ 브레이크가 잠긴 휠체어를 매트 위에 놓는다. 이때 의자 높이를 낮추기 위해 좌석 쿠션을 빼고, 휠체어 캐스터를 뒤로 돌려놓고 발판을 떼어내거나 접는다.

○ 휠체어를 마주 보고 앉아서, 한 손은 의자 틀을 잡는다. 엉덩이 옆에 짚은 팔을 펴며 위로 밀어 올리고 틀 잡은 손에 힘을 주어 당긴다.

○ 몸을 위로 세워 휠체어에 기댄다. 무릎 꿇은 자세에서 좌석에 가슴을 기대고 엉덩이를 안정시킨다.

○ 한 손은 팔걸이의 하단부에, 다른 손은 다른 팔걸이의 상단부에 놓는다.

○ 팔을 펴고 엉덩이가 휠체어 시트 위로 올라갈 때까지 아래로 민다.

  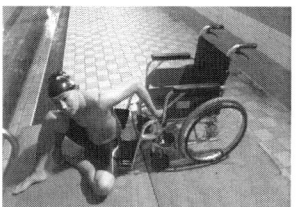

| 엉덩이로 내려앉기 준비 자세 | 손을 짚고 엉덩이 틀기 | 매트 위에 내려앉기 |

[그림 1.6.9] 휠체어에서 바닥에 내려앉기(엉덩이로 내려앉기)

| 휠체어 뒤로 오르기 준비 자세 | 양팔로 정면 오르기 | 엉덩이 돌려 앉기 |

[그림 1.6.10] 바닥에서 휠체어에 올라앉기 (정면으로 타기)

○ 아래쪽 팔을 향해 엉덩이를 돌리도록 한다.
○ 몸을 숙이고 휠체어에 앉는다.

바닥에서 휠체어에 올라앉기

등지고 타기

○ 브레이크가 잠긴 휠체어를 매트 위에 놓는다. 이때 의자 높이를 낮추기 위해 좌석 쿠션을 빼고, 휠체어 캐스터를 뒤로 돌려놓고 발판을 떼어내거나 접는다.
○ 휠체어를 등지고 엉덩이를 살짝 옆으로 하고 다리를 앞으로 뻗는다.
○ 의자 옆다리가 바깥이나 위에 오도록 다리를 꼰 자세를 만든다.
○ 한 손은 좌석을 잡고 다른 손은 엉덩이에 최대한 가깝게 놓거나 어깨의 유연성이 좋은 경우 양손으로 좌석을 잡는다.
○ 엉덩이가 휠체어 앞쪽에 부딪히지 않도록 하여 엉덩이를 휠체어 안으로 들어 올린다.
○ 엉덩이가 의자 속으로 들어갔을 때 상체를 편다(엉덩이나 무릎 탈구가 발생할 수 있으므로 일어나기 위해 다리를 과도하게 밀지 말고).

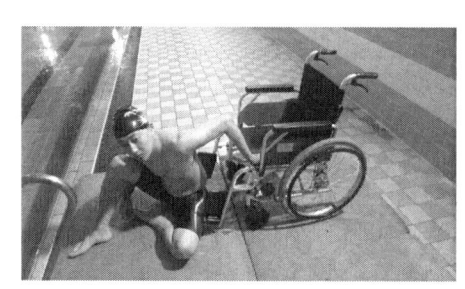

| 등 쪽으로 휠체어 오르기 준비 | 손 짚고 엉덩이 들어앉기 |

[그림 1.6.11] 바닥에서 휠체어에 올라앉기 (등지고 타기)

04 수중 자세 보조

사람들이 수중에 들어가면, 지도자는 이들이 편안하게 휴식하고 학습하며 최대한의 활동 능력을 발휘할 수 있도록 지원해야 한다. 이를 위해 프로그램 참가자의 신체 부위를 조작하고, 자세를 조정하며, 안전하고 효과적인 학습 환경을 조성하는 것이 필요하다. 정중하고 적절한 접근 방식을 통해 참가자의 안전에 대한 불안감을 해소하고 안정감을 제공할 수 있다.

장애가 있는 개인이 수영장 환경에서 안전함을 느끼기 위해서는 지도, 연습, 수영복 착용 등의 과정에서 여러 차례 신체 접촉이 필요할 수 있다. 안전, 학습, 연습, 이동성에 대한 지원이 필요한 경우, 본 문서에서 설명하는 기본 기술을 활용할 수 있다.

수영 지도 시 신체 접촉의 방식은 여러 가지 의미를 지닌다. 신체 접촉은 교육 과정의 중요한 요소로, 기술 이해와 습득을 촉진하며, 잘못된 동작을 수정하고 건강한 정서적 발달을 위한 필수적인 수단이다. 지도자와 수영 참가자 간의 신체 접촉은 운동 잠재력을 극대화하기 위해 사람을 만지고, 지지하며, 자세를 조정하고, 어루만지는 방식으로 효과적으로 이루어져야 한다(Cratty, 1989). 적절한 신체적 접촉은 육상 및 수중 모두에서 교육적으로 중요한 지도 수단으로 작용한다. 참가자가 기술을 연습할 수 있는 최적의 기회를 제공하기 위해 손과 몸의 위치를 적절히 조정하는 것은 언어적 설명이나 시각적 시연만큼이나 중요하다. 수영 기술을 습득하기 위해서는 전적인 지원과 함께 직접적이거나 촉각적인 교육이 필요할 것이다. 감각장애, 지체장애, 지적장애가 있는 개인에게는 올바른 자세를 취하도록 유도하는 것이 중요하며, 이는 수영 동작을 운동 감각적으로 느낄 수 있도록 돕는다. 촉각을 통한 지도는 신체상 body image 에 문제가 있거나 신체의 위치를 인식하는 데 어려움을 겪는 개인에게도 유익하다. 이러한 촉각적 접근은 감각 입력에 긍정적인 영향을 미치고, 신체 지각 문제를 가진 개인에게 학습의 기회를 제공할 수 있다(Lepore et al., 2007).

신체 접촉에 대한 이해

스킨십이 원활하게 이루어질 경우, 수영 지도자와 참가자 간의 친밀감이 증진되며, 이는 신체적 역할과 정서적·신체적 지원에 대한 신뢰를 형성하여 참가자가 더 어려운 기술에 도전할 수 있는 기회를 제공할 수 있다. 그러나 지도자의 신체 접촉은 반드시 최소한의 강도와 짧은 시간으로 이루어져야 한다. 예를 들어, 참가자에게 수행 완료를 유도하기 위해 부드럽게 터치하는 방식이 적절할 수 있다. 반면, 다양한 동작을 통해 참가자를 강하게 끌어당기거나 질질 끌어가는 행위는 적절한 신체 접촉의 기준에 부합하지 않는다.

수영 지도자와 참가자 또는 보조자 간에는 긴밀한 신체 접촉이 필요하지만, 이러한 관계로 인해 참가자와 보호자는 어떤 신체 접촉이 필요한지, 또는 어떤 것이 학대나 부주의한 접촉인지에 대해 우려할 수 있다. 아동학대, 성추행, 그리고 부적절한 접촉은 어떤 상황에서도 부정적인 태도로 간주된다. 어린이, 청소년, 그리고 지적장애인을 둔 보호자들은 수영 교육 과정에서 신체 접촉에 대해 부정적인 시각을 가질 수 있다. 수영 지도자는 수영복을 착용한 참가자와의 신체 접촉이 불가피한 상황이므로, 이에 대한 의견을 수영 강습생 및 보호자와 직접 나누어야 한다. 지도자는 신체 접촉의 종류에 대해 솔직하게 논의하고, 신체 부위를 잡는 방법과 자세를 시연해야 한다. 보호자들에게 수영복을 착용하게 하고, 지도자의 손이 어떻게 몸에 접촉하는지를 경험하게 함으로써 신체 접촉에 대한 이해를 높일 수 있지만, 이러한 열정을 가진 지도자와 보호자는 많지 않을 것이다.

학대에 대한 우려 외에도, 특정 신체적 증상과 장애를 고려하여 적절한 주의사항을 준수함으로써 참가자와 지도자 모두를 보호해야 한다. 이러한 질환에는 골형성부전증 환자의 경우처럼 골절에 취약한 뼈, 피부 병변이나 노화로 인해 연약한 피부, 당뇨병이나 마비 환자와 같은 혈액순환 불량, 뇌성마비와 같은 관절 탈구 등이 포함될 수 있다. 궁극적으로, 신체 접촉 방법에 대해 강습생과 보호자에게 적절히 설명하는 지도자의 관심과 태도는 긍정적이고 능동적인 방식으로 각 개인에 대한 존중을 나타내는 것이다.

물속에서 지지하기

수영을 할 때, 장애가 있는 개인 중 일부는 그들의 능력을 최대한 발휘할 수 있도록 물속에서 신체적 지원이 필요할 수 있다. 그러나 모든 장애인이 1:1의 지원을 필요로 하는 것은 아니다. 개인의 특성에 따라 적절한 부유 기구가 더 효과적일 수 있다. 신체적 지원을 제공할 때는 모든 사람이 지켜보는 상황에서 지원을 받는 개인의 동의를 얻어야 한다.

수영을 배우는 과정에서 물에 떠 있는 다양한 방법은 지도자들의 지속적인 관심사이다. 장애가 있는 수영 초보자를 물에 뜨게 하려면, 대상자의 체형에 따라 지지 및 보조 방법이 달라질 수 있다. 여러 가지 방법 중에서 1:1 보조는 일반적으로 여섯 가지로 분류된다(British Swimming, 2022; Lepore et al., 2007).

첫 번째 방법은 어린이와 체격이 작은 사람을 안아서 지지하는 것이다. 이 방법은 대상자가 물에 익숙해지면 누워 뜨기 자세를 지지하기 위해 팔을 길게 뻗어 겨드랑이를 받쳐주는 방식으로 전환할 수 있다. 누워 뜨기 자세에서 시선을 맞추어야 할 경우, 필요한 지지 수준에 따라 한 손은 엉덩이 아래에, 다른 한 손은 어깨, 목 또는 머리 아래에 두게 된다. 이 자세는 청각장애가 있는 사람이나 두려움을 느끼는 사람에게 필요할 수 있지만, 지도자는 가까운 팔을 움직일 수 없어 이동성이 제한된다. 옆으로 누워 있을 경우, 필요할 때 머리를 받쳐주거나 한쪽 팔과 엉덩이를 뒤에서 지지하는 것이 가장 효과적이다.

누워 뜨기 자세에서 머리를 지지하는 방법은 손으로 추가적인 지지가 필요하지 않다. 수면에 평행하게 누운 자세일 때, 지도자는 뒤에서 겨드랑이 아래를 잡을 수 있으며, 이후 머리를 지도자의 팔뚝에 기대도록 할 수 있다. 만약 더 많은 지지가 필요하다면, 더 가까이 다가가 겨드랑이가 지도자의 팔꿈치 근처에 오도록 팔뚝을 밀어 넣을 수 있다. 이 경우, 강습생은 머리를 지도자의 어깨에 올려놓을 수 있다. 이러한 지원은 적절한 수심에서 이루어져야 하며, 그렇지 않을 경우 지도자는 허리를 숙여 강습생의 머리와 수평을 이루도록 해야 한다. 물에 익숙해지고 자신감이 생기면, 엎드려 뜨기를 시도할 수 있다. 그러나 수영하는 사람, 특히 엎드려 있는 사람을 지지하는 것은 어려운 작업이다(ARC, 2004).

누워 뜨기 지지하기

누워 뜨기 옆에서 지지하며 눈 마주치기

누운 상태 머리 지지

누워 뜨기 지지하기

엎드려 뜨기 지지하기

자세 뒤집기 지지하기

[그림 1.6.12] 물속에서 지지하기

　필요한 경우, 엎드린 자세에서 가슴이나 겨드랑이 아래를 지지하고 팔과 손에 힘이 있을 경우 손바닥을 이용하여 지지할 수 있다. 누워 뜨기와 엎드려 뜨기를 수행할 수 있는 경우, 누워 뜨기 자세에서 롤링하여 엎드려 뜨기 자세로 전환할 수 있다. 이때 지지 방법은 허리 높이의 물속에서 양손을 사용하여 엉덩이 부위를 한 손으로 당기고 다른 손으로는 부드럽게 밀어내는 동작을 포함한다.

물속 이동 보조

수중에서의 이동은 단순히 수영 스트로크에 국한되지 않는다. 수중 걷기는 주로 다른 사람과의 대화, 준비 운동, 또는 수영장 내의 특정 지점 간 이동 시 활용되는 기술이다. 장애가 있는 수영 참가자들은 걷기 능력이 다양하므로, 이들을 지원할 수 있는 여러 방법을 고려해야 한다. 휠체어를 사용하는 참가자나 수중에서 걷기가 매우 어려운 참가자와 함께 이동할 때는, 참가자를 정면으로 바라보고 보조자를 앞에 배치하는 것이 중요하다. 참가자는 보조자의 어깨에 손을 얹고, 보조자는 참가자의 갈비뼈 또는 겨드랑이를 잡아야 한다. 추가적인 도움이 필요할 경우, 보조자나

[그림 1.6.13] 수중 걷기 보조

다른 강사가 참가자의 뒤에 서서 엉덩이를 지지하도록 할 수 있다(그림 1.6.13). 참가자가 가능한 한 똑바로 서도록 격려하는 것도 중요하다.

보행기, 목발, 또는 지팡이를 사용하는 참가자는 자세에 심각한 문제가 있거나 불안감을 느낄 경우에만 두 명의 지원이 필요하다. 보조자는 참가자가 기댈 수 있도록 손을 내밀거나, 전혀 지지하지 않아도 될 수 있다. 깊은 물에서는 부력이 증가하여 걷기가 더 용이해진다는 점을 이해하는 것이 중요하다. 반면, 지상에서 걷는 것이 가능한 사람들 중에서도 깊이 감각 저하, 공간 인식 저하, 발작 빈발 등의 이유로 수영장에서 어려움을 겪는 경우가 많아, 이들에 대한 보조가 필요할 수 있다. 이러한 상황에 대해 보조자나 지도자는 적절한 도움 방법을 안내할 필요가 있다. 인지적 또는 행동적 장애가 있는 개인은 활동을 지속하고 자신과 타인의 안전을 보장하기 위해 수중에서 지원을 받을 필요가 있을 수 있다.

수영장 가장자리와 탈의실에서의 이동을 위해서는 다양한 방법으로 지지대, 보조 기구 및 기타 보조 자세가 필요하다. 참가자와 장애 관련 종사자들이 함께 머리를 맞대고 해결책을 모색한다면, 수영장 가장자리와 탈의실에서의 이동을 지원할 수 있는 실행 가능한 방법을 찾는 데 도움이 될 것이다. 예를 들어, 균형 문제가 있는 참가자와 함께 지상에서 이동할 때는 한 손으로 참가자의 허리를 지지하고, 다른 손으로 팔꿈치를 받치는 보조자가 양쪽에 각각 배치되는 것이 더 안전하다.

물속에서의 자세

수중에서의 자세는 이동 및 스트로크 기술 개발에 있어 중요한 요소로 작용하며, 이는 스트로크 수행 능력 및 물속에서의 안전성에 직접적인 영향을 미칠 수 있다. 설명 및 시범을 진행하는 동안 스스로 몸을 지탱할 수 없는 개인들은 지지 방식에 민감하게 반응하게 된다. 예를 들어, 엎드려 머리를 들고 있는 자세는 시범이나 수영장 내 다른 상호작용을 관찰하는 데 있어 편안한 방법이 아니다. 일부 개인은 이동의 자유를 증진하기 위해

특정한 자세가 필요할 수 있으며, 특히 경련이 있거나 비정상적인 자세 및 반사신경을 가진 경우에는 자세를 잡는 데 각별한 주의가 요구된다. 경련을 경험하는 경우로는 뇌성마비, 외상성 뇌손상, 척수 손상, 뇌졸중 등이 일반적이다. 뇌성마비, 외상성 뇌손상, 중증 지적장애를 가진 개인들은 비정상적인 반사 및 자세를 나타낼 수 있다(Finnie, 1997).

비정상적인 반사와 자세를 억제하고 적절한 신체 운동을 촉진하는 것은 물리치료의 영역에 속하므로, 수영 지도자는 프로그램을 개발하는 과정에서 물리치료사의 조언을 구하는 것이 필요하다. 예를 들어, 반듯이 누운 자세에서 옆으로 흔드는 동작이 경련을 감소시키는 데 효과적임을 확인할 수 있다. 또한, 흔드는 동작의 끝에 회전 운동을 추가하는 것이 도움이 될 수 있다. 이러한 동작을 수행할 때는 입수 시 머리에 부유 기구를 착용하도록 권장한다(Campion, 1991). 더불어, 물속에서 보다 정상화된 근 장력과 더 많은 제어를 촉진하기 위해 신체의 양쪽을 동시에 사용하는 대칭 활동을 권장할 수 있다. 따라서 물리치료사와의 협력이 바람직하다.

모든 수영 영법에서와 마찬가지로, 물속에서의 머리 자세는 신체의 나머지 부분에 영향을 미칠 수 있다. 이 점을 유념하고, 머리가 신체의 중심선과 일직선으로 정렬된 상태에서 턱이 중립적이거나 약간 접힌 자세를 취하도록 해야 한다. 이러한 자세는 보다 나은 움직임을 가능하게 하는 것으로 평가될 수 있다.

CHAPTER

7

수영장
시설과 장비

CHAPTER

7

수영장 시설과 장비

우리나라에서 장애인이 수영을 위해 제한 없이 이용할 수 있는 시설은 매우 제한적이다. 이러한 상황은 여러 요인에 기인하며, 특히 수영장 출입, 편의시설 설치, 입수 설비, 지도자 배치와 관련된 법률 및 규정이 구체적으로 마련되어 있지 않다는 점이 주요 원인으로 작용하고 있다. 또한, 장애인의 수영에 대한 요구와 수영 센터 운영자들의 장애인에 대한 이해도가 부족한 점도 문제로 지적된다. 대한장애인체육회(2021)의 장애인 생활체육 실태조사에 따르면, 수영은 장애인들이 선호하는 운동 중 하나이다. 전국에 약 1,600개의 수영장 시설이 존재하지만, 장애인이 편리하게 이용할 수 있도록 법적 기준이 명확히 제정되고, 장애인에 대한 사회적 인식이 개선되어야 한다. 이를 통해 장애인들이 자유롭게 수영을 즐길 수 있는 환경이 조성되기를 기대한다. 수영장은 그 규모와 목적에 따라 다양하게 설계될 수 있으며, 수영은 건강 증진, 스포츠 경기, 재활, 치료, 여가 등 다양한 목적으로 활용될 수 있는 매우 유용한 신체 활동이므로, 적절한 시설과 장비의 준비가 필수적이다.

01 수영장 시설

수영장의 환경은 안전하고 접근성이 용이해야 하며, 강습생과 지도자 모두에게 성공적이고 만족스러운 경험을 제공해야 한다는 점을 유념해야 한다. 수영장은 다양한 장애가 있는 사람들이 이용하는 공간으로, 휠체어 및 지팡이를 사용하는 이동성 장애인, 시각장애인, 뇌병변장애인, 청각장애인, 지적장애인 등 신체적 및 인지적 차이가 있는 이용자들을 위한 편의시설을 충분히 고려해야 한다. 이러한 시설은 높낮이 조절, 시각장애인을 위한 점자 표기, 청각장애인을 위한 시각적 안내, 바닥 및 통로의 안전성 등 다양한 요소를 포함해야 한다. 장애인 관련 편의시설의 설치에 관한 구체적인 종류, 규격, 재질 등의 세부 사항은 명확히 설명하기 어려우므로, 장애인등편의법 및 장애인 편의시설 설치 매뉴얼과 같은 관련 자료를 참고하여 이해하는 것이 필요하다.

배리어 프리 / 무장애

배리어 프리 barrier-free 란 장애인, 고령자 등 사회적 약자들이 보다 편리하게 생활할 수 있도록 물리적 장애물, 제도적 장벽, 심리적 장벽 등을 축소하거나 제거하기 위한 운동 및 정책을 의미한다. 우리나라에서는 2010년 '장애물 없는 생활환경 인증에 관한 규칙'(국토해양부령, 2010)을 제정하여 교통 약자가 이용하는 도로, 여객시설, 교통수단에서 장애물이 없는 환경을 조성하고자 하였다. 이 법률은 2015년에 장애인복지의 편의시설 분야를 포함하여 적용 대상을 장애인 관련 시설로 확대하였다. 여기서 "편의시설"이란 장애인 등이 일상생활에서 이동하거나 시설을 이용할 때 편리함을 제공하고, 정보에 쉽게 접근할 수 있도록 하는 시설과 설비를 지칭한다(장애인등편의법, 2015). 따라서 장애인이 이용하는 수영장은 법령에 따라 적용되는 운동시설로 간주된다.

배리어 프리는 수영장 이용을 위한 접근성 accessibility 으로 정의될 수 있다. 접근성이란 건축적 장벽을 제거하여 외부에서 수영장 내부로 쉽게 접근할 수 있도록 하는 것을 의미한다. 예를 들어, 주차 공간, 사용자 친화적 출입구, 적절한 표지판, 경사로, 엘리베이터, 등록 사무실, 활동 구역 및 욕실 출입구의 점자 표기 등이 이에 해당한다. 그러나 접근성에 문제가 있는 수영장 시설이 많다는 점은 주목할 필요가 있다(Lepore et al., 2007).

수영장

수영장은 그 크기와 위치에 따라 다양한 형태로 설계될 수 있으나, 일반적으로 레크리에이션용, 경영용(경기용), 다이빙용 등으로 구분된다. 대한수영연맹이 공인하는 경영용 수영장은 50m와 25m 두 가지 길이로 나뉘며, 공인 수영장의 규격은 최소 폭 21m, 수심 1.80m, 8개의 레인, 각 레인의 폭 2.50m, 수온 최소 24℃ (77°F), 조명은 100풋캔들 foot-candle 이상을 충족해야 한다. 일반인에게 개방되는 공공 수영장은 경기용 수영장과 유사한 크기를 가지지만, 수심, 온도, 용도 등에서 차이를 보인다. 공공 수영장은 수심을 약 1m로 설정하고, 수온은 27°~28℃로 유지하며, 어린 아동 프로그램을 위한 보조 풀을 운영하고 있다.

장애인을 위한 수영 프로그램이 증가하고 있으며, 재활과 치료를 병행하는 프로그램도 존재하지만, 건강과 여가를 위한 대중 이용 공공 수영장의 확대가 통합 inclusion 의 이상을 실현하는 데 기여할 수 있다. 장애인을 위한 특별한 수영장은 일반 수영장과 본질적으로 다르지 않으며, 연령대와 관계없이 누구나 안전하게 이용할 수 있도록 시설, 지도자, 프로그램에 대한 관심이 필요하다. 장애인이 수영을 이용하기 위해서는 이동, 안내, 입수 및 퇴장, 안전 등에서 추가적인 조치가 요구된다. 예를 들어, 샤워실, 사물함, 욕실, 수영장 등을 안내하는 점자 지도와 접근성 표지판을 출입 장소의 문이 아닌 벽에 부착하여 점자를 읽을 수 있도록 안내하고 설명하는 것이 필요하다.

풀 가장자리

풀 데크 pool deck 라고 불리는 수영장 주변은 수영하는 개인의 물리적 경험과 안전에 중대한 영향을 미치는 공간이다. 수영장 둘레는 수면과 동일한 높이로 유지되거나, 배수로 및 수면보다 더 높은 위치에 있을 수 있다.

또한, 풀 둘레는 장애물 없는 통로로 설계되어 최소 두 대의 휠체어가 통과할 수 있는 넓이를 확보해야 하며, 휠체어 보관, 휴식용 의자, 목발, 이동 장비, 부유 기구, 발작 대비 매트 등을 정리할 수 있는 추가 공간이 필요하다. 풀 가장자리는 안전을 고려하여 날카로운 모서리가 없어야 하며, 주변 바닥은 미끄럽지 않고 마모가 없어야 한다. 더불어, 배수 시스템이 원활하게 작동해야 하며, 이 구역에서는 일상적인 신발을 신고 출입하는 것을 금지하고 청결을 유지해야 한다.

○ 풀 가장자리는 넓고 미끄러지지 않아야 하며, 수면에서 30cm 이상 높아서는 안 된다. 오버플로어 overflow 풀은 일부 장애인을 위해 더 쉽게 물에 들어갈 수 있다.

○ 풀 가장자리는 지도자와 강습생이 대화할 수 있는 공간이 확보되어야 한다.

입수 및 퇴수 시설

입수 및 퇴수 시설은 휠체어를 사용하는 이동 장애인이나 시각 장애인이 안전하고 가능한 한 독립적으로 수영장에 입수하고 퇴수할 수 있도록 설계되어야 한다. 이러한 입수 시설에는 사다리, 계단, 경사로, 리프트 lift와 같은 고정식 시설이 포함되며, 이동식 입수 장치로는 이동식 계단, 이동식 리프트, 휴대용 리프트 등이 있다(그림 1.7.1). 수직으로 설치된 사다리는 장애가 심한 이용자에게는 접근이 어려우므로, 경사로를 이용하는 것이 바람직하다. 그러나 풀 입수를 위한 경사로는 수영장의 레인을 차지하게 되어 대중 수영장에서는 흔히 찾아볼 수 없으며, 장애인을 위해 특별히 설계된 수영장에서 주로 발견된다. 입수를 위해서는 수중용 휠체어를 준비하는 것이 필요하다. 이동식 장치는 상체는 튼튼하지만 하지 장애로 인해 계단이나 사다리를 오르내릴 수 없는 이용자가 독립적으로 수영장에 접근할 수 있도록 돕는 방식이다.

이동식 입수 장치인 리프트, 계단, 사다리는 수영장 내에 고정 시설이 없을 경우 수영 참가자들이 물 안팎으로 이동하는 데 중요한 역할을 한다. 이러한 장비는 이동이 잦아지면 고정 설치된 경우보다 수명이 짧아질 수 있으므로, 장비를 사용하기 전에 매일 점검하는 것은 위험 관리 계획의 중요한 요소로 간주된다. 리프트는 종종 중증 지체장애인에게 수영장 접근을 위한 중요한 수단으로 기능하며, 독립적으로 사용할 수 있는 리프트가 있는 것이 바람직하다.

리프트는 수영장과 가장자리 사이의 공간을 최소화하면서 접근성을 높이고 이동에 따른 고장 위험을 줄이기 위해 한 곳에 고정되어 있는 것이 효율적이다. 최근에는 휴대용 풀 리프트 portable pool lift 를 사용하는 경우도 있으며, 이는 수영장 가장자리의 원하는 위치로 쉽게 이동할 수 있는 장점이 있지만, 가격이 비싼 단점이 있다.

○ 전동 리프트, 슬라이딩 보드, 그네와 같은 다양한 장치가 개발되어 성공적으로 활용되고 있다. 입수하고 나오는 문제에 대한 해결책은 단일하지 않으며, 이는 지도자와 프로그램을 지원하는 다른 이들의 창의적인 접근을 통해 해결되어야 한다. 일부 하지마비자는 독립적으로 입수하는 것을 선호하는 경향이 있다.

○ 수영장의 끝에 위치한 얕은 층계는 장애인이 수영장 밖으로 나오는 데 도움을 줄 수 있다.

○ 휠체어를 사용하는 특정 프로그램의 경우, 건축적 장벽을 극복하기보다는 지도자가 슬라이딩 보드와 같은 보조 장치를 활용하여 입수를 지원할 수 있다. 실제 입수용 경사로는 물속으로 천천히 내려갈 수 있을 만큼 충분히 긴 길이를 가져야 한다.

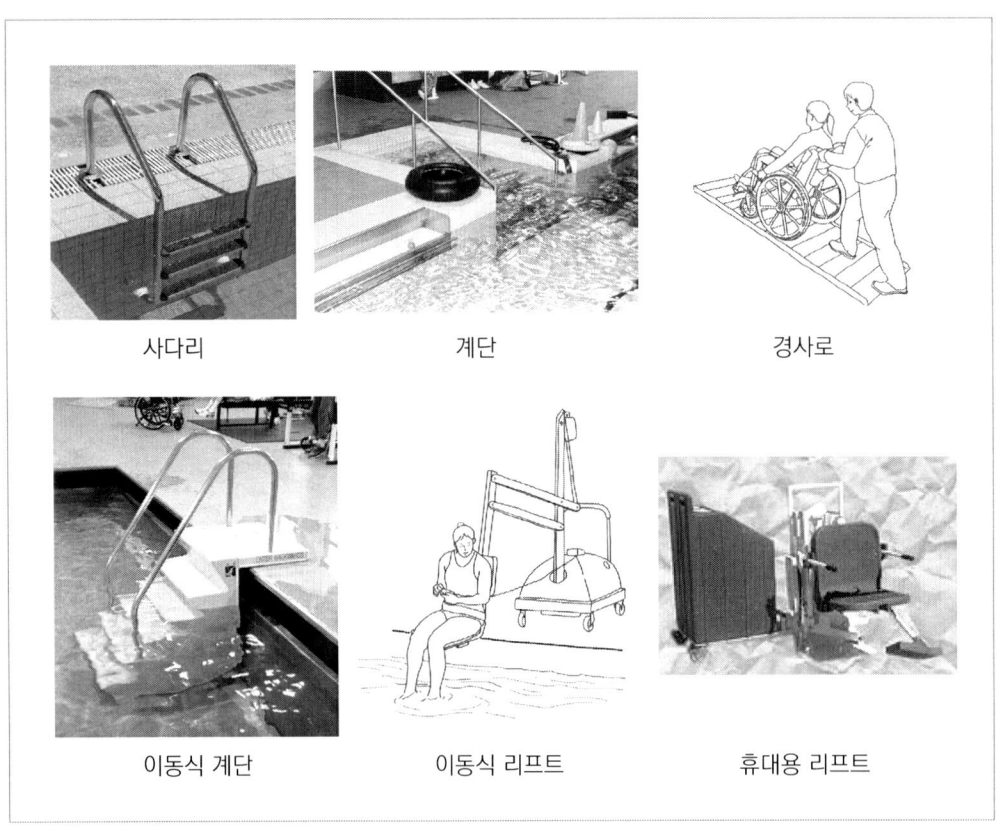

| 사다리 | 계단 | 경사로 |
| 이동식 계단 | 이동식 리프트 | 휴대용 리프트 |

[그림 1.7.1] 입수 및 퇴수 시설

라커룸

라커룸 locker room 은 수영을 위해 의복을 변경하고 입수 준비를 하는 공간으로 정의된다. 라커룸에 들어가기 전, 점자 수영장 시설에 대한 정보를 점자로 제공해야 하며, 필요 시 안내원을 배치하여 수영에 어려움이 없도록 해야 한다. 라커룸의 바닥은 카펫 스트립이나 고무로 코팅된 매트와 같은 미끄럼 방지 재질로 구성되어야 한다. 사물함의 위치는 휠체어 사용자들이 편리하게 이용할 수 있도록 설계되어야 한다. 또한, 공간의 크기, 손잡이, 잠금장치, 난간 손잡이, 샤워실, 헤어드라이어 사용, 수영장 접근 등은 장애인을 고려하여 적절히 설치 및 배치되어야 한다.

○ 가능하다면 라커룸의 바닥은 수영장과 동일한 높이로 설계되어야 한다.

○ 통로는 휠체어와 보행자가 원활하게 이동할 수 있도록 충분히 넓어야 하며, 라커룸에서 샤워실을 거쳐 수영장으로 이어지는 통로는 장애물이 없어야 한다.

○ 수영장, 샤워실, 화장실, 라커룸 간의 이동 경로는 가능한 한 직선으로 설계되며, 경사가 없어야 한다.

○ 벤치(긴 의자)는 사람이 누웠을 때 최소한 절반 이상을 지지할 수 있을 만큼 넓고 길어야 하며, 바닥에 견고하게 고정되어 있어야 한다.

○ 사물함은 의류뿐만 아니라 교정기를 수납할 수 있을 만큼 충분한 크기를 가져야 한다.

○ 사물함과 난간 handrail 은 휠체어 높이에 있어야 한다.

○ 샤워 조절기는 휠체어 사용자의 높이에 맞추어 설치되어야 한다.

○ 화장실에는 안전 난간이 설치되어야 하며, 휠체어가 자유롭게 회전할 수 있는 면적이어야 한다.

○ 누운 자세에서 드레싱 하는 이용자를 위해 특별히 가림막이 설치된 지정된 공간이 마련되어야 한다.

○ 샤워실의 장비는 나무 의자, 미끄럼 방지 매트 또는 타일, 벽에 지지용 손잡이를 설치해야 한다.

○ 샤워용 의자를 준비해야 한다.

수심

○ 수심은 활동과 수영장 사용에 적합해야 한다(예: 일정한 깊이의 얕은 물 , 아동용 완만하게 경사진 바닥).

○ 수심이 얕고 넓을수록 강의할 수 있는 공간이 늘어나기 때문에 가능하면 1.5m 수영장 깊이일 경우 최대 수심 1m일 때가 좋다.

○ 30~50cm 사이의 깊이는 어린 아이들의 물 적응에 이상적이다.

○ 물의 깊이는 수위 조절판을 사용하여 변경할 수 있다. 오늘날에는 상업적으로 이용 가능한 여러 종류의 수위 조절판이 있다.

수온

수영 운동의 활발한 수행에 영향을 미치는 요소 중 하나는 수온이다. 수온의 변화는 심박수의 변화를 포함하여 다양한 생리학적 영향을 초래할 수 있다. 수영장에서 격렬한 운동을 수행할 경우, 26°C 이하의 다소 차가운 수온이 권장된다. 그러나 장애인 수영 프로그램에 참여하는 대다수의 개인들은 수영 선수를 제외하고는 이러한 차가운 수온에서 활발하게 운동하는 경우가 드물다. 오히려 장애가 있는 개인들은 그들의 운동 능력을 최대한 발휘하기 위해 더 따뜻한 수온의 환경을 선호하는 경향이 있다. 일반적으로 29°C의 수온은 이완을 촉진하고 움직임을 보다 자유롭게 하며, 물속에서의 편안함을 제공하여 수행하고자 하는 활동에 더 집중할 수 있도록 돕는다(Lepore et al., 2007).

○ 수영장의 수온은 26°C에서 29°C 사이에 위치한다. 특히 중증 뇌성마비나 지체장애인의 경우, 더 높은 수온이 필요할 수 있다. 이러한 경우, 수온 조절이 가능한 특별 보조 수영장을 이용하는 것이 바람직하다.

○ 장애가 있는 개인은 다목적 실내 수영장의 수온이 낮다고 하여 프로그램 참여를 거부해서는 안 된다. 그러나 중증 뇌성마비인은 차가운 물에서는 이완과 최대의 효과를 얻기 어려울 것이다.

○ 물의 온도가 지나치게 낮거나 공기 온도가 수온보다 더 낮은 경우, 경련성이 있는 개인은 추위를 느낄 수 있다. 이 경우, 물속에서의 부력을 느끼고 몸을 가볍게 움직이는 것보다 차가운 느낌이 우선적으로 인식되어 수영에 대한 의욕이 저하될 수 있다.

○ 물의 온도와 관련된 문제는 드물지만, 다발성 경화증을 앓고 있는 개인들은 따뜻한 환경에서 운동한 후 신경 전달 장애가 발생하고 피로를 느낄 수 있으므로, 자주 휴식을 취하는 것이 필요하다.

공기의 온도

이상적으로는 수영 후 체온 저하를 방지하기 위해 물에서 나올 때 공기 온도와 통풍을 적절히 조절해야 한다. 수영장 주변에 수건이나 겉옷을 걸 수 있는 공간을 마련하여, 수영 후 물기를 닦고 체온을 유지할 수 있도록 해야 한다. 일부 수영장에서는 천장에서 방사열을 방출하도록 설계되어 있으며, 대기실에는 수건과 겉옷을 보관할 수 있는 공간이 마련되어 있다(YMCA of the USA, 1987).

실내 수영장의 공기 온도는 물의 온도보다 2°~3°C 정도 높아야 이상적이다. 이러한 온도 차이는 "편안한 지역"을 제공하며, 수영장 벽과 천장의 결로 현상을 조절하는 데 기여한다. 일반적으로 공기 온도는 29°C 이하 또는 35°C 이상이 되어서는 안 된다. 환기가 원활하지 않고 습도가 높은 수영장은 26°~29°C에서 편안함을 느낄 수 있다. 수영장과 그 주변 지역은 가능한 한 통풍이 없어야 하며, 공기 흐름은 냉각 계수를 증가시킬 수 있으므로, 적절한 공기 흐름을 제어하여 수영장을 설계해야 한다(American National Red Cross, 1977).

물 및 풀의 상태

장애가 있는 개인에게 적합한 수온은 일반적으로 28°C 이상으로 권장된다. 따뜻한 수온은 박테리아의 증식을 촉진할 수 있으므로, 적절한 화학적 균형을 유지하기 위해서는 물을 염소 처리하고 여과하며 정기적으로 점검하는 것이 필수적이다. 수영하는 인원의 수에 따라 적절한 물 교체가 필요하다. 대부분의 수영장 시설은 수질 관리 및 정화 시스템을 갖추고 있어 오염되지 않은 상태에서 수영할 수 있도록 하고 있으나, 수온 관리는 여전히 어려운 문제로 남아 있으며, 보조 풀의 수온을 조절하는 방법에 대한 고민이 필요하다(YMCA of the USA, 1987).

○ 수영장 용수 공급은 보건 요원이 식수를 포함한 자연 수원의 사용을 승인할 수 있는 경우를 제외하고는 음용수에 대한 위생 요건을 충족해야 한다.
○ 풀의 물은 규정한 것보다 더 자주 검사해야 한다. 지역 보건소로부터 조언을 받을 수 있다.
○ 풀과 가장자리 구역은 청결하고 이물질이 없어야 한다.
○ 수직 수영장 벽이나 수영장 옆 데크 가장자리에 물의 깊이를 명확히 표시해야 한다. 깊이 표시는 간격을 두고 숫자로 표시해야 하며, 배경과 대비되는 색이어야 한다. 수영장의 끝 지점에 표시되어야 한다.
○ 깊이를 표시하는 데 삼각 지지대를 사용할 수도 있다.
○ 풀 바닥이 보여야 한다.

안전 장비와 인명 구조 요원

○ 넘어가면 위험하다고 표시하는 안전선을 설치하지 않고, 쉽게 읽을 수 있는 경고가 있는 경우에는 탈착식 안전선을 설치할 수 있다.

○ 수영장은 적절한 안전 및 구조 장비를 갖추고 있어야 한다.

○ 비상 전화번호 목록은 수영장에서 가장 가까운 곳에 눈에 띄게 게시되어야 한다.

○ 항상 적절한 수의 훈련된 안전 요원이 근무해야 한다. 이 사람들은 안전 관리 및 인명 보호 외에 다른 업무가 없어야 한다. 장애인 수영 프로그램에 관련된 특별한 입장객 때문에, 안전 요원은 참가자, 그들의 특별한 요구 및 프로그램에 대해 잘 설명해야 한다.

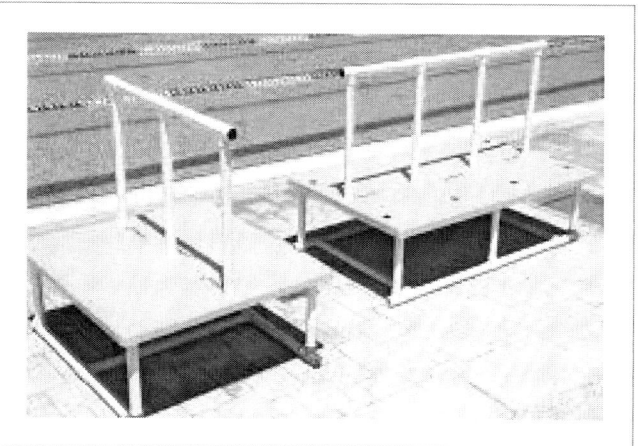

[그림 1.7.2] 수위 조절판

휴식 플랫폼/수위 조절판

고관절 및 하반신 마비로 양쪽 다리를 잃은 개인은 바닥과의 접촉을 유지한 채로 최소 수심 1m인 수영장에서 휴식을 취하는 것이 매우 어렵다. 이러한 상황에서 수영장 얕은 쪽의 측면에 위치한 작은 벤치는 이들의 편안함을 제공할 수 있는 유용한 해결책이 될 것이다. 이 벤치는 사용자가 머리를 수면 위로 올리고 쉴 수 있을 만큼 충분한 높이를 가져야 하며, 적절한 무게가 실려야 한다. 이를 위해 다양한 종류의 상용 플랫폼을 활용할 수 있다.

방향 장치

○ 시각장애가 있는 사람에게는 메트로놈과 같은 장치가 음향 타겟으로 큰 가치를 지닌다. 그것은 항상 수영장의 끝에 놓여야 한다.

○ 앰프에 부착된 수중 스피커는 지도자들이 시각상애가 있는 사람들과 함께 활동할 때도 가치가 있다.

일반적인 고려 사항

○ 수영장은 도로나 주차 구역에서 쉽게 접근할 수 있어야 하며, 모든 높이 변화에 대한 미끄럼 방지 경사로가 있어야 한다.

○ 모든 문과 복도는 휠체어를 쉽게 수용할 수 있을 정도로 넓어야 한다.

○ 라커룸과 샤워실은 수영장과 바로 인접해 있어야 한다.

○ 헤어드라이어를 구비하는 것이 매우 바람직하다.

○ 어떤 종류의 리프트나 수중용 의자는 성인 마비 참가자들의 입수를 쉽도록 할 수 있다.

○ 경보 시스템 또는 비상 상황이 있어야 한다.

○ 수심과 출구를 나타내는 색상과 소리 발생, 음악을 위한 내장 사운드 시스템이 최적의 장비이다.

기타 시설

시설 장비(facility equipment)

수영을 하려면 훈련에 사용되는 특정(영법별)의 스포츠 종목 장비와 장치가 있어야 한다. 선수가 장비의 작동 방식을 인식 및 이해하도록 하고, 선수의 경기력을 지원하는 것이 중요하다.

터치 패드(touch pads)

터치 패드는 자동 타이밍 장치 시스템의 구성 부품으로, 일부 경기에서는 수영장 양쪽 끝에 배치한다. 선수가 경기의 턴 또는 종료하고 패드를 터치하면 시간이 기록되어 수영장 내에 설치된 디지털 전광판에 표시된다.

페이스 시계(pace clock)

페이스 시계는 선수의 훈련프로그램에서 사용하며, 선수는 시계를 읽고 사용하는 방법을 배워야 한다. 페이스 시계는 일반적으로 선수가 볼 수 있는 벽에 설치된다. 전기 페이스 시계는 풀 가장자리 pool deck 에 놓아서는 안 되며, 벽에 설치하는 것이 좋다. 배터리 페이스 시계도 사용할 수 있다.

타이밍 장치(timing devices)

완전 자동 타이밍 fully automatic timing: FAT 시스템, 전기 또는 디지털 스톱워치를 권장한다. FAT를 사용하면 시간이 1/100초 단위로 기록된다. 대부분의 수동 타이밍 장치에는 시작, 중지 및 재설정 버튼이 있다. 모든 수동 시간은 10분의 1초로 기록된다.

출발 장치(starting devices)

청각장애가 있는 선수에게는 스타터 버튼 또는 섬광등 strobe light 이 있는 전자 톤 스타터 장치 electronic tone starter 를 권장한다. 가능한 한 이러한 장치를 연습 기간 중 가끔 사용하여 선수가 경기 참가에 앞서 소리를 접해 보도록 한다. 연습 기간동안, 선수는 전문 스타터 버튼 starter's button 을 사용하지 않고도 공식 경기에서 사용되는 정확한 신호를 사용하여 물 안팎에서 출발 연습을 할 수 있다.

코치는 경기 시작 신호를 보내기 위해 선수에게 출발대 위로 올라가도록 하거나, 말로 물속으로 들어가게 하거나 호각을 불어서 출발을 위한 신호를 보내고, 선수가 출발대를 떠나도록 지시하기 위해 말을 하거나 호각을 불 수 있다. 풀 가장자리에서 호각을 사용하는 것이 적절한지 안전요원에게 확인해야 한다. 안전요원이 비상 신호를 보낼 때 호각을 사용할 수 있기 때문이다.

스타팅 블록(starting blocks)

스타팅 블록은 선수들이 경기를 시작할 때, 출발할 수 있도록 풀 끝에 설치된 높은 플랫폼 platform 이다. 스타팅 블록의 표면은 미끄럼 방지 처리가 되어 있으며, 대부분의 현대식 스타팅 블록의 뒤쪽에는 발이 놓이는 부분의 경사를 조정할 수 있는 부분이 있다(그림 1.7.3).

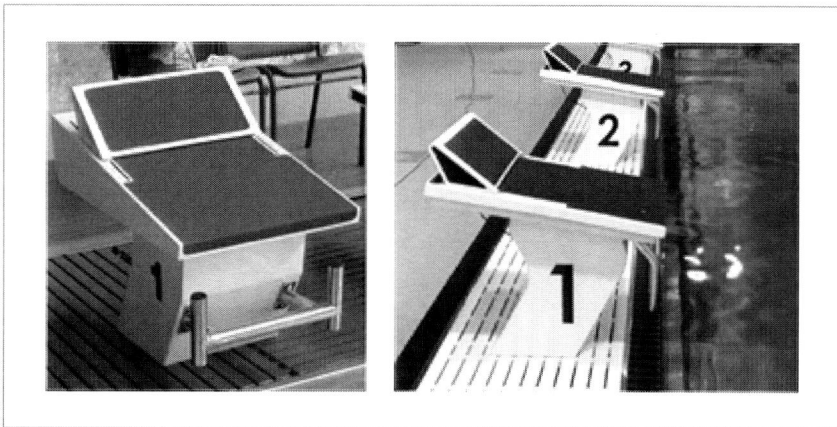

[그림 1.7.3] 스타딩 블록(Starting Block)

02 수영 장비 및 보조 기구

수영복

수영 시 착용하는 의복은 외부에서 드러나는 신체를 가리면서도 형태적 특성을 갖추고 기능적으로 적합해야 한다. 수영복은 물에 대한 저항을 최소화하는 직물로 제작되어야 하며, 염소 처리된 수영장에서 반복적으로 사용하더라도 색이 바래지 않고 오랜 기간 동안 사용할 수 있어야 한다. 장애인을 위한 수영복은 부력을 제공하여 수면에 떠 있을 수 있도록 설계되는 것이 바람직하다. 수영복의 가장 중요한 조건은 착용 시 편안함이다. 남성의 경우, 수영복은 짧은 팬츠형 또는 허리띠와 안감 inner liner 이 있는 스포츠 반바지로 대체할 수 있으며, 여성의 경우 원피스형 수영복이 권장된다. 신체 마비가 있는 개인이 독립적으로 수영할 수 있도록 구명조끼가 내장된 수영복이 개발되어, 물속에서 안정적으로 떠 있거나 직립할 수 있도록 돕는다. 수영 경기에서는 수영복에 대한 규정이 정해져 있으며, 실내 수영장에서 착용하는 적절한 수영복은 특정 조건을 충족해야 하며, 수영장 내에서는 착용 방법을 준수할 필요가 있다(University of Nebraska Omaha, 2022).

수영복의 조건

다음은 승인된 수영장 복장을 착용하는 중요한 몇 가지 이유이다.

○ 외출복(특히 면으로 만든 옷)은 공기와 수인성 오염 물질을 수영장으로 옮길 수 있다.

○ 면과 같은 흡수성 물질은 물에서 분해될 수 있다. 이러한 섬유로 풀 필터를 막을 수 있어 비용이 많이 드는 수리가 필요하다. 라이크라 Lycra 와 나일론 Nylon 은 수영복에 가장 적합한 비흡수성 소재이다.

○ 착색 또는 염색된 물질(수영용으로 특별히 제작되지 않은 경우)은 수영장으로 흘러 들어가 수질에 영향을 줄 수 있다(University of Nebraska Omaha, 2022).

수영복 착용 방법

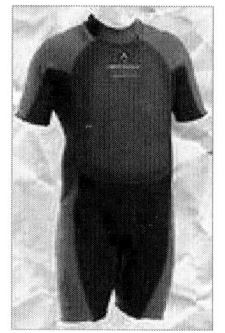

○ 수영장 가장자리와 수영장에 있는 모든 개인은 적절한 수영복을 착용해야 한다.

○ 영유아는 수영용 기저귀를 착용해야 한다.

○ 개인은 수영장 가장자리에서만 깨끗한 면 티셔츠와 사롱 sarong (허리에 둘러 입는 천)을 입을 수 있다. 또한 이들 옷 안에 적절한 수영복을 착용해야 한다.

○ 속옷 등을 수영복 안에 착용할 수 없다.

[그림 1.7.4] 수영복

물안경(수경, 고글)

물안경 goggles 은 염소 및 수중에 존재할 수 있는 기타 물질로부터 눈을 보호하며, 수영 중에도 편안하게 물속에 잠길 수 있도록 지원한다. 이러한 기능을 통해 수영하는 동안 눈을 열어 주변 환경을 확인할 수 있으며, 신체의 자세와 효율성을 향상시킬 수 있다. 시력이 필요한 경우, 도수가 있는 수경을 구매하여 착용할 수 있다. 물안경을 착용할 때는 다음과 같은 사항을 고려해야 한다.

○ 물안경을 머리 위에 걸쳐두지 말고 눈 위에 올려놓는다.

○ 물안경은 눈을 향해 눌렀다가 놓는다.

○ 물안경은 제자리에 있어야 한다.

○ 양쪽 눈에 가장 잘 맞을 때까지 여러 번 시도해 본다.

[그림 1.7.5] 물안경(수경, 고글)

수영모

수영 시 착용하는 모자는 다양한 용도로 활용될 수 있다. 일부 수영장 관리자는 긴 머리를 가진 수영자에게 머리카락이 수영장 물에 들어가지 않도록 모자를 착용할 것을 요구하며, 또 다른 수영자들은 물속의 염소로부

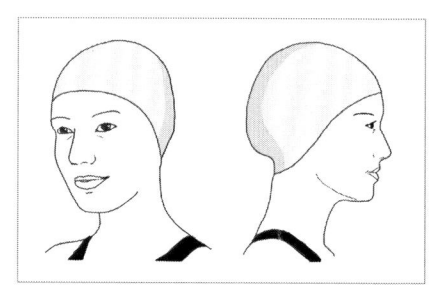

터 머리카락을 보호하고 얼굴에 머리카락이 가려지는 것을 방지하기 위해 모자를 착용한다. 또한, 수영 중 저항과 항력을 줄이기 위해 모자를 착용하는 경우도 있다. 수영 모자는 주로 라텍스로 제작되지만, 실리콘, 네오프렌(보온 유지용) 및 라이크라로 만들어진 모자도 존재한다.

따라서 개인의 머리에 가장 잘 맞고 신축성이 뛰어나며 편안한 모자를 선택하는 것이 중요하다.

[그림 1.7.6] 수영모

노즈클립

노즈클립 nose clip 은 수중 활동 중 코로 물이 유입되는 것을 방지하기 위해 설계된 장치로, 사용자가 콧구멍을 닫거나 공기가 빠져나가지 않도록 돕는 역할을 한다. 일반적으로 철사를 플라스틱 또는 고무로 감싸서 제작된다. 호흡 조절이 어려운 경우나 부비동 문제 sinus problems 를 겪고 있는 사람들에게 유용하게 사용될 수 있다. 노즈클립은 모든 수영자에게 필수적인 장비는 아니며, 필요에 따라 선택적으로 사용된다.

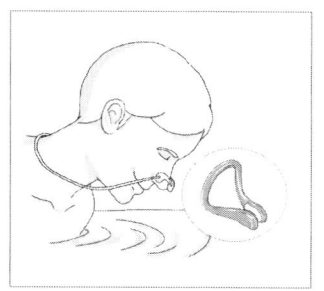

[그림 1.7.7] 노즈 클립

킥보드

킥보드 kickboard, 킥판/floaterboard 는 폼 foam 이나 기타 재료로 만든 물에 뜨는 기구로, 신체에 부력 혹은 저항을 주거나 호흡할 수 있으며, 물에 뜰 수 있도록 도와주어 수영 초보자들이 수영 연습을 할 때 유용하게 쓰인다. 물속에서 뜨는 연습을 하거나, 팔 돌리기 연습을 할 때 도움이 된다

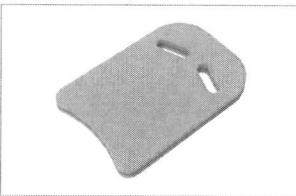

[그림 1.7.8] 킥보드

풀 부이

풀 부이 pull buoy 는 킥보드와 유사하게 수영 시 몸을 띄우기 위해 설계된 8자 형태의 부유 기구로, 상체를 휴식 상태로 유지하는 킥보드와는 달리 허벅지나 발목 사이에 끼워 사용하여 다리를 물 위로 띄운 채 팔 동작만으로 수영할 수 있도록 돕는다. 풀 부이는 상체 근력, 지구력 및 심폐 건강을 증진시키기 위한 효과적인 훈련 도구로 평가된다. 풀 부이를 활용함으로써 엉덩이와 다리를 띄운 상태에서 팔 운동에 집중할 수 있으며, 이는 올바른 신체 자세와 기술을 유지하고 발휘하는 데 기여할 뿐만 아니라 양방향 호흡 리듬을 개선하는 데에도 도움이 된다. 풀 부이 pull buoy 는 수영장 부표 pool buoy 와 혼동되는 경우가 많은데, 특히 용어를 처음 쓰는 사람은 정확히 이해할 수 없다. 풀 부이 pull buoy 의 pull(당김)은 수영 훈련에 도움이 되는 스트로크의 당기기 단계를 말한다. 수영장 부표 pool buoy 는 보통 수영장에서 레인을 구분하는 데 사용되는 부유 플라스틱 선(줄)을 말한다 (Wikipedia, the free encyclopedia, 2021).

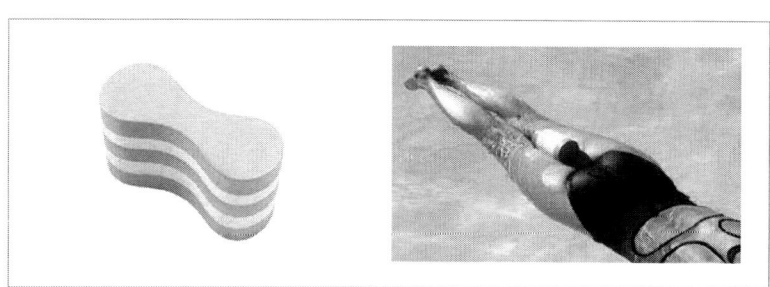

[그림 1.7.9] 풀 부이(pull buoy)

핀/물갈퀴/오리발

핀 fins (물갈퀴, 오리발)은 발에 적절히 착용하여 발차기를 통해 추진력을 증대시키는 잠수용 신발의 일종이다. 오리의 물갈퀴 기능을 고려하면 그 원리를 쉽게 이해할 수 있다. 핀은 다리의 근력을 강화하는 데 효과적인 훈련 도구로, 수영 속도를 향상시키는 데 기여한다. 스트로크 연습과 함께 다리의 힘 및 발목의 유연성을 증진하고자 하는 초보자는 긴 핀을 착용하는 것이 바람직하며, 다리에 무리를 주지 않으면서 더 빠른 속도를 내기 위해서는 짧은 핀을 선택하는 것이 좋다. 핀은 발에 적절히 맞아야 하지만, 지나치게 조여서 발에 압박을 가하거나 혈액 순환을 방해해서는 안 된다.

[그림 1.7.10]
핀/오리발/물갈퀴

핸드 패들

핸드 패들 hand paddle 은 손에 부착되어 손의 표면적을 증가시키고, 이를 통해 더 많은 물을 눌러 밀어내어 팔 스트로크의 추진력을 향상시키기 위해 사용되는 도구이다. 수중에서의 저항으로 인해 팔과 어깨에 상당한 힘이 요구되며, 이러한 특성으로 인해 수중에서 팔 힘을 강화하기 위한 보조 기구로 활용된다. 그러나 과도한 사용은 어깨 부상을 초래할 수 있는 위험이 있다. 핸드 패들은 수중 운동의 난이도를 증가시키므로, 사용자는 먼저 손 패들이 없는 상태에서 준비 운동을 실시한 후, 다른 저항

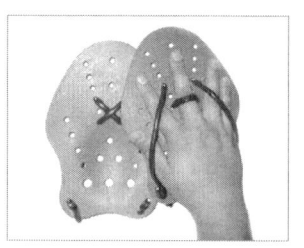

[그림 1.7.11] 핸드 패들

운동과 마찬가지로 운동 시간과 속도를 점진적으로 늘려 팔과 어깨 관절에 무리가 가지 않도록 주의해야 한다.

수영 장갑

수영 장갑 gloves 은 핸드 패들과 유사한 기능을 수행하며, 팔에 대한 저항을 증가시키는 목적을 가지고 있다. 그러나 장갑은 패들보다 크기가 작아 저항이 상대적으로 적다. 따라서 물속에서 저항 운동 훈련을 시작한 경우, 패들보다 장갑을 사용하는 것이 더 쉽게 적응할 수 있을 것이다.

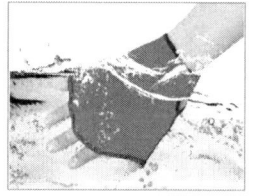

[그림 1.7.12] 수영 장갑

아쿠아 봉

아쿠아 봉 noodle 은 부력을 유지하기 위해 팔 아래나 허리 주위를 감쌀 수 있는 유연한 튜브 형태의 부유 기구이다. 이 기구는 신체의 어느 부위를 지지하더라도 부력을 발생시켜 지속적으로 떠 있을 수 있도록 하여, 사용자가 자유롭게 움직일 수 있는 환경을 제공한다. 아쿠아 봉은 휘거나 접어서 다양한 형태로 변형할 수 있어, 여러 가지 모양을 만

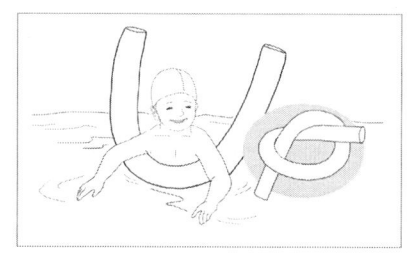

[그림 1.7.13] 아쿠아 봉

들어 떠 있는 데 도움을 주는 보조 기구로 활용된다. 이러한 특성 덕분에 사용자는 지속적으로 신체를 움직일 수 있으며, 이는 피로를 최소화하면서도 스트로크를 수행할 수 있게 하여 근력과 지구력을 향상시키는 데 기여한다.

부유 기구

부유 기구 floatation device 는 물체가 수면에 떠 있도록 지원하는 장비로, 수영 초보자에게 물속에서 가라앉거나 피로를 느끼지 않도록 하여 천천히 스트로크를 수행할 수 있게 돕는다. 이러한 기구는 수영 방법을 모르는 이들에게 물에 빠질 두려움을 경감시키고 자신감을 부여하는 역할을 한다. 또한, 수영 기술을 습득하고 경쟁력을 갖추기 시작하면, 수영 시간을 늘리고 수중 운동에 저항을 추가하여 근력과 탄력을 향상시키는 데 기여하는 다양한 부유 기구를 활용할 수 있다. 장애가 있는 개인 중 일부는 과거에 수영을 배웠더라도 부유 기구 없이는 물에 뜨거나 헤엄치는 데 어려움을 겪을 수 있다. 일부 지도자들은 부유 기구의 사용을 장려하지만, 그 사용이 수영 학습에 미치는 영향에 대해서는 논란이 존재한다. 어떤 지도자들은 수영을 처음 시작할 때부터 부유 기구를 사용하는 것이 나중에 기구 없이 수영을 배우는 데 더 큰 어려움을 초래할 수 있다고 주장한다. 그럼에도 불구하고, 부유 기구는 수영 초보자가 물에서 안전하게 활동할 수 있도록 하는 장점이 있다.

장애인을 대상으로 수영을 지도할 때 부유 기구의 활용은 거의 필수적이다. 예를 들어, 뇌병변 장애인을 위한 수영 프로그램을 성공적으로 운영하기 위해서는 지도자가 장애의 특성과 수영에 대한 깊은 이해, 그리고 부유 기구의 사용 방법을 숙지해야 한다. 뇌병변 장애인이 물에 뜰 수 있는 팔다리 협응 능력이 부족할 경우, 부유 기구의 사용이 필요하다고 판단해야 한다. 수영을 처음 시작할 때 여러 가지 문제가 발생할 수 있으며, 특히 최근에 부상을 입었거나 사고 전 수영을 했던 경우에는 더욱 그러하다. 이러한 상황에 처한 개인들은 자신의 장애 정도를 인식하지 못할 수 있으며, 과거에는 부유 기구가 필요하지 않았던 경험으로 인해 기구 사용에 대한 저항감을 가질 수 있다. 수영을 처음 시작하는 이들은 부유 기구 착용 여부에 대해 신중히 검토하고 수영 테스트를 받아야 한다. 일반적으로 수영하는 사람이 멈추지 않고 50m를 수영할 수 있다면 부유 기구 없이 수영할 수 있는 능력이 있다고 평가된다. 그러나 장애가 있는 모든 개인이 수영을 위해 부유 기구가 필요한 것은 아니며, 수영에 익숙하지 않은 일부는 얕은 곳에서 부유 기구 없이도 안전하게 수영할 수 있다. 이러한 개인들은 동작을 반복적으로 연습해야 하며, 경쟁 없이 지구력 운동을 할 때 부유 기구를 사용하고, 수영 구역을 별도로 설정하는 것을 고려할 필요가 있다.

수영하는 개인의 안전을 보장하기 위해 부유 기구의 중요성을 아무리 강조해도 지나치지 않다. 각 부유 기구가 개인의 신체에 적절히 맞도록 조정하고, 착용 시 올바르게 고정하는 것이 필수적이다. 다수의 참여자가 있는 프로그램을 운영할 경우, 수영하는 이들이 적합한 부유 기구를 착용하는 데 상당한 시간이 소요될 수 있다. 따라서 부유 기구 착용에 소요되는 시간을 고려하여 강습 시작 전에 미리 도착하여 준비하는 것이 필요하다. 수영 지도자에게 있어 부유 기구가 헐렁하여 신체나 머리에서 이탈하는 상황은 매우 위험한 사고로

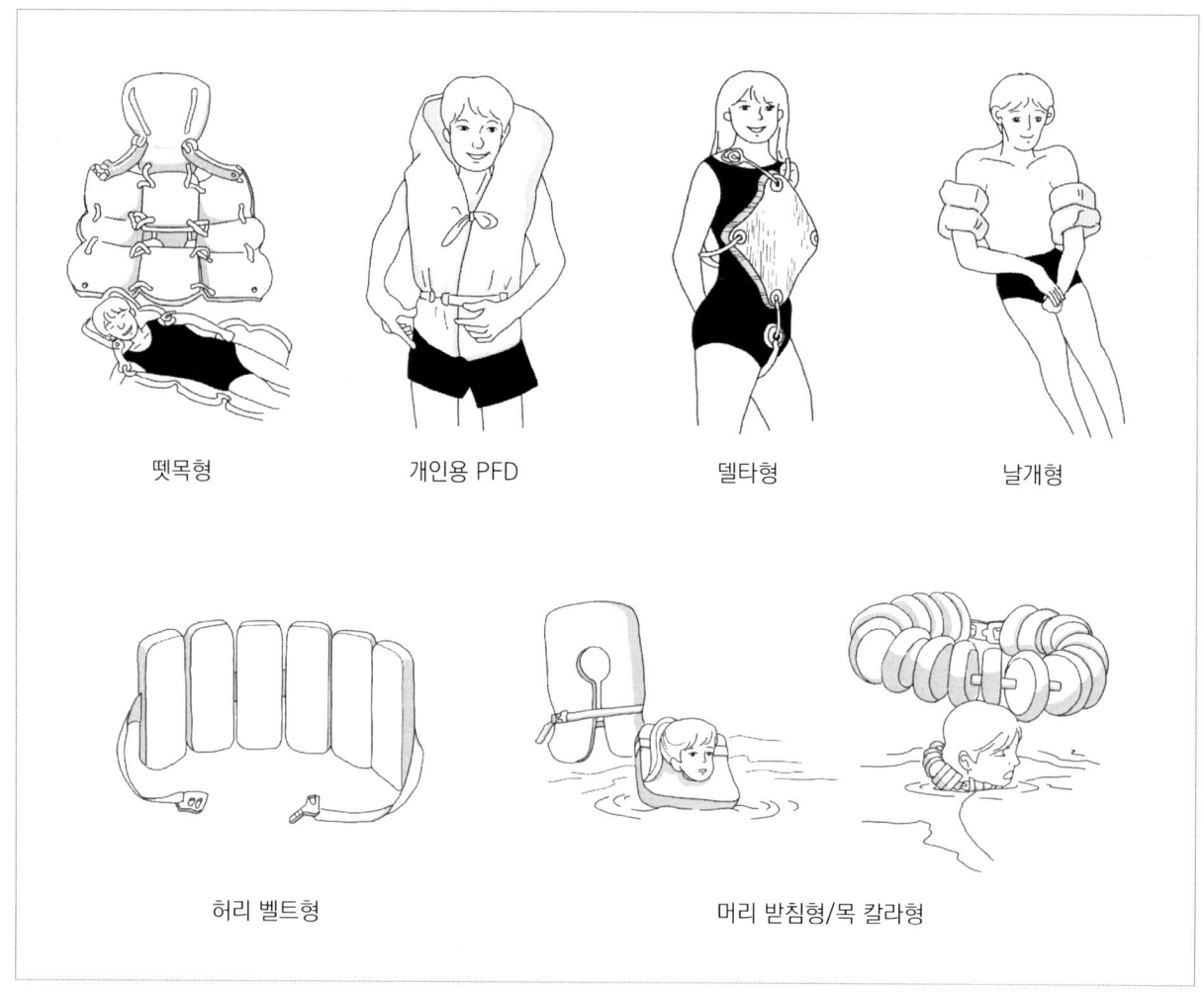

떗목형   개인용 PFD   델타형   날개형

허리 벨트형   머리 받침형/목 칼라형

[그림 1.7.14] 부유기구

이어질 수 있다. 이에 따라 지도자와 안전요원은 수영 중 정기적으로 부유 기구의 상태를 점검해야 할 의무가 있다.

오늘날 가장 많이 사용되는 부유 기구는 개인용 부유 기구 personal flotation device, PFD 이다. 판매되는 부유 기구는 모양과 종류가 매우 다양하다. 수영하는 사람의 장애 특성에 따라 PFD가 적절할 수도 있고 그렇지 않을 수도 있다.

다음 목록은 완전히 의존 수준으로부터 혼자서 수영하는 수준까지의 부유 기구를 차례대로 제시한 것이다 (Jones, 1988).

   ○ 조립 떗목형

   ○ 개인용 PFD(머리 지지대 포함)

   ○ 델타형 시스템

   ○ 허리 벨트형

○ 머리 받침형/목 칼라형

○ 날개형

○ 미착용: 독립 수영

부유 기구의 크기는 작은 wings 또는 팔다리 부유 기구에서 수영하는 사람에게 맞게 함께 맞출 수 있는 Danmar 신체 지지 부유 기구 또는 델타 플로트 시스템까지 다양하다. 타이어 튜브, 스티로폼 버블 styrofoam bubbles, 팽창식 칼라/목걸이 flatable collars, 수상스키 허리벨트, PFD, 구명조끼 life vests 등이 모두 장애인 수영 프로그램에 사용되어왔다.

허리에 착용하는 벨트형 부유 기구는 사용자가 피로를 느끼지 않고 지속적으로 움직일 수 있도록 설계되어 있으며, 이는 근력과 유산소 체력을 향상시키는 데 기여할 뿐만 아니라 수영 중 스트로크를 수행할 수 있는 가능성을 제공한다. 이러한 기구는 체중이 많이 나가는 사람들도 착용하여 활동할 수 있는 장점을 가지고 있다. 또한, 하지 근력이 부족하여 지상에서 걷는 것이 어려운 경우에도 아쿠아 벨트를 착용함으로써 서서 걷는 것이 가능해진다. 팔을 사용할 수 없는 중증 부상자의 경우, 칼라형 부유 기구 flotation collar 를 착용할 수 있으며, 팔의 움직임이 제한된 사람들은 수영 시 목에 착용하는 칼라형 부유 기구를 선호하는 경향이 있다. 이 칼라형 부유 기구는 목에 착용하여 사용자의 머리가 항상 수면 위에 떠 있도록 하며, 이는 안전 보조 역할을 할 뿐만 아니라 긴장을 완화하고 물속에서 팔을 다시 사용할 수 있도록 돕는 기능을 한다(Spinalcord.com Team, 2020). 팔 기능이 저하된 경우에는 팔에 고리형 링 부유 기구를 착용할 수 있으며, 소형 링 부유 기구는 어린 아동을 물에 뜨게 하는 데 사용된다.

수영하는 개인에게 적합한 부유 기구를 결정할 때는 여러 가지 요소를 고려해야 한다. 개인의 수영 능력(체력, 유연성, 부력), 수영 스타일 또는 기술, 물에서의 경험, 그리고 관련 장애(예: 발작) 등은 부유 기구 선택 시 반드시 평가되어야 한다. 수영 프로그램에 20명이 참여할 경우, 각 참가자는 서로 다른 유형의 부유 기구를 필요로 할 수 있다.

수영 보조 기구(swimming aids/gear)

킥보드 kickboards, 풀 부이 pull buoys, 오리발 fins 과 같은 수영 보조 기구 swimming aids 는 선수의 기량 향상에 상당한 기여를 할 수 있다. 이러한 보조 기구는 훈련 과정에서 계획된 기술 훈련에 활용될 수 있으며, 효과적인 스트로크 기술을 개발하고 지속하는 데 도움을 줄 수 있다.

8

수영장 안전

8

수영장 안전

수영장은 일상적인 환경과는 다른 특수한 환경으로, 물이라는 요소가 포함되어 있어 안전과 관련된 문제에 더욱 주의를 기울여야 한다. 수영장 환경은 부상을 초래할 수 있는 다양한 위험 요소가 존재할 뿐만 아니라, 때로는 생명에 위협을 가하는 사고가 발생할 수 있다. 장애인 수영 프로그램의 위험 요소를 제거하고 안전하게 운영하기 위해서는 센터 운영자와 지도자를 포함한 모든 관계자가 안전에 대한 지속적인 관심을 가져야 한다. 수영장 센터의 안전은 시설 관리, 직원 안전 교육, 비상 대비 계획, 안전 규칙 및 수칙 준수, 장애 관련 위험 요인에 대한 대응 등 여러 요소가 유기적으로 작용해야만 확보될 수 있다. 본 장의 목적은 수영과 관련된 건강 및 안전 문제를 다루고, 위험을 최소화하기 위한 실용적인 방법을 제시하는 것이다.

01 시설 안전

수영 프로그램 및 경기에 사용되는 시설은 선수, 코치, 직원, 보호자, 그리고 장애가 있는 관람객을 포함한 모든 이용자가 접근하고 수용할 수 있도록 설계되어야 한다. 이러한 시설은 수영 등록 고객이 수영장에 들어설 때 쉽게 접근할 수 있으며, 사용자 친화적인 환경을 제공해야 한다. 그러나 많은 수영 시설이 100% 접근 가능하거나 수용 가능한 상태는 아니다. 우리나라의 장애인·노인·임산부 등의 편의증진 보장에 관한 법률 시행령에 따르면, 수영을 원하는 장애인들이 이용할 수 있는 수영장 편의시설이 아직 충분히 마련되어 있지 않다. 오래된 수영장은 장애인을 고려하지 않고 건립된 경우가 많지만, 무엇보다도 장애인이 수영할 수 있도록 하는 사회적 태도의 변화가 필요하다. 장애인이 이용하는 수영장 시설은 모든 이용자에게 보다 안전하고 사용자 친화적인 환경을 제공해야 하며, 다음의 몇 가지 제안 사항을 반영해야 한다(USA Swimming, 2010).

〈표 1.8.1〉 시설 안전을 위한 문제 상황과 개선 방안

문제 상황	개선 방안
라커룸과 수영장 주변의 미끄럽고 어수선한 바닥은 지팡이나 목발과 같은 보조 기구를 사용하는 사람들뿐만 아니라, 위험을 인지하지 못하는 시각장애인에게도 낙상 및 부상의 위험을 초래할 수 있다.	라커룸과 수영장 주변은 가능한 한 건조하고 정돈된 상태를 유지해야 한다.
일부 신체적 장애가 있는 개인들은 고르지 않은 지면에서의 이동이나 장거리 보행이 어려운 경우가 많다.	장애인 주차 공간을 확보하고, 통로에는 편의시설에 대한 위험 표시를 명확히 해야 한다. 계단을 이용할 수 없는 관중이나 휠체어를 사용자를 위해 접근 가능한 좌석을 마련해야 한다.
시각장애인에게 흔히 발생하는 부상으로는 수영 중 준비 운동이나 연습 과정에서의 충돌, 그리고 수영 레인과의 접촉으로 인한 찰과상 및 긁힘이 있다	레인은 점검 후 파손된 부분을 제거하고 사용해야 하며, 시각장애인을 위한 레인은 혼잡을 최소화하도록 노력해야 한다. 수영할 때는 직선으로 수영하도록 지도해야 하며, 이는 말로는 간단하지만 실제로 실행하기는 어려울 수 있다. 충돌이 불가피할 수 있으므로 응급 처치 용품을 준비하는 것이 중요하다.
약시인 경우, 휠체어를 사용하는 경우, 안내 방송을 듣지 못하는 경우, 방향 감각이 부족한 경우 등은 기존의 표지판을 읽거나 이해하는 데 어려움을 겪을 수 있다.	안내 표지판(비상 행동 계획)은 큰 글씨(삽화 및 간단한 어휘)로 작성하고, 배경과의 대비가 뚜렷한 적절한 높이에 설치해야 한다. 중요 정보는 시각적 청각적 형태로 준비하여 제공한다.
비상 행동 계획이 항상 장애인의 위험 요소를 완전히 해소하는 것은 아니며, 이는 수영을 배우거나 자유 수영을 하는 모든 수영장에서 문제가 될 수 있다.	시각 및 청각 신호로 이루어진 다양한 비상 경보를 사용하여 센터 내 모든 사람이 비상 행동 조치의 필요성을 인식할 수 있도록 해야 한다. 다양한 응급 상황에 대한 대응 계획(누가 무엇을 해야 하는지, 어디로 가야 하는지 등)을 사전에 마련해야 하며, 장애인을 위한 보조 및 대피 계획도 수립해야 한다.
자력으로 수영장에 입수하기 어려운 경우를 위한 리프트가 설치된 수영장은 많지 않으며, 장애인을 위한 입수 시설이 있는 레인이 하나의 공간을 차지하여 다른 이용자에게 방해가 될 수 있다. 또한, 일부 장애인은 리프트 사용을 꺼리기도 한다.	설치된 리프트는 정기적으로 점검하여 배터리 충전 상태와 안전 벨트 교체 여부를 확인해야 한다. 리프트의 대안으로는 휠체어와 수영장 주변 간의 이동 구역에 매트를 배치하여 입수 및 퇴수 시 부상을 방지하는 데 유용하도록 해야 한다.
장애가 있는 개인들은 개인적인 관리와 관련하여 시설 및 개인 정보 보호에 대한 특별한 요구를 가질 수 있다.	시설 개선 시에는 다양한 장애인을 위한 편의성을 고려해야 하며, 샤워실, 화장실, 통로, 입수 지역 등에 그랩 바를 설치한다.

센터 운영 요원의 안전 관리

위험 관리는 수영 센터에서 근무하는 모든 직원에게 적절한 교육, 책임에 대한 인식, 그리고 안전에 대한 태도를 요구한다. 모든 구성원은 가능한 한 부상의 위험을 최소화하기 위해 노력해야 한다. 지도자는 최소한 수상 안전 요원 교육 요건을 충족해야 하며, 수영하는 개인의 건강과 안전에 대한 이해가 필요하다. 이는 수영 등록 서류에 포함된 개인 신상 정보를 통해 확인할 수 있다. 신상 정보는 교육 지도 중 발생하는 다양한 반응을 세심하게 기록하는 데 활용된다. 일부 개인은 천식이나 발작과 같은 신체적 반응을 보일 수 있다. 건강이나 안전에 문제가 발생할 경우, 지도자는 수영하는 개인이나 그 보호자에게 구체적인 정보를 요청해야 한다(예: 발작의 발생 양상, 발작 예방을 위한 지원 방법, 발작 발생 시 대처 방법 등). 지도자가 신체 반응에 대한 적절한 조절 능력에 우려를 느낀다면, 추가적인 논의가 필요하다. 장애가 있는 개인과 그 가족은 종종 안전한 참여를 촉

진하기 위한 실질적인 제안을 할 수 있다.

때때로 수영 센터에서는 홍보 및 회원 모집을 위해 수영 대회를 개최하며, 이 경우 대회 운영 요원들은 주의해야 할 사항이 많다. 센터 관리자와 지도자는 장애와 관련된 지원 및 보조를 준비해야 하며, 이러한 준비는 안전과 밀접한 관련이 있다. 예를 들어, 입수 및 퇴수 보조자, 풀 주변 이동 보조, 라커룸에서의 개인 관리 보조, 회의 및 안전 안내문 등의 준비가 필요하다. 직원, 인명 구조 요원, 지도자, 보조 요원 등이 협력하여 논의함으로써 위험 요소를 줄이고 안전을 강화할 수 있다.

수영 센터 직원은 일반적으로 안전 정책, 감독 및 인명 보호, 수질 및 대기질 관리, 그리고 수영 시설의 유지 보수를 책임진다. 수영 센터 운영 정책은 등록 고객, 지도자, 자원봉사자, 직원 등 모든 센터 내 인원을 포함한 포괄적인 비상 행동 계획을 포함해야 한다.

위험 대비 비상 계획

예상되는 상황에 대한 준비는 위험 요소를 제거하고 안전을 확보하는 데 필수적이다. 따라서 수영 프로그램을 운영하기 위해서는 발생할 수 있는 다양한 사고, 부상, 행동 문제 및 기타 사건에 대한 긴급 대응 계획이 포함되어야 한다. 수영 센터의 운영 관리자는 강습 프로그램 기획 단계에서 이러한 실행 계획을 문서화하고, 지도자를 포함한 모든 직원에게 교육 및 논의를 실시해야 한다. 모든 수영장은 비상 상황에 대비한 계획을 수립해야 하며, 비상 상황 처리 절차를 정기적으로 연습하고 비상 조치 행동을 명확히 게시해야 한다. 사이렌이나 호각 소리를 듣지 못하거나 경고 표시를 인지하지 못하는 사람들을 위해 항상 자원봉사자를 배치하여 수영장을 떠나야 할 때, 안전한 장소로 이동해야 할 때, 또는 필요 사항 발생 시 적절한 조치를 취할 수 있도록 해야 한다. 인명 구조 요원과 보조 요원은 구조에 필요한 장비를 사용하는 것을 포함하여 긴급 구조 절차를 연습해야 한다. 수영 프로그램에 등록한 사람들도 안전 훈련에 참여하여 응급 상황에 대한 적절한 대응을 연습해야 하며, 이러한 훈련에는 대피하거나 수영장의 다른 구역으로 이동하는 것이 포함될 수 있다. 준비와 긴급 대응 계획의 중요성을 간과해서는 안 된다.

장비의 배치와 가용성은 비상 대비에 매우 중요하다. 수영장의 상태, 응급 상황 및 수영 인원에 적합한 구조 및 응급 처치 장비를 점검해야 한다. 링 부이 ring buoy 는 수영자가 이를 잡을 수 없는 경우에는 무용지물이지만, 수영자가 팔이나 몸에 걸쳐 사용할 수 있는 구조 튜브로 활용될 수 있다. 발포 매트 foam mats 는 수영하는 사람 중 여러 명이 발작을 일으킬 가능성이 있는 경우에 매우 유용하다. 물론, 장비는 훈련된 모든 직원이 쉽게 접근할 수 있어야 한다. 적절한 안전 교육과 훈련은 모든 사람이 위험 요소를 최소화하고 극복할 수 있는 대비의 지름길이다(Leporeet al., 2007). 많은 지도자들은 장애가 있는 개인이 일반인보다 수상 안전에 더 큰 위험에 처해 있다고 우려하지만, 이는 사실과 다르다. 몇 가지 상식적인 예방 조치를 통해 대부분의 위험을 최소화하거나 제거할 수 있다. 수상 안전은 사람들이 방심하거나 의식하지 못할 때 발생한다. 지도자는 수영장에서 장애인을 위한 비상 신호가 적절한지 확인해야 하며, 시각 신호는 청각 장애인을 위해, 청각 신호는 시각장애인을 위해 필요하다. 비상 시 시각장애인, 지적장애인 및 지체장애인을 위한 대피 계획을 수립해야 하며, 비상 시 엘리베이터가 작동하지 않을 수 있다는 점을 유념해야 한다(PVS, 2017).

안전 교육과 안전 수칙의 중요성

안전 교육은 모든 수영 프로그램의 필수적인 요소로 자리 잡아야 하며, 특히 장애인을 위한 수영 프로그램에서는 종종 간과되는 경향이 있다. 안전 기술은 단순히 학습 과정의 즐거운 측면일 뿐만 아니라, 생명을 구하는 중요한 요소로 작용할 수 있다. 모든 개인은 개인 부유 기구personal flotation device, PFD 의 착용 방법을 배우고 이를 실제로 착용해야 한다. 현명한 지도자는 학생들에게 안전에 대한 인식을 심어주기 위해 지속적으로 노력해야 한다. 개인 안전 기술은 모든 사람에게 교육되어야 하며, 가능하다면 기본 수상 안전 과정을 이수하도록 권장해야 한다(American National Red Cross, 1977).

수영장을 이용하는 사람들이 종종 간과하는 사항 중 하나는 안전과 관련된 내용이다. 수영장의 위험 요소에 대한 교육과 강조가 이루어질 경우, 이는 모두가 쉽게 이해할 수 있는 사항으로 인식되는 경향이 있다. 많은 수영 시설에서는 안전을 보장하고 부상을 예방하기 위한 지침이나 일반적인 규칙을 마련하고 있다. 그러나 이러한 일반적인 규칙은 특정 그룹이나 활동의 필요를 충분히 반영하지 못할 수 있다. 예를 들어, 교육이나 레크리에이션 수영에서 안정적이고 안전한 자세를 유지하기 위해서는 일반 수영장에서 사용이 금지된 부유 기구가 필요할 수 있다. 따라서 수영장을 이용하는 사람들의 요구와 프로그램 활동의 목적 및 유형에 따라 규칙을 설정해야 하며, 이를 효과적으로 전달하고 시행해야 한다.

수영장 입구와 같은 눈에 띄는 공공 장소에 규칙을 게시하는 것은 일반적인 소통 방법이다. 그러나 단순히 규칙을 게시하는 것만으로는 프로그램 참가자들이 이를 진정으로 인식하고 이해했는지를 확인할 수 없다. 따라서 글로 작성된 규칙을 그림, 점자 또는 오디오 녹음과 같은 대체 형식으로 제공할 필요가 있다. 정기적인 오리엔테이션과 검토를 통해 규칙을 강화해야 하며, 수영하는 사람들과 규칙의 목적 및 위반되는 구체적인 행동에 대해 지속적으로 논의할 필요가 있다. 규칙을 시행하는 데 있어 가장 중요한 요소는 일관성이다. 따라서 모든 프로그램 담당자는 규칙이 위반되는 즉시 동일한 방식으로 이를 시행해야 한다. 일반적인 타임아웃time-out 이나 다른 처벌 대신 설명, 토론, 모델링 및 간단한 역할극을 고려해야 한다. 규칙과 개인 교정의 목적은 권위를 주장하기 위한 것이 아니라 안전을 보장하기 위한 것임을 명심해야 한다(Lepore et al., 2007).

안전을 위한 예방책

모든 수영 프로그램이 시작될 때, 직원과 입장객에게 다음과 같은 안전 사항을 전달하고 매일 강조하는 것이 필수적이다(YMCA of the USA, 1987).

○ 모든 직원과 입장객에게 비상 상황에서 수영장에 들어가고 나오는 방법을 교육해야 하며, 이 과정에서 직원의 도움이 필요할 수 있다. 예를 들어, 세 번 연속으로 짧게 울리는 호각이나 사이렌 소리는 "풀에서의 퇴장"을 의미할 수 있다.

○ 비상 대피 훈련을 주기적으로 실시하여 신중하게 연습해야 하며, 사고 발생 시 보고서 작성 방법을 숙지해야 한다.

○ 수영하는 사람과 지도자의 비율에 관계없이 훈련된 인명구조요원을 수영장 주변에 배치해야 하며, 프로그램의 안전성과 수영하는 사람의 능력에 따라 구조요원의 비율을 결정해야 한다. 인명구조요원은 장애인을 수영장에 입수시키고 물 밖으로 나오게 하는 데 필요한 경험을 갖추고 있어야 하며, 보조 방법을 알고 주의 깊게 관찰해야 한다.

○ 심폐소생술, 응급 처치 및 발작이 있는 사람을 돕기 위한 훈련을 직원과 구조요원에게 실시해야 한다.

○ 수영을 처음 시작하는 사람들과 장애인을 위해 수온이 28°C 이상인 온수 보조풀이 권장된다.

다음은 항상 준수해야 할 몇 가지 일반적인 안전 예방 조치이다.

○ 수영 지도를 받는 사람들이 무엇을 해야 하는지 항상 확인해야 하며, 모든 장비, 기구, 휠체어 등을 정리하여 넘어지거나 미끄러지지 않도록 해야 한다. 안전띠나 찍찍이 벨트와 같은 용품은 수영 지도에 도움이 되고 안전을 보장한다.

○ 낙상 방지를 위해 주변에 날카롭거나 튀어나온 장애물이 없는지 확인하고, 사고 보고 절차를 숙지한다.

○ 마비된 사람들의 팔다리나 발이 부딪히지 않도록 주의해야 하며, 이들의 피부는 쉽게 상처가 나고 탈수증이 발생할 수 있다. 이러한 사람들을 보호하기 위해 양말을 신도록 하고, 수영장 출입 시뿐만 아니라 수영장 활동 중에도 주의해야 한다.

○ 골절이 발생하지 않도록 주의해야 하며, 특정 장애는 연약하거나 쉽게 부서지거나 골절되는 경향이 있다. 등록 시 구체적인 장애 특징을 기록하여 지도자가 개인별 특성을 파악할 수 있도록 해야 한다. 노인들은 골다공증으로 인해 골절에 취약할 수 있다.

○ 장애와 몸집에 관계없이 모든 사람의 이동 방법을 숙지해야 하며, 보호를 위해 누군가를 들어 올리거나 옮길 때 항상 기본적인 운동 역학 지식을 활용해야 한다(제6장 참조). 이동용 보조 기구나 사람의 무게 중심에 가까이 붙이고, 척추를 곧게 펴며 무릎을 구부린 상태를 유지하고 허리가 아닌 다리를 이용해 들어 올리고 이동해야 한다. 안전을 위해 수영 지도를 받는 사람에게 가장 적합한 이동 방법을 안내해야 한다.

안전한 이동

수영 프로그램에서 건강과 안전은 항상 중요한 요소로 간주되지만, 장애인을 대상으로 하는 프로그램을 운영할 경우 추가적인 안전장치가 필수적이다. 장애인이 라커룸을 이용하거나 수영장에 출입할 때, 특히 한 지역에서 다른 지역으로 이동할 때는 안전을 위해 각별한 주의가 요구된다. 또한, 장애인의 특성을 고려한 추가적인 안전 및 건강 예방 조치가 필요하다(YMCA of the USA, 1987). 일반적인 수영장에서 발생할 수 있는 위험 요소는 모든 수영 프로그램에 존재하지만, 시각, 균형, 방향 감각, 공간 개념, 거리 인식 및 근육 조절이 필요한 장애인을 위한 수영 프로그램에서는 이러한 위험이 더욱 증가한다. 예를 들어, 장애가 없는 개인이 안전하게 건널 수 있는 젖은 풀 가장자리는 뇌성마비가 있거나 뼈가 약해 골절 위험이 있는 개인에게는 실제로 위험 요소가 될 수 있다. 따라서 안전을 위해 특별히 고려해야 할 사항은 다음과 같다(American National Red Cross, 1977).

○ 균형을 유지하기 어렵거나 골절이 쉽게 발생하는 개인은 젖은 바닥이나 경사로를 걸을 때 항상 도움을 받아야 한다.

○ 미끄러운 수영장 주변은 목발, 지팡이, 보행기와 같은 이동 보조 기구를 사용하는 사람들에게 특히 위험하다. 수영장 주변을 가능한 한 깨끗하고 건조하게 유지함으로써 미끄러짐과 낙상의 위험을 줄일 수 있다(PVS, 2017).

○ 가능하다면 휠체어는 모든 장소에서 사용해야 하며, 젖고 미끄러운 바닥에서는 어린 아동조차도 안전하게 운반하는 것이 어렵다.

○ 하반신 마비가 있거나 다리를 거의 제어할 수 없는 개인은 다이빙 보드나 높은 곳에서 발이 먼저 물에 들어가는 것을 피해야 한다. 이는 비틀림이나 근육 부상을 초래할 수 있다. 머리가 먼저 물속으로 들어가는 방법은 지상에서 교육해야 한다.

○ 수영장이나 수영 구역에 활동량이 많은 어린이가 있을 경우, 가장자리에 추가적인 "안전 요원"을 배치해야 한다. 과잉 행동 아동과 함께 수영하는 지도자나 보조원은 다른 사람이 기술을 시연하도록 하여 주의를 집중할 수 있도록 해야 한다.

○ 발을 딛는 데 어려움이 있거나 머리 자세를 제대로 조절하지 못하는 개인은 특별한 주의가 필요하다.

○ 발작을 경험하는 개인은 피로의 징후를 주의 깊게 관찰해야 하며, 갑작스러운 방향 감각 상실이나 조정 능력의 저하는 발작의 시작을 나타낼 수 있다.

○ 휠체어는 수영장 옆에 두고 잠금 상태에서 사람을 내리거나 다시 앉혀야 하며, 전동 휠체어는 수영장 가장자리에서 1m 이내에 두어서는 안 된다.

○ 어수선한 수영장 주변은 시각장애인 및 휠체어 또는 기타 이동 보조 기구를 사용하는 개인의 이동에 방해가 된다. 사고 예방을 위해 통로에 장애물이 없도록 해야 하며, 휠체어, 보장구 및 기타 개인 장비는 연습 중 안전한 장소로 옮기고 수영이 끝난 후 사용자에게 반환해야 한다(PVS, 2017).

○ 대부분의 수영 시설을 면밀히 평가하면 장애인을 위한 몇 가지 위험 요소를 확인할 수 있으며, 모든 위험 요소는 철저히 제거해야 하며, 제거할 수 없는 경우 최소화해야 한다.

수영장 안전 수칙 표준 가이드

수영장에서는 항상 위험이 존재한다. 물이라는 환경은 미끄러울 수 있으며, 물에 빠질 경우 생명을 잃을 위험이 있다. 따라서 강, 개울, 호수, 실내외 수영장 등 수영이 가능한 장소에서는 사고를 예방하기 위해 준수해야 할 사항들이 글이나 그림으로 게시되는 경우가 많다. 이러한 사항들은 '수상 안전 수칙'으로 알려져 있으며, 수영 시 지켜야 할 행동 지침이 매우 다양하다. 수영이 가능한 환경이 다양한 미국에서는 어린 시절부터 수영 교육을 통해 생명을 보호하기 위한 노력을 기울이고 있다. 미국 적십자사는 언제 어디서나 수영 시 준수해야 할 기본적인 지침을 다음과 같이 제시하고 있다(American Red Cross, 1988).

미국적십자사 수상 안전 기본

○ 항상 동반자와 함께 수영한다. 인명 구조요원이 배치된 풀에서만 수영한다.

○ 수영할 때는 절대 술을 마시거나 마약류 약을 복용 하지 않는다.

○ 항상 물의 깊이를 확인한다.

○ 수영장 바닥이 안 보이거나 물이 흐린 상태라면 수영하지 않는다.

○ 풀 가장자리 바로 옆이라면 혼자서 안전하게 수영할 수 있다.

○ 자신의 수영 능력의 한계를 알아야 한다. 만약 수영을 잘한다면, 수영을 잘 하지 않거나 초보자가 따라서 하도록 유혹하지 마라. 대신, 그들이 안전한 깊이에서 머물도록 살핀다.

○ 너무 피곤하고, 너무 춥고, 안전한 장소와는 거리가 너무 멀고, 햇볕이 너무 많이 들고, 너무 열심히 놀고 있는 사람들 등을 조심한다.

○ 너무 더울 때는 물 밖으로 나오지 마라.

○ 항상 어린 사람들의 수영하는 모습을 주시해라.

○ 인명구조요원들의 지시를 따르고 그들의 판단을 존중한다. 절대 위급한 척하지 마라. 모든 수영 규칙을 준수하라.

○ 안전하게 물에 잠수하는 올바른 방법을 배운다.

○ 수영하면서 껌을 씹거나 음식을 먹지 마라. 위험하고 쉽게 질식할 수 있다.

○ 수중 수영이 아닌 수면 수영 전용 고글을 착용한다.

우리나라에서는 안전에 대한 관심이 증가함에 따라 다양한 환경에서의 안전 기준을 마련하고 이를 교육 자료로 활용하고 있다. 국민체육진흥공단(2019)은 수영장 안전을 위한 행동 지침으로 '수영장 안전 수칙 표준 가이드'를 제정하고, 이를 홍보하기 위한 포스터를 제작하여 배포하고 있다. 이 안전 수칙 표준 가이드는 총 10개 항목으로 구성되어 있으며, 수영장에 입수하기 진의 행동 요령, 수영장 내에서의 행동, 그리고 수영 후의 행동에 대한 내용을 포함하고 있다.

수영장 안전 수칙 표준 가이드

즐겁고 안전한 수영장을 위한 10가지 약속: 수영장 안전하게 즐기자

○ 지도자·안전 요원의 안내 꼭 따르기

○ 수영장 이용 진 준비운동은 필수

○ 소화기, 피난 안내도 등 확인

○ 수영장 입수 전 물 깊이 확인하기

○ 심장에서 먼 부위부터 물을 적시며 천천히 입수

○ 수영장 입수 시간 50분, 휴식 시간 10분

❍ 수영장 이용 전, 이용 중 음주는 NO

❍ 바닥이 미끄러울 수 있으니 절대 뛰지 않기

❍ 체온 조절실 이용 후 바로 입수 금지

❍ 수영장 이용 후 반드시 정리운동

수영장 안전 수칙

이용 전

❍ 이용자는 안전 수칙을 반드시 확인하고 시설을 이용합니다.

❍ 술을 마신 후에는 수영장에서 체육활동을 절대 하지 않습니다.

❍ 이용자는 지도자 또는 안전요원의 안내를 따라 주시기 바랍니다.

❍ 이용자는 수영장 운동 상해 예방을 위하여 입수 전 준비운동을 합니다.

❍ 이용자는 연령 및 개인의 신체 능력에 맞는 운동량을 준수합니다.

❍ 비상 상황을 대비하여 응급실, 소화기, 피난 안내도 등의 위치를 확인합니다.

❍ 이용자는 수영장 바닥이 미끄러울 수 있으므로 절대 뛰지 않습니다.

❍ 이용자는 식사 후 충분히 소화시킨 후 체육활동을 합니다.

❍ 고혈압 및 질병(눈병, 피부 질환 등), 과로 등 신체에 이상이 있으신 분들은 이용을 자제하여 주시기 바랍니다.

이용 중

❍ 과격한 활동, 장난, 불필요한 행위 등 위험한 행동을 하지 않으며, 안전사고에 주의해야 합니다.

❍ 이용자는 입수 전 물의 깊이를 확인합니다.

❍ 이용자는 입수 시 심장에서 먼 부위부터 물을 적시며 천천히 들어갑니다.

❍ 이용자는 안전사고 예방을 위해 절대 다이빙을 하지 않습니다.

❍ 이용자는 수영 중 신체에 이상이 느껴질 경우, 즉시 체육활동을 중단합니다.

❍ 이용자는 자신의 실력을 과대평가하거나 무리한 체육활동을 하지 않습니다.

❍ 안전사고 발생 시 즉각 지도자 또는 안전요원에게 사고 사실을 알리고 조치를 받습니다.

❍ 이용자는 수영 시에는 입수 시간(50분)과 휴식 시간(10분)을 갖습니다.

❍ 이용자는 체온 조절실 이용 후 수영장에 바로 입수를 하지 않습니다.

이용 후

❍ 이용자는 수영장 체육활동 후 정리운동을 실시합니다.

❍ 이용자는 탈의실 및 샤워실을 청결하게 사용해야 합니다.

수영장 10대 안전 규칙

수영은 체력 단련을 위한 효과적인 스포츠일 뿐만 아니라, 친구 및 가족과 함께 즐길 수 있는 활동으로서의 가치도 지니고 있다. 특히 장애가 있는 개인들에게는 수영이 지상에서 경험할 수 없는 신체적 자유를 제공하며, 이를 통해 자신감을 증진시킬 수 있는 매력적인 운동으로 평가된다. 그러나 수영은 젊은 세대 사이에서 흥미로운 운동 환경으로 인해 격렬한 행동을 유발할 수 있으며, 이는 때때로 무모한 에너지 발산으로 이어질 수 있다. 이로 인해 사소한 실수 하나가 치명적인 부상이나 생명에 위협을 가하는 상황으로 발전할 가능성이 존재한다. 따라서 수영 시 몇 가지 간단한 팁과 안전 규칙을 준수하는 것은 부상 및 심각한 위험을 예방하는 데 중요한 역할을 한다.

수영 중 발생할 수 있는 부상, 익사 및 사망 사고는 기본적인 안전 규칙을 준수함으로써 예방할 수 있다. 안전 규칙을 시각적으로 명확하게 제시한 이미지는 [그림 1.8.1]과 같으며, 다음에 제시되는

[그림 1.8.1] 수영장에서 지켜야 할 안전 규칙 이미지

10가지 규칙은 수영장이든 다른 수영 장소든 관계없이 적용될 수 있는 사항이다.

안내판(안전 수칙) 읽기

수영장 구역에 게시된 수영 규칙을 면밀히 검토하고 안전 정보를 준수하는 것이 중요하다. 이러한 게시물은 수영하는 이들의 안전을 보장하기 위해 마련된 것이다. 규칙은 수영 환경이 안전하고 위생적이며 세균이 없는 상태로 유지되도록 하는 데 기여한다. 수영을 원할 경우, 물의 깊이를 표시하는 표지를 확인하고 다이빙 구역을 구분하는 것이 필수적이다. 야외 수영을 계획할 경우, 해당 수역이 수영에 적합한지 확인하고 주의 표지를 살펴보아야 한다. 일반적으로 접할 수 있는 표지판으로는 "위험, 수영 금지, 다이빙 금지" 등이 있으며, 이는 오염된 물로 인해 수영이 부적합할 수 있음을 나타낸다.

풀장 주변을 뛰지 말고 걷기

수영장 주변의 타일 및 공간은 상당히 미끄럽게 되어 있을 수 있다. 이로 인해 뛰어다닐 경우 심각한 부상을 입거나 깊은 수조로 빠질 위험이 있으므로, 반드시 뛰지 않고 걸어 다녀야 한다.

물에 조심해서 들어가고 나오기

물에 들어가거나 나올 때는 가능한 한 난간이 있는 계단이나 경사로와 같은 안전한 입수 시설을 이용해야 한다. 물에서 나올 때는 미끄럽거나 불안정한 표면에 올라가지 않도록 주의해야 한다.

다이빙하기 전에 살펴보기

물에 들어가기 전에 반드시 물의 깊이를 확인하고, 안전한 구역에서만 다이빙을 해야 한다. 다이빙 금지 표지판이 있는지 여부를 확인하는 것도 중요하다. 물속에는 잠수하는 사람, 프로그램 후 수거되지 않은 장난감, 기타 위험 요소가 존재할 수 있으므로 주의 깊게 살펴보아야 한다. 점프와 다이빙에 관심이 있는 경우, 올바른 방법을 교육하고 안전한 지역에서만 가능하다는 점을 인식시켜야 한다. 수영장에 다이빙 구역이 지정되어 있지 않은 경우, 물의 깊이에 관계없이 다이빙을 허용하지 않는다. 야외 수영의 경우, 물의 깊이를 항상 확인하고, 물속에 통나무, 바위, 기타 물체가 있는지 점검해야 하며, 이는 심각한 부상을 초래할 수 있는 위험 요소이다. 항상 발부터 먼저 천천히 물에 들어가야 하며, 수영 조건이나 주변 환경이 변할 수 있으므로 물에 들어가기 전마다 해당 지역을 점검하는 것이 필수적이다.

실력에 맞춰 수영하기

수영을 할 때는 편안함을 느끼는 장소에서만 물에 들어가는 것이 중요하다. 물의 깊이를 사전에 확인하고, 깊은 구역을 가로지르며 멀리 수영하는 것은 피해야 한다. 또한, 손으로 가장자리를 잡을 수 있는 위치에서 수영하는 것이 바람직하다. 야외 수영 시에는 입수 표시가 있는 구역 내에서 활동하며, 찬물, 강한 물살, 또는 높은 파도와 같은 환경적 요인이 수영 능력에 미치는 영향을 충분히 인식해야 한다.

혼자 수영하지 않기

수영을 할 때는 반드시 인명구조요원이 배치되어 있는 경우에만 진행해야 한다. 친구들과 함께 수영할 경우, 서로를 돌보는 '버디 시스템'을 준수하는 것이 중요하다. 인명구조요원이 근처에 있더라도, 친구와 함께 있는 것이 가장 바람직하다. 만약 사고가 발생할 경우, 즉각적인 조치를 취하기 전에 도움을 요청해야 한다.

장난치지 않기

수영장 내외에서의 과도한 신체 활동이나 장난은 상당한 위험을 초래할 수 있다. 이러한 행위는 수영장 벽, 바닥 및 기타 시설물에 머리를 부딪히게 하여 의식을 잃을 가능성이 있다. 이와 같은 사고가 발생할 경우, 신속한 도움을 받지 못하면 익사와 같은 심각한 결과를 초래할 수 있다.

음주 금지

술로 인한 부상은 모든 수상 활동에서 빈번하게 발생할 수 있는 문제로, 알코올은 판단력, 조정력, 균형 및 반응 시간을 저하시켜 사고의 발생 및 악화를 초래할 수 있다. 또한, 알코올은 수영 능력에 부정적인 영향을 미치며, 체온을 저하시킬 수도 있다. 따라서 수영 활동을 수행하는 동안에는 절대 음주를 삼가야 한다.

숨 참기 게임 금지

수영 중에는 강제적인 익사와 여러 가지 심각한 위험이 발생할 수 있으므로, 장시간 동안 숨을 참는 것은 피해야 한다. 특히 아동들이 물속에서 숨을 참는 경쟁이나 유사한 게임에 참여하는 것은 위험할 수 있으며, 이러한 활동은 수영 관련 프로그램의 일환으로 포함되어서는 안 된다. 물속에 들어가기 전에 과도하게 숨을 참거나 과호흡을 할 경우, 수중에서 기절할 위험이 증가한다. 따라서 수영 선수는 훈련이나 경기 중에 문제가 발생하지 않도록 적절한 호흡 기술을 습득해야 한다(Gateway Region YMCA, 2021).

심폐소생술 배우기

수영 중에는 모든 안전 지침을 준수하고 물속에서의 안전을 확보하는 것이 중요하지만, 불행히도 사고가 발생할 수 있는 가능성도 존재한다. 익사 사고나 수영장 관련 사고가 발생할 경우, 일반적으로 주변에 있는 사람들이 가장 먼저 반응하고 대처하게 된다. 따라서 아동을 지도하고 감독하는 지도자 및 보호자는 아동과 성인을 위한 심폐소생술 cardiopulmonary resuscitation, CPR 을 같은 인명 구조 기술을 습득하는 것이 필수적이다. CPR 수행 방법에 대한 이해는 생명과 사망을 가르는 중요한 요소가 될 수 있다.

다이빙 안전

다이빙 diving 은 수중 활동을 위해 물속으로 진입히는 동작을 의미한다. 엉어 단어 '다이브 dive '는 잠수 潛水 를 뜻하며, 수영 경기에서 영법의 출발 동작을 지칭할 때 사용된다. 또한, 높은 곳에서 뛰어 머리를 먼저 물속에 잠그는 동작을 겨루는 경기를 '다이빙'이라고 한다. 일반적으로 수영이 가능한 수역에서 머리부터 물속으로 들어가는 동작을 다이빙이라고 정의하며, 이 과정에서 충돌이 발생할 경우 심각한 부상을 초래할 수 있어 주의가 필요하다.

수영장, 물웅덩이, 호수, 강 등에서 부적절한 다이빙은 모든 스포츠 중에서 척추 부상을 가장 빈번하게 유발하며, 이는 심각한 척추 손상으로 이어질 수 있다. 얕은 물에 뛰어들거나, 부적절한 다이빙을 하거나, 수심이 불확실한 곳에 뛰어드는 경우, 물 미끄럼틀을 먼저 내려가거나, 다이빙 보드에서 떨어지거나, 적절한 훈련 없이 경기용 출발대에서 다이빙을 할 경우 부상의 위험이 증가한다. 이러한 상황에서는 바닥에 머리를 부딪히거나 수중의 물체에 충돌하여 심각한 부상을 입을 수 있다. 다이빙과 관련된 척수 손상은 목 이래 경추 손상으로 인한 사지 마비의 비율이 가장 높다는 연구 결과가 있다(American Red Cross, 1988). 미국 적십자사는 수영 중 다이빙 시 주의해야 할 안전 사항을 다음과 같이 제시하고 있다.

안전한 다이빙을 위한 지침

○ 자격을 갖춘 전문 수영 지도자로부터 올바른 잠수 기술을 습득하는 것이 중요하다. 다이빙의 각 단계인 출발대에서의 서기, 도약, 물속으로의 진입은 안전을 위해 필수적이다. 혼자서 다이빙을 배우는 경우 사고의 위험이 증가하므로, 올바른 방법을 배우는 것이 필요하다.

○ 모든 안전 수칙을 철저히 준수해야 한다.

○ 귀마개를 착용하지 말아야 한다. 귀마개는 입수 시 귀에 추가적인 위험을 초래할 수 있다.

○ '다이빙 금지' 표지를 반드시 확인해야 한다. 이 표지는 안전을 위해 설치된 것이다.

○ 수심이 적절한지 점검해야 한다. 처음 물에 들어갈 때는 쉽게 들어가거나 걸어 들어가거나 뛰어내리거나 다이빙을 해서는 안 된다. 얕은 물이나 지상의 수영장에서 절대 잠수해서는 안 된다. 수영장 가장자리에서 1m 이하의 수심으로 다이빙하는 것은 위험하다. 물속으로 곧장 들어가 바닥에 부딪히는 경우 부상의 위험이 항상 존재한다.

○ 다이빙하기 전에 야외 수영장에서는 나무나 돌, 실내 수영장에서는 놀이 용품의 유무를 확인한다.

○ 실제로 물속에 들어가 깊이와 바닥의 상태를 점검해야 한다.

○ 다이빙 보드, 풀 가장자리, 기타 보행 구역 등 모든 표면이 미끄럽지 않은지 확인해야 한다.

○ 다이빙 보드가 반드시 안전한 다이빙을 보장하는 것은 아니라는 점을 유념해야 한다. 수영장은 종종 안전한 다이빙을 위한 충분한 깊이를 갖추지 못할 수 있다.

○ 다이빙대에서 반복적으로 튕기는 것은 발을 헛디딜 위험이 있음을 기억해야 한다.

○ 물에 들어간 직후 수면으로 향할 준비를 할 수 있도록 잠수 계획을 세워야 한다.

○ 다이빙 후에는 다이빙 지점에서 멀리 헤엄쳐 나가야 한다.

○ 그룹의 어떤 구성원도 다른 사람에게 압박을 가하거나 위험한 다이빙을 강요해서는 안 된다.

○ 먼저 발을 짚고 미끄럼틀을 내려가야 하며, 풀 끝의 깊은 곳에 있는 슬라이드만 사용해야 한다.

○ 출발 블록에서의 다이빙은 위험할 수 있음을 기억해야 한다. 출발 블록은 자격을 갖춘 코치의 감독 아래 훈련된 경쟁력 있는 수영선수만 사용해야 한다.

다이빙 계획 수립

다이빙은 일반적으로 얕은 다이빙, 경영 다이빙, 깊은 다이빙의 세 가지 유형으로 분류된다. 잠수 시, 물속에 들어간 후에는 수면으로 상승할 준비를 해야 한다.

○ 다이빙 준비가 완료되면, 팔꿈치를 붙이고 팔을 머리 위로 뻗어야 한다. 이때 팔을 완전히 펼치고 두 손을 모은 상태를 유지한다. 팔의 윗부분(상완이두근)을 귀에 가깝게 대고 손은 평평하게 유지하는 자세는 물속에서의 안전을 도모하며, 수면으로 올라갈 준비를 갖추게 된다.

○ 물속에 들어간 후에는 손가락으로 수면 방향을 가리키고, 등을 구부린 채로 수면을 바라보며 방향을 설정하는 것이 중요하다.

02 수질 안전: 배변·구토 처리

수영장의 물은 무미무취하며, 수정처럼 맑은 상태를 유지해야 한다. 많은 이용자가 출입하는 수영장은 규정에 따라 입수 전에 샤워를 실시하여 수질 오염을 방지하고자 한다. 수영장 물이 오염될 경우 전염성 질환, 발진, 귀 감염, 결막염 등의 발생 가능성이 있으므로, 수영장 물의 소독 및 관리가 필수적이다. 물을 소독하고 균형을 유지하는 방법에는 여러 가지가 있으며, 가장 일반적으로 사용되는 감염 제거제에는 염소, 염소 화합물, 브로민 bromine, PHMB(폴리헥사메틸렌 비구아나이드), 구리 및 은 이온, 오존 등이 포함된다. 장애인 전용 수영장은 다목적 수영장과는 다른 환경적 특성을 가지며, 수질 유지가 더욱 어려운 경우가 많다. 이러한 수영장은 일반적으로 29°C 이상의 온도를 유지하며, 이는 다목적 수영장보다 높은 수온이다. 그러나 29°C 이상의 수온은 미네랄(칼슘) 균형과 필요한 소독제의 양에 영향을 미친다. 따뜻한 물을 사용하는 많은 수영장은 브로민이나 금속 이온을 활용하는데, 이는 이러한 화학물질들이 염소보다 따뜻한 물에서 더디게 소산되기 때문이다(Lepore et al., 2007).

따뜻한 수영장에서 활동할 경우, 높은 온도에서 면역력이 약한 개인은 감염에 취약해질 수 있으므로 물의 위생과 수질 관리에 주의를 기울여야 한다(Osinski, 1989). 고온의 수영장에 사용되는 소독제로는 사노실 Sanosil, 친환경 과산화수소 소독액과 친환경 과산화수소 소독제가 있으며, 이들은 염소와 세균에 대한 저항성이 없고 수영장 온도 범위 내에서 효과적으로 작용한다. 사노실과 같은 소독제는 과산화수소와 은을 기반으로 하여 모든 병원성 박테리아, 아메바, 곰팡이 및 바이러스를 파괴하는 기능을 갖추고 있다.

장애가 있는 개인을 위한 수영 프로그램에서는 대변이나 구토 사고 발생 후 수영장을 청소해야 하는 경우가 종종 있다. 이러한 사고와 소독이 적절히 이루어지지 않을 경우, 박테리아가 증식하고 특정 바이러스가 생존하여 수영하는 사람들에게 위협이 될 수 있다. 대변에는 크립토스포리듐 cryptosporidium이라는 미생물이 포함되어 있으며, 이는 내변 사고로 인해 널리 퍼질 수 있고, 잘 관리된 수영장에서도 일정 기간 생존할 수 있으며, 설사 및 복통 등의 질병을 유발할 수 있다. 이 미생물은 염소 및 브롬 소독에 대한 저항성이 높아 수영장 여과기의 카트리지 필터를 통과하는 경우가 많다. 따라서 장애인을 위한 수영 프로그램에서는 예방 조치가 핵심이다. 다음은 배설물 등에 의한 수질 오염을 예방하기 위한 위험 관리 계획으로, 비상 계획에 포함해야 할 사항들이다(Griffiths, 2003).

○ 설사를 앓고 있는 개인은 수영을 삼가해야 한다.
○ 수영 중 수영장 물을 삼키지 않도록 주의해야 한다.
○ 수영복 착용 전에는 반드시 엉덩이 부위를 비누로 세척해야 한다.
○ 수영 전에 화장실을 미리 이용하고, 화장실 사용 후에는 반드시 샤워를 해야 한다.
○ 수영장 가장자리에서 기저귀를 교체하는 것은 금지된다.
○ 지난 24시간 이내에 설사를 경험한 경우, 수영장에 입수하는 것이 금지된다.
○ 배설물 사고 발생 시 소독에 대한 지침을 마련해야 한다.

미국질병관리예방센터 Centers for Disease Control and Prevention, CDC 는 수영장 내에서 발생할 수 있는 대변 및 구토 사고에 대한 대응 절차를 명확히 규정하고 있다(CDC, 2001). 대변 사고가 발생할 경우, 다음과 같은 단계가 권장된다.

첫째, 모든 수영객은 즉시 수영장에서 나와야 하며,

둘째, 가능한 한 많은 배설물을 그물이나 바가지로 신속하게 제거해야 하고,

셋째, 여과 시스템을 몇 시간 동안 가동해야 한다. 여과기의 작동 시간은 수영장 내 물의 양과 여과 회전율에 따라 달라진다.

구토 사고 또한 유사한 문제를 초래할 수 있으며, CDC는 참가자가 음식물을 토할 경우 대변 사고에 대한 소독 절차를 준수할 것을 권장하고 있다(Griffiths, 2003). 수영장 물에 흘린 피는 일반적으로 위협적이지 않지만, 수영장 가장자리에 흘린 피는 혈액 정화 세트를 사용하여 적절히 처리해야 한다.

대변 또는 구토 사고가 발생할 경우, 수영장은 24시간 동안 폐쇄되어야 하며, 여과 시스템은 6시간씩 4회 작동해야 한다(Vest, 1995). 관리자는 수영장 물에서 그물이나 바가지를 사용하여 배설물이나 구토물을 제거하고, 사고 발생 지역에 염소 농도가 20~30ppm에 도달하도록 과염소 처리해야 한다. 또한, 여과기 필터는 염소계 용액으로 세척해야 한다. 이후, 티오황산나트륨 sodium thiosulfate 을 사용하여 염소 농도를 5ppm으로 낮춘 후, 필터를 두 차례 역류 세척해야 한다. 마지막으로, 관리자는 박테리아 문제를 모니터링하기 위해 이후 며칠 동안 수영장 물을 반복적으로 검사해야 한다.

03 장애 유형별 수상 안전

장애가 있는 아동은 물과 관련된 위험을 충분히 인식하지 못할 수 있으므로, 부모나 지도자는 아동이 얕은 수역에 있을지라도 항상 주의를 기울여야 한다. 아동이 안전하게 놀이를 하고 있는지 확인하고, 친구들과의 상호작용에서 부적절한 행동을 보일 경우 즉각적으로 개입해야 한다. 수영장에 있다고 해서 아동이 목이 마르지 않거나 땀을 흘리지 않는다고 가정하는 것은 잘못된 인식이다. 수영은 신체적으로 힘이 드는 활동이지만, 땀의 분비가 눈에 띄지 않기 때문에 수영하는 사람들이 탈수 상태에 있을 수 있다는 사실을 간과하기 쉽다. 아동들은 놀이에 몰두하느라 목이 마른 것을 잊어버릴 수 있으며, 수영장과 같은 더운 환경에서는 탈수가 심각한 문제로 이어질 수 있다. 따라서 자녀에게 정기적으로 수분을 보충할 수 있는 휴식을 취하도록 권장할 필요가 있다(Keef, 2021).

또한, 아동과 함께 야외에서 수영할 때는 반드시 자외선 차단제를 사용해야 한다. 햇빛 아래에서 시간을 보내는 것은 비타민 D를 얻는 좋은 방법이지만, 강한 자외선은 빠르게 피부를 화상 입힐 수 있으며, 이는 피부암의 위험을 증가시킬 뿐만 아니라 특히 장애가 있는 아동에게는 매우 불쾌한 경험이 될 수 있다. 우리나라에서 수영하는 시기는 햇볕이 강한 계절이므로, 적절한 자외선 차단 기능이 있는 화장품을 사용하는 것이 중요하다.

○ 어린이를 위해 제조된 자외선 차단제를 선택한다.

○ 유해한 자외선을 차단하는 기능에 대한 설명서를 확인한다.

○ SPF 15 이상의 자외선 차단제를 선택한다.

○ 외출하기 15분에서 30분 전에 바른다.

○ 1~2시간마다 재도포한다.

장애 유형별 수상 안전에 대한 보다 구체적인 정보는 제2권의 각 장에서 다루고 있는 장애의 특성과 수영 지도 및 안전 문제를 참조하면 된다.

건강 문제가 있는 사람

수영과 같은 수상 활동은 장애인을 포함한 모든 개인의 건강과 복지에 중요한 기여를 한다. 그러나 이동 제한과 사회적 태도의 장벽으로 인해 수영을 할 수 있는 환경에서 소외되는 경우가 발생할 수 있다. 적절한 지원이 이루어진다면, 모든 개인이 수영을 통해 건강과 웰빙의 혜택을 누릴 수 있어야 한다. 특히 장애가 있거나 기존에 의학적 질환이 있는 경우, 의사와 상담하여 물 안전 및 수상 활동의 안전성을 확인하는 것이 중요하다.

장애가 있는 개인에게 수영은 삶의 질을 향상시키는 경험을 제공한다. 물의 부력과 주관적인 무중력감은 신경근 질환으로 인해 신체가 약하거나 마비된 아동에게 긍정적인 영향을 미친다. 수영 기술의 습득은 성취의 평등이 자주 부정되는 이들에게 평등한 감정을 증진시킨다(Royal Life Saving Australia, 2022). 그러나 일부 장애인은 뇌전증 seizure, 접촉이나 통증에 대한 민감성 부족, 부서지기 쉬운 뼈, 낮은 최대 심박수, 온도 조절 문제, 수영 연습에 영향을 미칠 수 있는 라텍스 알레르기 latex allergies와 같은 건강 문제를 겪을 수 있다(PVS, 2017). 또한 다양한 약물을 복용하고 있을 수 있으며, 발작이나 의식 상실과 같은 증상을 동반할 수 있다. 따라서 강습생의 건강 기록을 정기적으로 검토하여 신약, 처방된 약물의 부작용, 새로운 증상 또는 신체적 변화를 인지하는 것이 필요하다. 안전을 위해 필요한 경우 의사, 가족, 기관의 전문인력, 학생 및 강습생과의 대화가 이루어져야 한다. 심폐소생술 및 응급 처치 교육을 받은 직원은 약물 치료와 발작, 천식 발작, 어지럼증 등과 같은 질환의 영향을 이해하고 특별한 상황에 적절히 대응해야 한다. 감염, 질병, 개방성 염증이 있는 개인은 수영 강습에 참여해서는 안 된다.

척수 손상을 입은 개인은 장과 방광 조절에 어려움을 겪는 경우가 많다. 이러한 문제를 경험하는 개인은 의사가 처방한 장과 방광 프로그램을 준수해야 한다. 일반적으로 요실금 incontinent 문제가 있는 개인은 수영 강습 및 자유 수영 전에 장과 방광을 비우는 것이 권장된다. 수영장 내 배변 사고는 다른 수영객에게 심각한 건강 위험을 초래할 수 있으며, 수질 회복을 위해 수영장이 일정 기간 폐쇄될 수 있으므로 장을 비우는 것이 특히 중요하다(USA Swimming, 2010). 수영 시에는 꽉 끼는 다리 밴드가 있는 특별한 고무 바지를 착용할 수 있으며, 개인들은 예상치 못한 상황을 예방하기 위해 매우 주의해야 한다. 기저귀, 배변 가방 및 기타 물품을 위한 적절한 드레싱 및 욕실 공간에 적절한 용기를 배치하는 것이 필요하다(YMCA of the USA, 1987).

자폐스펙트럼 장애

자폐증 또는 자폐스펙트럼장애를 가진 개인은 의사소통, 대인관계 및 특정 활동에 대한 집중력 저하와 같은 특성으로 인해 수상 안전에 대한 특별한 주의가 요구된다. 연구에 따르면, 자폐증을 가진 아동은 일반 아동에 비해 익사사고의 발생 확률이 3배 더 높다고 보고되고 있다(Royal Life Saving Australia, 2022). 따라서 자폐스펙트럼 장애를 가진 개인의 익사를 예방하기 위해서는 일반적인 수상 안전 규칙 외에도 추가적인 예방 조치가 필요하다. 특히, 이들은 절대 혼자 수영하지 않아야 하며, 항상 감독이 필요하다. 자폐스펙트럼 장애를 가진 개인이 일반인에 비해 익사로 인한 조기 사망 위험이 높은 이유 중 하나는 자폐증과 관련된 의학적 상태가 익사 위험을 증가시키는 요인으로 작용하기 때문이다. 지적장애, 뇌전증, 정신 건강 문제 및 만성 신체 건강 상태는 자폐증을 가진 개인의 사망 위험 증가와 관련이 있다. 또한, 자폐스펙트럼 장애를 가진 개인은 과도한 자극(예: 군중, 소음 등)을 피하기 위해 물의 깊이가 안전한 영역을 넘어설 수 있으며, 감각적 요구를 완화하기 위한 수단으로 물에 대한 매력을 느끼지만, 이로 인해 위험한 상황을 인식하지 못할 수 있다.

자폐증을 가진 아동에게는 물에서 안전하게 놀 수 있는 조기 경험이 중요하다. 일상적인 목욕이나 물놀이, 그리고 조기 수영 교육을 통해 물과 그 주변에서 편안하게 활동할 수 있도록 관리하는 것이 필요하다(Keef, 2021). 수영 교육 시에는 시각적 신호를 활용하여 수영장 내 안전 사항을 전달하는 것이 효과적이다. 자폐스펙트럼 장애를 가진 아동은 시각적으로 학습하는 경향이 있으므로, 수영 준비 단계, 안전한 수영 연습 및 기타 규칙을 이해시키기 위해 시각적 사진 및 다양한 신호를 사용하는 것이 수상 안전 교육에 효과적일 수 있다. 또한, 아동이 선호하는 캐릭터와 관련된 흥미로운 이야기를 활용하면 수영장에서 마주칠 수 있는 다양한 상황에 대비하는 데 도움이 될 수 있다. 이들은 부유 기구나 구명조끼와 같은 안전 장비를 불편하게 느낄 수 있으므로, 이러한 장비를 벗어던지지 않도록 주의 깊게 살펴보아야 한다. 인내심을 가지고 아동이 수영장에서 안전하게 놀 수 있도록 지원하는 것이 중요하다.

주의력 결핍 과잉 행동 장애(ADHD)

주의력 결핍 과잉 행동 장애 Attention Deficit Hyperactivity Disorder, ADHD 는 주의 산만, 과다 활동, 충동성을 특징으로 하는 소아 및 청소년기의 정신적 장애로 알려져 있다. ADHD를 가진 아동에게 수영은 매우 유익한 활동이 될 수 있으나, 이는 안전에 대한 우려가 전혀 없음을 의미하지는 않는다. 자폐 스펙트럼 장애에 대한 여러 안전 수칙이 ADHD 아동에게도 적용될 수 있으며, ADHD 아동의 부모들은 자녀가 수영장에서 안전하고 즐거운 시간을 보낼 수 있도록 준비하기 위해 몇 가지 중요한 안전 전략을 활용할 수 있다.

수영 수업은 ADHD 아동에게 여러 가지 긍정적인 영향을 미친다. 수영 지도는 물속과 주변 환경에서의 안전을 강화할 뿐만 아니라, 사회적 상호작용의 기회를 제공하고 에너지를 발산할 수 있는 기회를 마련하며, 종종 다른 활동에 비해 덜 산만한 학습 환경을 제공한다. 또한, 수영은 ADHD 아동의 집중력 향상에도 기여할 수 있다(Keef, 2021). ADHD 아동은 수영장에 가기 전에 적절한 행동을 연습할 필요가 있으며, 역할 놀이 role-playing를 통해 규칙과 수영 활동을 익히는 것이 사회적 상호작용에 도움이 될 수 있다. 더불어, 아동의 충동적 행동과 부적절한 행동을 주의 깊게 관찰해야 하며, 수영 중 부주의가 문제가 될 수 있음을 인식해야 한다. 아동이 수영장에 있는 동안에는 규칙을 자주 상기시켜 주어야 하며, 스트레스를 해소하기 위해 활동 중간에 자주 휴식을 취하도록 하는 것이 필요할 수 있다.

다운증후군

다운증후군을 가진 아동은 신체 발달 지연과 지적 장애를 특징으로 하는 다양한 장애를 경험할 수 있다. 이들은 운동 기능 발달이 지연되고 근육의 긴장도와 힘이 약해 특정 신체 활동을 수행하는 데 어려움을 겪을 수 있다. 비록 또래에 비해 운동 능력이 뒤처질 수 있지만, 다운증후군 아동에게는 운동 능력을 개발하고 향상시킬 기회가 주어져야 한다. 따라서 성장 과정에서 안전과 운동 기술을 습득하는 동시에 수영을 배우는 것은 이들에게 매우 유익할 것이다. 아동이 물에 대한 두려움을 느낄 경우, 수영장에서 다른 사람들이 수영하는 모습을 관찰하도록 권장하되, 강요하지 않는 것이 중요하다. 시간이 지나면서 처음에 두려움을 느낀 아동들은 다른 사람들이 해당 활동에 참여하는 모습을 통해 수영에 대한 흥미를 느낄 가능성이 높다(Keef, 2021). 수영의 스트로크 개념을 소개하기에 앞서, 호흡, 부유, 수중 이동 등 기본적인 물놀이 기술에 집중하는 것이 필요하다. 수영의 안전 규칙을 준수하고 이를 설명하며 격려할 때는 인내심을 가지고 접근해야 한다.

또한, 환축추 불안정 atlantoaxial instability, AAI 은 제1 및 제2 경추 사이의 인대가 느슨해지는 상태를 의미하며, 이는 다운증후군 아동에게 발생할 수 있는 위험한 질환이다. AAI가 있는 다운증후군 아동은 목을 강제로 굽히거나 신전할 경우 척수 손상이 발생할 수 있다. 스페셜 올림픽에서는 AAI가 있는 선수에게 접영과 다이빙을 권장하지 않는다. 다운증후군을 가진 수영 선수들은 의사에게 X선 검사를 의뢰하여 이러한 문제가 있는지 확인하고, AAI가 발견될 경우 코치에게 반드시 알려야 한다(USA Swimming, 2010).

뇌성마비 / 지체장애

뇌성마비를 포함한 다양한 신체적 장애는 사람들에게 여러 가지 영향을 미치며, 이러한 장애는 선천적 요인이나 사고 및 부상으로 인해 후천적으로 발생할 수 있다. 수영은 뇌성마비 및 기타 신체적 장애를 가진 개인에게 매우 유익한 활동으로 평가된다. 물은 긴장된 근육을 이완시키는 데 도움을 주며, 마비가 있거나 팔다리의 사용이 제한된 사람들에게 자유로운 움직임을 가능하게 한다. 그러나 이러한 개인들은 종종 조절 능력이 부족하고 불수의적 움직임이 나타날 수 있으므로, 안전을 위해 지속적인 감독이 필수적이다. 신체장애가 있는 사람들은 부유 기구를 착용함으로써 타인의 도움 없이 물속에서 자유롭게 움직일 수 있는 경우가 많다. 장애인을 위한 부유 기구는 구명조끼, 부유식 매트, 막대형 기구 pool noodles, 팔 착용형 기구, 짊어지는 형의 기구, 고리형 기구 등 다양한 형태로 제공된다. 수영 교육은 신체장애가 있는 사람들을 위한 중요한 안전 조치로 간주된다. 따라서 신체장애인의 요구를 충족할 수 있는 경험이 풍부한 지도자와 수영 프로그램을 찾는 것이 필요하다. 비록 선수처럼 완전히 독립적으로 수영하는 것은 어려울 수 있지만, 물속에서 편안하게 수영하는 방법을 배우고 수영장 주변을 안전하게 헤엄칠 수 있는 기회를 가질 수 있다.

척수장애

척수장애는 전신 또는 하지의 마비를 초래하여 팔이나 다리, 또는 팔다리 전체의 근육 수축이 불가능하고 감각을 상실하며 이동에 어려움을 겪는 중증 장애로 정의된다. 척수장애를 가진 개인이 수영을 할 때 직면할 수 있는 안전 문제로는 자율신경반사 이상, 휠체어 이동의 어려움, 감각 결핍, 그리고 피부 관리와 관련된 여러 가지 문제가 포함된다(USA Swimming, 2010).

자율신경반사이상과 부스팅 Autonomic dysreflexia and boosting

척수신경 6번 이상 손상을 입은 환자는 척추 손상 수준 이하의 고통스러운 자극으로 인해 두통, 발한, 고혈압, 심장 박동의 불규칙성과 같은 여러 부정적인 영향을 경험할 수 있다. 이러한 증상에는 욕창, 요로 감염, 골절, 꽉 끼는 의복, 팽창된 장 또는 방광 등이 포함될 수 있다. 자율신경계 장애는 즉각적인 치료가 필요한 상태로, 우선 증상에 대한 처치를 시행한 후 의학적 치료를 진행해야 한다. '부스팅 boosting'은 경기 전에 혈압을 인위적으로 상승시켜 다른 경쟁자들에 비해 우위를 점하기 위한 자율신경계 장애를 의미한다. 부스팅은 비윤리적이며 안전하지 않은 행위로 간주된다. 세계반도핑위원회 WADA 는 이 문제를 연구하기 위해 현재 국제패럴림픽위원회와 협력하고 있다(USA Swimming, 2010).

휠체어 이동

일부 휠체어 사용자들은 수영장 리프트나 바닥, 또는 다른 위치로 이동할 때 휠체어에서 도움을 필요로 한다. 이러한 경우, 먼저 사용자가 원하는 도움의 방식을 확인하는 것이 중요하다. 일반적으로 적용되는 몇 가지 원칙으로는 휠체어를 목적지에 최대한 가깝게 이동시키고, 주변의 장애물을 제거하며, 바퀴를 잠그고, 팔걸이와 발 받침대를 제거하거나 조정하는 것이 포함된다. 또한, 1인 또는 2인으로 이동을 보조하는 방법이 있다. 들어 올리는 보조자는 가능한 한 척추를 곧게 유지하고, 다리를 굽혔다 펴는 운동 역학을 활용하여 안전하게 들어 올리는 것이 중요하다.

감각 결핍

척수 손상은 일반적으로 하체의 감각 상실을 초래하여, 발이나 다리가 단단한 표면에 접촉할 때 멍, 베인 상처, 기타 연조직 손상이 발생할 수 있다. 이러한 부상을 예방하기 위해, 지상 활동이나 수영장 내외의 이동, 그리고 수영 시에는 수중 신발을 착용하는 것이 권장된다(USA Swimming, 2010). 수중 신발의 착용은 팔다리의 기능이 거의 없거나 감각이 결여된 개인에게서 발생할 수 있는 긁힘 및 멍과 같은 부상을 예방하는 데 기여할 수 있다. 그러나 경기 중에는 물에 뜨는 특성을 가진 신발(예: 네오프렌 양말 또는 절주용 stump 양말)의 착용이 금지된다(PVS, 2017).

욕창

척수 손상이 있는 개인은 일반적으로 하체에 감각이 결여되어 있어, 장시간 고정된 자세로 앉아 있을 경우 욕창이 발생할 위험이 높다. 또한, 피부 자극은 절단 수술을 받은 환자(절단 부위가 자극을 받을 수 있음)나 교정기(브레이스 부품이 피부와 마찰하는 경우)를 착용하는 경우에도 문제가 될 수 있다. 따라서 정기적으로 피부 상태를 점검하는 것은 개인의 책임이다. 개방된 상처는 감염에 취약하므로, 압박성 상처나 기타 개방된 상처가 있는 경우에는 상처가 완전히 치유될 때까지 수영을 삼가해야 한다.

시각장애

시각장애가 있는 개인을 위한 수영 환경에서 가장 심각한 위험 중 하나는 수영장 끝에 머리를 부딪혀 발생할 수 있는 뇌진탕이다. 이러한 사고는 보조자가 막대 봉 tapper 을 활용하여 수영자가 벽에 부딪히기 전에 경고함으로써 예방할 수 있다. 즉, 보조자는 수영자의 어깨를 부드러운 봉으로 터치하여 턴 또는 결승선이 가까워졌음을 알릴 수 있다. 또한, 수영 중 머리 부상을 방지하기 위해 수영모자 내부에 천이나 플라스틱 공기주머니를 사용하는 방안을 고려할 수 있다. 다른 수영자나 레인 로프와의 충돌 위험을 줄이기 위해 직선 주행을 교육하고, 레인 이용자를 최소화하며, 찰과상을 방지하기 위해 장갑 착용을 권장하는 등의 방법으로 위험을 최소화할 수 있다. 시각장애인은 미끄러운 바닥이나 수심 변화와 같은 위험 요소를 인지하지 못할 수 있으며, 수상 안전 수칙에 대한 정보가 담긴 표지판을 읽지 못할 가능성이 있으므로, 보조자나 보호자가 활동 전에 이러한 정보를 사전에 설명해 주는 것이 중요하다.

청각장애

청각장애인을 포함한 개인은 수상 안전이나 기타 주제와 관련된 지시사항을 청취하거나 이해하는 데 어려움을 겪을 수 있다. 이러한 위험은 시각적 비상 경고와 같은 대체 의사소통 수단을 활용함으로써 최소화될 수 있다.

달팽이관(와우) 이식

청각장애인을 대상으로 감음성 청력 손실로 인한 청력 장애가 발생한 경우, 달팽이관 이식 cochlear implant 을 통해 청력 개선을 시도한다. 이 임플란트 장치는 전기 신호(소리)를 달팽이관에 직접 전달하며, 이후 달팽이관은 소리 정보를 뇌로 전송한다. 수영 시에는 임플란트의 외부 구성 요소(마이크, 프로세서 등)를 제거해야 하므로, 지도자는 수중에 있는 동안 다른 의사소통 방법을 활용해야 한다.

풀에서의 발작

발작의 증상

발작 seizure 은 대뇌의 전기적 활동에 영향을 미치는 중추신경계 질환의 징후로 간주된다. 이러한 비정상적인 현상은 뇌의 특정 부위에서 국소적으로 발생하여 단기적인 반응 변화나 팔다리의 경련을 유발하는 부분발작

(partial seizure)에서부터 무의식 상태와 전신 경련을 포함하는 전신발작(generalized seizure)까지 다양하게 나타날 수 있다. 이 과정에서 비정상적이고 불수의적이며 예측할 수 없는 뇌의 반응이 발생하게 된다. 예를 들어, 수영을 지도하는 중에 멍하니 허공을 바라보거나, 분별력을 잃거나, 주의력을 기울이지 않는 모습, 또는 갑자기 몸부림치는 행동은 발작이 발생하고 있음을 나타낼 수 있다.

발작의 증상은 그 종류에 따라 상이하다. 경미한 발작의 경우, 몇 초 동안 허공을 응시하다가 경계심을 보이는 눈빛으로 빠르게 돌아오는 것이 특징적일 수 있다. 반면, 더 심각한 발작은 여러 증상이 복합적으로 나타날 수 있다. 발작이 발생하기 몇 초 전, 해당 개인은 이상한 감각을 경험할 수 있으며, 이는 시각적 또는 청각적 환각, 불쾌한 감각, 독특한 맛이나 냄새의 인지로 나타날 수 있다. 또한, 그들은 갑작스럽게 경직되거나 의식을 잃을 수도 있으며, 통제되지 않는 근육의 움직임과 함께 방광 및 장의 조절 상실이 발생할 수 있다. 발작 중에는 숨을 참는 모습, 침 흘림, 빠른 맥박 등의 증상도 흔히 관찰된다. 인지장애가 있는 많은 개인은 발작을 일으키기 쉬운 경향이 있으나, 증상에 대한 이해 부족으로 인해 지도자에게 발작 발생 전 감정을 전달하지 못할 가능성이 크다. 입맛을 다시거나, 복부나 머리를 쥐거나, 참가자의 특이한 행동은 발작이 곧 시작될 가능성을 시사하는 징후일 수 있다.

발작 관리

발작은 특정 장애를 가진 개인에게 빈번하게 발생할 수 있으므로, 장애인 수영 지도자는 비상 상황에 적절히 대응할 수 있는 기술과 지식을 갖추어야 한다. 수영 센터는 직원의 행동 지침으로서 수상 안전을 위한 비상 행동 계획을 마련해야 한다. 수영 등록 시, 개인의 건강 상태에 대한 구체적인 정보를 의료 양식 질문지에 기재하도록 요구해야 한다. 발작이 몇 분 이상 지속되거나 연속적으로 발생하는 경우, 이는 뇌전증 지속상태 status epilepticus 라는 응급 상황으로 간주된다. 발작의 유형에 관계없이 항상 기도를 개방하고, 타인이나 물체와의 접촉 또는 신체적 구속으로 인한 신체적 상해로부터 보호해야 한다. 의심스러운 경우에는 즉시 응급 의료 시스템에 연락하여 도움을 요청해야 한다. 다음의 제안은 발작 발생 중 및 발생 이후의 관리에 도움이 될 수 있다.

○ 발작의 지속 시간을 측정하고, 해당 개인에게 신체적으로 어떤 일이 발생하고 있는지 기록한다. 이 정보는 보호자, 응급 요원, 그리고 필요 시 본인에게 전달해야 한다.

○ 폼 매트를 준비하여, 개인이 수영장에서 나올 때 풀 가장자리에 매트, 수건 또는 담요를 깔도록 한다.

○ 호흡과 심장 박동을 확인하고, 필요한 경우 구조 호흡이나 심폐소생술을 실시한 후 기도를 개방하고 도움을 요청한다. 이후 출혈, 상처, 골절 등의 부상이 있는지 확인한다.

○ 필요 시 담요나 수건 등을 이용하여 체온을 유지한다.

○ 피, 타액 또는 구토물이 입에서 배출될 수 있도록 고개를 옆으로 돌린다.

○ 안정시킨 후, 개인이 휴식을 취할 수 있도록 한다.

○ 사건 보고서를 작성하고, 보호자에게 사건의 경과를 알린다.

응급처치, 심폐소생술, 수상 안전 및 인명구조 과정 등을 통해 발작 발생 시 대처 요령에 대한 추가적인 정보와 교육을 받을 필요가 있다.

수영 중 발작

발작을 목격하는 것은 두려움을 유발할 수 있으나, 모든 관리자는 특히 수중에서 발작을 경험하는 개인에게 즉각적인 도움을 제공할 준비가 되어 있어야 한다. 일반적으로 개인이 물가, 장비, 기타 물체로부터 멀리 떨어져 있는 경우, 발작 중에는 부력과 지지의 특성이 나타난다. 〈표 1.8.2〉는 수중에서 발생한 발작에 대한 응급처치 권고사항을 정리한 것이다(Lepore et al., 2007).

[그림 1.8.2] 풀장 내 발작시 지지자세

수영장에서 발작을 경험한 개인을 돕기 위한 응급처치의 주된 목적은 해당 개인의 얼굴을 물 위에 유지하고 기도를 확보하며, 최소한의 제한을 두고 지지함으로써 부상을 예방하는 것이다. 이를 위해 구조자는 발작을 일으킨 사람의 머리 뒤에 위치하여 물속으로 몸을 낮추고, 그들이 반듯이 누운 자세를 취하도록 한다. 이후 겨드랑이, 어깨, 머리 아래를 지지하여 안정성을 제공한다(그림 1.8.2). 이러한 자세는 발작 중에 팔이나 머리가 흔들릴 경우 구조자가 부상을 입지 않도록 보호하는 데에도 기여한다. 불필요한 신체 제지는 발작을 겪고 있는 개인과 구조자 모두에게 부상을 초래할 수 있으므로, 얼굴을 물 밖으로 유지하는 데 필요한 최소한의 지원만을 제공해야 한다. 발작이 가라앉을 때까지는 수영장 밖으로 이동시키지 않으며, 그러나 발작이 몇 분 이상 지속되거나 연속적으로 발생하거나 부상, 저체온증이 발생하거나 심폐소생술이 필요한 경우에는 수영장 밖으로 나가야 한다.

발작을 일으킨 개인을 수영장 밖으로 안전하게 이동시키기 위해 여러 명의 구조자나 보조자가 협력하여 해당 개인을 물에서 들어 올릴 수 있다. 구조자들이 발작을 일으킨 사람의 한쪽에 서서 가슴으로 안고, 풀 옆에 매트나 수건을 깔아 눕히면 간단히 들어 올릴 수 있다(그림 1.8.3 참조). 만약 부상이 발생한 경우에는 응급처치를 시행하고, 필요시 구급대에 연락해야 한다. 상습자의 의료 기록 또는 강습 신청서에는 발작 발생 시 치료를 위한 정확한 프로토콜이 명시되어야 하며, 사건 발생 전 문서 작성에 대한 숙지가 필요하나.

〈표 1.8.2〉 수중에서 발생한 발작 환자의 응급처치 권고 사항

미국 뇌전증 협회	미국 적십자사
• 얼굴과 머리가 수면 위에 있도록 머리를 기울인 상태에서 물속에 있는 사람을 지지해준다. • 이 자세에서 가능한 한 신속하게 머리를 물속에서 빼내고, 지상으로 옮긴 후에는 즉시 진찰을 실시하며, 호흡이 이루어지지 않을 경우 즉각적으로 인공호흡을 시작해야 한다. • 발작을 경험한 사람은 발작이 종료된 것으로 보이더라도 응급실로 이송하여 철저한 건강 검진을 받도록 해야 한다. • 물을 삼킨 경우 심장이나 폐에 손상을 입을 위험이 있음을 인지해야 한다.	• 119 또는 지역 응급센터에 연락하거나 다른 사람에게 도움을 요청하도록 한다. • 발작이 종료될 때까지 환자의 머리를 물 위로 들어 올리고 지지하도록 한다. • 가능한 한 신속하게 환자를 물에서 꺼내야 하며, 이는 물을 흡입하거나 삼켰을 가능성이 있기 때문이다. • 환자의 얼굴이 위를 향하도록 하여 안전한 장소에 눕히고, 1차적인 상태 평가를 실시한다. • 필요 시 인공호흡이나 심폐소생술을 시행한다. • 환자가 구토를 할 경우, 입 안의 이물질을 제거하기 위해 얼굴을 옆으로 돌린다. • 입속의 내용물을 비우고, 만약 관련 훈련을 받았다면 입 밖으로 배출한다.

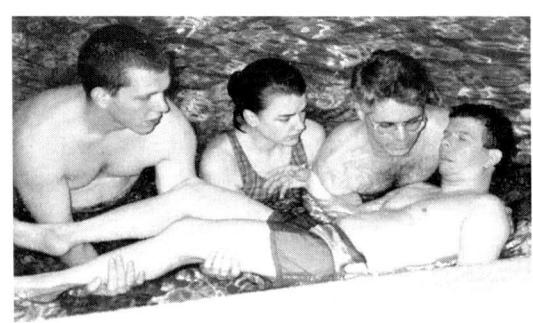

(a)
구조 요원은 발작 발생자 옆에 서서
팔을 등 부위와 다리 밑에 넣는다.

(b)
구조요원들은 환자를 그들 쪽으로
굴려 벽 쪽으로 걸어간다.

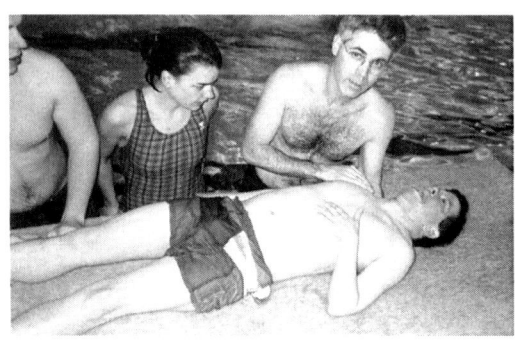

(C)
구조요원들은 환자를 풀 내 매트나
가장자리 매트 위에 올려놓는다.

[그림 1.8.3] 발작 관리를 위해 들어 올리기

라커룸이나 풀 가장자리에서 발작

라커룸의 바닥과 수영장 가장자리의 경직된 표면은 물과 같은 완충 효과를 제공하지 않으므로, 경련이 발생하는 동안 신체적 손상을 예방하기 위해 추가적인 응급처치가 필요할 수 있다. 경련을 겪고 있는 개인을 직접 붙잡으려 하지 말고, 가능한 경우 체조 매트를 준비하여 수건이나 담요를 활용해 환자를 완충시켜 신체적 손상을 최소화하는 것이 바람직하다. 수영 강습생이 발작을 경험한 이력이 있든 없든 간에 응급 상황이 발생할 수 있으므로, 항상 이에 대한 대비가 필요하다.

참고문헌

국립특수교육원(2009). **특수교육학 용어사전.** 하우.

국민체육진흥공단(2019). 체육시설알리미: 체육시설안전 포스터. 2022. 3. 13. https://www.spoinfo.or.kr/board/boardFileDownAct.do?fileSeq=1244

김은선(2021). 스포츠에 숨은 과학이야기. https://hs.e-school.or.kr/webzine/vol09/sub07.jsp

김의수(2013). **장애자녀를 둔 부모와 특수체육지도자를 위한 장애아동 체육교실의 이론과 실제.** 무지개사.

대한수영연맹(2020). **대한수영연맹 경기시설용품 공인업무 운영매뉴얼.** 간행: 저자.

대한장애인수영연맹(2018). **대한장애인수영연맹 시설규정.** 간행: 저자.

대한장애인체육회(2021). **2020 장애인 생활체육실태조사.** 간행: 저자.

박정호(2017). 소중한 생명지킴이 생존수영. https://blog.naver.com/bobbook1

이소현, 박은혜(2006). **특수아동교육.** 학지사.

장애물 없는 생활환경 인증에 관한 규칙. 국토해양부령 제262호 (2010). https://www.law.go.kr/

장애물 없는 생활환경 인증에 관한 규칙. 보건복지부령 제344호 (2015). https://www.law.go.kr/

장애인·노인·임산부 등의 편의증진 보장에 관한 법률. 법률 제13109호 (2015). https://www.law.go.kr/

최승권(2018). **특수체육론.** 레인보우북스.

최승권, 강유석, 김권일, 노형규, 박병도, 양한나, 오광진, 이용호, 이재원, 정이루리, 한동기(2015). **장애인스포츠 지도자·특수교사를 위한 특수체육론.** 레인보우북스.

최현석(2013). **인간의 모든 감각.** 서해문집.

통계청(2019). 1998-2019 아동 안전사고 사망자 유형별 현황.

한국심리학회 (2014). 심리학용어사전: 조작적 조건 형성. http://terms.naver.com/entry.nhn?docId=2118698&cid=41991&categoryId=41991

한국운동심리학회(2007). **운동제어와 학습.** 레인보우북스.

American National Red Cross. (1977). *Adapted aquatics: Swimming for persons with physical or mental impairments.*

American Red Cross. (1988). *American red cross basic water safety.*

American Red Cross. (2004). *Water safety inatructor's manual.* Stay-Well.

ARC. (2004). *Water safety instructor's manual.* Stay-Well.

Association of Swimming Therapy. (1992). *Swimming for people with disabilities.* A & C. Black.

Auxter, D., Pyfer, J., & Huettig, C. (2005). *Principles and methods of adapted physical education and recreation* (10th ed.). McGraw-Hill.

Becker, B. E. (2004). Biophysiologic aspects of hydrotherapy. In A. J. Cole & B. E. Becker (Eds.). (2004), *Comprehensive aquatic therapy.* (2nd ed., pp. 19-56). Elsevier.

Block, M. E. (2007). **체육과 통합교육** (최승권, 이인경, 김기홍 역). 무지개사. (원저 2000 출판)

British Swimming. (2022). Inclusion of swimmers with a disability. https://www.swimming.org/library/documents/477/download

Campion, M. R. (1991). *Hydrotherapy in paediatrics* (2nd ed.). Butterworth-Heinemann.

CDC. (2001, May 25). Notice to readers: Responding to fecal accidents in disinfected swimming venues.

Cratty, B. J. (1989). *Adapted physical education in the mainstream* (2nd ed.). Love Publishing.

De Vierville, J. P. (2004). Aquatic rehabilitation: A historical perspective. In A. J. Cole & B. E. Becker (Eds.). (2004), *Comprehensive aquatic therapy.* (2nd ed., pp. 1-18). Elsevier.

Dunn, J. M. (1997). *Special physical education: Adapted, individualized, developmental* (7th ed.). Brown & Benchmark.

Falconer, L. D. (2021). *An adapted aquatics curriculum for childer with significant disabilities.* California State Polytechnic University, Pomona.

Finnie, N. R. (1997). *Handling the young cerebral palsied child at home* (2nd ed.). Dutton-Sunrise.

Fiorella, L., & Mayer, R. E. (2015). *Learning as a generative activity: Eight learning strategies that promote understanding.* Cambridge university press.

Fitts, P., & Posner, M. I. (1967). *Human performance.* Brooks/Cole.

Gateway Region YMCA. (2021). Water safety tips. https://gwrymca.org/blog/water-safety-tips

Gentile, A. M. (1972). A working model of skill ac - quisition with application to teaching. *Quest, 17,* 3-23.

Griffiths, T. (2003). *The complete swimming pool reference* (2nd ed.). Sagamore Publishing.

Harmer, J., Kilpatrick, J., Lowden, S., Maclean, J., Marks, K., Meaney, P., & Richter, K. (2001). *Teaching swimming and water safety: Learning aquatics the Australian way.* Austswim.

Hastings, P. (2010). The Halliwick Concept: Developing the teaching of swimming to disabled people. *Interconnections Quarterly Journal, 8,* 1-3.

Innenmoser, J. (2007). **장애인 수영: 장애인 · 부모 · 지도자를 위한 입문서** (김경원, 최승권, 김권일 역). 무지개사.

Jones, J. A. (1988). *Training guide to cerebral palsy sports.* Human Kinetics,

Karabourniotis, D., Evaggelinou, C., Tzetzis, G., & Kourtessis, T. (2002). Curriculum enrichment with self-testing activities in development of fundamental movement skills of first-grade children in Greece. *Perceptual and motor skills, 94*(3_suppl), 1259-1270.

Keef, J. (2021). The complete guide to pool safety for parents of disabled children. https://www.redfin.com/blog

Kelly, L. E. (2011). *Designing and implementing effective adapted physical education programs.* Sagamore Publishing LLC.

Kelly, L. E., & Melograno, V. J. (2004). *Developing in physical education curriculum: An achievement-based approach.* Human Kinetics.

Koury, J. M. (1996). *Aquatic therapy programming: Guidelines for orthopedic rehabilitation.* Human Kinetics.

Langendorfer, S., & Bruya, L. D. (1995). *Aquatic readiness: Developing water competence in young children.* Human Kinetics.

Lepore, M., Gayle, G. W., & Stevens, S. F. (2007). *Adapted aquatics programming: A professional guide.* Human Kinetics.

Lucero, B. (2015). *The 100 best swimming drills.* Meyer & Meyer Sport.

Magill, R., & Anderson, D. (2017). *Motor learning and control: Concepts and applications* (11th ed.). McGraw-Hill Education.

Miller, P. D. (2006). **지체장애 체력육성** (한동기, 최승권 역). 무지개사. (원저 1995 출판)

Moran, T., & Block, M. (2010). Barriers to participation of children with disabilities in youth sports. *Teaching Exceptional Children Plus, 6*(3), 2-13.

Mosston, M., & Ashworth, S. (2002). *Teaching physical education* (5th ed.). Benjamin Cummings.

Mullen, G. J. (Ed.). (2018). *Swimming science: Optimizing training and performance.* University of Chicago Press.

Naver 지식백과. (2016). **상담학 사전: 신체상.** 학지사. https://terms.naver.com/

Osinski, A. (1989). Warm water pool and spa problems. *The National Aquatics Journal, Winter, 12-13*, 15.

Pan, C. Y. (2010). Effects of water exercise swimming program on aquatic skills and social behaviors in children with autism spectrum disorders. *Autism, 14*(1), 9-28.

Potomac Valley Swimming (PVS). (2017). Including swimmers with a disability: A guide for coaches. https://www.pvswim.org/disability/bcoach.pdf

Reid, G., & O'Neill, K. (1989). *Adapted aquatics: Promoting aquatic opportunities for all.* The Canadian Red Cross Society.

Royal Life Saving Australia. (2022). Disability. https://www.royallifesaving.com.au/stay-safe-active/communities/disability

Schmidt, R. A. (1991). *Motor learning and performance: From principles to practice.* Human Kinectics.

Sherrill, C. (2004). *Adapted physical activity, recreation, and sport: Crossdisciplinary and lifespan* (6th ed.). McGraw Hill.

Siedentop, D. (1991). **체육교수이론** (강신복, 손천택 역). 보경문화사 (원저 1983 출판)

Spinalcord.com Team. (2020). Adaptive devices to help you swim again. https://www.spinalcord.com/blog/adaptive-devices-to-help-you-swim-again

University of Nebraska Omaha. (2022). Proper swim attire. https://www.unomaha.edu/student-life/wellness/campus-recreation/aquatics/swim-attire.php

USA Swimming. (2010). Safety/Risk Management and the Inclusion of Swimmers with Disabilities. https://www.pvswim.org/disability/RiskMgt.pdf

Vargas, L. G. (2004). *Aquatic theraphy: Intervention and applications.* Ravensdale, WA: Idyll Arbor.

Verhagen, A. P., Cardoso, J. R., & Bierma-Zeinstra, S. M. (2012). Aquatic exercise & balneotherapy in musculoskeletal conditions. *Best Practice & Research Clinical Rheumatology, 26*(3), 335-343.

Vest, S. (1995). Sound sanitation. *Athletic Business, 19*(3), 39-44.

Weil, R. (2021). MedicineNet - Swimming: 17 health benefits. https://www.medicinenet.com/swimming/article.htm

Wessel, J. A., & Kelly, L. E. (1986). *Achievement-based curriculum development in physical education.* Lea & Febiger.

Wikipedia. (2021). History of swimming. https://en.wikipedia.org/wiki/History_of_swimming

Wikipedia. (2021). Pull buoy. https://en.wikipedia.org/wiki/Pull_buoy

Wilk, K. E., & Joyner, D. (2014). *The use of aquatics in orthopedic and sports medicine rehabilitation and physical conditioning.* SLACK Incorporated.

Winnick, J. P. (2014). **특수체육과 장애인스포츠** (최승권, 강유석, 김권일, 김기홍, 박병도, 양한나, 오광진, 이범진, 이용호, 이인경, 이재원, 이현수, 한동기 역). 서울: 레인보우북스. (원저 2011 출판)

YMCA of the USA. (1987). *Aquatics for special populations.* Human Kinetics.

패러 수영
Para Swimming

장애 유형별
수영지도

CHAPTER

1

장애의 이해

1

장애의 이해

수영은 장애 여부에 관계없이 거의 모든 사람이 참여할 수 있는 유일한 운동으로 간주될 수 있다. 특히 장애가 있는 개인들은 수중에서 경험할 수 있는 자유로움 덕분에 자신감을 얻을 수 있는 기회를 제공받는다. 수영은 장애의 종류와 무관하게 모든 이가 수행할 수 있는 운동이지만, 스포츠 경쟁에서는 공정한 경기를 위해 동등한 조건을 유지해야 하므로, 장애의 유형과 기능이 유사한 선수들 간의 경쟁을 가능하게 하는 등급분류 체계가 도입되어 있다. 예를 들어, 시각장애가 있는 선수는 지체장애나 지적장애가 있는 선수와 경쟁하지 않고, 오직 시각장애가 있는 선수들끼리 경쟁하게 된다.

그렇다면, 장애인으로 정의될 수 있는 기준은 무엇이며, 수영 대회에 참가할 수 있는 장애가 있는 선수는 어떤 유형의 장애가 있는 사람들인지에 대한 명확한 기준이 필요하다.

01 장애 패러다임의 변화

장애의 원인은 매우 다양하여 특정한 상태를 가진 개인이 장애인이라고 명확히 규정하기는 어렵다. 신체적, 정신적, 사회적 측면에서 장애를 가진 사람들은 각기 다른 특성을 지니고 있지만, 일반적으로 장애에 대한 사회적 고정관념은 지팡이를 사용하거나 휠체어에 의존하는 사람들, 시각이나 언어적 능력이 결여된 특정 집단에 국한되는 경향이 있다. 장애는 가시적일 수도 있고 비가시적일 수도 있으며, 일시적일 수도 영구적일 수도 있고, 비진행성일 수도 악화될 수도 있으며, 그 심각성 또한 다양할 수 있다. 이러한 이유로 장애는 복잡하고 동적이며 다차원적인 개념으로, 각국의 이념적 경향, 경제적, 사회적, 문화적 조건 및 수준에 따라 다르게 정의될 수 있다. 이는 장애가 관점과 조건에 따라 상대적으로 정의될 수 있음을 의미하며, 장애인에 대한 통일된 개념 정의는 불가능하며, 장애는 점진적으로 진화하는 개념임을 나타낸다(국가인권위원회, 2007; 세계보건기구, 2012).

일반적으로 장애에 대한 인식 체계 paradigm 는 아래에 요약한 의학적 모델, 사회적 모델, 그리고 세계보건기구 WHO 가 개발한 ICF International Classification of Functioning, Disability and Health 라 불리는 국제기능·장애·건강 분류에 의한 것이다.

의료적 모델(medical model)

1960년대에 장애에 대한 최초의 이해 틀을 제시한 이론에 따르면, 장애는 생물학적으로 질병, 외상, 기타 건강 문제와 같은 개인의 신체적 문제로 간주되며, 이러한 문제는 의학적 치료를 통해 신체적 손상을 개선할 수 있다는 개념을 포함하고 있다.

사회적 모델(social model)

의료적 관점에서 '장애'라는 개념은 1980년대에 제기된 장애 패러다임으로, 사회적 측면을 충분히 고려하지 못했다는 비판을 받고 있다. 이 패러다임은 개인의 장애가 사회 환경 내에서 존재하는 다양한 장벽(예: 사회적 편견과 차별, 빈곤, 참여 제약, 접근 제약 등)으로 인해 발생한다는 것을 강조한다. 따라서 사회 환경을 개선함으로써 장애 문제를 완화할 수 있다는 주장을 내포하고 있다.

생물·심리·사회적 모델(biopsychosocial model)

2001년 세계보건기구(WHO)는 건강 상태를 질병과 장애를 포함하여 폭넓게 정의하는 패러다임을 제시하였다. 이 개념은 장애 발생에 대한 의학적 및 사회적 관점뿐만 아니라 개인적 및 환경적 요인 간의 역동적인 상호작용을 포함하여 이해하고자 한다(세계보건기구, 2004). 생물-심리-사회적 모델은 WHO의 국제기능·장애·건강 분류 ICF 의 기초가 되며, 현재 장애와 관련된 정책, 연구, 의료, 보건학, 사회학, 복지, 재활 등 거의 모든 분야에서 이를 장애와 재활의 틀로 널리 수용하고 있다(Waddell, 2006). WHO는 건강 상태 개념과 관련하여 기능과 장애, 개인과 집단, 그리고 특히 장애를 유발하는 환경적 요인을 강조하고 있다. ICF에서는 인간의 기능 문제를 세 가지 상호 연관된 영역으로 분류하고 있다(세계보건기구, 2012). 장애 개념에 대한 이론적 배경을 간단한 문장으로 이해하기는 쉽지 않지만, 예시를 통해 조금이나마 알아보고자 한다.

손상(impairment)

신체 기능의 장애 또는 신체 구조의 변형을 나타내는 개념으로, 예를 들어 마비나 시각 장애와 같은 사례를 들 수 있다.

[상황] 교통사고로 인해 T12 척추에 손상을 입고 척수 손상을 경험한 환자가 상처가 치유된 후 퇴원하면서 의사는 재활을 위해 수영을 권장하였다. 수영장은 약간의 경사가 있는 지형에 위치해 있어, 주차 후 접수처로 이동하기 위해서는 휠체어를 이용하여 경사를 올라가야 한다. 몇 개월간의 입원 생활로 인해 체중이 80kg을 초과하는 개인은 휠체어를 이용하여 언덕을 오르는 데 어려움을 겪고 있다.

[의료적 모델] 휠체어를 효과적으로 이동시키기 위해서는 근력 훈련이 필요하다. 의사는 물리치료사에게 환자의 근력 향상을 도와주어 혼자서 휠체어를 조작할 수 있도록 해야 한다고 판단하며, 이는 환자가 수영장에 입장하기 위한 필수 조건으로 여겨진다.

[사회적 모델] 언덕에 위치한 수영장을 낮은 지대로 이전하는 것은 불가능하다. 척수 손상을 입은 개인이 수영장에 입장하기 위해 반드시 근력을 강화해야 하는 것은 아니다. 수영장 관리자는 직원 및 자원봉사자를 배치하여 언덕을 오르는 고객이 어려움을 겪지 않도록 지원한다. 장애가 없는 고객과 수영장에 입장하는 데 있어 차별이 존재하지 않는다.

[생물·심리·사회적 모델] 수영장 운영 측은 다양한 장애를 가진 고객을 위해 무조건적인 지원을 제공하지 않는다. 장애가 있는 고객이 수영을 위해 방문할 경우, 개인적 요인(이동성, 체력, 동기, 경제적 여건 등)과 환경적 요인(시설, 법적 규제, 접근성 등), 그리고 활동성 및 일반 고객과 지도자의 태도 등을 종합적으로 평가하고 분석하여, 기능적으로 수영을 배우는 데 있어 일반 고객과 동일한 조건을 갖출 수 있도록 조치를 취한다.

활동 제한(activity limitations)

활동 수행에 있어 직면하는 어려움을 의미하며, 걷기나 식사와 같은 행위를 활동의 예로 들 수 있다.

참여 제약(participation restrictions)

모든 삶의 영역과 관련된 문제를 지칭하는 이 개념은 고용 차별이나 대중교통 이용 시의 차별과 같은 사례로 구체화될 수 있다. 예를 들어, 장애인이 수영장에 등록하는 과정에서 지도자가 없다는 이유로 거부당하는 경우도 이에 해당한다. 장애는 기능의 세 가지 영역 모두에서 또는 특정 영역에서 발생하는 어려움을 의미한다. 국제 기능, 장애 및 건강 분류(ICF)는 신체 기능, 활동, 참여, 환경의 편의성 등 기능의 긍정적인 측면을 이해하고 측정하는 데 활용될 수 있다. ICF는 중립적인 언어를 사용하며 장애의 유형이나 원인을 구분하지 않는다. 즉, 신체적 문제와 정신적 문제를 구별하지 않는다는 점에서 그 특징이 있다.

건강 상태는 급성 또는 만성 질환, 외상, 임신, 노화, 스트레스, 선천적 기형, 유전적 성향 등 매우 광범위한 개념을 포함한다. 반면, 손상은 신체 기능 및 구조의 저하를 의미하며, 이는 종종 건강 상태의 징후로 간주된다. 이러한 분석을 위해 '기능'과 '장애'라는 개념이 도입되었으며, '기능'이라는 용어는 포괄적인 의미를 지니고, '장애'는 상대적인 개념으로 이해하는 것이 바람직하다(나은우, 정한영, 2009). 장애는 개인의 건강 상태

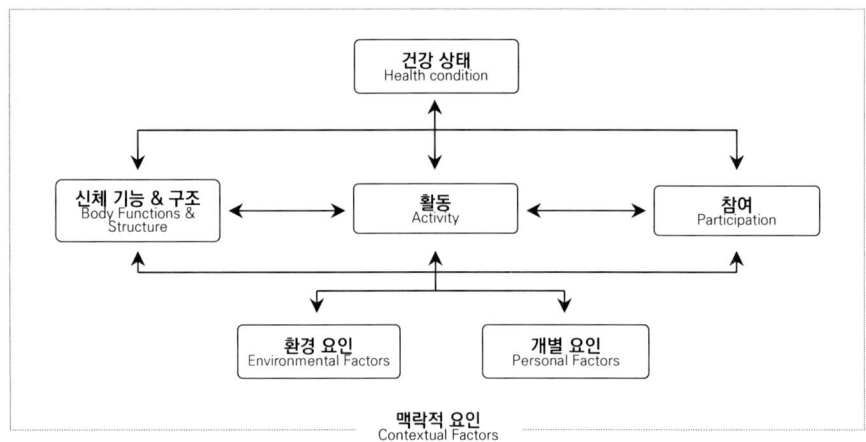

[그림 2.1.1] ICF의 생물·심리·사회적 모델(biopsychosocial model)

와 개인적·심리적 요인, 사회적·직업적 환경 요인 간의 상호작용의 결과로 나타나는 상황적 요인이다. 이러한 요인들의 상호 연관성은 [그림 2.1.1]에 나타나 있다(World Health Organization, 2012).

장애에 대한 설명을 보충하자면, '장애는 손상을 가진 개인과 그 개인을 둘러싼 태도적 및 환경적 장벽 간의 상호작용의 결과'로 정의될 수 있다. 이러한 환경적 장벽들은 '장애가 있는 개인들이 타인과 동등한 위치에서 완전하고 효과적으로 사회에 참여하는 것을 방해한다'고 지적된다. 장애를 상호작용의 결과로 정의하는 것은 장애가 개인의 고유한 속성이 아님을 시사한다. 일상생활에서 이러한 장벽에 적절히 대응함으로써 장애가 있는 개인들의 사회적 참여가 증대될 수 있다(World Health Organization, 2012).

02 장애의 정의와 종류

1975년 12월 9일 유엔 총회에서 채택된 '장애인 권리선언 Declaration on the Rights of Disabled Persons ' 제1조에서는 장애인을 "선천적이든 후천적이든 관계없이 신체적 또는 정신적 능력의 결함으로 인해 개인의 일상생활이나 사회생활에 필요한 것을 스스로 완전히 또는 부분적으로 확보할 수 없는 사람"으로 정의하고 있다(국가인권위원회, 2007). 우리나라에서는 장애의 정의를 법률로 명시하고 있으며, 1981년에 제정된 장애인복지법 제2조는 1989년과 1999년에 전문을 개정하여 UN의 '장애인 권리선언'과 유사한 맥락에서 장애인을 정의하고 있다. 이와 관련된 내용은 〈표 2.1.1〉에 제시되어 있다. 한국에서는 장애를 장애와 손상으로 구분하지 않고, 장애인의 범위를 주로 의학적 모델에 따라 신체 구조 및 기능상의 장애로 판단하고 있으며, 장애의 유형에 대한 최저 기준을 제시하고 있다(나은우, 정한영, 2009). 장애의 종류 및 기준은 '장애인복지법 시행령'에 의해 규정되고 있으며, 장애인은 크게 신체적 장애와 정신적 장애로 나뉘며, 총 15가지 유형으로 분류된다. 장애의 유형은 1981년 장애인복지법이 처음 제정되었을 당시 5가지였으나, 현재는 15가지로 확대되었다(표 2.1.2).

〈표 2.1.1〉 장애인복지법의 장애인 정의(장애인복지법 제2조)

제2조(장애인의 정의 등) ① "장애인"이란 신체적·정신적 장애로 오랫동안 일상생활이나 사회생활에서 상당한 제약을 받는 자를 말한다.
② 장애인은 장애의 종류 및 기준에 해당하는 자를 말한다.
1. "신체적 장애"란 주요 외부 신체 기능 장애, 내부기관 장애 등을 말한다.
2. "정신적 장애"란 발달장애 또는 정신 질환으로 발생하는 장애를 말한다.

〈표 2.1.2〉 장애의 종류(장애인복지법 시행규칙 별표1)

대분류	중분류	소분류	세분류
신체적 장애	외부 신체 기능의 장애	지체장애	절단장애, 관절장애, 지체기능 장애, 변형 등의 장애
		뇌병변장애	뇌의 손상으로 인한 복합적인 장애
		시각장애	시력장애, 시야결손장애
		청각장애	청력장애, 평형기능 장애
		언어장애	언어장애, 음성장애, 구어장애
		안면장애	안면부의 추상, 함몰, 비후 등 변형으로 인한 장애
	내부기관의 장애	신장장애	투석치료중이거나 신장을 이식 받은 경우
		심장장애	일상생활이 현저히 제한되는 심장기능 이상
		간장애	일상생활이 현저히 제한되는 만성·중증의 간기능 이상
		호흡기장애	일상생활이 현저히 제한되는 만성·중증의 호흡기기능 이상
		장루·요루장애	일상생활이 현저히 제한되는 장루·요루
		간질장애	일상생활이 현저히 제한되는 만성·중증의 간질
정신적 장애	발달장애	지적장애	지능지수가 70이하인 경우
		자폐성장애	소아청소년 자폐 등 자폐성 장애
	정신장애	정신장애	정신분열병, 분열형정동장애, 양극성경동장애, 반복성우울장애

03 장애의 스포츠 모델

장애가 있는 모든 개인은 수영을 포함한 다양한 스포츠를 자신의 필요에 맞게 즐길 수 있지만, 패럴림픽과 같은 국제 경쟁 스포츠에서는 참여 선수의 수가 충분해야 하며 공정한 경쟁을 위한 기준이 필요하다. 장애가 있는 수영 선수가 경기 대회에 참가하기 위해서는 14개 등급에 해당하는 기능 기준을 충족해야 한다. 따라서 등급이 부여되지 않은 장애 유형의 선수는 경기에 참가할 수 없는 상황이다.

장애인 스포츠 모델

장애인 스포츠는 영국의 스토크맨드빌Stoke Mandeville 병원에서 처음 시작되었으며, 이때 장애의 정도가 다양하여 공정한 경기를 위해 많은 문제가 발생할 수 있다고 판단하여 의학적 모델을 통한 등급분류 방법이 채택되었다. 장애 개념에서의 의학적 모델은 정치적 및 사회적 변화와 함께 장애 유형별 스포츠로 구분되어 발전하였으며, 시간이 지나면서 여러 변화를 겪었다. 즉, 초기에는 의학적 평가를 바탕으로 경기가 진행되었으나, 의학적 모델에 의한 장애 분류를 스포츠에 적용하는 데에는 한계가 드러났다(Le Clair, 2011). 동일한 의학적 장애를 가진 선수들 간에도 스포츠 기술을 발휘하는 능력에서 차이가 나타났기 때문이다. 따라서 장애 유형에 따른 경기는 선수의 기능적 평가를 기반으로 하여 기능적으로 유사한 선수들만이 참가할 수 있도록 조정되었다. 즉, 장애인 스포츠에서 장애의 개념은 의학적 모델에 의한 장애 유형을 기반으로 한 경기에서, 스포츠 종목에서 발휘되는 기능을 중심으로 한 스포츠 모델로 대체되었다(최승권, 2018).

우리나라의 법률적 장애 종류와 패럴림픽, 데플림픽, 스페셜올림픽에 참가할 수 있는 장애 유형을 비교한 내용은 〈표 2.1.3〉에 제시되어 있다.

〈표 2.1.3〉 우리나라 장애 종류와 국제경기 장애 선수 자격

우리나라 장애 종류		IPC 선수 자격		
		등급분류명	장애명	장애의 예
지체장애	절단장애	사지 결손	절단장애	절단, 선천성 사지 결손
	관절장애	수동적 가동 범위 손상	기타장애	관절 만곡증, 관절 구축
	지체기능 장애	근력 손상	척수장애	척수장애, 근육 퇴행 위축, 소아마비후증후군, 척추이분증
	변형 등 장애	다리길이 차이	기타장애	이상지 기형, 사지 성장장애
		저신장	기타장애	왜소증(연골무형성증), 성장 호르몬 기능 장애, 불완전 골형성증
뇌병변장애	뇌 손상	과다근육긴장증	뇌성마비	뇌성마비, 외상성 뇌손상, 뇌졸중, 다발성 경화증(운동실조증 해당)
		운동실조증		
		무정위운동증		
시각장애	시력·시야결손	시각장애	시각장애	색소성 망막염, 당뇨망막병증
지적장애	IQ 70 이하	지적장애	지적장애	* IQ 75 이하
자폐성장애	자폐성 장애			IQ 76 이상의 자폐 진단
청각장애	청력손실 60dB 이상		청각장애	**Deaflympics선수자격 :청력손실 최소 55dB 이상
언어장애				
안면장애				
신장장애				
심장장애				
간장애		국제경기 선수 자격 규정 없음		
호흡기장애				
장루·요루장애				
간질장애				
정신장애				

*/** 장애인복지법의 장애 판정 기준과 차이 있음

본서에서는 장애 수영의 국제 선수 자격 기준과 우리나라의 장애인 유형 간의 관계를 분석하고, 장애 유형별 수영 지도에 대해 7가지 장애 유형으로 한정하여 서술하였다. 설명된 장애 유형의 명칭은 우리나라 법률에서 제시된 용어를 기준으로 하되, 국제 장애인 스포츠 기구에서 사용되는 장애 분류 명칭은 그대로 채택하였다. 또한, 장애 집단 분류에 포함되는 다른 장애 유형도 고려하여 수영 관련 내용을 포함하였다. 예를 들어, '제3장 기타장애'에서는 우리나라의 장애 유형 중 지체장애로 분류되는 '관절장애'와 '변형' 등의 장애를 다루며, 대표적인 사례로 왜소증이 포함된다. '기타장애' 불어 les autres/ 영어 the others 로 번역될 수 있으나, 우리나라에서 장애인 스포츠가 보급되면서 '기타장애'라는 용어로 사용되어 왔으며, 스포츠 분야 외에서는 그 사용이 제한적이어서 특정한 번역 용어 없이 그대로 사용하였다.

또한 자폐증은 정신적 장애 중 발달장애에 속하지만, 장애인 스포츠 분야에서는 지적장애 등급으로 분류되므로 '제7장 지적장애' 부문에 포함하였다. '장애인'이라는 용어는 법률적, 일상적, 사전적으로 사용에 제약이 없으나, 저자는 '장애인'이라는 용어에 대한 이해가 다소 다르기 때문에 가능한 한 '장애가 있는 사람'이라는 표현을 사용하였다. 이는 '장애인'이라는 용어가 편견과 고정관념을 내포하고 있다는 인식에 기인한다. 따라서 이 수영 지도서에서는 '장애인'이라는 표현을 피하고 '장애가 있는 사람'으로 기술하고 있다. 이는 '장애인'이라는 단어가 부정적인 이미지를 유발할 수 있기 때문이며, 단어의 사용에 따라 인식이 달라질 수 있음을 반영한 것이다. 예를 들어, '신체의 특정 부분에 장애가 있는 사람'이라는 표현은 그 사람을 장애인으로 한정짓기보다는 신체의 특정 부분에만 불편함이 있을 수 있다는 인식을 제공한다. '절단 장애인'이라는 표현보다는 '팔이 절단된 사람' 혹은 '손이 없는 사람'이라는 표현이 그 사람의 어려움을 보다 명확히 이해하는 데 도움이 될 것이다(최승권, 2018). 장애가 있는 사람을 지칭하는 다양한 표현에 대한 정보는 [참고] 내용을 통해 확인할 수 있다.

참 고 장애가 있는 사람을 부르는 말

장애가 있는 개인을 지칭하는 용어에는 세 가지가 존재하지만, 법적 맥락에서 부정적인 인상을 주지 않는 용어는 '장애인'이다. '장애자'와 '장애우'라는 용어는 사용을 지양하는 것이 바람직하다.

장애자(障礙者): 11989년 장애인복지법 개정 이전까지 사용되었으며, '者'라는 글자의 의미가 '놈'을 뜻하기 때문에 사용을 꺼려했다는 의견도 있다. 사전적으로는 사용에 문제가 없으나, 현대적 맥락에서는 적절하지 않다.

장애인(障礙人): 1989년 심신장애자복지법이 장애인복지법으로 전면 개정되면서 장애가 있는 사람을 지칭하는 법률 용어로 자리 잡았다.

장애우(障礙友): '友'가 친구를 의미하므로 '장애가 있는 친구'라는 의미로 해석될 수 있어 제 1인칭 용어로 사용하기에 적합하지 않다. 따라서 이 용어는 현재 사용되지 않고 있다.

2

절단장애

2

절단장애

01 절단장애의 이해

절단장애의 정의와 분류

신체 절단은 팔다리의 일부 또는 전체가 잘리거나 결손된 상태를 의미한다. 절단은 일반적으로 선천적 결손, 종양에 의한 결손, 외상성 결손, 질병에 의한 결손 등으로 분류되며, 부위에 따라 상지 절단장애와 하지 절단장애로 나눌 수 있다.

우리나라에서 절단은 지체장애의 일종으로 분류되며, 전국 등록 장애인 중 지체장애인은 46.4%에 달한다(김영희 외, 2020). 지체장애인의 장애 형태는 절단, 마비, 관절장애, 변형으로 구분되며, 이 중 절단장애를 가진 사람은 13.6%로, 네 가지 지체장애 형태 중 가장 낮은 비율을 차지하고 있다. 성별로 구분할 경우, 절단장애인은 남성이 72.2%, 여성이 17.8%로, 남녀 비율은 약 4:1에 해당하며, 절단 손상 부위는 상지가 70.8%, 하지가 29.2%를 차지한다.

장애인의 종류 및 기준(장애인복지법 시행령, 2021)에 따른 '지체장애인의 기준'에서 절단 장애에 해당하는 기준은 〈표 2.2.1〉에 제시되어 있다.

[그림 2.2.1] 절단장애인

〈표 2.2.1〉 지체장애인의 기준 중 절단장애 해당 기준

> 가. 한 팔, 한 다리 또는 몸통의 기능에 영속적인 장애가 있는 사람
>
> 나. 한 손의 엄지손가락을 지골(指骨: 손가락 뼈) 관절 이상의 부위에서 잃은 사람 또는 한 손의 둘째손가락을 포함한 두 개 이상의 손가락을 모두 제1지골 관절 이상의 부위에서 잃은 사람 [절단]
>
> 다. 한 다리를 리스프랑(Lisfranc: 발등뼈와 발목을 이어주는) 관절 이상의 부위에서 잃은 사람 [절단]
>
> 라. 두 발의 발가락을 모두 잃은 사람 [절단]
>
> 마. 한 손의 엄지손가락 기능을 잃은 사람 또는 한 손의 둘째 손가락을 포함한 손가락 두 개 이상의 기능을 잃은 사람
>
> 바. 왜소증으로 키가 심하게 작거나 척추에 현저한 변형 또는 기형이 있는 사람
>
> 사. 지체(肢體)에 위 각 목의 어느 하나에 해당하는 장애정도 이상의 장애가 있다고 인정되는 사람

출처: 장애인복지법 시행령(2021). 장애인의 종류 및 기준. 대통령령 제31840호.

스포츠 즉, 패럴림픽 수영 경기에서는 절단장애를 '사지 결손 limb deficiency 으로 등급분류를 하고 있으며, 이 등급에 해당되는 선수는 "외상의 결과(예: 외상성 절단), 질병(예: 뼈 암) 또는 선천성 사지의 결손으로 뼈 또는 관절의 전체 또는 일부가 없는 경우(예; 이상지 異常肢 기형 dysmelia)"라 하고 있다.

절단장애의 원인 및 구분

절단은 일반적으로 팔과 다리의 절단으로 구분되며, 미국에서는 다리 절단이 86%, 팔 절단이 14%를 차지하는 것으로 나타났다(Center for Orthotic & Prosthetic Care, 2016). 미국 내 사지 손실을 경험한 사람들 중 54%는 당뇨병 및 말초동맥질환과 같은 혈관질환으로 인한 합병증으로 사지를 잃었고, 45%는 외상성 사고로 인해 절단을 경험했으며, 2% 미만은 암으로 인해 절단된 것으로 보고되고 있다(Amputee Coalition, 2019). 이는 다리 절단의 주요 원인이 말초혈관질환과 당뇨병이며, 그 다음으로 많은 원인은 자동차 사고나 직업 관련 사고로 인한 외상성 절단이 뒤를 따른다. 팔 절단의 주요 원인으로는 자동차 사고로 인한 외상, 작업도구나 기계에 의한 심각한 열상 lacerations, 동상 등이다(Pitetti, 2016).

절단의 원인은 질병, 외상, 유전적 요인 등으로 다양하며, 외과적 절단은 일반적으로 악성 및 양성 종양의 제거, 약물로 치료할 수 없는 심각한 감염 또는 혈관질환의 예방을 위해 시행된다. 이러한 원인은 선천성과 후천성으로 구분될 수 있다. 선천성 절단은 출생 시 기형 birth deformity 으로 인해 발생하며, 예를 들어 팔과 다리의 중간 부분이 결여된 상태인 단지증 phocomelia 이나 수술로 절단된 부위와 유사한 형태로 손이나 손가락이 발달한 경우가 있다. 후천성 절단은 암, 당뇨병, 심혈관 질환 등 다양한 질병으로 인해 수술로 팔이나 다리를 제거한 경우와 심각한 사고로 인한 외상으로 사지를 잃거나 수술로 제거한 경우를 포함한다.

절단 장애의 정도는 장애의 심각성에 따라 구분되며, 스포츠 분야에서는 팔은 팔꿈치 관절, 다리는 무릎 관절을 기준으로 위쪽 또는 아래쪽 부위의 절단에 따라 등급을 나눈다(그림 2.2.2).

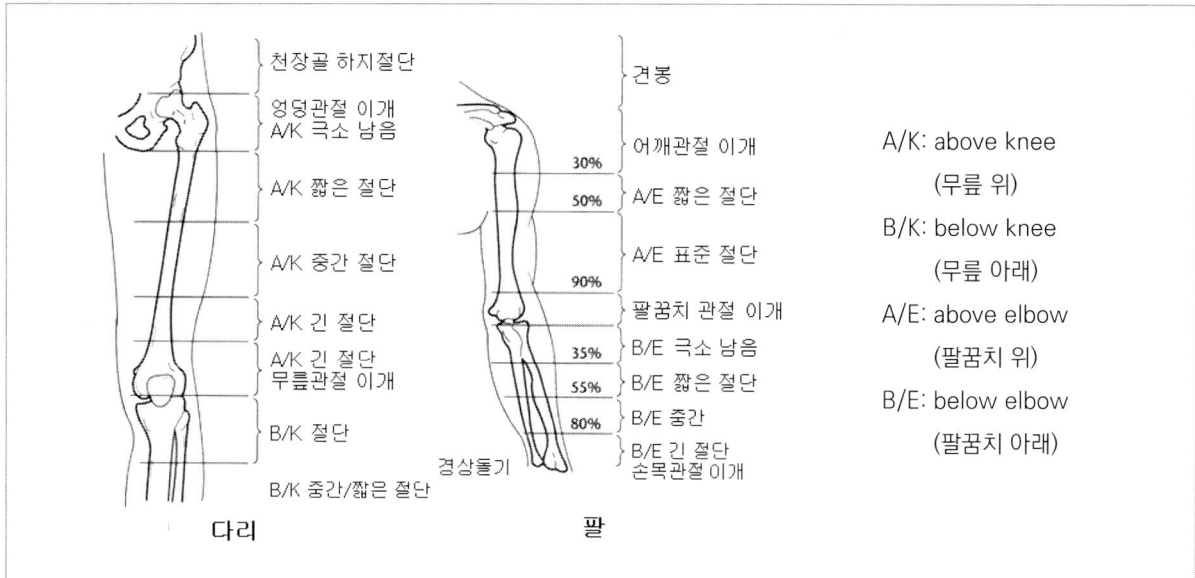

- 천장골하지절단(hemipelvectomy): 골반뼈의 중간을 절단(천장관절 부위로부터 하지 절단)
- 관절이개(disarticulation): 관절의 절단
- 경상돌기(styloid): 척골과 요골 위에 있는 길고 가늘며 날카로운 돌기
- 견봉(acromion): 어깨 관절 위로 돌출되어 견갑골 외측으로 뻗어 나간 부위

[그림 2.2.2] 절단 부위의 구분

절단장애의 특성

신체상과 심리

우리가 외부 환경을 관찰하고 그 풍경의 아름다움에 대해 성찰하는 것처럼, 개인은 자신의 신체에 대한 마음의 표상을 형성하며 이를 신체상 body imago 이리고 정의할 수 있다. 절단 장애가 있는 개인은 외모에서 타인과의 차이를 경험하며, 수영복을 착용할 경우 장애가 드러나기 때문에 수영을 주저할 수 있다. 또한, 원하는 동작이 제한되어 심리적 부담을 느낄 수 있으며, 이는 다양한 요인에 의해 영향을 받는다. 신체상은 지각, 정서, 인지, 신체 경험 등과 행동 측면이 결합된 다차원적이고 역동적인 과정으로, 내적 및 외적 요인의 영향을 받는다. 내적 요인으로는 연령, 성별, 신체 상태 등이 있으며, 외적 요인으로는 사회적 및 환경적 요인이 포함된다(최승권, 2018). 절단 장애가 있는 개인은 자신의 외모에 대해 수치심과 열등감을 느낄 수 있으며, 이로 인해 활동이 소극적이고 위축된 행동으로 나타날 수 있다.

팔이나 다리를 상실한 개인들이 겪는 심리적 특성으로는 우울증과 불안이 포함된다. 절단 이후의 적응 과정에서, 젊은 사람들보다 나이가 많고 남성인 경우가 더 잘 적응하는 경향이 있으며, 우울증과 불안 같은 심리적 요인은 절단 발생 후 2년 동안 높게 나타나다가 점차 감소하는 경향을 보인다. 이후에는 절단을 경험하지 않은 일반인들과 유사한 수준에 도달한다고 한다(Horgan & MacLachlan, 2004).

신체가 절단된 개인들이 겪는 심리적 문제는 모든 사람에게 일관되게 나타나는 현상으로 간주되지 않을 수 있다. 일부 일반인은 자신의 신체를 드러내기 싫어 수영을 꺼리기도 하지만, 절단으로 인해 외모가 다르더라도 타인의 시선을 의식하지 않고 자연스럽게 수영하는 사람도 존재한다. 장애인에 대한 사회적 태도와 선입견은 항상 존재하며, 이러한 태도의 대부분은 비현실적이고 차별적인 사고에서 비롯된다. 절단 장애가 있는 개인들의 심리적 문제는 우리 사회가 장애인을 소수 집단으로 간주하는 사고방식과 물리적 및 사회적 장애물에서 기인할 수 있다(Bigge, 1991). 따라서 절단 장애가 있는 개인들에게 발생하는 많은 심리적 문제는 그들이 소수 집단이라는 사실에서 비롯된 것이라고 볼 수 있다(최승권, 2018).

팬텀 통증

팬텀 통증 phantom pain 은 팔이나 다리의 절단에도 불구하고 상실된 부위에서 여전히 통증을 느끼는 현상을 의미하며, 이와 관련하여 헛통증, 환상통증, 환상지통 phantom limb pain, 환지통, 환각지 phantom limb 등으로도 불린다. 팔이나 다리가 외상이나 수술로 인해 상실되더라도 대뇌에서는 해당 부위에 대한 기능이 상당 부분 유지되어, 환자는 상실된 팔이나 다리가 여전히 존재하는 것처럼 느끼게 된다. 이러한 상태는 시간이 지남에 따라 점차 사라질 수 있으나, 개인에 따라 오랜 기간 동안 지속되어 고통을 유발하기도 한다.

팬텀 통증은 고통스러운 궤양이나 손가락에 꽉 끼는 반지의 느낌과 유사하며, 이러한 감각은 일상생활에서 긴장이 증가할 때 더욱 두드러지게 나타난다. 인공 팔이나 다리를 착용할 경우 통증이 심화되는 경향이 있으며, 압박감, 열감, 한기, 가려움, 간지러움, 땀 또는 따끔거림 등의 증상도 동반될 수 있다. 연구에 따르면 절단 부위를 가진 사람들 중 약 50-70%가 팬텀 통증으로 고통받고 있다고 보고되고 있다(Flor, 2002). 이 통증은 종종 불에 타는 느낌, 심한 경련, 또는 총상과 같은 형태로 묘사되며, 일반적으로 팔이나 다리 절단 직후에 발생하지만, 예외적으로 일주일, 한 달 또는 일 년 후에도 나타날 수 있다. 팬텀 통증은 일정하게 발생하지 않지만, 일반적으로 완전히 사라지지 않는다. 가장 흔한 증상 중 하나는 절단 후 남아 있는 부위에서 발생하는 불수의적 근육 경련으로, 이는 수영을 오래 하거나 열이 날 때 자주 발생하며, 약물 복용을 통해 쉽게 완화될 수 있다. 항경련제와 유사한 치료제는 시중에서 쉽게 구할 수 있으며, 일시적으로 경련을 완화하는 데 도움을 줄 수 있다.

신체 반응

팔과 다리를 잃은 개인은 운동 중 감각 정보의 결핍, 체온 조절의 어려움, 피로감 등의 문제를 경험할 수 있으므로, 이들을 세심하게 관리할 필요성이 있다.

감각 정보 부족

수영을 할 때 절단 부위의 위치에 따라 관절, 고유수용기 proprioceptor, 근육으로부터 전달되는 감각 정보를 수신할 수 없는 것으로 나타났다(Horvat et al., 2003). 이는 운동감각 kinesthetic sense 정보를 전달하는 신경 경로와 통로가 소실됨에 따라 위치 감각, 움직임에 대한 인식, 힘을 사용하는 데 어려움이 발생할 수 있음을 의미한다. 물속에서 부력의 영향을 받는 환경에서는 자세 정보를 정확하게 판단하기 어려워 절단으로 인해 좌우 균형이 불균형한 상태에서 균형을 유지하는 것이 매우 힘들다. 운동감각은 매우 중요한 요소로, 특히 다리 절단보다는 팔이 절단된 경우에 더욱 중요한 문제로 대두된다.

체온 조절

온도 조절은 신체 운동에 있어 매우 중요한 요소로 작용한다. 특히, 에너지를 근육 활동으로 전환하는 과정에서 발생하는 화학 반응은 열을 부산물로 생성하게 된다. 일부 절단 장애인을 포함한 신체는 상당한 양의 피부를 잃음으로써 열을 방출하는 능력이 저하될 수 있다. 따라서 수영을 하는 이들은 체온 조절을 돕기 위해 추가적인 수분 섭취가 필요하다. 즉, 팔이나 다리가 절단된 경우, 절단되지 않은 사람에 비해 피부 면적이 상대적으로 감소하게 되어 발한 면적이 줄어들고, 이로 인해 체온 조절이 어려워진다(Australian Sports Commission, 2005). 이러한 피부 면적의 차이는 자연스럽게 열 조절에 영향을 미친다. 결과적으로, 절단 장애가 있는 개인은 일반인에 비해 체온이 상승할 때 체온 조절에 더 큰 어려움을 겪게 된다. 온도가 상승하면 땀 분비가 증가하지만, 무덥고 습도가 높은 환경에서는 땀의 증발이 어려워지므로 활동 시 주의가 필요하다.

피로

절단장애가 있는 개인의 체력 특성은 동일한 운동 수행 시 일반인에 비해 에너지 소비량이 더 많다. 따라서 운동의 강도와 휴식 시간을 신중하게 고려할 필요가 있다. 즉, 운동 강도가 높을 경우에는 휴식 시간을 늘리고, 운동 강도를 일정하게 유지할 경우에도 휴식 시간을 연장해야 하며, 운동 강도를 감소시킬 경우에는 휴식 시간을 유지하는 방식으로 지도해야 한다. 이러한 운동 수행 방식은 피로의 발생을 지연시키는 데 기여할 수 있다.

근육의 불균형

팔이나 다리가 절단될 경우, 신체의 움직임이 한쪽으로 편향되어 근육의 균형 움직임을 하지 못하게 되며, 그 결과 근위축 및 근육량 감소와 같은 문제가 발생할 수 있다. 이러한 변화는 척추의 정렬에 영향을 미치고, 힘줄과 인대의 탄력성을 저하시켜 관절 가동성 감소 결과를 초래한다. 이러한 문제를 해결하기 위해서는 중량 운동 기구로 좌우 운동을 균형 있게 수행함으로써 부하에 대한 저항력을 키워야 한다. 이는 남아 있는 근육 조직 주변의 비대를 촉진하고 근골격을 대칭적으로 발달시킬 수 있다. 또한 수영 시에는 절단 부위 쪽에서 호흡을 하는 것이 중요하다. 손상되지 않은 사지가 물속에 더 오랜 시간 동안 머물 수 있도록 하여 추진력을 생성하는 데 기여하기 때문이다. 많은 수영선수들이 이러한 자세로 수영을 수행하는 경향이 있다.

절단장애의 지도 방법

팔이 절단된 개인의 경우 운동 능력이 제한되는 것은 분명하다. 그러나 다리가 절단된 개인들은 팔이 절단된 이들보다 킥을 더 효과적으로 수행할 수 있지만, 팔을 활용한 다양한 스트로크에는 어려움을 겪는다. 지도자가 창의성을 발휘한다면, 일반적으로 참여하기 어려운 활동도 다양한 변형 방법을 통해 참여를 유도할 수 있다. 예를 들어, 한쪽 팔로 수영할 경우 부유 기구를 활용하고 횡영을 하는 것이 효과적이라는 연구 결과가 있다 (Jansma & French, 2001). 수영은 팔이 절단된 경우뿐만 아니라 신체의 움직임에 영향을 미치는 근골격계 질환을 가진 개인들에게도 매우 유익한 활동이다. 팔이 절단된 수영 선수의 경우, 빠른 수영을 원할 때 속도를 유지하기 위해서는 스트로크의 길이보다 빈도가 더 중요한 요소로 작용한다. 따라서 팔이 절단된 수영 선수는 스트로크 stroke 의 길이보다는 페이스 pace 를 증가시켜 속도를 높일 수 있도록 지도해야 한다(Bragaru et al., 2011). 양팔이 절단된 개인들도 다리를 사용하여 수영할 수 있다.

다리가 절단된 개인이 수영을 하려면 의수를 착용하지 않고 헤엄쳐야 하며, 이로 인해 무게 중심의 변화가 발생한다. 결과적으로 헤엄칠 때 무게 중심의 이동으로 인해 자주 무거운 쪽으로 회전하려 하여 엎드린 자세를 유지하기 어려워진다. 적절한 스트로크를 통해 이러한 문제를 완화할 수 있다. 의수를 착용하거나 착용하지 않은 다리는 일반인의 다리와 여러 변수에서 차이를 보인다.

활동 방법의 변형

절단 장애가 있는 개인들은 수영 활동에 적합한 방법과 규칙의 변형을 통해 참여할 수 있다. 절단 장애가 있는 개인들의 스포츠 활동은 활동 범위와 양의 축소, 부유 기구의 착용, 활동 시간의 단축을 통해 피로감을 감소시키고, 게임을 활용한 수중 활동의 다양성을 고려하는 것이 바람직하다. 어린 절단 장애 아동의 수영을 지도할 때는 물에 대한 두려움을 없애는 것이 가장 우선시되어야 하며, 신체 능력을 고려하여 부유 기구를 적절히 착용하는 것이 필요하다. 부유 기구 착용은 안전을 위해서도 필수적이다. 수영은 체력 향상에 유익한 운동이지만, 물의 저항은 피로를 빠르게 유발할 수 있으므로 신체 활동 능력에 따라 헤엄치는 거리를 조절할 필요가 있다. 또한, 풀 가장자리에서 휴식을 취하거나 얕은 곳에서 잠시 휴식을 취하는 것이 좋다. 지도자는 수영하는 개인의 상태를 주의 깊게 관찰하여 활동량을 조절해야 한다.

절주 stump 부위 관리

절단 수술을 받은 사람들은 절주(잘린 끝) 부위 관리에 신경을 써야 한다. 수술로 절주가 생기면 근육을 강화하고 유연성을 높이기 위해 수영과 같은 운동이 필요하다. 일상적으로는 보장구(인공사지)를 착용한 후 통풍이 안 돼 발생할 수 있는 세균 감염을 막기 위해 잘린 부위를 정기적으로 깨끗하게 닦아야 한다. 절단 수술 후 절단 부위의 피부는 약한 상태이다. 수영할 때는 절주 부위를 감싸는 방법도 있으나 대부분의 절단 장애가 있

〈표 2.2.2〉 절단 후 남은 부위(stump)의 관리

- 수영을 마치고 샤워시 팔다리 절단 부위는 부드럽고 향냄새가 강하지 않은 비누와 따뜻한 물로 씻어 청결히 해주어야 한다.
- 절단 부위 세척 후 비눗물을 철저히 헹구어야 하며, 잘 말려야 한다.
- 장시간 물속에 있으면 말단부위가 부드러워지고 부풀어 오를 수 있고 물집, 발진, 기타 피부 흔적이 하룻밤 사이에 사라지지 않았는지 반드시 확인한다. 만일 문제가 있다면 수영장 입수를 멈추고 의사와 상의해야 한다.
- 수영 후 말단부위를 하루에 여러 번 손으로 마사지한다. 이는 말단부위의 예민함을 감소시키고 외부 압력에 대한 내성을 높이는 데 도움이 된다.
- 수영 후 말단부위를 자주 통풍시켜주면 좋다.
- 말단부위를 감싼 양말에 습기가 차지 않도록 주기적으로 갈아 신는다.
- 항상 보장구의 건조 상태를 확인한다. 특히 오랜 시간 착용한 후에는 반드시 말린다.

는 사람들은 절단 부위를 그대로 노출 시키고 수영한다. 물에 잠긴 부위는 쉽게 부풀어 오르며, 부드러운 절주 부위의 피부 조직은 손상될 위험이 높다. 특히, 대부분의 수영장은 감염 관리를 위해 염소와 같은 화학 성분을 사용하고 있으며, 이러한 성분은 피부를 거칠게 만들고 노화를 촉진하며, 피부 건조 및 가려움증과 같은 피부 질환(예: 피부암, 아토피, 가려움증)을 유발하는 것으로 알려져 있다. 따라서 절주 부위의 연약한 피부는 수영 후 철저한 관리가 필요하다. 〈표 2.2.2〉는 수영 후 절주 부위의 피부 관리를 위한 내용을 담고 있으므로, 지도 시 강습자들에게 반드시 전달해야 한다.

03 절단장애의 수영 지도

영법 지도의 일반 사항

절단 장애가 있는 개인이 수영을 수행하는 데 있어 물속에서의 균형 유지가 어려울 수 있으며, 이를 지도하기 위해서는 각 상황에 대한 개별적인 평가가 필요하다. 이는 일반적으로 부력에 의존하여 안정된 자세를 유지하는 데 어려움이 있기 때문이다. 사지가 절단된 수영자는 핀(오리발)을 절단 부위와 연결하여 사용할 수 있으며(그림 2.2.3), 창의적인 지도자는 다양한 움직임 능력을 활용할 수 있는 여러 방법을 모색할 수 있다.

다리 부위가 절단된 경우, 수영장 가장자리를 오갈 때 주의가 필요하다. 수영장 바닥이 매우 미끄러운 경우가 많으므로, 타인의 도움 없이 수영장 쪽으로 뛰어가는 것은 위험하다. 목발^{crutches}, 수영장 옆의 의자, 또는 타인의 도움을 받는 것이 훨씬 안전하다. 절단 부위가 있는 개인은 신체의 형태가 균형을 이루지 못하여 과도한 신체 흔들림(회전)이 발생할 수 있으므로, 이러한 흔들림을 억제해야 한다. 킥을 하지 않거나 거의 하지 않는 경우, 몸통의 롤링과 다리의 끌림이 점차 심화될 수 있다. 특히 한쪽 다리를 절단한 경우, 호흡으로 인해 회전할 때 나머지 다리를 끌지 않도록 주의해야 한다. 이는 다리를 끌게 되는 동작을 과도하게 유발하기 때문이

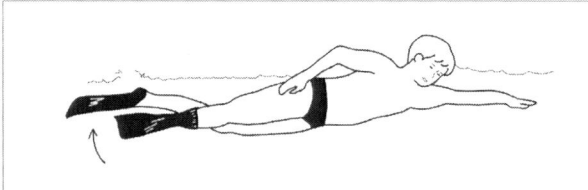

[그림 2.2.3] 절단 부위 오리발 착용

[그림 2.2.4] 양하지 절단 시 머리 자세

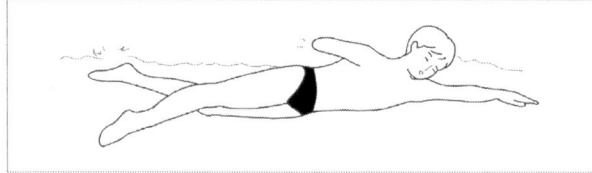

[그림 2.2.5] 호흡 시 머리 방향(절단 쪽)

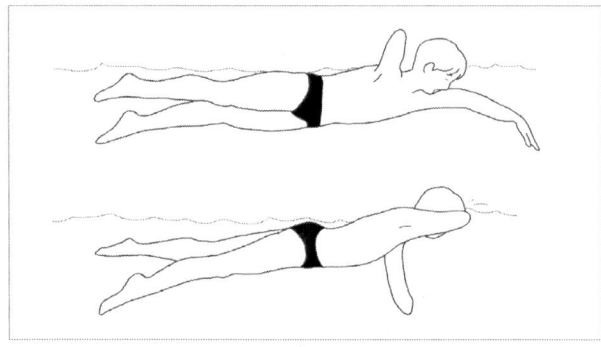

[그림 2.2.6] 절단자 양팔 활용 수영

다. 킥 훈련은 이러한 문제를 완화하는 데 기여할 수 있다(Australian Sports Commission, 1992).

무릎 아래가 절단된 사람들은 절단된 다리의 대퇴사두근과 햄스트링 근육 그룹을 발달시키는 데 어려움을 겪을 수 있다. 이러한 다리가 절단된 사람들을 위해 핀fin을 사용하여 근육군을 발달시키는 데 도움이 될 수 있다. 핀은 절단되고 남은 부위stump에 쉽게 적응할 수 있다. 핀을 사용할 때는 절단된 끝 부위 위에 보호대를 착용하는 것이 권장된다. 또한, 초보자가 아닌 상급자에게는 다른 보조기구와 함께 핀을 사용하는 것이 바람직하다.

양다리 무릎 위가 절단된 개인들은 자유형, 평영, 접영 수영 시 머리가 상대적으로 무거운 경향이 있다. 따라서 일반 수영 시보다 머리를 약간 더 높이 들어야 할 필요가 있다(그림 2.2.4).

다리를 절단한 개인들(즉, 무릎 위 또는 무릎 아래, 양쪽 다리 절단자)은 남아 있는 다리 또는 절단된 부위로 킥을 수행해야 하며, 이때의 리듬은 양다리가 있을 때와 유사하다. 이러한 움직임은 추진력에 기여하지 않을 수 있으나, 수영하는 동안 안정성을 높이고 다리의 저항을 줄이는 데 기여할 수 있다.

팔을 절단한 개인들은 절단된 팔이 여전히 존재하는 것처럼 그 팔을 움직여야 하며, 절단된 팔을 움직이지 않을 경우 발생할 수 있는 문제(예: 구축)가 존재한다. 이들은 수영 중 리듬을 유지해야 하며, 그렇지 않을 경우 스트로크가 불규칙해져 기술의 효율성이 저하될 수 있다.

팔이 절단된 개인은 수영을 배우는 과정에서 절단된 쪽으로 호흡하는 것이 바람직하다(그림 2.2.5). 이후 호흡을 위해 머리를 돌릴 때, 몸의 균형을 유지하기 위해 양쪽 팔을 모두 활용해야 한다. 상태가 개선되면, 이들은 양쪽으로 호흡하며 수영을 진행할 수 있다(그림 2.2.6).

한쪽 팔이 절단되었다고 해서 직선으로 수영할 수 없다는 주장을 그대로 받아들일 필요는 없다. 팔꿈치 아래 또는 팔꿈치 위가 절단된 개인들은 한쪽 팔로 자유형 및 배영을 연습할 수 있다. 이들은 절단된 팔다리를 활용하도록 지속적으로 상기시켜야 하며, 손 패들을 사용할 경우 절단 부위에 맞게 조정해야 한다.

턴

평영 및 접영 종목에서 경쟁하는 수영 선수들은 터치 의사를 전달하기 위해 절단된 사지를 활용하여 회전 (turn) 및 마무리(finish) 동작을 수행하는 것이 필수적이다.

출발

한 팔이 절단된 사람과 양 팔이 절단된 사람에게 다이빙을 교육할 때, 물에 들어갈 때 머리가 거의 또는 전혀 보호되지 않기 때문에 주의가 필요하다. 무릎 아래에서 양쪽 다리가 절단된 경우, 출발대에 두세 개의 두꺼운 수건을 배치하여 절단 부위를 보호할 수 있다. 또한, 수영 선수들은 물속에서 경기를 시작하는 것이 허용된다.

수영 지도 시 유의 사항

절단 장애가 있는 개인이 수영을 수행할 때, 절단 부위에 적합한 영법을 선택하고 보조 기구를 활용하는 것이 중요하다. 예를 들어, 한 팔로 수영하는 경우에는 사이드 스트로크를 이용한 횡영이 효과적일 수 있으며, 하지가 절단된 경우에는 절단 부위에 오리발 fin 을 부착하여 킥을 보조할 수 있다. 다음은 수영 지도 시 유의해야 할 사항과 기록 단축을 위한 절단 부위별 보완점을 설명한 내용이다(Canadian Red Cross Society, 1989).

○ 절단 수술을 하고 얼마 지나지 않은 사람은 균형에 어려움을 겪을 수 있다. 한쪽 팔이나 다리를 절단하면 일반적으로 온전한 부위 쪽에 부력이 더 크기 때문에 절단된 부위 쪽으로 몸이 회전한다. 양팔이나 양다리 중 어느 한쪽을 잃으면 무게 중심과 부력의 중심이 바뀔 것이다. 부력을 느끼는 활동에 시간을 쏟아야 한다.

○ 양쪽 무릎 위가 절단된 사람들에게는 수위 조절판 platform 를 이용하면 도움이 될 수 있다(그림 2.2.7).

○ 절단된 팔다리로 가능한 한 다양한 활동을 하도록 격려한다.

○ 한 다리가 없는 경우, 사이드스트로크 sidestroke 나 플러터 킥 flutter kick 을 이용한 기본 배영 스트로크가 바람직하다. 플러터 킥은 방향 조절에 덜 방해가 된다.

○ 양다리가 절단된 경우, 기본 배영 또는 평영이 가장 효과적이다.

○ 팔이 절단된 사람은 종종 피닝 동작 finning action 이 가능하다.

○ 한쪽 팔이 없는 경우 반대쪽 팔을 아래쪽에 두고 사이드스트로크를 하는 것이 좋다.

○ 양팔이 모두 없는 경우 가위차기 whip or scissor kick 가 가장 효과적이다. 다이빙을 가르칠 때는 팔로 머리를 보호받지 못하므로 주의해야 한다.

[그림 2.2.7] 수영 지도 플랫폼(platform)

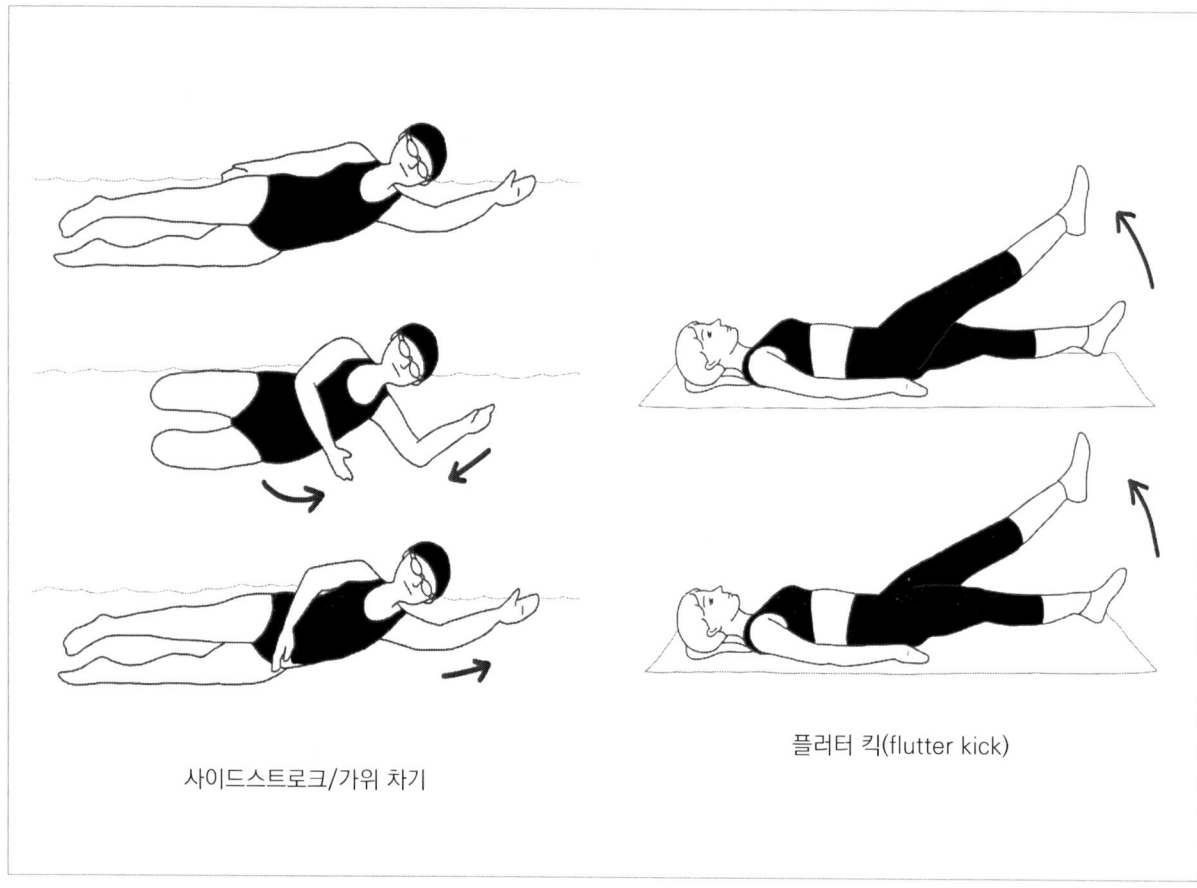

플러터 킥(flutter kick)

사이드스트로크/가위 차기

[그림 2.2.8] 사이드스트로크와 플러터 킥

○ 한쪽 다리와 한쪽 팔이 없는 경우, 플러터 킥을 이용한 사이드스트로크를 시작하는 것이 유용하다.

○ 수영 후 절단 부위가 말랐는지 확인하라. 보장구가 젖어서는 안 된다.

○ 보장구를 라커룸에 두고 왔다면 풀에 가기 위해 일종의 보조 기구(크러치, 휠체어 또는 보조기)를 제공해야 한다. 풀 가장자리에서 뜀뛰기 hopping 는 피해야 한다.

○ 절단 유형에 따라 수영의 기록을 단축하기 위한 스트로크의 보완 방법은 다음의 〈표 2.2.3〉을 참고하면 된다.

참 고　**가위차기(Whip Kick)**　

　평영의 킥 동작을 설명하는 용어이다. 동작이 시작되면 발끝을 세우고 무릎을 맞대어 다리를 뻗는다. 이때 발뒤꿈치를 등 쪽으로 당기면서 발끝은 세운 상태를 유지하며, 한 번의 동작으로 옆쪽을 향하게 한다. 이 과정에서 무릎을 위로 올리지 않는 것이 중요하다. 마지막으로, 앞으로 나아가는 힘을 생성하면서 양발이 원형으로 휘둘리는 동작이 이루어진다. 이와 같은 "whip action"에서 "whip kick"이라는 용어가 유래되었다.

〈표 2.2.3〉 절단 장애가 있는 사람을 위한 스트로크(stroke)

영법	절단 부위	수정 동작
크롤 자유형	한팔 절단	• 팔 전체가 직선 코스를 유지하기 위해 몸 중앙을 가로지른다. • 좌우 측면 호흡을 권장하나 절단 부위 쪽에서 호흡하기 쉽다. • 균형 잡힌 롤링(balanced roll)을 유지하기 위해 호흡하지 않는 쪽으로 몸통 롤링을 증가시킨다.
	양팔 절단	• 팔이 짧은 쪽으로 호흡하기 쉬우나 양측 호흡을 권장한다. • 양팔 상부가 절단된 사람은 배영을 선호한다.
	한다리 절단	• 플러터 킥(Flutter kick)은 균형을 유지하고 추진하기 위해 사용된다. • 완전한 다리는 평소처럼 먼저 발차기를 한 다음 두 번째 발차기를 위해 몸의 중심선을 넘나든다.
	양다리 절단	• 수영하는 사람은 '정면 다이빙(nose dive)'하는 경향이 있어 머리를 약간 더 높게 유지한다.
배영	한팔 절단	• 완전한 팔은 평상시보다 약간 더 깊게 당겨서 직선 코스를 유지한다. • 절단 부위 쪽으로 과하게 몸 롤링을 한다.
	양팔 절단	• 한 팔 절단이나 일반 수영자처럼 가능한 한 수행한다.
	한다리 절단	• 플러터 킥(Flutter kick)이 균형을 유지하고 추진하기 위해 사용된다.
	양다리 절단	• 물에 "앉는" 경향이 있으므로 머리가 번갈아 솟도록 한다.
평영	한팔 절단	• 짧게 당기면 어깨를 수평으로 유지할 수 있다.
	양팔 절단	• 팔이 짧은 쪽으로 호흡하기 쉬우나 양측 호흡을 권장한다. • 양팔 상부가 절단된 사람은 배영을 선호한다.
	한다리 절단	• 마지막 킥 단계에서는 직선이 유지되도록 "out and around"보다는 "뒤로차기"를 하도록 한다.
	양다리 절단	• '정면 다이빙(nose dive)'을 방지하기 위해 고개를 높이 들고서 한다.
접영	한팔 절단	• 특별 사항 없음
	양팔 절단	• 종목 없음
	한다리 절단	• 없음; 절단 부위는 일반사람들 발차기와 비슷하다.
	양다리 절단	• 머리는 더 높이 치켜 든다.

3

Les Autres
기타장애 :
이동성 장애

CHAPTER

3

Les Autres
기타장애 : 이동성 장애

 **기타장애의 이해**

기타장애의 정의와 분류

우리나라에서는 '기타장애 les autres'라는 유형의 장애가 존재하지 않는다. '기타장애'라는 용어는 장애인 스포츠에서 다양한 장애를 가진 선수들이 공정하게 경쟁할 수 있도록 마련된 장애 분류이다. '기타장애'라는 명칭은 프랑스어 'les autres'에서 유래하였으며, 영어로는 'the others'로 번역된다. 'the others'를 한국어로 해석하면 '나머지 사람들' 또는 '다른 사람들'이 되며, 이를 한자어 '기타(其他- 그 밖의 또 다른 것)'로 변환하여 '기타장애'라는 용어가 형성된 것이다.

'기타장애'라는 용어의 장애 범주는 절단, 척수 손상, 뇌성마비, 발작, 뇌졸중, 외상성 뇌손상 traumatic brain injury 등이 있는 사람들과 스포츠를 경쟁하기에 적합하지 않은 이동성 장애가 있는 모든 사람 the other locomotor disabilities 을 가리키지만(Vanlandewijck & Thompson, 2016), 국제 패럴림픽 위원회 IPC 의 장애 선수를 구분하는 10개 등급분류 중 저신장 short stature 과 수동적 관절 가동 범위 제한 impaired passive range of movement 의 두 등급에 속하는 장애이다. 등급분류에서 저신장 등급은 팔, 다리, 몸통의 뼈 크기가 비정상적이기 때문에 키가 줄어든 경우로, 이와 연관 있는 장애는 왜소증 dwarfism 이 대표적이며, 그 외에 연골무형성증 achondroplasia, 골형성부전증 osteogenesis imperfecta 등이 있다. 수동적 관절 가동 범위 제한 impaired passive range of movement 등급은 하나 이상의 관절에 제한이 있거나 수동적인 움직임이 부족한 경우로, 관절 구축증 arthrogryposis, 관절에 영향을 미치는 만성 관절 구축 또는 외상으로 인한 구축 등의 장애가 포함된다. 그런데 이 분류에 탈구 dislocated muscles 나 관절염 arthritis 에 의한 장애는 포함하지 않는다.

우리나라의 장애 종류에 따른 기타장애는 지체장애에 해당하며, 지체장애 분류에 속하는 절단장애, 관절 장애, 지체기능 장애, 변형 중에서 관절 장애와 변형 등의 장애를 말한다. 장애인복지법 시행령(2021)에 규정한 지체장애 기준 요소 중 "키가 심하게 작거나 척추에 현저한 변형 또는 기형"으로 판정하는 왜소증이 대표적인 기타장애에 해당한다.

기타장애의 원인과 판정

우리나라의 장애 정도 판정 기준(보건복지부 고시, 2021)에 따르면, '기타장애'라는 범주에는 명시적으로 포함되지 않지만, 지체장애가 해당된다. 지체장애는 절단 장애, 관절 장애, 지체 기능 장애, 변형 등 네 가지로 분류되며, 각 분류에 속하는 질환은 매우 다양하다. 그러나 장애인 스포츠의 등급분류에 따라 '기타장애'와 관련된 지체장애의 종류는 주로 관절 장애와 변형 장애로 한정된다. 이 두 가지 장애 유형에 포함되는 질환은 다양하지만, 장애인 스포츠에서 인정되는 '기타장애'는 제한적이다. 장애 판정 기준에서 설명된 관절 장애와 변형 장애에는 관절의 수동적 운동 범위가 제한된 관절 강직 및 관절 구축과 같은 질환이 포함되며, 변형 장애에는 왜소증 및 연골 무형성증 등이 포함된다.

왜소증

왜소증 dwarfism 은 신장 발육의 부족으로 인해 동일 인종, 연령, 성별의 표준 신장과 비교하여 현저히 작은 상태를 의미한다. 이와 관련하여 자주 혼용되는 용어로는 저신장 short stature , 성장기능 장애, 난쟁이(비어로 사용하지 말아야 할 용어)가 있다.

왜소증의 원인은 매우 다양하며, 후천적인 원인으로는 갑상선 기능 이상, 성장 호르몬 분비 이상 등이 있으며, 선천적인 원인으로는 골형성부전증, 연골무형성증, 터너 증후군, 프레더-윌리 증후군 등이 있다. 그 중에서도 연골무형성증 achondraplasia 은 가장 대표적이고 흔한 형태의 왜소증으로, 전체 왜소증의 약 70%를 차지한다(한국통합생물학회, 2022).

왜소증은 신체 분절의 비례 특성에 따라 균형성 proportionate 과 불균형성 두 가지 범주로 구분된다. 균형성 왜소증은 신체 부위가 평균적인 길이보다 짧지만, 팔다리의 길이도 비례적으로 줄어들어 전체적으로 균형을 이루는 반면, 불균형성 왜소증은 정상적인 크기의 몸통에 비해 팔다리가 짧고 머리가 큰 특징을 보인다. 불균형적 왜소증은 유전적 요인으로 인해 뼈가 완전히 발달하지 못해 발생하며, 대부분이 연골무형성증에 해당한다(Winnick, 2011/2014). 연골무형성증은 연골의 정상적인 뼈 형성과 성장에 장애가 있는 질환으로, 이 유형은 동요성 보행, 척추전만증, 제한된 가동 범위, 오다리 등의 증상으로 인해 더욱 작아 보이는 경향이 있다. 또한, 큰 머리, 넓고 튀어나온 이마, 납작한 얼굴, 두드러진 엉덩이와 같은 특징을 가지며, 과체중 또는 비만의 경향을 보인다. 왜소증은 골이형성증으로 인해 신체 구조적 자세 결함과 생활 습관에 따른 척추 변형(척추후만증, 척추전만증, 척추측만증)을 초래할 수 있다.

왜소증의 기준은 국가 및 활동 환경에 따라 다를 수 있으며, 우리나라의 장애 정도 판정 기준에 따르면, 지체장애 분류 중 '변형 등의 장애' 기준은 성장이 멈춘 만 18세 이상으로 남성의 신장이 145㎝, 여성의 신장이 137㎝ 이하인 경우, 그리고 연골무형성증으로 인해 왜소증의 증상이 뚜렷한 경우를 포함한다. 또한, 패럴림픽 수영 종목의 등급분류에서 저신장 선수의 최대 신장은 남자 선수 145㎝(포함), 여자 선수 137㎝(포함) 이하로 규정된다.

불완전 골형성증

골형성부전증, 일반적으로 '부서지기 쉬운 뼈 brittle bone'로 알려진 이 질환은 불완전 골형성증 osteogenesis imperfecta 으로도 불리며, 이는 뼈가 불완전하게 형성된 상태를 의미한다. 이 질환은 일반적으로 뼈의 밀도 높은 성장을 위한 능력의 결핍으로 인해 유전적으로 발생하는 선천적 장애이지만, 외상, 질병, 체중 지지 활동의 부족 또는 미네랄 결핍 등으로 후천적으로도 나타날 수 있다. 주요 원인은 콜라겐 섬유 단백질의 결핍으로 알려져 있으며, 이로 인해 뼈의 주요 구성 요소인 칼슘과 인의 양이 감소하고, 뼈 구조가 약해져 쉽게 골절될 수 있다. 이 질환이 완치된 후에는 뼈가 짧아지거나 굽은 형태로 변형될 수 있다. 구조적으로 약한 뼈는 정상적으로 성장하지 못하고 쉽게 부서지며, 보행, 충돌, 끼임, 이동, 큰 충격이나 고정된 체중 부하로 인해 반복적인 골절이 발생할 수 있다.

선천성 불완전 골형성증을 가진 개인은 얇고 연약한 피부와 과도하게 움직이는 관절을 가질 수 있으며, 대다수는 휠체어를 이용하여 이동한다. 경미한 형태의 골형성부전증을 가진 경우에는 스스로 보행이 가능할 수 있으나, 손상 정도가 심한 경우에는 지지대나 크러치를 사용해야 한다. 15세 이후에는 골절의 빈도가 줄어들 수 있으나, 흉부 변형과 자세 문제로 인해 폐활량이 감소하고 영구적인 기능 저하가 발생할 수 있다. 선천적 또는 후천적 뼈 성장 결핍증을 가진 사람들은 척추후만증 kyphosis, 척추측만증 scoliosis, 오다리 bowed legs 등의 자세 굴곡을 보이는 경우가 많다. 수영은 개인이 최소한의 부상 위험 속에서 운동에 참여할 수 있는 적절한 활동으로 특히 권장된다(Lepore et al., 2007).

관절 구축증과 수동적 가동 범위 제한

관절 구축 Joint contracture 은 관절 주변의 힘줄이 탄력을 잃거나 근육이 장기간 비활동 상태에 놓여 수축과 이완 능력이 저하되어 관절의 움직임이 제한되는 상태를 의미한다. 수동적 가동 범위의 손상(impaired passive range of movement)은 외부 힘에 의해 관절의 움직임이 원활하게 이루어지지 않는 증상을 나타낸다.

관절 주변의 근육과 결합조직이 비정상적으로 단축되면서 가동 범위 range of motion 를 심각하게 제한될 때 구축이 발생한다. 구축이 발생하면 관절은 종종 경직되어 굽힘, 스트레칭 및 이완 운동에 어려움을 겪게 된다. 구축된 관절은 일상생활에서의 이동성, 유연성 및 기능적 기술을 제한하여 개인의 활동에 부정적인 영향을 미친다. 최근 부상 후 구축이 발생한 경우, 보호자와 수영 참가자의 물리치료사 및 의사와의 논의가 필요하다. 시간이 지남에 따라 관절의 가동 범위가 점진적으로 감소하는 것을 인지하게 되면, 이는 관절 구축이 진행되고 있음을 나타낸다.

연골 또는 근육 비대증, 항중력근의 손상, 예를 들어 발목 굴곡에 기여하는 정강이 근육의 손상은 중력에 의해 발이 아래로 굽혀지는 것을 방해할 수 있다(저측 굴곡-발바닥쪽 굽힘). 일반적으로 많은 사람들이 구축으로 인한 통증을 경험하지 않을 수 있지만, 관절염이나 기타 관절 퇴행성 장애가 있는 일부 개인은 통증을 겪을 수 있다. 따뜻한 물은 구축을 완화하는 데 도움을 주므로 수영은 구축 예방에 효과적인 활동으로 간주된다. 또한 수중에서의 활동과 수영 스트로크는 물속에서의 이동 용이성과 통증 감소로 인해 관절의 가동 범위를 증가시킬 수 있다. 따라서 관절 통증이 있는 개인은 지상에서 중력으로 인해 고통스럽고 덜 효과적인 활동 대신 즐거운 수영 활동을 통해 운동할 수 있는 경우가 많다. 구축되거나 관절의 가동 범위가 제한된 사람들에게 물의 또 다른 장점은 다양한 자세로 공간의 제약 없이 활동할 수 있다는 점이다(Dulcy, 1983).

우리나라의 장애 정도 판정 기준에 따르면, 지체장애 분류 중 관절 장애는 관절의 강직을 의미한다. 관절 강직은 관절이 한 위치에서 완전히 고정된 상태(완전 강직) 또는 관절 가동 범위의 감소(부분 강직)를 나타낸다. 이영양성 변화 등으로 인한 관절 구축이 뚜렷한 경우 장애로 판정된다. 장애인 스포츠의 경우, 패럴림픽 참가 선수의 수영 종목 등급분류에서 '수동 가동 범위 손상'은 하나 이상의 관절 가동 범위가 체계적으로 감소한 경우를 의미한다. 관절의 과운동성, 관절 불안정성(예: 어깨 탈구), 급성 가동 범위 감소(예: 관절염 종류)는 일반적으로 '손상 자격 기준'에서 제외된다.

기타장애의 특성

발달 특성

왜소증은 다양한 원인과 여러 유형이 존재하며, 신체적으로 일반인과 차이가 있지만 지적 발달과 운동 발달은 평균적으로 유사한 경향을 보인다. 그러나 일부 왜소증 유형에서는 지적 또는 운동 발달의 지체가 관찰되기도 한다. 예를 들어, 연골형성저하증 hypochondroplasia 의 경우 지적장애 발생률이 10%에 이른다고 보고되었다(Scott, 1988). 그러나 지적장애와 연골형성저하증 간의 관계에 대한 연구는 미비하며, 일반적인 지적장애 발생률보다 높다는 명확한 증거는 부족하다. 그럼에도 불구하고 일부 개인은 학습장애를 경험할 수 있다고 여겨진다. 연골무형성증 아동은 발달 이정표에서 3개월, 6개월 또는 그 이상의 지연을 보일 수 있으며 (Crandall, 1994; Scott, 1976), 특히 앉기, 머리 조절, 걷기 등의 운동 발달에 부정적인 영향을 미친다. 짧은 팔다리와 큰 머리, 그리고 저혈압은 이 아동들의 균형과 근력에 영향을 미쳐 운동 발달을 지연시키는 요인이 될 수 있다. 유아기의 발달 과정에서 나타나는 반사의 시기는 일반 아동들과 유사한 경향을 보인다(Kopits, 1988).

왜소증을 포함한 다양한 장애를 가진 아동들은 일반적으로 운동 경험이 부족하며, 정상적인 운동 발달 기회가 제한적이다. 즉, 운동 경험의 결여와 그로 인한 운동 기능의 부족은 일반적으로 운동 발달 지체로 이어지며, 운동 조정 능력의 부족은 부적절한 운동 기술과 운동 유형을 초래한다. 예를 들어, 선천성 연골무형성증 아동은 적절한 자세를 유지하며 기본적인 운동 기술을 수행하는 데 어려움을 겪는다. 왜소증 아동의 경우, 성장 및 운동 발달의 지체로 인해 대근운동 기술을 습득하는 데 상당한 시간이 소요된다. 따라서 근력과 근지구력의 향상을 통해 관절 구축, 골절 및 근력 약화를 예방하는 것은 전반적인 건강을 위해 매우 중요하다(Winnick, 2011/2014).

의학적 문제

왜소증을 앓고 있는 개인들은 다양한 의학적 문제에 직면하게 된다. 이러한 문제는 척추 및 사지를 포함한 골격계의 이상일 수 있으며, 다른 신체 시스템에 영향을 미치는 일반적인 의학적 문제일 수도 있다. 골격 이형성증skeletal dysplasias 으로 인한 왜소증은 뼈, 연골, 결합조직의 성장과 발달에 손상을 초래하며, 이로 인해 몸통과 사지의 비율이 비정상적으로 나타날 수 있다. 특히, 왜소증 환자들은 척추 장애를 동반하는 경향이 있으며, 척추는 지지, 척수 보호, 이동성 및 성장이라는 네 가지 주요 기능을 수행하는 구조로서, 이의 변형은 의료적 합병증을 유발할 수 있다. 왜소증과 관련된 주요 문제로는 협착, 만곡, 불안정성이 있으며(Pauli, 1991; 1992), 척추관의 협착은 척수 압박을 초래하여 근육 약화, 감각 이상, 마비 등의 신경학적 문제를 발생시킬 수 있다. 왜소증 환자의 척추 만곡은 근육 및 골격의 이상으로 인해 발생하며, 일부 유형의 왜소증에서 나타나는 척추 전만증은 주요 의학적 문제로 간주되지 않는다. 그러나 경미한 척추 후만증이나 척추 측만증은 일반적으로 큰 문제가 되지 않지만, 심각한 경우에는 심장과 폐에 영향을 미치거나 마비를 초래할 수 있다(Bassett, 1991; Pauli, 1991; 1992). 경추의 불안정성은 다양한 유형의 왜소증에서 관찰될 수 있으며, 연골무형성증을 가진 유아의 경우 대후두공(후두골의 전하부에 위치한 큰 구멍)이 비정상적으로 작아 근육 약화, 호흡 장애, 수유 문제를 유발할 수 있다(Bassett, 1991). 경추의 불안정성을 가진 왜소증 환자들은 환축추 불안정성atlanto-axial instability 으로 인해 신경학적 증상을 경험할 수 있으며, 수영, 체조, 충돌 스포츠와 같은 활동은 위험성이 높아 금지된다.

연골무형성증 환자의 팔에는 뼈 구조 결함으로 인한 팔굽 관절의 신전 제한과 손 기형이 나타나며, 다리의 경우 체중 지지와 관련된 구조적 특징으로 인해 오다리가 흔하게 발생한다. 경골에 비해 길쭉한 종아리뼈는 대퇴골의 문제를 유발하며, 고관절의 가동 범위 제한은 고관절 통증을 초래할 수 있다(Bassett, 1990). 또한, 일반적인 의학적 문제로는 연골 발달 부족으로 인해 운동 시 관절 통증이 발생할 수 있으며, 귀 감염, 호흡기 질환, 비만 등의 문제도 동반될 수 있다.

신체 활동 특성

왜소증 환자의 복잡한 신체 구조적, 발달적, 의학적 문제는 신체 활동 및 스포츠 참여에 있어 다양한 장단점을 지닌다. 첫째, 독특한 신체 비율은 왜소증 환자가 특정 스포츠에서 더 뛰어난 성과를 낼 수 있는 기회를 제공한다. 예를 들어, 다리가 짧은 형태의 왜소증 환자는 같은 왜소증 환자들 중에서도 키가 큰 사람들과의 역도 경기에서 유리한 조건을 가질 수 있다. 또한, 팔다리가 짧은 운동선수들은 필드 경기와 수영에서 상대적으로 좋은 성적을 기록하는 경향이 있다. 모든 유형의 왜소증 환자에게 달리기를 전면 금지하는 것은 아니지만, 달리기 거리를 조정하거나 정해진 시간 내에 달리도록 하는 방식으로 수정할 필요가 있다. 왜소증 환자는 일반 육상 선수들에 비해 보폭이 짧기 때문에 동등한 조건에서 경기를 진행하는 것이 제한된다. 또한, 다리의 정형외과적 문제는 개인이 달리기를 허용받기 전에 반드시 고려되어야 하며, 적절한 신체 활동과 필요한 수정에 대한 의사의 권고를 받는 것이 중요하다(Low et al., 1996).

운동 프로그램을 계획할 때, 왜소증 환자의 운동 능력 및 체력 검사를 실시할 경우 몇 가지 고려사항이 있다. 순발력이나 심폐지구력을 평가하기 위한 달리기 검사는 거리, 시간 또는 두 가지 모두를 줄여서 수정해야 한다. 근력 검사를 위해서는 왜소증 환자가 일정 시간 동안 매달리도록 하는 턱걸이 검사 방법을 변경하거나 팔굽혀펴기로 대체할 수 있다. 유연성 검사는 일반적으로 문제가 되지 않지만, 척추에 문제가 있는 경우에는 윗몸일으키기 방법을 수정할 필요가 있다. 또한, 운동 능력 검사에서는 손과 팔다리가 작고 짧기 때문에 공, 라켓, 킥보드 등의 기구를 소형으로 준비하고 활동 거리와 시간을 조절해야 한다.

02 기타장애의 지도 방법

왜소증 및 기타 신체장애를 가진 개인들은 수영 활동을 통해 다양한 이점을 누릴 수 있다. 이러한 활동은 신체장애의 정도, 운동 경험, 흥미 수준, 그리고 강습의 목적에 따라 적절한 수정이나 변형이 필요하다. 특히, 독특한 신체적 및 운동적 요구를 가진 개인들을 위해 개별화된 수영 지도가 필수적이다. 수영 지도자는 안전을 최우선으로 고려해야 하며, 움직임이 제한된 사람들은 관절 구축이나 욕창 등의 문제를 예방하기 위해 스스로 움직일 수 없는 경우에도 수동적인 움직임이 필요하다. 예를 들어, 불완전 골형성증을 가진 사람은 휠체어를 이용하여 이동할 때 장애가 있는 부위를 주기적으로 움직여야 한다.

기타장애를 가진 개인들은 쉽게 피로를 느낄 수 있으며, 특히 지상에서 장시간 활동하거나 물속에서 오랜 시간 수영할 경우 더욱 그러하다. 이들이 경험하는 피로는 운동의 역효과로 작용할 수 있으며, 이는 운동에 대한 두려움을 유발할 수 있다. 따라서 수영과 같은 유산소 지구력 운동을 수행할 때는 프로그램 중간에 자주 휴식 시간을 가지는 것이 필요하다. 만약 기타장애를 가진 개인의 체력 수준이 낮거나 쉽게 피로를 느낀다면, 얕은 풀 가장자리에서 수영 지도를 받거나 풀 밖에서 휴식을 취할 수 있도록 해야 하며, 물속에서의 활동을 세심히 관찰하여 필요에 따라 휴식을 취하도록 해야 한다. 수영을 통해 신체 활동의 자유로움을 느끼고 즐거움을 경험할 수 있다면, 지도받는 시간 외에도 여가를 활용하기 위해 수영장을 찾고자 하는 욕구가 생길 것이며, 이는 전 생애에 걸쳐 건강 유지와 활동적인 생활 습관을 형성하는 데 기여할 것이다.

지도자가 개인마다 상이한 피로 요인, 운동 강도, 운동 기간을 고려하지 않고 무리한 수영을 강요할 경우, 의학적 문제가 발생할 위험이 있으며 물속에서의 적응에 실패할 수 있다. 무리한 활동은 근육의 퇴화를 초래하여 심혈관계에 문제를 일으킬 수 있다. 따라서 지도자는 기타장애를 가진 개인에 대한 전문가의 도움과 자문을 바탕으로, 이들의 특성을 고려한 수영 프로그램을 계획해야 하

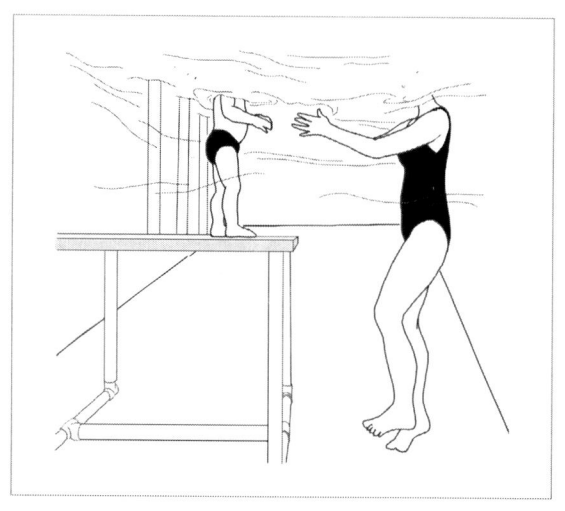

[그림 2.3.1] 수영 지도를 위한
수위 조절대(platform)

며, 특히 의사의 진료를 받고 있는 경우에는 더욱 중요하다. 의사는 해당 개인의 의학적 상태와 필요한 처방에 대해 잘 알고 있으므로, 지도자는 의사 및 보호자와의 지속적인 소통이 필요하며, 수영 중 의학적 문제가 발생할 수 있으므로 수영 관리자는 보호자 및 의사와 자주 상담해야 한다.

왜소증과 같은 기타장애를 가진 개인들은 일반적으로 제한된 움직임을 보이기 때문에, 규칙적인 수영을 통해 유연성, 근력, 유산소 능력 등 체력을 전반적으로 발달시키는 것이 중요하다. 이러한 측면에서 왜소증을 가진 개인은 일반인과 동등한 발달 기회를 가져야 하며, 특히 과체중이나 비만을 나타내는 연골무형성증을 가진 경우에는 더욱 강조된다. 이들의 특성을 고려하여 체력과 운동 기술을 향상시키기 위한 프로그램이 필요하다. 가동 범위의 제한, 비만, 관절 손상은 탈구와 관절 외상을 유발할 수 있으며, 이러한 현상은 연골무형성증 장애가 있는 개인에게서 자주 나타난다. 팔꿈치 관절의 유연성을 유지하는 것은 이러한 문제를 예방하는 데 도움이 된다. 무리한 관절 운동은 피하거나 제한적으로 적용해야 하며, 예를 들어 다양한 지상 운동은 운동 방법의 변형을 통해 운동 강도를 낮추어 실시해야 한다. 수영은 유연성과 심폐 지구력을 증진시키고 관절에 무리를 주지 않기 때문에 연골무형성증 장애가 있는 개인에게 매우 적합한 활동이다. 그러나 짧은 사지와 큰 머리로 인해 수중에서 자세를 유지하고 스트로크를 하는 데 어려움이 있을 수 있다. 물속에서 자세를 유지하기 위해서는 반복적인 연습을 통해 적합한 자세를 찾고 자기 기술을 개발해야 한다. 또한, 기타 장애를 가진 개인들은 수영에 참여하는 데 있어 골절 위험(불완전 골형성증), 움직임의 가동 범위 감소(예: 관절 구축), 평형성과 협응력 저하(예: 연골무형성증) 등의 신체적 제약이 있다. 건강을 유지하기 위해서는 근력과 근지구력 수준을 꾸준히 유지하는 것이 중요하다. 수영을 시작한 지 얼마 되지 않은 개인은 물속에서 20분 이상 머무르지 않도록 해야 하며, 운동 강도가 너무 높을 경우 운동 후 12시간 이내에 기능적인 근력이 회복되지 않으므로, 이를 예방하기 위해 지도자는 대상자를 주의 깊게 관찰해야 한다. 만약 킥하는 다리 근육이 약할 경우, 지나친 동작은 오히려 다리 근력 향상을 방해할 수 있다. 수영을 통한 운동의 목적은 중력에 대항하는 최대한의 가동 범위를 유지하는 것이며, 이는 점차 저항성 운동을 적용함으로써 성취될 수 있다 (Winnick, 2011/2014).

수영은 영법 지도만을 강조하지 않고, 수중에서의 놀이와 게임을 통해 개인의 흥미를 증진시켜 규칙적인 운동 참여를 유도할 수 있다. 특히 어린 아동을 위한 활동은 다양한 리듬 활동과 준비 운동 게임 등을 포함해야 한다. 기타 애를 가진 개인들은 운동 시간이 길어질 경우 불편한 신체 반응을 보이며, 대부분 유산소 능력이 낮다. 활동량이 줄어들면 이는 당연한 결과로, 왜소증인 개인들의 비만을 증가시키고, 결국에는 관상동맥 질환과 골다공증과 같은 기타 질병을 유발할 수 있다. 장애가 심하지 않은 개인들은 수영을 천천히 저강도로 실시하여 유산소 능력을 향상시킬 필요가 있다. 기타 신체 장애인의 근력과 유연성이 심각하게 감소할 경우, 수영에 필수적인 운동 기술의 습득이 지체될 수 있다. 운동 기술 수행의 어려움은 신체 활동 기회의 제한과 건강을 잃을 위험을 증가시킨다. 신체 활동은 체력 증진이나 운동 기술 습득을 위해 유연성 운동으로 구성된 준비 운동과 정리 운동을 반드시 실시해야 하며, 특히 불완전 골형성증, 관절 구축, 연골무형성증 등의 기타 장애가 있는 개인들은 관절의 유연성이 부족할 경우 발작을 일으킬 위험이 있으므로 매일 유연성 운동을 실시해야 한다.

기타장애의 수영 지도

개인의 다양한 요구를 충족시키면서 안전하고 효과적이며 적절한 수영 활동 기회를 제공하기 위해서는 각 수영 강습 대상자의 고유한 특성을 이해하는 것이 필수적이다. 수영 중 나타나는 신체 반응과 잠재적인 위험 요소를 포함하여, 환경에서의 일반적인 장애와 그에 따른 결과에 대한 정보가 필요하다. 그러나 선천적 또는 후천적으로 획득한 특성을 단순히 장애로 간주해서는 안 된다. 대신, 개인이 수행할 수 있는 능력을 확인하는 것이 중요하다. 특정 진단을 통해 개인에게 장애 명칭을 부여하는 것은 부정적인 결과를 초래할 수 있으며, 이는 개인이 수영장 내외에서 성취할 수 있는 것과는 거의 관련이 없다. 왜소증을 포함한 다양한 장애 유형에 대한 수영 지도 시 유의사항과 안전 문제는 아래에 설명된 내용을 참조하면 된다(Lepore et al., 2007). 왜소증 수영에 대한 구체적인 정보가 부족하더라도, 증상에 따른 장애인 스포츠에서의 등급분류와 관련된 여러 장애 질환을 선별하여 설명하였다.

왜소증/자세 결함

왜소증의 가장 일반적인 형태는 신체의 머리와 몸통에 비해 팔과 다리가 짧은 것이 특징이다. 이러한 짧은 팔과 다리의 길이는 수영 선수의 추진력에 부정적인 영향을 미치며, 전체적으로 짧은 신장과 체형은 수영 시 더 큰 항력을 초래한다. 또한, 일부 왜소증을 가진 수영 참가자들은 팔꿈치, 엉덩이, 무릎의 가동 범위에 제한이 있는 경우가 많다.

왜소증의 다양한 원인과 관련된 증상, 그리고 수영 시 주의해야 할 사항 및 안정성 문제에 대한 구체적인 연구 자료를 찾는 것은 쉽지 않다. 왜소증을 가진 사람들 사이에서 흔히 발생하는 문제 중 하나는 자세 결함이다. 자세에 문제가 있는 개인은 굳어진 관절의 유연성을 향상시키고, 수영 스트로크를 최대한 발전시키며, 규칙적으로 수영을 통해 근육을 강화하고 통증을 줄이며 신체 인식을 높이는 활동을 수행해야 한다.

수영 지도 시 유의 사항

○ 참가자의 일상적인 운동 프로그램을 수영 프로그램 위주로 전환한다.
○ 다음과 같은 근육 발달을 강조하는 수영 영법을 권장한다.
  – 팔을 넓게 사용하는 평영: 척추측만증이 있는 개인은 좌우 대칭을 개선하고, 척추후만증이 있는 개인의 가슴 근육을 늘리는 데 도움을 준다.
  – 양팔 배영: 척추측만증이 있는 개인의 좌우 대칭을 개선하고 가슴 근육을 신전시키며, 척추후만증이 있는 개인의 등 근육을 강화하는 데 기여한다.
○ 적절한 자세 유지, 스트레칭, 그리고 좌우 측면의 근력 강화를 강조한다.
○ 교정기를 착용한 상태에서 수영할 수 있는 시간을 고려하고, 활동 시간을 적극 활용할 것을 권장한다.

○ 참가자, 보호자 및 의사와 함께 가동 범위 제한 사항에 대해 논의한다. 척추 수술을 받은 환자는 일반적으로 가동 범위가 제한되는 경향이 있다.

○ 가동 범위 제한 내에서 필요한 스트로크 및 수중 활동을 조정한다.

안전 문제

소아의 척추측만증 환자에 있어 급성 단계에서는 몸통의 강한 굴곡이 금지된다. 왜소증 증상을 동반할 수 있는 환축추 불안정성을 가진 참가자들은 목과 머리에 압력을 가하는 다이빙, 접영, 준비운동 등의 활동을 피해야 한다.

불완전 골형성증/골형성부전증

불완전 골형성증을 가진 개인의 수영을 통한 성취 목표는 신체적 및 심리적 측면에서 다양하게 설정될 수 있다. 신체적 목표로는 신체 인식 향상, 근력 및 가동 범위 개선, 심폐 능력의 증진 또는 유지, 신체적 편안함의 증대, 그리고 자세 굴곡의 진행 감소 등이 포함된다. 심리적 목표는 재미와 정상화된 활동을 통해 삶의 질을 향상시키고, 레크리에이션 활동을 통해 자립성을 증대시키는 것을 포함한다. 또한, 수중 환경에서의 안전한 행동에 대한 참가자의 인식 향상에 중점을 두고 있다.

수영 지도 시 유의 사항

○ 휠체어와 같은 이동 보조 장치를 사용하는 개인이 수영장에 안전하게 출입할 수 있도록 승하차 기술을 습득하도록 지도한다.

○ 일반적으로 신장이 작은 short stature 선천성 불완전 골형성증 환자들은 수영장에 들어갈 수 있도록 수위 조절 장지를 활용한다.

○ 수영 장비는 비치볼과 같은 부드러운 기구를 선택하여 접촉으로 인한 부상의 위험을 최소화한다.

○ 신장이 작을수록 젊어 보이는 경향이 있으므로, 불완전 골형성증 환자에 대해서는 적절한 연령에 맞춰 대우한다.

○ 뼈가 쉽게 부러지는 환자들은 지도자의 안전 지침에 전적으로 의존할 수 있으므로, 신뢰감을 형성하는 것이 중요하다.

○ 흉부 기형으로 인한 폐활량 감소에 적응하기 위해 심폐 운동을 조절한다.

○ 가동 범위가 제한된 개인을 위해 활동을 조정한다. 선천성 불완전 골형성증 환자는 과도한 신전 관절을 가질 수 있으나, 약한 근육이 기능적 가동 범위를 제한할 수 있다.

○ 가동 범위와 관계없이 저항을 주지 않고 근육을 수축 및 이완시키는 등척성 운동을 통해 수중 운동을 실시하도록 한다.

○ 빠르고 강한 동작이나 갑작스러운 움직임 대신, 리드미컬한 활동을 반복적으로 수행하도록 유도한다.

안전 문제

○ 부상 예방을 최우선으로 고려하며, 필요 시 적절한 보호 조치를 취한다.

○ 수영장에 입수하거나 퇴장할 때, 신체적 지원이 필요한 경우 보조자를 배치한다.

○ 이동 시 지지할 때는 몸통에 가해지는 힘을 분산시키고, 팔다리에 적절한 힘을 가한다.

○ 수영장에서 다른 사람과의 충돌을 피하기 위해 혼잡한 장소는 피한다.

○ 다이빙 보드에서 뛰어내리거나 수영장으로 뛰어드는 등의 충격이 큰 활동은 금지하며, 필요 시 의사의 허가를 받아야 한다.

○ 보호자, 참가자, 의료진과 함께 브레인스토밍을 통해 이동 시 유의해야 할 사항과 수영장 입수 및 퇴장 방법에 대해 논의한다.

○ 점프, 충격이 큰 활동, 충돌, 그리고 다른 사람, 장비, 벽, 바닥과의 접촉과 같은 위험한 활동을 피한다.

○ 몸통과 팔다리가 비틀리지 않도록 주의한다.

○ 참가자와 보호자는 피부가 붉게 부풀거나 열이 나는 부위를 즉시 보고하도록 한다.

관절 구축증과 수동성 관절 가동 범위 제한

관절에 문제가 있는 개인은 통증 없이 수영 활동의 빈도, 강도 및 지속 시간을 증가시키기 위해 노력해야 한다. 이는 문제 있는 관절 주변의 근육을 강화하고, 관절의 가동 범위를 개선하거나 유지하며, 심폐 지구력, 균형 및 기능적인 보행 능력을 향상시키는 것을 포함한다. 또한, 체중과 독립성에 대한 내성을 증가시키고 잠재적인 구축을 예방하기 위한 노력이 필요하며, 통증과 염증을 감소시키는 것이 중요하다. 관절의 가동 범위를 개선하거나 유지하고 독립적인 활동을 증진시키며, 기능적인 수영 기술을 향상시키기 위해 다양한 수영 스트로크와 활동을 장려해야 한다.

수영 지도 시 유의 사항

○ 발꿈치를 딛고 걷는 비자연적인 방식, 풀에 들어가기 위해 계단을 내려가는 동작, 벽에서 약 1미터 떨어진 위치에서 바닥에 발뒤꿈치를 대고 벽을 잡고 몸을 숙여 풀 벽을 향하는 등의 저측굴곡 구축(발끝이 뾰족한 상태) 상태에 있는 개인들에게 수영 활동을 제공한다.

○ 초기 준비 운동 동안 활동을 매우 느린 속도로 진행한다.

○ 참가자들이 관절의 가동 범위를 충분히 활용하여 이동할 수 있도록 권장한다.

○ 참가자의 이동을 지원하기 전에 반드시 허락을 요청한다.

○ 관절이나 사지를 강제로 움직이지 않도록 주의한다.

○ 물의 특성과 참가자의 동작이 상호작용하여 움직임이 촉진되므로, 필요에 따라 다른 신체 부위를 지지하고 안정시킨다.

○ 스트레칭을 실시하기 전에 3~5분간 수영이나 걷기를 통해 준비 운동을 수행하도록 권장한다.

○ 제한된 관절 가동 범위를 고려하여 수영 동작을 조정해야 한다. 예를 들어, 가슴 근육이 긴장하고 허리 근육이 약한 경우, 어깨가 앞으로 나오는 자세를 가진 사람에게 적절한 수영 동작을 적용하는 것이 필요하다. 이러한 경우, 크롤 수영 시 리커버리 동작이나 평영 시 미끄러져 나아가는 동작에서 팔을 길게 뻗거나 배영 시 어깨를 완전히 회전시키는 데 어려움을 겪을 수 있다. 관절 가동 범위에 대한 보다 구체적인 정보는 유연성 강화 운동을 참조하도록 한다. 수중 리커버리 연습을 권장한다.

○ 어깨나 목의 관절 가동 범위가 부족한 경우, 몸을 과도하게 회전시키며 한쪽으로 과장된 리듬 호흡을 하거나 호흡을 위해 크롤 대신 배영을 선택하도록 동작을 수정한다.

○ 참가자들에게 자신에게 적합한 방법을 찾도록 장려하되, 필요하지 않은 경우에는 효율적인 형태를 해치지 않도록 과도한 신체 자세를 피해야 한다. 부유 기구를 엉덩이나 무릎 사이에 끼워 몸을 수평으로 유지하도록 한다.

○ 어깨의 관절 가동 범위가 제한된 경우, 평영에서 미끄러져 나아가는 동작을 스스로 효율적으로 수행하기 어려우므로, 미끄러져 나아가는 단계에서 손이 약간 떨어지도록 평영 방법을 수정해야 한다.

○ 어깨 관절 가동 범위가 감소한 경우, 참가자가 가동 범위가 충분하지 않더라도 팔로 물을 저을 수 있도록 몸통 회전을 크게 하여 배영을 수정한다.

○ 목의 가동 범위가 제한된 경우, 스노클을 사용하여 호흡을 개선하도록 한다.

○ 고관절 신전이 제한된 참가자는 반듯이 누운 자세에서 고관절 신전이 용이하도록 오리발을 사용하되, 다치거나 인공 관절 수술을 받은 사람에게는 이러한 저항을 주지 않도록 한다.

○ 고관절 신전이 감소한 경우, 뒤로 걷게 하여 고관절 신전을 유도하며, 배영 킥을 할 때 다리의 아래쪽에 힘을 주고 대퇴 부위를 과도하게 뻗지 않으며 몸통을 회전시키지 않도록 강조한다.

○ 평영 킥은 고관절의 내부 및 외부 회전근의 가동 범위가 감소한 개인에게 어려움을 초래할 수 있다. 기본 배영과 평영 킥에서 발차기 whip 의 시작을 위해서는 안쪽으로의 회전이 필요하며, 바깥쪽으로의 회전은 물잡기에서 필수적이다.

○ 무릎과 발목의 가능 범위 제한 및 구축은 휠체어 또는 목발을 사용하는 사람들, 그리고 근육 약화나 관절염과 같은 다양한 정형외과적 문제를 겪고 있는 개인들에게 흔히 발생할 수 있음을 인식해야 한다.

○ 의사의 승인을 받은 후, 손목 구축으로 인해 표면적 감소와 스트로크 동력 단계에서 스컬링을 적절히 수행하지 못하는 참가자에게는 손 패들을 사용하는 것이 권장된다.

○ 평영, 기본 배영, 횡영에서 발차기에 문제가 있으며 걷기에도 어려움을 겪는 저측-굴곡 구축을 가진 개인은 발차기를 조정해야 한다.

안전 문제

관절 구축은 일반적으로 자연스럽고 자발적인 움직임 및 균형 유지에 제약을 초래하며, 이로 인해 엎드린 자세에서 회복하는 데 어려움을 겪을 수 있다. 참가자들은 엎드린 자세에서 누운 자세로 전환하거나, 누운 자세에서 서는 동작을 수행해야 할 필요가 있을 수 있다.

CHAPTER

4

척수장애

4

척수장애

01 척수장애의 이해

척수장애의 정의

척수 spinal cord 는 뇌에서 발생한 신경 다발로, 척추 내에 위치하며 중추 신경계의 일부로서 뇌와 말초 신경 간의 중개 역할을 수행하는 신경 구조이다. 척수 손상 spinal cord injury 은 척추 내의 척수 신경이 척추뼈의 골절이나 탈구 등으로 인해 손상되는 현상을 의미한다. 척수에 병변 lesion 이 발생할 경우, 해당 부위 아래의 기능 및 감각이 마비되는 결과를 초래한다. 일반적으로 나타나는 마비 유형으로는 하지마비 paraplegia 와 사지마비 quadriplegia/tetraplegia가 있다. 하지 마비는 흉부 이하의 척수에 병변이 발생하여 팔의 기능에는 이상이 없지만, 몸통, 다리 및 골반 장기의 기능 장애가 발생한 상태를 지칭한다. 반면, 사지 마비는 목 부위의 척수 병변으로 인해 몸통, 팔, 나리 및 골반 장기의 기능 장애가 빌생한 심태를 의미한다. 척수의 손상 부위가 높을수록 미비에 따른 기능 장애의 정도는 더욱 심각해진다(Jacobs & Nash, 2004).

장애인복지법 시행령(2022)의 장애의 종류 및 기준(별표 1)에 따르면, 척수 장애는 지체장애 기준 중 '한 팔, 한 다리 또는 몸통의 기능에 영속적인 장애가 있는 사람'에 해당하는 장애로 분류된다. 이는 지체 기능 장애(팔, 다리, 척추 장애)로 분류되며, 척수 장애는 '척수의 외상 또는 질환으로 인해 척수가 손상된 경우'를 지칭하는 장애이다.

한편, Para 수영경기에 출전할 수 있는 적격 장애 유형은 '근력 손상 impaired muscle power '으로, 근 파워가 손상된 선수는 움직이거나 힘을 내기 위해 수의적으로 근육을 수축하는 능력이 감소하거나 결여된 건강 상태(장애)를 가지고 있다. 근 파워 손상으로 이어질 수 있는 건강 상태(장애)의 원인으로는 척수 손상 spinal cord injury (완전 마비 또는 불완전 마비, 사지 마비 또는 하지 마비, 하반신 부분 마비), 근육 퇴행 위축 muscular dystrophy, 소아마비후증후군 post-polio syndrome, 척추이분증 spina bifida 등이 있다(International Paralympic Committee, 2018).

척수장애의 원인과 분류

척수의 구조와 기능

척수와 뇌는 중추신경계의 주요 구성 요소로, 인체의 중심에 위치하고 있다. 뇌는 두개골에 의해 보호받으며, 척수는 척추뼈에 의해 보호되는 신경 다발이다. 우리의 모든 행동과 감정은 뇌의 통제를 받으며, 척수를 통해 신경 자극이 전신으로 전달되어 근육에 작용하게 된다. 따라서 중추신경계의 손상은 신경 자극 전달 경로의 파괴를 의미하며, 이로 인해 뇌에서 근육으로의 정보 전달이 차단되어 운동 기능에 장애가 발생하게 된다. 척수의 손상은 손상된 부위부터 신경 자극의 전달이 중단되어 팔, 다리 및 몸통의 마비를 초래하며, 이는 움직임의 제한으로 이어진다.

척수신경은 각 척추뼈 사이의 좌우 척추사이구멍을 통해 몸통과 팔다리로 뻗어 나간다. 뇌에서 판단된 정보 자극은 척수신경을 통해 전달된 후 근육의 조정을 가능하게 한다. 그러나 척수가 손상될 경우, 손상된 부위 아래의 신체 부위는 운동 기능과 감각 기능이 마비된다. 척수가 완전히 손상되지 않는 경우, 일부 기능이 유지되어 불완전 마비 상태가 발생할 수 있다. 척수신경의 구조와 기능은 [그림 2.4.1]에 나타나 있다.

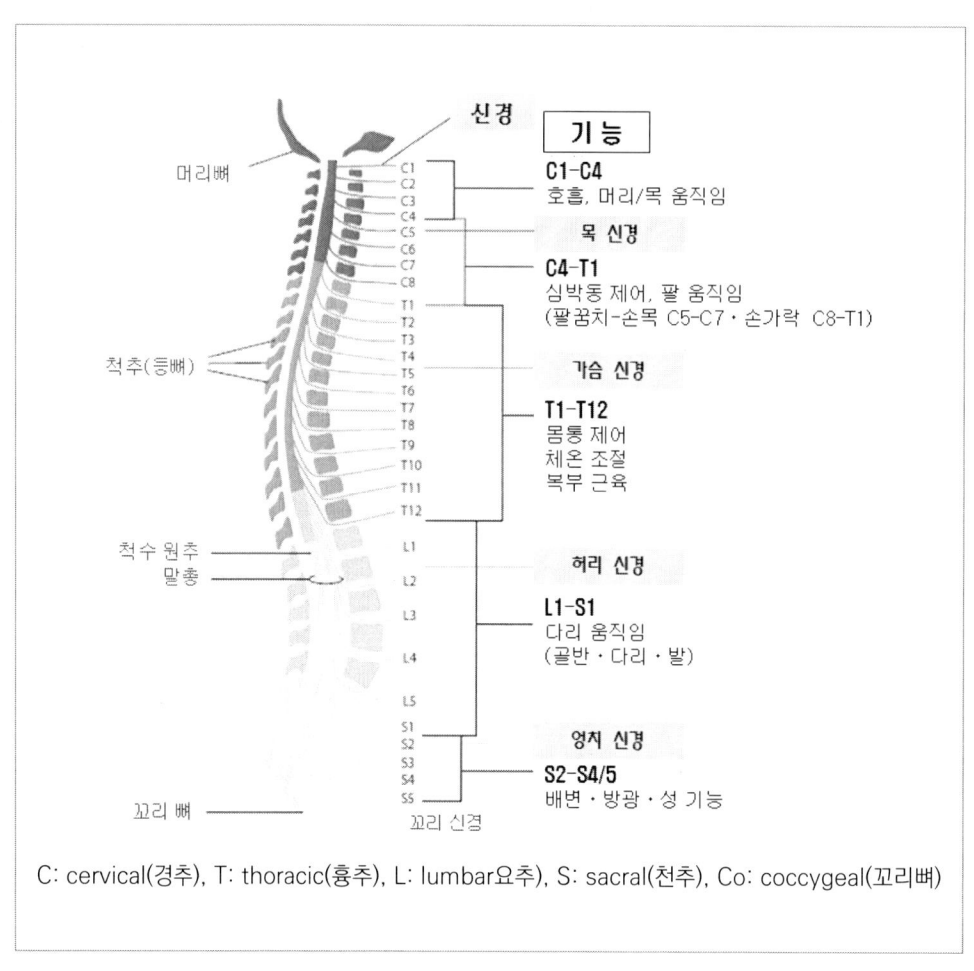

[그림 2.4.1] 척수 신경의 구조와 기능 (최승권, 2018)

척수 손상의 원인

척수 손상은 주로 사고나 재해로 인해 발생하는 경우가 많으며, 일부는 건강 문제나 질병으로 인해 발생하기도 한다. 가장 일반적인 척수 손상의 원인은 자동차 및 오토바이 사고이다. 그 외에도 축구, 아이스하키, 스키, 수영 중 얕은 물에서의 다이빙과 같은 충돌 사고, 산업 현장에서의 사고, 암벽 등반, 패러글라이딩, 높은 곳에서의 낙상 등이 포함된다. 건강 문제나 질병으로 인한 척수 손상은 전염병(예: 결핵 및 인간 면역 결핍 바이러스), 비전염성 질환(예: 암, 골관절염, 척추협착증), 영양 결핍(예: 신경관 결함, 비타민 B12 결핍) 및 치료 합병증 등으로 발생할 수 있다(World Health Organization, 2013).

척수 손상의 정도는 병변의 심각성에 비례한다. 예를 들어, 흉부 하부나 요추 부위의 손상은 다리와 발을 조절하는

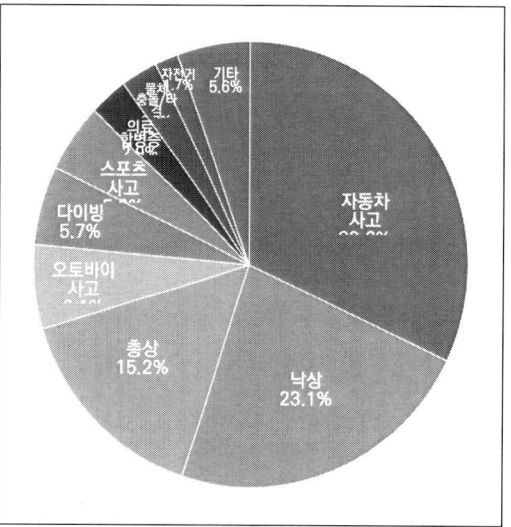

[그림 2.4.2] 척수 손상의 발생 원인

신경에만 영향을 미칠 수 있다. 반면, 경추 부위의 손상은 머리를 제외한 상해 부위 아래의 완전한 마비를 초래할 수 있다. 만약 손상이 완전한 병변을 초래할 경우, 운동 및 감각 기능이 모두 상실된다. 불완전한 병변의 경우, 일부 감각 및 운동 기능이 남아 있게 된다.

미국에서는 매년 약 1만 명의 척수 손상자가 발생하며, 그 주요 원인은 자동차 사고(32.0%), 낙상(23.1%), 총상(15.2%), 오토바이 사고(6.1%), 다이빙(5.7%), 스포츠 사고(5.0%), 의료 합병증(2.9%), 물체 충돌/타격(2.7%), 자전거 사고(1.7%), 기타(5.6%) 등으로 나타났다(그림 2.4.2). 연령대별로는 16-30세에서 척수 손상이 가장 많이 발생하며, 이 연령대에서의 비율은 47%에 달하고, 남성의 비율은 80.2%에 이른다(National Spintatistical Center, 2020).

척수 손상의 분류

척수 손상은 손상의 원인과 관계없이 손상된 신체 부위 및 마비 상태에 따라 분류된다. 마비의 범위는 손상 부위가 복부 위쪽(T1)인지 또는 그 이하인지에 따라 달라지며, 이로 인해 하지마비와 사지마비로 구분된다. 하지마비는 양쪽 다리와 경우에 따라 몸통 하부의 기능을 부분적 또는 완전하게 상실한 상태를 의미하며, 사지마비는 양쪽 다리, 팔 및 몸통 부위의 기능이 부분적 또는 완전하게 상실된 경우를 지칭한다.

하지마비와 사지마비의 구분은 명확하며, 이들 각각의 특징은 뚜렷하게 다르다. 예를 들어, 완전한 사지마비 환자는 부유 기구 없이 독립적으로 수영하는 데 어려움을 겪는다. 수영을 배우는 과정에서 킥보드나 풀 부이를 사용할 수 없고, 팔을 지탱하여 몸을 유지해야 하며, 몸통과 목에 부유 기구를 착용해야만 물에 뜰 수 있다. 반면, 하지마비 환자는 팔을 사용하여 수영을 할 수 있는 능력을 보유하고 있다.

흉부 부위에 손상이 있는 하지마비 환자는 팔을 사용하는 데 어려움이 없으며, 지지 없이 앉을 수 있는 능력을 갖추고 있다. 그러나 복근과 등 근육의 힘은 약한 편이다. 허리 아래 척추에 손상이 있을 경우, 목발을 사용

참 고 **척수 손상 관련 장애**

척수 손상으로 분류되는 장애에는 다리 또는 팔다리에 영향을 미치는 여러 유형의 질환이 존재한다. 가장 널리 알려진 질환 중 하나는 회백질척수염, 즉 소아마비(poliomyelitis)이다. 소아마비는 폴리오(polio) 바이러스가 척수 내 운동신경원에 염증을 유발하여 이완성 마비 증상을 초래하는 대표적인 전염병이다. 우리나라에서는 영아기에 솔크 백신 예방접종을 시행하고 있어, 1987년 이후로는 이 질병의 발병 사례가 보고되지 않고 있다. 이 질환을 앓았던 환자들은 2000년대 초반까지 우리나라의 장애인 스포츠를 주도하였다. 한편, 척수 이분증(spina bifida)은 선천성 척수 질환으로, 하지 마비 및 보행 장애 등을 유발하는 척수 손상 장애이지만, 이 질환을 가진 선수가 경기에 참여하는 경우는 드물다(최승권, 2018).

하여 걷는 것이 가능한 비교적 경미한 장애가 발생할 수 있다. 하지마비와 사지마비 간에는 앉는 능력, 몸통 및 등 근육의 기능, 다리 사용의 정도에서 차이가 존재한다. 따라서 사지마비 또는 하지마비가 있는 개인은 기능적 능력에 따라 서로 다르게 평가되어야 하며, 이러한 능력은 수영 스트로크 기술 습득에 영향을 미친다. 척수 손상의 위치에 따라 기능적 능력이 달라지므로, 경기에서는 등급분류가 이루어진다. 이 등급분류는 병변의 수준과 기능적 능력(예: 사지마비 환자가 팔을 머리 위로 들어 올릴 수 있는지 여부)에 기반한다. [그림 2.4.3]은 척수 손상 부위에 따른 일상생활 기능의 구분을 나타낸다.

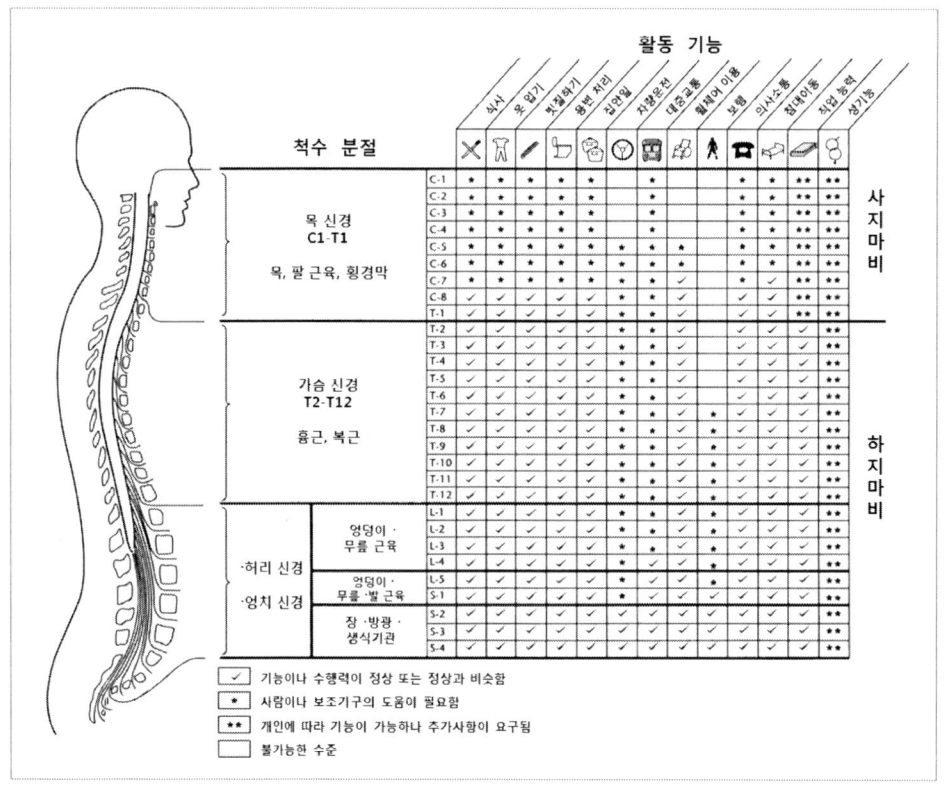

[그림 2.4.3] 척수 손상에 따른 활동 기능 (최승권, 2018)

척수 손상 부위와 운동/감각 기능

척수 손상은 척수 손상의 위치에 따라 분류된다. 척추에 의한 구분은 손상을 입은 특정 뼈를 지칭한다. 예를 들어, 척추뼈의 영문 첫 글자를 써서 경추 6번과 7번이 상해를 입었으면 C6/7이라 하고, 흉추는 T1-12, 요추는 L1-5, 천추 등으로 표기한다. 척수가 손상되면 신경 통로의 일부 또는 완전히 망가져 감각과 운동 기능에 영향을 미쳐 장애가 생긴다(표 2.4.1). 다음은 척추뼈(척수 신경) 손상 부위에 따른 기능을 정리한 것이다.

제 4 경추 (C4)

네 번째 경추에 손상을 입을 경우, 일반적으로 목빗근, 등세모근, 위척추옆근 등과 같은 목과 가로막을 조절하는 근육에 영향을 미치게 된다. 그 결과 팔의 기능이 저해되며, 팔과 다리가 모두 마비될 수 있어 휠체어를 혼자서 타고 내리는 것이 불가능해지며, 따라서 보조가 필요하여 수영장에 입수하기 위해 도움을 받아야 한다.

제 5 경추 (C5)

다섯 번째 경추가 손상될 경우, 목 근육, 가로막근, 어깨세모근, 마름모근, 그리고 위팔두갈래근의 기능이 유지되어 팔꿈치의 굴곡 및 팔의 외전이 가능해진다. 그러나 위팔세갈래근의 기능은 마비되어 팔꿈치의 신전은 중력에 의존하여 이루어지게 된다. 그 때문에 손목과 손의 기능은 상실되어 킥보드나 풀 부이를 잡고 수영하는 것이 불가능하며, 따라서 부유 기구를 착용하거나 부유 누들 봉에 의지해야 하는 상황이 발생한다.

제 6 경추 (C6)

여섯 번째 경추의 하부가 손상될 경우, 팔꿈치의 굽힘, 손목의 폄, 어깨의 굽힘 및 벌림이 가능해진다. 이로 인해 휠체어를 밀거나 킥보드 및 풀 부이에 팔을 얹어 수면 위에 떠 있는 상태를 유지할 수 있다.

제 7 경추 (C7)

일곱 번째 경추에 상해가 있으면, 어깨세모근이 발달하면 팔꿈치를 고정하여 물건을 잡고 놓는 동작을 할 수 있다. 휠체어를 스스로 움직일 수 있으며 손가락을 벌려 편 장갑 기구를 끼고 풀링을 할 수 있다.

제 1 – 5 흉추 (T1-T5)

1 - 5번 흉추에 손상이 있으면 팔의 운동은 가능하지만 다리는 마비된다. 팔은 완전히 움직일 수 있으나 몸통을 지탱하기 어려워 보조기구가 필요하다. 스스로 이동할 수 있으며 평영 스트로크가 가능하다.

제 6 – 9 흉추 (T6-T9)

6 - 9번 흉추에 상해가 있으면 등근육의 윗부분, 배근육, 갈비 부위 근육의 기능은 가능하여 몸통을 가눌 수 있다. 스트로크로 팔의 근력을 기를 수 있으며 스윔 벤치에서 트레이닝 운동이 가능하다. 스스로 휠체어를 움직일 수 있으며 식사를 하고 옷을 입을 수도 있다. 또한 보조 지지대를 이용하여 설 수도 있다.

〈표 2.4.1〉 척수 손상 부위에 따라 운동 및 감각 기능에 미치는 영향(Allford, & Mitchell-Norfolk, 2010).

병변 부위*	운동 기능	감각 기능
C4-C6	C7-T1 영향 요인에 더하여 두갈래근, 어깨세모근, 마름근, 근육둘레띠 등이 영향을 받음	하위 병변 증상에 더하여 손, 손목, 전완 등에 감각이 없거나 변화가 있음
C7-T1	T2-T5 영향 요인에 더하여 팔 기능(특히 악력)과 위팔세갈래근 등이 영향을 받음	손, 특히 손가락(셋째, 넷째, 다섯째)에서 더 많은 변화가 있음
T2-T5	T6-T10의 영향 요인에 더하여 복부 근육이 영향을 받음	가슴 근육까지 감각이 없거나 변화가 있음
T6-T10	T11-L3의 영향 요인에 더하여 아래 갈비사이근과 척추세움근이 영향을 받음	몸통 감각에 변화가 있음
T11-L3	L4-S2의 영향 요인에 더하여 엉덩허리근, 허리네모근, 척추세움근의 아래부분, 넙다리네갈래근 등이 영향을 받음	하지와 골반 부위에 감각이 없거나 변화가 있음
L4-S2	볼기근과 넙다리뒤근육이 영향을 받으나 넙다리네갈래근에는 영향이 없음	무릎 아래와 샅고랑 부위에 감각이 없거나 변화가 있음

* 불완전 병변일 경우에는 개인차가 있음

제 10 – 12 흉추 (T10-T12)

10 - 12 흉추를 다친 것이며, 등근육 윗부위와 배근육을 완전하게 수축할 수 있다. 등의 아랫부위는 비록 약하나 몸통을 가눌 수 있어서 수영과 같은 지구력 운동, 휠체어 이동, 웨이트트레이닝이 가능하다. 스스로 생활할 수 있으며 긴 지지대를 이용하여 걷기도 가능하다.

제 1 – 5 요추 (L1-L5)

1 - 3 요추에 상해가 있으면 대퇴를 굴곡시키는 볼기근 기능이 가능하다. 제 4 요추를 다쳐도 엉덩이 관절의 굽힘이 가능하며, 제 5 요추를 함께 다치는 경우도 다리와 엉덩이 관절의 폄은 가능하다. 보행이 가능하며 스스로 일상생활을 할 수 있다. 풀 입수를 위해 휠체어에서 내리고 타는 이동을 혼자서 할 수 있다.

제 1 – 5 천추 (S1-S5)

천추를 다치면 방광과 장의 기능에 장애가 있다. 제 2 천추를 다치면 장딴지근과 가자미근의 기능이 가능하고 제 3 꼬리의 아랫부위를 다치면 다리의 벌림(외전)과 모음(내전)도 가능하다. 배변 훈련 전까지는 도관 catheter 을 사용한다. 천추를 다친 사람은 다른 척수 손상이 있는 사람들에 비해 운동기능이 좋으며 상체의 정교한 움직임을 요구하는 운동이나 지구력 운동도 가능하다.

척수장애의 특성

척수 손상은 운동신경과 감각신경의 손상으로 많은 신체적인 문제를 일으킬 가능성이 있다 척수 손상자에게서 많이 나타나는 신체적인 문제로서는 경련 spasms 과 경직 spasticity, 호흡기 감염, 요로감염, 체온 조절 장애, 피부 손상과 마비 부위의 상해, 운동할 때 심혈관 반응 감소, 자율신경반사항진, 뼈엉성증(골다공증)과 이소성 골화, 관절 구축, 욕창 등 많은 문제가 발생하기도 한다(최승권 외, 2003). 이러한 문제를 예방하기 위해 운동은 효과적인 방법이며, 운동 중 발생할 수 있는 문제를 최소화하여 긍정적인 운동 효과를 얻는 것이 중요하다.

운동 시 주의해야 할 사항은 다음과 같다. 경수에서 흉수 중간 부위까지 손상된 환자들은 다리와 몸통 부위에서 근장력이 증가하여 경련이 자주 발생할 수 있다. 자세를 변경하거나 갑작스럽게 움직일 때, 또는 몸통과 다리를 굽히거나 신전할 때 굴곡근군이나 신전근이 반응하여 경련이 유발될 수 있다. 흉수 위의 척수 손상이 있는 환자들은 충분한 호흡과 강한 기침을 위해 호흡 기능과 복부 근육의 기능이 필수적이며, 이러한 기능이 부족할 경우 호흡기 감염이나 폐렴에 걸릴 위험이 높아진다. 따라서 추운 날씨나 유행성 감기에 대해서는 신속한 치료가 필요하며, 흡연과 같은 위험 요인은 피해야 한다. 운동 전에는 반드시 스트레칭을 실시하고, 경련과 경직이 심할 경우 전문의의 처방에 따라 약물을 복용해야 한다.

거의 모든 척수 손상자들은 방광 기능이 약하다. 방광을 비우거나 요도괄약근의 이완 문제는 요정류 urinary retention 를 발생시키는 경우가 있다. 배뇨를 위해 카테터 삽입, 콘돔 카테터나 위생 기저귀 등을 사용하는 경우가 많다. 배뇨 후 방광에 남은 오줌은 감염을 일으킬 수 있으며 카테터를 삽입하거나 방관 배뇨를 할 때도 감염의 위험성이 높다. 잘 처치하지 않으면 방광 감염은 신장으로 번지고 패혈증 septicemia 을 일으킬 수도 있다. 흉수 6번 이상의 척수 손상의 경우 신체 내부 기관과 피부로 흐르는 혈류를 바꾸어 내부 열과 냉각 기전을 조절하는 혈관의 교감신경계 결함을 나타낸다. 따라서 흉수 상부 손상과 사지마비는 고온의 기후에서는 고열증의 위험이 있으며 저온에서는 저체온증의 위험이 생길 수도 있다. 이들은 상해 신경 부위 이상에서만 땀을 흘릴 수 있고, 열을 보존하기 위한 떨림을 일으키지 못한다. 운동 전에 수분을 충분히 섭취하고 열이 발생하면 분사기로 물을 분무하여 열을 내리고 휴식을 자주 갖도록 한다. 또한 차가운 기후에 노출되면 쇼크를 일으킬 수 있으므로 보온에도 신경을 써야 한다.

흉수 6번 이상이 손상된 경우, 혈류 이송 체계가 손상되기 때문에 혈관이 수축하지 못하고 심장은 심박수와 심박출량을 증가시키기 위한 자극을 직접적으로 받지 못한다. 따라서 가슴신경 상부 손상과 사지마비인 선수는 분당 심박수가 120-130 박/분 이상 증가시키지 못하므로 운동 능력은 전반적으로 제한을 받는다(Nash, 2006). 이와 더불어 혈관 수축이 되지 않아 기립성 저혈압을 일으키기도 한다. 이는 복부와 다리에 혈액이 저류되어 자세를 세우면 뇌로 전달되는 산소가 줄어들어 가벼운 현기증을 일으킨다. 척수 손상에 따른 또 다른 문제는 혈전정맥염 thrombophlebitis 이다. 이는 혈액이 다리 정맥에 고여서 혈전을 형성하기 때문이다. 한쪽 다리가 붓고, 붉어지며 열이 나는 심각한 증상으로서, 다리 혈관에 생긴 혈전이 떨어져 나가 폐로 이동하고 이어서 폐 일부에 혈액 공급이 중단되는 폐색전증을 일으키게 된다. 부기가 있고, 열이 나며 붉어지는 증상은 다리의 심부 정맥에 혈전이 생겨 나타나기 때문에 즉시 검진을 받아야 한다. 기립성 저혈압은 척수 손상 초기에 발생하므로 서서히 이동운동을 실시하면 점차 감소시킬 수 있으며, 적절히 수분을 보충하고 스타킹 등을 착용하여 마비 부위를 압박하면 예방할 수 있다.

다리에 경련이 없거나 체중 부하 운동을 규칙적으로 실시하지 않으면 뼈엉성증(골다공증)이 발생할 가능성이 커 조그만 외상에도 골절되기 쉽다. 감각이 없는 부위에서는 타박상 증후, 경직 증가, 부기 등으로 골절을 발견하기도 한다. 일부 사람들은 상해 부위 이하 관절 주위에 이소성 골화가 있을 수 있는데, 이는 대퇴 부위에 흔하며 관절의 가동성을 심각히 제한하며 척추측만과 피부 질환 같은 이차적인 문제가 발생한다. 경직과 근육 마비로 오래 앉아 있거나 중력이 당기는 현상 때문에 팔, 목, 몸통, 다리 부위의 근육과 결체조직이 단축되고 관절이 굳어지는 구축이 발생할 수 있다. 구축으로 움직임 범위가 커지므로 일상생활에 불편을 초래하므로 마비된 부위를 주기적으로 움직여 주고 스트레칭 등을 통하여 굳어지는 것을 방지하여야 한다.

02 척수장애의 지도 방법

척수 손상과 수영 시작

팔다리에 마비가 있는 사람에게 수영을 가르쳐 본 경험이 있는 지도자들조차도 마비가 있는 사람들에 대한 고정화된 이미지를 가지고 있을 수 있어서, 그들이 할 수 있는 것이 무엇인가라는 의문을 던지고 이를 해결하려고 한다. 많은 고정 관념 중에는 하지마비는 걸을 수 없으니 스트로크와 킥을 전혀 할 수 없다거나 사지마비는 팔이든 다리든 사용할 수 없다고 생각하는 것이다. 이러한 지도자들은 장애에 대하여 알고 있었거나 특별한 신체 상태에 대해 들어왔던 것에 따라 활동에 제한이 있는 사람들을 범주화하려고 한다. 그러나 다음과 같은 상태에 따라 개인 차이를 나타낸다(Australian Sports Commission, 2005).

○ 상해 위치(병변 부위가 낮을수록 근육을 더 조절할 수 있음)
○ 신체적 능력과 인지적 능력
○ 추정해 볼 때, 동일 손상이 있는 사람의 기능적 능력

수영 지도자들이 일반적으로 수영자의 능력에 대해 이해하고자 할 때, 가장 효과적인 조언은 수영자에게 직접 질문하는 것이다. 수영 지도자는 장애가 있는 수영자들이 수행할 수 있는 활동과 수행할 수 없는 활동에 대해 명확히 이해하고, 이에 맞는 수영 기술을 개발할 필요가 있다. 지도자가 고려해야 할 사항은 다음과 같다.

○ 선수들이 할 수 없는 것에 초점을 두지 말고, 할 수 있는 것과 잠재력 및 능력을 평가한다.

◯ 지지받지 않고 부력을 이용해 뜨도록 한다.

◯ 부유 기구를 착용하고 풀을 둘러보는 경험을 한다.

◯ 비슷한 기능인 선수들이 경영하는 모습을 영상 또는 직접 관람한다.

척수 장애가 있는 개인을 위한 수영 강습 일정을 계획할 때, 지도자가 고려해야 할 사항은 다음과 같다.

◯ 수영장에 입수하는 방법은 무엇인가? (예: 휠체어 통로가 있는 경우, 해당 통로를 이용하는지, 리프트를 사용하는지, 혹은 보조자의 도움이 필요한지 여부)

◯ 수영장까지 독립적으로 이동할 수 있는지 여부

◯ 화장실 이용에 있어 문제가 없는지 여부

◯ 지원을 받을 수 있는 사람이 있는지 여부 (예: 휠체어 이동, 수영장 입장, 수영복 착용 등)

수영장이 주거 지역 가까이 설립되어 있고 접근시설이 완비된 장소는 흔하지 않을 것이다. 그러므로 너무 많은 문제를 가지지 않고 수영할 수 있는 적절한 접근시설이 있는 장소를 찾는 데 목적이 있다.

사지마비(quadriplegia)와 상위 손상 하지마비

척수 손상이 경수와 흉수 4번 부위까지 이르는 환자들은 운동 시 일반인과는 다른 신체 반응을 보인다. 이들은 교감신경계의 손상으로 인해 최대 심박수가 약 120-130박/분에 불과하다. 따라서 심박수는 운동 반응의 중요한 지표로 활용하기 어려우며, 수영 후 회복 관찰 및 운동 처방에도 심박수를 기준으로 삼기 힘들다. 이에 따라 수영을 진행할 때는 반드시 지도자와 1:1로 지도 및 관찰을 하여 운동 반응을 면밀히 살펴야 한다. 수영 지도를 할 때마다 운동 기간과 헤엄친 거리를 기록하고, 이를 바탕으로 지도 계획을 수립하고 반영해야 한다. 반면, 불완전 마비 환자들은 심박수가 정상적으로 나타나므로 심박수를 통한 관찰에는 문제가 없다(Australian Sports Commission, 2005).

경수 손상으로 팔의 움직임이 제한된 사지마비 환자가 수영하는 것은 상당한 어려움이 따르지만, 손상 정도에 따라 부유 기구를 목이나 몸통에 착용하고 팔과 손의 제한적인 기능을 활용하여 수중에서 활동할 수 있다. 경추 손상이 있는 환자 중 팔꿈치와 팔목에 힘을 줄 수 있는 경우, 손바닥으로 물을 밀어내며 누워 뜨기를 통해 스컬링을 수행할 수 있다. 힘을 주는 정도에 따라 손 갈퀴 장갑을 착용하여 물을 밀어내며 근력을 기를 수 있다. 수영하는 동안 대화를 통해 피로 여부를 점검하고, 자주 휴식을 취하는 것이 중요하다.

사지가 마비된 경우, 팔다리의 피부는 민감성을 잃고 혈액 순환이 원활하지 않다. 이로 인해 찰과상이 느껴지지 않을 수 있으며, 치유되는 데 오랜 시간이 소요될 수 있으므로 다리가 부딪히거나 긁히지 않도록 주의해야 한다. 수영장 내외부에 날카로운 모서리가 있는지 유의하고 이를 알리는 것이 중요하다. 얕은 물에서 운동할 때는 수영하는 사람이 수영장 바닥에 다리가 끌릴 경우, 발을 보호하기 위해 보호복을 착용하는 것이 바람직하다. 양말은 효과적인 보호 기능을 제공할 수 있다.

하지마비

하지마비가 있는 사람에게 수영은 신체 기능의 향상 및 유지를 위한 매우 유익한 활동으로 평가된다. 수영에서의 부력 작용은 마비 상태에 긍정적인 영향을 미치며, 이는 물에 뜨는 것을 용이하게 할 뿐만 아니라, 상대적으로 높은 수온은 근육의 이완을 촉진하는 데 도움을 준다. 초보자 수영 교육 시에는 다양한 형태의 부유 기구를 허리, 팔, 목 등에 착용하도록 하여 자연스럽게 물에 뜨는 연습을 진행함으로써, 운동에 대한 새로운 동기를 부여할 수 있다. 하지마비가 있는 개인은 수영의 모든 영법에서 팔 동작을 수행하는 데 큰 어려움을 겪지 않는다. 그러나 하지마비의 정도는 척수 손상의 위치에 따라 몸통 조절 및 균형 유지 능력에 상당한 차이를 보인다. 흉수 T7/8보다 위쪽에 손상이 있는 경우, 휠체어에서 수영장 가장자리나 승강기로 이동할 때 몸을 앞으로 또는 옆으로 구부릴 때 균형을 잃기 쉬워 한 손으로 휠체어 프레임을 잡아야 넘어지지 않는다. 수영 중 방향 조절을 위해 어깨 부분의 회전은 어느 정도 가능하지만, 자세를 변화시키기 위한 몸통 롤링은 쉽지 않다. 따라서 몸통 조절 및 균형 유지 능력은 사지마비와 상위 병변 하지마비를 구별하는 중요한 기준이 된다(Sherrill, 2004).

운동 시 위험 요인과 예방법

척수 손상이 있는 개인들은 신경 손상으로 인해 비정상적인 반응을 보일 수 있으므로 운동 시 특별한 주의가 필요하다. 근육을 과도하게 사용하거나 전형적인 운동 부상을 경험할 경우, 회복이 어려운 심각한 결과를 초래할 수 있으며, 이는 일반인에게 발생하는 유사한 부상보다 더 중대한 손상을 일으켜 일상생활에 심각한 위협이 될 수 있다. 운동 참여와 관련된 위험 요인은 〈표 2.4.2〉에 요약되어 있다(Nash, 2006).

욕창

척수 손상이 있으면 대부분은 감각 결함으로 몸통과 다리에서 자극을 느끼지 못하기 때문에 이차적인 건강 문제를 일으킬 수 있다. 그중에 보편적인 문제는 욕창 pressure sore 과 욕창성 궤양 decubitus ulcer 이다. 이것은 신경분포 innervation 의 부족과 피부 혈액순환의 감소로 발생하며, 뼈가 튀어나와 쉽게 압력을 받는 부분(엉덩이, 골반, 발목)에 가장 잘 생긴다. 혈액 순환이 원활하지 않으면 상처가 감염되기 쉬우며, 치유 과정이 지연될 수 있다. 욕창 예방을 위해서는 정기적인 피부 소독이 필요하며, 감염에 취약한 부위에는 패드를 덧대어 주고, 주기적으로 압력을 해소해야 한다. 또한, 압력을 고르게 분산시키고 욕창을 예방하기 위해 개인 맞춤형 쿠션을 사용하는 경우도 있다. 피부가 소변이나 땀으로 젖어 있을 때 손상이 더욱 쉽게 발생하므로, 피부를 건조하게 유지하는 것도 중요하다(Winnick, 2011/2014).

고혈압

운동 후 고혈압의 위험성은 팔 운동을 수행한 이후 감소하는 경향이 있으나, 이는 기립 자세로의 변화에 대한 혈관 운동 신경의 반응이 상실되는 것과 관련이 있다.

〈표 2.4.2〉 척수 손상자의 운동 중 위험 요인의 원인과 예방

위험요인	원인	예방
욕창	• 뼈가 돌출된 부위(엉덩이, 골반) 압박으로 상처 발생	• 피부 마찰 발생을 줄임(라롤린 크림 바름) • 몸에 맞는 쿠션에 앉기 • 30분 운동 시 최소 1분 이상 방석에서 엉덩이를 들어 올려 피부 압박을 줄임
골절	• 병변 부위 이하의 뼈 가운데 50% 이상은 상해 후 6개월 이내에 좋아질 가망이 없음 • 작은 충격에도 쉽게 골절됨	• 골절 예측 척도는 개발된 것이 없음. 휠체어에 앉아서 운동하는 일을 조심하고 심한 만성 근육 경련을 조심해야 함
골격근 과사용 /상해	• 골격근의 과사용은 통각이 없는 부위에서 일어남 • 위팔의 경우 휠체어를 추진하며 상해가 발생하거나 회복이 어려운 장애 발생	• 다리는 상해 징후를 관찰해야 함. 경직이 증가하면 부기, 통증, 열기, 홍반 등이 관찰되지 않아도 상해의 단서로 봐야 함 • 팔 가동 범위 유지, 근력, 균형을 유지 • 팔을 이용한 스포츠 활동에서는 힘차게 휠체어 추진 능력을 향상함 • 상해를 최소화하는 휠체어 사용
체온 조절 장애	• 상해 부위 이하의 혈관운동, 발한운동 상실 • 운동 중 혈류재분배 변화 • 상해 부위 이하의 발한 없음	• 변화무쌍한 환경에서의 운동 자제 • 열 스트레스 증후, 증상, 탈수, 의복 착용에 주의해야 함
자율신경 반사부전증	• 유해 자극에 대한 아드레날린 반응을 일으키는 중추 자율신경 조절 장애	• 운동수행 전 방광과 장을 비운다(배변 실시). 카테테르 배출 여부 점검. • 자율신경 이상이 증가하면 운동을 중단 • 의도적인 오줌 배출을 이용한 운동 반응 부양 금지.
피부 화상	• 수분/겔이 적은 전극 사용 • 장기간 직류전기 사용 화상 위험이 있는 강한 자극 사용	• 주기적으로 전극을 교체하고 전극에 기포가 있는지 가장자리가 말랐는지를 조사
혈압 상승 대상부전	• 운동에 대한 교감신경 반사 반응 부재 혹은 운동 후 다리에 정맥 저류 현상	• 운동을 통한 기립성 대상부전 예방 • 정맥혈 회귀를 위해 운동 후 활동성 정리운동 실시 • 실신 에빙을 위해 비스듬히 눕힘

자율신경반사부전증(autonomic dysreflexia)

사지마비 또는 흉수 6번 이상에서 척수 손상을 입은 환자들은 갑작스럽고 급격한 자율신경의 과다 반사 hyperreflexia 로 인해 생명에 위협을 받을 가능성이 있다. 자율신경반사부전증은 신경계가 마비된 부위에서 통증이나 과도한 자극 감각 메시지를 수용할 때 발생한다. 가장 일반적인 반사부전증의 유발 요인은 대장에 대변이 가득 차거나 방광에 소변이 고인 경우에 발생하는 감각 메시지이다(Verkaaik, 2012). 그 외에도 정맥 혈전 색전증, 골절, 급격한 온도 변화, 발열, 운동 등이 자극 요인으로 작용할 수 있다. 운동 중 자율신경반사부전증의 발생 경향은 방광 비우기, 발열 상태에서의 운동, 또는 근육의 움직임으로 인해 생성되는 전류가 증가할 때 나타난다. 자율신경반사부전증은 고혈압, 서맥 bradycardia, 병변 위쪽 부위의 홍반, 털세움 piloerection, 두통 등의 증상을 동반한다. 특정 경우에는 고혈압으로 인해 심각한 두통이 발생할 수 있으며, 이는 뇌일혈 및 사망에 이를

위험이 있다. 심각한 의학적 문제를 예방하기 위해서는 다양한 증상을 인식하고, 문제를 일으킬 수 있는 자극을 피하며, 신속하게 말초 혈관 확장을 시행해야 한다. 운동 전에는 칼슘 채널 길항제나 알파 아드레날린 길항제를 사용하여 예방하는 것이 바람직하다.

골격근 상해

척수 손상이 있는 개인은 다리의 골절, 관절 탈구 및 팔에 심각한 부상을 입을 위험이 증가한다. 이러한 다리 문제는 마비된 근육에 가해지는 협력적 수축력과 경직된 다리의 비협력적 움직임 간의 상호작용 또는 운동 보조기구로 인한 관성으로 인해 발생할 수 있다. 이와 같은 활동은 안정 상태에서 경직이 심각하거나 전기적 자극에 의해 조절되지 않는 경직 반응을 보이는 개인에게는 금기 사항이 될 수 있다. 팔을 사용하여 운동하는 경우, 팔과 어깨의 과도한 사용으로 인한 부상을 예방하기 위한 예방 조치가 필수적이다. 특히 어깨 관절이 기계적으로 적합하지 않은 상태에서 수동 휠체어를 사용해야 하는 경우, 휠체어 추진, 체중 감소, 이동의 어려움 등이 일상생활에서 부상의 원인이 되는 것은 자연스러운 현상이다(Jacobs & Nash, 2004).

체온 조절 장애

척수 손상 이후 병변 부위 이하에서 혈관운동 신경 및 땀 분비 신경의 조절 기능 상실은 운동 시 특정한 문제를 초래할 수 있으며, 이는 척수 손상 환자에게 체온 조절의 어려움을 야기하여 때때로 비정상적인 고열을 유발할 수 있다. 이러한 비정상적인 고열은 손상 부위가 높은 환자들이 습한 환경이나 고온의 장소에서 운동할 때 더욱 빈번하게 발생한다. 따라서 불리한 기후 조건에서 활동할 경우, 운동 시간, 운동 강도, 의복 착용 및 탈수와 같은 요소를 특히 신중하게 고려해야 한다.

03 척수장애의 수영 지도

척수 손상자를 위한 수영 프로그램의 주요 목적은 개인이 독립적인 기능을 최대한 발휘할 수 있도록 지원하는 것이다. 새로운 부상자는 일상생활 및 자기 관리 활동을 배우게 된다. 하지 마비가 있는 경우에도 수영을 배우는 것이 용이하다. 하지에 문제가 없는 사람들은 엎드려 뜨기를 할 때 다리에 힘을 주어 무릎과 고관절을 자연스럽게 굽히게 되지만, 하지 마비가 있는 사람들은 엉덩이 아래로 내려오는 다리가 가볍고 물속에서 다리를 굽히는 토크 torque 가 부족하다. 이로 인해 몸은 부력을 얻게 된다. 수영을 처음 배우는 사람은 누워 뜨기를 통해 팔을 젓는 스컬링을 연습하게 되며, 이후에는 얼굴을 물에 담그고 눈을 뜨고 풀 바닥을 바라보는 훈련을 진행한다. 그 다음 단계로는 팔을 사용하여 엎드린 자세에서 누운 자세로 전환하고 균형 잡는 기술을 익히게 된다. 수영 기술을 효과적으로 습득하고자 한다면, 물을 활용하는 방법을 배우는 데 많은 시간을 투자해야 하며, 이러한 과정은 물속에서의 안전성을 높이는 데 기여한다. 모든 움직임은 추진력이 있고 부드러워야 하며, 가능한 한 물의 출렁임을 최소화하는 것이 바람직하다. 수영에 익숙해지면서 물이라는 환경에서 자유롭게 헤엄칠 수 있다는 기분은 더욱 열정적으로 수영하고자 하는 동기를 부여하며, 수영 기술을 향상시키기 위한 희망으로 이어질 것이다.

영법 지도

자유형

자유형의 크롤 스트로크는 수영에서 가장 효율적인 방법으로 평가된다. 현대 수영은 주로 팔의 움직임에 의존하며, 이로 인해 하지 마비가 있는 수영 선수들도 상당한 기술 수준에 도달할 수 있다. 다른 스트로크와 마찬가지로, 수영 시 몸의 자세는 얼굴이 수영장 바닥을 향하고 몸이 수평을 이루어야 한다. 호흡을 위해서는 얼굴을 수면 쪽으로 돌리며, 일반적으로 강한 쪽 팔이 풀링을 할 때 얼굴을 돌린다. 팔은 몸의 중심선에서 번갈아 아래쪽으로 당겨지며, 손은 물 위에서 시작하여 리커버리 단계에서 엉덩이 쪽으로 뒤로 이동한다. 일부 수영 선수는 롤 경향을 줄이고 팔의 풀링 속도를 높이기 위해 팔을 구부리는 것을 선호한다. 스트로크를 사용할 때 다리를 거의 움직이지 않고 매우 빠른 팔 동작으로 수영하는 선수들도 존재한다.

다리의 사용이 제한적이거나 전혀 사용하지 않는 수영 선수들은 머리가 상대적으로 무거워지는 경향이 있다. 따라서 하지 마비가 있는 수영 선수들은 일반인보다 머리를 조금 더 높이 들어야 할 필요가 있다. 머리를 지나치게 높게 유지할 경우 다리의 저항이 더욱 두드러지게 나타난다. 다리를 조금이라도 움직이는 수영 선수들은 특히 물장구치기를 권장받아야 한다. 이는 추진력을 위한 킥은 아닐지라도, 다리의 저항을 줄이고 몸통의 안정성을 높이는 데 기여할 수 있다. 다리 운동은 다리 근육뿐만 아니라 허리와 복부 근육의 발달에도 도움이 될 수 있다. 핀을 사용하는 것도 가능하지만, 과도한 사용은 피해야 한다.

풀 부이 pull buoy 는 자유형 지도에 효과적이다. 그것은 다리가 질질 끌리는 경향이 있는 사람들이 물에서 필요한 유선형 몸의 자세를 느낄 수 있게 해준다(그림 2.4.4). 풀 부이를 사용할 때 두 다리를 함께 유지하기 위해 찍찍이 스트랩 velcro strap 이 필요할 수 있다. 다리 감각이 없어 끈이 너무 조여지지 않도록 해야 한다. 풀 부이를 사용하면 다리 끌림으로 인해 어깨에 지속하여 주어지는 어깨 압박을 완화할 수 있다. 모든 보조기구와 마찬가지로 풀 부이에 의존하도록 하는 것은 현명하지 못하다(Australian Sports Commission, 1992).

상체 발달이 부족하거나 몸이 약한 사람의 이상적인 출발은 양팔을 앞으로 뻗거나 freestyle catch-up 동작 크기를 반 정도 half catch-up 로 작게 하는 것이 좋다. 팔 동작 입수 시 앞으로 멀리 뻗는 것이 도움이 되며, 이것은 푸시 push 의 마지막에 나타날 수 있는 스컬링을 예방할 수도 있다.

사지마비가 있는 사람은 편하게 호흡하기 위해 몸의 롤 roll 을 많이 해야 할 지도 모른다. 많은 사지마비 선수들은 크롤 front crawl 을 수행할 수 없으며 양팔 배영을 선호하는 경향이 있다.

[그림 2.4.4] 풀 부이의 활용

Catch up Swim Drill

양손을 앞으로 뻗은 상태에서 각 팔을 개별적으로 회전시키는 연습을 수행한다. 회복하여 돌아온 팔이 입수할 때, 앞쪽에 위치한 팔은 글라이드 동작을 하면서 대기하고 있다가 물속에서의 동작을 시작할 수 있다.

배영

배영에서 가장 효율적인 스트로크는 백 크롤링으로 평가된다. 배영은 두 팔을 교대로 원형으로 움직이며 지속적으로 스트로크를 수행하여 이동하는 방식이다. 어깨의 유연성이 확보된다면, 수중에서 신체 자세에 큰 영향을 미치지 않고 팔을 자유롭게 움직일 수 있다. 이때 머리는 뒤통수가 물에 잠긴 상태를 유지해야 하며, 이러한 자세

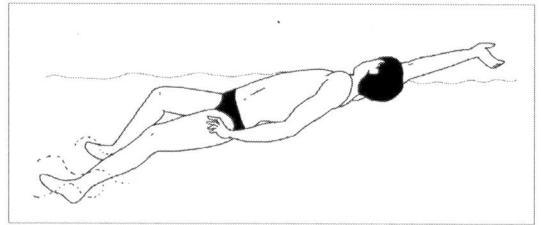

[그림 2.4.5] 신체 안정을 위한 발차기

는 근육에 가해지는 부담을 경감시키고 기도를 개방하여 공기가 원활하게 흐를 수 있도록 한다. 수영자는 수영장 천장을 바라보며 방향을 조정하며 헤엄칠 수 있다. 풀링과 리커버링 과정에서 팔꿈치를 곧게 유지하는 것이 중요하다. 배영에 익숙한 수영자들은 풀링 중 팔꿈치를 구부려 팔의 가속을 도모하지만, 이는 후속 단계에서 지도할 사항이다. 호흡은 전체 스트로크 주기 동안 입을 비우는 방식으로 조절할 수 있다. 수영 경기에서는 출발 시 한쪽 팔을 머리 뒤에 두는 것이 유리하며, 이는 풀 벽에서 부드러운 가속을 가능하게 한다. 반면, 양팔을 초기 스트로크에 사용하게 되면 신체의 측면에서 마무리되어 추진력을 얻지 못하는 스트로크 단계가 남게 된다. 배영에서 과도한 스컬링 sculling 은 과도한 다리 끌기 leg drag 로 인해 진행을 방해하므로 피해야 하며, 신체의 롤링 또한 지나치게 크게 이루어져서는 안 된다. 이는 다리의 롤링을 유발하고 과도한 다리 끌림을 초래할 수 있기 때문이다. 다리 움직임이 가능한 수영선수들에게 있어 발차기 연습 kick drills 은 단순히 추진력을 얻기 위한 것이 아니라, 신체의 안정성을 높이고 다리 끌림을 줄이기 위해 권장되는 훈련 방법이다(그림 2.4.5).

평영

평영은 초속 2m의 속도를 달성하기 위해 팔과 다리를 거의 동일한 비율로 추진해야 하는 수영 기술이다. 평영 스트로크의 과정에는 몸이 전진하지 않는 팔과 다리가 회복되는 단계가 포함된다. 하지 마비가 있는 수영자는 팔만으로도 효과적으로 수영할 수 있으며, 이는 일반 수영선수들이 활용하는 훈련 방법 중 하나이다. 수영 시 몸의 자세는 수면과 최대한 수평을 이루어야 한다. 하지 마비가 있는 수영자들은 반동을 이용한 동작으로 수영할 수 있지만, 팔의 움직임을 약간 조정함으로써 이를 개선할 수 있다. 팔은 수면 아래 약 30㎝ 깊이에 도달할 때까지 전통적인 스트로크 방식으로 당겨지며, 이때 팔꿈치는 굽혀지고 팔은 가슴 바로 아래로 당겨진다. 이 과정에서 손 사이의 거리는 15~25㎝로 유지된다. 이러한 동작은 물속에서 몸을 과도하게 들어 올리지 않으

면서도 전진할 수 있게 하며, 호흡을 위해 수면 위로 입을 충분히 벌릴 수 있는 여지를 제공한다. 평영은 척추의 굴곡과 신전에 훌륭한 운동이다.

평영에서 숨을 들이쉬기 전에 한 번 이상의 스트로크를 수행하는 것은 흔히 발생하는 현상이다. 이는 수영 중 상하 움직임을 최소화하고 물속에서 적절한 자세를 유지하는 데 기여한다. 숨을 들이쉬기 전에 스트로크를 여러 차례 수행할 수 있지만, 팔 스트로크 후에는 반드시 머리를 물 밖으로 내어야 한다는 점을 유념하는 것이 중요하다.

다리의 움직임이 다소 제한적인 수영자에게는

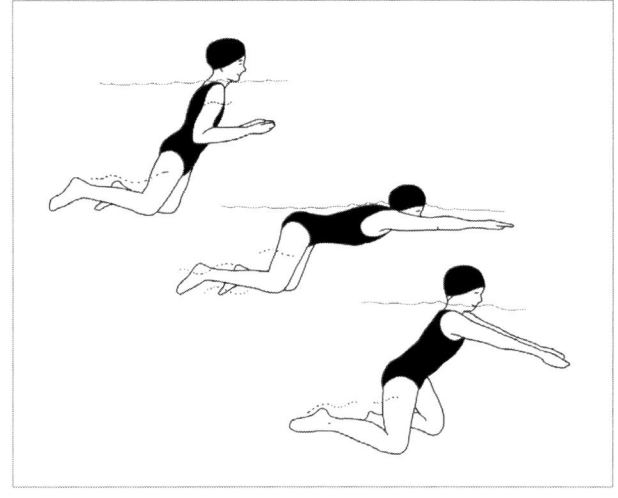

[그림 2.4.6] 평영의 다리끌기

개구리 발차기를 권장한다. 자유형에서의 발차기와는 달리, 개구리 발차기 kick 추진력을 제공하기보다는 다리의 끌림을 제한하고 수영자의 안정성을 높이는 역할을 할 수 있다. 또한, 평영에서는 돌고래 발차기 dolphin kick 가 허용되지 않으므로, 개구리 발차기를 사용하지 않는 수영자는 다리를 끌듯이 수영해야 한다(그림 2.4.6).

접영

접영에서 다리의 움직임이 제한될 경우, 머리의 조절이 가장 중요한 요소로 작용한다. 수영 중 턱은 손을 물속에 다시 넣을 때 가슴 쪽으로 당겨져야 한다. 머리의 움직임은 돌고래와 유사한 형태를 유지하기 위해 다소 과도하게 이루어져야 한다. 하지 마비의 경우, 마비된 부위가 상부에 위치할 때, 손을 물속에 넣는 접영 동작을 수행할 때 상체의 무게를 활용하여 실제 당김이 시작되기 전에 손을 떨어뜨릴 수 있도록 하는 것이 필요할 수 있다(그림 2.4.7). 이러한 방법은 팔이 지나치게 높게 뻗는 것을 방지하는 데 기여할 수 있다.

또한, 돌고래 발차기를 수행하는 능력이 부족한 경우, 호흡의 시기와 머리가 물속으로 다시 들어가는 타이밍은 일반적인 수영 선수보다 다소 빨라야 할 필요가 있다. 특정 상황에서는 옆으로 호흡을 하도록 유도하는 것이 수영 선수에게 더 유리할 수 있다. 마지막으로, 척추 봉합이나 철심 삽입으로 인해 운동 범위가 제한된 일부 척수 손상 선수는 접영을 수행하는 데 어려움을 겪을 수 있다.

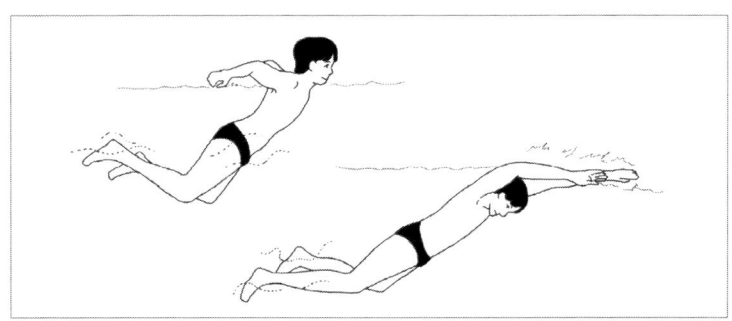

[그림 2.4.7] 상체 무게를 활용한 당김

출발

하지마비, 사지마비, 소아마비 및 척추이분증을 가진 개인들은 모두 다이빙을 배울 수 있는 가능성이 있다. 특정 상황에서는 이들이 스스로 출발대에서 균형을 유지할 수 있는 반면, 다른 경우에는 블록의 측면을 잡고 타인의 도움을 받아야 할 수도 있다. 경기 시작 시, 휠체어를 사용하는 수영선수들은 물속에서 경주를 시작하는 것이 허용되며, 출발대에 앉은 상태에서 다이빙하는 것도 가능하다. 블록에 앉을 때, 선수는 손을 몸의 측면에 대고 몸을 들어 올리며 다이빙을 수행하는 데 필요한 동작을 취한다. 이 과정은 일반 선수의 출발 방식과 유사하며, 등을 둥글게 하여 물속으로 진입하고 등 표면을 아치형으로 만드는 원리를 따른다. 가슴 아래 부위의 움직임이 제한되거나 없는 선수들도 위의 방법을 통해 다이빙을 수행할 수 있으며, 머리의 조절을 위해 손을 활용할 수 있다.

다리를 어느 정도 사용할 수 있지만 도움 없이 걷는 것이 불가능한 수영선수들은 출발대 뒤쪽에 앉아 발을 출발대 앞쪽에 두고 무릎을 구부려 턱 아래로 밀어 올리며 다이빙하는 방법을 배울 수 있다. 이 자세에서 균형을 유지하기 위해 손을 사용하여 뻗은 다리로 자신을 위로 밀어 올리는 동작이 필요하다. 다이빙은 정상적으로 이루어지며, 출발대의 앞쪽에 위치한 손이 균형을 유지하는 주요 지점으로 작용한다.

턴

자유형 텀블 턴 tumble turn 은 효과적인 수영 기술 중 하나로, 특정 상황에서 유용하게 활용될 수 있다. 만약 다리를 사용하거나 벽에서 밀어내는 것이 불가능한 경우, 수영자는 손을 이용하여 벽을 터치하고 밀어내야 한다. 특히 배영에서 다리를 사용할 수 없는 수영자는 손을 활용하여 피벗을 보조하고 벽을 밀어내는 것이 필요하다.

척수 손상과 증상 관련 수영 지도

수영을 지도할 때, 입수 전에 화장실을 이용하도록 권장하는 것이 바람직하다. 이는 배변 조절과 관련된 문제 때문이며, 척수 손상이 있는 개인들은 혈액 순환이 원활하지 않을 수 있다. 사지가 마비된 경우, 피부의 감각이 상실되어 혈액 순환이 저하될 수 있으며, 이로 인해 찰과상이 발생하더라도 이를 인지하지 못하고 치유되는 데 오랜 시간이 소요될 수 있다. 따라서 다리가 부딪히거나 긁히는 것을 방지하기 위해 주의가 필요하다. 또한, 수영장 내외부의 날카로운 가장자리와 같은 잠재적인 위험 요소에 대해 사전에 안내하는 것이 중요하다. 얕은 수영장에서 활동할 경우, 다리가 수영장 바닥에 닿아 긁히는 것을 방지하기 위해 보호구(예: 수영 양말)를 착용하는 것이 권장된다. 하지 마비 및 사지 마비 환자들은 일반적으로 따뜻한 물(28℃ 이상)에서 더 원활하게 움직이는 경향이 있다. 그러나 물의 온도가 높아지면 근육 경련이 증가할 수 있으며, 경험이 풍부한 수영선수들은 이러한 경련을 활용하는 방법을 배울 수 있다(예: 다리를 곧게 펴서 다리의 끌림을 줄이는 방식).

휠체어 수영선수들과 함께 운동할 때, 근육의 경직이나 어깨 통증이 발생하면 즉시 의사의 진료를 받는 것이 중요하다. 적절한 치료를 받지 않을 경우, 휠체어 수영선수의 어깨 근육은 휠체어를 밀 때 중요한 역할을 하므로, 이동 능력을 상당 부분 상실할 위험이 있다.

이동 방법

수영 선수를 휠체어에서 수영장으로 이동해야 하는 상황에서는 적절한 이동 방법을 숙지하는 것이 매우 중요하다(그림 2.4.8). 이에 대한 자세한 내용은 제1권을 참조하면 된다. 국가대표급 선수들은 일반적으로 도움 없이 수영장을 출입할 수 있지만, 항상 수영선수가 도움이 필요한지 여부를 확인하는 것이 바람직하다. 〈표 2.4.3〉은 척수 손상, 소아마비 후 증후군, 척추 이분증을 앓고 있는 사람들의 발현 증상을 정리한 것이다(Lepore et al., 2007). 이 표를 바탕으로 여러 증상 중에서 대표적인 증상과 수영 시 유의해야 할 사항들을 정리하여 설명하였다.

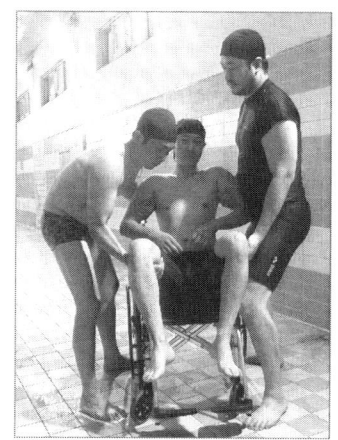

[그림 2.4.8] 휠체어 이동방법

마비, 불완전마비

장애 유형

척수 손상, 척추 이분증

마비 paralysis 는 뇌와 근육 간의 신경 자극 전달이 중단됨으로써 발생하는 현상이다. 일반적으로 마비는 수의근의 기능 상실 또는 손상을 의미하며, 불완전 마비는 수의근 기능의 부분적 상실로 인해 근력과 근지구력이 저하되는 상태를 나타낸다. 마비는 근육의 장력, 가동 범위(ROM), 보행, 장기 기능, 감각, 건강 체력, 운동 기술 등 다양한 변화를 초래할 수 있다. 이와 함께 자세 문제, 저혈압, 욕창, 골화, 혈전 등의 여러 합병증이 발생할 수 있다(Garvey, 1991). 마비 또는 불완전 마비의 원인에 따라 다양한 증상이 나타날 수 있으며, 이는 1차 장애에서 2차 장애로 이어질 수 있다.

이러한 증상을 가진 개인을 대상으로 한 수영 지도는 여러 가지 목표를 가지고 있다. 마비가 있는 사람들은 균형과 몸통 안정성을 향상시키고, 유산소성 지구력을 증진시키며, 가능할 경우 체중 감량을 촉진하고, 통증이 없는 자세를 유지하며, 자립성을 발전시키는 활동에 참여해야 한다. 또한, ROM과 근력을 향상하거나 유지하기 위한 수영 기술을 개발하고, 보행, 순환, 이동 능력을 개선하는 데 중점을 두어야 한다.

〈표 2.4.3〉 척수 손상 유형에 따른 발현 증상

손상 유형 \ 발현 증상	근위축	불완전 골형성증	순환기 장애	구축/가동 범위 제한	머리 조절 곤란	마비	자세 장애	호흡 장애	체온 조절 장애
하지마비		●	●	●		●	●		●
사지마비	●	●	●	●	●	●		●	●
척추이분증		●	●	●		●			
척수 손상	●	●	●	●		●			●

수영 지도 시 유의 사항

○ 마비가 발생할 경우, 수중에서의 부력과 미끄러짐 gliding 자세의 변화를 고려하여 유선형 자세를 조정하는 방법을 개발해야 한다. 이를 위해 머리 위치를 조정하거나 부유 기구를 착용하거나 중량을 부착하여 신체 자세를 낮추거나 높이는 방법이 있을 수 있다. 안전성을 고려하여 수중 실험을 통해 균형을 유지할 수 있는 자세를 탐색해야 한다.

○ 핀 fins 은 다리의 움직임이 약간 가능할 때 사용할 수 있으며, 근력 발달을 위한 추가적인 추진력과 저항력을 제공하므로 효과적이다.

○ 기본 배영과 평영은 긴장을 완화하고 수중에서 회복할 수 있는 영법으로, 호흡이 용이하고 추진력이 있어 우선 가르쳐야 한다. 특히, 다른 스트로크 방법을 수행할 수 없는 사지마비자에게 필수적인 영법이다. 사지마비자는 스컬링 sculling 이나 피닝 finning 팔 동작을 누운 자세에서 시작할 수 있을 것으로 보인다.

○ 신체의 마비된 부위가 서서히 회복되고 손상으로 인해 통증에 대한 감각이 둔해지므로, 상처나 찰과상이 발생할 수 있는 부위를 피해야 한다. 예를 들어, 거친 수영장 바닥이나 가장자리에서 몸을 끌어당기지 않도록 주의해야 하며, 양말이나 플라스틱 신발을 착용하는 것이 필요할 수 있다.

○ 엉덩이에 가벼운 벨트를 착용하여 신체 자세를 조정한다. 다리가 위축되고 근육량이 적은 개인은 종종 다리의 조정 없이도 수면에 뜨는 경우가 있다. 이는 효율적인 신체 자세에 부정적인 영향을 미치며, 효과적인 리듬 호흡 자세를 취하는 데 어려움을 초래할 수 있다.

○ 수영 전후에 피부에 찰과상이 있는지 점검해야 한다. 마비가 있는 경우, 감각이 저하되는 경우가 많으므로 주의가 필요하다.

○ 수영장 가장자리에 매트를 배치하여 찰과상을 예방하도록 한다.

○ 일부 사지마비자는 횡격막만을 사용하여 호흡을 하며, 지구력 운동을 수행하는 데 어려움을 겪는다. 따라서 일정 거리를 수영하는 동안 중간에 휴식이 필요하다.

○ 사지마비자가 크롤을 할 때는 호흡을 위해 몸을 크게 롤링해야 하며, 팔의 회전 동작을 부드럽게 유지해야 한다. 또한, 더 짧고 빠른 스트로크를 수행해야 한다.

○ 하반신 마비자의 경우, 크롤에서 팔꿈치를 많이 굽혀 입수할 경우 다리 동작이 감소하는 보상이 발생한다. 올바른 몸통 롤링은 엉덩이와 다리의 과도한 흔들림을 방지할 수 있다. 등을 약간 구부리면 다리가 가라앉는 현상을 줄일 수 있다.

○ 평영에서는 팔을 지속적으로 움직이는 것을 강조한다. 어깨를 움직여 머리를 오르내리게 하고, 2-3 스트로크마다 호흡을 함으로써 물속에서의 보빙 bobbing 동작을 예방할 수 있다(Canadian Red Cross Society, 1989).

○ 근육 긴장도에 문제가 있는 경우, 구축 및 가동 범위의 제한이 자주 발생하므로 이에 대한 이해를 돕기 위해 관련 내용을 참고하도록 한다.

○ 상체 발달에 있어 삼각근의 발달과 가슴 스트레칭에 특히 중점을 두어야 한다.

○ 참가자가 신체의 특정 부위에 집중하기 위해서는 다른 신체 부위나 몸통을 안정화할 필요가 있다(예: 하

지를 함께 벨트로 묶는 방법).

○ 불균형한 근력, 비정상적인 무게 중심 및 부력으로 인해 필요할 경우 스트로크 메커니즘을 조정해야 한다. 스트로크는 가능한 한 정상 방식으로 최소한의 변화만을 주도록 한다. 시행착오를 통해 구조적 비효율성, 제한된 가동 범위, 불균형한 근력 및 기타 다양한 문제를 보완한다. 참가자에게는 더 작은 가동 범위 또는 스컬링 팔 동작을 수행하도록 유도한다.

○ 다리 조절이 최소인 경우, 가벼운 통증이나 근육 염좌가 발생할 수 있으므로 높은 곳에서 다리가 먼저 물에 들어가지 않도록 주의해야 한다.

○ 상체 장애로 인해 머리를 들거나 돌리기 어려운 경우, 마스크와 스노클을 사용하거나 누운 자세로 굴러서 호흡하도록 권장한다. 처음에는 배영이나 기본 배영을 가르치는 것이 바람직하다.

○ 손 패들을 사용해 볼 수 있으며, 이는 넓은 표면적을 가지고 있어 약한 손 기능에 도움을 줄 수 있다.

○ 상체가 약하고 하체에 어느 정도 움직임이 있는 경우, 오리발 사용을 실험하되 오리발이 무겁고 부담스러울 수 있음을 유의해야 한다.

○ 하반신 마비가 있는 개인은 물속에서 몸통 균형을 잡기가 어려우므로, 횡영을 통해 앞으로 나아가기 위해서는 가위 발차기가 중요하다는 점을 명심해야 한다.

안전 문제

○ 감염의 위험이 있으므로 욕창이 있는 사람은 수중보다는 지상에서 신체 활동을 하도록 한다.

○ 머리에 헤일로 브레이스 halo braces 를 착용한 사람이 의학적으로 안정적인지 확인하고 수영 후 브레이스 안쪽의 젖은 천을 교체한다. 머리가 젖지 않도록 주의한다.

○ 심한 저혈압이나 사지마비자의 자율신경반사부전증 autonomic dysreflexia 이 있는 사람들은 지상 치료에 지장을 주는 것은 피해야 한다(Garvey, 1991).

○ 수영하기 전에 모든 배설물 수거 주머니를 비웠는지 확인한다.

○ 감각이 저하되면 눈에 띄지 않는 멍이 들기 때문에 피부를 자주 점검한다.

○ 장시간 더위와 추위 등 갑작스러운 온도 변화를 피한다.

체온 조절 장애

장애 유형

T8 이상의 척수 손상

온도 조절 장애는 교감신경계의 기능 손상, 땀샘의 비정상적인 분비, 또는 심혈관 조절의 장애로 인한 혈액 분포의 부적절함으로 인해 발생할 수 있다. 척수 손상으로 자율신경계가 영향을 받게 되면, 혈관의 수축 및 확장에 문제가 생기며, 이로 인해 심부 체온을 효과적으로 조절하는 데 어려움을 겪게 된다. 신체는 외부 환경의 온도에 민감하게 반응하므로, 온도에 취약한 개인은 저온 또는 고온 환경에서 저체온증이나 고열증을 경험할 수 있다. 높은 습도, 극심한 더위, 고강도 운동, 그리고 기온에 부적합한 의복 착용은 체온 조절을 방해하여 고열로 이어질 수 있다. 반대로, 심혈관 조절의 손상과 근육 마비로 인해 근육의 떨림이 발생하지 않으면, 체온이 과도하게 손실되어 저체온증이 발생할 수 있다.

따라서 체온 조절 장애가 있는 사람들을 위한 수영 지도 목표는 이들이 극한의 온도에 노출될 경우의 위험성을 인식하고, 추운 환경이나 더운 환경이 자신에게 미치는 영향을 신중하게 고려하도록 하는 데 있다.

수영 지도 시 유의 사항

○ 차가운 물에서 체온을 유지하기 위해 고무 neoprene 조끼나 잠수복을 착용하는 것이 권장된다.
○ 높은 온도의 실내외 수영장에서 머리, 목, 얼굴에 물을 뿌리기 위해 냉수 스프레이의 사용을 권장하며, 그늘을 만들고 물병을 준비하여 수분 섭취를 할 수 있도록 하는 것도 좋은 방법이다. 더운 날씨와 습한 환경에서 수업 중에는 충분한 수분을 섭취하는 것이 바람직하다.
○ 공기 온도가 수온보다 낮을 경우, 참가자가 수영장에서 나올 때는 건조한 수건이나 열을 가한 수건으로 체온을 유지해야 한다. 단, 열을 가한 수건은 화상의 위험이 있어 적절한 온도를 유지하는 것이 중요하다.

안전 문제

○ 과열 및 과냉각에 대한 노출을 최소화해야 한다.
○ 두통, 메스꺼움, 어지러움증(현기증), 허약감, 탈진 등 온열 관련 질환의 징후와 푸른 입술, 방향 감각 장애 등 저온으로 인한 질환의 징후에 주의해야 한다.
○ 시원한 물에서 수영한 후에는 28°C 이상의 따뜻한 음료를 제공해야 한다.

자율신경반사부전증 혹은 과다 반사

장애 유형

T6 이상의 척수 손상

자율신경반사부전증 또는 과다 반사 autonomic dysreflexia or hyperreflexia 는 T6 이상의 척수 손상을 가진 개인에게 발생할 수 있는 심각한 의료적 상황이다. 이 상태는 방광이나 결장이 과도하게 팽창할 때 두통, 오한, 발한, 구토 등의 증상을 유발할 수 있으며, 이는 카테터의 막힘, 장 및 소변 배출의 어려움, 또는 방광의 과도한 충만으로 인해 발생할 수 있다. 또한, 압력 통증이나 신장 결석과 같은 감염 및 자극도 이러한 증상을 유발할 수 있다. 본 연구의 목표는 참가자들이 건강한 생활 습관에 대한 인식을 높여 체력을 증진시키고, 방광 배출을 개선하기 위해 신체 활동을 증가시키거나 유지하도록 지원하는 것이다.

수영 지도 시 유의 사항

◯ 수영을 시작하기 전에 참가자에게 소변 주머니 또는 배변 주머니를 비우도록 안내한다.

◯ 배변 기구 사용 시 개인 정보 보호와 공간 활용에 대한 주의가 필요하다.

◯ 참가자가 카테터 튜브의 엉킴을 점검할 수 있도록 가끔 지원한다.

◯ 수영 전후에 방광 또는 배변 주머니를 비울 필요성을 상기시킨다.

안전 문제

◯ 두통, 오한, 구토, 심한 발한 등의 증상이 나타날 경우 즉시 적절한 의료진의 도움을 요청해야 한다. 이는 응급 상황으로 간주된다.

◯ 상황 발생자의 머리와 상체를 앉은 자세로 이동시키고, 방광이나 결장을 비우며 혈압을 측정한 후 응급 처치를 시행한다.

소아마비 후 증후군(Post-Poliomyelitis)

장애 유형

소아마비 후 증후군

폴리오 polio 바이러스 감염은 중추 신경계, 특히 척수의 전각 세포 및 뇌간腦幹, brain stem 의 일부 운동핵을 침범하여 급성 감염을 유발하는 질환이다. 이로 인해 일시적 또는 영구적인 신체 마비와 변형이 발생할 수 있다. 그러나 감각에 대한 반응은 여전히 존재하며, 뜨거움, 차가움, 통증, 압박감 등을 느낄 수 있다. 마비되는 특정 근육은 바이러스에 의해 감염된 척수의 부위에 따라 달라지며, 일반적으로 다리가 팔보다 더 자주 마비되는 경향이 있다. 소아미비로 인한 기형은 다리의 굴곡이 신전보다 마비되는 경우가 적기 때문에 발생한다. 이러한 상황은 근육 불균형을 초래하여 뼈에 영향을 미친다(Canadian Red Cross Society, 1989). 소아마비는 비진행성 질환으로, 수영 지도자는 소아마비를 앓았던 성인을 가르칠 수 있지만, 어린이는 찾아보기 어렵다. 우리나라에서는 1985년 이후 의학적으로 소아마비가 발생했다는 보고가 없는 것으로 알려져 있다.

수영 지도 시 유의 사항

◯ 하지의 일부에 마비가 있는 개인은 수중에서 걷거나 다양한 활동을 즐길 수 있는 가능성이 있다.

◯ 핀 수영은 하지의 추진력과 신체 자세를 조절하는 데 유익할 수 있다.

◯ 목이나 어깨 근육에 문제가 있는 경우, 크롤 수영에서 과도한 롤링을 피하고 적절한 호흡을 유지하며 팔의 회복력을 증진시키는 것이 중요하다.

◯ 혈액 순환이 원활하지 않을 경우, 오한이나 근육 경련과 같은 증상이 나타날 수 있다.

5

뇌병변장애

CHAPTER

5

뇌병변장애

 뇌병변장애의 이해

뇌병변장애의 정의

뇌병변 brain lesion 은 뇌의 기질적 병변 organic lesion 으로 인한 신체적, 정신적 장애가 발생하여 보행이나 일상생활 동작에 현저한 제약을 받는 중추 신경계 장애를 의미한다. 이러한 장애의 유형으로는 뇌성마비 cerebral palsy, 뇌졸중 stroke, 외상성 뇌손상 traumatic brain injury 등이 포함된다. 뇌의 기질적 병변이 생기면 뇌 손상으로 인해 뇌 신경의 구조적 변화를 일어나며, 그로 인해 인지, 언어, 사고, 지능, 정서 내지는 행동장애가 나타날 수 있다. 장애인복지법 시행령(2022)의 장애의 종류 및 기준(별표 1)에 따르면, 뇌병변 장애인은 뇌성마비, 외상성 뇌손상, 뇌졸중 등으로 인해 발생한 신체적 장애로, 보행이나 일상생활 동작에 상당한 제약을 받는 사람을 지칭한다. 뇌병변 장애는 우리나라 등록장애인구의 9.57%를 차지하며, 장애 유형 중에서는 네 번째로 많은 출현 장애로 분류된다(김영희 외, 2020).

한편, Para 수영 경기에 출전할 수 있는 적격 장애 유형은 과다 근육 긴장증 hypertonia, 운동실조증 ataxia, 무정위운동증 athetosis 중 최소 하나 이상의 증후가 지속적으로 존재해야 하며, 이러한 증후는 뇌성마비, 외상성 뇌손상, 뇌졸중 등의 장애로부터 직접적으로 유발되어야 한다(International Paralympic Committee, 2018). 일반적인 장애 분류 또는 장애인 스포츠의 수영 경기에 출전할 수 있는 뇌병변 장애는 크게 뇌성마비, 외상성 뇌손상, 뇌졸중으로 구분된다.

뇌성마비라는 용어는 "뇌의 마비 brain paralysis"를 의미하며, '뇌성'은 '뇌의 이상에 의한'이라는 뜻을 지니고 있고, '마비'는 '근육의 조절이 원활하지 않은 상태'를 나타냅니다. 비진행성 nonprogressive 이고 뇌 손상으로 인해 협응력, 근장력, 근력 등이 손상되어 정상적인 자세 유지와 운동 수행이 불가능한 상태를 의미합니다 (Cerebral Palsy - International Sport and Recreation Association, 1996;/1998). 여기서 비진행성의 의미는 전염되지 않으며, 상태가 점차 악화되지 않는 것을 뜻합니다. 따라서 뇌성마비는 미성숙한 뇌 또는 뇌 손상으로 인해 발생하는 운동 장애와 자세 이상을 특징으로 하는 비진행성 증후군입니다.

외상성 뇌손상이라는 용어는 강한 충격 traumatic 이 머리에 가해져 뇌가 손상되는 장애를 지칭합니다. 이 경우 뇌 기능은 일시적이거나 영구적으로 손상될 수 있으며, 구조적 손상이 발견될 수도 있고 발견되지 않을 수도 있습니다. 외상성 뇌손상은 손상의 심각성, 해부학적 특징, 폐쇄성 손상 또는 관통성 손상 등의 손상 과정, 그리고 특정 범위 또는 광범위에 걸쳐 손상이 발생했는지에 따라 분류됩니다. 두부 손상 head injury 은 일반적으로 외상성 뇌손상을 의미하지만, 뇌 외에도 두피나 두개골과 같은 다른 조직의 손상도 포함되므로 더 넓은 범주로 이해될 수 있습니다(강영희, 2014).

뇌졸중(stroke)

뇌졸중은 뇌에 혈액을 공급하는 혈관이 막히거나 파열되어 뇌 기능이 저하되는 질환이다. '뇌졸중'이라는 용어는 뇌가 손상되고 있는 상태를 의미하는 것으로 해석될 수 있으며, 일반적으로 중풍 中風, 또는 편마비라고도 불린다. 한의학에서 사용되는 '중풍' 또는 '풍 風'이라는 용어는 갑작스럽게 발병하여 바람처럼 빠르게 진행되는 현상을 나타낸다. '편마비'라는 용어는 뇌의 좌우 반구가 신체의 반쪽을 지배하는 원리를 반영하며, 뇌의 특정 부위에 혈관 병변이 발생할 경우 신체의 한쪽에 마비가 나타나는 현상을 설명한다. 뇌졸중은 일반적으로 혈관이 막히는 경우 '뇌경색'으로, 혈관이 파열되는 경우 '뇌출혈'로 구분된다.

뇌병변장애의 원인과 분류

뇌병변장애는 뇌성마비 CP, 뇌졸중, 외상성 뇌손상 TBI 으로 구분되며, 이들 각각의 원인은 상이하지만 모두 뇌손상에 기인한다. 장애인실태조사(김영희 외 6인, 2020)에 따르면 우리나라 등록 장애인 중 9.57%인 250,963명이 뇌병변장애를 포함한 장애를 가지고 있으며, 이는 지체장애, 청각장애, 시각장애에 이어 네 번째로 많은 장애 유형이다. 뇌병변장애의 원인은 연령대와 장애의 기원에 따라 상반된 양상을 보인다. 10세 이전에는 뇌성마비가 54.8%, 뇌손상이 12.9%, 뇌졸중이 6.4%를 차지하는 반면, 노년기에 이르면 뇌졸중이 65.9%로 가장 높은 비율을 보이며, 뇌손상은 10.2%, 뇌성마비는 7.7%로 감소한다. 즉, 뇌성마비는 나이가 들수록 줄어드는 반면, 뇌졸중은 증가하는 경향이 있으며, 뇌손상은 10대에서 상대적으로 높은 발생률을 보인다.

장애 부위의 비율을 살펴보면, 하지 장애가 46.7%, 상지 장애가 38.0%, 척추 장애가 15.3%로 나타났다. 상지와 하지 모두에 장애가 있는 비율이 높은 것은 뇌병변장애의 특성으로, 이는 지체장애와는 다른 양상이다. 뇌병변장애 중에서는 뇌졸중이 큰 비중을 차지하며, 이는 뇌졸중의 대표적인 증상인 편마비와 관련이 있을 것으로 추정된다. 또한, 뇌병변장애는 운동 조절을 담당하는 중추신경계의 손상으로 인해 다양한 정도의 인지, 시각, 청각, 언어, 연하 능력(음식물 삼키기), 근수축 등의 장애를 동반하는 경향이 있다.

〈표 2.5.1〉 뇌병변의 증상

증상 부위	분류
팔다리 중 한 부위	단마비(monoplegia)
다리만	하지마비(paraplegia)
팔과 다리	사지마비(quadriplegia)
팔과 다리, 팔보다 다리에 증상이 심함	양측마비(diplegia)
같은 쪽 팔과 다리	편마비(hemiplegia)
한쪽 팔과 양다리	삼지마비(triplegia)

  장애인 실태조사에 따르면, 뇌병변장애를 가진 사람들은 경직과 불수의 운동이 가장 많이 나타나며, 그 다음으로 통증, 관절 구축, 배변 및 배뇨장애, 연하장애가 순서대로 나타난다. 동반장애로는 언어장애가 가장 흔하며, 그 다음으로 뇌전증 장애와 지적장애가 뒤따른다(김영희 외 6인, 2020).
  뇌병변장애는 운동이나 활동에 미치는 영향에 따라 경증, 보통, 중증으로 분류된다.

○ **경증:** 활동하는데 제한이 있거나 운동기능이 상실되지 않은 가벼운 정도
○ **보통:** 운동기능을 발휘하고 말하는 데 어려움이 있으며 이동을 위해 보조 기구 사용
○ **중증:** 혼자서 움직여 이동하기 곤란하여 전동휠체어를 사용

  또한, 장애인 수영 경기에서는 손상의 경중에 따라 경기력을 결정하지 않고 동등한 능력을 바탕으로 경쟁할 수 있도록 등급분류 체계를 개발하여 뇌병변장애가 있는 선수들에게 적용하고 있다. 수영 경기에서 뇌병변장애 선수의 기능적 등급은 1등급부터 8등급으로 나뉘며, 1-4등급은 휠체어로 이동하는 등급을, 5-8등급은 보행이 가능한 등급을 의미한다.

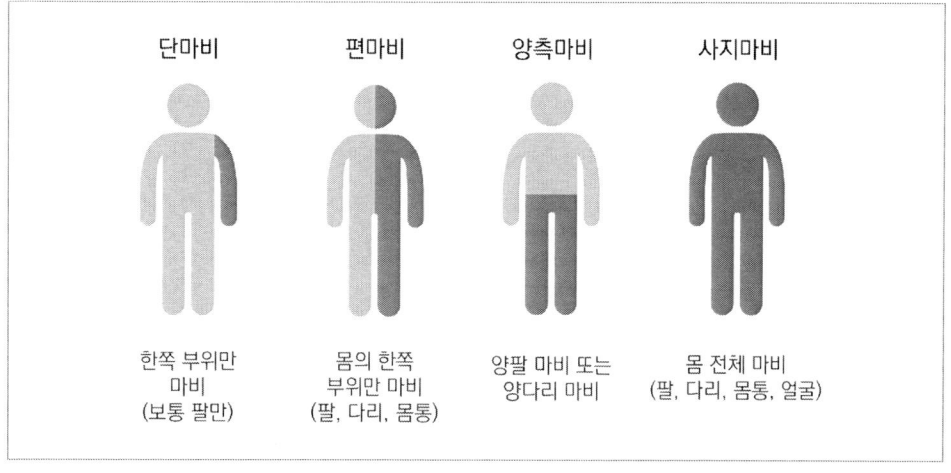

[그림 2.5.1] 뇌병변에 따른 장애 부위

뇌성마비

뇌성마비의 원인

뇌성마비는 뇌의 손상으로 인해 중추신경계의 발달에 장애를 초래하는 질환으로, 발생 시점은 출생 전부터 성인기에 이르기까지 다양하게 나타날 수 있다. 뇌성마비의 약 85%는 선천적이다(Cratty, 1989). 출생 전 임신 기간 동안 뇌성마비를 유발할 수 있는 위험 인자로는 산소 결핍, 모체의 감염 또는 풍진, 대사 기능 장애 및 중독 등이 있다. 출생 시에는 조기 출산, 산소 결핍, 외상, 골반위 출산breech birth, 장기간의 산고 등이 위험 인자로 작용할 수 있으며, 출생 후에는 뇌 손상, 외상, 뇌막염, 종양, 비소와 같은 독극물 중독 등이 위험 요소로 작용한다(최승권, 2018).

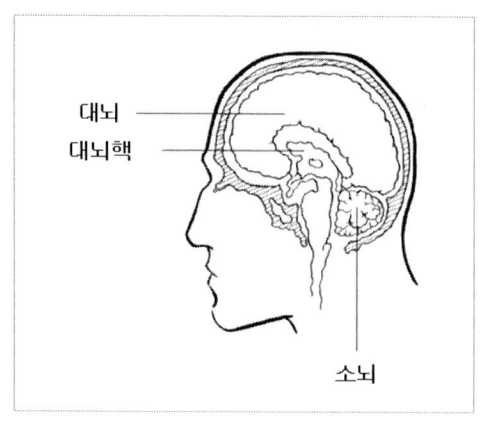

[그림 2.5.2] 뇌성마비 유형 관련 뇌 부분

뇌성마비의 분류

뇌성마비는 일반적으로 운동기능 장애에 따라 그 유형을 구분하는데 주로 경직성, 무정위운동증, 운동실조증, 혼합형 등으로 분류한다.

경련성(spasticity) 뇌성마비

움직임을 조절하는 대뇌 운동피질의 손상으로 발생한 뇌성마비의 70~80%는 경직성 뇌성마비이다. 경직이란, 반사 작용의 항진으로 근장력이 증가함에 따라 근육의 움직임은 협응력이 낮아지고 과긴장 상태가 된 것을 가리킨다. 이러한 경직은 자세, 체위 변동, 스트레스, 온도 변화, 동작 전 스트레칭 등 여러 조건에 따라 달라진다. 경직성 뇌성마비는 근육군에 장애가 생겨 걸을 때 불편한 자세를 보인다. 이 유형은 수영할 때 다음과 같은 특징이 있다.

○ 움직임은 갑작스럽고 긴장되며 불명확하고 뻣뻣한 경향이 있다. 물속에서의 이완이 주요 목표이지만, 이는 자연스럽게 이루어지지 않는다. 경직성이 있으면 대개 쉽게 가라앉는 경향이 있다.

○ 갑작스러운 움직임의 주요 원인은 과신전 반사stretch reflex 이다. 의사가 실시하는 무릎 두드리기 테스트는 허벅지 근육의 신전반사를 유도하기 위해 설계되었다. 기본적으로 어떤 근육이 충분히 늘어나면 반사적으로 근육이 수축하게 된다. 대부분의 사람에게 신전반사는 일상적인 활동 중에 거의 발생하지 않지만, 모든 움직임은 근육 그룹을 신전시키는 결과를 초래한다. 예를 들어, 팔을 굽힐 경우 삼두근이 늘어나게 된다. 과신전 반사의 경우, 삼두근이 수축하여 굴곡이 지연되는 현상이 나타난다. 경련을 일으킨 근육은 수축 후 즉시 이완되지 않는다.

○ 걷기 시 다리를 내전시키고 발뒤꿈치가 땅에서 떨어지는 발끝 걷기와 가위 걸음이 두드러지게 나타난다(그림 2.5.3).

○ 팔에 경직성이 있는 경우 팔꿈치와 손목이 구부러지며, 주먹을 꽉 쥐는 경우 수영장 가장자리를 잡거나 손으로 물을 당기는 데 어려움을 겪게 된다.

무정위운동증(athetosis) 뇌성마비

무정위운동증 뇌성마비는 대뇌의 기저핵이 손상되어 목적성 운동 purposeful movement 을 조절하는 기능에 장애가 발생할 때 나타난다. 이 유형은 전체 뇌성마비의 약 10%에서 20%를 차지하며, 팔과 다리가 마치 춤추는 듯한 움직임을 보이기 때문에 '무도병'이라고도 불린다. 또한, 목적 없이 불수의적으로 불규칙하게 움직이는 특성으로 인해 '불수의 운동성 뇌성마

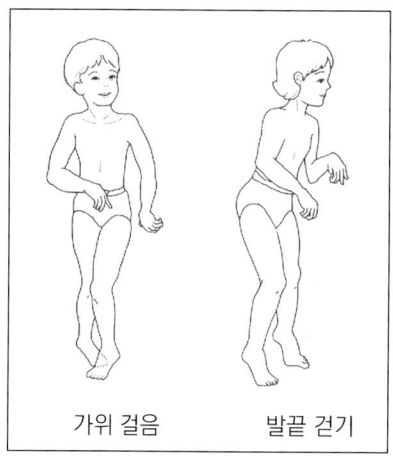

가위 걸음   발끝 걷기

[그림 2.5.3] 경직성 뇌성마비의 걸음

비'라는 명칭이 사용되기도 한다. 이러한 움직임은 때때로 발작적이고 빠르기도 하지만, 일반적으로 느리고 율동적이며 이동 시 팔다리를 휘젓는 flying 특징을 보인다. 근육의 장력이 지속적으로 변화하기 때문에 구축이나 근장력의 증가는 상대적으로 적은 편이다. 이 유형의 뇌성마비 환자는 수영 시 다음과 같은 특징이 있다.

○ 움직임이 느리고 불규칙적이며 무의식적이고 목적 없는 행동을 보인다.

○ 머리를 뒤로 젖히고, 입을 벌리며, 얼굴을 찌푸리고, 혀를 내미는 모습을 보인다.

○ 침을 삼키는 데 어려움이 있어 때때로 침을 흘리는 경우가 있다.

○ 특히 손의 마비가 두드러진다.

○ 극심한 정서적 또는 환경적 자극에 의해 상태가 악화될 수 있다.

운동실조증(ataxia) 뇌성마비

소뇌의 손상은 운동 조절에 필수적인 역할을 하는 뇌의 피드백 기전에 영향을 미치며, 이로 인해 운동실조증이 발생한다. 운동실조증은 뇌성마비의 약 10%를 차지하며, 대부분 후천적인 원인에 의해 발생한다. 운동실조증을 가진 아동은 움직이려 할 때 흔히 떨림을 경험하며, 앉았다 일어설 때, 걷거나 서 있을 때 머리와 몸통을 흔드는 경향이 있다. 기능적으로 복잡한 동작을 수행하려 할 때, 운동 조절이 더욱 어려워진다. 이는 협응 운동 능력이 심각하게 저하된 상태로, 아동은 똑바로 앉는 것이 어렵고, 걷는 과정에서 몸통 조절을 위한 보상 작용으로 다리를 넓게 벌리고 불안정한 걸음을 보인다. 또한, 공간 지각력과 협응력에 대한 피드백의 문제로, 수면 위에 떠 있는 부유 기구와 같은 목표물에 손을 뻗거나 공 드리블 과정에서 정확하고 신속한 조절이 어려워진다.

혼합형 뇌성마비

대부분의 뇌성마비는 몇 가지 형태의 특징을 나타낸다. 실제로 한 사람에게서 경직성이라든지 불수의 운동성, 또는 운동실조증 단 한 종류의 운동 장애만 있는 경우는 드물다. 경직성과 무정위운동증은 거의 혼재하며 경직성이 좀 더 있게 된다. 뇌성마비를 분류할 때 어떠한 특징으로 분류하느냐는 더 두드러지게 나타나는 형태를 명명하고 특징이 없으면 혼합형이라 한다. 이 형태는 중증이거나 중복 장애인 경우가 보통이다.

외상성 뇌손상

뇌손상은 뇌에 공급되는 산소의 부족이나 외부의 외상으로 인해 발생하며, 이는 외상성 뇌손상, 뇌졸중, 허혈성 뇌손상, 치매 등으로 분류될 수 있다. 외상성 뇌손상은 주로 오토바이 사고, 스포츠 및 레크리에이션 사고, 아동학대, 폭행 및 폭력, 추락 등과 같은 외부의 물리적 힘이 두개골이나 그 주변에 가해질 때 발생한다. 또한, anoxia, 심장마비, 익사와 같은 상황에서도 뇌손상이 발생할 수 있다. 다양한 원인 중에서 오토바이 사고와 폭력, 추락에 의한 외상성 뇌손상이 가장 빈번하게 발생한다. 전쟁 상황에서는 군인들이 폭발로 인해 외상성 뇌손상을 입는 경우가 많다. 특히 아동이라는 하위집단은 뇌손상의 위험에 처해 있다. 일반적으로 아동과 청소년의 뇌손상은 여러 요인에 의해 유발될 수 있다(Winnick(2011/2014).

○ 교통사고(보행자, 승객, 자전거 타는 중)

○ 건물, 놀이기구, 나무에서의 추락

○ 물체에 의한 상해(골프 클럽, 공, 돌, 소화기 등)

○ 아동학대

○ 스포츠 관련 상해(낙마, 스케이트보드 타기, 롤러브레이드 타기, 수영 다이빙 등)

뇌졸중

뇌졸중 stroke 은 뇌에 혈액을 공급하는 혈관이 막히거나 파열되어 뇌 기능에 부분적 또는 전반적인 장애가 급속히 발생하고, 이 상태가 상당 기간 지속되는 것을 의미한다. 뇌졸중은 뇌혈관의 폐쇄로 인해 발생하는 뇌경색(허혈성 뇌졸중)과 뇌혈관의 파열로 인해 뇌 조직 내로 혈액이 유출되는 뇌출혈(출혈성 뇌졸중)을 포함하는 포괄적인 용어이다. 뇌졸중의 주요 원인으로는 고혈압, 제2형 당뇨병 diabetes mellitus ,, 흡연, 알코올 의존증, 관상동맥 질환 등이 있으며, 비만, 혈소판 과응집증, 고지혈증과 같은 요인도 뇌졸중의 발생 가능성을 높인다. 뇌졸중으로 인한 신경학적 손상의 정도는 국소적 허혈의 발생 위치와 크기, 그리고 측부 혈류의 가용성에 따라 달라진다. 뇌졸중의 결과로는 편마비 부위의 운동 및 감각 기능 손상, 시야 결손, 언어 장애, 정신적 혼란, 자발적 움직임의 부적절함 등의 다양한 문제가 발생할 수 있다(Palmer-McLean & Harbst, 2009).

뇌병변 장애의 특성

원시반사

모든 사람은 반사 reflex 패턴을 가지고 태어난다. 반사 작용은 다양한 자극에 대한 반응으로 정의되며, 신생아기에는 이러한 반응이 주로 자동적이고 무의식적인 운동 형태로 나타난다. 반사는 대뇌 피질이 완전히 성숙되지 않은 상태에서 발생하며, 이는 근육의 장력과 움직임을 변화시켜 출생 후 6~7개월까지의 정상적인 운동 발달, 근육 발달 및 자세에 영향을 미친다. 이러한 반응을 원시반사 primitive reflex 라고 한다. 일반적으로 정상적인 운동 발달이 이루어지면 이러한 패턴은 사라지게 된다. 그러나 뇌성마비와 같은 신경계에 영향을 미치는 상태에서는 반사 패턴이 지속적으로 나타날 수 있으며, 이는 머리 부상과 관련이 있을 수 있다. 예를 들어, 뇌성마비는 이러한 반사 작용이 다양한 정도로 남아 정상적인 운동 발달에 방해가 될 수 있다. 반사 패턴에 대한 이해와 그 영향은 지도자에게 매우 중요하다. 이는 수행할 수 있는 수영 기술이나 필요한 적응의 유형을 결정하는 데 기여하기 때문이다. 반사 작용에는 여러 유형이 존재하지만, 수영 환경에서 관찰할 수 있는 몇 가지 유형과 그 원인은 다음과 같다.

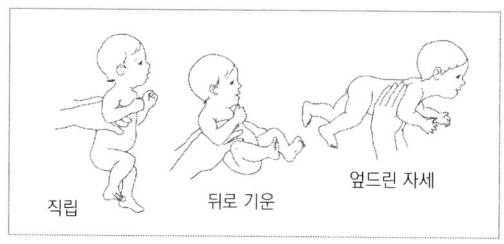

직립   뒤로 기운   엎드린 자세

[그림 2.5.4] 긴장성 미로 반사

놀람 반사(startle reflex)

○ 머리와 팔이 뒤로 젖혀지는 깜짝 놀라는 모습의 반응을 보인다.
○ 예기치 못한 움직임(스플래시 등)이나 큰 소음으로 반응한다.

긴장성 미로 반사(tonic labyrinthine reflex)

○ 누웠을 때는 과신전으로 굳어지고, 엎드려 있을 때는 몸을 웅크리는 경향이 있다.
○ 허공에 있는 머리의 자세에 따라 반사가 일어난다.

비대칭성 긴장성 목 반사(asymmetrical tonic neck reflex)

○ 머리를 한쪽으로 돌리면 다음과 같은 동작을 한다.
  - 얼굴을 돌린 쪽의 팔다리를 편다.
  - 뒤통수 쪽의 팔다리를 굽힌다.
○ 이 효과는 누워 있을 때 더 뚜렷하다.

동반 증상

뇌병변장애로 분류되는 개인들은 운동, 인지, 행동 등에서 공통적인 특성을 보인다. 뇌병변은 운동 조절을 담당하는 중추신경계의 손상으로 인해 발생하며, 손상의 정도는 다양하므로 이러한 증상을 가진 개인들은 각기 다른 정도의 장애를 경험한다. 이들은 인지력, 시각, 청각, 언어, 연하 능력(음식물 삼키기), 근수축 등 여러 요소에서 장애를 동반할 수 있다. 그러나 침 흘림이나 언어 능력의 저하가 반드시 인지능력의 저하를 의미하는 것은 아니므로, 이러한 가정을 피해야 한다.

일반적으로 운동 조절 능력의 문제로 인해 발달이 지체되며, 뇌의 비정상적인 전기 신호로 인해 경직이 자주 발생하고, 심한 경우 뇌전증 발작 seizure 으로 이어져 의식을 잃을 수

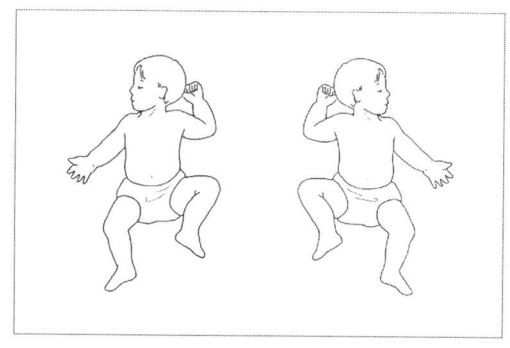

[그림 2.5.5] 비대칭성 긴장성 목 반사
(펜싱선수 자세)

도 있다. 이는 주의 집중력을 저하시켜 정보 통합을 방해하며, 학습에 어려움을 초래한다. 얼굴 부위의 경직은 구강 운동 장애를 유발하여 언어 습득 및 의사소통에 지장을 줄 뿐만 아니라 청각적 문제를 초래할 수 있으며, 불완전한 의사소통 기술은 사회적 상호작용과 사회적 발달을 지연시키는 요인이 된다. 또한, 뇌병변이 있는 개인들은 근시, 원시, 사시, 복시, 안구 떨림 등의 시각적 문제를 흔히 경험한다. 이들은 감각의 전달 및 질 조절에 어려움을 겪는 경우가 많아 이상 행동으로 발전할 수 있다. 구강 기능 장애로 인한 섭식의 어려움은 영양 결핍을 초래하고, 전반적인 발달에 부정적인 영향을 미치는 요인으로 작용한다(최승권, 2014).

02 뇌병변장애의 지도 방법

수영은 오랜 시간 동안 스포츠 경기력 향상뿐만 아니라 건강 관리 및 재활의 수단으로 널리 인정받아 왔다. 수영은 뇌병변장애가 있는 모든 개인에게 적합한 활동으로, 수영 기술과 스트로크 기술의 개발에는 상당한 시간과 에너지, 그리고 연습이 필요하다. 특히, 이러한 과정은 전문적인 특수체육 지도자의 지도가 필수적이다. 수영에 참여하는 개인과 그들의 부모는 강습 기간 동안 수영 기술이 충분히 숙달되지 않을 경우 자주 실망감을 느끼게 되며, 이는 그들이 자신의 수영 능력을 과소평가하는 원인이 될 수 있다. 장애인을 대상으로 수영을 가르친 경험이 있는 전문가의 지도 방식은 관련자들의 인식을 변화시킬 수 있는 중요한 요소이다. 수영 참여자가 물속에서 기본적인 기술과 인내력을 기른 후에는 수영을 통한 더 많은 변화를 고려할 준비가 되어 있다. 뇌병변은 질병이 아니며, 생명을 위협하지 않는 영구적이고 비진행성 장애로 이해되어야 한다.

뇌병변장애인을 대상으로 수영을 지도할 때 지도자가 일반적으로 유념해야 할 사항은 다음과 같다.
○ 항상 수영하는 동안 참여자의 잠재능력을 발견하고 격려한다.
○ 뇌병변장애가 있는 개인은 수영뿐만 아니라 모든 활동을 수행하기 위해 일반인보다 더 많은 에너지를 소모해야 한다.
○ 수영 강습 중 필요에 따라 자주 휴식 시간을 제공한다.
○ 스트로크 기술 수행 자세를 일반인의 기준에 맞추어 지도하지 않는다.
○ 뇌병변장애인은 이완 상태에서는 잘 대처하지만, 긴장하거나 흥분할 경우 움직임 속도가 빨라질 수 있다.
○ 적절한 동작 훈련과 연습을 통해 뇌병변 증상의 영향을 최소화할 수 있다.
○ 차가운 온도에서는 무정위운동증 환자의 수행력이 개선되는 반면, 따뜻한 온도에서는 경직성(과다긴장증) 환자의 경직된 근육이 이완된다.

수영 지도를 시작하기에 앞서 참가자들에게 물속에서 즐겁게 할 수 있는 활동과 하고 싶은 활동에 대해 이야기하도록 유도한다. 이를 통해 참가자들의 성숙 수준을 파악하고 지도 내용을 어느 정도 자세히 설명해야 할지를 결정할 수 있다. 이러한 의사소통 이후 참가자들은 다음과 같은 점을 인식해야 한다.

○ 자신의 증상은 수영 중에도 나타나며 완전히 사라지지 않는다.
○ 자신의 능력은 정신적, 신체적으로 다양하다는 것을 이해해야 한다.

장애나 프로그램에 대해 이야기할 수 있는 뇌병변 수영선수 또는 스포츠협회 관계자를 초청하여 시범을 보이고 대화를 나누도록 한다.

○ 뇌병변장애인은 기본적으로 다른 사람들과 다르지 않으며, 일반인과 유사하게 생활하고 수영장에서도 활동할 수 있다는 점을 인식하게 된다.
○ 수영 시범을 통해 자신의 신체 상태와 시범을 보이는 사람의 신체 상태를 비교함으로써 수영에 대한 동기를 부여할 수 있다.

뇌성마비

뇌성마비는 질병이 아닌 신경계의 손상으로 인한 상태로, 대부분의 의학 전문가들은 이를 치료하기보다는 관리하는 것이 바람직하다고 주장하고 있다. 수영은 뇌손상으로 인한 증상을 완화하고, 개인의 성장 및 발달에 있어 잠재능력을 최대한 발휘하도록 돕는 것을 목표로 한다. 뇌성마비가 있는 개인들은 중추 신경계의 손상으로 인해 비정상적인 반사가 발달하게 되며, 이는 수의적인 수영 기술 습득에 장애가 된다. 이러한 비정상적인 반사가 남아 있는 경우, 많은 이들은 신체 정렬 및 유연성을 향상시키고 비정상적인 반사 활동을 억제하기 위해 물리치료를 받는다. 그러나 최근 연구에 따르면, 초기 치료사에 의한 수동적인 활동과 조작 운동은 비정상적인 반사 활동의 교정에 기대만큼 효과적이지 않다고 보고되고 있다(Winnick, 2011/2014). 따라서 개인이 스스로 움직이고 자기 조절을 통해 원하는 동작을 재정립하고 수행할 수 있도록 하는 것이 중요하다. 즉, 부력을 활용한 뜨기, 잠수, 스컬링, 롤링, 스트로크 기술과 같은 기능적인 운동 기술을 습득해야 한다.

불수의 운동, 과흥분성 근육 그룹, 건 반사 등은 뇌성마비에 대한 운동 지침을 이해하더라도 단순한 운동의 제어 및 실행에 오류를 초래할 수 있다. 지도자와 수영 참가자 모두 이러한 상황에서 좌절하지 않고 대처하는 방법을 배워야 한다. 운동 능력은 감각 및 지각 운동 능력과 결합된 근 협응에 크게 영향을 받는다. 많은 뇌성마비 환자들이 운동 기술을 수행할 수 없는 이유는 근육 협응 장애와 지각 운동 손상이 복합적으로 작용하기 때문이다. 또한, 언어 및 호흡 문제도 일반적이다. 억제된 호흡근은 호흡 및 호흡 조절을 어렵게 하며, 입술을 다물기 어렵고 구강 근육의 조절이 힘들 경우 유사한 문제가 발생할 수 있다. 언어장애가 있는 경우, 의사소통을 위한 신호 체계를 마련해야 할 필요가 있다. 수영 강습 참가자의 발언을 이해하기 위해 모든 노력을 기울여야 하며, 지도자와 보조자는 이해한 척해서는 안 된다. 뇌성마비 환자에 대한 수영 지도는 다음과 같은 여러 사항을 고려하여 이루어져야 한다(American National Red Cross, 1977).

○ 경련성 뇌성마비의 움직임은 경직된 근육으로 인해 제한된다.
○ 무정위운동증의 움직임은 근육의 힘 조절이 어려워 제한된다.
○ 운동실조증의 움직임은 근육의 경직과 유연성이 자주 변동하여 제한된다.

○ 일반적으로 원시반사가 사라지면 자세 반응 동작이 이루어지고 운동 동작이 잘 조절되지만, 뇌 손상이 있을 경우 원시반사가 남아 정상적인 자세 반응과 운동 동작의 조절을 방해한다.

○ 대부분의 뇌성마비 환자는 하나 이상의 부적절한 반사가 존재하더라도 이를 보상할 수 있는 방법을 배울 수 있다. 신체활동을 통해 근력을 향상시키고 신체를 조절할 수 있다면 반사에 의한 영향을 줄일 수 있다.

○ 심한 뇌성마비 환자는 고관절 굴곡이 심하고 긴장성 목 수축으로 인해 턱이 들리고 머리가 반고정된 자세를 유발할 수 있다. 엎드린 자세에서 머리와 목을 위로 밀어내며, 누운 자세에서는 머리와 목이 물속 방향으로 과신전되는 결과를 초래할 수 있다.

○ 일부 환자는 발작을 경험하기도 한다.

○ 팔다리에서 감각을 느끼지 못할 수 있으므로 부상을 방지하기 위해 주의가 필요하다.

○ 체력 수준이 전반적으로 낮을 수 있으므로, 더 높은 수준의 근력과 지구력을 기르도록 조정해야 한다.

○ 구축, 관절 고정, 가동 범위 제한으로 인해 각 개인의 능력에 맞게 움직임과 수영 기술을 적응시켜야 한다.

○ 지상에서 걸을 수 없는 사람에게 물속에서 걷는 것은 흥미롭고 보람 있는 성취가 될 수 있으며, 이러한 독립적인 행동을 장려하는 것이 중요하다.

○ 뇌성마비가 있는 개인은 신체상이 좋지 않거나 움직임 및 공간에 대한 개념이 부적절할 수 있으므로, 효과적인 움직임 탐색을 지원해야 한다.

외상성 뇌손상

많은 외상성 뇌손상이 있는 개인은 손상의 정도에 따라 맞춤형 재활 프로그램이 필요하다. 심각한 손상을 입은 개인은 우선 의학적 치료를 받아야 하며, 안정된 상태가 된 후에야 고강도의 재활 치료를 시작할 수 있다. 재활 수영 프로그램을 구체적으로 시행할 때는 각 개인에게 장기적인 프로그램을 제공하고, 점진적으로 기술을 습득할 수 있도록 환경을 조성해야 한다. 향상이 이루어지는 동안에는 병원에서의 재활 과정에 지속적으로 참여해야 한다. 일부 심각한 상해를 입은 개인은 6~12개월 동안 체계적인 치료 프로그램에 참여하며, 인지 기술, 언어 치료, 일상 생활 기술, 사회적 기술의 재학습을 진행하면서 주 3회 정도 수영 프로그램에 참여하도록 한다. 각 개인의 특수성을 고려할 때, 모든 뇌손상이 있는개인의 요구를 충족할 수 있는 단일한 재활 프로그램은 존재하지 않는다. 따라서 지도자들은 다음과 같은 기본적인 지침을 준수해야 한다.

첫째, 개인의 독특한 인지적, 행동적, 사회 심리적 요구를 반영해야 한다.

둘째, 기능적, 협동적, 맥락적 평가가 필요하다.

셋째, 지도자의 보조와 같은 지원은 체계적으로 감소시켜야 한다.

마지막으로, 수영 지도자, 재활 전문가, 보호자, 환자 및 기타 관련자들이 참여하는 협동적 의사결정이 필요하다. 지도자는 최상의 수영 재활 프로그램을 실행하기 위해 참여자의 가족과 협력적이고 친밀한 관계를 유지해야 한다. 효과적인 보호자-전문가 간의 파트너십 partnership 을 위한 지도자 지침은 다음과 같다.

○ 개별 수영 지도 계획을 수립할 때 보호자와의 협의를 통해 협력적인 접근을 취한다.

○ 수영 프로그램 참여자의 삶의 질을 결정하고 중재 방안을 선택하는 과정에서 부모의 역할의 중요성을 인식한다.

○ 가족 중심의 의사결정을 위해 부모와의 신뢰 관계 및 라포 형성을 지속적으로 노력한다.

○ 보호자와 전문가 집단이 동등한 입장에서 수영 지도 프로그램의 목표 설정에 참여하도록 한다.

○ 전문가 집단과 보호자 간의 의견 차이를 조정하고 갈등을 해결하는 데 힘쓴다. 뇌손상 환자의 보호자와 긍정적인 관계를 형성하는 것은 매우 중요하다. 이는 참여자와 전문가 간의 상호작용의 필요성을 인식하지 못하는 보호자와의 관계가 원활하지 않을 수 있기 때문이다.

뇌손상 수영 참가자를 위한 전환 교육의 실행 및 개발은 프로그램 운영에 있어 매우 중요한 요소로 간주된다. 지도자들은 전환적 접근 방식을 통해 기능적 기술을 습득하도록 유도한다. 이 과정에는 수영장 입장 후의 탈의 및 몸 씻기를 통한 개인 위생 관리, 배변 관리와 같은 일상생활 기능, 지도자와 참가자, 타인 간의 상호작용을 포함한 사회적 기능, 그리고 수영장 등록 및 내부 시설 이용을 통한 지역사회 자원 활용에 대한 학습이 포함된다. 전환의 결과와 관계없이, 지도자들은 적절한 경험을 계획하고 강습 참여를 촉진하며, 공공 기관 자원 및 지역사회와의 연계를 고려해야 한다.

지도자의 지도 전략으로는 탑-다운 top-down 접근 방식을 기반으로 하여 기초적인 활동을 강조하는 방법이 있다. 기초적인 수영 프로그램은 참가자들이 즐겁게 참여하고 타인과의 상호작용을 통해 사회적 유대감을 형성할 수 있는 내용으로 구성되어야 한다. 지도자는 참가자가 성공적으로 수행할 수 있는 게임 요소를 선택하여 지도한다. 그 외에도 수행할 과제에 대한 빈번한 환기, 연습을 위한 별도의 시간 제공, 영법 기술보다 수중 안전을 위한 스컬링 및 뜨기 게임과 같은 단순한 활동으로 재구성하기, 그리고 개인보다는 그룹으로 함께 전체 과제를 수행하는 협동 활동을 활용하는 등의 전략을 고려하여 프로그램을 구성하고 지도한다.

뇌졸중

뇌졸중의 상당수는 사전 경고 없이 발생하며, 일부 개인에게는 위험 신호가 나타날 수 있다. 이러한 신호로는 한쪽 팔과 다리 또는 얼굴의 근력 약화 및 마비, 한쪽 눈의 갑작스러운 흐릿함 또는 시각 손실, 언어 능력의 급격한 상실 또는 언어 이해의 어려움, 원인을 알 수 없는 두통, 그리고 넘어짐 등이 포함된다. 따라서 지도자는 이러한 증상에 주의를 기울여야 하며, 해당 증상을 보이는 개인은 즉시 의학적 검사를 받을 수 있도록 조치해야 한다. 특히, 심장병이나 순환계 문제를 앓고 있거나 이전에 뇌손상 또는 뇌졸중을 경험한 경우, 상황은 더욱 심각해질 수 있다.

뇌졸중 상태의 개인을 위한 수영 프로그램은 계획적이고 체계적이며 개별화된 재활 프로그램으로 구성되어야 한다. 프로그램의 실행 강도와 기간은 장애의 정도에 따라 달라진다. 신체의 특정 부위가 움직이지 않거나 마비된 경우, 치료의 필요성이 상대적으로 낮을 수 있으나, 사지 마비가 있는 경우에는 강도 높은 장기 재활 치료 프로그램을 통해 수중 활동을 활용해야 한다. 또한, 진행 상황에 따라 스트로크 지도를 통해 발전 가능성을 모색해야 한다.

수영 기술 지도

영법 및 수상 안전 기술을 교육하는 과정에서, 행동 형성 기법을 활용하여 한 번에 하나의 기술을 지도하는 접근 방식은 수영 스트로크와 킥의 숙련도를 향상시키는 데 매우 효과적일 수 있다. 예를 들어, 수영 참여자가 배영에 가장 뛰어난 경우, 정면 수영을 시작하기 전에 먼저 스트로크 기술을 연습하고 근력, 지구력, 호흡 조절, 부력 조절 및 기술적 요소를 발전시켜야 한다.

수영 기술을 신속하게 지도하는 것도 중요하지만, 수영장 내 안전에 대한 주의는 더욱 중요하다. 따라서 엎드린 자세에서 누운 자세로의 롤링, 누운 자세에서의 수평 유지와 같은 안전 기술을 교육해야 한다. 수영 동작은 느린 리듬 패턴으로 수행하도록 하여, 빠른 속도의 동작이 경직을 증가시키는 것을 방지해야 한다. 두 개 이상의 팔다리에 장애가 있는 경우, 누운 자세에서 수행되는 스트로크 기술이 더 선호될 수 있다. 때때로 목 신전 근육의 수축과 이완을 조절하지 못하면 얼굴이 물에 잠길 위험이 있다. 물장구치기 flutter kick 는 경직성 양 하지 마비가 있는 사람들에게는 금기시되는 동작이다. 스트로크 기술은 수영자의 신경학적 장애 특성에 따라 조정이 필요할 수 있으며, 초기 훈련과 동작은 느리고 단순하게 유지되어야 한다. 경련성 또는 마비성 근력 불균형을 가진 사람은 수평 자세에서 회전하는 경향이 있으며, 안정적으로 뜨기 위해서는 머리를 몸의 회전과 반대 방향으로 돌려야 한다. 배영은 크롤보다 먼저 가르쳐야 하며, 대칭 스트로크는 비대칭 스트로크보다 먼저 숙달되어야 한다(Sherrill, 2004). 추천할 만한 스트로크 기술로는 피닝 finning, 스컬링 sculling, 기본 배영 elementary backstroke, 평영, 횡영 side stroke 등이 있으며, 경우에 따라 수중 걷기를 포함할 수 있다.

지지도자는 수영하는 사람에게 부유 기구를 착용하도록 하여, 움직임의 효율성을 관찰하고 물속에서의 효율성을 높이도록 해야 한다. 수영 중 부상은 풀에 입수하고 퇴장할 때 부적절한 이동과 팔 및 어깨에 대한 과도한 스트레스로 인해 자주 발생한다. 적절한 이송 기술을 사용하면 몸통을 안정적으로 잡고 팔을 잡아당기는 것을 피할 수 있다. 수영장이 염소 처리되어 있는 경우, 반드시 고글을 착용하도록 해야 한다. 안전을 위해 수영 기술이 뛰어난 경우에도 절대 혼자서 수영하게 해서는 안 된다. 필요할 경우 적절한 부유 기구를 착용하도록 하며, 가능한 한 빨리 독립성을 달성하기 위해 적절한 부유 기구를 사용하는 것이 중요하다.

부유 기구의 이용

일부 수영 참가자들은 부유 기구 없이 물에 뜨거나 헤엄치는 데 어려움을 겪는 것으로 나타났다. 이에 따라 일부 지도자들은 부유 기구의 사용을 권장하고 있으나, 그 사용이 수영 학습에 미치는 영향에 대해서는 다양한 의견이 존재한다. 특정 지도자들은 수영을 처음 시작하는 경우 부유 기구를 사용하여 배우는 것이, 기구 없이 배우는 것보다 더 어려울 수 있다고 주장한다. 부유 기구는 수영 초보자가 물에서 안전하게 떠 있을 수 있도록 도와주는 장점이 있다.

뇌병변장애인을 위한 수영 프로그램을 효과적으로 운영하기 위해서는 지도자가 장애와 수영에 대한 깊은 이해를 가지고 있어야 하며, 부유 기구의 적절한 사용이 필수적이다. 뇌병변 장애가 있는 개인이 수영 기술을 향상시키기 위해서는 부유 기구의 사용이 필요하다. 물에 뜨기 위한 팔다리의 협응 능력이 부족한 경우, 부유 기구의

[그림 2.5.6] 부유 기구를 이용한 수영

사용이 필수적이라고 할 수 있다. 외상성 뇌손상이나 뇌졸중을 겪은 경우, 수영을 처음 시작할 때 여러 가지 문제가 발생할 수 있으며, 특히 최근에 부상을 입었거나 사고 전 수영 경험이 있는 경우 더욱 그러하다. 이러한 개인들은 자신의 장애 정도를 인식하지 못할 수 있으며, 이전에는 부유 기구가 필요하지 않았던 경험으로 인해 기구 사용에 대한 저항감을 가질 수 있다.

수영을 처음 시작하는 사람들은 부유 기구 착용 여부에 대해 신중하게 검토하고 수영 테스트를 수행해야 한다. 일반적으로 수영하는 사람이 중단 없이 50m를 수영할 수 있다면, 부유 기구 없이 수영할 수 있는 능력이 있다고 평가할 수 있다. 그러나 모든 장애인이 수영을 위해 부유 기구가 필요한 것은 아니다. 또한, 수영에 익숙하지 않은 일부 개인들은 얕은 수역에서 부유 기구 없이도 안전하게 수영할 수 있다. 이러한 개인들은 동작을 반복적으로 연습해야 하며, 경쟁 없이 지구력 운동을 할 때 부유 기구를 사용하는 것이 바람직하며, 수영 구역을 별도로 설정하는 것을 고려할 필요가 있다.

03 뇌병변장애의 수영 지도

뇌병변장애는 일반적으로 뇌성마비, 뇌졸중, 외상성 뇌손상으로 구분되며, 이들 각각의 원인은 상이하지만 모두 뇌손상이라는 공통된 특성을 지니고 있다. 이러한 장애는 운동 능력의 정도에 따라 분류되며, 감각 및 심리적 손상을 포함한 다양한 동반 장애가 존재하고, 장애 정도에 따라 개인차가 크며 다중 장애를 동반하는 경우가 많다. 따라서 뇌병변장애를 가진 개인에 대한 수영 지도는 단순히 장애 유형만을 고려하여 진행하기에는 어려움과 한계가 있다. 지도자는 뇌병변장애와 관련된 다양한 동반 증상에 대한 충분한 지식을 갖추어야 하지만, 이를 모두 이해하는 것은 쉽지 않다. 이에 따라, 본 연구에서는 뇌성마비에 대한 일반적인 수영 지도 방법(Australian Sports Commission, 1992)과 수영 지도 시 유의사항(Canadian Red Cross Society, 1989)을 인용하여 설명하였으며, 뇌병변장애의 세 가지 주요 장애 유형과 관련된 주요 증상(표 2.5.1)을 기준으로 수영 지도 시 유의해야 할 사항(Lepore et al., 2007)을 제시하였다.

뇌성마비 ────

뇌성마비가 있는 개인들은 종종 신체가 경직된 상태를 보일 수 있으며, 이러한 증상은 수영을 배우는 과정에서 어려움을 초래할 수 있어 수영 지도에 더 오랜 시간이 소요될 가능성이 있다. 경직성이 있는 이들은 수영 외에도 스트레칭 프로그램에 참여하는 것이 중요하다. 특히 휠체어 사용 중증 장애인의 경우, 수영장에 입수하기 위해서는 앞서 언급한 이동 방법을 정확히 이해하고 실천하는 것이 필수적이다. 이들에게 도움의 필요성을 확인하는 것은 휠체어를 사용하는 개인에게 직접 문의하는 방식으로 이루어져야 한다.

협응력이 저하된 경우, 크롤 수영의 팔 스트로크는 초기 단계에서 직선 팔 동작으로 대체되는 경우가 빈번하다. 팔이나 다리의 움직임이 제한된 뇌성마비인 개인들은 균형이 맞지 않는 신체 형태로 인해 자연스럽게 롤링하는 경향이 있다. 따라서 이들이 마비된 팔과 다리를 최대한으로 활용하는 것이 중요하다(그림 2.5.7). 팔 움

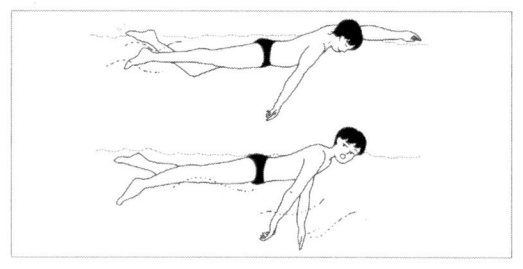

[그림 2.5.7] 팔·다리의 활용

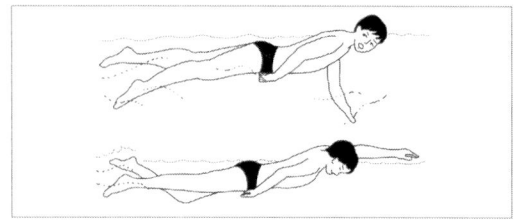

[그림 2.5.8] 장애 쪽으로 호흡하기

직임이 제한적일 때, 지도자는 팔의 위치를 분석하여 비효율적인 움직임을 최소화할 수 있도록 해야 한다.

팔이 절단된 개인과 유사하게, 기술을 정확하게 습득하는 초기 단계에서는 일반적으로 비활동적인 쪽에서 호흡하는 것이 활동적인 쪽보다 더 효과적일 수 있다(그림 2.5.8).

협응력에 어려움이 있는 뇌성마비 상태의 개인을 지도할 때는, 동일한 자세를 유지하도록 하거나 부분적으로 지지하여 움직임을 도와주는 것이 바람직할 수 있다.

풀 부이 pull buoys 는 근력 향상뿐만 아니라 스트로크 교정에도 효과적인 도구로 활용될 수 있다. 뇌성마비를 앓고 있는 개인은 협응 문제로 인해 다리와 팔의 움직임을 동시에 조절하는 데 어려움을 겪는 경우가 많으며, 이로 인해 수영 중 호흡을 시도하면서 가위 킥과 유사한 킥을 자주 사용하게 된다. 풀 부이를 활용하여 플러터 킥 flutter kick 을 장려함으로써 보다 효과적이고 만족스러운 킥을 구현할 수 있다. 일부 뇌성마비가 있는 개인은 평영 발차기에서 상당한 어려움을 겪는다는 사실을 인식하고 있다. 특정 상황에서는 개구리 발차기를 사용하여 평영 경기를 포기해야 할 수도 있다. 수영 경기에서는 다리를 끌고 가는 것이 허용되지만, 돌고래 킥은 금지되어 있다. 또한, 접영은 어깨의 움직임과 협응력 부족으로 인해 수영선수에게 도전이 될 수 있다.

수영 지도 시 유의 사항

몸이 이완되도록 하는 것은 중요한 고려사항이다. 물속에서 느긋하게 있는 것은 자신의 몸을 조절하는 감각을 익히고 궁극적으로는 독립심을 얻는 열쇠다. 사람들은 지도자가 물속에서 빙빙 돌리는 것이 편안하거나 커다란 튜브에서 위아래로 튕겨 나오는 부드러운 파도를 경험할 수 있다. 경직이 심한 사람이 의식적으로 근육을 이완하기는 어렵다. 개인별로 적절한 이완 자세를 터득하지 않는 한 이완하려 애쓰면 근 긴장을 증가시킬 수 있다.

○ 자립 행동도 중요한 우선순위이다. 몇몇 사람들은 정기적인 훈련 프로그램을 따를 것이다. 다른 사람들에게는 혼자서 물에 들어가거나, 걷거나, 도움을 받아 떠다니는 것이 중요한 성취이다.

○ 뇌성마비가 심한 사람과 함께 수영할 때는 뜻하지 않게 머리가 물속으로 빠지면 신속히 대응하여 그 사람의 머리 자세를 유지해야 한다. 목 지지대(부유 기구)를 착용하면 지도자의 지속적인 감시로부터 자유로워지는 동시에 몸을 최대한 자유롭게 움직일 수 있어서 효과적일 수 있다(그림 2.5.9).

○ 호흡 조절 및 입 다물기는 종종 어려운 과제가 될 수 있다. 물이 입술에 닿을 경우, 많은 사람들이 내뱉기보다는 물을 빨아들이는 경향이 있다. 따라서 물 밖에서 호흡을 내뱉는 연습이 필요할 수 있다. 지도 시간마다 리드미컬한 호흡 활동을 포함하는 것이 중요할 수 있다. 수영하는 이에게 입으로 내뱉으라고 지시하기보다는 콧노래를 부르도록 유도하는 것이 입술을 오므리는 데 도움이 될 수 있다. 물속에서 상하로 움

직이는 방법을 가르치고, 필요할 경우 이를 반복적으로 상기시키며, 물에 담그기 전에 개인을 약간 들어 올리는 신체적 자극을 제공하는 것이 중요하다. 이러한 자극은 개인에게 숨을 쉬라는 신호를 전달하는 역할을 한다. 자기 주도적인 움직임을 장려함으로써 반복적인 상기시키는 말을 점진적으로 줄여나갈 수 있다.

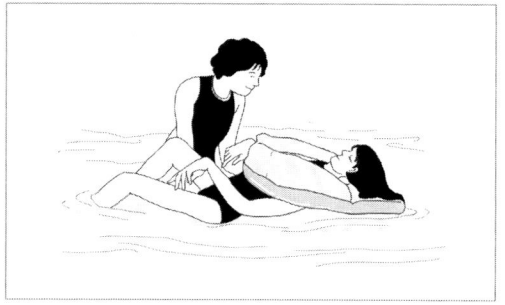

[그림 2.5.9] 뇌성마비가 있는 사람의
몸통과 머리 지지

○ 엎드린 자세에서 누운 자세로 전환하는 것은 중요한 안전 기술로, 이는 수영하는 사람이 피로할 때 자세를 변경하는 방법이기도 하다. 머리를 들 수 없는 비상 상황에서 엎드린 자세로 발견되는 경우에도 이 기술은 필요하다. 수영 중에는 머리를 돌리려는 방향으로 몸을 회전시키거나, 팔이나 다리를 몸 위로 가로지르거나, 엉덩이를 비틀 수 있도록 유도해야 한다. 이러한 동작은 반복적으로 연습할 필요가 있다. 깊이가 20-30㎝ 정도인 물속의 플랫폼에서 연습하는 것이 효과적일 수 있으며, 이는 팔이 몸을 가로질러 롤링을 시작할 수 있도록 도와주므로 일반적으로 장애가 있는 쪽으로 방향을 전환하는 것이 바람직하다.

○ 수수평 자세에서 수직 자세로 전환할 수 있는 능력을 가르치는 것이 중요하다. 플랫폼에서 앉은 자세에서 누운 자세로, 그리고 엎드린 자세에서 누운 자세로의 전환을 반복적으로 연습해야 한다. 이후에는 입수 시설의 난간이나 풀 옆면의 봉을 잡고 선 자세에서 누운 자세로, 다시 선 자세로 전환하는 동작을 교대로 반복한다. 엎드려 뜨기를 연습한 후, 이제 난간이나 봉을 잡지 않고 독립적으로 연습할 준비가 되었다. 도움을 주기 위해 가까이 있지만, 가능한 한 빨리 혼자서 수행하도록 유도해야 한다.

○ 경련이 팔에 있고 긴장성 미로 반사 tonic labyrinthine reflex 가 뚜렷할 때, 종종 팔을 가슴에 밀착시키고 굽힌 자세를 한다. 고개를 숙일 때는 머리를 들기 어려울 수 있다. 튜브를 이용하면 이러한 반사 자세를 억제하고 팔을 펴는 데 도움이 될 수 있다(그림 2.5.10). 얕은 물의 플랫폼에서 지도자는 참가자를 엎드린 자세로 자신의 다리 위에 올려놓을 수 있다(그림 2.5.11). 이것은 또한 팔을 펴도록 장려하고 팔을 물리적으로 조작할 수 있게 한다. 일반적으로 몸의 자세를 늘이고 넓히는 방법을 사용한다.

○ 누워뜨기하는 사람의 머리를 지도자의 어깨에 얹혀 지지한다. 손을 사용하여 수평으로 뜨도록 돕더라도 물의 자연스러운 부력이 없어질 정도로 지지하지는 않는다. 초급 지도자들은 사람을 물 밖으로 들어 올리는 경향이 있다.

[그림 2.5.10] 튜브는 뇌성마비가 있는 사람의
팔다리를 펴는 것을 촉진한다.

[그림 2.5.11] 지도자는 수영하는 사람이
편안히 다리를 뻗을 수 있도록 한다.

○ 누워 있을 때, 일부 뇌성마비가 있는 사람들은 긴장성 미로 반사 패턴 때문에 머리와 목을 물속으로 과도하게 뻗는다. 세심히 감독해야 하며, 연습 중 물속으로 들어가는 것을 방지하기 위해 뜨도록 도울 필요가 있다.

○ 이동은 보통 수평면에서 더 쉽다. 따라서 핀 수영 finning, 스컬링 sculling, 기본 배영, 기본 평영 등을 선호한다. 크롤은 비대칭 긴장성 목 반사 asymmetrically tonic neck reflex 와 같은 비정상적인 반사 패턴을 촉진할 수 있어서 해로울 수 있다. 느리고 리듬감 있는 스트로크는 놀람 반사 startle reflex 를 방지할 수 있다.

○ 감정적으로 자극적인 상황에서는 신체의 움직임이 더욱 어려워지고 근육 긴장이 증가할 수 있다. 이러한 상황에서 더 많은 노력을 요구하는 것은 오히려 부정적인 결과를 초래할 수 있다. 경쟁이 지나치게 강조될 수 있지만, 일부 개인은 경쟁을 선호하며 더욱 열심히 노력하기도 한다. 재미있는 방식으로 경쟁을 제시할 경우, 이는 긍정적인 경험이 될 수 있다.

○ 항상 자신감을 가지고 타인과 대하는 것이 중요하다. 낙상에 대한 두려움이 존재할 수 있음을 인식해야 하며, 이는 특히 운동실조증을 동반한 뇌성마비가 있는 개인에게 더욱 두드러진다.

○ 체력이 낮을 수 있으므로, 체력 향상을 위한 게임이나 자유 수영과 같은 활동을 장려해야 한다. 또한, 지도하는 과정에서 휴식이 필요할 수 있음을 잊지 말아야 하며, 수상 플랫폼은 이러한 휴식 공간으로 활용될 수 있다. 수업의 초반에는 새로운 기술을 가르치는 것이 바람직하다.

○ 따뜻한 수온(29°-32℃)은 이완을 촉진하고 물에 의한 급속한 냉각 효과를 감소시킬 수 있다.

○ 배경음악은 수영할 수 있는 편안한 환경을 조성하는 데 기여할 수 있으며, 이는 놀람 반사를 줄이는 데 도움을 준다. 지도자들은 아이들과 함께 작업할 때 노래를 부르는 것이 좋다고 언급하며, 이는 긴장을 완화하고 신체적 조작의 단조로움을 깨뜨리는 데 효과적일 수 있다. 곡조를 따라가는 데 어려움이 있다면, 걱정할 필요는 없으며, 쉬운 비트의 노래를 선택하여 도전해볼 수 있다.

○ 뇌성마비가 있는 개인이 기침이나 침을 뱉을 필요가 있을 때는 풀 배수구로 가서 수행하도록 지도한다. 때때로 단순한 자극으로 인해 물을 삼키는 경우도 발생할 수 있다.

○ 반사 패턴으로 인해 뇌성마비가 있는 개인을 위한 다이빙은 일정한 형태를 따른다. 다이빙 자세에서 팔이 앞에 위치할 때, 머리와 턱이 당겨지는 현상이 발생하며, 다이빙 시 팔 사이에 머리를 두는 것이 매우 어렵다는 점을 인식해야 한다.

뇌졸중

뇌졸중은 뇌의 특정 부위로의 혈류가 감소하거나 차단되어 발생하는 뇌 손상 장애로 정의된다. 뇌졸중의 결과는 손상된 뇌 영역과 그 손상의 정도에 따라 상이하게 나타난다. 예를 들어, 팔, 손, 다리 등을 조절하는 뇌 영역이 손상될 경우, 운동 기능에 문제가 발생할 수 있다. 두 명의 개인이 각각 뇌졸중을 경험하더라도 그 영향은 동일하지 않다. 운동의 어려움 외에도, 언어 및 의사소통 문제, 그리고 인지적 및 정서적 장애가 동반될 수 있다. 뇌졸중은 갑작스럽게 발생하며, 이로 인해 사망에 이를 수 있지만, 생존자의 대다수는 거의 정상적인 생활로 복귀할 수 있다. 회복의 정도는 재활 프로그램의 효과와 뇌 손상의 심각성에 따라 달라진다. 뇌졸중은 주로 노인에게서 발생하지만, 최근에는 청소년에서도 빈번하게 나타나는 추세이다.

수영 지도 시 유의 사항

○ 걷기, 무릎 굽힘, 팔을 머리 위로 들어 올리기와 같은 운동은 뇌졸중인 개인에게 자주 처방되는 활동이다. 그러나 이러한 운동 프로그램을 시행하기 전에 반드시 물리치료사와 상담해야 한다.

○ 뇌졸중이 있는 개인이 혼자 걷거나 지팡이를 사용하여 보행할 수 있는 경우, 뇌졸중 이전에 수영을 잘했던 사람은 크롤 수영을 성공적으로 수행할 가능성이 높다. 그러나 양측의 힘이 불균형할 경우 직선으로 나아가는 데 어려움을 겪을 수 있으며, 이 문제는 강한 쪽으로 몸을 당기는 방식으로 최소화할 수 있다. 강한 쪽으로 호흡하는 것이 일반적으로 더 용이하다.

○ 뇌졸중 이전에 수영 경험이 없거나 두려움을 느끼는 경우, 배영을 시작하는 것이 좋은 접근법이 될 수 있다. 이때 엉덩이나 어깨를 지탱하기 위해 신체적 지원이나 부유 기구가 필요할 수 있다.

○ 개헤엄은 엎드린 자세에서 물 밖으로 고개를 드는 사람에게 효과적일 수 있다.

○ 사이드스트로크는 크롤이나 배영에 능숙한 후 또는 뇌졸중 이전에 사이드스트로크에 익숙한 경우 편안한 수영 방식으로 권장된다. 약한 부위를 물속에서 아래쪽으로 두는 것이 가장 성공적일 수 있다.

○ 뇌졸중인 개인은 의사소통에 어려움을 겪을 수 있다. 이는 지적 능력의 상실 때문이 아니라, 아이디어를 언어로 표현하는 데 어려움이 있기 때문이다. 이로 인해 그들은 의사소통의 어려움으로 인해 당황하거나 짜증을 느낄 수 있다. 이러한 상황을 개선하기 위해 몸짓을 사용하고, "예" 또는 "아니오"로 대답할 수 있는 질문을 하며, 말로 지시사항을 작성하는 방법이 도움이 될 수 있다.

뇌병변 유형과 증상 관련 수영 지도

뇌병변은 뇌의 구조적 손상으로 인해 팔다리의 마비, 관절의 경직, 불수의적 운동, 균형 감각 장애, 운동 실조증 등 다양한 증상이 나타날 수 있다. 또한, 시각, 청각 또는 언어 기능의 장애와 지적 장애에 해당하는 지능 저하와 같은 동반 장애가 흔히 발생하여, 중복 장애를 가진 개인이 많다. 수영을 지도하는 과정에서 이러한 장애를 이해하는 것은 쉽지 않으며, 특히 중복 장애에 대한 이해는 더욱 어려운 과제이다. 따라서 뇌병변이 있는 개인에게 수영을 지도하기 위해서는 뇌성마비, 뇌졸중, 외상성 뇌손상에 대한 충분한 이해와 함께, 이들 장애 유형이 동반하는 증상 및 수영 시 유의해야 할 사항에 대한 지식이 필요하다. 〈표 2.5.2〉는 뇌성마비, 뇌졸중, 외상성 뇌손상으로 나타나는 증상을 정리한 것이 아니라, 이를 바탕으로 여러 증상 중에서 대표적인 증상과 수영 시 주의 사항을 정리하여 설명하고 있다. 뇌병변 장애에서 다양하게 나타나는 동반 장애를 관찰하여 지도 시에 활용할 수 있도록 한다.

〈표 2.5.2〉 뇌병변장애 유형과 발현 증상의 관계

발현 증상 / 장애 유형	근위축	주의력결핍	청지각장애	심혈관장애	순환기장애	구축/가동범위제한	머리조절곤란	근과다긴장	상호작용곤란	관절기능장애	운동감각계장애	기억과이해곤란	구강운동장애	마비	자세장애	원시반사	수용/표현언어장애	호흡장애	뇌전증	촉각계장애	전정계장애	시지각장애
뇌성마비						●	●	●		●	●		●		●	●			●		●	●
뇌졸중	●	●	●	●	●	●								●	●		●	●	●	●	●	●
외상성뇌손상	●	●	●			●		●	●		●	●	●	●	●	●	●		●	●	●	●

근육 과다 긴장(Hypertonia)

장애 유형

뇌성마비, 외상성 뇌 손상

근육의 긴장도가 높은 상태, 즉 경직성 및 과다 긴장성 상태는 신경계의 손상으로 인해 발생한다. 강한 근육 수축은 수의적 운동 제어를 방해하며, 이는 경직 또는 반복적인 현상으로 나타날 수 있다. 뇌성마비 환자에게는 이러한 경직이 지나친 신전반사와 관련이 있다. "신전 근육의 장력을 조절하는 근육의 수용체가 과민반응하여 신전 근육을 수축시킨다"(Winnick, 2011/2014). 경직은 이러한 비정상적인 수축으로 인해 발생하며, 이는 가동 범위의 제한과 구축을 초래한다. 경직은 때때로 편마비, 하반신마비, 사지마비 환자에게 문제를 일으킬 수 있다. 수영 지도의 주요 목표는 경직을 감소시키고 수의적 운동 제어를 강화하며, 수의적 운동 기술의 질을 향상시키는 것이다. 지도자는 보호자 및 물리치료사와 협력하여 지도 및 스트로크 중 신체의 가장 효율적인 자세를 결정한다.

수영 지도 시 유의 사항

○ 근육의 경직을 완화하기 위해서는 근육을 이완시키는 것이 중요하며, 수온은 30℃~33℃로 유지되어야 한다. 또한, 공기 온도는 수온보다 최소 2℃ 이상 높아야 한다.

○ 경직은 때때로 다리의 내회전과 내전을 유발하여, 이는 일반적으로 가위걸음으로 걷는 데 방해가 되고 무릎 통증을 초래할 수 있다. 수영 중 무릎 사이에 편안한 쿠션을 배치하는 것이 권장된다. 이 쿠션은 팔에 착용하는 부유 기구, 킥판, 작은 튜브 등을 활용할 수 있다. 그러나 부유 기구가 수직 자세로의 회복을 어렵게 만드는 경우, 무릎 주위에 긴 튜브 양말(발 부분이 잘린 상태)을 착용하는 것을 고려해볼 수 있다.

○ 참가자의 경직이 갑작스럽고 불수의적으로 발생할 때마다, 머리 근처에서 감시자의 역할을 수행해야 한. 이러한 움직임은 수영 중 의도치 않게 물에 잠기거나 물을 튀길 수 있기 때문이다.

○ 준비 운동으로는 부드러운 동작, 스트레칭, 회전 운동, 걷기, 간단한 발차기, 느린 수영 등을 계획하는 것이 바람직하다. 이러한 활동은 경련을 줄이는 데 효과적이라고 알려져 있다. 또한, 근육의 긴장도 관리와 적절한 가동 범위에 대해 물리치료사와 상담하는 것이 필요하다.

○ 빠른 움직임이나 갑작스러운 동작을 피하고, 근육 긴장이 높은 참가자에게는 느린 움직임과 안정된 마무리 운동이 가장 적합하다.

○ 촉각을 활용한 지도는 참가자가 원하는 방식으로 몸을 움직일 수 있도록 도와줄 수 있다. 근육 긴장이 높은 참가자는 종종 원하는 대로 움직일 수 없는 경우가 많으며, 신체상과 고유수용감각 입력에 문제가 있어 신체 부위의 위치를 인식하지 못할 수 있다. 촉각을 통한 지도는 참가자의 기술 개발에 기여하고, 새로운 기술을 배우는 데 대한 불안과 초조함을 감소시킬 수 있다.

○ 참가자를 평평하게 눕히고, 경직된 부위의 끝을 잡고 회전 운동을 하면서 옆으로 흔드는 방법은 경련을 줄이는 데 효과적이다. 이러한 작업을 수행하기 위해서는 두 명의 지도자 또는 한 명의 지도자가 참가자의 머리 부위에 있는 부유 기구를 지지해야 한다.

안전 문제

○ 수영장 내외에서의 이동 중 발생할 수 있는 위험 요소로서 급격한 경직 움직임에 대한 주의가 필요하다.

○ 이완을 위해 따뜻한 물은 필수적이나, 소용돌이와 사우나의 경우 온도 조절에 문제가 발생할 수 있어, 감각이 저하된 마비 환자에게는 과도한 온도로 작용할 수 있다.

○ 경직이 발생할 경우 참가자의 머리가 물에 잠길 수 있으므로, 항상 참가자의 머리 근처에 위치하는 것이 중요하다.

운동 감각계 장애(Kinesthetic System Disorde)

장애 유형

뇌성마비, 외상성 뇌 손상, 뇌졸중

감각 자극은 근육, 힘줄, 관절을 통해 운동신경계로 전달되어 신체와 팔다리의 위치 및 움직임을 인식하게 한다. 정보의 입력 및 해석에 장애가 발생할 경우, 신체와 팔다리의 위치 및 속도를 정확히 인지하지 못하게 되어 운동 결함 dyskinesia 이 나타날 수 있다. 수영 중에 자신의 신체 위치를 인식하지 못하는 경우, 팔, 다리, 몸통의 각도와 동작 속도의 미세한 변화를 감지해야 하므로 일관되지 않은 동작과 기술이 나타날 수 있다.

따라서 수영 교육의 목표는 운동 감각계에 장애가 있는 개인이 수영 및 수상 안전을 위해 신체 부위의 기능과 좌우 작용 방식에 대한 자각을 높이고, 방향성(물체와 관련된 신체 인식)을 향상시키며, 앞으로 수영하면서 90° 회전을 통해 중심선을 가로지르는 능력을 증진시키는 것이다.

수영 지도 시 유의 사항

○ 공간 내 위치 인식을 향상시키기 위해 팔다리 주위에 물결을 형성하도록 유도한다.

○ 신체를 보조하여 참가자가 능동적으로 움직일 수 있도록 유도한다.

○ 관절에 압력을 가하고(예: 상하 점프) 체중을 지탱함으로써(예: 물구나무서기) 팔다리에 대한 자각이 향상된다는 사실을 인식하고 있다.

○ 수영 속도를 변화시키기 위한 도전적인 활동을 수행하도록 한다.

○ 역도선수 벨트에 길이 1.5m의 수술용 튜빙을 부착한다. 수영하는 참가자는 벨트를 착용하고 튜빙을 벽에 있는 철제봉에 묶도록 한다. 이후 수영하는 참가자가 줄을 끌며 수영하도록 하여 신체 움직임에 대한 인식을 높인다.

○ 참가자들에게 옷을 입고 수영하거나 목 부위까지 차는 물속을 걷도록 한다. 옷의 무게는 자동으로 교정될 때까지 스트로크 교정을 느끼는 데 도움을 줄 수 있어 신체 자각을 증가시킨다.

○ 운동 감각을 향상시키기 위해 신체에 가벼운 물체를 부착한다.

안전 문제

신체 부위에 대한 인식 부족은 유연성을 저하시켜 수영 중 타인, 레인 줄, 벽과의 충돌을 초래할 수 있다.

원시반사(Primitive Reflex Retention)

장애 유형

뇌성마비, 외상성 뇌 손상, 뇌졸중

원시반사 primitive reflexes 는 자극에 대한 정상적이고 비자발적인 척수 및 뇌간의 운동 반응을 의미한다. 유아기에는 쥐기 반사, 모로 반사, 비대칭 긴장성 목 반사, 대칭 긴장성 목 반사와 같은 원시 반사가 나타나며, 이는 중추신경계 CNS 의 성숙과 함께 억제되고 직립 반응, 평형 반응, 그리고 협응된 자발적 운동으로 대체된다. 그러나 중추신경계가 뇌 손상으로 인해 정상적으로 성숙하지 못할 경우, 원시 반사가 지속될 수 있으며, 이는 정상적인 운동 발달, 자세 유지 및 자발적 운동 조절에 부정적인 영향을 미친다. 이러한 불수의적 반사는 근육의 긴장도와 균형에 영향을 미칠 수 있다.

따라서 수영 교육의 목표는 반사 문제를 가진 개인의 팔과 다리의 협응력을 향상시키고, 신체 자세를 적절히 조절하며, 기능적으로 독립적인 수영과 자발적 운동 조절 능력을 증진시키는 데 있다.

수영 지도 시 유의 사항

○ 중립적인 머리 자세를 유지하고 어깨의 중심선에 머리를 두며 턱을 약간 당긴 자세, 그리고 대퇴와 무릎을 살짝 구부린 자세는 반사를 억제하는 데 효과적이므로 권장되는 자세이다.

○ 평영, 기본 배영, 누운 자세에서의 평영, 핀 수영, 스컬링과 같은 대칭적 활동(신체의 양쪽이 동시에 동일한 동작을 수행해야 하는 활동)을 수행하는 것이 중요하다.

○ 가위 차기와 flutter kick 는 교차 신전 반사를 촉진하여 다리의 비기능적 외전 또는 가위 동작을 유발할 수 있으므로 주의가 필요하다.

○ 반듯한 자세는 목의 신전을 통해 대칭 긴장성 목 반사 symmetrical tonic neck reflex 를 자극하여 팔이 뻗고 다리가 구부러지는 결과를 초래할 수 있으므로 주의해야 한다.

○ 적절한 신체 자세를 취하여 팔다리를 효과적으로 조절하는 방법에 대해 물리치료사와 상담하는 것이 바람직하다.

○ 크롤 수영 중 옆으로 머리를 돌려 리듬감 있게 호흡하는 것은 대칭 긴장성 목 반사가 심한 경우 어려울 수 있음을 유념해야 한다. 머리를 옆으로 돌리면 얼굴 쪽의 사지가 펴지고 머리 쪽의 팔이 구부러져 추진력을 발휘할 수 없게 된다. 대칭 긴장성 목 반사가 약간 있는 수영 참가자는 스트로크에 방해받지 않고 리듬감 있게 옆으로 숨을 쉴 수 있다.

안전 문제

○ 엎드린 자세에서 수영을 하는 경우 긴장성 미로반사가 있는 개인은 고개를 들어 숨을 쉬는 데 어려움을 겪을 수 있다.

○ 원시반사는 머리와 목의 위치가 대부분의 움직임을 조절하므로, 참가자의 머리 앞에 위치해야 한다.

○ 격렬한 소음, 급작스러운 움직임, 물이 튀는 소리 등은 반사적 행동을 즉각적으로 유발할 수 있으며, 이로 인해 참가자가 안전한 자세를 유지하지 못하고 물에 잠길 위험이 있음을 유념해야 한다.

○ 참가자가 수평으로 누운 자세일 때, 갑작스럽게 얼굴이 물속으로 가라앉는 상황이 발생하지 않도록 사전에 대비해야 한다.

구강 운동 장애(Oral Motor Dysfunction)

장애 유형

뇌성마비, 외상성 뇌 손상, 뇌졸중

수영을 효과적으로 수행하기 위해서는 입술을 다물고 호흡을 조절하는 능력이 필수적이다. 이러한 기능에 어려움을 겪는 개인은 신경근육 장애로 인해 얼굴 근육에 영향을 받거나 얼굴 외상을 경험한 경우일 수 있다. 구강 운동 기능에 장애가 있는 사람들은 입술을 다물고 숨을 내쉬기보다는 물을 삼키거나 질식하는 경향이 있다. 따라서 수영 교육의 목표는 구강 운동 협응이 부족한 개인이 입술을 다물고 호흡 조절을 개선하는 활동을 수행하도록 돕는 것이다. 이와 더불어 입술, 입, 얼굴의 움직임에 대한 인식을 높이고 수영 중 물의 섭취를 줄이는 것을 목표로 한다.

수영 지도 시 유의 사항

○ 저항 물체를 입으로 불어내는 활동으로는 탁구공을 불거나, 물속에서 입으로 거품을 만드는 것, 물에 떠 있는 공이나 비치볼을 불어내는 것이 포함된다.

○ 수영장 물을 마시는 데 어려움을 겪는 유아 및 미취학 아동에게는 젖꼭지를 사용하여 입술을 다무는 힘을 기르고, 수영장 물을 섭취하는 양을 줄이는 방법에 대해 보호자와 논의한다.

○ "입 다물어"라는 지시를 하면서 위아래 입술을 손가락으로 부드럽게 다물도록 유도한다.

○ 참가자에게 "음, 음, 음"과 "파, 파, 파"와 같은 특정 음성을 발음하도록 한다.

○ 입을 다물지 못하는 장애가 있는 경우에도 목을 효과적으로 닫아 물을 삼키거나 흡입하는 것을 방지하도록 지원한다.

○ 참가자가 머리를 약간 구부리도록 유도하는데, 이는 입술을 다무는 데 도움이 된다. 누운 상태에서 머리를 펴면 입이 열리는 경향이 있다.

○ 안정이 필요한 참가자에게는 안정성을 지속적으로 제공하여, 물속에서의 불안정한 자세나 가라앉는 느낌이 신체를 경직시키고 사지를 무의식적으로 펴거나 굽히게 하며, 입이 벌어지는 것을 방지한다.

안전 문제

구강 운동 조절의 어려움이나 인지장애로 인한 환경 인식의 저하로 인해 수영장 물을 과도하게 섭취하는 경우, 신체적으로 작은 체구와 저체중을 가진 유아, 아동, 청소년은 구토, 설사 및 나트륨 저하증(나트륨 불균형)과 같은 건강 문제를 경험할 수 있다.

머리 조절 곤란(Head Control Difficulty)

장애 유형

뇌성마비, 외상성 뇌손상

흉쇄유돌근, 승모근, 두판상근 등 경부의 굴곡근 및 신전근의 근력이 제한된 개인은 머리 조절에 어려움을 겪는다. 머리 조절은 수중 활동에서 필수적인 기능으로, 리듬 호흡, 횡영에서의 머리 유지, 배영에서의 올바른 신체 자세 유지, 발헤엄 및 물속 걷기에서의 수직 자세 취하기 등을 포함한다. 머리 조절이 부족한 참가자는 독립적으로 수영할 수 없으며, 타인이나 부유 기구에 의존해야 한다. 또한, 머리 조절이 불가능한 근육 위축증인 개인은 근육 위축으로 인해 목 근육을 강화할 수 없다. 뇌성마비가 있는 일부 개인은 근육의 긴장도가 높아 기능적인 근력을 발휘하기 어려운 경우가 있다. 머리 조절의 어려움은 머리를 세우는 반응의 부적절한 발달로 인한 것일 수도 있으며, 이러한 반응은 유아기와 어린 시절에 형성되어 중력에 대한 개인의 신체 및 머리 세우기를 돕는다. 전정 시스템이 손상된 개인은 머리를 올바르게 세우는 능력이 저하될 수 있다.

수영 교육의 목표는 참가자가 호흡을 위한 동작과 리듬 호흡을 위한 동작을 명확히 이해하도록 돕고, 머리를 곧추세우는 능력을 향상시키며, 다양한 부유 기구를 편안하게 착용할 수 있도록 하고, 수영 중 자세 개선에 기여하는 것이다.

수영 지도 시 유의 사항

○ 배영 스트로크를 개발할 경우, 리듬 호흡 중 머리 조절의 필요성이 사라진다.

○ 엎드려 수영하기 위해 얼굴 마스크와 스노클을 활용하면 리듬 호흡 및 머리 조절을 하지 않고도 수영이 가능하다.

○ 수영하는 사람의 앞에서 걷거나 수영을 하면서 호흡을 보조하는 방법으로는 가슴을 위로 밀어 올리거나 턱 또는 겨드랑이를 지지하여 머리와 얼굴을 들어올릴 수 있도록 한다.

○ 목과 머리 조절이 미흡한 뇌성마비 환자들은 목을 과신전할 경우 팔과 다리 조절에 영향을 미치는 원시 반사 패턴이 유발될 수 있으므로, 머리를 앞으로 들어 올려 호흡하는 것을 권장하지 않는다.

○ 호흡을 위해 몸을 측면으로 회전시켜 호흡하는 반대쪽 어깨를 아래로 돌려 측면 호흡을 보조한다.

○ 수영하는 사람의 가슴과 얼굴 부위를 높이기 위해 폼막대를 가슴에 걸치고 겨드랑이에 끼워준다.

○ 수면 위에서 머리를 지탱하기 위해 목에 부유 기구를 착용하는 것을 고려할 수 있다.

○ 활동 중 머리 조절이 미흡하여 갑작스러운 잠수 현상을 예방하기 위해 참가자의 머리 근처에 위치하여 주의 깊게 관찰한다.

안전 문제

○ 엎드린 자세에서 1:1로 지원하며 지도하는 것이 필요하다.

○ 수영자가 얼마나 오랫동안 숨을 참을 수 있는지를 파악하고, 적절한 시점에 숨을 쉴 수 있도록 도와줄 신호 체계를 마련해야 한다.

시각장애

시각장애

01 시각장애의 이해

시각장애의 정의와 분류

눈은 빛의 강도와 파장을 감지하는 감각기관으로, 각막, 수정체, 망막으로 구성되어 있다. 눈을 통해 빛의 자극을 수용하는 감각 작용을 시각 vision 이라고 하며, 우리는 물체를 관찰함으로써 시각의 전달 경로(그림 2.6.1)를 통해 사물의 크기, 형태, 색상, 거리 등을 뇌에서 인식하게 된다. 이러한 인식 능력을 시력 visual acuity 이라고 정의한다. 시각장애는 시각 전달 경로인 시각신경에 이상이 발생하여 시력이 저하되는 현상을 의미하며, 이로 인해 시각을 활용하여 과제를 수행하는 데 제한을 받는 상태를 지칭한다. 따라서 시각장애가 있는 개인은 선천적 또는 후천적인 요인으로 인해 시각신경에 문제가 발생하여 시각에 이상이 생긴 경우, 즉 앞을 보지 못하거나 매우 약한 시력만을 남겨두고 있어 시각적 인지가 어려운 사람을 포함한다.

시각장애의 판별은 시력 visual acuity 과 시력이 미치는 범위인 시야 visual field 를 기준으로 한다. 우리나라에서 시각장애인으로 법적으로 정의되는 기준은 교정시력을 기준으로 하여 나쁜 눈의 시력이 0.02 이하인 경우와 두 눈의 시야가 정상 시야의 50% 이상을 상실한 사람을 포함한다(장애인복지법 시행령, 2021). 시각장애의 분류는 장애인복지법에 따른 기준 외에도 특수교육대상자 선정을 위한 특수교육법의 기준과 스포츠 분야에서 공정한 경기를 위해 시각장애의 정도에 따라 등급을 구분하는 기준이 존재한다(표 2.6.1).

[그림 2.6.1] 시각의 전달 경로

〈표 2.6.1〉 법과 경기규정에 따른 시각장애의 기준

구 분	기 준
시각장애인의 기준 (장애인복지법 시행령, 2015)	• 나쁜 눈의 시력(만국식시력표 측정 교정시력)이 0.02 이하인 사람 • 좋은 눈의 시력이 0.2 이하인 사람 • 두 눈의 시야가 각각 주시점에서 10° 이하로 남은 사람 • 두 눈의 시야 ½ 이상을 잃은 사람
시각장애를 지닌 특수교육대상자 선정 기준 (장애인 등에 대한 특수교육법 시행령, 2015)	시각계의 손상이 심하여 시각기능을 전혀 이용하지 못하거나 보조공학기기의 지원을 받아야 시각적 과제를 수행할 수 있는 사람으로서 시각에 의한 학습이 곤란하여 특정의 광학기구·학습매체 등을 통하여 학습하거나 촉각 또는 청각을 학습의 주요 수단으로 사용하는 사람
시각장애 선수 등급분류 International Blind Sports Association(IBSA, 2016)	• B1: 두 눈이 빛을 느끼지 못하는 상태 • B2: 시력 2/60, 시야 5° 이하 • B3: 시력 2/60 ~ 6/60 이거나 시야가 5° ~ 20° 범위인 경우

시력과 시각장애는 시력과 시야라는 두 가지 측면에서 평가된다. 시력 visual acuity 은 표준 거리에서 얼마나 선명하게 사물을 인식할 수 있는지를 측정하는 지표이다. 이를 위해 스넬렌 시력표 Snellen chart가 사용되며, 이 표는 각 줄의 글자 크기가 점진적으로 감소하는 알파벳 문자로 구성되어 있다. 예를 들어, 시력 20/200은 시각장애가 없는 개인이 200피트(약 60미터) 거리에서 식별할 수 있는 대상을 20피트(약 6미터) 거리에서 식별할 수 있음을 의미한다. 스넬렌 시력표를 통해 시력을 측정할 때, 가장 큰 글자를 200으로 설정하고 가장 작은 글자를 20으로 설정하면, 20피트 거리에서 200에 해당하는 글자를 읽을 수 있는 경우 시력은 0.1(20/200)로 평가되며, 가장 작은 20에 해당하는 글자를 읽을 수 있는 경우 시력은 1.0(20/20)으로 간주된다. 시각장애 수영선수의 스포츠 등급이 B2로 분류된다면, 이는 시력 2/60에 해당하는 선수를 지칭하는 것이다. 즉, 시각장애가 없는 일반 선수가 60피트(약 18미터) 거리에서 시력표의 글자를 인식할 수 있는 경우, B2 등급의 선수는 2피트(약 60센티미터) 거리에서 글자를 인식할 수 있다는 의미이다.

시야 field of vision 는 눈이나 머리를 움직이지 않고 정면을 바라보며 시각적으로 인식할 수 있는 범위를 나타낸다. 정상적인 시야는 160°에서 170°의 범위로, 이는 앞과 옆의 모든 물체를 볼 수 있는 능력을 포함한다. 반면, 시각장애는 더 나은 눈에서 시야가 20° 이하일 경우로 정의된다. 일부 개인은 시력과 시야 모두를 상실할 수 있지만, 다른 개인은 시력이나 시야 중 하나만 손상될 수 있다(Payne, Yan, & Block, 2010).

시각장애의 원인

시각장애는 빛을 수용하는 눈과 말초 신경의 손상으로 인해 발생하는 중심시력 장애에서부터, 망막에 도달한 시각정보가 전기 자극으로 변환되어 시신경을 통해 대뇌 피질에 전달되는 과정에서의 시신경 손상으로 인한 중추성 시각장애에 이르기까지 다양한 원인에 의해 발생할 수 있다. 성인에서 흔히 나타나며 스포츠 활동에 영향을 미치는 주요 시각장애의 원인으로는 다음과 같은 질환들이 있다(질병관리청, 2021).

백내장(cataract)

빛이 눈에 들어오면 렌즈와 유사한 수정체를 통과하면서 굴절되어 망막에 이미지를 형성하게 된다. 그러나 백내장은 이러한 수정체가 다양한 원인으로 인해 혼탁해져 빛의 통과를 방해함으로써 시야가 흐릿하게 보이는 질환을 의미한다(그림 2.6.2). 이로 인해 사물이 겹쳐 보이거나 눈부심, 빛 번짐 현상, 그리고 색상이 퇴색되는 등의 증상이 나타날 수 있다. 백내장은 선천성과 후천성으로 구분되며, 선천성의 원인으로는 유전적 요인이나 임신 초기의 풍진 감염 등이 포함된다. 반면, 후천성의 원인으로는 노화, 외상, 전신 질환, 안구 내 염증, 독소 노출 등이 있다. 대다수의 백내장은 후천성으로 발생한다.

녹내장(glaucoma)

빛이 눈에 들어오면 렌즈와 유사한 수정체를 통과하면서 굴절되어 망막에 이미지를 형성하게 된다. 그러나 백내장은 이러한 수정체가 다양한 원인으로 인해 혼탁해져 빛의 통과를 방해함으로써 시야가 흐릿하게 보이는 질환을 의미한다(그림 2.6.2). 이로 인해 사물이 겹쳐 보이거나 눈부심, 빛 번짐 현상, 그리고 색상이 퇴색되는 등의 증상이 나타날 수 있다. 백내장은 선천성과 후천성으로 구분되며, 선천성의 원인으로는 유전적 요인이나 임신 초기의 풍진 감염 등이 포함된다. 반면, 후천성의 원인으로는 노화, 외상, 전신 질환, 안구 내 염증, 독소 노출 등이 있다. 대다수의 백내장은 후천성으로 발생한다.

백내장(흐릿하고   DR 망막박리(그림자, 검은 구름이 흩어져 나타남)
부옇게 보임)   G 녹내장(주변 시야의 상실로 터널 시각을 나타냄)
                 AMD 황반 변성(시야 중심에 검은 점이 형성됨)

출처: http://www.metwesteyecentre.com.au/images/Image/conditions/cataracts.jpg
http://eyecarenc.com/wp-content/uploads/2015/03/vision-eye-conditions-large.jpg

[그림 2.6.2] 정상 시각과 질환에 따른 시각 이미지

망막 박리(detachment of the retina)

망막은 여러 층으로 구성된 구조로, 외부에서 들어온 빛을 집합하여 이미지를 형성하고, 이를 전기 신호로 변환하여 뇌로 전달하는 기능을 수행한다. 그러나 다양한 원인으로 인해 망막의 여러 층이 분리되는 현상이 발생할 수 있으며, 이를 망막 박리라고 한다. 망막 박리가 발생하면 시각 정보를 뇌로 전달할 수 없게 되어, 망막이 정상적으로 기능하던 시야가 검은 구름, 그림자 또는 커튼으로 가려진 것처럼 인식된다. 이러한 상태가 장기간 방치될 경우, 망막의 중심부까지 영향을 미쳐 급격한 시력 저하를 초래할 수 있다(그림 2.6.2).

황반 변성(macular degeneration)

황반은 눈의 내부를 덮고 있는 얇고 투명한 신경조직인 망막의 중심부에 위치하며, 물체의 상이 맺히는 주요 지점으로서 시력에 매우 중요한 역할을 한다. 노화, 독성, 염증 등으로 황반부에 변성이 발생하면 시력 장애를 초래하는 질환을 황반변성이라고 한다. 이 질환이 발생할 경우, 사물의 형태를 구별하는 능력이 저하되고 물체가 왜곡되어 보이며, 독서를 할 때 글자 사이에 공백이 생기거나 물체의 중앙 부분이 검거나 비어 있는 현상이 나타난다. 또한, 대비감이 감소하면서 시야의 중심에 영구적인 검은 점이 형성되는 경우가 있다(그림 2.6.2).

망막색소변성(retinitis pigmentosa)

망막의 광수용체 세포 기능이 손상되어 빛을 감지하고 이를 전기 신호로 변환하여 시신경에 전달하는 과정이 저해되는 유전적 진행성 질환으로, 이로 인해 흑백 및 명암을 구별하는 간상세포의 수가 점차 감소하게 된다. 초기 증상으로는 야맹증이 나타나며, 질환이 진행됨에 따라 시야가 좁아지고 중심부만을 인식할 수 있는 시야 협착 현상이나 영상의 흐림이 발생하게 된다.

시각장애의 특성

발달 특성

대부분의 시각장애 아동은 지적 장애나 신체적 장애가 없는 경우가 많지만(일부 아동은 중복장애를 가질 수 있음), 시력 상실은 아동의 전반적인 발달에 중대한 영향을 미칠 수 있다. 시각장애가 아동의 발달에 미치는 영향은 장애의 유형, 시력 상실의 정도, 시각장애 발생 시기, 아동의 전반적인 기능 수준 등 여러 요인에 따라 달라진다(NICHCY, 2004). 특히 선천적으로 시각장애가 있는 아동으로 태어났는지, 아니면 아동기 동안 시력을 잃었는지가 정상적인 발달에 중요한 요소로 작용한다(NICHCY, 2004). 선천적 시각장애가 있는 아동의 경우, 사회적 발달이 특히 지연되는 경향이 있다. 초기 사회적 발달은 언어적 의사소통(예: 몸짓, 비언어적 단서의 이해)과 사회적 상호작용(번갈아 하기 및 사회적 모방)과 같은 시각적 관찰에 의존하기 때문이다. 이러한 지연은 시력이 20/200 이상(시력 0.1 이하)인 아동에게서 가장 두드러지게 나타나지만, 일반적으로 아동이 성장함에 따라 이러한 지연은 극복될 수 있다(Miller & Menacker, 2007).

학습 특성

대부분의 학습은 시각을 통해 정보를 수집하고 처리하는 과정을 통해 이루어진다. 일반 아동의 경우, 학습의 80%가 시각적 단서를 통해 이루어진다. 그러나 시각장애가 있는 아동은 청각이나 촉각에 의존하여 정보를 수집하게 되므로, 습득하는 정보의 양과 질이 감소하게 된다(Fazzi & Klein, 2002). 아동은 움직임을 통해 발달하며, 움직임 환경이 제한될 경우 발달 지체가 발생할 수 있다. 시각장애가 있는 아동은 환경과의 상호작용이 제한되어 흥미로운 물체를 탐색하는 기회가 부족해지며, 이로 인해 학습의 기회를 상실하게 된다(Odle, 2016). 이러한 제한은 사회성, 운동, 언어, 인지 등 다양한 발달 영역에서 일반적인 학습에 부정적인 영향을 미칠 수 있다.

수영을 배우는 과정에서 지도자의 설명을 이해하고 이를 행동으로 옮기는 것이 중요하지만, 다른 사람들의 움직임과 물에서의 자세 또한 수영 학습에 영향을 미친다. 즉, 신체 활동에 대한 개념과 기능의 발달은 주변 사람들의 활동을 관찰하는 과정에서 무의식적으로 이루어지는 우연 학습(incidental learning)이 중요한 역할을 한다. 따라서 시각 정보의 제한은 수영장에서 필요한 다양한 활동을 자연스럽게 배우고 익힐 기회를 상실하게 만든다. 어린 시기에 실명하거나 중증 시각장애를 겪는 경우, 정서적(정서, 사회성, 인성 발달), 인지적(물체와 공간 구성의 개념 및 지식 체계), 심동적(신체 기능 및 움직임 기능) 영역의 발달에 큰 영향을 미친다고 할 수 있다(Houwen et al., 2009).

습관 행동 특성

앞서 언급한 바와 같이, 시각적 자극을 전혀 인지할 수 없는 개인은 촉각이나 근육 감각을 통해 자극을 경험하는 행동을 보이며, 일부 시력이 남아 있는 경우에는 시각적 자극을 통해 반응하는 경향이 있다. 이러한 반복적인 행동은 신경학적 문제로 인해 발생하며, 이를 '맹인벽 blindisms' 또는 '상동 행동 stereotyped behaviors'으로 지칭한다. 예를 들어, 손을 흔들거나 손가락으로 눈, 코, 입을 자극하는 행동, 그리고 귀, 코, 입술, 머리카락을 손으로 만지는 행동이 포함된다. 또한, 개인은 자신의 신체에 필요한 자극을 얻기 위해 몸을 흔들거나 돌리거나, 한쪽으로 머리를 기울이거나 팔과 어깨를 움직이는 행동을 반복하기도 한다. 잔존 시력이 있는 경우, 빛과 그림자를 인지하기 위해 손이나 손가락을 반복적으로 흔드는 행동이 관찰된다(국립특수교육원, 2009). 이러한 행동이 나타날 경우, 사람들은 이를 단순한 신경과민적 습관으로 간주하며, 장애가 있는 학부모나 지도자는 이러한 행동을 중단시키기 위해 대체할 기회를 제공하고자 할 것이다. 만약 이러한 행동이 수영 교육에 영향을 미치지 않는다면, 일부 자기자극 행동은 간과될 수 있다.

장애가 선천적이든 후천적이든, 시각장애가 있는 개인에게 두려움이나 의존성은 흔히 나타나는 특징이다. 이러한 특징은 시력 상실로 인한 결과라기보다는, 시각장애인을 과잉보호함으로써 발생하는 경향이 있다. 과잉보호는 시각장애인이 자유롭게 환경을 탐색할 기회를 제한하며, 이로 인해 지각 능력, 운동 능력, 인지 발달이 저해될 수 있다(Stuart et al., 2006).

사회적 특성

대부분의 아동은 자발적으로 놀이 활동을 시작하며, 이 과정에서 사회성 발달에 따라 놀이의 형태도 진화한다. 그러나 시각장애 아동은 의미 있는 놀이를 시작하는 데 어려움을 겪으며, 창의적인 움직임과 사회성 발달에 제약을 받는다. 시각장애 아동은 활동을 공유하거나 순서를 변경하며 놀이를 경험하고, 이를 통해 사회적 상호작용을 이루어낸다. 그러나 이들은 일반 아동에 비해 또래와의 관계 및 우정이 부족한 경향이 있다. 예를 들어, 수영 강습에 참여하는 시각장애 아동은 지도자 근처에 머물며 다른 아동과의 상호작용이 제한되는 경우가 많다. 이러한 상황은 이들이 수영 강습을 우호적이지 않거나 외로운 환경으로 인식하게 만들 수 있으며, 타인에게 무시당하는 경험을 하게 될 가능성도 있다. 함께 강습받는 아동들에게는 시각장애 아동의 어려움을 이해하도록 교육하는 것이 필요하다. 이동에 어려움을 겪는 시각장애 아동은 종종 낮은 수준의 자기 인식과 자존감을 경험하게 되며, 이러한 인식은 이동에 대한 자신감을 상실하게 하고, 운동 및 사회 심리적 영역에서도 위축되는 결과를 초래할 수 있다. 따라서 사회성 발달을 위해서는 다양한 교류를 통해 의도적으로 대화할 기회를 마련하는 것이 필요하다.

운동 특성

시력 상실은 특정 운동 능력이나 신체적 특성에 직접적인 영향을 미치지 않지만, 시력의 상실로 인해 움직임의 기회가 감소하게 되며, 이로 인해 다양한 독특한 특성이 나타날 수 있다(Stuart et al., 2006). 그 중 하나는 시각장애 아동에게서 자주 관찰되는 운동 지체 motor delay 이다. 이러한 운동 지체는 신경학적 또는 운동적 요인과는 무관하게, 타인을 관찰할 수 있는 능력의 부족에서 기인한다. 출생 시부터 어린 시절 조기에 시각장애를 경험한 아동은 환경 내에서 흥미로운 물체를 탐색할 기회를 상실하게 된다. 이는 운동 발달과 학습 기회와 경험이 결여되어 운동 지체로 이어질 수 있다. 시각장애 아동은 넓은 지지 기반을 바탕으로 느리고 불안정한 보행 패턴을 보이는 경향이 있다. 이는 시각 정보의 결여로 자신이 어디로 가고 있는지를 인식하지 못하기 때문이다(Lieberman, 2005). 또한, 그들은 자세의 변형과 근육 긴장 저하와 같은 다양한 운동적 문제를 경험할 수 있다. 저긴장증 hypotonia 은 제한된 움직임의 결과로 나타나는 근육 긴장도의 저하를 의미하며, 자세 문제는 시각적 결핍을 보완하기 위해 몸을 앞뒤로 흔들거나 손가락으로 눈을 비비는 등의 행동으로 나타날 수 있다.

균형 balance 은 시각장애 아동에게 도전 과제가 될 수 있으며, 이러한 어려움은 주로 움직임 경험과 연습의 부족과 관련이 있다. 그러나 눈을 가린 상태에서의 측정 결과, 시각장애인이 일반인에 비해 뛰어난 성과를 보이는 경우가 있다(Ribadi, Rider, & Toole, 1987). 이는 시력을 잃은 개인들이 시각 대신 고유 수용 감각 proprioceptive sense 을 발달시키는 능력이 있기 때문이며, 이러한 감각의 발달은 시각장애인의 보행 훈련에 있어 중요한 요소로 작용한다. 시각 손상이 있는 개인들은 창의적이고 자발적인 움직임을 촉진하기 위해 청각, 운동 감각, 촉각 등을 활용할 수 있는 적절한 운동 수행 환경이 필요하다(Sherrill, 2004). 특히, 시각장애인에게 수영은 물속에서 자세 유지를 위해 지속적인 신체 조절이 요구되며, 호흡과 팔다리의 움직임을 조화롭게 조절함으로써 스트로크 기술을 익힐 수 있어, 다른 운동 종목에 비해 운동 발달에 매우 유익한 활동으로 평가된다.

02 시각장애의 지도 방법

지도를 위한 의사소통

수영 교육 시 시각장애가 있는 학습자를 대상으로 특별한 지도 방법을 선택하지 않더라도, 장애의 특성을 고려하여 이해하기 쉽게 설명하는 것이 중요하다. 이를 위해 시각장애인의 잔존 시력, 청각, 촉각 등을 최대한 활용하는 다양한 지도 방법이 존재한다. 예를 들어, 손으로 자세를 확인하는 방법 brailling, 지도자가 직접 자세를 만들어 주는 방법 hand-body manipulation, 그리고 구두 설명을 통한 방법 등이 있다. 수영 교육에서 가장 중요한 요소 중 하나는 지도자와 시각장애가 있는 학습자 간의 원활한 의사소통이다. 지도자는 시각장애의 특성을 정확히 이해하고 교육에 임해야 한다. 다음은 시각장애인을 지도할 때 유의해야 할 의사소통 행동 지침이다 (Lieberman & Cowart, 1996).

- 지도 대상에게는 동료나 보조원을 介하여 전달하지 말고 직접 소통해야 한다.
- 시각장애인이 있는 경우, 접근할 때 먼저 이름을 부르는 것이 중요하다. 수영장 내 소음이 많으므로, 명확하고 큰 목소리로 부르는 것이 필요하다.
- 청각장애가 없는 전맹인을 지도할 때는 목소리를 높이지 않아야 한다.
- 대화 시 자연스럽게 소통하며, 시각과 관련된 용어 사용을 주저하지 말고 구체적으로 설명해야 한다. 예를 들어, 물체에 대한 설명이나 방향 및 장소를 제시하는 것이 중요하다.
- 이해를 돕기 위해 소리를 활용해야 한다. 목소리는 시각장애인에게 이동 방향을 안내하고 상황을 판단할 수 있도록 돕는다. 지도하기 전에 주의 집중을 유도해야 한다.
- 수영장에 들어가기 전, 샤워실, 탈의실, 구조대, 입수 사다리 등의 시설과 킥보드, 오리발 등의 수영 도구에 대해 사전 설명이 필요하다.
- 과잉보호는 피해야 하며, 강습자는 때때로 부딪히거나 상처를 입을 수 있다는 점을 인식해야 한다. 안전은 중요하지만, 과도한 보호는 오히려 해로울 수 있다.
- 도전과 시도를 통해 자신감을 가질 수 있도록 지원해야 하며, 활동이나 게임을 통해 직접 경험하게 하여 움직임에 대한 자신감을 증진시켜야 한다.
- 신뢰를 구축하기 위해 정확한 정보를 지속적으로 제공해야 한다.
- 전맹인과 대화 중 자리를 떠날 경우, 미리 알리는 것이 중요하다.

지도 방법

시각장애인을 위한 지도 전략은 시각적 수단 외의 다양한 방법을 통해 정보를 전달하는 데 중점을 둡니다. 시연은 시각장애가 20/200 이상인 개인에게 유용하며, 이를 효과적으로 수행하기 위해서는 참가자들을 가까이 배치하는 것이 필요합니다. 시각장애인을 지도할 때는 구두 설명이 다른 지도 방법보다 더욱 중요하며, 이러한 설명은 매우 구체적이어야 합니다. 예를 들어, "팔을 이쪽 위로 들어 올려!"와 같은 일반적인 지시는 시각장애인에게는 적절하지 않습니다. 대신, "팔을 들어 올리며 뒤로 젖혀서 알통이 귀를 스치도록 해"와 같은 보다 구체적인 지시가 필요합니다. 수영 지도자는 시각장애인을 효과적으로 지도하기 위해 적절한 방법을 알고 이를 활용할 수 있어야 합니다. 시각장애인을 위한 수영 지도에 도움이 되는 방법으로는 구두 설명, 시연, 손으로 자세 만들어 주기 physical guidance, 손으로 자세 확인하기 brailling, 버디 시스템 buddy system 등이 있다(최승권, 2018).

말로 설명하기

효과적인 구두 의사소통은 수영 지도에서 매우 중요한 요소이다. 시각장애가 있는 선수들은 정보와 피드백을 얻기 위해 지도자의 설명에 크게 의존하며, 이는 수행력 및 움직임에 대한 이해를 돕는다. 기술이 복잡하거나 선수들이 경험하지 못한 경우, 과제를 여러 단계로 나누어 과제 분석 task analysis 을 통해 설명하는 것이 필요하다. 수영 동작을 언어로 표현하는 것은 쉽지 않지만, 효과적인 지도를 위해 다음 사항을 고려해야 한다.

○ 불필요한 언어 사용을 피하고 간결하게 전달한다.
○ 주요 단어를 중심으로 간략한 문장을 사용한다.
○ 언어 정보를 순서에 맞게 제시한다.
○ 필요시 각 단계를 구분한 체크리스트를 준비하여 순차적으로 설명한다.
○ 구두 설명과 함께 청각 및 촉각 정보를 동시에 제공한다. 예를 들어, 호흡 방법을 설명할 때 입의 움직임을 언급하며 손으로 입술을 잡고 다물고 여는 소리를 내는 방식이다.
○ 일반적인 대화에서 사용하는 '바라봐'나 '쳐다봐'와 같은 용어를 자연스럽게 활용할 수 있다.

시연

시범은 장애 여부에 관계없이 의사소통을 위한 가장 일반적인 수영 지도 방법으로 인식된다. 지도자들은 일반적으로 시연을 통해 교육 내용을 전달하며, 시각장애인을 대상으로 한 지도에서는 다음과 같은 하나 또는 두 가지 전략을 적용한다. 첫째, 잔존 시력을 최대한 활용할 수 있는 위치에 지도자의 자리를 설정한다. 둘째, 청각, 촉각, 운동 감각 등 다양한 감각을 통해 정보를 전달한다. 셋째, 시연을 진행할 때, 전달하고자 하는 과제의 전체 내용과 세부 사항을 순차적으로 설명한다.

시범을 통한 지도 과정에서 중요한 점은 시연 후에 연습 시간을 제공하여 학습자가 동작을 올바르게 이해하고 있는지를 확인하는 것과 반복적인 연습을 통해 숙련도를 높일 수 있도록 하는 것이다.

출처: O'Connel, M., Lieberman, L. J., & Petersen, S. (2006).

[그림 2.6.3] 전맹에게는 자신의 손으로 시연 자세를 확인하는 것이 가장 효과적임.

만져서 자세 확인하기

약시의 경우, 일정 수준의 시각적 단서와 시연을 통해 학습이 가능하지만, 선천적 시각장애는 청각과 촉각에 의존하여 학습하게 된다. 전맹인을 지도하기 위해서는 지도자가 자신의 몸을 만지게 하여 자세를 이해하도록 하거나, 지도자가 직접 자세를 만들어 주는 방법을 활용한다. 시각장애인이 활동을 시연하는 사람의 신체를 만져보며 자세를 확인하는 방법은 시도하려는 움직임의 전체 기술뿐만 아니라 각 부분 기술을 파악하는 데 유익한 기법이다(표 2.6.2). 이것의 장점은 지도받는 사람이 기술의 다양한 부분 중에서 팔다리의 정확한 자세를 느낄 수 있다는 점이다. 만약 이 기법이 지도받는 사람에게 불편함이나 어색함을 초래한다면, 인체 모형을 활용할 수 있다.

[그림 2.6.4] 지도자가 자세를 만들어 주기는 실제로 자세를 정확히 교정함.

손으로 자세 만들기

지도자는 전체 동작뿐만 아니라 부분 동작의 구성 요소를 순차적으로 손과 팔다리를 움직여 자세를 유지하는 방법을 지도한다. 시각장애인은 자신의 자세를 타인과 비교할 수 없기 때문에, 지도자는 이들을 위한 자세 지도를 제공하는 역할을 수행한다(표 2.6.2). 자세 지도를 시작할 때는 대상자의 이름을 부른 후 진행한다. 이 기법의 장점은 동작을 시각적으로 표현하고 자세의 기준점을 익히며, 세밀하고 구체적인 정보를 제공함으로써 설명 과정에서 발생할 수 있는 오류를 줄일 수 있다는 것이다. 그러나 단점으로는 지도자가 한 번에 한 사람씩만 지도해야 하며, 이로 인해 시간 소모가 크고 번거로울 수 있다는 점이 있다. 특정 기술을 소개할 때는 시각장애인을 시범 모델로 활용하거나, 버디 시스템 buddy system 을 통해 역할을 분담할 수 있다. 이는 시간 절약과 효과적인 의사소통 수단으로 작용할 수 있다. 또한, 지도자와 시각장애인의 성별이 다를 경우에는 주의가 필요하며, 신체 접촉 시 성적인 행동이 발생할 수 있으므로 신중하게 접근해야 한다.

버디 시스템(buddy system)

버디 시스템(짝 지도, 동료 지도)은 시각장애인을 교육할 때, 장애가 없거나 장애 정도가 경미한 보조자를 배치하여 시각장애인의 시각적 역할을 수행하도록 하는 방법이다. 이 접근법에서 동료는 시연 및 설명을 제공하며, 시각장애인의 수영 동작을 지원하고 추가적인 피드백을 전달할 수 있다. 이러한 방식은 지도자가 교육에 소요되는 시간을 단축할 수 있을 뿐만 아니라, 숙련된 동료를 통해 움직임에 대한 정보를 지도자보다 더 용이하고 효과적으로 전달할 수 있는 장점을 지닌다. '버디'는 시연 보조, 안내자 역할, 추가 피드백 제공 등 다양한 기능을 수행한다.

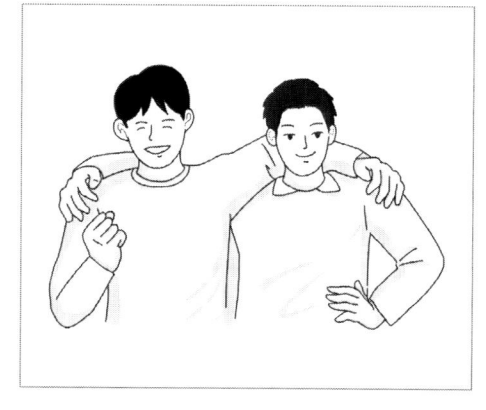

[그림 2.6.5] 버디 시스템

〈표 2.6.2〉 만져서 자세 확인하는 방법과 자세 만들어 주는 지도법의 요점

만져서 자세 확인하기 방법	손으로 자세 만들기 방법
• 전에 말로 설명하는 것을 듣고 실행하기 어려웠던 동작을 동료나 지도자가 수행하도록 하고 지도받는 사람이 만져보도록 한다.	• 지도받는 사람이 신체적 접촉을 싫어하지 않는지 확인한 후, 손으로 자세를 만들어 주는 지도를 한다.
• 지도자나 동료가 수행하는 동작을 어느 시점에 어느 부위를 손으로 확인해야 하는지 알려준다.	• 지도받는 사람이 놀라지 않도록 신체적 도움을 주기 전에 미리 알려준다.
• 잘못 이해하지 않도록, 도움을 얼마만큼 주었으며 동료나 지도자의 동작을 어느 시점에 어느 부위를 느꼈는지를 기록한다.	• 잘못 이해하지 않도록, 동작 부위를 어느 정도 만져야 하는지 기록한다. 이를 근거로 언제, 어느 부위를 왜 만지는지를 알려준다.
• 확실히 이해하는 것이 필요하다면 여러 번 반복해서 만져보고 확인하도록 한다.	• 자세를 알려주기보다 동작을 통해 활동을 익힐 수 있도록 한다.
• 만져보고 자세를 확인하는 방법과 다른 지도 기법을 병행한다면 이해를 잘할 수 있다.	• 신체를 만지는 일을 최소화하기 위해 도움을 점차 줄인다.

03 시각장애의 수영 지도

영법 지도의 일반 사항

시각장애의 정도는 약시에서부터 완전 실명에 이르기까지 다양하게 나타난다. 수영을 지도할 때, 지도자는 시력 손상과 관련하여 다음의 정보를 알고 있는 것이 유익하다(Australian Sports Commission, 1992).

○ 수영 중 인지할 수 있는 요소(색상, 거리, 중앙 및 주변 환경)

○ 시력을 증진시키거나 저하시킬 수 있는 조건

○ 망막박리 증상이 있는 경우, 출발 시 다이빙 및 수중 활동은 금지되어야 함

시각장애의 정도는 수영장 조명, 눈부심, 또는 물의 반사에 의해 영향을 받을 수 있다. UV 고글은 눈부심을 줄여주어 수영에 도움이 될 수 있다. 전맹이거나 시각장애가 심한 개인은 물속에서 방향 감각과 방향 정위를 유지하는 데 어려움을 겪을 수 있다. 기술을 정확히 습득하는 것은 수영 중 방향을 유지하는 데 기여할 것이다. 또한, 수영 기술을 배우는 과정에서 귀를 너무 일찍 잠그는 것은 방향 감지 및 동작 설명을 이해하는 데 필요한 청각적 인지를 방해하므로 권장되지 않는다. 같은 이유로 수영모 착용 또한 피하는 것이 바람직하다 (American National Red Cross, 1977).

시각장애가 있는 수영 참가자는 새로운 환경에 적응하기 전까지 반응 시간이 느릴 수 있다. 따라서 수영을

처음 배우는 이들에게는 화장실과 탈의실의 위치, 수영의 시작 및 도착 지점, 수영장 깊이, 출발대 및 기타 관련 세부 사항을 확인하고 적응하도록 하는 것이 중요하다. 수영 초보자는 부유 기구를 사용하여 보다 편안하게 수영할 수 있으며, 이를 통해 유산소 능력을 향상시킬 수 있다.

킥보드를 이용한 수영은 보드가 벽에 먼저 닿기 때문에 수영하는 데 도움이 될 수 있다. 시각장애인을 고려할 때, 이들은 일반적으로 수영장 벽에 설치된 시계를 확인하기 어려울 수 있으므로, 읽기 쉬운 손목시계를 착용하는 것이 바람직하다. 이를 통해 수영 강습이나 정해진 활동 시간 동안 수영을 하면서 심박수를 점검할 수 있다. 한쪽 눈이 실명된 경우, 깊이 지각 및 균형에 문제가 발생할 수 있다.

영법

시각장애인을 대상으로 영법 교육을 실시할 때, 다음과 같은 지침을 준수해야 한다.
○ 구두 설명은 간결하게 전달한다.
○ 수영 동작을 시연하는 사람의 움직임을 느낄 수 있도록 하며, 팔과 다리를 이끌어 원하는 동작을 처음부터 끝까지 수행하도록 유도한다.
○ 시각적 범위 내에서 구체적인 예시(예: 킥보드처럼 평평하게)를 언급하고, 이전에 경험한 시각적 기억에 기반한 예시는 사용하지 않는다.
○ 동작의 발전 상황 및 운동 패턴에 대해 지속적으로 피드백을 제공한다.
○ 모형을 활용하는 것은 행동을 시각적으로 이해하는 데 도움을 줄 수 있으며, 인형을 사용하여 팔과 다리를 원하는 자세로 배치하는 방법이 있다.

턴

시각장애인을 위한 수영에서, 선수들이 벽의 위치를 인지하지 못해 머리를 부딪힐 위험이 존재하므로 수영 시간이 어려울 수 있다. 이러한 이유로, 시각장애인 수영 경기에서는 도착 지점이나 턴 지점에 도달했음을 알리기 위해 '태퍼 tapper'라 불리는 보조자를 배치한다. 태퍼는 긴 막대기 끝에 부드러운 공이나 물체를 부착하여

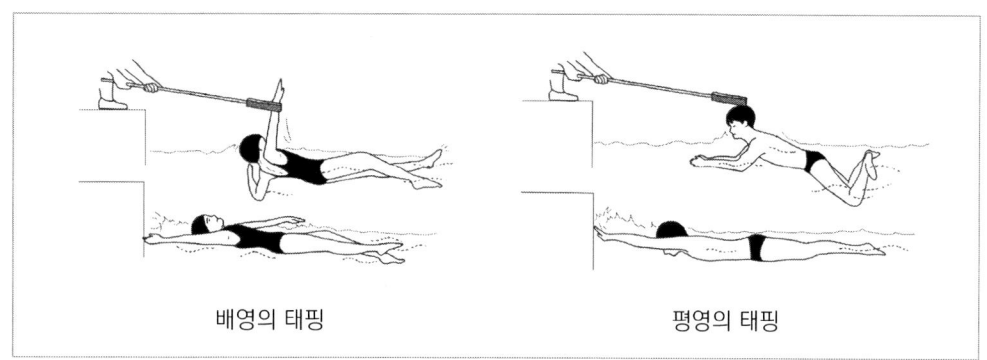

배영의 태핑   평영의 태핑

[그림 2.6.6] 태핑의 방법

선수를 터치하는 역할을 수행한다. 이들은 선수가 경주를 시작하거나 종료할 때 신호를 보내기 위해 선수의 어깨나 팔을 두드린다(그림 2.6.6). 이는 선수가 벽에 접근할 때 태퍼를 사용할 수 있는지에 대한 코치와 선수 간의 결정에 따라 달라진다. 일부 시각장애 선수들은 배영, 평영, 접영을 수행할 때 벽과의 거리 감각이 부족하여 벽에 가까워질 때 두려움을 느끼는 경우가 많다.

시각장애 수영에서 멈추거나 턴, 혹은 플립 턴 flip turn 을 수행할 때 선수에게 신호를 전달하는 방법은 다음과 같은 세 가지가 있다(최승권, 2018).

○ 첫째, 지도자 또는 동료가 킥보드를 이용하여 수영하며 벽에 가까워질 때 약 1m 전에서 수영하는 사람의 어깨를 건드리는 방법이다.

○ 둘째, 수영 중 벽에 가까워질 때 벽 또는 턴 지점 약 1m 전에서 '봉(긴 막대에 공 등이 부착된 기구)'으로 선수의 머리를 건드리는 방법이다. 이 봉(bonker) bonker 은 국제 시각장애 수영 대회에서도 사용된다.

○ 셋째, 저시력 선수의 경우 벽이 있다는 경고를 위해 수영장의 양쪽 끝에 스프링클러 sprinkler 를 설치하여 물을 분사하는 방법이 있다.

물속에서 턴을 지도하는 학습 단계에서는 보조자를 배치하여 시각장애인을 동작의 순서에 따라 안내하는 것이 바람직하다(그림 2.6.7).

출발

수영하는 이들에게 수영장 깊이를 인지하는 것은 매우 중요하다. 많은 시각장애인들은 특히 시야가 제한적이거나 전혀 보이지 않는 경우, 경기 시작 방법 중 하나인 다이빙을 배우는 과정에서 상당한 두려움을 느낀다. 따라서 이들은 자신감과 능력이 향상됨에 따라 수영장 가장자리에서 웅크린 자세로 출발하여 수영을 시작하는 방법을 익히게 된다. 그러나 일부 시각장애인들은 출발 시 다이빙 동작으로 인해 눈에 충격을 받을 수 있으며, 망막박리 증후군을 앓고 있는 경우에는 다이빙은 물론 수중 활동이 금기시된다.

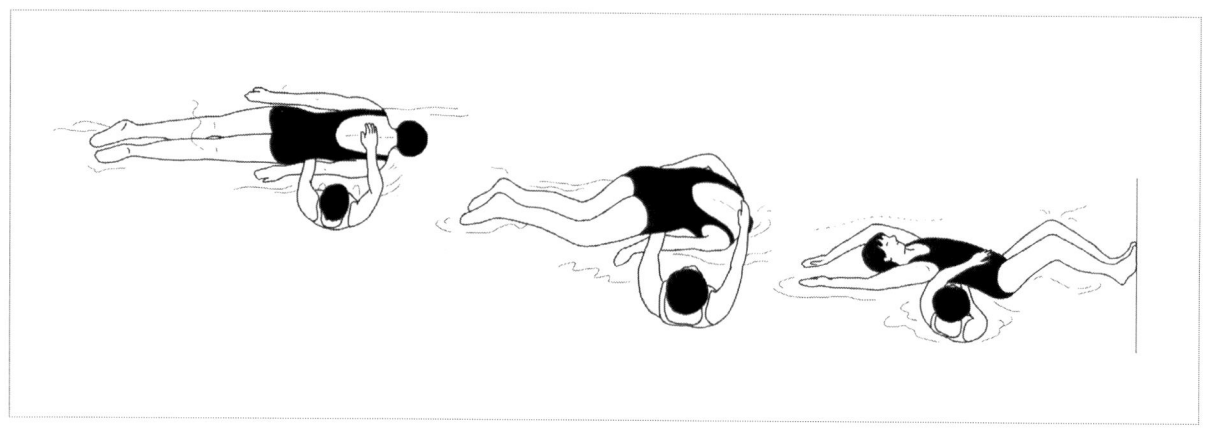

[그림 2.6.7] 턴 자세의 보조

수영 지도 시 유의 사항

수영을 위해 수영장을 이용하는 시각장애인은 일반인과는 다소 다른 특성을 지닐 수 있다. 따라서 개인이 지닐 수 있는 다양한 특성과 시각장애와 관련된 속성에 대한 이해가 필요하다. 시각장애와 관련된 증상들을 이해하고, 지도 요점, 안전 문제, 그리고 수영을 통해 달성하고자 하는 목표를 고려하여, 안전하고 성공적이며 만족스러운 방식으로 개인의 욕구를 충족시킬 수 있도록 해야 한다. 다음의 수영 지도 시 고려해야 할 사항은 장애와 수영장 환경을 반영하여 지도 시 필요한 요소들을 정리한 것이다(Canadian Red Cross Society, 1989).

○ 수영장에서 적절한 위치를 선택하는 데 어려움을 겪을 수 있다. 선호하는 바닥은 경사진 형태이다. 시각장애인이 50m 길이의 대형 수영장에서 직선 경로를 유지하려고 할 경우 방향 감각을 상실할 위험이 있다. 이러한 문제를 방지하기 위해 레인이 필요하다. 이상적인 수영장 가장자리^{deck}의 데크는 수면보다 약간 높고, 질감이 다른 바닥으로 구성되어야 한다. 미끄러운 샤워실과 탈의실은 시각장애인이 다른 사람들보다 자주 미끄러지는 이유가 아니라, 몸의 균형을 잡을 때 어디로 가야 할지 알 수 없게 되어 위험성을 증가시킨다.

○ 수영장 시설에 대한 충분한 탐색을 통해 라커룸, 샤워장, 풀 가장자리 등을 살펴볼 수 있도록 한다. 이는 시각장애인이 환경에 대한 이미지를 형성하는 데 도움을 준다. 수영장의 크기, 구명대의 위치, 다이빙 보드, 물속으로 들어가는 사다리 등을 관찰하며 이동한다. 정기적으로 해당 지역에 대한 시각장애인의 기억을 점검한다. 수영장에서 사용하는 장비가 다음 강습 시간에도 필요할 경우, 이를 사전에 알린다. 수영장의 윤곽을 익히도록 유도하며, 샤워기의 온수와 냉수 사용법을 안내한다. 벽에 위치한 사물함을 인지하는 것은 수건의 위치를 기억하는 데 도움이 될 수 있다.

○ 시각장애인에게 "손을 이렇게 움직여"와 같은 지시나 시연은 효과적이지 않다. 지도자는 지시를 간결하고 명확하게 전달해야 하며, 불필요한 말이나 보충 설명을 피하고 천천히 말해야 한다. 비교를 통해 이해도를 확인할 필요가 있다. 예를 들어, "널판때기처럼 곧게"라는 표현은 학생이 널판때기의 의미를 이해할 수 있어 지도자의 의도를 파악하는 데 도움이 된다. 반면, "나뭇가지가 부드럽게 흔들리는 것처럼 팔을 천천히 움직여라"라는 지시는 시각장애인에게 과도한 상상력을 요구할 수 있다. 따라서 이해 여부를 확인하는 것이 중요하다. '킥'이라는 지시가 주어질 경우, 학생이 공차기를 연상할 수 있음을 염두에 두어야 한다. 적절한 단어가 떠오르지 않을 때는 신체적 촉진을 고려해야 한다.

○ 특히 스트로크(영법)를 지도할 때 신체적 촉진이 매우 중요하다. 인체 모형을 준비하여 원하는 신체 자세를 설정하고, 시각장애인이 이를 만질 수 있도록 하는 것이 효과적일 수 있다.

○ 수영을 처음 시작하는 초보자는 물에 대한 두려움을 느낄 수 있으며, 이러한 두려움은 시각장애로 인해 더욱 심화될 수 있다. 초기에는 강습생과 지도자의 비율을 1:1로 유지하는 것이 필요할 수 있다. 이러한 두려움이 일반적이라는 점을 초보 참가자에게 이해시키는 것이 중요하다.

○ 초보자가 수영을 시작하기 위해서는 과제 분석을 철저히 수행하고 적절한 촉진 및 강화가 필요하다. 물속에 귀가 잠기면 청각에 방해가 생기거나 왜곡되어 불안을 유발할 수 있으므로, 교육자는 서두르지 않고 차분하게 가르쳐야 한다.

○ 강습생의 이름을 기억하는 것은 안전을 위한 중요한 조치이자 효과적인 지도 방법이다. 강습생의 이름을 인식할 때까지 그들의 모자나 의복에 명찰을 부착하는 것이 바람직하다. 그러나 수영모가 귀를 가리지 않도록 주의해야 하며, 강습생이 다른 사람들의 행동을 이해할 수 있도록 설명하고 이름을 자주 사용하여 필요한 행동을 안내해야 한다.

○ 가능한 한 음성을 활용하여 수영 동작의 리듬을 전달하는 것이 중요하다. 예를 들어, 평영을 지도할 때 "당겨 – 호흡 – 킥 – 글라이드"라는 단계를 지상과 물속에서 연습하도록 한다. 킥과 글라이드 사이의 간격 조절은 청각 신호를 통해 이루어져야 한다.

○ 소리는 수영자가 방향을 잡는 데 도움을 줄 수 있다. 수영장 내 음악 스피커는 얕은 물이나 출발대와 같은 중요 참고 지점으로 작용할 수 있으며, 방향 지시는 청각 신호를 통해 전달된다(풀 내 소음이 적을 경우).

○ 시각장애가 있는 수영자는 귀가 물에 완전히 잠기지 않기 때문에 엎드려서 하는 스트로크를 일직선으로 유지하기가 더 용이하다는 점에 유의해야 한다.

○ 방향 지시는 간결하고 정확하게 유지하며, 수영자가 어디로 가야 하는지, 무엇을 해야 하는지에 대한 구체적인 단서를 제공한다. 예를 들어, 시계바늘의 위치를 이용하여 "12시 방향으로 6번 스트로크해"라는 표현을 사용할 수 있다. 좌우 방향을 명확히 하고, 스트로크 수나 스텝 수를 언급하는 것이 중요하다.

○ 수영장이 가장자리나 벽에 접근할 때 충돌을 피하기 위해서는 손이 먼저 뻗는 스트로크를 사용하는 것이 바람직하다. 팔을 뻗는 시간이 조금 더 긴 크롤 수영이 이상적일 수 있으며, 평영과 횡영 스트로크는 머리가 리드하는 시간이 짧아 천천히 진행하는 것이 적절하다. 평영은 머리가 몸을 길게 유도하고 스트로크가 강하기 때문에 주의가 필요하다. 시각장애가 있는 경영 선수들은 벽에 머리를 부딪히지 않기 위해 스트로크의 주기를 세는 방법을 배운다. 이 계산 기술을 익힐 때는 풀 벽 근처에 보조자가 필요할 수 있으며, 버디 시스템 buddy system 을 활용하는 방법도 숙지해야 한다.

○ 혼자서 수영을 시작할 때, 태핑 tapping 은 중요한 기술이다. 태핑 tapping 은 수영장 벽으로 다가오는 시각장애가 있는 수영자가 벽에 부딪히지 않도록 가장자리에 있는 보조자가 막대 봉 등을 이용하여 머리, 몸을 건드리는 행위를 말한다. 이를 통해 수영선수는 경기에서 턴을 적절히 실행하거나 레크리에이션 환경에서 접촉이 이루어질 때까지 팔을 뻗고 킥을 할 수 있다(그림 2.6.8).

○ 시각장애인이 독립적으로 수영을 시작할 때, 태핑(tapping) 기술은 매우 중요한 요소로 작용한다. 태핑은 수영장 벽에 접근하는 시각장애인을 위해 보조자가 막대기 등을 사용하여 머리와 몸을 가볍게 접촉시켜 벽에 부딪히지 않도록 돕는 행위를 의미한다. 이를 통해 수영선수는 경기 중 턴을 적절히 수행하거나 레크리에이션 환경에서 팔을 뻗고 킥을 할 수 있는 기회를 제공받는다(그림 2.6.8).

[그림 2.6.8] 태핑(tapping)하는 모습

○ 지도자는 강습생들이 설정한 수영 목표를 이해함으로써 자신의 지도 방식을 조정해야 하며, 이를 미루어서는 안 된다.

○ 다이빙은 대부분의 시각장애인이 즐길 수 있는 활동이지만, 물의 압력이나 갑작스러운 충격으로 인해 눈 주위에 내부 출혈이 발생할 수 있으므로 주의가 필요하다. 특히 망막이 분리된 경우에는 다이빙을 피해야 한다.

○ 다이빙은 수영 능력이 뛰어난 사람만이 수행해야 하며, 다이빙 구역에서의 방향 감각이 중요하다.

○ 시각장애인이 잠수할 때는 항상 주변 사람들과의 거리를 확인하기 위해 신호를 받아야 한다.

○ 풀 가장자리에서 다이빙을 시작하고 멈출 때까지의 기본 과정은 시각장애인과 비장애인 모두에게 동일하게 적용된다. 그러나 시각장애인은 각 과제가 더 어려운 단계로 진행되기 전에 기본 과정을 충분히 숙달하는 것이 특히 중요하며, 이를 통해 부상을 최소화할 수 있다.

○ 시각장애인이 다이빙을 할 때 비행 중 자신의 몸을 조정할 수 있도록 기계적인 원리를 교육해야 한다. 예를 들어, 몸체가 회전축에 가까울수록 회전 속도가 증가하므로, 허리를 구부리고 발을 뻗은 피킹 자세 piked position 보다 몸을 접은 턱 자세 tucked position 에서 공중에서 더 빠르게 회전할 수 있다.

○ 다이빙 후 풀 가장자리까지 가장 빠르게 이동하는 방법을 숙지하고 있는지 확인해야 한다.

안전 문제

시각장애인을 위한 수영 환경을 설계할 때에는 안전을 최우선으로 고려해야 한다. 사람의 행동을 제한하기보다는 항상 안전을 중심에 두어야 한다. 지도자는 수영을 배우는 개인의 관점에서 안전 문제를 분석해야 한다. 예를 들어, 수영장에 설치된 구조대나 입수용 계단과 같은 시설은 시각장애인에게 잠재적인 위험 요소가 될 수 있다. 또한, 수영 참가자가 수영장에 들어갈 때 미끄러운 풀 가장자리 바닥은 사고를 유발할 수 있다. 구조대, 입수 계단, 기구 보관대와 같은 시설물은 철거할 수 없으므로, 이들의 위치를 명확히 안내하는 것이 중요하다. 설명 시에는 시계의 바늘 방향을 비유하여 시각장애인이 쉽게 이해할 수 있도록 돕는다(Payne, Yan, & Block, 2010). 예를 들어, 참가자들이 특정 방향을 바라보고 있을 때 지도자는 "수영장의 벽은 9시 방향에 있으며, 거리는 약 8m입니다."라고 안내할 수 있다. 또한, 시각장애가 없는 동료 참가자가 추가적인 단서를 제공하며 수영장과 물속으로 안내하고 활동 상황을 설명할 수 있다. 안전과 관련하여 다음과 같은 사항을 고려해야 한다.

○ 참가자의 방향 감각이 혼란스러울 경우, 구두 피드백을 제공하기 위해 추가 안전 감시망을 마련한다.

○ 환경에서의 위험을 피하기 위해 참가자와 효과적으로 소통해야 한다.

○ 부분 망막 분리가 있는 참가자가 있는지 반드시 확인하고, 이들이 머리나 눈을 부딪히지 않도록 주의해야 한다.

CHAPTER

7

지적장애

7

지적장애

01   지적장애의 이해

지적장애의 정의

지적장애라는 용어는 표준국어대사전(2022)에 따르면 "지능 발달이 저지되어 자기 신변의 일을 처리하거나 환경에 적응하는 것이 어려운 상태"를 의미한다. '지적장애'라는 명칭은 2007년 10월 15일부터 '정신지체'라는 용어를 대체하여 사용되기 시작하였다. 이는 '정신지체인' 및 '발달장애인'이라는 용어에 대한 사회적 오해를 해소하고 보다 정확한 기준을 마련하기 위한 노력의 일환으로, '정신지체인'을 '지적장애인'으로, '발달장애인'을 '자폐성장애인'으로 변경하는 내용을 담은 '장애인복지법 시행령(대통령령 제20323호)'의 개정에 따라 이루어졌다.

지적장애에 대한 가장 보편적으로 인용되는 개념으로는 2010/2021년 미국 지적장애 및 발달장애 학회 American Association on Intellectual and Developmental Disabilities, AAIDD 에서 제시한 정의를 참고하는 것이 유익할 것이다.

참고   지적장애의 정의

지적장애는 지적 기능과 개념적, 사회적, 실제적 기술로 표현되는 모든 적응 행동에서 상당한 제한을 나타내는 특징이 있는 장애이며, 발달기 동안 22세 이전에 시작된다(Schalock et al., 2021).

〈표 2.7.1〉 AAIDD의 적응 행동 영역의 개념적, 사회적, 실제적 기술의 예

적응 행동 영역	기술의 예
개념적 영역	언어, 읽기와 쓰기, 화폐·시간·수 개념
사회적 영역	대인관계 기술, 사회적 책임감, 자존감, 쉽게 믿음(gullibility), 조심성(naivete), 규칙과 법 준수, 희생 방어, 사회적 문제 해결
실제적 영역	일상생활 활동(개인 신변 처리 등), 작업 기술(occupational skills), 금전 관리, 안전, 건강 관리, 이동/교통, 스케줄/정규 활동, 전화 사용.

출처: AAIDD(2010)에서 인용.

    지적장애의 정의는 지적 기능, 적응 행동, 그리고 발병 연령이 22세 이전이라는 세 가지 기준을 충족해야 한다. 지적 기능은 지능지수가 평균보다 2표준편차 이하(하위 약 2.2% 범위)인 경우를 의미한다. 적응 행동은 모든 인구를 기준으로 한 적응 행동의 표준화된 측정에서 개념적, 사회적, 실제적 적응 행동 기술 중 최소 하나 이상 또는 표준화된 측정에서 전반적 점수가 평균보다 2표준편차 낮은 수행을 나타내야 하며, 지적장애는 22세 이전에 발병해야 한다(최승권, 2018). 적응 행동 영역의 기술 예시는 〈표 2.7.1〉에 제시되어 있다.

    우리나라에서의 '지적장애'에 대한 정의는 '장애인복지법 시행령(2022)'의 [별표 1] '장애인 종류와 기준'을 통해 확인할 수 있다. 지적장애인은 '정신 발육이 항구적으로 지체되어 지적 능력의 발달이 불충분하거나 불완전하며, 자신의 일을 처리하고 사회생활에 적응하는 데 상당한 어려움을 겪는 사람'으로 정의된다. 한편, 스포츠 활동에 참여하는 지적장애 선수의 자격은 경기 대회를 주관하는 국제패럴림픽위원회 IPC, 국제지적장애인스포츠연맹 World Intellectual Impairment Sport 과 스페셜올림픽국제본부 Special Olympics 가 정의한 지적장애 선수자격은 앞서 설명한 미국 지적장애 및 발달장애 학회 AAIDD 의 정의와 일치한다. 단, AAIDD의 지적장애에 대한 세 가지 기준 중 연령 기준이 최근(2021)에 18세에서 22세로 개정된 것을 제외하면 동일하다(표 2.7.2). 이와 같은 연령 기준의 변경은 향후 국제 스포츠에서의 지적장애 발병 연령 기준에도 영향을 미칠 것으로 예상된다.

〈표 2.7.2〉 국제지적장애인스포츠연맹(Virtus)의 지적장애 선수 자격

지적 장애 선수(Athletes with an Intellectual Disability)
세계보건기구(WHO, ICD-10 and ICF, 2001)의 지적장애 정의와 일치하는 미국지적장애 및 발달장애학회(American Association on Intellectual and Developmental Disability , AAIDD, 2010)의 정의는 '지적장애(Intellectual Disability)는 지적 기능과 개념적, 사회적, 실제적 기술로 표현되는 적응 행동 모두에서 상당한 제한이 있는 것으로 특징지어지는 장애이다. 지적장애는 18세 이전에 발생한다. 적응 행동의 제한은 일상생활과 삶의 변화와 환경 요구에 대응하는 능력 모두에 영향을 미친다.

이 정의에 따라 지적장애가 있는 Virtus 선수의 자격 기준은 다음과 같다.
1. IQ 총점(Full-Scale) 75점 이하로 정의되는 지적 기능의 현저한 손상
2. 개념적, 사회적, 실제적 적응 기술로 표현되는 적응 행동의 상당한 제한. 이 값은 다음 중 하나의 평균보다 최소 2 표준편차(약 2.2% 범위) 이하의 수행력으로 정의된다.
    a. 적응 행동은 개념적, 사회적, 실제적 기술 등 세 가지 유형 중의 하나임
    b. 개념적, 사회적, 실제적 기술의 표준화된 척도에 대한 종합 점수
3. 지적장애는 22세 이전의 발달기에 분명히 시작해야 한다.
    선수가 지적장애 스포츠에 자격 대상이 되려면 3가지 요소를 모두 충족해야 한다.

출처: Virtus(2022)

지적장애의 원인과 분류

지적장애의 원인

"지적장애"라는 용어는 그 자체가 주는 이미지로 인해 주로 인지적 측면에 초점을 맞추고 뇌의 문제로 한정지어 생각되는 경향이 있지만, 실제로 그 원인은 매우 다양하다. 예를 들어, 지적장애를 유발하는 여러 원인 중 태아기의 유전적 요인만 하더라도 750가지 이상에 달하며(Harris, 2006), 뇌세포의 퇴화나 미성숙과 같은 해부학적 문제는 전체 원인의 약 25%에 해당한다(Eichstaedt & Lavay, 1992; 2012). 지적장애의 가장 일반적인 원인(Special Olympics, 2022)은 다음과 같다.

유전

지적장애는 유전된 비정상적인 유전자, 유전자 결합의 오류, 또는 기타 다양한 원인으로 인해 발생할 수 있다. 유전의 예fh는 다운증후군 Down syndrome, 약체 X 증후군 Fragile X syndrome, 페닐케톤뇨증 phenylketonuria 등이 있다.

임신 중 합병증

지적장애는 태아 발달 과정에서 적절한 발달이 이루어지지 않을 경우 발생할 수 있다. 예를 들어, 태아의 세포 분열 과정에 이상이 발생할 수 있으며, 이는 임신 중 음주나 풍진과 같은 감염에 의해 유발될 수 있다.

출생 중 문제

분만 및 출산 과정에서 아기가 충분한 산소를 공급받지 못하는 등의 합병증이 발생할 수 있다.

질병 또는 독성 노출

백일해, 홍역, 수막염과 같은 질병은 지적장애를 유발할 수 있다. 또한 극심한 영양실조, 적절한 치료를 받지 못하거나 납이나 수은과 같은 독극물에 노출된 경우이다.

지적장애는 전염되지 않으며, 다른 사람에게서 얻을 수도 없다. 지적장애는 우울증과 같은 일종의 정신 질환이 아니며 치료법도 없다. 그러나 지적장애가 있는 아동은 많은 일을 하는 방법을 배울 수 있다. 그들은 단지 배우는데 다른 아이들보다 더 많은 시간이 필요하거나 다른 방법으로 배울 필요가 있을 뿐이다.

지적장애의 분류

지적장애가 얼마나 심한지를 분류하는 방법은 일반적으로 지능지수의 점수, 행동 체계, 지원 서비스의 강도 등을 기준으로 하고 있다. 지적장애의 정도를 쉽게 이해하는 방법은 많은 사람이 알고 있는 지능검사 결과에 의한 지능지수에 의한 분류 방법으로, 이는 세계보건기구와 미국정신의학회(American Psychiatric

〈표 2.7.3〉 지능지수에 따른 지적장애의 분류와 일반적 특성

구분	IQ	일반적 특성
경도 (mild)	50-55~70-75	지적장애의 약 85% 차지함. 의사소통과 사회적 적응기능은 0-5세 정도이며 감각운동 영역에 약간의 손상이 있고, 나이가 들면 일반아동과 명확히 구분되지 않기도 함.
중등도 (Moderate)	35-40~50-55	지적장애의 약 10%에 해당함. 아동기 초기에 의사소통 기술을 습득함. 적절히 감독하여 직업훈련을 받고 돌봄 지원이 필요함. 사회적 적응기술과 직업교육이 필요하며 진학은 어려움. 청소년기 사회적응 곤란으로 동료관계 형성이 방해됨.
중도 (Severe)	20-25~35-40	지적장애의 약 3-4%에 해당함. 아동기 초기에 의사소통 언어 습득이 곤란하고 학령기에 말을 배우고 자조기술을 습득함. 글씨 습득의 한계가 있고 성인기에는 직접 관리 하에 단순 과제 수행
최중도 (Profound)	20-25 이하	지적장애의 1-2%에 해당함. 아동기 초기에 감각운동 기능의 손상이 심함. 개별 지원과 관리를 위한 체계적인 환경을 제공하여야 발달 가능함. 운동기능, 자조능력, 의사소통 기술은 훈련되어야 가능함. 직접 관리 하에 단순과제 수행

출처: APA.(2000). Diagnostic and statistical manual of mental disorders (4th ed). Washington, DC: American Psychiatric Association.

Association, 2000)에서도 사용하고 있는 분류 방법이다(표 2.7.3). 장애정도판정기준(보건복지부 고시, 2021)에 의한 지적장애는 개인용 지능검사를 실시하여 얻은 지능지수에 따라 판정하며, 일반능력 지표 General Ability Index 및 사회성숙도 검사를 참조한다(표 2.7.4). 그리고 AAIDD (2010)는 지능지수에 의한 지적장애의 분류 방법은 서비스 제공 기준, 연구 변인, 정보 제공 등의 장점은 있으나 부정적인 감정을 유발하는 단점이 있어 지적장애인을 낙인화할 우려가 있는 만큼 지적장애가 있는 사람의 장점과 한계를 바탕으로 서비스를 제공하기 위해 지원의 강도를 달리한 다차원적인 분류 체계를 제시하였다(Winnick, 2011/2014). 이는 환경과 개인 기능 사이의 연관성과 개인의 기능을 최대로 하는 데 필요한 지원을 기반으로 한 분류 체계이다(Fegan, 2009). 즉 지적장애가 있는 사람에게 지원해야 할 시기와 범위를 고려한 분류이다(표 2.7.5).

〈표 2.7.4〉 우리나라의 지적장애 판정 기준

장애 정도	장애 상태
장애의 정도가 심한 장애인	지능지수가 35 미만인 사람으로서 일상생활과 사회생활에 적응하는 것이 현저하게 곤란하여 일생 동안 다른 사람의 보호가 필요한 사람
	지능지수가 35 이상 50 미만인 사람으로서 일상생활의 단순한 행동을 훈련시킬 수 있고, 어느 정도의 감독과 도움을 받으면 복잡하지 아니하고 특수기술이 필요하지 아니한 직업을 가질 수 있는 사람
	지능지수가 50 이상 70 이하인 사람으로서 교육을 통한 사회적·직업적 재활이 가능한 사람

출처: 보건복지부 고시 제2021-109호(2021. 4. 13)

〈표 2.7.5〉 지적장애에 대한 지원 강도의 정의

분류	지원 강도
간헐적 지원 (intermittent)	필요한 때에 기초한 지원. 일회적 성격을 띠며, 인생의 전환기(예; 실직, 건강상의 심각한 위기 상황)에 단기간의 지원이 필요. 간헐적 지원의 강도는 고강도에서 저강도까지 다양함
제한적 지원 (limited)	일정한 시간 동안 일관성 있게 지원. 시간 제한적 성격. 확장적 지원보다는 지원 인력이 덜 필요하고 비용도 적게 듦(예; 시간 제한적인 직업훈련 또는 학교에서 성인기로의 전환기에 지원)
확장적 지원 (extensive)	일부 환경(직장이나 가정)에서 정규적으로 지원을 제공. 시간 제한 요소 없음(예; 장기간의 가정생활 지원).
전반적 지원 (pervasive)	항구적이고 고강도의 지원으로 전반적인 모든 환경에서 제공. 삶을 유지시키는데 필요한 지원을 의미. 확장적 혹은 제한적 지원보다 더 많은 인력과 개입 요함.

출처: American Association on Mental Retardation(2002).

지적장애 수영 경기를 운영하는 패럴림픽에서는 선수의 지능지수와 관계없이 참가자 전체를 S14 등급으로 분류하고 있다. 지적장애 선수의 장애 자격 기준은 AAIDD(2010)의 지적장애 정의를 충족시키는 선수로서 지적 기능과 적응 행동 진단은 국제지적장애인스포츠연맹 Virtus 이 인정하는 국제적으로 공인된 전문성이 있어야 한다. Virtus는 수영 선수로 IQ 76 이상 또는 지적장애 진단이 없으면서 자폐증 또는 자폐스펙트럼장애 ASD 로 진단받은 사람도 선수로 포함하고 있다(World Intellectual Impairment Sport, 2021). 국제스페셜올림픽 본부도 지적장애 수영 선수의 기준은 AAIDD(2010)의 지적장애 정의에 충족되는 선수이어야 한다.

지적장애의 유형과 특성

유전자 변이에 기인한 지적장애는 특정한 행동적 특성을 공유하는 경향이 있는 것으로 알려져 있다. 그러나 동일한 병인에 의해 발생한 지적장애라도 모든 개인이 동일한 행동 특성을 보이는 것은 아니며, 이는 연령, 성장 및 교육 환경 등의 다양한 요인에 따라 차이를 보일 수 있다. 그럼에도 불구하고, 일반적으로 유사한 행동 경향이 관찰된다(Hodge et al., 2012).

지적장애를 가진 개인의 능력은 매우 다양하다. 경증의 지적장애를 가진 사람들은 초등학교 수준의 학업 기술을 습득할 수 있는 반면, 장애의 정도에 따라 걷기, 말하기, 언어 이해 능력이 결여될 수도 있으며, 이로 인해 평생 동안 보살핌이 필요할 수 있다. 다음은 특정 지적장애 유형에 따른 행동 특성을 정리한 표이다(표 2.7.6).

《표 2.7.6》 유전자 변이에 의한 지적장애 청소년의 행동 특성

구분	행동 특성
다운증후군 Down syndrome	언어나 청각적 과제보다 시-공간 과제 수행력이 좋음 지능에 비해 적응행동이 상대적으로 강함 명랑하고 사회적인 성격을 나타냄
약체 X 증후군 Fragile X syndrome	시-공간 기술보다 언어 기술이 좋음 일상생활 기술과 자조기술이 상대적으로 좋음 부주의, 과잉 행동, 자폐성향 등의 행동을 나타냄 전 연령에서 불안장애가 있음
윌리엄스 증후군 Williams syndrome	언어, 청각적 기억, 얼굴 인지 등을 잘함 시-공간적 기능, 지각-운동 계획, 소근운동 기술의 한계 사회적 지능 장애가 있으나 붙임성이 있음 전 연령에서 불안장애가 있음

　　지적장애의 정도가 심한 경우도 존재하지만, 대다수의 지적장애인은 경증의 장애를 가지고 있다. 지적장애를 가진 모든 개인은 성격 특성, 사회적 기술, 과거 경험 등에서 독특한 존재임을 인식해야 한다. 이러한 점은 지적장애가 없는 일반인에게도 동일하게 적용된다. 모든 개인은 존중받고, 타인으로부터 돌봄을 받으며, 성공을 경험하고, 자신에 대해 긍정적인 감정을 느낄 수 있어야 한다. 비록 그들이 일부 제한이 있을 수 있지만, 그들도 사고하고 감정을 지닌 존재임을 잊지 말아야 한다. 다음은 지적장애를 가장 일반적인 지능지수에 따라 분류한 증상 정도별 특성을 설명한 것이다(Canadian Red Cross Society, 1989).

지적장애 분류

경도 지적장애

❍ 발달이 느린 경우가 많지만, 보통 학교에서 어려움이 발생하기 전까지는 지적장애로 진단되지 않는다.

❍ 일부 학생들은 6학년 수준에 해당하는 높은 학습 기술을 습득할 수 있다.

❍ 개인에 따라 운동 능력이 뛰어난 경우도 있으며, 평균 또는 평균 이하의 능력인 경우도 존재한다.

❍ 대개 특수교육 서비스나 특수학급, 통합학급에서 교육을 받는다.

❍ 대다수는 성인이 되어도 자립적인 생활을 유지할 수 있다.

❍ 일반적으로 학교 외부 환경이나 성인으로서 지적장애인으로 인식되지 않는다.

❍ 정규 수영 프로그램을 수정하지 않고도 수영을 배울 수 있다.

중등도 지적장애

❍ 학교에 입학하기 전, 발달 지연이 확인되는 경우가 있다.

❍ 기본적인 자기 관리 기술(화장실 이용, 개인 위생, 의복 착용), 의사소통 능력 및 사회적 기술을 습득할 수 있다.

○ 대다수는 운동 능력이 저조하며, 여가 활동을 위한 특정 기술을 배우고 즐길 수 있다. 일반적으로 체력 수준이 낮은 편이다.

○ 일반 학급 또는 특수 학급에서 교육받는 경우가 많다.

○ 일부는 숙련된 직무를 수행할 수 있으나, 많은 이들은 지적 장애인을 위한 보호 작업장에서 근무한다.

○ 평생 동안 약간의 감독과 지원이 필요할 가능성이 있지만, 그룹 홈 등 다양한 환경에서 생활할 수 있다.

중도 지적장애

○ 출생 직후에 특징이 뚜렷하게 나타난다.

○ 신체장애가 있을 수 있고, 운동능력이 떨어진다.

○ 자조 능력과 기초적인 언어 습득을 위한 광범위한 교육이 필요하다.

○ 특수교육이 거의 항상 필요하다. 수업은 일대일로 이루어지는 경우가 많다.

○ 행동 문제가 일반적이지 않다.

최중도 지적장애

○ 협응력과 감각 발달의 장애가 흔하다. 대부분은 이동 능력이 없다.

○ 많은 사람이 평생 화장실, 식사, 옷 입기 등에서 지속적인 보살핌과 감독을 필요로 한다.

○ 많은 사람이 병원이나 복지시설에 거주하지만, 일부는 사회통합의 연속성을 따라 변화된 생활을 한다.

다운증후군

지적장애의 여러 유형 중에서 출현율이 가장 높지는 않지만 널리 알려진 지적장애는 다운증후군이다. 다운증후군은 유전자 변이에 의해 발생하는 증후군으로, 여러 가지 원인이 존재하지만 약 95%는 감수분열 과정에서의 세포분열 이상으로 인해 21번 염색체가 하나 더 복사된 삼염색증 trisomy 21 형태로 나타난다. 다운증후군은 인종, 국적, 종교, 경제적 사회적 지위와 무관하게 발생할 수 있으며, 다운증후군의 약 20~30%는 아버지에게서 기인하는 것으로 알려져 있다(National Down Syndrome Congress, 1988). 또한, 다운증후군의 특징이 나타나는 정도는 21번 삼염색체 세포의 수에 따라 달라진다.

다운증후군의 신체적 및 발달적 특성은 손상의 정도와 외모에 따라 다양하게 나타난다. 일반적으로 이들은 위로 치켜 오른 가는 눈, 넓적한 얼굴, 평평한 뒤통수, 작은 코와 귀, 저긴장성 근육 hypotonia, 과도하게 유연한 관절, 작은 홍채 반점, 눈주름 epicanthal folds, 작은 구강

[그림 2.7.1] 다운증후군 수영 선수

(이로 인해 혀가 삐져나오는 경우가 있음), 작은 키, 짧은 손가락, 평평한 손바닥에 한 줄의 주름, 그리고 엄지와 검지 발가락 사이의 넓은 간격 등의 특징을 보인다(Patton, Payne, & Beirne-Smith, 1990). 또한, 다운증후군 환자의 약 30~50%는 선천적 심장 결손을 가지고 있으며, 8~12%는 위장계통의 이상을 경험한다. 이러한 결손의 대부분은 교정이나 수술을 통해 치료가 가능하다(National Down Syndrome Congress, 1988). 더불어, 이들 중 약 70%는 청각장애 또는 근시를 동반하는 경우가 많다.

다운증후군은 지적장애와 관련된 80여 가지 이상의 임상적 특성을 지니고 있으며(Winnick, 2011; 2014), 이에는 근육 긴장 저하, 신체 비율에 비해 짧은 목, 다리, 손가락 및 팔, 넓은 손과 발, 지각 결함, 균형 감각 부족, 시각 및 청각 문제, 호흡계 및 심혈관계의 미성숙, 비만 등이 포함되어 신체 수행력에 영향을 미친다. 또한, 다운증후군을 가진 개인들은 저 긴장성과 인대 이완으로 인해 정상적인 유연성보다 더 높은 유연성을 보이는 경향이 있다. 이로 인해 인대와 근육이 약해져서 염좌나 삐는 부상이 발생할 가능성이 증가한다. 다운증후군 환자의 약 10-20%는 경추 1-2번 사이의 환축추 불안정 atlantoaxial instability, AAI 을 경험하여, 이로 인해 목의 과신전 및 굴곡, 상체 척추에 직접적인 압력을 가하는 활동이 금지된다(Fegan, 2009). 따라서 국제지적장애인 스포츠연맹 Virtus 은 수영 선수 자격 신청 시 환축추 불안정 증상이 없다는 증거를 제출하도록 요구하고 있다(Virtus, 2021).

다운증후군을 가진 개인의 대다수는 신체활동에 참여할 수 있는 능력을 지니고 있다. 이들은 전반적으로 건강하며, 신체활동을 통해 사회적 상호작용을 증진시키는 집단으로 분류된다. 이들의 운동과 관련된 주요 신체적 특성은 다음과 같다(NCHPAD, 2016).

- **근육의 저긴장성** hypotonicity (근육이 정상 한계 이상의 신전)
- **관절 과신전성** hypermobility 과 **인대 이완성** ligamentous laxity (탈구와 관련된 관절 유연성 증가)
- **일반적인 비만 수준**: 지적 장애를 가진 남성보다 여성의 비만도가 더 높음
- **호흡계 및 심폐계의 발달 부족**
- **신체의 비율**: 몸통에 비해 팔다리가 짧음
- **평형성과 지각력의 부족**

다운증후군은 종종 중복된 장애나 질환을 동반하는 경우가 많다. 약 40%의 환자에서 심장사이막 결손이 발견되며, 대다수는 유아기 동안 수술을 받는다. 지적장애를 가진 개인 중 약 20%는 비만으로 분류되며, 지능지수(IQ)와 비만 간에는 역상관관계가 존재한다. 다운증후군의 다른 일반적인 증상으로는 갑상선 기능 저하증, 시각 장애, 청력 손실, 소화기 문제, 호흡기 문제 등이 있다. 또한, 다운증후군 환자는 나이가 증가함에 따라 일반인에 비해 노화가 빠르며, 알츠하이머 질환의 발생 가능성이 3-5배 높아진다고 보고되고 있다(Fegan, 2009). 다운증후군을 가진 지적장애인은 다운증후군이 없는 지적장애인에 비해 유산소 능력, 최고 심박수, 환기량, 근력 등 대부분의 체력 요소에서 모든 연령대에서 낮은 수치를 보인다. 이러한 차이는 주로 선천적으로 존재하는 심장 질환, 좁은 구강 구조, 저긴장성 근육 등과 같은 신체적 결함에 기인한다.

약체 X 증후군

약체 X 증후군 Fragile X syndrome 은 X 염색체에 위치한 약체 X 지적장애 1 유전자의 변이 또는 돌연변이에 의해 발생하는 유전적 장애이다. 이 증후군은 개인의 발달, 특히 행동 및 학습 능력에 중대한 영향을 미치며, 의사소통 기술, 외모, 소음, 빛 등 다양한 자극에 대해 민감하게 반응할 수 있는 특성을 지닌다. 약체 X 증후군은 유전적 요인에 의해 발생하는 지적장애 및 발달장애 중 가장 흔한 형태로, 증상이 뚜렷하지 않을 수도 있으며, 학습장애, 인지적 문제, 행동적 문제 등 다양한 정도의 심각한 증상을 동반할 수 있다. 약체 X 증후군을 가진 아동의 6~20%는 발작을 경험하며, 이러한 발작은 여아보다 남아에게 더 흔하게 나타난다. 약체 X를 가진 모든 개인이 동일한 징후와 증상을 보이지는 않지만, 몇 가지 공통적인 특성을 공유하고 있다(Special Olympics, 2022).

인지 기능

약체 X를 보유한 많은 개인들은 지적 기능에 어려움을 겪고 있다. 이러한 어려움은 학습장애나 수학적 문제와 같은 경미한 수준에서부터 지적장애나 발달장애와 같은 심각한 수준에 이르기까지 다양하게 나타난다. 이 증후군은 사고, 추론 및 학습 능력에 영향을 미칠 수 있다.

신체적 특징

약체 X 증후군 아동의 대다수는 초기에는 특별한 신체적 특징을 보이지 않는다. 그러나 사춘기가 시작됨에 따라 약체 X의 전형적인 신체적 특성을 나타내기 시작한다. 이러한 신체적 특징으로는 긴 귀, 길고 갸름한 얼굴, 평발, 거대 고환, 손바닥 중앙의 뚜렷한 일자 형태, 그리고 엄지손가락의 두 개의 마디 등이 포함된다.

행동적, 사회적, 감정적

약체 X를 가진 아동의 대다수는 여러 가지 행동적 문제를 경험하는 경향이 있다. 이들은 새로운 환경에서 두려움이나 불안을 느끼며, 타인과의 시선 접촉에 어려움을 겪을 수 있다. 특히 남아는 주의 집중에 어려움을 겪거나 공격적인 행동을 보일 수 있으며, 여아는 새로운 사람들에 대해 부끄러움을 느낄 수 있다. 또한, 이들은 주의력 결핍 및 과잉 행동과 관련된 문제를 겪을 가능성이 있다.

말하기와 언어

약체 X를 가진 아동의 대다수는 언어 및 말하기에 경미한 문제를 경험하는 경향이 있다. 이들은 특정 단어나 구문을 반복적으로 사용하는 이상언행 반복증 perseveration 이나 혼잣말 mumbling 말이 어눌해지는 현상(cluttered speech), 그리고 화용론적 의사소통의 결여와 같은 다양한 언어적 어려움을 보일 수 있다(국립특수교육원, 2009). 일반적으로 여아는 말하기나 언어에 있어 심각한 문제를 겪지 않는 것으로 나타난다. 그러나 약체 X를 가진 일부 아동은 일반 아동들에 비해 말하기 시작하는 시기가 지연되는 경우가 있다.

감각

약체 X를 가진 많은 아동은 밝은 빛, 큰 소음, 또는 특정 의복이 피부에 닿는 것과 같은 특정 감각 자극으로 인해 심한 고통을 경험할 수 있다. 감각 통합에 어려움이 있는 경우, 특정 외부 자극(예: 빛이나 소리)에 대해 극심한 정서적 불안을 나타내기도 한다.

윌리엄스 증후군

윌리엄스 증후군 Williams syndrome 은 신체의 여러 부분에 영향을 미치는 발달장애로, 7번 염색체의 특정 구역에서 유전 물질의 결실로 인해 발생한다. 이 증후군은 유전자 결실로 인해 다양한 증상을 동반하며, 특징적으로 위로 치켜 올라간 코, 작은 턱, 긴 인중 등을 지니고 있어 요정과 유사한 외모를 보인다. 또한, 선천적으로 심장에 구조적 이상이 있어 대동맥이 좁아지는 판막상대동맥협착증 SVAS 과 같은 심혈관 질환, 심실 또는 심방 중격 결손 등의 심장 질환이 발생할 수 있다. 윌리엄스 증후군을 가진 개인은 일반적으로 그림 그리기 및 퍼즐 맞추기와 같은 시각적 공간 작업에서 어려움을 겪는 반면, 구술, 음악 및 반복 학습(암기)과 관련된 작업에서는 뛰어난 경향을 보인다. 주의력 결핍 장애 ADD, 불안 문제 및 공포증은 이 장애를 가진 개인에게서 흔히 나타나는 특징이다. 윌리엄스 증후군 아동은 넓은 이마, 끝이 넓은 짧은 코, 통통한 볼, 두툼한 입술과 넓은 입 등 독특한 얼굴 특징을 보인다. 또한, 작고 넓은 간격의 치아, 비뚤어지거나 빠진 치아와 같은 치과적 문제를 겪으며, 성인의 경우 얼굴이 더 길고 수척해 보이는 경향이 있다. 이 증후군의 증상으로는 관절 문제와 부드럽고 느슨한 피부와 같은 결합 조직의 이상이 있으며, 유아기에 혈액 내 칼슘 수치 증가, 발달 지연, 협응력 문제, 저신장 등이 나타날 수 있다. 현재 이 증후군을 근본적으로 치료할 수 있는 방법은 없으며, 평생 동안 증상이 악화되지 않도록 운동 치료 등 다양한 재활 치료를 통해 발달을 촉진하고 근골격계 문제를 관리하는 것이 중요하다.

자폐증

자폐 장애 autism, 자폐스펙트럼장애 autism spectrum disorder, 자폐범주성 장애 등으로 불리는 자폐증은 타인과 정상적인 사회적 관계를 맺지 못하고, 말을 이상하게 하거나 전혀 하지 못하며, 제한적이고 반복적인 상동적 특징을 보이는 행동 중 최소한 한 가지 이상의 영역에서 발달 지체나 비정상적인 기능을 나타내는 신경 발달장애의 일종이다. 용어에서 자폐는 스스로 자신 이외의 세계와의 관계를 닫는다는 의미이며, 스펙트럼 spectrum 이라고 하는 것은 이 징후의 유형과 장애의 정도가 매우 폭넓게 분포하기 때문에 붙여진 이름이다. 스펙트럼이라는 용어는 비교적 가벼운 자폐증(아스퍼거 증후군이 있는 아동)부터 중증 자폐증(레트 장애가 있는 아동)까지 특성의 심각도 범위를 의미한다. 자폐증 분류에는 비교적 가벼운 의사소통, 행동, 사회적 결손이 있는 아동들이 있는 반면, 다른 아동들은 더 심각한 결손을 보일 수 있다. 일반적으로 자폐스펙트럼 장애 ASD 는 일종의 행동적 증후군으로 주위 사람들과 관계를 맺는 데 어려움이 있는 발달장애, 의사소통과 상상력에 의한 행동장애 및 눈에 띄는 행동과 관심이 특징인 장애라고 할 수 있다. 자폐스펙트럼 장애가 있는 아동이나 어른들은 말로 하지 않고 눈짓, 표정 등의 방법으로 다른 사람과 관계를 맺지 못한다. 자폐스펙트럼 장애는 다음의 장애를 포함한다.

아스퍼거 증후군(Asperger syndrome)

아스퍼거 증후군은 종종 사회적 행동에 주로 영향을 미치는 전형적인 경미한 자폐증의 다른 유형이다. 자폐증이 있는 사람들과 달리 아스퍼거 증후군이 있는 많은 사람은 정상 또는 평균 이상의 지능과 언어 능력을 소유하고 있다.

비전형성 전반적 발달 장애(Pervasive developmental disorder)

PDD-NOS는 고전적인 자폐증 또는 아스퍼거 증후군의 특징 중 일부를 포함하나 전부는 아니다. 이 범주에는 아동기 붕괴성 장애 childhood disintegrative disorder 및 레트 증후군 Rett syndrome 도 포함된다. 이 두 가지 상태는 아동이 몇 달 또는 몇 년 동안 정상적으로 발달한 후 언어, 운동, 조정 및 기타 인지 기능과 관련된 기술을 잃는다. 이 증상의 모든 사람은 사회적 상호작용 미흡, 사회적 의사소통 곤란, 상동 행동, 지적장애 등을 나타낸다.

사회적 상호작용(social interaction)

자폐 스펙트럼 장애인 개인들은 일반적으로 혼자 있는 것을 선호하는 경향이 있다. 이들은 가족 외의 타인과 개인적인 친밀한 관계를 형성하는 데 어려움을 겪으며, 또래와의 상호작용에서 눈 맞춤이나 표정을 통한 관계 형성이 원활하지 않다. 또한, 상대방의 감정이나 표정을 해석하는 데 어려움을 느끼며, 대화 중 의견을 교환하는 방법이나 부적절한 발언을 판단하는 데에도 어려움을 겪는다. 이러한 행동은 이상하게 비춰질 수 있으며, 따돌림의 원인이 될 수 있다. 더불어, 타인의 행동에 대한 관심이 적고, 냉담하거나 무관심하게 보일 수 있다.

사회적 의사소통(social communication)

자폐증을 앓고 있는 아동은 언어 습득에 있어 심각한 지연을 보이거나, 언어를 전혀 습득하지 못하는 경우가 많다. 이들은 일반 아동과 비교할 때 단어 사용에서 독특한 양상을 나타내며, 반복적이거나 상황에 부적절한 단어를 사용하는 경향이 있다. 또한 대화 중 상대방과 자신을 구분하는 대명사를 혼동하여 사용하는 경우가 많으며, 친구와의 대화에서 자신의 감정을 효과적으로 전달하는 데 어려움을 겪는다. 자폐 스펙트럼 장애를 가진 개인은 독특한 리듬과 음조로 의사소통을 시도할 수 있으나, 언어를 통해 자신의 의견을 전달하는 데 어려움을 느끼며, 제스처나 마임과 같은 대체 의사소통 방식을 활용하려는 시도가 부족한 경향이 있다.

상동 행동(stereotyped behaviors)

자폐 스펙트럼 장애를 가진 개인들은 종종 반복적인 행동인 상동 행동을 나타낸다. 이러한 상동 행동은 특정한 상황에서 발생하거나 일정한 시간 간격으로 반복되는 경향이 있다. 예를 들어, 책상을 두드리거나 상체를 흔드는 행동, 손을 흔드는 행동 등이 포함된다. 또한, 동일한 말을 반복하는 경우도 있으며, 이러한 행동의 의도는 외부에서 이해하기 어려운 경우가 많다. 자해 행동을 보이면서도 고통스러운 표정을 짓지 않는 경우도 관찰된다. 자폐 스펙트럼 장애를 가진 개인들은 특정 분야에 대한 전문적인 지식을 보유할 수 있으며, 예를 들어 자동차에 대한 깊은 이해나 버스 노선에 대한 뛰어난 기억력을 나타낼 수 있다.

지적장애

자폐 스펙트럼 장애의 증상은 경미한 수준에서부터 중증에 이르기까지 다양하게 나타난다. 대다수의 자폐 아동은 지적 능력에 따라 상이한 지원을 필요로 한다. 아동의 독립적인 기능 수행 능력과 지원 필요성은 개인별로 차이를 보인다. 자폐 아동의 약 20~40%는 지능지수가 50 미만일 경우 청소년기 이전에 발작을 경험할 가능성이 있다. 지능지수 분포를 살펴보면, 약 60%는 50점 이하, 20%는 50점에서 70점 사이, 그리고 20%는 70점 이상으로 나타난다. 일부 아동은 언어 검사보다 운동 및 공간 기술 검사에서 더 뛰어난 성과를 보이는 경우가 있다. 자폐 스펙트럼 장애를 가진 일부 개인은 특정한 기술이나 능력을 보유하고 있으며, 예를 들어 복합적인 연산이나 고급 음악 기술 등이 있다. 그러나 이러한 기술을 생산적이거나 사회적으로 소통하는 방식으로 활용하는 데 어려움을 겪는 경우가 많다.

[그림 2.7.2] 스페셜올림픽 참가
지적장애 선수

〈표 2.7.7〉 발달장애와 관련된 지적장애인의 비율(%)

동반 장애	경도(mild) 지적장애	중도(severe) 지적장애
지적장애	63%	17%
뇌성마비	6%	19%
간질장애	11%	21%
감각장애	24%	55%
심리/행동장애	25%	50%

출처: Kiely, M.(1987). The prevalance of mental retardation. Epidemiologic Reviews, 9, 194-218.,

지적장애와 동반 증상

지적장애의 주요 원인 중 하나로 간주되는 뇌손상은 뇌성마비, 자폐증, 만성적인 행동장애, 발작 증상, 실어증 등의 다양한 증상을 동반할 수 있으며, 다운증후군과 같은 의학적 문제와 발달에 관련된 운동 및 의사소통 장애를 포함하는 경우가 많다. 지적장애의 경우, 동반 장애의 발생률은 장애의 정도와 밀접한 관련이 있다(McBrien, 2003). 지적장애와 함께 나타나는 동반 증상의 수는 지능 수준이 낮을수록 증가하며(Harris, 2006), 중복장애가 있을 경우 지적장애의 심각성을 더욱 악화시킬 수 있다. 지적장애와 관련된 동반 장애로는 뇌성마비, 뇌전증, 시각 및 청각 장애, 행동장애(표 2.7.7) 외에도 의사소통 장애, 주의력 결핍 장애, 섭식 장애 등이 포함된다.

자폐성 장애의 동반 증상과 의사소통

자폐 스펙트럼 장애는 그 명칭에서 알 수 있듯이, 다양한 증상을 나타내며, 이는 사회적 이해력의 심각한 결핍, 지능 및 인지적 결손, 의사소통의 지연 및 비정상적인 언어 사용, 그리고 비정상적이고 제한적이며 반복적인 관심이나 행동을 포함하는 상동 행동 특성을 포함한다. 지적장애 또는 자폐 스펙트럼 장애를 가진 개인에게 수영을 지도할 때는, 장애인 실태조사(김성희 외, 2020)에서 제시된 동반 장애 및 의사소통 관련 통계 자료를 참고하여 장애의 특성을 이해하는 것이 중요하다. 연구 결과에 따르면, 자폐성 장애인의 동반 장애 현황을 조사한 결과, 동반 장애가 없다는 응답이 43.5%로 가장 많았으며, 지적장애만 동반된 경우가 43.2%, 지적장애와 뇌전증이 모두 동반된 경우는 11.1%로 나타났다. 또한, 자폐성 장애인의 의사소통 능력에 대한 조사에서는 도움을 통해 간단한 의사소통이 가능한 비율이 33.8%로 가장 높았고, 스스로 간단한 의사소통이 가능한 비율은 30.5%, 스스로 대부분의 의사소통이 가능한 비율은 11.6%로 나타났다. 의사소통이 전혀 불가능한 경우는 16.5%였으며, 완전한 의사소통이 가능한 경우는 7.6%로 상대적으로 낮은 수치를 보였다. 자폐성 장애의 의사소통 방법을 구체적으로 살펴보면, '말'을 사용하는 경우가 68.0%로 가장 많았고, 그 다음으로 '몸짓'이 24.4%를 차지하였다.

02 지적장애/자폐증의 지도 방법

지적장애/자폐증 수영 지도의 일반 사항

비록 프로그램의 목적을 위해 사람을 분류하는 것이 필요할 수 있지만, 지적장애가 있는 개인에게 수영을 가르치는 지도자는 각 개인의 독특성을 인시해야 하며, 이로 인해 사회가 부여한 장애라는 명칭과는 무관하게 그들을 개별적인 존재로 대우해야 한다. 일반적으로 지적장애는 지능지수에 의해 판단되지만, 이들의 전반적인 능력은 지능검사나 기타 진단 도구로 정확히 예측하기에는 한계가 있다. 지적장애를 과소평가하는 경향이 있을 수 있으나, 수영 지도는 장애가 아닌 능력에 중점을 두어야 한다. 수영 교육은 운동 능력의 특정 부분에서의 발달 지체와 전반적인 신체 조건의 부족함을 고려해야 하며, 장애가 없는 사람들에 비해 학습 속도가 느릴 수 있음을 인식하고, 이에 맞춰 지도 방법을 수정하고 다양화해야 한다.

지적장애가 있는 개인들이 주의 집중력이 부족하다는 특성을 보이는 것은 사실이나, 이는 짧은 주의 지속 시간 때문이라기보다는 장황한 설명에 대한 이해 부족으로 해석될 수 있다. 따라서 짧고 간단한 설명은 이해를 돕고, 다양한 기술을 통해 지루함을 해소할 수 있는 방법이 될 수 있다.

지적장애가 있는 사람들에게 수영을 지도할 때에는 모든 교육에서와 마찬가지로 대상자의 인지적, 사회적, 신체적 특성을 이해하는 것이 우선적으로 고려되어야 한다. 특히, 지적장애가 있는 사람들을 대상으로 수영을 지도할 때에는 다음과 같은 사항을 고려할 필요가 있다(American National Red Cross, 1977).

○ 새로운 경험에 대한 두려움으로 물에 적응하는 과정이 더딜 수 있다.

○ 협응력 부족과 운동능력 부족은 지도자가 반복을 되풀이하고 인내심이 필요하다.

○ 반항하는 것처럼 보이는 것이 새로운 상황에 대한 두려움일 수 있다.

○ 나이를 기준으로 한 지도가 아니라, 이해 수준에 따라 지도법을 결정하고 어휘 능력도 고려해야 한다.

○ 두려움이 없고 수심에 대해 판단력이 있는 수강생은 거의 없을 것이다. 안전요원을 꼭 배치해야 한다.

○ 장황하고 자세한 설명은 따라서 이해할 수 없다.

○ 호흡 조절이 이해되지 않을 수 있다.

대부분의 지적장애를 가진 개인들은 수영의 기초 기술을 습득할 수 있으며, 일부는 더 높은 수준의 기술로 발전할 수 있는 가능성을 지니고 있다. 그러나 기술 자체를 수정할 필요는 없지만, 지도 방법은 조정되어야 한다. 각 기술을 가장 기본적인 구성 요소로 분해하고, 학습 과정에서 단순한 반복 및 복습 이상의 접근이 필요하다는 점을 인식하는 것이 중요하다. 수영을 가르치기 전에 지각 운동 기술, 운동 감각 인식 및 공간 개념을 교육하는 데 상당한 시간을 투자해야 하는 경우가 많다. 이러한 활동은 수영 프로그램의 초기 단계에서 활용되어야 한다. 기본적인 움직임 개념(예: 위아래, 왼쪽과 오른쪽, 아래와 위 등)을 습득한 후에는 측면, 방향, 동기화 또는 반대 개념에 기반한 수영 기술을 가르칠 수 있다. 수영 기술을 교육하기 전에 움직임 탐색 기술을 활용하면 학습의 즐거움을 증진시키고 좌절감을 감소시키며, 학습 과정을 보다 원활하게 진행할 수 있다.

지적장애

경도 지적장애를 가진 아동은 운동 발달이 일반적으로 1~3년 지체되는 경향이 있으며, 심한 지적장애를 가진 아동은 4년 이상의 지체를 보이는 경우가 많다(Dirocco et al., 1987). 이러한 운동 발달의 지체는 지적장애 아동이 성장하면서 운동 수행 전략을 개발하고, 신속하게 움직이며, 움직임을 조절하는 과정에서 더욱 두드러지게 나타난다(Sherrill, 2004). 지적장애 아동들은 특정 생물학적 및 유전적 요인으로 인해 종종 명확한 운동 지체와 결손을 초래하는 신체적 이상을 지니고 있다. 이는 특히 다운증후군 아동과 같은 유전적 장애가 있는 아동에게서 더욱 두드러진다(Pueshel, 2000).

지적장애 아동의 운동 지체는 지적 행동 및 적응 행동의 부족과 결합되어, 일반 아동과는 다른 독특한 교육 방법이 요구된다. 이러한 교육 방법은 지적장애 아동이 직면한 과제에 집중하고, 무엇을 어떻게 해야 하는지를 이해할 수 있도록 정보를 제공하는 데 중점을 둔다(Krebs, 2005). 의사소통은 이러한 교육 전략 중 가장 중요한 요소로, 지적장애 아동은 언어적 지시를 이해하지 못하거나 또래처럼 시범을 모방하지 못할 수 있다. 따라서 수영 지도자는 구두 지시를 단순화하고 시범의 주요 요소를 강조해야 한다. 예를 들어, 아동에게 누워 뜨기를 시범 보일 때, 물에 대한 두려움을 극복하기 위해 부유 기구를 착용하고 보조하여 부력에 의해 몸이 물에 뜨는 경험을 하도록 해야 한다. 언어적 및 시각적 단서가 효과가 없을 경우, 수영 지도자는 신체적 도움을 제공해야 한다.

지적장애 아동과 함께 활동할 때 주의력 또한 중요한 교육 전략으로 작용한다. 이들은 일반 또래와 같은 주의력을 갖지 못하는 경우가 많아, 기술 연습이나 기술의 핵심 요소에 집중하는 데 어려움을 겪는다(Krebs, 2005). 예를 들어, 지도자는 아동에게 엎드려서 벽을 잡고 발차기를 연습하라고 지시할 수 있다. 이때 지도자는 아동에게 팔을 뻗고 몸을 수평으로 유지하라고 안내하지만, 지적장애 아동은 벽을 잡는 데 힘을 주면서 몸을 수평으로 유지하기 어려울 수 있다. 이러한 문제를 해결하기 위해 지도자는 아동이 집중할 수 있도록 연습 환경을 재구성해야 한다. 예를 들어, 뜨기 자세를 먼저 지도하고 고개를 물에 담그는 방법으로 부력을 느끼게 하거나, 부유 자켓을 착용하고 발차기를 연습하도록 하는 방법이 있다. 지도자는 아동이 집중력을 유지할 수 있도록 1:1 지도를 통해 보충 교육과 강화를 제공해야 한다.

마지막으로, 지적장애 아동이 일반 아동과 함께 특정 활동을 수행하도록 유도할 수 있다. 지도자는 지적장애 아동이 자주 보이는 행동 문제를 해결하기 위한 계획을 세워야 하며, 이러한 행동 문제는 성공 기회의 부족, 혼란, 지루함, 통제력의 필요 등으로 인해 발생할 수 있다(예: 참여 거부, 퇴장, 부적절한 장비 사용). 행동 문제를 예방하기 위한 전략은 문제의 근본 원인이나 기능을 이해하는 데 중점을 둔다(Block, 2007). 예를 들어, 지적장애 아동이 물에 들어가는 것을 거부하는 경우, 이는 이전 경험에서 물에 들어가면 물을 먹거나 몸을 가누기 어려웠던 기억에 기인할 수 있으며, 이러한 거부는 자신감 부족의 표현일 수 있다. 이 경우, 지도자는 아동이 안전하게 물에 들어갈 수 있도록 물의 깊이가 얕고 넘어질 염려가 없음을 이해시켜야 한다. 또한, 일반 아동과 함께 물속의 물건을 집어 올리는 게임을 하도록 지시할 때, 아동이 무엇을 해야 할지 모르는 신호를 보일 수 있으며, 이는 불안과 행동 문제로 이어질 수 있다. 이러한 상황에서 지도자는 즉시 지적장애 아동에게 가서 더 간단한 형태로 물건을 집는 시범을 반복하고, 다시 지시하여 혼란을 줄여야 한다.

자폐증

운동 지체 motor delays 는 일반적으로 자폐증의 주요 특성으로 인식되지만, 일부 경우에는 자폐증을 가진 아동이 실세로 운동 지체나 결손을 겪지 않으며, 오히려 독특하고 발전된 운동 기술을 보일 수 있다는 의견도 존재한다. 자폐증 아동은 그들의 독특한 행동 양식과 학습의 어려움을 수용하면서, 개인의 장점을 극대화할 수 있는 맞춤형 지도 전략이 필요하다. 자폐증 아동이 수영 활동에서 더 나은 성과를 거둘 수 있도록 지원하기 위해 활용할 수 있는 다양한 전략이 존재한다. 따라서 자폐증 아동의 수영 교육에서는 그들의 행동 특성을 이해하고, 효과적인 의사소통을 촉진하며, 부정적인 행동을 조절하는 것이 중요하다.

환경 설정

첫 번째 일반적인 지도 전략은 자폐증을 가진 많은 아동이 언어적 단서보다 시각적 단서에 더 효과적으로 반응한다는 점에 주목하여, 시각적 강점을 활용하는 환경을 조성하는 데 중점을 두는 것이다. 이러한 시각적 환경의 설정은 아동이 환경에 대한 혼란이나 행동 지침에 대한 불확실성으로 인해 발생할 수 있는 과도한 정서적 표현을 예방하는 데 기여할 수 있다. 환경 설정을 위한 구체적인 전략으로는 물리적 배치를 통해 아동에게 이동 경로와 수행해야 할 활동을 명확히 안내하는 방법이 있다. 예를 들어, 아동이 수영장에 들어갈 때 샤워 장소를 지정하거나, 수행해야 할 활동을 시각적으로 나타내는 사진을 제공하며, 수영 보조기구 사용법을 이해할 수 있도록 시범을 보이는 것이 포함된다.

또한, 시각적 일정을 통해 명확한 일상 루틴을 확립하는 것도 자폐증 아동에게 유익하다. 시각적 일정은 아동이 수영하는 모든 과정을 그림으로 설명하는 방식으로, 탈의실 사용, 샤워, 입수, 물 익히기, 수상 안전, 퇴장, 몸 씻기 등의 단계를 포함한다. 이러한 시각적 일정과 함께 루틴을 설정하고 강습을 명확히 마무리하는 것이 중요하다. 자폐증 아동은 종종 한 장소에서 다른 장소로, 또는 한 활동에서 다른 활동으로의 전환에 어려움을 겪기 때문에, 루틴은 수영장에 들어갈 때 항상 정해진 탈의실과 샤워 시설을 사용하는 것처럼 간단하게 설정될 수 있다. 이후에는 시각적 수영 강습 과정을 검토하고 그룹 준비 운동을 실시하는 것이 바람직하다. 또한, 아동이 수영을 이해하도록 돕기 위해 활동 기간을 명확하고 일관되게 마무리하고, 다음 활동으로의 전환을 준비하는 것이 중요하다(Groft-Jones & Block, 2006).

의사소통

정보의 제시 방식은 자폐 스펙트럼 장애가 있는 아동에게 매우 중요하다. 많은 자폐 아동이 언어적 단서보다 시각적 단서에 더 효과적으로 반응하는 것으로 알려져 있다. 그러나 자폐 아동이 언어적 단서에 반응하기 위해서는 특정한 조건이 필요하다(Sigman & Capps, 1997). 첫째, 아동의 주의를 끌고 눈을 맞추는 노력이 필요하다. 지도자의 언어적 단서에 집중하지 않는 아동은 무관심하게 행동할 수 있으므로, 아동의 주의를 끌어야 한다. 예를 들어, 아동에게 신체 부위를 만지는 등의 간단한 지시를 요구하면, 아동은 종종 상상의 세계에 빠져 있던 상태에서 집중 상태로 전환될 수 있다. 아동이 지도자에게 시선을 돌리면, 간단한 언어 지시를 사용해야 한다. 예를 들어, 장난으로 물방울을 튕기며 지도자의 행동을 관찰하게 하거나, 물속에서 숨을 쉬기 위한 '음~파' 동작을 보여주기보다는, "나를 지켜봐"라고 말한 후 물속에 입을 넣고 입을 벌려 공기를 불어내며 '음~파' 동작을 시범으로 보여주는 것이 효과적이다. 앞서 언급한 바와 같이, 그림, 제스처, 수화 등을 포함한 대체 의사소통 방식을 활용하는 것이 중요하다. 예를 들어, 수영에 익숙한 일반 아동에게 물속에서 숨을 쉬기 위한 기본 동작을 여러 차례 시범 보이며 동작을 따라 하도록 유도할 수 있다. 언어적 단서와 지시를 단순화하면 자폐 아동이 언어적 단서에 반응할 수 있지만, 언어적 단서와 시각적 단서를 결합하는 것이 가장 효과적인 접근법으로 여겨진다(Groft-Jones & Block, 2006).

도전 행동 예방

의사소통 및 사회적 결핍은 자폐증을 가진 아동들이 주어진 환경에서 수행해야 할 행동에 대해 혼란을 초래할 수 있다. 이러한 혼란은 교사, 동료, 또는 자신에게 향하는 과도한 행동 폭발로 이어질 수 있다. 따라서 지도자는 도전적인 행동을 인식하고 이러한 행동을 유발하는 상황을 피하기 위해 노력해야 한다. 앞서 언급한 시각적 일정, 일상적인 루틴, 그리고 의사소통의 단순성 유지 등은 행동 문제를 예방하기 위한 효과적인 방법이 될 수 있다. 또한 아동이 활동이나 기술을 올바르게 수행하고 있다는 것을 인식시키는 것도 중요하다(Payne et al., 2010). 따라서 아동이 활동을 올바르게 수행할 때(또는 활동을 시도할 때) 긍정적인 강화를 제공하는 것이 필수적이다. 예를 들어, 아동에게 수평 뜨기 자세를 취하기 위해 머리를 물에 담그도록 요청하고, 그가 최대한 숨을 참으려 하면서 고개를 들지 않으려는 경우, 지도자는 여전히 아동을 격려해야 한다. 정적 강화는 아동이 원하는 강력한 강화물을 찾는 것을 포함하며, 이는 좋아하는 물건을 차지하는 것부터 물장난, 물속 게임 등으로 다양하게 변화할 수 있다. 자폐증 아동은 수중에서의 적절한 행동, 적절한 물놀이, 부유 기구 및 수중 게임 기구의 사용에 대해 교육받고 강화될 필요가 있다. 예를 들어, 아동은 부유 기구를 착용하지 않고 물에 떠서 놀 수 있다. 지도자는 아동에게 부유 기구를 받아 착용하는 방법을 보여주고, 아동이 부유 기구를 착용할 때 칭찬과 적절한 물놀이에 대한 반응을 통해 적절한 행동을 강화할 것이다. 행동 폭발을 예방하기 위한 최선의 노력에도 불구하고, 자폐증 아동은 특정 활동에서 좌절감을 느끼거나 감각적 자극에 의해 과도한 반응을 보일 수 있다(예: 환경이 지나치게 시끄럽거나 조명이 너무 밝은 경우). 이러한 행동이 발생할 때, 도전적인 행동을 보이는 아동은 문제의 원인을 제거해야 한다. 가능한 한 아동이 활동이나 환경에서 벗어나도록 하고, 물 깊이가 얕은 곳으로 이동하거나 수영장 밖으로 나가 진정 활동을 제공해야 한다. 종종 아동이 환경에서 부드럽게 벗어나도록 하고 진정 활동을 하도록 허용하면 행동 문제를 신속하게 해결할 수 있다(MacDonald et al., 2006).

지적장애가 있는 사람들과 대화하는 방법

지적장애 및 자폐증을 가진 개인을 지도할 때, 지도자는 이들의 이해 수준을 일반 아동과 동일하게 간주하고, 나이에 적합한 대화를 고려하지 못하는 경우가 발생할 수 있다. 스페셜올림픽에서는 선수와의 의사소통 방향에 대해 다음과 같이 언급하고 있다.

> "장애인 선수들은 다른 사람들과 동일합니다. 그들은 단지 공정하고 정중한 대우를 원할 뿐입니다."

스페셜올림픽에 참여하는 선수들(지적장애 및 자폐증 포함)은 대회 경기 상황이나 개인적인 대화 중에 지적장애가 있는 사람과 효과적으로 의사소통하기 위한 10가지 기본 규칙을 제시하고 있다(Special Olympics, 2022).

- 선수들을 '아이들'이라고 부르지 마십시오. 스페셜올림픽에 참가하는 선수들의 연령대는 2세부터 78세 이상까지 다양합니다.
- 명확하고 간결한 언어를 사용하며, 큰 소리로 말하지 말고 천천히 이야기하십시오. 선수들은 지적장애의 정도가 다르지만, 모두 청각장애가 있는 것은 아닙니다. 따라서 더 크게 말한다고 해서 이해도가 높아지는 것은 아닙니다.
- 예상되는 상황에 대해 사전에 준비하십시오. 많은 선수들은 무슨 일이 일어날지를 미리 알고 싶어합니다. 절차에 따라 진행하면서 현재 수행할 작업과 다음 단계에 대해 설명하십시오.

○ 선수들을 동료로 대하십시오. 반말을 사용하지 마십시오. 그들 또한 유머, 장난, 도전을 즐깁니다.

○ 행동의 한계를 설정하십시오. 지적장애가 없는 사람이 나쁜 행동을 하는 것을 허용하지 않는 것처럼, 그들이 부적절한 행동을 하지 않도록 지도하십시오.

○ 선수들에게 그들의 의견을 물어보고, 그들이 대답할 수 있는 기회를 제공하십시오. 그들에게 함부로 말하지 마십시오.

○ 실제로 도움이 필요하다고 가정하고, 행동하기 전에 그들에게 도움이 되는지 물어보십시오.

○ 질문 받을 것으로 예상하십시오. 많은 선수들이 당신의 행동과 당신에 대해 매우 궁금해합니다. 질문이 지나치게 개인적이라면, "그 질문에 답하기는 불편합니다."라고 정중히 말하는 것이 좋습니다.

○ 즐거운 시간을 보내고, 그들의 솔직함을 존중하십시오! 그들의 직설적인 태도에 대비하십시오. 선수들은 매우 정직합니다.

○ 열정적이고 긍정적이며 전문적인 태도를 유지하십시오. 만약 감정적으로 힘들다면, 마음을 가다듬기 위해 잠시 휴식을 요청하는 것도 괜찮습니다.

03 지적장애의 수영 지도

지적장애가 있는 사람에게 수영을 지도할 때에는 개인마다 개별적으로 관리될 필요가 있음을 이해할 필요가 있다. 지도자는 다음과 같은 역할을 할 수 있어야 한다(Australian Sports Commission, 1992).

○ 개인의 강점과 약점을 평가한다.
○ 도전적이고 현실적인 목표를 설정한다.
○ 의사소통을 명확하게 한다.
○ 긍정적인 피드백을 제공한다.

개별적인 요구를 충족하기 위해 보조기구와 장비를 특정 용도에 맞게 조정할 수 있으나, 개인이 이러한 보조기구에 지나치게 의존해서는 안 된다. 행동 패턴이 일단 학습되면 변화가 어려울 수 있다는 점을 유념해야 한다. 지적장애가 있는 개인은 때때로 과도한 흥분이나 과민반응을 보일 수 있으며, 이로 인해 집중력이 제한되고 작업에 대한 주의력이 불규칙하게 나타날 수 있다. 그러나 지속적인 훈련을 통해 집중력과 주의력을 향상시킬 수 있다. 지적장애가 있는 개인은 친밀한 행동을 보일 수 있으며, 지도자는 이들이 예상 가능한 행동을 명확히 이해하고 있어야 한다. 또한, 이들은 종종 반복적인 일상에 익숙해져 있어 기존의 패턴에 의존하게 되므로, 변화는 점진적으로 이루어져야 한다. 변화 과정에서 각 단계가 개인의 특성에 맞게 적절히 설정되어 있는지를 확인하는 것이 중요하다. 지적장애가 있는 일부 개인은 시각 및 청각 장애, 뇌성마비, 운동 기술 습득의 어려움, 심장 기능 저하 등의 신체적 장애를 동반할 수 있으며, 상부 호흡기 질환, 뇌전증, 근육 약화와 같은 특정 의

〈표 2.7.8〉 지적장애/자폐증 유형 관련 증상의 관계

유형 \ 증상	환축추 불안정	주의 결핍	청지각 장애	심혈관 장애	과잉 활동	상호 작용 곤란	운동계 장애	기억 이해 곤란	언어 장애	뇌전증	촉각계 장애	전정계 장애	시지각 장애
지적장애		●	●			●	●	●	●	●		●	●
다운증후군	●	●	●	●		●	●	●	●		●	●	●
약체 X 증후군		●	●	●	●	●	●	●	●	●	●		●
자폐증		●	●		●	●		●	●			●	●
아스퍼거 증후군		●	●			●		●	●			●	●
태아기 약물 노출		●			●	●		●		●		●	

학적 문제를 겪을 가능성이 높다. 이들의 복용 중인 약물과 의학적 상태에 대한 이해는 필수적이다. 특히, 다운증후군을 가진 개인의 환축추 불안정 문제와 심장 질환 문제에 대해서는 세심한 지도가 필요하다. 중증 장애가 있는 개인에게 수영을 지도할 경우, 1:1 지도를 실시하는 것이 바람직하다.

〈표 2.7.8〉은 지적장애 및 자폐증을 가진 개인에서 나타나는 행동적, 신체적, 운동적, 의학적 문제를 장애 유형에 따라 연관 지은 것이다(Lepore et al., 2007). 수영 교육 시 이러한 문제와 관련하여 주의해야 할 사항 및 안전 문제에 대해 상세히 설명하였다. 따라서 이 내용을 신중히 참고할 필요가 있다.

기억 및 이해 문제

장애 유형

지적장애, 자폐증, 전반적 발달장애, 약체 X 증후군, 다운증후군

기억력 및 이해력의 문제는 일차적 장애일 수도 있으며, 다른 장애의 이차적 결과로 나타날 수도 있다. 인지장애나 지적장애로 진단받은 경우, 일반적으로 이전에 학습한 과제를 회상하는 능력에 어려움을 겪는다. 이러한 증상을 보이는 개인은 뇌성마비와 같은 신체적 장애를 지닌 일차적 장애를 지닐 수 있으며, 방향 감각 상실, 기억력 저하, 인지장애와 같은 이차적 문제가 동반될 수 있다. 따라서 각 개인의 능력을 평가할 때는 그들의 진도 상황을 고려해야 하며, 요구 사항을 이해하고 과제를 수행할 수 있도록 지도해야 한다. 지시 사항을 이해하기 어렵고 기억력에 문제가 있는 경우, 건강 체력의 발달과 운동 기술 습득에 부정적인 영향을 미칠 수 있다. 만약 참가자가 강습 기간 동안 배운 기술을 기억하지 못한다면, 적절한 반복 지도를 위한 계획을 수립해야 할 필요가 있다. 또한, 참가자가 이해력에 어려움을 겪는 경우, 기술을 올바르게 학습하지 못해 기억에 잘못 저장될 수 있다. 따라서 참가자가 배운 기술을 유지하고 일반화할 수 있도록 지속적인 노력이 필요하다. 이는 기술 습득을 위한 세심한 계획과 지속적인 현장 점검을 요구한다(Jansma & French, 1994/2001). 일반화를 촉진하기 위해, 참가자에게 다양한 상황에서 기술을 시도하도록 유도하는 것이 중요하다. 예를 들어, 게임, 깊은 물의 끝자락, 얕은 풀, 그리고 다른 지도자와 같은 다양한 환경에서의 연습이 필요하다. 기억과 이해에 어려움이 있는 사람들을 위한 수영 지도 목표는 각 지시 사항에 대한 이행 능력을 향상시키는 것이다. 이는 안전 규칙을 상기시키고, 수영 기술을 익혀 수영할 수 있는 장소에서 안전하게 독립적으로 수영할 수 있도록 하는 데 중점을 둔다.

수영 지도 시 유의 사항

기억력이나 이해력에 어려움을 겪는 개인을 대상으로 한 수영 지도는 보다 향상된 성과를 도모하기 위해, 지도 시 유의 사항을 기억력 저하, 일반화의 어려움, 정보 이해력 부족 등 세 영역으로 구분하여 제시하였다.

기억 문제

- 언어적 단서(예: "지금 팔을 움직여")를 빈번하게 활용한다.
- 시각적 단서는 매우 중요한 요소로, 원하는 자세를 모델링하여 참가자에게 동일하게 보여주는 것이 필요하다.
- 촉각적 단서는 다음 행동을 기억하지 못하는 이에게 신호를 전달하는 데 가장 효과적인 방법임을 인식해야 하며, 예를 들어 적절한 시점에 호흡을 유도하기 위해 어깨를 두드리는 방식이 있다.
- 탈의실과 수영장으로 이동하여 참가자에게 복장 규정, 복장 예절, 복장 착용 절차를 상기시킨다.
- 수행해야 할 과제 목록을 작성하여 수영장 가장자리에 배치하고, 각 지도 내용을 마친 후 참가자가 해당 과제를 확인하도록 유도한다. 이는 참가자가 수행해야 할 과제에 대한 방향성을 유지하는 데 도움을 준다.
- 타이머를 활용하여 언제 떠나야 하는지 또는 과제 수행에 소요된 시간을 인지할 수 있도록 지원한다.
- 일관성, 반복, 검토는 기억력을 향상시키는 효과적인 전략이다.
- 수영장 가장자리에 작성한 유인물, 강습 내용, 기술 점검 목록을 게시하여 완료된 과제의 성공을 시각적으로 나타낸다.
- 각 강습 시작 시 기본 오리엔테이션 질문을 제시한다(예: "풀에 들어가기에 가장 적합한 장소는 어디인가?").
- 시각적 이미지를 활용하여 참가자가 쉽게 회상할 수 있도록 한다.
- 가능한 많은 감각적 도구를 사용하되, 동시에 여러 가지를 사용하지 않도록 한다.
- 단순화, 시범, 반복적인 지도를 실시한다.
- 단서를 체계적으로 활용하며, 예를 들어 비언어적 신호로 시작하고, 효과가 없을 경우 언어적 신호, 시각적 모델링, 마지막으로 신체적 도움과 같은 보다 구체적인 단서를 사용한다.
- 간결한 단어를 사용하여 의사소통한다.

일반화

많은 전문가들은 기억력과 이해력에 심각한 문제가 있는 개인에게 기술의 일반화가 불가능하다고 주장하고 있다. 이들은 개인의 다양한 삶의 영역에서 사용되는 단어, 단서, 강화 요소를 통합하여 여러 분야가 연관된 접근 방식을 시도하고 있다. 특히, 참가자가 수영장에서 수행하는 활동과 그 개인의 삶에서의 행동을 연결하여 논의하는 것이 중요하다.

- 수영 참가자는 기술을 일반화하기 위해 다수의 단서가 필요하다는 점을 인식해야 한다.
- 참가자에게 가능한 다양한 상황에서 기술을 연습하도록 유도한다.

○ 질문을 통해 참가자가 다양한 상황에서 수영 관련 기술을 활용할 수 있는 방안에 대해 논의한다.

○ 참여자에게 역할극을 수행하게 하여 다양한 상황에서 기술이 어떻게 적용될 수 있는지를 논의한다.

이해 문제

○ 1단계에서 시작하여 점진적으로 2단계 및 3단계로 진행한다.

○ 지시 사항을 반복하거나 수영 참가자에게 지시를 다시 반복하도록 요청한다.

○ 가능한 한 많은 시각적 및 청각적 자극이 없는 환경이 최적임을 유념한다.

○ 지시, 질문 후에는 추가적인 처리 시간을 제공한다. 응답을 기다리는 시간은 30초 이상이 될 수 있다.

○ 긴 설명 대신 시각적 및 언어적 촉진을 활용한다.

○ 성인에게는 그들의 연령에 적합한 설명을 제공하며, 성숙한 태도로 대화하고 간단한 문구를 사용한다. 유아 수준의 용어는 피한다.

○ 대화 속도가 빠를 경우, 대화의 속도를 조절한다. 속도를 늦춰도 너무 느려지지 않도록 주의한다.

○ 참가자들에게 해당 수업의 목표를 명확히 전달한다.

안전 문제

○ 안전 문제의 중요성을 강조하고 이를 지속적으로 반복해야 한다. 안전 문제가 사소한 것이라고 가정해서는 안 된다. 이 집단은 사고 예방에 대한 인식이 부족하다는 점을 인지해야 한다.

○ 간단한 규칙에 대해 구체적으로 설명한다. 이들은 인과관계를 이해하는 수준에 이르지 못하고 있다.

○ 안전 문제가 실질적으로 체감될 수 있도록 안전 정보에 대한 언어적 및 신체적 단서를 시연해야 한다.

운동 감각계 장애

장애 유형

지적장애, 자폐증, 전반적 발달장애, 산전 알코올 및 약물 노출, 발달 협응 장애

감각 자극은 근육, 힘줄, 관절을 통해 운동신경계로 전달되어 신체와 팔다리의 위치 및 움직임을 인식하게 한다. 그러나 감각기관을 통한 외부 자극 정보의 입력 및 해석에 장애가 발생할 경우, 신체와 팔다리의 위치 및 이동 속도를 정확히 인지하지 못하게 되어 운동 결함dyskinesia 이 발생할 수 있다. 예를 들어, 수영 중에 자신의 신체 위치를 인식하지 못하는 경우, 팔, 다리, 몸통의 각도와 동작 속도의 미세한 변화를 감지할 수 없기 때문에 스트로크 기법을 수정하는 데 어려움을 겪게 되며, 이로 인해 일관되지 않은 동작과 기술이 나타날 수 있다. 수영 지도는 운동신경계 장애가 있는 개인이 수영 및 수상 안전을 위해 신체의 각 부위가 어떻게 기능하는지를 이해하고, 신체의 좌우 작용 방식에 대한 인식을 증진시키는 것을 목표로 한다. 또한, 방향성(물체와 관련된 신체의 인식)을 향상시키고, 수영 중 앞쪽으로 나아가다가 90° 회전을 통해 중심선을 가로지르는 능력을 향상시키는 데 중점을 둔다.

수영 지도 시 유의 사항

○ 공간 내 위치 인식을 향상시키기 위해 팔다리 주위에 물결을 생성한다.

○ 신체를 보조하여 참가자가 능동적으로 움직일 수 있도록 유도한다.

○ 관절에 압력을 가하고(예: 상하 점프) 체중을 지탱함으로써(예: 물구나무서기) 팔다리에 대한 자각이 향상된다는 사실을 인식하고 있다.

○ 수영 속도를 조절하기 위한 도전적인 활동을 수행하도록 한다.

○ 참가자들에게 옷을 착용한 채 수영하도록 하거나 목 부위까지 차는 물속을 걷게 한다. 옷의 무게는 스트로크 교정을 느끼는 데 도움을 주어 신체 자각을 증가시킬 수 있다.

○ 운동 감각을 증진시키기 위해 신체에 가벼운 물체를 부착한다.

안전 문제

○ 신체 부위에 대한 자각 부족은 동작을 어눌하게 만들고, 수영할 때 다른 사람, 레인 줄, 벽과 부딪힐 수 있는 상황을 만든다.

상호작용 어려움

장애 유형

자폐증, 아스퍼거 증후군, 지적장애, 태아기 약물 노출, 약체 X 증후군

인지적, 사회적 또는 행동적 문제를 가진 개인들은 그룹 학습에서 어려움을 겪을 수 있다. 이들은 다양한 행동 문제와 정서적 장애가 있으며, 이는 의사소통, 환경, 교수 전략에 대한 적응을 필요로 한다. 상호작용 문제의 예로는 철회, 불안, 불복종, 사회적 부적응, 파괴적 행동, 행동 장애, 자해 및 자기 자극 행동, 강박 충동, 정신분열증 등이 있다. 상호작용 문제를 가진 개인에 대해서는 문제 해결 능력을 향상시키고, 긍정적인 선택을 할 수 있는 능력을 증진시키며, 타인의 감정과 권리에 대한 인식을 높이고, 자기 방향성을 강화하는 것을 목표로 한다. 또한, 안전한 수영 행동을 개선하고, 사람들과의 교류 횟수를 증가시키며, 성공적인 수영을 통해 자아존중감을 향상시키고, 수영 환경에서의 독립성을 증대시키며, 부적절한 행동을 감소시키고, 수상 환경에서의 위험 인식을 제고하며, 자기 조절 능력을 향상시키고, 수영 기술의 질을 높이는 것을 지향한다.

수영 지도 시 유의 사항

○ 참가자들이 이해하고 성취할 수 있는 명확한 한계와 규칙을 알려준다.

○ 수영 강습 내용과 순서에 대하여 알려준다.

○ 단서, 규칙, 결과가 일관되도록 한다.

○ 실제 실습 중 참가자를 접촉해야 할 경우, 무엇을 할 것인지 말하거나 물어본다.

○ 구체적이고 긍정적인 칭찬으로 적절한 행동을 강화한다.

○ 적절한 결과와 응용 행동 분석 계획에 대해 보호자와 점검한다.

○ 행동장애가 있는 일부 아동은 눈을 마주치지 않을 수 있으므로, 신체를 움직이는 것이 허용된다면 신체를 동작하게 할 필요가 있다.

○ 2~3명의 매우 작은 그룹으로 시작하여 참가자가 편안한 가운데 배운다면 인원이 많은 그룹으로 이동시킨다.

○ 행동 관리에 대한 적절한 접근 방식을 결정하기 위해 보호자, 교사, 재활 요원과 자주 협업한다.

○ 참가자들에게 자신, 타인, 소유물이 소중하다는 것을 가르친다.

안전 문제

○ 상호작용 문제가 심각한 개인은 물리적 공격성의 증상으로 물거나 긁거나 때리는 행동을 보일 수 있으므로, 파상풍 및 간염 예방접종 여부를 확인하고 적절한 조치를 취해야 한다.

○ 참가자가 복용 중인 약물에 대한 정보를 파악하고, 그에 따른 부작용을 기록하고 보고하며 예방할 수 있도록 해야 한다.

○ 상호작용 문제가 있는 일부 참가자는 위험 상황을 인지하지 못할 수 있다는 점을 인식해야 한다. 이러한 위험은 깊은 물, 미끄러운 풀장 가장자리, 다이빙 보드와 같은 장소에서 발생할 수 있다.

○ 상호작용 문제가 있는 일부 개인은 정서적 불안정성으로 인해 순간적으로 기분이 좋았다가 곧이어 울음을 터뜨리는 등의 행동을 보일 수 있다. 이와 같은 충동적인 행동에 주의해야 한다.

과잉 행동

장애 유형

지적장애, 아스퍼거 증후군, 자폐증, 출생전 약물 노출

주의력 결핍 과잉 행동 장애Attention Deficit Hyperactivity Disorder, ADHD는 주로 아동기에 발생하는 장애로, 지속적인 주의력 결핍, 산만함, 과다한 활동성 및 충동성을 특징으로 한다. 이 장애의 주요 증상으로는 서 있거나 앉아 있는 것이 어려워 안절부절못하거나 뛰어다니며, 지나치게 기어오르는 행동이 최소 6개월 이상 지속되는 경우가 포함된다. 과잉 행동을 보이는 아동은 수업 중 가만히 앉아 듣거나 필기하는 데 어려움을 겪을 수 있으며, 이러한 아동은 지치지 않는 듯한 인상을 주고 종종 충동적으로 행동하기도 한다.

과잉 행동을 보이는 개인을 위한 수영 지도 목표는 과제 수행에 소요되는 움직임 시간을 증가시키고, 움직임의 질을 향상시키며, 자기 조절 능력을 강화하고, 자아 개념을 개선하는 데 중점을 두고 있다.

수영 지도 시 유의 사항

○ 강습 참가자 수를 제한하여 환경 자극을 줄인다.

○ 부표로 풀의 영역을 나누어 강습 공간을 줄인다.

○ 강습 과정을 일정하게 하고 지도 시간을 체계화한다.

○ 칭찬, 단서, 결과를 일관되게 한다.

○ 장비는 사용할 시간이 다 될 때까지 꺼내지 않는다.

○ 밝은색을 사용하여 대상이나 학습 센터에 주의를 집중하되 색상이 밝은 수영복을 입거나 전체적으로 색상이 너무 많은 것은 피한다.

○ 이완 활동을 할 때는 천천히 움직이고 자기 조절을 하도록 강조한다.

○ 강습 중 논리적인 기술 진행 과정을 따른다.

○ 모든 수업에 성공을 거두어라.

○ 각 운동 기술을 과제 분석한다. 현재 기술의 작은 부분은 성공률이 높으나 한 번에 기술을 완성하려 시도하며 실패했을 때 좌절을 피할 수 있기 때문이다.

○ 운동 기술 수행에 대한 구체적인 피드백을 제공한다.

○ 성취할 때마다 정적 강화를 제공한다.

○ 규칙, 절차, 과제 발표, 강화와 벌을 일관성 있게 유지하여 오해와 좌절이 없는 강습 기간 분위기를 조성한다.

○ 5분간의 자유 수영을 강습에 포함하여 보고 듣는 시간을 줄여서 활동적인 분위기로 만든다.

○ 참가자의 주의력에 따라 10분에서 30분 사이의 체계적인 강습을 한다.

○ 응용 행동 분석 프로그램을 위해 참가자 가족과 상의한다.

○ 부적절한 행동에 대해 참가자와 대화하여 행동이 적절하지 않은 이유를 설명한다.

○ 활동을 자주 변경하고 선택을 제한하는 것이 안절부절 못하는 것을 줄이고 동기를 증가시키는 데 도움이 된다는 것을 명심한다.

안전 문제

○ 보호자와 상담하고, 신체활동과 관련된 처방 약물과 부작용에 대해서는 의사와 상담한다.

○ 과잉 행동을 하는 사람이 풀 가장자리 걸을 때 지도자는 수영장 가까이 위치한다.

주의력 결핍 장애

장애 유형

지적장애, 아스퍼거 증후군, 자폐증, 약체 X 증후군, 다운증후군, 태아기 약물 노출

과제를 수행한 후 이를 완수하기 위한 주의 집중 능력은 과제를 학습할 기회가 풍부할수록 향상된다. 요구에 따라 주의를 기울이고 이를 유지하며, 발달적으로 적합한 과제를 지속적으로 수행하고 규칙을 준수하며 집중하는 데 어려움을 겪는 개인은 기술 향상에 어려움을 겪는 경향이 있다. 이들은 과제를 한두 번 수행한 후 다음 단계로 나아갈 준비가 될 수 있다. 주의력 결핍과 끈기의 부족은 기술 습득의 미숙함으로 이어질 수 있다. 수영 교육의 목표는 참여자의 다중 과제 수행 능력, 과제 소요 시간, 수영 기술의 질을 향상시키고 충동적인 행동을 감소시키는 데 있다.

수영 지도 시 유의 사항

○ 피드백을 제공하거나 지시를 내리기 전에 참가자의 이름을 말하여 주의를 끈다.

○ 한 번에 하나의 피드백만 제공하고, 피드백을 자주 그리고 구체적으로 준다.

○ 주의력과 과제 수행 행동의 변화를 확인하기 위해 참가자 근처에 머물러라.

○ 활동에서 활동으로의 전환이 어려울 수 있으므로, 루틴 또는 한 과제에서 다른 과제로 전환하기에 앞서 미리 알려준다.

○ 경쟁을 강조하는 활동을 계획한다.

○ 스트레스와 피로가 있을 때 정서적 지원을 추가로 계획한다.

○ 자기 조절(자제력)이 중요한 목표이기 때문에 활동에 대한 자기 점검을 장려한다.

○ 한 번에 하나의 과제를 완료한다.

○ 언어 지시를 할 때 눈을 계속 마주친다.

○ 올바른 행동을 장려하기 위해 정적 강화를 사용한다.

○ 훈련 중에는 차분하고 단호한 목소리를 낸다.

○ 미리 약속된 단어 또는 손동작을 사용하여 원치 않는 동작을 줄인다.

○ 가능한 한 상황 설정에 대해 자연스럽게 미리 정한 결과를 수행한다.

○ 수영 강습은 30분 이내로 한다.

○ 관중, 소음, 산만함이 최소화된 수영 시간을 계획하여 과제에서 벗어난 불필요하게 허비되는 시간을 줄인다.

○ 적절하고 사용 가능한 경우 1:1 강습을 진행한다.

○ 참가자가 연습하는 동안 수영장 벽이나 지도자를 향해 헤엄칠 수 있도록 준비한다.

○ 참가자가 한 바퀴 도는 시간을 알 수 있도록 랩 카운터를 알려준다.

○ 참가자가 과제에 얼마나 많은 시간을 소비했는지 시각화할 수 있도록 타이머를 설치한다.

안전 문제

○ 충동적인 참가자 감독을 강화하기 위해 추가 인명 구조원을 배치한다.

○ 규칙 설명을 자주 반복하고 참가자에게 주의가 산만할 때 규칙을 반복하도록 요청한다.

○ 일부 수강생은 과잉 행동에 주의력 결핍을 수반할 수 있으므로, 수영장 가장자리는 마른 상태를 유지하고 장비가 없는 상태로 유지한다.

환축추 불안정

장애 유형

다운증후군

환축추 불안정 증후군 atlantoaxial instability syndrome, AAIS 이라고도 불리며. 첫 번째 atlanto 경추와 두 번째 axial 경추 내의 병리학에서 비롯되는 목 불안정성이다. 이러한 불안정성은 제1 경추의 탈구로 이어질 수 있으며, 이는 잠재적으로 척수 손상이나 사망을 초래할 수 있다. 이 정형외과적 문제는 다운증후군을 앓고 있는 개인의 약 17%에서 발생할 수 있으며, 이는 관절을 둘러싼 느슨한 인대와 근육의 특성에 기인한다(Sherrill, 2004). 비록 17%라는 비율이 다수는 아니지만, 안전상의 이유로 다운증후군을 가진 모든 개인은 특별한 의학적 평가가 없는 한 환축추 불안정성이 존재하는 것으로 간주해야 한다.

다운증후군을 가진 개인을 대상으로 한 수영 교육의 목표는 목을 앞뒤로 과도하게 구부리는 것을 피하고, 머리나 목에 부담을 주지 않는 수영 기술을 향상시키는 활동을 계획하여 안전하게 수영 활동에 참여할 수 있도록 하는 것이다.

수영 지도 시 유의 사항

○ 다운증후군인 수영 강습자 상태에 대한 정보를 의사로부터 구한다.
○ 스트레스나 피해야 할 구체적인 움직임에 대해 의료진과 상담한다.

안전 문제

○ 환축추 불안정에 대한 X선 양성반응일 경우 의사는 목 앞쪽(굴곡)과 뒤쪽(과신전)으로 목을 강하게 굽히는 동작을 금지한다.
○ 환축추 불안정 참가자들은 목과 머리에 압력을 가하는 다이빙, 접영, 준비운동 등을 해서는 안 된다.

발작

장애 유형

중증 지적장애, 자폐증, 중복 장애, 발달 장애

발작 seizure 은 대뇌의 전기적 활동을 방해하는 중추신경계 질환의 징후다. 이러한 이상 현상은 뇌의 한 부분에 국소적으로 나타나 단기 반응 변화나 팔다리의 경련을 일으키는 부분발작으로부터 무의식과 전신 경련에서 반의식에 이르는 전신발작까지 비정상적이고 불수의적이며 예측할 수 없는 뇌 반응을 일으킨다. 수영을 지도하는 중에 공상에 잠겨 있거나, 분별하지 못하거나, 주의를 기울이지 않는 것처럼 보이는 참가자를 관찰할 수 있으며, 갑자기 물속으로 사라지거나 몸부림치는 참가자를 볼 수도 있다. 이러한 모든 행동은 참가자가 발작을 일으키고 있다는 것을 의미할 수 있다.

발작의 증상은 발작의 종류에 따라 다르다. 경미한 발작은 몇 초 동안 허공을 바라보다가 경계심을 보이는 눈빛으로 재빨리 되돌아가는 것이 특징일 수 있다. 더 심한 발작은 여러 증상이 합쳐져 나타날 수 있다. 증상이 있는 사람은 발작 몇 초 전에 이상한 느낌을 받을 수 있다. 시각 또는 환청이 있거나, 고통스러운 느낌을 받거나, 독특한 맛이나 냄새를 감지할 수 있다. 그 사람은 또한 갑자기 경직될 수도 있다. 의식을 잃을 수도 있다. 걷잡을 수 없는 근육 움직임과 그에 따른 방광과 장 조절의 상실이 초래될 수 있다. 발작이 있을 때 숨을 참는 모습, 침, 빠른 맥박도 흔히 볼 수 있다. 인지장애가 있는 많은 사람이 발작을 일으키기 쉬우나 증상에 대해 이해가 부족하여서 지도자에게 발작하기 전에 감정을 전달하지 못할 가능성이 크다. 입맛을 다시거나, 복부나 머리를 쥐거나, 참가자의 특이한 행동은 발작이 곧 시작될 가능성이 있다는 징후일 수 있다.

발작이 있는 사람은 독립 수영을 개선하고, 자존감을 높이며, 수영 환경에서 발작을 촉발할 수 있는 조건과 활동에 대한 인식을 높여야 한다. 대뇌의 전기적 활동에 영향을 미치는 중추신경계 질환의 징후로 간주된다. 이러한 비정상적인 현상은 뇌의 특정 부위에서 국소적으로 발생하여 단기적인 반응 변화나 팔다리의 경련을 유발하는 부분발작(partial seizure)에서부터 무의식 상태와 전신 경련을 포함하는 전신발작(generalized seizure)까지 다양한 형태로 나타날 수 있다. 이 과정에서 비정상적이고 불수의적이며 예측할 수 없는 뇌의 반응이 발생한다. 예를 들어, 수영을 지도하는 중에 참가자가 공상에 잠기거나 주의력이 결여된 듯한 모습을 보일 수 있으며, 갑자기 물속으로 사라지거나 몸부림치는 경우도 관찰될 수 있다. 이러한 모든 행동은 참가자가 발작을 경험하고 있음을 나타낼 수 있다.

발작의 증상은 그 종류에 따라 다양하게 나타난다. 경미한 발작의 경우, 몇 초 동안 허공을 응시하다가 경계심을 보이는 눈빛으로 빠르게 돌아오는 것이 특징일 수 있다. 반면, 더 심각한 발작은 여러 증상이 복합적으로 나타날 수 있다. 발작이 발생하기 몇 초 전, 환자는 이상한 감각을 경험할 수 있으며, 이는 시각적 또는 청각적 환각, 불쾌한 감각, 독특한 맛이나 냄새의 인지로 나타날 수 있다. 또한, 환자는 갑작스럽게 경직되거나 의식을 잃을 수도 있으며, 통제되지 않는 근육의 움직임과 함께 방광 및 장의 조절 상실이 발생할 수 있다. 발작 중에는 숨을 참는 모습, 침 흘림, 빠른 맥박 등의 증상도 흔히 관찰된다. 인지장애가 있는 많은 환자들은 발작을 일으키기 쉬운 경향이 있지만, 증상에 대한 이해 부족으로 인해 지도자에게 발작 전 감정을 전달하지 못할 가능성이 크다. 입맛을 다시거나 복부 또는 머리를 쥐는 행동, 그리고 참가자의 특이한 행동은 발작이 곧 시작될 가능성을 나타내는 신호일 수 있다.

수영 지도 시 유의 사항

○ 항발작제의 부작용에 대한 정보는 의사에게 문의한다.
○ 협응력 및 집중력 감소, 느린 반응 시간, 시야 흐림, 졸음 및 과민반응 증가와 같은 약물 부작용을 이겨낼 수 있도록 활동을 조정한다.

안전 문제

○ 금지 활동을 포함하여 전문의의 허가를 받는다.

○ 과호흡, 정서적 스트레스, 여성의 월경 기간, 과도한 카페인, 플래시 라이트(섬광등), 질병 등과 같은 특정 요인이 발작을 유발할 수 있다는 점에 유의한다.

○ 풀 청소와 발작 관리를 위한 조치 계획을 세운다(경련 억제, 입에 아무것도 넣지 않기, 119에 전화할 대비 등). 발작 상황 발생 시 적절한 사건 보고서를 작성한다.

○ 필요한 경우 참가자와 동행하는 보조자를 포함하여 다이빙 보드 사용 시 주의한다.

○ 가능한 오랫동안 숨을 참지 않도록 하고 수영하기 전에 과호흡하지 않도록 한다.

○ 수분보급 과다증 및 저나트륨혈증은 발작 유발요인이므로 수영장 물 섭취를 감시한다.

○ 고열은 발작의 유발요인이므로 고열 증상 여부를 확인한다.

○ 갑작스러운 행동 변화를 보호자에게 알린다.

○ 경쟁이 치열하거나 힘들거나 감정적인 활동을 할 때는 주의한다.

○ 참가자가 태양을 바라보는 것이 발작을 유발하는 경우, 야외수영장에서 선글라스나 색안경을 착용하도록 권장한다.

○ 짝 활동을 이용한 버디 시스템을 사용하여 안전망을 추가한다.

○ 일부 발작 약물은 광과민성을 증가시킨다. 야외에서 수영할 때 활동 시간은 이른 저녁으로 하고 자외선 차단제 바르고 몸에 맞는 티셔츠를 입도록 한다.

8

청각장애

CHAPTER

8

청각장애

 청각장애의 이해

청각장애의 정의와 분류 ──────────

청각은 소리를 인지하는 감각으로, 우리 신체의 청각 기관은 귀에 해당한다. 공기 중의 소리는 외이도를 통해 귀에 들어오며, 청각신경을 통해 대뇌에 전달된다. 청각장애는 외이로부터 대뇌에서 소리를 이해하기까지의 소리 전달 과정(그림 2.8.1) 중 어느 한 단계에서 이상이 발생하여 청취에 어려움을 겪는 상태를 의미한다. 즉, 청각장애는 소리를 인지하는 기관이 본래의 기능을 수행하지 못하는 상태를 지칭한다. 우리는 소리를 외이에서 대뇌 피질에 이르는 청각 전달 경로를 통해 인지하는데, 청각장애는 이 과정에서 청각 기관에 장애가 발생하여 소리를 듣기 어렵거나 아예 들리지 않거나, 들리더라도 소리를 구별하기 힘든 상태를 포함하며, 평형 기능에 중대한 장애가 있는 경우도 포함된다.

청각장애 hearing impairment 는 청각의 감도에 따라 난청 hard of hearing/hearing loss 과 농 deaf/deafness 으로 구분하기도 하며, 농과 난청을 모두 포괄하여 일컫는다. 농이라 함은 보청기를 착용하거나 착용하지 않은 상태에서 청각을 통하여 언어 정보를 주고받을 수 없는 수준의 청각장애이다. 그러한 사람을 농인 혹은 농아인이라 한다.

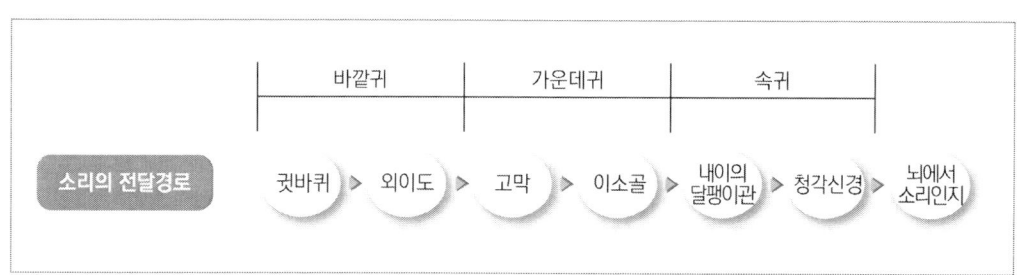

[그림 2.8.1] 소리의 전달 경로

〈표 2.8.1〉 법과 경기규정에 따른 청각장애의 기준

구 분	기 준
청각장애인의 기준 (장애인복지법 시행령)	• 두 귀의 청력 손실이 각각 60데시벨(dB) 이상인 사람 • 한 귀의 청력 손실이 80dB 이상, 다른 귀의 청력 손실이 40dB 이상인 사람 • 두 귀에 들리는 보통 말소리의 명료도가 50% 이하인 사람 • 평형 기능에 상당한 장애가 있는 사람
청각장애를 지닌 특수교육대상자 선정 기준 (장애인 등에 대한 특수교육법 시행령)	• 청력 손실이 심하여 보청기를 착용해도 청각을 통한 의사소통이 불가능 또는 곤란한 상태이거나, 청력이 남아 있어도 보청기를 착용해야 청각을 통한 의사소통이 가능하여 청각에 의한 교육적 성취가 어려운 사람
청각장애 선수 최소장애 기준 (Deaflympics, 2016)	• 잘 들리는 쪽 귀의 청력 손실이 최소한 55dB인 선수

청력 손실의 정도에 따라 91dB 이상의 청력 손실은 농으로 정의된다. 난청은 보청기를 착용하든 착용하지 않든 귀를 통해 말을 듣고 이해하는 것이 불가능하지는 않지만, 상당히 어려운 상태의 청력 수준을 의미한다. 난청은 소리가 전달되는 경로에 문제가 있는 전음성 난청과 소리를 감지하는 부분에 문제가 있는 감각신경성 난청으로 구분되는 청력 장애이다.

우리나라에서 청각장애의 법적 기준은 두 가지로 나뉜다. 첫째, 청력 손실로 인해 일상생활에 상당한 제약이 발생하는 경우, 의료 및 사회복지 관점에서 지원하기 위한 청각장애인 기준(장애인복지법 시행령, 2014)이 있다. 둘째, 청각장애를 가진 학생들이 학업 수행에 부정적인 영향을 받을 수 있는 경우, 이들을 선별하여 교육적 지원을 제공하기 위한 특수교육대상자 선정 기준(장애인 등에 대한 특수교육법 시행령, 2015)이 존재한다(표 2.8.1). 또한, 스포츠 활동에 참가하기 위한 기준도 마련되어 있으며, 청각장애가 있는 선수들만이 참여하는 데플림픽 Deaflympics 의 경우, 청력 손실 최소장애 기준을 55dB로 설정하고 있다. 우리나라의 전국장애인체육대회에 참가하기 위해서는 장애인복지법의 청각장애인 판정 기준을 준수해야 한다는 점에 유의할 필요가 있다.

청각장애의 원인과 영향

청각장애는 청각 경로에 영향을 미치는 병변, 사고, 노화, 소음 등으로 발생한다. 아동기 이전의 청각장애는 유전, 모체의 풍진, 감염, 뇌막염 등이 주요 원인이고, 성인기에는 교통사고, 산업 현장에서의 소음 등으로 청각장애가 생기고, 노년기에는 노화에 따른 청각 능력의 퇴화와 청각 기관에 해로운 약물 사용이 일반적인 원인이 되고 있다. 이러한 여러 가지 원인에 의해 발생하는 청각장애의 유형은 소리가 바깥귀로 부터 가운데귀로 전달되는 과정에서 발생하는 전음성 난청 conductive hearing loss 과 소리 자극을 청각 신경을 통해 뇌로 전달하는 과정의 장애로 영구적인 손상을 일으키는 감각신경성 난청 sensorineural hearing loss 이 있으며(서울대학교병원, 2021), 전음성과 감각신경성 난청 현상이 모두 일어나는 혼합형 난청이 있다. 두 가지 난청의 차이점을 이해하

〈표 2.8.2〉 전음성과 감각신경성 청력 손실의 비교

전음성 청력 손실	감각신경성 청력 손실
주요 의사소통 방법은 말하기를 이용	말을 할 가능성이 없음
수화 사용	의사소통 방법으로 대부분 수화를 사용
보청기 유용함	보청기는 도움이 되지 않음
농아인 문화의 일부분이 될 수 있음	농아인 문화가 될 가능성이 높음.
달팽이관 이식 대상이 아님	달팽이관 이식 대상이 될 가능성이 높음

려면 〈표 2.8.2〉를 참고하면 된다. 전음성 난청은 보청기를 사용하여 청각 손실을 어느 정도 보완할 수 있는 반면에, 감음성 난청은 신경의 문제이기 때문에 보청기로는 청력 보상이 어렵고 인공와우 수술을 통해 의사소통의 문제를 해결하기도 한다.

보청기

시력이 저하된 개인이 안경을 착용하는 것과 유사하게, 청력이 저하된 개인은 보청기를 사용한다. 보청기는 난청으로 진단된 개인이 소리를 증폭하여 손실된 청력을 보완하고 의사소통을 원활하게 하기 위해 귀에 장착하는 장치이다.

인공와우(cochlear implantation)

속귀의 손상으로 인해 보청기를 차용하더라도 청력 개선이 이루어지지 않는 경우, 감각신경성 난청이 심각하여 농이 된 환자에게 청력을 회복하기 위해 인공와우를 달팽이관에 이식하는 수술이 시행된다. 이 수술은 외부에서 들어온 소리 에너지를 속귀의 기능을 대신하여 전기적 에너지로 변환하고, 이를 통해 달팽이관 내에 위치한 전극을 통해 청신경을 직접 자극하는 장치이다(그림 2.8.2). 감각신경성 난청이나 수술 등으로 교정이 불가능한 경우에는 보청기를 시도하며, 보청기의 효과가 미비할 경우 인공와우 이식을 고려하게 된다(서울대학교병원, 2021).

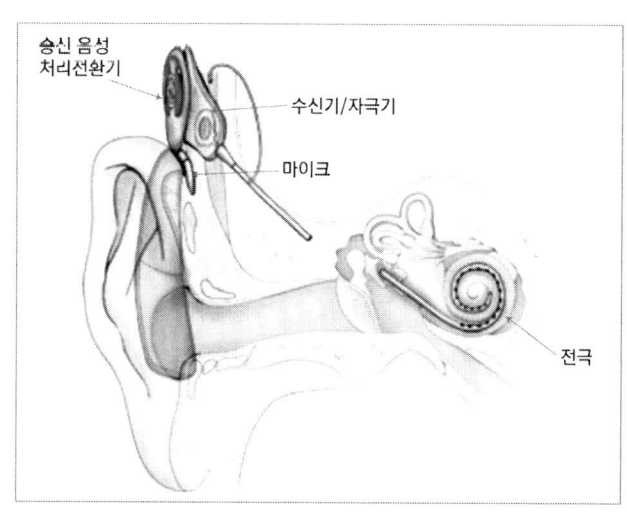

[그림 2.8.2] 인공와우 이식 수술 후의 모습
(최승권, 2018)

청력 손실의 영향

귀를 통해 소리를 인지하는 능력은 매우 미세한 소리부터 매우 큰 소리까지 다양하게 나타난다. 소리의 세기를 측정하는 단위는 데시벨 ^{dB} 로, 일상적인 대화의 소음 수준은 약 60dB에 해당한다. 그러나 80dB 이상의 소음을 장기간 노출될 경우 청각 장애가 발생할 위험이 있다. 일반적으로 130dB 이상의 소음은 참기 어려운 강도로 분류되며, 이를 귀의 통증 역치라고 한다(표 2.8.3).

청력이 손실될 경우, 그 정도에 따라 학습, 언어 전달 및 이해, 발음, 대화 등에서 장애가 발생할 수 있다. 청력 손실이 30dB인 경우, 대개 보청기를 착용하여 교정이 가능하다. 청력 손실의 일반적인 분류와 이에 따른 장애의 제한점은 〈표 2.8.4〉에 제시되어 있다(Heward & Orlansky, 1987).

〈표 2.8.3〉 소리 발생 별 크기(dB)와 영향

영향 구역	소리크기(dB)	소리 발생의 종류
청력 손상 위험	140	제트기 이륙(귀 손상)
	130	귀 통증 역치 수준
	120	앰블런스 사이렌
	110	헤드폰
	100	오토바이/지하철
청력 피로 증가	90	제초기/믹서기
	80	진공청소기
	75	큰소리 대화/라디오
	70	헤어드라이어
듣기 편안함 (낮 시간)	60	일반적인 대화(1m)
	55	청각장애 최소장애 기준
	50	보통 비 오는 소리/주간 도심
	40	도서관/야간 도심
듣기 편안함 (밤 시간)	30	침실(밤)
	20	속삭임(2m)

〈표 2.8.4〉 청력 손실과 기능 제한

청력 손실	기능 제한 및 한계
매우 적음 [27-40dB]	희미하거나 멀리서 나는 소리를 듣기 곤란함. 대부분 학습하는데 잘 적응함
적음 [41-55dB]	1-1.5m 거리에서 대화가 가능함. 상대방의 얼굴을 보지 않거나 말하는 사람이 멀리 떨어져 있으면 지도내용을 잘못 이해할 가능성 있음. 단어의 쓰임과 대화에 약간의 문제가 있음
보통 [56-70dB]	말을 뚜렷하게 하지 않으면 잘못 이해함. 집단 토의와 상호작용이 곤란함. 소리 강약 조절과 언어능력이 부족. 언어 이해에 어려움이 있음
심함 [71-90dB]	어휘력이 부족함. 모음과 자음 구별이 잘 안됨. 출생 후 1세 이전에 손상되면 언어능력이 낮거나 혹은 자연발성이 불가
매우 심함 [90dB 이상]	큰 소음이나 진동을 느낄 수 있음. 의사소통을 위해 시각 촉지각을 사용. 언어를 습득하기 전에 청력이 손실되면 대화하기가 곤란하고 언어 발달이 되지 않음

출처: Heward, W. L., & Orlansky, M. D. (1987). Exceptional children (3rd ed.). Merrill.

청각장애의 특성

생활 특성

청각장애는 명확한 외적 증상이 부족하여 타인이 이를 인식하지 못하는 경우가 빈번하게 발생하는 독특한 장애 유형이다. 청각장애는 육안으로 확인할 수 없는 손상을 동반하며, 일부 균형 문제를 제외하고는 일반적인 장애를 가진 개인들과는 다른 특성을 보인다. 청각장애인을 제외하고는 일반적으로 수행할 수 있는 모든 활동을 이들이 수행할 수 있지만, 청각적 정보의 제한으로 인해 이해의 부족이 발생하며, 이로 인해 대체로 무관심한 태도를 보이고 시각적 정보에 더욱 집중하는 경향이 있다.

인간은 태어날 때부터 예술, 역사, 전통, 태도 및 언어를 포함한 문화적 맥락 속에서 생활한다. 청각장애인에게 있어 문화는 그들이 주변 세계에 대한 정보를 이해하고 습득하는 데 중요한 수단이 된다. 이들은 의사소통을 위해 수화를 사용하며, 이를 통해 독자적인 언어 체계를 발전시켜 왔고, 구어는 수화에 이어 두 번째 언어로 자리 잡고 있다. 청각장애인을 수화 사용 여부에 따라 농인과 난청인으로 구분하기도 하는데, 수화는 농인이 사용하는 주요 언어로, 구어로 의사소통이 어려운 경우 수화를 통해 원활한 의사소통이 가능하다. 청각장애는 단순한 장애로 간주되기보다는 문화적 현상으로 이해되며, 이를 "농 문화"라고 지칭하기도 한다(최승권, 2018).

청각장애인의 문화를 이해하는 효과적인 방법 중 하나는 그들의 스포츠 활동을 탐구하는 것이다. 스포츠 활동은 다양한 문화적 특성을 내포하고 있어, 청각장애인 스스로에 대한 이해를 증진시키는 역할을 할 뿐만 아니라, 청각장애인 사회의 화합을 도모하는 기능을 한다(Columna & Lieberman, 2011). 따라서 청각장애 수영 지도자는 이들의 문화 및 청각장애인 관련 단체에서 진행되는 행사나 활동에 대한 충분한 이해가 필요하다. 이를 통해 지도자는 청각장애인의 욕구와 행동을 보다 잘 이해하고 효과적으로 교육할 수 있을 것이다.

인지적 특성

일반적으로, 청각장애의 유무에 관계없이 인지적 발달은 유사하며, 수영 기술을 이해하고 수행하는 방식 또한 일반인들과 비슷하다. 청각장애가 있는 개인들이 일반인들과 학습 진도에서 차이를 보이는 것은 수영 지도를 이해하지 못하는 것과 관련이 있으며, 이는 그들의 지능이 낮기 때문이 아니다. 청각장애가 있는 사람들과 없는 사람들 간의 차이는 정상적인 발달 과정에서의 대화가 적절히 이루어지지 않는 환경적 요인에서 기인하며, 이는 정보 습득 방식에 따라 달라진다(Bremner & Goodman, 1992). 따라서 청력 손실이 클수록 전반적인 수영 학습 성취 수준이 감소하는 경향이 있다. 청각장애가 있는 선수들은 지도자의 지도를 명확히 이해하지 못할 경우, 청각이 있는 사람들과 동일한 수준으로 이해하고 행동하기 어려울 것이다.

지도자는 청각장애가 있는 개인들도 일반인들과 마찬가지로 인지적 특성이 다양하다는 점을 인식해야 한다. 청각장애가 있는 수영 참가자들은 지도 내용을 이해하지 못하더라도 고개를 끄덕이며 이해하는 척할 수 있으며, 이해하지 못하는 상황에서 당황하여 말을 하지 못할 수도 있다. 또한, 동료들 앞에서 실수를 지적받을 경우 민감한 반응을 보일 수 있다. 청각장애가 있는 수영 강습생은 주로 시각을 통해 지도 내용을 이해하지만, 피로할 경우 지도 내용을 놓치고 좌절감을 느낄 수 있다. 수영 참가자와 지도자 간의 의사소통에 문제가 발생하면, 참가자들은 수영 강습 참여를 회피하거나 동기를 상실하며, 때로는 포기하기도 한다.

이러한 특성은 청각장애가 있는 사람들만의 고유한 특성이 아니며, 일반인들에게서도 유사하게 나타날 수 있다. 청각장애가 있는 개인들에게 이러한 다양한 특성은 의사소통이 원활하지 않은 상황에서 발생하는 현상으로, 청각장애의 유무에 따른 결과로 단정할 수는 없다. 따라서 청각장애의 유무와 관계없이 수영 참가자들은 유사한 이해력을 보이므로, 지도자들은 일반인들에게 기대하는 것과 동일한 기준과 기대를 청각장애가 있는 사람들에게도 적용해야 한다.

02   청각장애의 지도 방법

지도를 위한 의사소통

수영 지도할 때 의사소통은 핵심적인 요소로 간주된다. 효과적인 지도 내용을 전달하기 위해서는 수영 강습 참가자들의 관심을 유도하고, 그들의 특성을 이해하여 적절한 대화 방식을 사용하는 것이 필수적이다. 수영 지도에서 의사소통은 필수적이므로, 지도자는 체육관이나 수영장에서의 활동을 원활하게 진행하기 위해 다양한 신호를 활용할 수 있다. 행동의 의미를 전달하기 위해 몸짓, 단어, 또는 간단한 문장을 사용할 수 있으며, 예를 들어 '이리로 들어와', '누워', '머리를 들어'와 같은 지시를 신호로 변환하여 사용할 수 있다. 지도자는 일상적으로 사용하는 몸짓을 주저하지 않고 활용할 수 있어야 한다. 또한, 지도자는 청각 손실의 유형이 전음성인지 감각신경성인지, 혹은 통합 지도 상황인지에 따라 강습자들이 소리 정보를 수용하는 방식이 다를 수 있음을 인식해야 한다. 청각장애가 있는 강습자와 일반 강습자 간의 지도 방법에는 본질적인 차이가 없으므로, 청각장애가 있는 강습자를 효과적으로 지도하기 위해서는 수영에 대한 충분한 지식을 갖추고, 그들이 청각장애가 있다는 점을 이해하며, 지도 내용을 충분히 전달할 수 있는 의사소통이 이루어져야 한다. 다음은 청각장애 선수가 포함된 그룹을 지도할 때의 전략과 방법에 대한 설명이다(Bremner & Goodman, 1992).

○ 청각장애 강습생들의 의사소통 욕구를 이해하고 이를 충족시키기 위한 최선의 방법을 개발하기 위해 청각장애인 친구, 부모, 전임 지도자와의 시간을 가지는 것이 중요하다.

○ 청각장애가 있는 사람들은 일반적으로 시각적 정보와 단서를 필요로 한다.

○ 말하는 사람의 얼굴을 잘 볼 수 있도록 하여, 참가자가 손과 시범을 관찰할 수 있는 위치에 배치한다.

○ 말을 시작할 때 주목을 끌 수 있는 행동을 취한다. 예를 들어, 어깨를 두드리거나 불을 껐다 켜는 등의 손 동작을 통해 주의를 환기시킨다.

○ 가능한 한 말로 설명하기보다는 시연을 통해 보여주는 것이 바람직하다.

○ 가능하다면 글씨를 통해 정보를 제공한다. 특히 연습 시간, 시설, 규칙 등과 같은 정보를 전달할 때 정확한 정보 제공이 필수적이다.

○ 신입자에게는 지도자의 동작을 따라 하도록 유도한다. 새로 시작하는 청각장애 참가자는 다른 강습자의 동작을 보고 따라 하도록 한다.

○ 통합 지도 시 청각장애인을 다른 참가자들로부터 드러나지 않도록 배려한다. 집단 앞에 위치시키지 않고, 오랜 시간 동안 이야기하지 않도록 한다.

○ 수영 활동에서 사용하는 필수적인 신호를 모든 참가자가 명확히 이해하도록 한다(예: 호각 등).

○ 지도자와 청각장애 참가자 간에 서로 알아볼 수 있는 몇 가지 신호를 개발하여 주요 지시나 질문에 대한 의사소통을 용이하게 한다.

○ 지도자는 팀 내에서 청각장애 참가자가 선호하는 의사소통 방법을 파악해야 한다.

○ 지도자가 중요한 지도 원리를 전달하고자 할 경우, 다른 친구, 부모, 교사 등이 내용을 명확히 전달할 수 있도록 수화 통역을 배치하는 것이 필요하다.

전음성 난청자의 지도

바깥귀 혹은 가운데귀의 소리 전달이 원활하지 못할 때 발생하는 전음성 난청은 소리의 왜곡은 없으며 보청기를 사용하거나 수술로 소리를 들을 수 있는 경우가 대부분이다. 이들을 지도할 때에 지도자는 다음과 같은 사항들을 알고 있어야 한다(최승권, 2018).

○ 수영하는 동안 보청기를 사용할 수 없으므로, 지도자 상황에 적합하게 지도법을 변형할 필요가 있다(예, 수신호, 시범, 문자, 촉각을 사용한 지도).

○ 잡음을 최소화할 수 있는 환경에서 지도해야 한다.

○ 전음성 난청인 사람들을 지도할 때에 큰 소리로 지도해야 한다.

감각신경성 난청자의 지도

속귀에서의 소리 전달에 문제가 있거나, 뇌로 소리에 대한 정보를 전달하는 신경 경로에 이상이 발생할 경우, 청각 신호가 왜곡되어 인지될 가능성이 높다. 이러한 경우, 음량을 증가시키는 방법은 효과적이지 않을 수 있다. 감각신경성 난청을 가진 개인을 지도할 때, 지도자는 다음과 같은 사항을 이해해야 한다(최승권, 2018).

○ 문제의 본질은 소리의 크기가 아니라 왜곡에 있으므로, 목소리를 더 크게 내는 것은 실질적인 도움이 되지 않을 수 있다.
○ 감각신경성 난청을 가진 사람들과는 단순한 언어적 의사소통이 불가능하다.
○ 일반적으로 감각신경성 난청을 가진 사람들과는 수화, 구화 등 다양한 의사소통 방법을 활용해야 한다.
○ 일부 잔존 청력을 이용하거나 입술 모양을 통해 의사소통을 시도하지만, 이는 충분하지 않을 수 있다.
○ 보청기는 보조 도구로 활용될 수 있으며, 특정한 지도 상황에서 착용되어야 한다(예: 안전한 환경에서).

또한, 전음성과 감각신경성 난청이 동시에 존재하는 혼합성 난청을 가진 개인도 있으며, 이들을 지도할 때는 위에서 언급한 요소들과 각 선수의 개별적인 요구를 반드시 고려해야 한다.

인공와우(달팽이관) 이식자의 지도

인공 달팽이관 이식 cochlear implantation 은 일반적으로 양측 귀에서 감각신경성 난청이 심각하여 보청기를 착용하더라도 청력이 개선되지 않는 경우에 시행되는 수술이다. 수영 시에는 특별한 주의가 요구된다.

○ 수영을 할 때는 보조 장치를 제거하여 방수 보관함에 안전하게 보관해야 한다. 보청기를 착용하지 않기 때문에 청각 기능이 상실된 상태이므로, 시연, 촉각적 방법, 사전에 준비된 글씨 등을 활용하여 효과적으로 안내해야 한다.

03 청각장애의 수영 지도

청력 손실의 정도는 다양하지만, 청각장애인을 위한 수영 기술 지도는 일반인을 대상으로 한 수영 교육과 본질적으로 다르지 않다. 그러나 청각장애인을 효과적으로 지도하기 위해서는 그들의 문화에 대한 이해와 수어 습득, 그리고 원활한 의사소통을 통해 그들의 문화적 맥락에 대한 문제를 인식해야 한다. 청각장애인은 수영 강습생으로서 통역의 필요성이 있으며, 수영 지도자는 이들을 위한 적절한 지원을 제공해야 한다. 비록 통역사가 의사소통에 중요한 역할을 하지만, 지도자는 강습생과의 개인적 관계를 발전시키기 위해 수화를 배우는 것이 필요하다.

청각장애인은 정규 수영 강좌를 통해 수영 기술을 습득할 수 있으며, 특히 공간 지각 space perception 에 어려움을 겪는 경우, 일반인보다 수영 환경에 적응하는 데 시간이 더 소요될 수 있다. 지도자와 보조자가 인내심을 가지고 간단하고 일관된 설명과 격려, 그리고 촉각적 안정감을 제공한다면, 공간 지각에 어려움을 겪는 아동들이 수영 환경에 잘 적응할 수 있을 것이다. 나이가 더 많은 아동과 성인은 이러한 지각적 어려움을 덜 겪을 가능성이 높다. 또한, 청각장애인은 수영을 시작하기 전에 몇 가지 예방 조치를 취해야 한다. 예를 들어, 보청기는 물에 들어가기 전에 반드시 제거해야 하며, 지도자는 청각장애인이 잘 들을 수 없는 점을 고려하여 적합한 지도 방법을 사용해야 한다. 중이염을 앓고 있거나 귀 수술을 받은 경우, 또는 약물 치료 중인 경우에는 수영을 피해야 하며, 의사가 수영을 허락한 경우에도 귀마개, 탈지면, 그리고 귀를 덮을 수 있는 수영모를 착용하도록 지도해야 한다(Jansma & French, 2001).

지도자는 깊은 물에서의 활동과 자유 수영 시 청각장애 강습생을 위한 짝(버디 시스템)을 계획해야 하며, 이 짝은 수영을 잘하는 일반 학생이 적합하다. 청각장애 강습생의 짝은 항상 강습생의 얼굴을 마주 보며 활동하도록 해야 한다. 물속에서 방향 감각을 잃거나 귀에 물이 들어가는 것을 방지해야 하는 경우, 강습생은 머리를 물 밖으로 내놓고 수영해야 한다. 일반적으로 청각장애인에게는 잠영과 다이빙이 금지되며, 이는 다이빙이 귀에 충격을 주는 활동이기 때문이다.

수영할 때 청각장애의 영향

수영 교육 시 청각장애인을 고려해야 할 사항은 다음과 같다(American National Red Cross, 1977).

○ 호흡 조절에 대한 이해가 부족할 수 있으므로, 들숨과 날숨의 개념 및 역학을 신중하게 설명해야 한다.
○ 청각장애인은 시각적 신호에 의존하는 경향이 있으므로, 수업 중에는 눈을 뜨고 있도록 지도해야 하며, 초기에는 물속에 눈을 담그는 것을 꺼릴 수 있다.
○ 공간지향 spatial orientation 에 어려움을 겪는 경우, 누워뜨기 자세를 수용하는 데 어려움이 있을 수 있다.
○ 청각장애 아동은 거리 인식에 어려움을 느낄 수 있으며, 바닥의 위치를 인지하지 못해 수영장에 들어가는 것을 주저할 수 있다.
○ 다이빙과 잠영은 청각장애인에게 때때로 금기 사항으로 여겨질 수 있다.

수영 지도 시 유의 사항

청각장애인을 대상으로 수영 교육을 실시하기 위해서는 효과적인 의사소통을 위해 수화를 구사할 수 있어야 한다. 그러나 청각장애인을 자주 접하지 못하는 경우, 수화 능력이 부족하여 통역사의 도움이 필요할 수 있다. 수영 지도자가 효과적으로 교육을 진행하기 위해서는 뛰어난 기술적 수행 능력도 중요하지만, 무엇보다도 강습생과의 원활한 의사소통이 선행되어야 한다. 또한, 장애에 대한 이해와 그에 따른 적절한 대처 능력이 뒷받침되어야 교육 효과를 극대화할 수 있다. 다음은 청각장애인을 위한 수영 지도 시 유의해야 할 요점(Lepore et al., 2007)과 주의사항(Auxter et al., 2001)이다.

수영 지도 시 지도 요점

○ 통역을 활용할 때는 발언하는 동안 수영하는 참가자를 주의 깊게 바라보아야 한다.
○ 짧은 문장은 수화로 전달하기에 상대적으로 용이하다.
○ 설명이나 시연 중에는 참가자들이 태양이나 직사광선에 직접 노출되지 않도록 유의해야 한다.
○ 시범을 보이거나 통역사를 바라볼 때, 물에 반사되는 빛으로 인해 지도자를 제대로 볼 수 없는 상황에 주의해야 한다.
○ 참가자에게 발언해야 할 경우, 청각장애인을 가장 앞에 배치하여 지도자를 항상 볼 수 있도록 한다.
○ 시연과 통역을 동시에 수행하기 어려우므로, 입 앞에 손을 대거나 참가자들에게 등을 보이며 말하는 것을 피하고, 다른 사람이 발언하는 동안 시범을 보이지 않도록 해야 한다.
○ 보청기를 안전하게 보관할 수 있는 건조한 장소를 마련해야 한다.
○ 다양한 시각 보조 장치를 활용해야 한다.
○ 손 신호를 통해 활동의 시작과 중지를 알린다.
○ 수상 안전 비디오 또는 DVD를 사용할 때, TV, VCR 또는 DVD 메뉴에서 자막 옵션이 선택되었는지 확인해야 한다.
○ 강습 이후 외부에 정보를 배포할 때는 전자 메일, 문자 메시지, SNS 등을 활용한다.
○ 참가자들이 처음에 이해하지 못하는 문장은 다시 반복하여 설명하고, 이해하지 못했다는 사실을 알리기 위해 개인 신호를 개발하여 당황을 줄인다.
○ 청각적으로 어려움을 겪는 참가자에게 지시를 내리기 전에는 그들의 모든 주의를 집중시켜야 한다.

청각장애인의 수영 시 유의 사항

○ 수영장 입장 전에 착용한 보청기는 반드시 제거해야 하며, 실제로는 라커룸에서 안전하게 보관해야 한다.
○ 귀에 물이 들어가지 않도록 귀마개를 착용하고 헤드밴드를 사용하는 것이 필요하다.
○ 위험 신호를 인지할 준비가 되어 있어야 한다.
  - 물속에서 불을 켜고 끄는 신호
  - 인명구조원이나 지도자가 경고 깃발을 흔드는 신호
○ 수영이 가능한 넓은 공간에서는 수영 안전구역에 대한 명확한 설명이 필요하며, 이를 색깔 있는 부표로 표시해야 한다. 청각장애인을 포함한 모든 수영자는 항상 짝과 함께 수영하는 것이 바람직하다. 사실, 수영하는 모든 사람에게 짝을 지어 함께 연습하는 것이 가장 효과적인 방법이다.

○ 수영장은 깊은 곳과 얕은 곳을 명확히 구분하여 표시해야 한다.

○ 시연과 설명은 또래 친구가 수행하는 것이 효과적이다.

○ 청각장애인은 물속에 들어갈 때 다이빙을 해서는 안 되며, 의사의 지시 없이 스노클링이나 스쿠버 다이빙을 피해야 한다. 이러한 활동 중 물의 압력이 증가하여 귀에 부정적인 영향을 미칠 위험이 있기 때문이다.

○ 청각장애인은 평형성을 유지하는 데 어려움을 겪을 수 있다. 각 개인은 수영하는 기회를 통해 물속에서 다양한 자세를 취할 수 있어야 하며, 뜬 상태에서 서기 자세로 돌아오는 등 안전에 필요한 기술을 연습할 수 있어야 한다.

안전 문제

○ 속귀의 전정 메커니즘이 손상되거나 청각장애가 감각신경의 손상으로 인해 발생하는 경우, 균형에 문제가 생길 수 있다.

○ 소리 기반의 응급 신호는 효과적이지 않으므로, 시각적 신호를 설정하여 주의를 환기시키는 것이 필요하다. 따라서 수영 시설에서는 청각 화재 경보 외에도 시각적 신호(예: 불꽃등)가 설치되어 있는지 확인해야 한다.

참 고 **수영을 뜻하는 수화**

왼손을 펴서 그 등이 위를, 그 바닥이 밑을 향하게 하고, 오른 주먹의 검지와 중지를 펴서 그 끝이 왼쪽을, 그 바닥이 안쪽을 향하게 하여 왼 손등에 올려놓고 헤엄치듯 손가락을 조금씩 움직이며 오른쪽으로 이동시킨다.

참고문헌

강영희(2014). **생명과학대사전**. 아카데미서적

국가인권위원회(2007). **장애인권리협약 해설집**. 도서출판 한학문화.

국립특수교육원 (2009). **특수교육학 용어사전**. 서울: 도서출판 하림.

김성희, 이민경, 오욱찬, 오다은, 황주희, 오미애 (2020). 2020년 장애인 실태조사(정책보고서 2020). 보건복지부, 한국보건사회연구원.

김영희, 김성희, 이민경, 오욱찬, 오다은, 황주희, 오미애 (2020). 2020년 장애인 실태조사(정책보고서 2020). 보건복지부, 한국보건사회연구원.

나은우, 정한영(2009). 장애의 개념과 분류. **대한의사협회지, 52**(6), 537-544.

보건복지부 고시 제2021-109호 (2021). 장애정도판정기준. http://www.law.go.kr

서울대학교병원(2021). 의학백과사전. http://www.snuh.org/health/encyclo/view/13/3/1.do

장애인 등에 대한 특수교육법 시행령, 대통령령 제31623호 (2021). 2021.11.25. http://www.law.go.kr

장애인복지법 시행령, 대통령령 제31840호 (2021). http://www.law.go.kr

장애인복지법 시행령. 대통령령 제20323호(2007). https://www.law.go.kr

장애인복지법 시행령. 대통령령 제31840호(2022). https://www.law.go.kr

장애인복지법 시행령. 대통령령 제32364호(2022). https://www.law.go.kr

장애인복지법. 법률 제18333호(2021). https://www.law.go.kr에서 인출

질병관리청 (2021). 국가건강정보포털: 건강정보. https://health.kdca.go.kr/healthinfo/biz/health/main/mainPage/main.do

최승권(2018). **특수체육론**. 레인보우북스.

최승권, 김기홍, 박창일, 배하석, 오재근, 정동춘 (2003). **장애인스포츠지도자를 위한 이론**. 도서출판 무지개사.

표준국어대사전(2022). 국어사전: 지적장애. https://ko.dict.naver.com/

한국통합생물학회(2022). 동물학백과: 왜소증. https://terms.naver.com/serch

AAIDD. (2010). *Intellectual disability: Definition, classification, and systems of supports* (10th ed.).

Allford, A., & Mitchell-Norfolk, L. (2010). Strength and conditioning for wheelchair sport. In V. Goosey-Tolfrey (Ed.), *Wheelchair sport: A complete guide for athletes, coaches, and teachers* (pp. 63-74). Human Kinetics.

American Association on Mental Retardation. (2002). *Mental retardation: Definition, classification, and systems of supports* (10th ed.).

American National Red Cross. (1977). *Adapted aquatics: Swimming for persons with physical or mental impairments.*

Amputee Coalition. (2019). Fact sheet: California. https://www.amputee-coalition.org/resources/california/

APA. (2000). *Diagnostic and statistical manual of mental disorders* (4th ed). American Psychiatric Association.

Australian Sports Commission. (1992). *Coaching methods: When working with swimmers with a disability* (2ed.). Australian Swimming Inc.

Australian Sports Commission. (2005), *Coaching athletes with disabilities.* ACT.

Auxter, D., Pyfer, J., & Huettig, C. (2001). *Principles and methods of adapted physical education and recreation* (9th ed.). MaGraw-Hill.

Bassett, G. S. (1990). *Lower-extremity abnormalities in dwarfing conditions.* In W.B. Greene (Ed.), *Instructional course lectures:* 39, (pp. 389-397). Mosby.

Bassett, G. S. (1991, September-November). Neck disorders in little people. *LPA Today*, p. 4.

Bigge, J. L. (1991). *Teaching individuals with physical and multiple disabilities.* Macmillan Publishing Company.

Block, M. E. (2007). *A teachers' guide to including students with disabilities in general physical education* (3rd ed.). Paul H. Brookes.

Bragaru, M., Dekker, R., Geertzen, J. H. B., & Dijkstra, P. U. (2011). Amputees and sports: A systematic review. *Sports Medicine, 41*(9), 721-740.

Bremner, A., & Goodman, S. (1992). *Coaching deaf athletes.* Australian Sports Commission.

Brittain, I. (2010). *The Paralympic games explained.* Routledge.

Canadian Red Cross Society. (1989). *Adapted aquatics: Promoting aquatic opportunities for all.*

Center for Orthotic & Prosthetic Care. (2016). Amputation statistics; Fact sheet. http://www.centeropcare.com

Cerebral Palsy - International Sport and Recreation Association. (1998). **뇌성마비: 등급분류와 경기규정** (최승권, 이인경 역). 한국뇌성마비복지회. (원저 1996 출판)

Columna, L., & Lieberman, L. J. (2011). *Promoting Language through physical education: Using sign language and Spanish to engage everyone.* Human Kinatics.

Crandall, R. (Ed.) (1994). *Dwarfism: The family & professional guide.* Short Stature Eoundation & Infonnation Center.

Cratty, B. J. (1989). *Adapted physical education in the mainstream* (2nd ed.). Denver Colorado, Love Publishing Company.

Deaflympics. (2016). Deaflympics – Regulations. http://www.deaflympics.com/icsd.asp?deaflympics -regulations

DiRocco, P. J., Clark, J. E., & Phillips, S. J. (1987). Jumping coordination patterns of mildly mentally retarded children. *Adapted Physical Activity quarterly, 4*, 178-191.

Dulcy, F. H. (1983). Aquatic programs for disabled children: An overview and an analysis of the problems. *Physical and Occupational Therapy in Pediatrics, 3*, 1-20.

Eichstaedt, C. B., & Lavay, B. W. (2012). **지적장애 체육** (최승권, 강문주, 강병일, 강유석, 김권일, 김상두 역). 레인보우북스 (원저 1992 출판)

Fazzi, D. L., & Klein, M. D. (2002). Cognitive focus: Developing concepts, cognition, and language. In R. L. Pogrund & D. L. Fazzi (Eds), *Early focus: Working with young children who are blind or visuallly impaired and their families* (2nd ed., pp. 107-153). AFB Press.

Fegan, P. (2009). Intellectual disabilities. In J. L. Durstine & G. E. Moore (Eds.). *ACSM's exercise management for persons with chronic disease and disabilities* (3rd ed., pp. 359-367). Human Kinetics.

Flor, H. (2002). Phantom-limb pain: Characteristics, causes, and treatment. *The Lancet neurology, 1*, 182-189.

Garvey, L. A. (1991). Spinal cord injury and aquatics. *Clinical Management, 11*(1), 21-24.

Groft-Jones, M., & Block, M. E. (2006). Strategies for teaching children with autism in physical education. *Teaching Elementary Physical Education, 17*(6), 25-28.

Harris, J. C. (2006). *Intellectual disability: Understanding its development, causes, classification, evaluation, and treatment.* Oxford University Press.

Hatton, D. D., Bailey, D. B., & Burchinal, J. R. (1997). Developmental growth curves of preschool children with visual impairments. *Child Development, 68*, 788—806.

Heward, W. L., & Orlansky, M. D. (1987). *Exceptional children* (3rd ed.). Merrill.

Hodge, S. R., Lieberman, L.., & Murata, N. M. (2012). *Essentials of teaching adapted physical education: Diversity, culture, and inclusion.* Holcomb Hathaway, Publishers.

Horgan, O., & MacLachlan, M. (2004). Psychosocial adjustment to lower limb amputation: a review. *Disability and Rehabilitation, 26*(14/15), 837-850.

Horvat, M., Eichstaedt, C., Kalakian, L., & Corce, R. (2003). *Developmental/adapted physical education: Making ability count* (4th ed.). Benjamin Cummings.

Houwen, S., Hartman, E., & Visscher, C. (2009). Physical activity and motor skill in children with and without visual impairments, *Medicine & Science in Sport & Exercise, 41*(1), 103-109.

International Paralympic Committee. (2018). World para swimming: Classification rules and regulations. https://www.paralympic.org/swimming

Jacobs, P. L., & Nash, M. S. (2004). Exercise recommendations for individuals with spinal cord injury. *Sports Medicine, 34*(11), 727-751.

Jansma, P., & French, R. (2001). 특수체육 (김의수 역). 무지개사. (원저 1994 출판)

Jones, J. A. (1988). *Training guide to cerebral palsy sports.* Human Kinetics Books,

Kopits, S. E. (1988). Orthopedic aspects of achondroplasia in children. In B. Nicoletti, S. E. Kopits, E. Ascani, & V. A. McKusick (Eds.), *Human achondroplasia: A multi-disciplinary approach* (pp. 189-197). Plenum Press.

Krebs, P. L. (2005). Intellectual disabilities. In J. P. Winnick (Ed.), *Adapted and physical education and sport* (4th ed.) (pp. 133-153). Human Kinetics. Groft-Jones,

Le Clair, J. M. (2011) Global organizational change in sport and the shifting meaning of disability. *Sport in Society, 14*(9), 1072-1093.

Lepore, M., Gayle, G. W., & Stevens, S. F. (2007). *Adapted aquatics programming: A professional guide.* Human Kinetics.

Lieberman, L. J. (2005). Visual impairments. In J. P. Winnick (ed.). *Adapted physical education and sport* (4th ed.). (pp. 205-219). Human Kinetics.

Lieberman, L. J., & McHugh, B. E. (2001). Health-related fitness for children with visual impairments and blindness. *Journal of Visual Impairment and Blindness, 95*(5), 272-286.

Lieberman, L., & Cowart, J. (1996). *Games for people with sensory impairments: Strategies for including individuals of all ages.* Human Kinetics.

Low, L. J., Knudson, M. J., & Sherrill, C. (1996). Dwarfism: New interest area for adapted physical activity. *Adapted Physical Activity Quarterly, 13*, 1-15.

MacDonald, C., Jones, K., & Istone, M. (2006). Positive behavioral support. *Teaching Elementary Physical Education, 17*(6), 20-24.

McBrien, J. A. (2003). Assessment and diagnosis of depression in people with Intellectual disability. *Journal of Intellectual Disability Research, 47*(1), 1-13.

Miller, M. M., & Menacker, S. J. (2007). Vision: Our window to the world. In M. L. Batshaw, L. Pellegrino, & N. J. Roizen (Ed.). *When your child has a disability* (6th ed.) (pp. 137-155). Paul H. Brookes.

Nash, M. S. (2006). Spinal cord injury. In W. R. Frontera, D. M. Slovik, & D. M. Dawson (Eds). *Exercise in rehabilitation medicine* (pp 191-220). Human Kinetics.

National Down syndrome Congress. (1988). *Facts about Down syndrome.*

National Information Center for Children and Youth with Disabilities (NICHCY). (2001, December). NICHCY Fact sheet #19: Attention deficit/hyperactivity disorder. Washington, DC.

National Spinal Cord Injury Statistical Center. (2015). Recent trends in causes of spinal cord injury. https://www.nscisc.uab.edu/

National Spinal Cord Injury Statistical Center. (2020). The 2020 annual statistical report complete public version. https://www.nscisc.uab.edu

NCHPAD. (2016). Down syndrome. http://www.nchpad.org

Odle, T. (2016). Visual impairments: Characteristics of children with visually impairment. http://www.education.com/reference/article/visual-impairments1/

Palmer-McLean, K., & Harbst, K. B. (2009). Stroke and brain injury. In J. L. Durstine & G. E. Moore (Eds.). *ACSM's exercise management for persons with chronic disease and disabilities* (3rd ed.). (pp. 287-297). Human Kinetics.

Patton, J. R., Payne, J. S., & Beirne-Smith, M. (1990). *Mental retardation* (3rd ed.). OH: Merrill.

Pauli, R. M. (1991-1992, December-February). Spine and spinal cord problems in bone dysplasias. LPA Today, pp. 13-15.

Payne, V. G., Yan, J. H., & Block, M. E. (2010). *Human motor development in individuals with and without disabilities.* Nova Science Publishers, Inc.

Pitetti, K. (2016). Epidemiology and pathophysiology of amputation. http://www.nchpad.org에

Pueschel, S. M. (2000). *A parent's guide to Down syndrome: Toward a brighter future.* Baltimore: Paul H. Brookes.

Ribadi, H., Rider, R., & Toole, T. (1987). A comparison of static and dynamic balance in congenitally blind, sighted blindfolded adolescents. *Adapted Physical activity Quarterly, 4,* 220-225.

Schalock, R. L., Luckasson, R., & Tassé, M. J. (2021). Twenty questions and answers regarding the 12th edition of the AAIDD manual: Intellectual disability: Definition, diagnosis, classification, and systems of supports. https://www.researchgate.net/publication

Scott, C. I. (1988). Dwarfism. *Clinical Symposia, 40*(1), 2-32.

Sherrill, C. (2004). *Adapted physical activity, recreation, and sport: Crossdisciplinary and lifespan* (6th ed.). McGraw-Hill.

Sigman, M., & Capps, L. (1997). *Children with autism: A developmental perspective.* Harvard University Press.

Special Olympics. (2022). Intellectual disabilities. https://www.specialolympics.org/about/intellectual-disabilities?locale=en

Stuart, M. E., Lieberman, L. J., & Hand, K. (2006). Parent-child beliefs about physical activity: An examination of families of children with visual impairment. *Journal of Visual Impairment and Blindness, 100*(4), 223-234.

Vanlandewijck, Y. C., & Thompson, W. R. (2016). *Training and coaching the Paralympic athlete.* John Wiley & Sons.

Verkaaik, J. (2012). **일상의 삶으로**(Back on track) (김병수 역). 상상애드. (원저 2009 출판)

Virtus. (2021). Athlete eligibility application guidance notes. https://www.virtus.sport/wp-content/uploads/2021/11/Microsoft-Word-Guidance-Notes-v10-Nov21.docx.pdf

Waddell, G. (2006). Preventing incapacity in people with musculoskeletal disorders. *British medical bulletin, 77*(1), 55-69.

WebMD. (2022). Dwarfism. https://www.webmd.com/children/dwarfism-causes-treatments

Wikipedia. (2016). Amputee sports classification. https://en.wikipedia.org

Winnick, J. P. (2014). **특수체육과 장애인스포츠** (최승권, 강유석, 김권일, 김기홍, 박병도, 양한나, 오광진, 이범진, 이용호, 이인경, 이재원, 이현수, 한동기 역). 레인보우북스. (원저 2011 출판)

World Health Organization. (2004). 국제 기능·장애·건강 분류(ICF): International classification functioning, disability and health (ICF 한국번역출판위원회 역), 보건복지부. (원저 2001 출판)

World Health Organization. (2012). WHO 세계장애보고서 (전지혜, 박지영, 양원태 역). 한국장애인재단. (원저 2011 출판)

World Health Organization. (2016). Spinal cord injury. http://www.who.int/mediacentre/ factsheets/ fs384/en/

패러 수영
Para Swimming

패러 수영
Para Swimming

트레이닝

CHAPTER

1

장애인
수영 경기의 발전

1
장애인
수영 경기의 발전

인간이 물에서 활동하기 시작한 시점에 대한 정확한 기록은 존재하지 않지만, 기원전의 유물들을 통해 수영이 오랜 역사를 지닌 활동임을 알 수 있다. 물에서의 활동은 이동 수단이자 식량 확보의 방법으로 기능했으며, 때로는 영토 확장을 위한 수단으로도 활용되었을 가능성이 있다. 이러한 수상 활동은 인간의 삶과 밀접하게 연결되어 있으며, 시간이 흐르면서 경기로 발전하게 된 시기는 다른 여러 스포츠와 비교할 때 상대적으로 짧은 역사를 지닌 것으로 알려져 있다.

수영은 고대 그리스의 제전 경기 종목에는 포함되지 않았으며, 수영이 이루어질 수 있는 환경은 강, 호수, 바다 등 다양하지만, 이러한 환경이 사람들에게 접근 가능해야만 경쟁이 이루어질 수 있는 조건이 성립된다. 최초의 실내 수영장은 1828년에 영국의 세인트 조지 목욕탕 St George's Baths 으로 건립되었으며, 이는 대중에게 개방된 수영장이었다. 1837년까지 런던 주변에는 6개의 인공 수영장이 세워져 정기적으로 수영 경기가 개최되었고, 1880년에는 세계 최초의 수영 경기 단체가 설립되었으며, 당시 영국에는 300개 이상의 지역 클럽이 운영되고 있었다(Wikipedia, 2022a). 수영이 올림픽 경기에 포함된 것은 제1회 아테네 올림픽부터이며, 이때 수영 경기는 자유형과 평영의 6개 종목이 남자만 참가하는 경기로 계획되었으나, 실제로는 100m, 500m, 1,200m의 4개 종목만이 경기가 진행되었다. 또한, 1908년에는 국제수영연맹 FINA 이 결성되었다.

장애인 수영 경기는 1924년 제1회 데플림픽 대회에서 청각장애인을 위한 공식 경기 종목으로 포함되면서 시작되었다. 이 대회에는 9개국에서 총 148명이 참가하였으며, 6개 종목(자유형 2종목, 배영 2종목, 평영 1종목, 계영 1종목)에서 경기가 진행되었다. 이는 장애인 수영 경기의 첫 번째 공식 대회로 기록되었다 (Deaflympics, 2022).

장애인 수영 경기가 다양한 장애 유형으로 확장된 계기는 1960년 패럴림픽 대회에서 비롯되지만, 그 과정은 제2차 세계대전 중 많은 전상자의 재활을 위한 수단으로 수영이 활용되면서 활성화되었다. 1944년, 영국 정부의 요청에 따라 루드비히 구트만 Ludwig Guttmann 박사는 영국 스토크 맨더빌 병원 Stoke Mandeville Hospital 에 척추 손상 센터를 설립하였다. Guttmann(1976)은 척수 손상자 치료에서 수중 치료의 일환으로 수영이 중증 장애인들이 신체적 결손을 극복하고 미래에 대한 희망과 자신감을 갖는 데 가장 유익하다고 판단하였다. Guttmann 박사가 설계한 수영장은 1953년에 개장하였으며, 길이는 12.8m, 깊이는 137cm로, 90분마다 5만 갤런의 물이 순환되는 규모였다. 이 수영장은 척수 손상자에게 재활 운동으로서 수영의 중요성을 입증하는 역할을 하였다. 수영장이 개장한 후, 1953년 8월 8일에 개최된 Stoke Mandeville Games에서 수영이 정식 경기 종목으로 채택되어 최초의 수영 경기가 열리게 되었다. 이 대회에서의 경기 기록은 배영 14초, 자유형 9초, 평영 13초였다(Paralympicanorak, 2012b). 이후 국제 스토크 맨더빌 대회 International Stoke Mandeville Games, ISMG 로 발전하면서 수영 경기는 영국 Haltonand RAF Station의 6레인, 25m 올림픽 크기의 수영장에서 개최되었다(Scruton, 1998). 척수 손상 선수는 손상 부위에 따라 기능적 차이가 있었기 때문에, 손상 부위를 기준으로 경수부터 요수까지 등급을 구분하고, 이에 따라 수영 경기를 개최하였다. 장애인 수영은 1960년 패럴림픽의 개최와 함께 재활 스포츠에서 레크리에이션 스포츠, 그리고 경쟁 스포츠로 발전하였으며, 수영 경기에 참여하는 장애 유형도 등급분류가 가능한 장애로 확대되었다(National Paralympic Heritage Centre, 2022).

장애인 스포츠는 장애인의 신체적, 정신적, 심리적, 사회적 재활과 교육을 위한 중요한 수단으로 인식되던 과거의 제한된 관념을 넘어, 오늘날에는 하나의 문화 현상으로 자리 잡고 있으며, 스포츠의 한 분야로서 빠르게 발전하고 있다. 장애인 스포츠는 일반 스포츠의 역사가 고대 올림픽에 뿌리를 두고 있는 것에 비해 상대적으로 짧은 역사를 가지고 있다. 그럼에도 불구하고, 장애인 스포츠 종목 중 수영은 재활 수단을 넘어 가장 활성화되고 인기 있는 종목으로 자리 잡았으며, 장애인 스포츠의 성장과 함께 발전해온 경기이다.

01 패럴림픽

패럴림픽 Paralympics 은 장애인 올림픽을 지칭하는 용어로, 그 창시자는 루트비히 구트만 Ludwig Guttmann 이다. 올림픽 운동이 엘리트 스포츠와 동일한 의미로 인식되는 것처럼, 장애인을 위한 스포츠 활동 또한 올림픽 운동과 유사한 방식으로 발전하는 대회의 설립을 의미한다고 할 수 있다. 구트만은 1960년 로마에서 열린 올림픽에 맞춰 장애인 국제 체육 대회를 개최하였으며, 이 대회가 공식적인 제1회 패럴림픽(1960년 로마)으로 간주된다. 패럴림픽은 병원에서의 재활을 위한 의학적 모델의 스포츠가 병원을 넘어 지역 사회에서 즐기고 경쟁하며 여가로 활용되는 과정을 통해 사회적 상호작용을 촉진하고, 건강 증진 및 복지를 포함하여 경기력에 중점을 둔 엘리트 스포츠로의 전환을 의미하는 중요한 사건이었다(Legg &

[그림 3.1.1] 1960년 로마 패럴림픽 입장식
출처: IPC 홈페이지

Steadward, 2011; 최승권, 2018).

패럴림픽은 로마 대회 이후, 올림픽과 동일한 해에 4년마다 개최되고 있다. 'Paralympic'이라는 용어는 하반신 마비를 의미하는 'paraplegia'의 'para-'와 'Olympics'의 'lympics'를 결합하여 만들어진 단어로, 1964년 일본 도쿄 패럴림픽 대회에 참가한 선수들이 하반신 마비 선수들이었기 때문에 이와 같은 명칭이 유래되었다. 대회가 지속됨에 따라, 척수 손상 선수들 중심의 대회에서 벗어나기 위해 절단 장애 및 기타 이

[그림 3.1.2] 1960년 제1회 패럴림픽 수영 경기장
출처: IPC 홈페이지

동성 장애를 가진 선수들의 참여 요구와 지적 장애 국제 경기 연맹의 요구에 따라 대회에 참가하는 장애 유형이 다양해졌다.

패럴림픽 수영 경기는 1960년 제1회 로마 대회의 8개 스포츠 프로그램 중 하나로 포함되었다. 첫 번째 패럴림픽 수영 경기에는 15개국에서 온 77명의 선수가 62개의 메달 종목에서 경쟁하였다. 수영 경기에 참가한 선수들은 완전 척수 손상 및 불완전 척수 손상을 가진 남자 선수들로, 배영, 평영, 자유형을 포함한 25m, 50m, 3×50m 계영 경기에 참가하였다(IPC, 2022a).

1964년 일본 도쿄에서 개최된 패럴림픽에서는 올림픽 아이스 스케이팅 링크를 메트로폴리탄 풀로 개조하여 9개 레인, 50m의 수영 경기가 진행되었다. 이 대회에서는 오픈 혼계영 종목이 새롭게 추가되었으며, 경기는 도쿄 올림픽 수영 경기의 운영을 담당했던 기술 임원들이 심판으로 참여하였다(IPC, 2022a). 수영 경기는 척수 손상에 따른 5개의 장애 등급에 특별 등급을 추가하여 실시되었고, 국제 마비자 수영훈련협회 International Swimming Training Association for the Paralysed 가 스포츠 기술 위원회 Sport Technical Committee 역할을 수행하였다. 경기 결과에 따르면, 네덜란드의 수영 선수인 Prins는 50m 자유형에서 37.7초의 기록으로 우승하였다. 그러나 시싱은 미국 선수들이 차지하였다. 미국의 리치 로젠바움과 그의 팀은 개인전에서 3개의 금메달을 획득하였으며, 3×50m 혼계영 medley relay 에서는 로디지아 Rhodesia 와 이스라엘 Israel 팀보다 40초 앞선 2분 8초의 기록으로 우승하였다(Atlanta Paralympic Organizing Committee, 1996).

1968년 이스라엘 텔아비브 패럴림픽의 수영 경기는 텔아비브의 Spivac 센터에 있는 25m 야외 수영장에서 개최되었다. 경기는 100m 자유형과 3개의 계영 종목이 추가되었다(IPC, 2016). 수영 경기에서 40개의 세계 기록이 깨졌으며, 가장 기억에 남는 경쟁자는 자유형, 배영, 평영 경영에서 3개의 금메달을 딴 5등급 이탈리아 수영 선수 Roberto Marson 이었다. 100m 경주가 추가로 열려서, 같은 날 호주 수영 선수 2급인 24세의 단지증 타이

[그림 3.1.3] 1964년 도쿄 패럴림픽
수영경기 출발 장면
출처: Buckinghamshire County Council(2014)

1964년 6월 1일 출생한 미국 수영선수이다. 무홍채증(aniridia)으로 진단됨. 이는 눈의 발달을 담당하는 유전자인 PAX6의 기능 장애로 인한 선천성 눈 질환으로 눈의 발달이 조기에 멈추었다. 이 질환의 유일한 치료법인 눈에 들어오는 빛의 양을 줄이는 인공 홍채 치환 수술 후 시력은 20/1100에서 20/850으로 향상되었다. 존은 1980년 Arnhem 패럴림픽부터 2004년 Athens 패럴림픽까지 선수 생활을 하였다. 1980년 첫 출전 경기에서 5개의 금메달을 땄고 몇 년 동안 더 많은 금메달을 땄다. 1992년 바르셀로나 패럴림픽에서 금메달 10개와 은메달 2개로 개인 메달 순위 1위를 차지했다. 1996년 애틀랜타 올림픽에서 금메달 2개, 은메달 3개, 동메달 3개로 다른 선수들보다 많은 메달을 땄다. 그녀는 올림픽, 패럴림픽 역사상 가장 많은 메달을 획득한 선수로 기억되며, Zorn이라는 이름은 2012년 패럴림픽 명예의 전당에 헌액되었다. Zorn은 1980년부터 2004년 패럴림픽 대회까지 연속 7회 출전하여 패럴림픽 금 32개, 은 9개, 동 5개 등 46개의 메달을 획득하였다. 50m/100m/200m 배영, 200m/400m 개인혼영(individual medley), 200m 평영, 4×50m 계영(4×50m medley relay), 4×50m free relay에서 8개의 세계 신기록을 보유하기도 했었다. 그녀가 세운 수영 세계 신기록 중에서 1992년 9월 8일 바르셀로나 패럴림픽에서 세운 S12 배영 200m 기록(2:31.13)은 오늘날에도 여전히 보유하고 있다.

출처: International Paralympic Committee (IPC) (2022c) World para swimming: History of para swimming https://www.paralympic.org/swimming/about

피스트 short-hand typist 인 Lorraine Dodd에 의해 3개의 수영 기록이 수립된 것이다(Atlanta Paralympic Organizing Committee, 1996).

1972년 독일 하이델베르크에서 개최된 패럴림픽에서는 수영의 등급분류 체계가 6개 등급으로 개편되었으며, 수영장에는 전자 터치 패드가 설치되었다. Sports'n Spoke의 기록에 따르면, 이 대회에서 수영 경기는 세계 기록이 연이어 경신되며 경쟁이 더욱 치열해졌다(Atlanta Paralympic Organizing Committee, 1996). 이 시점까지는 척수 손상을 입은 선수들만이 수영 경기에 참가하였다.

1976년 캐나다 토론토에서 열린 패럴림픽에서는 절단 장애 선수와 시각 장애 선수가 수영 경기에 처음으로 참가하게 되었으며, 접영 경기도 처음으로 개최되었다. 그 결과 하이델베르크 대회에서 56개 금메달이 경쟁되었던 것에 비해, 토론토 대회에서는 146개 금메달을 놓고 경쟁하게 되어 메달 종목 수가 급격히 증가하였다.

1980년 네덜란드 아른험 Arnhem 패럴림픽에 뇌성마비 수영선수들이 처음으로 경기에 참가하였다. 절단 장애를 가진 독일의 카이 슈뢰더 Kai Schroeder 는 50m 자유형에서 31.03초라는 뛰어난 기록을 세웠으며, 대회에서 가장 빠른 수영선수는 무릎 아래 절단 장애를 가진 이스라엘의 론 볼로틴 Ron Bolotin 이었다. 그는 100m 자유형에서 1분 02.00초, 접영 100m에서 1분 06.34초의 기록으로 세계 신기록을 수립하며 두 개의 금메달을 획득하였다. 볼로틴은 은퇴 후 국제패럴림픽위원회 IPC 본부에서 회계사로 활동하였다(Atlanta Paralympic Organizing Committee, 1996). 많은 수영선수들 중에서 아른험 패럴림픽을 기점으로 선수 생활을 시작한 최고의 스타는 미국의 시각장애인 선수 트리샤 존 Trischa Zorn 으로, 그녀는 5개의 금메달을 획득하였다. 트리샤 존은 전 세계 선수들 중 가장 많은 메달을 보유한 선수로 알려져 있으며, 7회의 패럴림픽에 참가하여 총 46개의 메달(금메달 32개, 은메달 9개, 동메달 5개)을 획득한 전설적인 인물이다.

1984년 패럴림픽 대회는 영국의 스톡 만드빌과 미국의 뉴욕에서 각각 개최되었다. 휠체어를 이용하는 선수들(척수 손상)은 패럴림픽 운동의 발상지인 영국에서 경기를 치렀으며, 기타장애 Les Autres 를 포함한 다양한 장애 유형의 선수들은 미국에서 경기에 참가하였다. 이는 이동 운동 장애가 있는 선수들과 기타장애가 있는 선수들이 처음으로 함께 참여한 대회로 기록된다. 미국에서 열린 수영 경기는 뉴욕 롱아일랜드에 위치한 호프스트라 대학교 수영장에서 진행되었다. 100m 자유형 경기에서는 노르웨이 출신의 양다리 절단 선수인 트론드센이 1분 06.97초의 뛰어난 기록으로 금메달을 차지하였다. 시각장애인 부문에서는 미국의 수영선수인 오언 모건달이 100m 자유형에서 56.22초로 우승하였다. 독일의 양다리 절단 장애인인 브리츠 시거스는 100m 자유형에서 1분 25.57초의 기록으로 우승한 후, 다음 패럴림픽에서도 금메달을 획득하였다(Atlanta Paralympic Organizing Committee, 1996).

1987년에는 스페인 마드리드에서 일반 세계 수영 선수권 대회가 개최되었으며, 이 대회에서는 장애인 선수들이 시범 종목으로 초청받았다. 초청된 선수들은 200m 개인혼영에서 가장 뛰어난 8명의 선수와 100m 자유형의 시각장애 여성 수영선수 8명이었다. 이는 장애인 수영 선수들의 기록이 세계적으로 인정받는 계기가 되었다고 평가할 수 있다.

1988년 서울 패럴림픽은 올림픽 개최지에서 올림픽 시설을 활용하여 진행된 최초의 역사적 사건으로, 패럴림픽 수영 경기가 올림픽 수영장에서 개최된 사례이다. 이 대회에서는 최초의 국제 수영 스포츠 과학 프로젝트가 시행되었으며, 이는 25m 구간에서의 수영 경기와 관련된 다양한 경기력 결정 요인들을 측정하는 데 중점을 두었다. 측정 항목으로는 출발 시간, 스트로크 비율, 스트로크 길이, 스트로크당 거리, 턴 시간, 피니시 시간, 수영 속도 등이 포함되었다(Burkett, 2016). 이 시점까지 패럴림픽 수영 경기에 대한 과학적 연구는 전무했으며, 이는 패럴림픽 조직위원회의 부재와 장애인 스포츠에 대한 연구 환경의 부족 때문이었다. 대회에서의 성과로는 네덜란드의 요한 모스터드 Johan Mosterd 가 100m 자유형에서 58.65초의 기록으로 세계 신기록을 세우며 6개의 금메달을 획득한 사례가 있다. 또한, 이스라엘의 우리베르그만 Uri Bergman 은 100m 자유형에서 1분 4.88초의 기록으로 100분의 1초 차이로 금메달을 차지하였다.

한편, 미국의 트리샤 존은 이전 대회에서 10개의 금메달을 획득한 선수로 주목을 받았으나, 수영 종목에 대한 관심은 영국의 사지 절단 선수 피터 헐 Peter Hull 에게 집중되었다. 헐은 L1 등급으로 자유형 50m와 100m,

[그림 3.1.4] 1988년 서울 패럴림픽에 출전한 피터 헐
출처: http://peterhullmbe.com/

평영 및 배영 25m 등 4종목에 출전하였으나 메달을 획득하지 못하고 모든 결승 경기에서 4위를 기록하였다. 팔과 다리가 모두 절단된 상태에서 수영하는 그의 모습은 많은 이들의 관심을 끌었다.

이 대회의 최고의 수영 선수로는 영국의 1A 등급(현재 S1)인 마이크 케니 Mike Kenny를 들 수 있다. 그는 1971년 척추 부상을 입은 후 재활의 일환으로 수영을 시작하였으며, 1976년부터 1988년까지 4회 연속 패럴림픽에 출전하여 수많은 세계 신기록을 세우고 총 16개의 금메달(1976년 금 3, 1980년 금 3, 1984년 금 5, 1988년 금 5)을 획득하였다. 이는 현재까지 남자 수영 선수 중 최다 메달리스트로 IPC 수영 역사에 기록되어 있다(IPC, 2022c).

1992년 바르셀로나 패럴림픽 대회에서는 새로운 기능적 등급분류 시스템의 도입에 대한 많은 비판이 있었으나, 결과적으로 역대 최고의 성과를 기록하였다. 56개국에서 참가한 487명의 수영 선수들은 9일 동안 총 119개의 세계 신기록을 세웠다. 이러한 기록의 다수는 모든 이동성 장애 등급을 10개로 통합한 데 기인하였다. 미국 팀의 Trischa Zorn과 John Morgan은 남녀 종목에서 가장 많은 메달을 획득한 선수들로, Zorn은 12개의 메달(금 10개, 은 2개)을, 시각을 완전히 잃은 B1 등급의 Morgan은 10개의 메달(금 8개, 은 2개)을 차지하였다. 독일의 Britta Siegers(여성 / S8, SM8, SB6 / 금 5개, 은 2개, 동 1개)와 Claudia Hengst(여자 / S10, SM10 / 금 5개, 은 2개, 동 1개) 또한 각각 8개의 메달을 획득하였다. 영국의 Christopher Holmes는 시각장애인 B2 등급에서 7개의 메달(금 6개, 은 1개)을 따냈다. 그러나 관중들의 큰 주목을 받은 선수는 영국의 피터 헐(Peter Hull)로, 그는 팔과 다리에 모두 절단 장애가 있는 선수로서 S2 50m 배영과 S2 50m 및 100m 자유형에서 3개의 금메달을 획득하였다(Atlanta Paralympic Organizing Committee, 1996).

한편, 대회 조직위원회는 1992년 9월 15일부터 22일까지 마드리드에서 제1회 지적장애인 패럴림픽 게임을 개최하였으며, 이 대회에서 오스트레일리아 남자 수영팀이 뛰어난 성과를 보였다. 오스트레일리아는 수영에서 금메달 11개, 은메달 7개, 동메달 5개를 획득하여 총 23개의 메달로 수영 메달 집계에서 1위를 차지하였다. 특히, 수영 선수 Joseph Walker는 9개 종목에서 9개의 금메달(개인 5개, 계영 4개)을 획득하고 2개의 세계 신기록을 세우며, 지적장애 선수 중 최초로 패럴림픽에서 금메달을 획득한 선수가 되었다(Paralympicanorak, 2012a).

1992년 하계 패럴림픽에서는 독립 선수단이 패럴림픽 역사상 처음으로 IPC 깃발을 들고 입장하였다. 이 독립 선수단은 유고슬라비아 선수단으로, 국가를 대표하지 않는 선수들로 구성되어 있다. 유엔 안전보장이사회 결의 제757호에 의거하여 '유고슬라비아'라는 국가명으로 올림픽에 참가하는 것이 금지되었기 때문이다. 1992년 패럴림픽에는 총 16명의 독립 선수단이

[그림 3.1.5] 독립 선수단 입장식 깃발

육상, 사격, 수영, 탁구 종목에 참가하였으며, 이들은 총 8개의 메달을 획득하였다. 특히 남자 수영선수 Nenad Krisanovic는 SB2 50m 평영에서 금메달을, S3-4 50m 접영에서 은메달을 차지하였다.

1996년 애틀랜타 패럴림픽의 수영 경기는 남자 87개, 여자 81개 등 총 168개 종목에서 척수장애, 뇌성마비, 절단, 기타장애 및 시각장애를 가진 총 425명의 선수가 참가하였다. 수영 프로그램은 바르셀로나 대회 이후 거의 변화가 없었으며, 애틀랜타 대회는 지적장애 선수들이 처음으로 참가한 대회로, 육상과 수영이 시범 경기로 진행되었다. 수영 종목에서는 남녀 자유형 100m 경기가 개최되었다(Bailey, 2008). 대회는 1996년 8월 17일부터 25일까지 조지아 테크 아쿠아틱 센터에서 진행되었다(Atlanta Paralympic Organizing Committee, 1996). 수영 강국으로는 미국, 영국, 독일, 스페인, 오스트레일리아 등이 있으며, 이들 국가는 대회에서 주요 메달을 획득한 국가들이다(Atlanta Paralympic Organizing Committee, 1996). 수영 경기에서의 메달 수는 독일이 56개, 영국이 48개, 미국이 45개, 오스트레일리아가 44개, 스페인이 41개를 기록하였다.

애틀랜타 패럴림픽 대회에 참가한 선수 중 "황연대 성취상"을 수상한 남자 선수는 스웨덴의 S2 등급 다비드 레가David Lega 였다. 이 상은 수영 선수에게 최초로 수여된 것으로, 그는 애틀랜타 패럴림픽 대회에서 메달을 획득하지는 못했으나 선수 생활 동안 14회의 세계 신기록을 세운 바 있다(위키백과, 2022).

2000년 시드니 패럴림픽 수영 경기는 62개국에서 575명의 선수(남자 356명, 여자 219명)가 참여하여 169개(남자 91개, 여자 78개)의 종목에서 경쟁하였다. 스포츠 경기력에서는 캐나다 여성 파라 수영 선수 제시카 슬론Jessica Sloan 은 S10/SB9/SM10 등급에서 6번이나 1위 시상대에 오르며 가장 많은 개인 타이틀을 차지하여 수영 경기 참가국 가운데 캐나다가 금메달 23, 은 15, 동 10개 등 총 48개 메달을 획득하여 패럴림픽 대회 참가 이래 처음으로 1위를 달성하는데 기여했다. 미국의 양 무릎 아래 절단 수영 선수인 제이슨 웨닝Jason Wening 은 남자 S8 400m 자유형에서 자신의 세계 기록을 깨며 패럴림픽 대회 3회 연속 금메달을 땄다. 그는 세계 기록을 처음 깬 1991년 이래 자신의 부문에서 400m에서 우승하였다. 호주 수영 선수 Siobhan Paton은 2000년 시드니 패럴림픽 S14 100m 자유형에서 우승하였고 총 6개의 금메달을 땄다.

한편, 중국이 수영 경기에서 메달 집계 23개로 참가국 중 6위를 차지하며 패럴림픽 수영 메달 집계 순위의 상위에 반영되기 시작하였다. 불행하게도 스페인 지적장애 농구 선수단에서 부정 선수(지적장애가 없는 선수)가 참여한 것이 발각되어 2004년, 2008년 패럴림픽 대회에 지적장애 수영 경기가 열리지 못하는 사건이 일어나는 원인을 제공하였다.

2004년 제12회 아테네 패럴림픽은 9월 19일부터 27일까지 개최되었다. 이 대회에서는 61개국에서 166종목에 걸쳐 560명의 선수가 참가하였으며, 이 중 남성 선수는 331명, 여성 선수는 229명이었다. 패럴림픽 대회에 참가하는 국가 수는 시간이 지남에 따라 증가하는 경향을 보이고 있으며, 아테네 패럴림픽에는 총 135개국이 참가하였다. 대회 참가국 대비 수영 경기 참가국의 비율은 45.18%(61/135)로, 이는 역대 대회 중 가장 낮은 수치이며 현재까지도 유지되고 있다(표 3.1.1). 수영 경기는 육상과 함께 패럴림픽에서 많은 종목을 포함하고 있으며, 중국은 패럴림픽 수영 경기에 참가하여 금메달 19개, 은메달 16개, 동메달 6개를 포함하여 총 41개의 메달을 획득하였다. 이는 52개의 메달을 획득한 영국 수영 선수단에 비해 금메달에서 3개 앞선 성과로, 중국은 수영 강국으로서의 입지를 다지며 최초로 수영 경기에서 1위를 차지하게 되었다.

　　2004년 아테네 패럴림픽에서 미국의 시각장애인 선수인 트리샤 존 ^{Trischa Zorn} 은 총 46개의 패럴림픽 메달(금 32개, 은 9개, 동 5개)을 획득하며 역사상 가장 많은 메달을 보유한 패럴림픽 선수로 기록되었다(표 3.1.4). 그녀의 46번째이자 마지막 메달은 S12 배영 100m 종목에서 획득한 동메달이었다.

　　2008년 베이징 패럴림픽 수영 경기는 62개국에서 547명의 선수(남자 323명, 여자 224명)가 참가하여 141개 종목에서 진행되었다. 경기 결과, 미국은 17개의 금메달을 포함하여 총 44개의 메달을 획득하며 1위를 차지하였고, 수영 강국으로 부상한 중국은 13개의 금메달을 획득하여 2위에 올랐으며, 총 52개의 메달을 기록하였다. 이번 패럴림픽 수영 대회에서는 141개 종목 중 122개에서 신기록이 수립되었으며, 이 중 108개 종목은 세계 신기록으로 인정받았다.

　　특히, 대회의 주목을 받은 선수는 남아프리카공화국 케이프타운 출신의 절단 장애인 수영선수인 나탈리 뒤 토이트 ^{Natalie du Toit} 였다. 그녀는 장애인 수영선수로서 최초로 베이징 올림픽(10km 오픈 워터 종목)에 출전한 선수로, 2004년 아테네 패럴림픽에서 S9 접영 100m, 자유형 50m, 100m, 400m, 개인혼영 200m에서 5개의 금메달과 배영 100m에서 은메달을 획득하였다. 또한, 베이징 대회에서도 이전 대회에서 금메달을 획득한 종목에서 다시 5개의 금메달을 차지하였다. 그녀는 대회 폐막식에서 여자 수영 선수로서는 최초이자 남녀 수영 선수 중 두 번째로 황연대 성취상을 수상하였다. 이 남아프리카공화국의 스타는 2012년 런던 패럴림픽 대회까지 총 13개의 금메달을 획득한 후 은퇴하였다.

[그림 3.1.6] Natalie du Toit의 출발 모습

2012년 런던 패럴림픽은 역사상 가장 많은 국가가 참가한 대회로, 2000년 시드니 대회 이후 지적장애를 가진 선수들의 참여가 제한되었던 불미스러운 사건을 계기로 이들이 육상, 수영, 탁구 종목에 다시 출전하기 시작한 중요한 대회였다. 수영 종목에는 총 164개 참가국 중 74개국이 출전하였으며, 남자 344명과 여자 260명 등 총 604명의 선수가 148개 종목에서 경쟁하였다. 경기는 2012년 8월 30일부터 9월 8일까지 패럴림픽 대회를 위해 새롭게 완공된 런던 아쿠아틱 센터에서 개최되었다. 수영 경기에서 국가별 순위는 중국이 금메달 24개를 포함하여 총 58개의 메달을 획득하며 1위를 차지하였다. 영국 패럴림픽 조직위원회는 자국의 왜소증 수영 선수인 엘리너 시몬즈 Eleanor 'Ellie' Simmonds 를 대회 포스터의 모델로 선정하고, 대회 홍보의 중심 인물로 삼았다. 시몬즈는 13세에 베이징 대회에서 S9 자유형 100m 및 400m에서 금메달을 획득한 영국의 유명 선수로, 2012년 런던 수영장에서 최고의 성과를 기대하고 있었다. 그녀는 2개의 세계 신기록을 수립하며 금메달 2개, 은메달 1개, 동메달 1개를 획득하였다 (World Para Swimming, 2022a). 엘리너 시몬즈는 리오 대회에서 금메달 1개와 동메달 1개를 획득하였으며, 도쿄 대회를 마지막으로 은퇴하였다.

수영 경기는 매 대회마다 많은 메달을 획득한 유명 선수들을 배출해왔다. 예를 들어, 미국의 조른 Zorn 외에도 영국의 엘리너 시몬즈, 브라질의 다니엘 디아스 Daniel Dias , 미국의 제시카 롱 Jessica Long , 벨라루스의 이하르 보키 Ihar Boki 등은 뛰어난 경기력을 보여주었다. 디아스는 S5/SB5/SM5 등급의 6개 경기에 출전하여 6개의 금메달을 획득하였고, 제시카 롱은 여자 S8/SB7/SM8 등급에서 금메달 5개, 은메달 2개, 동메달 1개를 포함하여 총 8개의 메달을 획득한 후, 2011~2012년 미국올림픽위원회에 의해 올해의 장애인 스포츠 여성으로 선정되었다. 벨라루스의 이하르 보키는 2012년 런던 대회에서 S13 등급에서 독보적인 성과를 거두었으며, 첫 패럴림픽 출

참고   **황연대 극복상(Whang Youn Dai Overcome Prize)**

황연대 성취상(黃年代 成就賞, 영어: Whang Youn Dai Achievement Award)은 패럴림픽의 최우수 선수상에 해당하는 시상이다. 1988년 하계 패럴림픽부터 시상이 진행되었으며, 2008년 하계 패럴림픽 이전에는 황연대 극복상(黃年代 克服賞, Whang Youn Dai Overcome Prize)이라는 명칭이 사용되었다(위키백과, 2022). 패럴림픽 극복상은 소아마비 질환을 앓았던 지체장애인 의사이며 장애인 복지·재활·교육 운동가였던 황연대 여사가 장애인 권익 운동에 헌신한 공로로 1988년 언론사가 수여하는 '오늘의 여성상'을 수상하고 받은 상금을 국제패럴림픽위원회(IPC)에 쾌척하면서 제정되어, 1988년 서울 패럴림픽 때부터 메달 성취와는 관계없이 대회 정신을 가장 잘 구현했다고 평가하는 남녀 선수에게 각각 수여했다. 1988년 서울 패럴림픽부터 2018년 평창 패럴림픽까지 14회 28명의 수상자에게 순금 75g의 메달을 수여했다(동계 6회, 하계 8회). 이 상은 장애인 권익을 위한 보편적 가치를 추구하는 상이라는 의미를 높게 평가받아 2008년 베이징 패럴림픽부터는 '황연대 성취상'으로 이름을 바꾸며 폐회식 공식 프로그램으로 채택되었는데, 2020년 도쿄 패럴림픽에서는 IPC가 황연대 성취상을 뚜렷한 이유 없이 폐지하고 일본의 대회 유산(legacy)으로 '아임 파서블 어워드(I'm Possible Award)'를 신설하여 수여하였다.

패럴림픽 대회에서 수영 선수에게 황연대 성취상을 수여한 경우는, 1996년 애틀랜타 대회에서 스웨덴의 남자 S2 등급 다비드 레가(David Lega), 2008년 베이징 대회 남아프리카공화국의 여자 S9 등급 나탈리 뒤 토이트(Natalie du Toit), 2016년 리오 대회 시리아 난민 수영 선수 남자 S9 등급 이브라힘 알 후세인(Ibrahim Al Hussein) 등 3명이었다.

참 고   로레우스 세계 스포츠 상(Laureus World Sports Awards)

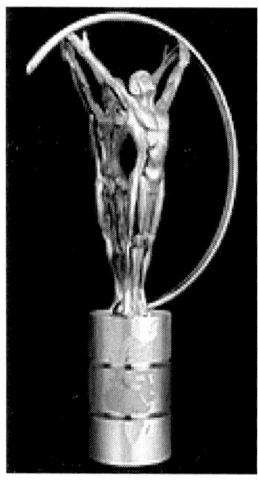

로레우스 세계 스포츠 상(Laureus World Sports Awards)은 연간 스포츠 업적에 따라 스포츠계의 개인과 팀을 기리는 연례 시상식이다. 이 상은 Laureus Sport for Good Foundation에 의해 1999년부터 9개 부문(장애인 스포츠상 포함)에 걸쳐 매년 시상하고 있다. 이 프로그램의 목표는 스포츠의 힘을 이용하여 폭력, 차별, 불리한 상태를 없애고 스포츠가 세상을 변화시킬 수 있음을 증명하는 것이다. "로레우스(Laureus)"라는 이름은 그리스어로 월계수를 뜻하는 단어에서 유래했으며, 이는 육상 경기의 전통적인 승리의 상징으로 여겨진다. 장애인 스포츠 선수 수상 후보자는 국제패럴림픽위원회가 추천한다. 패럴림픽 수영 선수 가운데 로레우스 상을 받은 선수는 나탈리 뒤 토이트(Natalie du Toit)(2010년), 다니엘 디아스(Daniel Dias)(2009년, 2013년, 2016년)이며, 디아스는 3회 수상과 더불어 2020년 도쿄 대회 이후 로렌스 세계 스포츠 아카데미의 회원으로 활동하고 있다(Wikipedia, 2022b).

전에서 금메달 5개와 은메달 1개를 획득하고 남자 S13 경기에서 4개의 세계 신기록을 수립하였다.

2016년 리우 패럴림픽 수영 경기는 79개국에서 남 329명, 여 364명 등 총 593명이 참가하여 159개 종목에서 경쟁하였다. 수영 경기는 2016년 9월 8일부터 9월 17일까지 리우 올림픽 수영장에서 열렸고, 하계 대회에서 육상 종목 다음으로 규모가 컸다. 대회 결과 중국이 이전 대회에 이어 최다 메달 획득 국가가 되었다. 중국은 금메달 37개, 은메달 30개, 동메달 25개로 총 92개의 메달을 획득하여 금 25개로 2위를 한 우크라이나보다 훨씬 앞섰다. 2016년 8월 26일, IPC는 S9 50m, 100m 자유형 종목의 시리아 출신 아브라임 알 후세인 Ibrahim Al Hussein 과 이란의 F37 원반던지기 선수 Shahrad Nasajpour를 난민 팀의 선수로 발표했다. 이브라힘 알 후세인 Ibrahim Al Hussein 은 패럴림픽에 출전한 최초의 난민 수영 선수로 대회 개막식에서 독립 패럴림픽 선수단 Independent Paralympic Athletes 의 기수를 맡았다. 폐막식에서 후세인은 황연대 성취상을 받았다. 수영 경기에서는 언제나 기량이 우수한 선수가 등장하였는데 벨라루스의 이하르 보키 Ihar Boki 는 2012년 런던 패럴림픽 S13 등급에서 뛰어난 기량을 보였었는데, 그는 2016년 리우 패럴림픽에서도 우수한 경기 능력으로 6개의 금

[그림 3.1.7] 로레우스 스포츠상을 3번째 수상한 다니엘 디아스(Daniel Dias)

메달을 획득하며, 대회 모든 스포츠 종목 중 가장 많은 금메달과 더불어 총 11개의 금메달을 획득하여 벨라루스 패럴림픽 선수 경력에서 가장 많은 메달을 받은 선수가 되었다(IPC, 2022b). 대회 개최국 관중이 수영 경기에서 열광적으로 응원한 선수는 자국의 다니엘 디아스 Daniel Dias 였다. 디아스는 2008년 베이징 올림픽 S5, SB5, SM5 종목에서 9개의 메달(금 4개, 은 4개, 동 1개), 2012년 런던 아쿠아틱스 센터에서 열린 6개의 경기 중 6개의 금메달, 2016 리우 대회에서 9개의 메달(금 4개, 은 3개,

동 2개)을 획득하며 관중들을 열광시켰다(World Para Swimming, 2022a). 디아스는 2009년, 2013년 그리고 2016년에 세 번째로 전세계 모든 종목의 장애인 선수 가운데 가장 위대한 선수에게 수여하는 로레우스 세계 장애인 스포츠상 Laureus World Sports Awards 인 Laureus Awards를 받았다.

[그림 3.1.8] 제시카 롱(Jessica Long)

2020년 하계 올림픽과 패럴림픽은 COVID-19의 전 세계적 유행으로 인해 2021년으로 연기되었다. 2021년 개최된 2020년 도쿄 패럴림픽은 2020년 명칭을 유지하며 2021년 8월 24일부터 9월 5일까지 개최되었다. 수영 경기에는 74개국에서 163개 종목에 남자 선수 341명, 여자 선수 263명 등 총 604명 출전하였다. 대회 마감 후 중국은 금메달 19개, 은메달 19개, 동메달 18개로 총 56개의 메달을 획득하며, 패럴림픽 수영경기에서 3회 연속 1위를 하는 수영 강국으로 자리매김하였다. 도쿄 패럴림픽 수영 경기의 스타는 남자 선수 막심 세르히요비치 크리팍 Maksym Serhiyovich Krypak 과 여자 선수 제시카 타티아나 롱 Jessica Tatiana Long 이었다.

크리팍 Maksym Serhiyovich Krypak 은 우크라이나 Ukrainia 의 S10과 SM10 individual medley 등급의 선수로, 2016년 리우 패럴림픽에서 100m 배영과 400m 자유형에서 세계 신기록을 세우며 금메달 5개 은메달 3개 그리고 2020년 대회에서는 7개의 메달(금 5개, 은 1개, 동 1개)을 획득하며 가장 많은 메달을 딴 선수가 되었다. 벨라루스의 S13 등급 이하르 보키 Ihar Boki 는 금 5개, 중국선수 Lu Dong과 Zheng Taosms는 각각 금메달 4개씩 획득하였다. 미국의 여자 선수 제시카 롱 Jessica Long 은 12세인 2004년 아테네 패럴림픽에 데뷔하여 금메달 3개, 2008년 베이징 패럴림픽에서 금 4개, 은 1개, 동 1개, 2012년 런던 패럴림픽에서 금 5개, 은 2개, 동 1개, 2016년 리우 패럴림픽에서 금 1개, 은 3개, 동 2개, 2020년 도쿄 패럴림픽에서는 금 3개, 은 2개, 동 1개 등 6개의 메달을 획득했다.

롱은 현재까지 패럴림픽에서 금메달 16개, 은메달 8개, 동메달 5개를 비롯해 총 29개의 메달을 획득하여 역대 여자 수영 선수 가운데 세 번째로 많은 메달을 획득한 선수가 되었다. 롱은 2014년 13개의 세계 기록을 보유하기도 했는데, 2022년을 기준으로 롱은 S8 자유형 800m와 1500m, 접영 200m, 개인혼영 400m의 세계 기록을 보유하고 있다.

IPC는 2021년 6월 30일 2020년 도쿄 대회에서 난민 패럴림픽 팀 선수 6명을 발표하였다. 2020년 도쿄 패럴림픽 난민 선수단은 2021년 8월 24일 ~ 9월 5일 패럴림픽에 참가한 선수들이다. 이 팀의 6명은 전 세계 8,200만 명 난민 중 1,200만 명으로 추정되는 장애를 가지고 있는 사람들을 대표하는 선수로 구성되었다. 이 팀은 2016년 리우 패럴림픽에 독립선수단으로 참가한 시리아 출신의 수영 선수 이브라힘 알 후세인과 아프가니스탄 출신의 남자 S5 50m 배영 선수 아바스 카리미 Abbas Karimi 가 포함되었다. 한편, 도쿄 패럴림픽조직위원회와 IPC 아지토스재단은 1988년 서울 패럴림픽 때 제정하여 하계 동계 패럴림픽에서 장애를 이겨내고 우수한 성과를 나타낸 선수들을 격려하기 위해 수상해온 '황연대 성취상'을 뚜렷한 이유 없이 폐지하고, '아임 파서블 어워드 I'm Possible Award '를 새롭게 만들어 대상자를 선정한 후 수여하였다.

세계패러수영연맹(World Para Swimming)

패럴림픽 수영 경기를 주관하여 개최하는 조직은 국제패럴림픽위원회 IPC 의 'IPC 수영연맹'이었으며 영어로는 'IPC Swimming'으로 알려져 있다. 우리나라에서는 이 연맹을 일반적으로 '국제 장애인 수영연맹'이라고 지칭해왔다. 1989년 패럴림픽이 조직된 이후, IPC는 경기 종목의 명칭에 '장애'라는 용어를 사용하지 않고, 올림픽 종목과 동일한 명칭을 채택해왔다. 이는 장애가 있는 선수들의 스포츠가 올림픽 종목의 스포츠와 본질적으로 다르지 않다는 인식을 반영한 것이다. 패럴림픽 스포츠 종목들은 장애의 특성에 적합한 몇 가지 종목(예: 보치아, 골볼 등)을 제외하고, 올림픽 종목을 관장하는 국제경기연맹의 규칙과 규정을 적용하며, 장애 유형에 맞게 조정하여 경기를 진행해왔다. 이러한 상황은 패럴림픽 대회의

[그림 3.1.9] 세계패러수영연맹의 새로운 로고

국제적 위상이 높아짐에 따라 점진적으로 변화하고 있으며, 수영 경기를 포함한 여러 종목의 명칭과 국제연맹의 명칭이 변경되고 있다.

국제패럴림픽위원회 IPC 는 2016년 11월 30일자로 10개 종목의 브랜드를 변경한다고 발표하였다. 이전의 'IPC 수영'은 'World Para Swimming'으로, 수영 종목은 'Para swimming'으로 명칭이 변경되었다. IPC는 브랜드 쇄신의 일환으로 'World Para'라는 접두어를 사용하여 새로운 명칭을 도입하기로 결정하였다. 수영을 포함한 10개 종목의 스포츠 위원회 명칭 변경은 IPC가 어떤 종목을 관장하는지를 전 세계에 보다 명확히 알리고, 각 Para sport가 올림픽 및 일반 스포츠 종목과 더욱 구별될 수 있도록 하기 위한 조치로 이루어졌다. 리브랜딩 rebranding 과정에서는 아지토스 Agitos , 패럴림픽 상징물 Paralympic symbol , 그리고 '패럴림픽'이라는 용어가 패럴림픽 대회와 관련하여서만 사용되도록 규정되었다. 각 Para sport의 새로운 정체성은 로고 logos 와 경기 엠블럼 emblems 을 통해 장애뿐만 아니라 스포츠의 본질을 명확히 표현하고 있다(IPC, 2016). 이러한 일환으로 제작된 세계패러수영연맹의 로고는 [그림 3.1.9]와 같다.

세계패러수영연맹 World Para Swimming 은 4년마다 개최되는 패럴림픽의 수영 경기를 포함하여, 세계패러수영선수권대회 World Para Swimming Championships 및 지역별 선수권대회 등을 정기적으로 개최하고 있다. 또한, 세계 각국의 패럴림픽위원회 및 장애수영연맹과 긴밀히 협력하여 국제수영대회, 지도자, 심판, 등급분류사 등 경기 운영 인력의 양성과 기구 발전에 힘쓰고 있다.

패럴림픽의 수영 기록

1960년부터 시작된 패럴림픽은 16회의 대회를 통해 많은 기록을 남겼다. 수영 경기는 첫 대회부터 필수 종목으로 자리 잡아 매 대회에서 빠짐없이 개최되었으며, 메달 수에서도 육상에 이어 두 번째로 많은 종목으로 평가된다. 수영은 남녀 개인 종목으로 구성되어 있으며, 경기 종목은 거리별로 다양하게 나뉘어 있어 한 선수

가 여러 종목에 참가할 수 있다. 또한, 장애 유형이 다양하고 14개의 등급으로 구분되어 있어, 선수들이 영법별, 거리별, 등급별로 참여할 수 있는 환경이 조성되어 있다.

　패럴림픽 수영 경기는 1960년 제1회 대회에서 15개국의 77명의 남녀 선수가 참가한 이후 지속적으로 성장해 왔으며, 2020년 제16회 대회에서는 참가국 수가 5배(74개국), 참가 선수 수가 7.8배(604명)로 증가하였다 (표 3.1.1, 그림 3.1.10 참조). 수영은 패럴림픽 대회에서 처음부터 포함된 종목으로, 매우 높은 인기를 누리고 있다(IPC, 2022a). 수영 종목의 강국으로는 미국과 서구 유럽 국가들이 메달 획득에서 상위를 차지하고 있으며, 미국과 영국은 16회 대회에서 각각 700개 이상의 메달을 획득하였다. 네덜란드(439개), 캐나다(410개), 오스트레일리아(453개-금메달 수가 적음) 등이 뒤를 잇고 있다(표 3.1.2). 그러나 1984년 중국이 패럴림픽에 참가하기 시작한 이후, 중국은 꾸준히 발전하여 2004년 제12회 아테네 대회에서 수영 경기에서 1위 메달 획득 국가가 되었으며, 이후에도 상위권을 유지하고 있다. 2020년 대회까지 수영 종목에서 최다 메달을 획득한 국가로 자리매김하고 있으며, 우크라이나 또한 중국과 함께 상위 메달 국가로 성장하였다.

〈표 3.1.1〉 패럴림픽 대회 참가 국가와 수영 경기의 성장

년도	개최도시, 국가	대회 참가국	수영 경기					수영 메달 획득 국가순위		
			참가국	종목	남	여	합계			
1960	Rome, Italy	23	15	62	45	32	77	1. ITA	2. GBR	3. NOR
1964	Tokyo, Japan	21	13	63	65	33	98	1. USA	2. AUS	3. GBR
1968	Tel Aviv, Israel	29	24	68	161	103	264	1. GBR	2. USA	3. NED
1972	Heidelberg, Germany	43	33	56	169	110	279	1. NED	2. POL	3. RSA
1976	Toronto, Canada	40	34	145	260	103	363	1. NED	2. ISR	3. USA
1980	Arnhem, Netherlands	43	36	191	293	148	441	1. POL	2. CAN	3. NED
1984	New York, USA	45	43	347	349	192	541	1. NED	2. USA	3. FRA
1988	Seoul, South Korea	61	44	257	344	160	504	1. USA	2. SWE	3. GBR
1992	Barcelona, Spain	83	56	163	295	192	487	1. USA	2. GBR	3. GER
1996	Atlanta, USA	104	50	168	274	183	457	1. GER	2. GBR	3. AUS
2000	Sydney, Australia	122	62	170	356	220	576	1. CAN	2. ESP	3. GBR
2004	Athens, Greece	135	61	167	330	229	559	1. CHN	2. GBR	3. USA
2008	Beijing, China	146	62	141	323	224	547	1. USA	2. CHN	3. UKR
2012	London, UK	164	74	148	344	260	604	1. CHN	2. AUS	3. UKR
2016	Rio, Brazil	159	79	152	329	264	593	1. CHN	2. UKR	3. GBR
2020	Tokyo, Japan	163	74	146	341	263	604	1. CHN	2. RPC	3. USA

출처: International Paralympic Committee (IPC) (2022c) World para swimming: History of para swimming https://www.paralympic.org/swimming/about

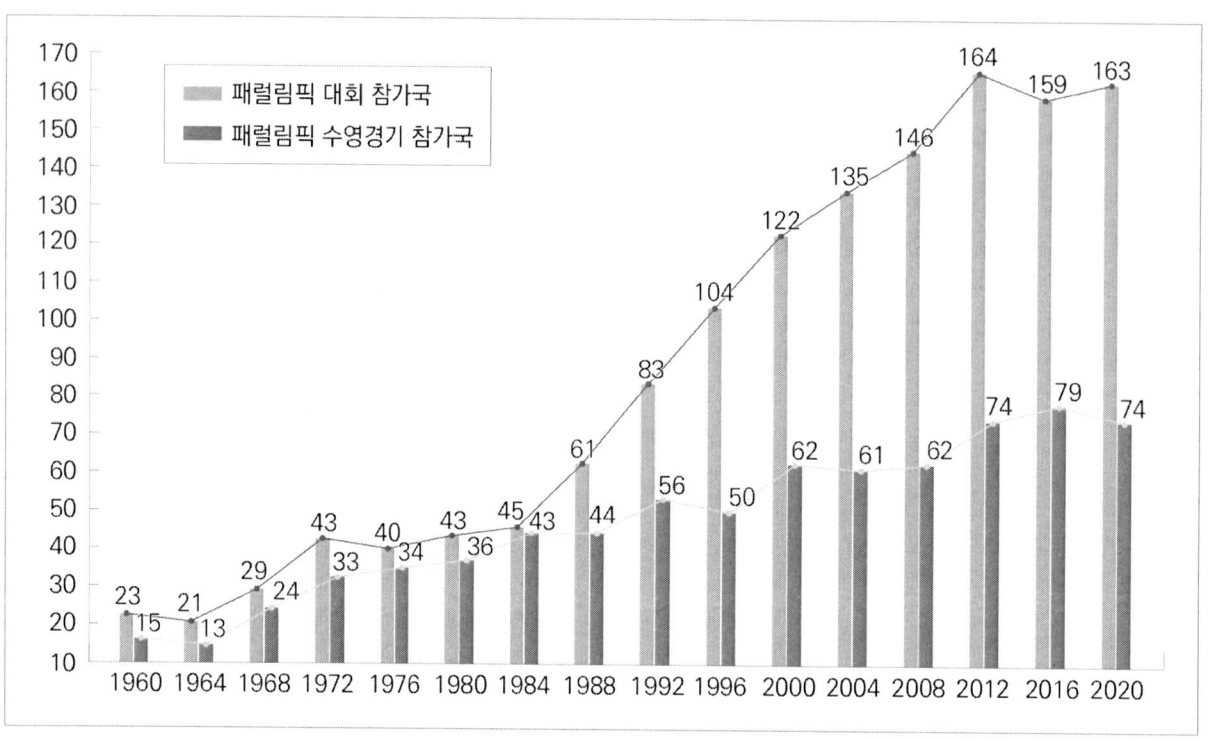

[그림 3.1.10] 년도별 패럴림픽 대회 참가 국가와 수영경기 참가국 변화

〈표 3.1.2〉 패럴림픽 수영 경기 메달 획득 국가순위

순위	국가	금	은	동	합계
1	USA	283	215	226	724
2	Great Britain	225	255	227	707
3	Netherlands	185	138	116	439
4	Canada	164	124	122	410
5	Australia	136	160	157	453

출처: International Paralympic Committee (IPC) (2022c) World para swimming: History of para swimming https://www.paralympic.org/swimming/about

수영 경기는 패럴림픽의 특성상 개인 메달 획득에 있어 다수의 입상이 가능하여, 선수들이 놀라운 수의 메달을 획득하는 경우가 빈번하게 발생한다. 이는 다양한 거리와 영법에 따라 출전할 수 있는 종목이 많고, 선수의 기량이 뛰어나며 장기간 선수로서 활동할 수 있는 능력 때문이라고 할 수 있다. 예를 들어, 미국의 여자 S12 클래스 선수인 트리샤 존 Trischa Zorn 은 1988년 서울 패럴림픽에서 10개의 메달을 획득하는 경이로운 성과를 달성하였다. 그녀는 남녀를 통틀어 패럴림픽 역사상 가장 많은 메달을 획득한 선수로 알려져 있다. 트리샤 존은 1980년대 대회부터 2004년 대회까지 24년 동안 7회의 패럴림픽 대회에 출전하였으며, 금메달 32개, 은메달 9개, 동메달 5개를 포함하여 총 46개의 메달을 획득한 뛰어난 선수로 기록되고 있다. 〈표 3.1.3〉과 〈표 3.1.4〉

〈표 3.1.3〉 패럴림픽 남자 수영 메달리스트 상위 5인의 등급과 성과

순위	선수명	등급	경력	금	은	동	합계
1	Mike Kenny(GBR)	1A	1976-1988	16	0	0	16
2	Ihar Boki(BLR)	S13/SB13/SM13	2012-현재	16	1	1	18
3	Daniel Dias(BRA)	S5/SB5/SM5	2008-2020	14	7	6	27
4	Michael Edgson(CAN)	B3	1984-1992	14	2	0	16
5	Matthew Cowdrey(AUS)	S9/SB8/SM9	2004-2012	13	7	3	23

에서 볼 수 있듯이 많은 메달을 획득한 선수는 여자 선수의 경우가 남자 선수보다 많은데, 총 29개의 메달을 획득하여 두 번째로 많은 메달을 획득한 미국의 S8/SB7/SM8 등급의 제시카 롱 Jessica Long 은 최근 2020년 도쿄 대회에서 금메달 3개, 은메달 2개, 동메달 1개를 획득하였고, 아직 은퇴를 선언하지 않고 있어 더 많은 메달 획득의 가능성이 있는 선수이다. 남자 패럴림픽 수영 선수 중 메달 획득 순위 1위는 영국의 마이크 케니 Mike Kenny 이다. 그는 1976년부터 1988년까지 4회 대회에 출전하여 금메달 16개를 획득하였으며, 수영 경기의 등급분류가 변경되기 전 가장 중증인 1A 등급의 선수로 분류되었다. 그 다음으로 많은 금메달을 획득한 선수는 벨라루스의 이하르 보키 Ihar Boki 로, 그는 케니와 동일하게 16개의 금메달을 보유하고 있다. 보키는 2012년 런던 패럴림픽에서 S13 및 SM13 등급에서 금메달 5개를 획득하며 데뷔하였고, 2020년 도쿄 대회에서도 금메달 5개를 추가로 획득하였다.

패럴림픽 수영 경기에서 가장 빠른 남자 선수는 우크라이나의 막심 베라스카 Maksym Veraska 로, 그는 2009년 아이슬란드에서 열린 유럽 선수권 대회에서 남자 50m 자유형 S12 부문에서 22.99초의 세계 기록을 세웠다. 가장 빠른 여자 선수는 이탈리아의 카를로타 질리 Carlotta Gilli 로, 그녀는 S13, SB13, SM13 등급에서 2018년 이탈리아의 홈 관중 앞에서 자유형 50m를 26.67초에 완주하며 가장 빠른 여성 패럴림픽 선수로 알려졌다 (IPC, 2021; World Para Swimming, 2022). 패럴림픽 수영 경기의 기록에서 나타나는 주요 특징은 다양한 장애 유형 중 시각장애 수영 선수들의 경기력이 특히 뛰어나다는 점이다. 수영 경기에서 메달을 가장 많이 획득한 선수는 남녀 모두 시각장애인 선수이며, 가장 빠른 선수 또한 남녀 모두 시각장애 선수로 나타난다.

〈표 3.1.4〉 패럴림픽 여자 수영 메달리스트 상위 5인의 등급과 성과

순위	선수명	등급	경력	금	은	동	합계
1	Trischa Zorn(USA)	S12/SB12/SM12	1980-2004	32	9	5	46
2	Beatrice Hess(FRA)	S5/SB4/SM6	1984-2004	20	5	0	25
3	Jessica Long(USA)	S8/SB7/SM8	2004-현재	16	8	5	29
4	Mayumi Narita(JPN)	S5/SB4/SM5	1996-2016	15	3	2	20
5	Erin Popovich(USA)	S7/SB7/SM7	2000-2008	14	5	0	19

세계패러수영선수권대회

세계패러수영선수권대회 World Para Swimming Championships 는 국제패럴림픽위원회 International Paralympic Committee 관리 조직인 세계패러수영연맹 World Para Swimming 이 주관하여 주기적으로 개최하는 국제대회로, 패럴림픽 수영 경기에 출전할 자격을 갖춘 세계 각국의 선수들이 모여 챔피언을 결정하는 대회이다. 패러 수영 para swimming 은 배영, 평영, 접영, 자유형, 혼계영, 계영 종목에 출전하는 자격 있는 모든 장애인 그룹의 남녀 선수에게 허용된다. 국제 수영기구가 주최하는 대회는 4년마다 열리는 패럴림픽 대회, 2년마다 열리는 세계선수권대회 World Championship , 2년이나 4년마다 열리는 지역 선수권대회 등이 있다. 국제 패럴림픽 위원회 IPC 에 의해 조직되는 세계선수권대회 World Championships 는 2015년 8회 대회까지는 4년마다 개최되었지만 9회 대회부터는 2년마다 개최되고 있는데, 지역 선수권대회 이후 1년, 패럴림픽 대회 1년 전에 개최되고 있다. 대회 명칭에 있어서 세계선수권대회는 1회부터 8회 대회까지는 IPC 수영선수권대회 IPC Swimming Championships 로 불리다가 2016년 11월 30일 IPC는 수영을 포함해 10개 종목에 "세계패러 World Para "브랜드를 도입한다고 발표하였으며, 10종목의 세계선수권대회 world championship 는 "세계 패러 World Para 선수권대회 championships "로 명칭이 변경되었다(Wikipedia, 2019)(표 3.1.5). 세계선수권대회 개최 과정의 개요는 다음과 같다(IPC, 2021, 2022c; Wikipedia, 2022a, 2022c; World Para Swimming, 2017, 2019, 2022a).

제1회 IPC 수영 대회 IPC Swimming Championships 는 1990년 7월 14일부터 7월 26일까지 네덜란드 아센 Assen 에서 열렸다. 1994년 대회는 발레타, 몰타 Malta 에서 열렸으며 44개국에서 약 500명의 선수가 참가했다. 1998년 대회는 뉴질랜드 크라이스트처치 Christchurch 에서 개최하였고, 51개국에서 450명 이상의 선수들이 참

〈표 3.1.5〉 세계패러수영선수권대회 개요

회	개최연도	개최국과 장소	참가국수	선수 수	메달 1위국
		IPC Swimming Championships			
1	1990	네덜란드, Assen			–
2	1994	몰타, 발레타	44	500	–
3	1998	뉴질랜드, 크라이스트처치	51	450	캐나다
4	2002	아르헨티나, Mar del Plata	53	574	영국
5	2006	남아프리카, 더반	49	549	미국
6	2010	네덜란드, 에인트호벤	53	649	우크라이나
7	2013	캐나다, 몬트리올	53	480	우크라이나
8	2015	영국, 글래스고	70	580	러시아
		World Para Swimming Championships			
9	2017	멕시코, 멕시코시티	70	304	중국
10	2019	영국, 런던	73	637	이탈리아
11	2022	포르투갈, 마데이라	59	488	이탈리아
12	2023	영국, 맨체스터			–

가하였다. 캐나다는 25개의 금메달로 메달 순위 1위를 했으며, 영국은 58개의 메달로 가장 많은 메달을 획득했다. 2002년 선수권대회는 아르헨티나의 마르델플라타 Mar del Plata 에서 열렸는데, 50개 이상의 세계 신기록이 달성되며 많은 개인 최고 기록이 수립되었다. 대회에는 53개국에서 574명의 선수가 참가하였다. 한 가지 하이라이트는 대서양에서 열린 제1회 IPC 오픈 워터 세계 선수권 대회였다. 최종 메달 집계는 금메달 32개, 은메달 23개, 동메달 21개로 영국이 1위를 차지했다. 2006년 남아프리카 더반 Durban 대회에는 2008년 베이징 패럴림픽을 앞두고 마지막으로 열린 큰 대회로 49개국에서 549명의 선수들이 참가하였고, 미국이 가장 좋은 성적을 거두었다. 미국의 제시카 롱과 중국의 왕샤오푸가 각각 5개의 세계 기록을 깨는 데 앞장섰다. 2010년은 네덜란드 에인트호번 Eindhoven 에서 8월 15일부터 8월 21일까지 대회가 열렸으며, 53개국에서 649명의 선수가 참가하였다. 6일간의 대회 동안, 181개의 메달 종목을 개최하였으며, 우크라이나는 금메달 20개를 포함해 58개의 메달로 메달 순위 1위를 차지했다. 2013년 IPC 수영 선수권대회는 8월 12일부터 18일까지 캐나다 몬트리올에서 열려 43개의 세계 신기록과 172개의 금메달을 경쟁하며 막을 내렸다. 53개국에서 온 480명의 선수들이 이 선수권 대회에 참가했는데, 이 대회는 2012년 런던 대회 이후 가장 큰 국제 수영대회이었다. 39개국이 최소한 1개의 메달을 획득했는데, 이는 각 팀이 참가하는 국가 패럴림픽 위원회 NPC 의 절반 이상이다. 우크라이나가 메달 순위에서 1위를 차지했다. 2015년 세계 선수권 대회는 2014년 코먼웰스 게임 Commonwealth Games 다음 해에 영국의 글래스고 Glasgow 에서 열렸다. 70개국에서 온 580명 이상의 선수들이 참가해서 2016년 리우 패럴림픽을 앞두고 최고의 경기를 펼쳤고, 7일 동안 7개의 금메달을 딴 브라질의 다니엘 디아스의 뛰어난 활약이 있었다. 벨라루스의 패럴림픽 챔피언 Ihar Boki는 믿을 수 없는 5개의 세계 기록과 6개의 금메달을 획득했다.

2017년 대회부터 대회 명칭이 세계패러수영선수권대회 World Para Swimming Championships 로 변경되었다. 12월 초 멕시코 멕시코시티에서 열렸으며, 70개국에서 약 304명의 선수들이 대회에 참가하고, 중국이 가장 많은 금메달과 메달을 획득해 1위를 차지했다. 그런데 안전상의 문제로 영국과 러시아 선수단이 선수권대회에 기권했다. 2019년 런던 세계수영선수권대회는 대회 개최지를 재선정하여 이루어진 대회로써, Allianz의 후원대회로 그 명칭은 2019년 세계패러수영알리안츠챔피언십 2019 World Para Swimming Allianz Championships 이었다. 이 대회는 2017년 IPC가 말레이시아 쿠칭 Kuching 에서 개최될 것이라고 발표했는데, 2019년 1월 27일, 말레이시아 정부가 이스라엘 선수들의 참가를 거부했기 때문에 개최권을 박탈하여 영국 런던에서 열리게 된 것이다. 행사는 알리안츠 Allianz 회사가 후원하며 대회 명칭에 회사 명칭이 반영되었고, 2020년 도쿄 패럴림픽의 주요 예선전이며, 제10회 세계선수권대회이었다. 이 대회는 영국에서 열린 2015년 글래스고 Glasgow 대회에 이어 두 번째였다. 73개국에서 약 637명의 선수가 참가하였다. 2022년 세계패러수영선수권대회 2022 World Para Swimming Championships 는 제11회 세계수영선수권대회 World Para Swimming Championships 이다. 2022년 6월 12일부터 18일까지 포르투갈의 마데이라(Madeira)에서 열렸다. 원래 2021년에 열릴 예정이었으나, 2020년 도쿄 패럴림픽이 2021년으로 연기되면서 2022년 여름으로 연기되었다. 이 대회에는 59개국에서 488명의 선수들이 참가했다. 2023년 대회는 2015년 글래스고, 2019년 런던 대회에 이어 영국 맨체스터에서 세 번째로 열리는 세계선수권대회이다.

세계패러수영 월드시리즈

세계패러수영연맹은 2017년부터 세계패러수영월드시리즈 World Para Swimming World Series 를 개최하기 시작하였다. 2017년 세계패러수영월드시리즈는 세계 각국의 패럴림픽 위원회 NPC 와 수영연맹 NF 이 규칙과 규정을 일관되게 적용한 대회에 참가함으로써 자체 프로그램을 더 잘 계획하고 개발할 수 있도록 하고, 선수권대회와 마찬가지로 선수들에게 더 많은 등급분류 안내와 현장 지원을 하고 있고, 대회 개최국의 자원봉사 인력 활동 장소를 제공하며 국제 및 국가 기술위원을 양성하여 인력을 확보하고 기술 수준 향상을 목표로 개최하기 시작하였다. 또한 월드시리즈는 이전에 주로 지역 또는 세계 선수권 대회 수준에서 수행되었던 기술 및 등급분류 연구를 수행하기 위한 플랫폼으로도 사용하는 것이다(World Para Swimming, 2017). 따라서 전 세계 여러 국가를 순회하며 열리는 수영대회인 월드시리즈(World Series)는 선수들에게 더 많은 등급분류 기회와 최고 수준의 경쟁 기회를 제공하고 있다(IPC, 2022c).

2017년부터 시작된 월드시리즈 World Series 는 매년 4개국 이상의 도시를 순회하며 열린다. 경기는 다수 등급 Multi Class 또는 다수 등급 예선 Multi Class Heats 과 단일 등급 결승 Single Class Finals 경기 형식(대회조직위원회 LOC 의 재량에 따라)으로 진행된다. 만약 선수가 국제 등급분류를 받지 않고 대회에 참가할 경우(그리고 해당 대회에서 등급분류를 받지 않은 경우), 그 선수는 예선 경기에는 참가할 수 있지만 어떤 경우에도 결승에 진출할 수 없다. 대회조직위원회 Local Organising Committee, LOC 는 세계 패러 수영 규칙 및 규정 10.4.1항에 따라 세계 패러 수영 경기 종목의 목록에서 종목을 선택할 수 있으며, 이는 세계 패러 수영 세계 시리즈 랭킹을 결정한다. 이 프로그램은 LOC와 세계패러수영연맹이 협의하여 완결되며, 등급과 성별 간의 공평한 분배를 보장한다. LOC 는 아래에 제시된 릴레이 종목 중 최소 3개 종목은 실시해야 한다. 계영 결과는 세계 패러 수영 세계 시리즈 순위에 나타나지 않는다.

선수들의 경기력은 등급별로 정해 놓은 점수를 획득하는 포인트 시스템 points system 을 채택하고 있고, 월드 패러 스위밍 월드시리즈 웹 사이트 World Para Swimming World Series Website 를 통해 확인할 수 있다. 세계 패러 수영 세계 시리즈 랭킹은 등급에 관계없이 매년 최고의 패러 수영 선수를 선정할 것이다. 이 순위는 월드 패러 수영 웹사이트에 게재되며, 각 월드시리즈 경기가 끝난 후 업데이트될 것이다.

각 월드시리즈 대회에서 각 선수의 월드시리즈 경기력은 점수로 계산된다. 이 점수는 각 월드시리즈 대회의 월드 패러 수영 종목 목록(규칙 10.4.1) 중 두 개의 다른 종목에서 획득한 최고 점수 두 개를 합산하여 계산한다. 포인트 점수는 예선 또는 결승에서 얻을 수 있다. 선수가 한 종목만 수영하면 순위에 나타나지 않는다. 선

- 혼성 4 X 100m 자유형 34 points (S1-10)
- 혼성 4 X 100m 계영 34 points (S1-10)
- 혼성 4 X 50m 자유형 20 points (S1-10)
- 혼성 4 X 100m 자유형 49 points (S11-13)
- 혼성 4 X 100m 자유형 S14

〈표 3.1.6〉 월드 패러 수영 시리즈 시상 부문

범주	성별	설 명
종합 최우수 선수	남	월드시리즈 경기력 점수 (최고 이벤트 2개 점수 합산)
	여	
지원이 최고로 필요한 선수(S/SB1-3)	남	월드시리즈 경기력 점수 (최고 이벤트 2개 점수 합산)
	여	
최우수 주니어 선수 (12-18세, 대회연도 12월 31일 기준)	남	월드시리즈 경기력 점수 (최고 이벤트 2개 점수 합산)
	여	
NPC의 최고	혼성	NPC 별 남자 최우수 선수 2명과 여자 최우수 선수 2명의 월드시리즈 성적 점수

수가 3개 이상의 종목을 수영할 경우, 합산된 최고 점수 2개만 순위에 포함된다. 따라서 선수가 두 번 이상의 월드시리즈 대회에 참가하는 경우 가장 좋은 2번의 월드시리즈 경기력 점수 World Series Performance Scores 가 합산된다(World Para Swimming, 2019).

시즌 종료 후 세계패러수영연맹은 〈표 3.1.6〉과 같은 부문에서 상을 수여한다.

2017년 수영 월드시리즈는 덴마크 코펜하겐, 브라질 상파울루, 영국 셰필드, 미국 인디애나폴리스, 독일 베를린 등 세계 5개 도시에서 개최되었다. 2017년 월드시리즈에서는 브라질의 다니엘 디아스 Daniel Dias 와 이탈리아의 모니카 보고오니 Monica Boggioni 가 남녀 개인전 우승을 차지했다. 칠레의 Alberto Albarza와 카자흐스탄의 Zulfiya Gabidulina가 S/SB 1-3 High Support Needs 순위에서 1위를 차지했다. 18세 이하 여자 주니어 부문에서는 호주의 Lakeisha Patterson이, 남자 주니어 부문에서는 영국의 Jordan Catchpole이 우승했다. 국가 패럴림픽 위원회의 타이틀은 영국 팀에게 돌아갔다.

2018년 수영 월드시리즈는 2017년 개최 도시에 이탈리아 리그나노 사비아도로가 추가되어 개최되었다. 시리즈 결과, 브라질의 다니엘 디아스 Daniel Dias 가 2017년에 이어 남자 개인 월드시리즈 우승을 차지했으며, 여자부는 영국의 Louise Fiddes가 1위를 차지했다.

2019년 수영 월드시리즈는 2월부터 6월까지 4개 대륙 7개국에서 열리는 역대 최대 규모였다. 이 대회는 세 번째 시즌으로 접어들면서 지구상에서 가장 크고 가장 전통적인 행사에 세계 최고 수준의 수영 선수들이 참가하였다. 호주와 싱가포르는 월드시리즈 개최국으로 데뷔하는 두 국가로 싱가포르는 아시아에서 최초로 월드시리즈를 개최한 국가였다. 2019년 시즌에는 84개국에서 1,300명 이상의 선수들이 참가하였다. 스페인의 안토니 폰스 Antoni Ponce 가 남자 개인전 우승자로 등극했고, 영국의 앨리스 타이 Alice Tai 가 여자 개인전 우승을 차지했다.

2020년 수영 월드시리즈는 패럴림픽의 해에 열리는 첫 번째 대회였고, 전 세계 수영 선수들이 도쿄 2020에 대비해 다음 시즌을 미리 계획하고 수준 높은 경기를 할 수 있는 기회였지만 코비드-19에 따른 팬데믹으로 대회가 취소되었다.

2021년 세계패러수영 월드시리즈는 2020년 도쿄 패럴림픽을 앞두고 4월부터 6월까지 3개 대륙에서 5개

대회를 확정하였다.

2022년 수영 월드시리즈는 유럽, 오세아니아, 아메리카의 6개 도시에서 개최 하였다.

2023년 수영 월드시리즈는 2월에 시작하여 11월에 끝나는 일정으로 4개 대륙에 걸쳐 9개의 도시에서 개최되었다.

World Para Swimming은 올림픽 상대인 국제수영연맹 International Swimming Federation, FINA 과 동일 규칙을 사용하며, 필요한 경우 약간의 수정을 가하고 있다. World Para Swimming과 FINA 간의 지속적인 접촉 외에도, 두 조직이 공통 관심사를 공유하는 분야에서 시너지 효과를 위한 기회를 모색하고 있다.

02 지적장애 수영

수영은 생활체육으로 즐기거나 경기 관람을 위해 많은 사람들에게 인기가 있는 스포츠 중 하나이다. 수영은 경쟁을 목적으로 배우는 경우도 있지만, 생활 스포츠로서의 중요성 또한 크며, 수상 안전을 위한 필수적인 운동으로 여겨진다. 지적장애인을 위한 수영의 역사는 스페셜올림픽의 개최와 함께 시작되었으며, 엘리트 스포츠로서의 역사는 1989년 제1회 지적장애 세계경기대회 World Games for Athletes with an Intellectual Disability 에서 수영 종목이 포함되면서 본격적으로 시작되었다.

스페셜올림픽 수영 경기 ──────────────

스페셜올림픽은 지적장애가 있는 아동과 성인을 대상으로 다양한 올림픽 형식의 스포츠를 통해 연중 스포츠 훈련과 체육대회를 제공하는 프로그램으로, 이들은 체력을 향상시키고 용기를 발휘하며 기쁨을 경험할 수 있도록 지원한다. 또한, 가족, 스페셜올림픽 참가 선수, 지역사회와 함께 재능, 기술, 우정의 나눔 기회를 지속적으로 제공하는 것을 사명으로 삼고 있다(Special Olympics, 2022a). 첫 번째 대회는 1968년 미국 시카고의 군인 훈련장 Chicago's Soldier Field 에서 개최되었으며, 이 대회에서는 수영 경기가 포함되었고, 수영장은 운동장에 임시로 설치되었다. 당시 지적장애가 있는 사람들이 수상 안전을 위해 수영을 배우거나 여가 활동으로 수영을 즐기는 문화가 형성되어 있지 않았고, 장애 아동 지도자 및 수영 지도자들은 수영이 지적장애인에게 위험할 것이라고 믿었다. 이러한 우려로 인해 미국 적십자사는 대회의 모든 수영 경기를 철저히 감시할 자원 구조대를 수영장 주변에 배치하였으며, 참가 선수들의 안전을 보장하기 위해 적극적으로 협력하여 대회가 무사히 진행될 수 있도록 하였다. 그러나 대회 준비 과정에서 지적장애 선수들이 수영 경기를 하는 것이 위험하다는 부정적인 예측은 경기 진행을 통해 잘못된 것으로 입증되었다. 선수들은 수영을 훌륭히 수행하였고, 경기 중 어떠한 문제도 발생하지 않아 경기장에 배치된 안전요원의 활동이 특별히 필요하지 않았다. 수영 경기는 25야드 자유형과 25야드 배영으로 진행되었다(Special Olympics, 2022b).

현재 수영 경기는 4년마다 열리는 하계 스페셜올림픽 대회의 필수 종목으로 자리 잡고 있으며, 대회 본부는

[그림 3.1.11] 제1회 스페셜올림픽 대회 Chicago's Soldier Field 수영장 건설(좌)과
수영장 주변에 배치된 안전요원 모습(우)

수영 지도자를 위한 코칭 매뉴얼을 제작하여 보급하고 있다. 또한, 수영 경기에 참여하고자 하는 선수의 수는 지속적으로 증가하고 있다. 오늘날 수영 경기는 성별, 연령, 운동 능력에 따라 개발 종목 Developmental Events , 개인 종목, 팀 종목으로 나누어 개최되고 있다.

국제지적장애인경기연맹

국제지적장애인경기연맹은 지적장애가 있는 선수들을 위한 국제연맹의 기구 이름으로 국제패럴림픽위원회의 창립 멤버이었으며, 지적장애가 있는 선수들을 위해 엘리트 스포츠를 장려하는 국제기구이다. 이 기구는 1986년 엘리트 스포츠에 지적장애가 있는 선수의 참여를 장려하는 네덜란드의 스포츠 관련 전문가들에 의해 설립되었다(Wikipedia, the free encyclopedia, 2022d). 설립 당시의 명칭은 INAS-FMH International Sports Federation for Persons with Mental Handicap 이었고, 1994년 INAS-FID International Sports Federation for Persons with Intellectual Disability 로 변경되어 INAS로 부르다가 2000년 시드니 패럴림픽 부정선수 사건 이후 2004년 아테네 패럴림픽, 2008년 베이징 패럴림픽 출전 정지라는 징계가 있은 후, 2019년 지적장애 스포츠의 이미지 변화를 위하여 기구 명칭을 Virtus로 변경하였다. 'Virtus'라는 용어는 세계 지적장애 스포츠 World Intellectual Impairment Sport 을 뜻하며 고대 로마에서 처음 사용된 라틴어이다(IFAPA, 2020). Virtus는 엘리트 경기를 위한 지적장애 선수들의 자격을 관리하고 지적장애 스포츠 발전을 추구하는 국제장애인스포츠기구이다.

지적장애 선수들의 수영 경기는 국제 종합경기대회인 글로벌 게임 Global Games 을 비롯해 세계수영선수권대회 World Championships , 월드시리즈 World Para Swimming World Series , 유럽수영선수권대회 European Championships 등의 프로그램으로 개최되고 있다. 글로벌 게임은 2004년 제1회 대회를 시작으로 4년 주기로 개최되는 종합경기대회로 2019년 대회에는 수영을 비롯해 11개 종목이 개최되었는데, 육상과 수영은 제1회 대회부터 대회 종목이 많은 경기이었다. 한국 선수단은 2009년 제2회 체코 대회부터 수영 경기에 참여하여 좋은 성과를 거두었으며 참가국 순위에 올리고 있다(한국 장애인 수영 역사 참조).

<표 3.1.7> 역대 Global Games

회	연도	개최국/도시	종목	참가국	한국 수영 성적/총순위
1	2004	Sweden, Bollnäs	6	40	–
2	2009	Czech Republic, Liberec	9	34	금 6, 은 4, 동 5, 8위
3	2011	Italy, Loano	9	30	금 3, 은 2, 동 2, 8위
4	2015	Ecuador, Various	8	35	금 9, 은 3, 동 2, 5위
5	2019	Australia, Brisbane	11	50	금 1, 은 1, 동 5
6	2023	France, Vichy	10		

출처: Virtus (2022a). Global games results https://www.virtus.sport/results-rankings-records#tab-id-16

<표 3.1.8> 역대 Virtus(2017까지 INAS) Swimming Championships

회	연도	개최국/개최도시	참가국	한국 성적
1	1989	Sweden, Härnösand	7	
2	2004	Hong Kong, Hong Kong	14	
3	2005	Czech Republic, Liberec	16	금 1, 동 2
4	2007	Belgium, Ghent	17	금 2, 은 4, 동 2
5	2013	New Caledonia, Noumea	9	
6	2017	Mexico, Aguascalientes City	19	
7	2021	France, Montlucon	8	

출처: Virtus (2022a). World simming championships results https://www.virtus.sport/results-rankings-records#tab-id-16

    Virtus는 종목별로 세계선수권대회를 개최하고 있으며, 수영 선수권대회는 패럴림픽 수영 S14 등급 선수들의 경기를 Virtus가 주관하여 진행되는 국제 수영 대회이다. 이 선수권대회는 1989년 제1회 대회를 시작으로 2021년까지 총 7회에 걸쳐 개최되었다. 2017년 멕시코 아과스칼리엔테스에서 열린 세계선수권대회 World Championships 는 다운증후군과 및 자폐증을 가진 운동선수들이 새로운 자격 그룹으로 처음으로 참가한 대회로 주목받았다. 2021년 제7회 선수권대회는 원래 브라질에서 개최될 예정이었으나, 코로나-19 팬데믹으로 인해 계획이 변경되어 프랑스의 Virtus 회원 체육단체가 주최하게 되었다. 이로 인해 이전에 참가했던 국가들이 코로나-19의 영향으로 참여를 꺼리면서 단 8개국만이 대회에 참가하였다. 그럼에도 불구하고 II2 자격 그룹(지적 장애 및 심각한 추가 장애가 있는 선수)에서는 5개의 새로운 세계 신기록이 수립되었으며, 이는 훈련이 어려운 상황에서도 선수와 코치의 노력의 결과로 나타난 대회였다. 우리나라는 2005년 체코 대회와 2007년 벨기에 대회에 참가하여 입상한 경험이 있다.

지적장애 수영은 프로그램의 일환으로 S14 등급에 출전하는 선수들에게 다양한 메달 종목이 제공되고 있다. 지적장애 수영은 1992년 9월 스페인 마드리드에서 개최된 '제1회 지적장애인 패럴림픽 Paralympic Games for Persons with a Mental Handicap'에서 70개국이 참가하는 정식 종목으로 도입되었다. 이후 1996년 미국 애틀랜타 패럴림픽에서는 100m 자유형 남녀 2종목이 시범 경기로 진행되었으며, 2000년 시드니 패럴림픽에서는 육상, 수영, 농구 등 다양한 종목이 포함되어 더 많은 지적장애 선수들이 참여할 수 있는 기회를 제공하였다(Bailey, 2008). 그러나 스페인 농구 선수들이 자격 결정 시스템을 조작하여 일반 선수가 참가한 사실이 밝혀지면서, 지적장애 선수들의 패럴림픽 참여는 2009년까지 중단되었다. 이후 2012년 런던 패럴림픽부터는 수영 S14 등급 경기가 공식적으로 재개되어 개최되고 있다.

2000년 시드니 대회에서의 지적장애 선수 자격과 관련된 부정적인 사건은 지적장애 스포츠 특히 인지도가 높은 수영 선수들에게는 대단히 충격적인 사건이었다. 국제 등급의 문제는 지속적으로 개선의 여지가 있는 것으로 연구되면서 국제지적장애스포츠연맹은 공정한 등급분류를 위해 많은 노력을 기울이고 있다. 2017년 멕시코 아과스칼리엔테스 Aguascalientes 에서 열린 세계선수권대회 World Championships 에서는 지적장애의 정의 AAIDD, 2010; WHO ICD-10 and ICF-2001 에 따른 II1 그룹 이외에 다운증후군(II2 그룹)과 자폐증(II3)이 있는 운동선수들이 새로운 자격 그룹으로 처음으로 시도되었다.

Virtus는 패럴림픽 및 패럴림픽 대회 이외의 경기대회에서 지적장애가 있는 엘리트 선수들에게 경기할 기회를 제공하는데, Virtus 수영대회는 엘리트 선수가 아닌 선수에게 기회를 제공하는 스페셜올림픽과는 차이가 있다.

03 데플림픽(Deaflympics)

데플림픽 Deaflympics 은 청각장애인을 위한 국제 종합경기대회로, 장애인 스포츠 대회 중 가장 오랜 역사를 지닌 행사이다. 이 대회는 1924년 프랑스 파리에서 9개국 148명의 선수가 참가하여 시작되었으며, 올림픽과 유사하게 4년마다 개최된다. 제1회 대회에서는 수영 종목에 프랑스, 영국, 이탈리아, 네덜란드, 폴란드 등 5개국에서 20명(남성 19명, 여성 1명)이 참가하였고, 남성 선수들은 자유형 100m, 1500m, 4×100m 릴레이, 배영 100m, 평영 100m 등 5개 종목에서, 여성 선수는 배영 100m에서 경쟁하였다.

데플림픽에 참가하기 위해서는 데플림픽위원회에 등록된 선수이어야 하며, 청력 손실이 55dB 이상인 청각장애인이어야 한다. 또한, 경기 중에는 보청기나 와우이식 보조기를 착용할 수 없다.

대한민국은 1985년 제15회 미국 로스앤젤레스 데플림픽에서 처음으로 대회에 참가하였으며, 2009년 제21회 대만 하계 타이베이 데플림픽에서는 수영 종목에서 자유형 50m에서 24초20의 기록으로 금메달을 획득하였다. 또한, 남자 100m 배영에서 1분 1초 45의 기록으로 은메달을, 자유형 100m에서 동메달을 차지하였다.

04 우리나라의 장애인 수영

우리나라에서 수영은 전통적으로 계절 운동으로 자리 잡아 왔습니다. 실내 수영장이 전국적으로 건립되기 이전에는 여름철에만 가능한 운동으로 여겨졌다. 특히, 수영은 장애인을 위한 재활 운동으로 매우 유용한 수단이지만, 우리나라에서는 장애인들이 이를 재활이나 여가 활동으로 활용하기 어려운 상황이었습니다. 스포츠 활동으로서 수영은 일상적으로 접근하기 힘든 운동으로 인식되었다. 특수학교의 체육 교육 과정에는 체조와 육상과 함께 필수 과목으로 포함되어 있었으나, 실제로 이를 이행하는 데에는 많은 어려움이 따랐다.

1963년 8월 7일부터 12일까지 서울 선희학교에서 개최된 제1회 농아학생 수영강습회는 장애인 학생들의 체육 활동 여건이 미비했던 시기에 처음으로 이루어진 수영 교육으로 평가된다. 당시 수영을 위한 환경은 매우 열악했으나, 1975년 2월 8일 한국소아마비아동특수보육협회가 서울 성동구 구의동에 소아마비 청소년을 위한 신체활동 및 직업 교육을 위한 종합 교육시설인 정립회관을 설립하면서 상황이 개선되었다. 이 시설에는 소아마비 청소년을 위한 체육관과 수영장이 개관되어 장애인 청소년들이 실내에서 수영할 수 있는 환경이 조성되었다. 이후 1975년부터 수영 대회가 개최되기 시작하여 여러 해에 걸쳐 지속되었다.

우리나라에서 장애인 체육 종합 경기대회 중 가장 오랜 역사를 가진 행사는 1967년에 개최된 제1회 전국상이군경체육대회이다. 이 대회에서는 1990년 제24회 대회부터 척수 손상자와 절단 장애인을 위한 수영 종목이 포함되었다.

우리나라의 수영 선수들이 국제대회에 발을 디디기 시작한 것은 1984년 스토크맨드빌 뉴욕 패럴림픽대회부터이다. 우리나라 패럴림픽 선수단은 1988년 서울 패럴림픽 대회 유치 후 거의 불모지와 다름없었던 장애인체육 선수 발굴과 경기 경험을 위한 선수단을 파견하게 되었고, 이 대회에 시각장애 경기에 한창석(B1), 정중원(B2) 기타장애 경기에 용필성(L5), 척수장애 경기 이운봉(2등급) 등 4명의 선수가 출전하였다. 우리나라가 주최국이었던 1988 서울 패럴림픽 수영 경기에는 16명(여자 선수 1명 포함)의 선수가 참가했다. 수영하는 선수가 더 있었다면 여러 장애 유형별로 더 많은 선수가 출전할 수 있었겠으나 실상은 그러하지 못했다. 그러한 가운데서 대회 성적은 뇌성마비 등급에서 금메달 1개, 동메달 2개, 그리고 기타장애 등급에서 동메달 1개를 획득하는 성과를 내었다. 우리나라 선수단이 패럴림픽 대회에 참가하여 수영 종목에서 처음으로 메달을 획득한 것이다. 그리고 패럴림픽에 여자 수영선수가 처음 참가한 대회이기도 하다.

[그림 3.1.12] 2016년 리우 패럴림픽에서 금 3개를 획득한 조기성 선수

우리나라는 패럴림픽 대회 때마다 수영선수를 출전시키기 위해 노력하고 있지만, 수영 저변 인구 확보가 여의치 않은 실정이라고 볼 수 있다. 1996년 애틀랜타 대회에서 S7 등급의 김수복 선수가 동메달을 획득한 이후 두 번의 패럴림픽을 별다른 성과를 거두지 못했으며, 2008년 베이징 대회에 이르러서 민병언 선수(S3

〈표 3.1.9〉 한국 수영 선수의 패럴림픽 참가 현황과 성적

패럴림픽 대회	선수명	등급	종목	성적	기록	한국 참가 선수
1984년 스토크맨드빌	–	–	–	–	–	한창석, 정중원, 이운봉, 용필성
1988년 서울	김종우	C3	배영 200m	1위	04:23.38	안방연, 문병남, 남인범,박종만, 김종우, 송구영, 임민순, 용필성, 최평림, 배상태, 박승정, 김수복, 강성훈, 이원부, 정영수, 신옥란(여)
	임민순	C6	자유형 100m	3위	01:32.03	
	용필성	L5	자유형 100m	3위	01:05.99	
	배상태	C8	평영 100m	3위	01:45.11	
1992년 바르셀로나	–	–	–	–	–	안방연, 용필성, 강성훈,
1996년 애틀랜타	김수복	S7	배영 100m	3위	01:20.18	김수복, 용필성
2000년 시드니	–	–	–	–	–	김수복, 박종만, 유효경
2004년 아테네						박종만, 이형용, 백민준, 이선욱
2008년 베이징	민병언	S3	배영 50m	2위	00:44.80	민병은, 임우근, 이권식, 김지은(여)
		S3	자유형 50m	3위	00:45.75	
2012년 런던	임우근	SB5	평영 100m	1위	01:34.06	민병은, 임우근, 이인국, 김경현, 정양묵, 조원상, 김지운(여) 전미경(여), 박세미(여)
	민병언	S3	배영 50m	1위	00:42.51	
	조원상	S14	자유형 200m	3위	01:59.93	
2016년 리우	조기성	S4	자유형 50m	1위	00:39.30	임우근, 이인국, 조원상, 정양묵, 한동호, 조기성, 권현, 강정은(여)
			자유형 100m	1위	01:23.36	
			자유형 200m	1위	03:01.67	
	이인국	S14	배영 100m	1위	00:59.82	
	임우근	SB5	평영 100m	2위	01:35.18	
2020년 도쿄	–	–	–	–	–	이인국, 조원상, 정양묵, 조기성, 강정은(여)
경기 결과	금메달 7개, 은메달 2개, 동메달 6개					

등급)가 배영 50m에서 은메달, 자유형 50m에서 동메달을 따면서 수영 종목에 관심이 높아졌다. 민병언 선수는 2012년 런던 패럴림픽 S3 등급 배영 50m 종목에서 42초51로 세계 신기록을 작성하며 금메달을 획득하여 수영계를 놀라게 했다. 이 기록은 현재까지 S3 등급 배영 50m 세계 신기록으로 남아 있다. 런던 대회는 임우근 선수가 SB5 평영 100m에서 금메달, 조원상 선수가 S14 자유형 200m에서 동메달을 획득하였다. 런던 대회의 성과는 지적장애 S14 등급 선수들에게 희망을 불어넣어 준 대회로서 INAS(현 Virtus) Global Games, 세계수영선수권대회, 월드시리즈에 꾸준히 참가하는 계기가 되어 우수한 성적을 거두고 있다. 2016년 리우 패럴림픽에서는 우리나라 패럴림픽 수영 경기 역사상 최초로 조기성 선수가 S4 자유형 50m(39.30), 100m(1:23.36), 200m(3:01:67)에서 3개의 금메달을 획득하였고, 이인국이 S14 배영 100m 금메달, 임우근이 런던 대회에 이어 SB5 평영 100m 은메달을 획득하여 대한민국 패럴림픽 선수단의 메달 순위(금메달 7개 중 수영 종목이 4개 차지)를 상위로 끌어올리는 데 큰 역할을 하였다. 2020년 도쿄 패럴림픽에는 이전 대회

〈표 3.1.10〉 세계패러수영선수권대회 개요

회	연도	개최국과 장소	한국의 출전 선수
		IPC Swimming Championships	
1	1990	네덜란드, Assen	–
2	1994	몰타, 발레타	–
3	1998	뉴질랜드, 크라이스트처치	–
4	2002	아르헨티나, Mar del Plata	백민준(S5)
5	2006	남아프리카, 더반	이권식(SB4), 박종만(S5), 김지은(여 S7)
6	2010	네덜란드, 에인트호벤	–
7	2013	캐나다, 몬트리올	전미경(여 S4), 이인국(S14), 조원상(S14), 정양묵(S14)
8	2015	영국, 글래스고	조기성(S4), 임우근(SB5), 조원상(S14), 정양묵(S14)
		World Para Swimming Championships	
9	2017	멕시코, 멕시코시티	이인국((S14), 조원상(S14), 강정은(여 S14)
10	2019	영국, 런던	조기성(S4), 이인국(S14), 이주영(S14), 강정은(여 S14)
11	2022	포르투갈, 마데이라	조기성(SB3), 조원상(S14), 강정은(여 S14), 임은영(여 S8)
12	2023	영국, 맨체스터	조기성(S4, SB4), 조원상, 이인국(S14), 강정은(여 S14), 임은영(여 S8)

에서 메달을 획득하였던 선수들을 포함하여 5명의 선수가 수영 종목에 참가하였는데 메달 성과는 없었다. 그리고 시각장애 등급 선수들은 1986년 패럴림픽 대회에 한창석(B1), 정중원(B2)이 참가하였고, 1988년 서울 패럴림픽 대회에 남인번(B1)이 참가한 이후 더 이상 참가한 선수는 없었다. 우리나라 시각장애 수영은 불모지나 다름없는 실정이다.

한국 선수들은 2002년 제4회 세계 수영선수권 대회부터 꾸준히 참가하고 있다(표 3.1.10). 참가 선수들의 면면을 살펴보면 2013년 대회부터 지적장애 선수들이 대회에 참가하기 시작하여 매 대회 때마다 S14 등급의 선수들이 참가하고 있고 신체장애 등급의 선수는 한두 명에 그치고 있으며 시각장애 선수는 전혀 없는 실정이다. 등급 전반에 걸쳐 선수층이 엷어서 수영 종목에서의 성적은 매우 제한적일 것으로 생각된다.

우리나라의 장애가 있는 수영 선수들의 국제경기대회 참가의 경향은 2000년 시드니 패럴림픽 부정 선수 출전 사건 후, 국제지적장애인스포츠연맹 Virtus - 전 INAS 주최 대회의 개최와 2012년 런던 패럴림픽 대회에 지적장애 선수들의 출전 기회가 주어지면서 신체장애(척수 손상, 뇌성마비, 기타장애 등) 선수들의 참여 빈도보다는 지적장애 선수들의 활동이 활발해졌다. 지적장애가 있는 선수들은 패럴림픽 대회를 비롯해 IPC World Para Swimming 주최의 세계선수권대회 및 2017년부터 세계패러수영 월드시리즈 World Para Swimming World Series, 국제지적장애연맹이 2004년부터 개최하는 종합경기대회인 Global games와 수영선수권대회 에 참가할 수 있다. 우리나라 수영 선수들은 Global games에 2009년 체코 대회부터 참가하고 있는데 종합경기대회임에도 불구하고 대회 때마다 수영선수들이 주축이 되어 입상 실적을 내고 있다. 2회 대회에서는 한국 선수단이 입상한 16개의 메달 중 16개를 수영선수들이 획득하여 종합 성적 9위를 차지하는 역할을 하였다. 이 대회에 출전한 조원상(금 2개, 동 2개), 김진호(금 1개, 은 1개, 동 1개), 김준환(동 1개), 안진용(동 1개), 정양묵(금 3개)과 팀 경기(은 3개, 동 1개) 등 모든 선수가 입상했으며, 배영 200m에 출전한 김진호 선수는 2분 21초 95의 세계 기록을 내면서 1위를 하였다(표 3.1.11). 2011년 제3회 이탈리아 Global games에서 우리나라는 금 3개, 은 2개, 동 2개를 획득하여 선수단의 총 13개 메달 중 7개를 획득하여 출전 국가순위 8위를 하는데 기여했다. 2015년 제4회 에콰도르 대회에서는 우리나라 선수단은 처음으로 4명의 여자 선수들이 출전하였고, 이인국 선수가 금 4개, 정양묵 금 2개, 강정은 금 3개를 비롯해 15개의 메달을 획득하여 종합순위 5위를 하였다. 제5회 2019년 오스트레일리아 대회에서는 이전 대회만큼 많은 메달을 획득하지는 못했으나, 팀 경기(400m 계영)에서 최태혁, 김반석, 조원상, 김동현 선수가 4분 11초 44로 세계 기록을 달성하며 1위를 차지하였다.

세계 장애인 수영은 2017년부터 시작된 월드시리즈 World Series 를 매년 4개국 이상의 도시를 순회하며 개최하면서 수영 경기의 발전을 도모하고 있다. 우리나라 선수들도 월드시리즈에 참가하며 포인트를 쌓고 있다. 연간 4회 이상 개최하는 월드시리즈 대회에 모두 참가하고 있지는 못하고 있지만 출전할 수 있는 여건이 허락되는 한 대회 경험 축적을 참가하고 있다. 2019년 싱가포르 세계패러수영 월드시리즈에 11명(남 9명, 여 2명)이 참가하였으며, 2021년 베를린 대회에 조기성, 루이스빌 대회에 조원상 선수가 참가하였고, 2022년 베를린 월드시리즈에는 임은영, 권용화 선수가 참가하였다.

우리나라에서 사람들이 수영할 수 있는 환경은 과거와는 비교가 안될 정도로 많이 발전하였지만 계절적인 영향과 실내 운동이라는 제한은 아직도 수영하는 인구가 많지 않은 이유가 될 것이다. 장애가 있는 사람들이 운동하는 환경은 장애가 없는 사람들에 비하여 더욱 열악할 것이다. 청각장애 스포츠가 발전하기 위해서는 청각장애가 있는 사람들이 스포츠 활동에 적극적으로 참여하여 저변을 확대하는 일이 중요할 것이다. 그러한 가운데 수영하는 사람들이 많아지면 국내외 대회에도 출전할 기회를 만들 수 있을 것이다. 청각장애의 국제 제전인 데플림픽에 참가하기 시작한 것은 40여 년 전인 1985년에 미국 로스앤젤레스 대회부터이지만 청각장애가 있는 수영 선수가 데플림픽에 참가하여 처음으로 메달을 획득한 것은 2009년 9월 제21회 타이베이 데플림픽이다. 이 대회에서 김건오 선수는 남자 100m 자유형 동메달, 100m 배영 은메달 그리고 자유영 50m 결선에서 24초20으로 1위를 기록하며 금메달을 획득하였다. 김건오는 2012년 아시아태평양농아인경기내회에서도 남자 자유형 50m 경기에서 금메달을 획득하였다. 2013년 불가리아 소피아 데플림픽의 수영팀은 한국 수영 대표팀의 박태환을 지도하였던 노민상 감독이 지도하여 장경원, 유효상, 김덕원, 김건오 등 4명의 선수가 출전하였는데, 김건오 선수가 50m 자유형 동메달 획득하였다. 2022년 브라질 카시아스두술 데플림픽 수영 경기에는 채예지, 우현욱, 우상욱, 임장휘, 박세경, 이태윤 등 6명의 선수가 출전하여 선전하였다.

우리나라의 장애인 수영 종목에 등록된 선수 수는 점차 증가하는 추세에 있으나, 선수층이 얇아 뛰어난 기량을 가진 선수만이 메달을 기대할 수 있는 상황이다. 특히, 해당 선수는 3회 이상 장기간 대회를 주도하고 있으며, 여성 선수의 수는 〈표 3.1.12〉에서 확인할 수 있듯이 상대적으로 적어 메달 획득이 어려운 현실이다. 국제 대회에서 수영 종목은 육상과 함께 다양한 종목이 포함된 경기로, 기량이 우수한 선수는 다수의 메달을 획득할 가능성이 높다. 따라서 경기 단체와 지도자는 선수 발굴을 위한 정책과 지원을 지속적으로 추진해야 할 필요성이 있다.

〈표 3.1.11〉 한국 지적장애 수영 선수의 Virtus Global Games 참가 현황과 성적

Global games	선수명	종목	성적	기록	한국 실적
1회 2004 스웨덴	–	–	–	–	미참가
2회 2009 체코	조원상	배영 100m	1위	01:06.31	– 금 6, 은 4, 동 6 – 총 16개 – 종합순위 9위 [팀선수] 김진호, 정양묵 김준환, 조원상
		배영 50m	3위	00:31.89	
		자유형 50m	1위	00:26.00	
		자유형 200m	3위	02:06.72	
	김진호	배영 100m	3위	01:08.84	
		자유형 400m	2위	04:33.64	
		배영 200m	1위	02:21.95 WR	
	김준환	배영 200m	3위	02:30.02	
	안진용	평영 200m	3위	02:46.27	
	정양묵	개인혼영 400m	1위	05:01.64	
		개인혼영 200m	1위	02:21.14	
		접영 200m	1위	02:19.02	
	한국팀	자유형 800m	2위	08:52.52	
		자유형 400m	3위	04:00.06	
		혼계영 200m	2위	02:02.90	
		혼계영 400m	2위	04:26.36	
3회 2011 이탈리아	조원상	자유형 200m	1위	02:02.24	– 금 3, 은 2, 동 2 – 총 7개 – 종합순위 8위
		접영 50m	1위	00:28.14	
	정양묵	평영 200m	1위	02:30.94	
		평영 100m	2위	01:10.84	
		평영 50m	3위	00:33.16	
	이인국	자유형 100m	3위	00:57.44	
		배영 50m	2위	00:30.39	
4회 2015 에콰도르	이인국	접영 50m	1위	00:26.91	– 금 9, 은 3, 동 2 – 총 14개 – 종합순위 5위 [팀선수] 강정은, 박우선 임재연, 강주은
		배영 50m	1위	00:30.09	
		배영 100m	1위	01:03.08	
		자유형 50m	1위	00:25.35	
	정양묵	평영 100m	1위	01:11.15	
		평영 200m	1위	02:30.54	
	이주영	접영 100m	3위	01:05.15	
	강주은	여) 혼계영 400m	2위	06:3157	
	강정은	여) 배영 100m	1위	01:16.26	
		여) 개인혼영 200m	1위	02:47.37	
		여) 배영 200m	1위	02:45.08	
	한국팀	여) 자유형 계영 200m	2위	02:11.02	
		여) 자유형 계영 400m	2위	04:51.82	
		여) 혼계영 400m	3위	05:30.76	

-[다음 장에 이어서]-

-[앞 장에 이어서]-

Global games	선수명	종목	성적	기록	한국 실적
5회 2019 오스트레일리아	조원상	자유형 50m II1	2위	00:24.94	- 금 1, 은 1, 동 5 - 총 7개 [팀선수] 최태혁, 김반석 조원상, 김동현
		배영 100m II1	3위	01:03.59	
		배영 50m II1	3위	00:28.85	
		접영 50m II1	3위	00:26.54	
		접영 100m II1	3위	00:59.58	
	한국팀	자유형 계영 400m	1위	04:11.44 WR	
		자유형 계영 200m	3위	01:54.90	
경기 결과	(전체) 금메달 19개, 은메달 10개, 동메달 15개				

출처: Virtus (2022). Global games results https://www.virtus.sport/results-rankings-records#tab-id-16

〈표 3.1.12〉 우리나라 수영 선수 등급별/성별 등록 현황(2022년 10월 기준)

등급		S1	S2	S3	S4	S5	S6	S7	S8	S9	S10	S11	S12	S13	S14	청각	합계
성별	남	0	5	8	12	24	29	22	26	30	23	11	6	4	373	15	588
	여	0	0	2	3	11	15	16	15	20	9	4	8	4	90	4	201
합 계		0	5	10	15	35	44	38	41	50	32	15	14	8	463	19	789

출처: 대한장애인수영연맹 (2022)

CHAPTER

2

수영 경기의
등급분류

2

수영 경기의 등급분류

등급분류 classification 라는 용어는 영어 'classification'을 '분류'라 번역하고 장애의 정도를 가벼운 상태에서 심한 상태까지 여러 단계로 구분하는 의미의 '등급'이라는 단어를 결합하여 'classification'을 보다 쉽게 이해할 수 있고 패러(장애인) 스포츠를 대표하는 용어로 자리잡고 있다.

스포츠 경기가 공정하고 공평하게 이루어지기 위해서는 주로 선택적 분류 selective classification 를 기준으로 한다. 선택적 분류의 기준으로는 성별, 연령, 체중 등이 있으며, 경기를 남성과 여성, 초등부, 중등부, 고등부, 일반부 및 체급별로 구분하여 진행하는 것을 의미한다. 선택적 분류는 경기력을 예측할 수 있는 변수에 기반하고 있으며, 다른 변수로 인해 동일 분류 내에서 경기력에 큰 차이가 발생하더라도 그 결과에 미치는 영향을 최소화하는 것을 목표로 한다.

패럴림픽의 등급분류는 일반적으로 선수들의 기술 수준에 따라 그룹화되는 경기력 기반 시스템이 아니디 (Wikipedia, 2022a). 패럴림픽 참가의 기본 요건 중 하나인 적격 장애는 일종의 선택적 분류 기준으로 간주될 수 있으며, 경기에서 선수의 성공은 활동 제한 activity restriction 을 덜 유발하는 장애가 아니라, 다른 경기력 결정 요인(예: 훈련의 양과 질, 심리적 요인 등)의 상대적 영향이 증가한 결과로 나타난다(Tweedy & Vanlandewijck, 2011). 등급분류의 기본 목표는 경쟁자 간에 장애 관련 변인(예: 경련, 마비, 사지 부분 결손)이 균일하지 않도록 하여, 재능, 훈련, 기술, 체력, 정신력에 따라 경기 종목의 승패가 결정되도록 하는 것이다(Sherrill, 1999).

IPC(2007)에 따르면, 등급분류 과정은 두 가지 주요 역할을 수행한다. 첫 번째는 대상자를 결정하는 것이고, 두 번째는 경기를 목적으로 스포츠인들을 그룹화하는 것이다. 이를 통해 경기를 위한 체제를 구축하는 것이다. 즉, 등급분류의 목적은 스포츠 경기에 적합한 참가 자격을 실제로 확인하고, 경쟁이 공정하고 공평하게 이루어지도록 잠재력이 유사한 선수들을 그룹화하는 것이다(Daly & Martens, 2011; IPC, 2015a).

등급분류의 종류

등급분류 classification 는 패럴림픽을 포함한 패러 스포츠 para sports 의 핵심 요소로, 등급분류 없이는 패럴림픽이 성립할 수 없다. 패러 스포츠의 등급분류는 선수들을 경기의 구조화에 따라 여러 기준에 의해 그룹화하는 과정을 포함한다(Vanlandewijck & Chappel, 1996). 패러 스포츠에서 활용되는 등급분류 시스템은 일반적으로 다음과 같은 요소를 고려한다: (1) 선수의 장애 특성과 그 제한의 정도, (2) 스포츠와 관련된 기술을 수행하는 선수의 기능적 능력, (3) 장애 유형은 다르지만 동등한 신체 기능을 가진 선수들, (4) 과학적 증거에 기반한 신체장애 등급분류. 이와 관련하여 다양한 등급분류 시스템의 개요를 제시하며, 마지막으로 스페셜올림픽에서의 경기력 자료를 바탕으로 한 디비전 분류 divisioning 에 대해 설명하고자 한다.

의무(의학적) 등급분류

의무 등급분류 medical classification 는 인체의 해부학적 기능과 구조를 의학적으로 진단하여 스포츠 활동 시 신체 능력의 차이를 분류하는 방법을 의미한다. 신체 능력은 전문의가 도수 근력 검사 manual muscle testing , 관절 가동 범위, 손상 또는 장애 부위, 시각장애인의 시력 등을 평가하여 그 차이에 따라 분류된다. 스포츠 경쟁은 동일한 유형의 장애를 가진 선수들 간에 이루어진다. 의무 등급분류는 1940년대 Ludwig Guttmann 박사가 장애인의 재활 방법으로 스포츠를 고려하면서 척수 손상 부위에 따라 분류하기 시작한 데에서 유래하였다. 1950년대에는 척수 병변의 정도에 따라 선수들 간의 공정한 경기를 위해 보다 공평한 분류 방안이 필요하다는 문제가 제기되었다. 이에 따라 손상에 기반한 등급분류 체계의 개발이 시작되었다(IPC, 2015a). 1980년대 이전, 국제장애인스포츠기구 International Disability Sport Organizations, DSO 는 스포츠의 기초가 되는 장애 특성(유형) 중심의 등급분류 체계 개발을 추진하였다(Tweedy & Vanlandewijck, 2011). 장애 유형으로는 척수 손상, 절단 장애, 기타장애, 시각장애 등이 있으며, 의무 등급분류에서 장애 발생의 원인은 분류 결정 시 고려되지 않으며, 오직 전문의의 의학적 진단만이 선수들의 등급 결정 기준으로 작용한다. 장애 특성을 기반으로 한 의무 등급분류는 다른 방법보다 더 정확하고 객관적인 경향이 있지만, 측정된 해부학적 차이가 스포츠 경기력에 미치는 영향은 상이할 수 있다(Lepore et al., 2007). 패럴림픽에서의 의무 등급분류 시스템은 1988년 서울 패럴림픽 대회까지 의학적 평가와 장애 진단을 통해 신체장애 선수들의 분류 방법으로 적용되었다. 예외적으로 시각 손상이 있는 선수들은 현재까지도 의무 등급분류 시스템을 사용하고 있다. 등급분류 시스템은 장애인 스포츠에 대한 관점이 재활 수단으로만 여겨지던 시기에서 스포츠 활동 자체의 목적으로 전환된 이후, 의학적 진단에 의한 등급분류에서 선수의 기능적 능력에 초점을 맞춘 시스템으로 변화하였다(IPC, 2015a).

기능적 등급분류

기능적 등급분류 functional classification 는 선수의 장애가 스포츠 경기력에 미치는 영향을 고려하여, 특정 스포츠 종목 또는 유사한 기술을 요구하는 스포츠 그룹 내에서 수행할 수 있는 기능적 기술과 수행할 수 없는 기능적 기술을 기반으로 등급을 부여하는 방법이다(Lepore et al., 2007). 이 시스템은 선수의 장애가 경기력에 미치는 정도에 따라 해당 스포츠 종목에 적합한 등급을 할당한다(Twedy & Howe, 2011). 기능적 시스템에서 등급을 결정하는 주요 요소는 의학적 진단이나 평가가 아니라, 개인의 장애가 스포츠 경기력에 미치는 영향의 정도에 있다(Tweedy & Vanlandewijck, 2011). 기능 등급분류 시스템은 특정 장애가 한 스포츠에서는 큰 영향을 미칠 수 있지만, 다른 스포츠에서는 상대적으로 적은 영향을 미칠 수 있다는 점에서 의학적 기반 분류 시스템보다 스포츠에 더욱 특화된 것으로 평가된다(Twedy, 2002). 또한, 기능적 등급분류 체계는 서로 다른 건강 문제(장애 유형)가 있는 선수들이 스포츠에 미치는 영향이 유사하다고 인정될 경우 동일한 등급에서 경쟁할 수 있도록 허용한다는 점에서 의무 등급분류와 차별화된다(Connick et al., 2018). 예를 들어, 팔꿈치 아래가 절단된 경우, 해당 상태는 달리기보다 수영 경기에서 더 큰 영향을 미친다(IPC, 2015a).

기능적 등급분류 체계의 개발은 1970년대 후반에 시작되었으며, 의무 등급분류와 기능 등급분류 접근법 간의 상대적 장점에 대한 논쟁이 지속되었고, 등급 결정 방법의 전환은 느리게 진행되었다. 1989년 국제패럴림픽위원회가 설립되면서 장애인 스포츠의 발전 방향을 모색하였고, 1992년 바르셀로나 패럴림픽에 참가하는 모든 종목은 경기력 중심의 등급분류 체계 개발을 추진하기로 결정하여 기능적 등급분류 체계의 전환을 가속화하였다. 1992년 바르셀로나 패럴림픽을 앞두고 모든 패럴림픽 스포츠는 종목별 기능 등급분류 체계를 사용해야 한다는 지침에 따라 등급분류 방법의 전환이 촉진되었다. 그러나 과학적 근거에 기반한 분류 체계를 개발하기에는 시간이 부족했기 때문에, 의사, 치료사, 선수, 코치 등 전문가들의 의견을 수렴하여 등급분류 체계를 개발하였다(Twedy and Vanlandweijck, 2011; IPC, 2015a). 등급분류 체계는 1996년 패럴림픽 대회부터 국제시각장애인스포츠연맹 International Blind Sports Federation 에서 사용하는 의학 기반 등급분류 체계를 제외하고, 대부분의 패럴림픽 스포츠에서 기능적 등급분류 체계를 채택하였다.

증거기반 등급분류

증거기반 등급분류는 스포츠 종목에서 장애를 평가하고 투명하게 등급을 할당하는 시스템으로, 과학적 증거에 기반하여 이루어진다. 선수의 등급은 유사한 장애를 가진 선수들로 구성된 그룹 내에서 판별된다(Connick et al., 2018). '증거 기반'이라는 개념은 1980년대 후반부터 1990년대 초반에 의학 분야에서 '증거 기반 의료'라는 용어로 등장한 실질적인 방법론으로, 이는 패럴림픽의 등급분류 방법론에 도입되어 등급분류의 타당성과 객관성을 확보하는 데 기여하였다. 선수의 등급분류는 패럴림픽 스포츠의 근본적인 요소로, 경기 수행 결과에 중대한 영향을 미치기 때문에 공정한 등급 배정에 대한 논란이 지속적으로 발생해왔다. 이러한 논란은 이론적이고 과학적인 기본 요건이 결여되어 있으며, 과학적으로 평가될 수 있는 등급분류 과정을 뒷받침하는 일관된 이론이 부족하고, 문제 발생 시 이를 해결하기 위한 증거가 결여되어 있었기 때문이다(Connick et al., 2018).

기능적 등급분류 체계를 광범위하게 채택한 이후, 선수의 등급분류는 운동 수행력을 기초로 한 등급분류 개념은 의문 시 되었다. 2003년에 IPC 이사회는 등급분류 개선의 필요성을 인식하는 움직임에 따라 미래의 패럴림픽 등급분류의 방향을 제시하는 등급분류 규약 IPC Classification Code 의 개발 전략을 승인했다. 이후 2007년 IPC는 증거기반 등급분류 evidence-based classification, EBC 시스템 개발을 의무화한 최초의 문서이자 EBC 시스템 개발을 위한 보편적인 프레임 워크를 제공한 'IPC 등급분류 규약'을 승인하였다(IPC, 2015a). 현재 IPC 등급분류 규약에 따르면, 모든 스포츠 종목은 EBC 체계의 개발을 의무화하고 있으며, 이에 따라 각 종목은 장애 유형에 적합한 EBC 체계 개발을 위한 노력을 기울이고 있다(Connick et al., 2018).

통합 기능적 등급분류: 수영

패러 스포츠의 등급분류는 일반적으로 장애 유형에 따라 이루어지는 것이 보편적이다. 많은 패러 스포츠 종목은 장애 유형별 기능적 등급분류에 기반하여 경기를 운영하고 있으며, 이로 인해 장애 유형별로 구분된 경기가 개최됨에 따라 경기 수의 증가, 참가 선수의 부족, 대회 운영 시간의 확대 등의 문제가 발생하고 있다. 이러한 상황은 대중의 관심을 끌기 어렵게 만드는 요인으로 작용하고 있다. 이에 대한 대안으로 제안된 통합 기능적 등급분류 Integrated functional classification 방법은, 패러 스포츠에 적합한 장애 특성이 상이하더라도 스포츠 종목의 기능이 유사할 경우 동일한 등급으로 분류하는 방식을 채택하고 있다(그림 3.2.1 참조). 이 방법은 기능적 등급분류 체계와 유사하게 장애의 심각성보다는 신체적으로 가능한 동작 또는 불가능한 동작에 따라 분류하는 접근법이다(Howe & Jones, 2006). 예를 들어, 패러 수영 경기의 경우 장애 유형별로 분류할 경우 신체장애 등급(척수 손상 6개 등급, 절단 9개 등급, 뇌성마비 8개 등급, 기타장애 6개 등급)으로 총 29개 세부 종목 경기를 개최해야 하지만, 통합 기능적 등급분류를 적용하면 S1부터 S10까지 10개 등급의 경기만 운영하면 된다(시각장애 3개 등급 및 지적장애 1개 등급 제외).

수영 경기의 통합 기능적 등급분류 체계는 1989년 IPC 국제 수영대회에서 도입을 시도하였으며(Wu and Williams, 1999), 1992년 스페인 바르셀로나 패럴림픽에서는 ISOD, ISMWSF, CP-ISRA에 대한 통합 수영 등급분류가 적용되었다(Richter et al., 1992). 이 등급분류 방법은 스포츠 의학의 벤치 테스트 bench test 와 수중에서의 영법 기능 평가를 통해 이루어진다. 벤치 테스트는 수영선수들을 물리치료 벤치에 눕혀 다양한 관절 가동 범위, 근력, 사지 협응력 등을 평가하는 절차이다(Dummer, 1999). 수중 평가는 수영하는 선수를 관찰하여 스타트, 스트로크, 턴 등 수영 경기에 필요한 다양한 기술의 수행 능력을 평가하는 과정이다. 이러한 관찰 결과를 바탕으로 벤치 테스트 점수를 조정하고, 최종적으로 등급분류를 수행한다(Burkett et al., 2018).

디비전: 스페셜올림픽의 등급분류

지적장애 수영선수들이 참여하는 주요 국제 대회로는 패럴림픽과 스페셜올림픽이 있다. 스페셜올림픽 Special Olympics 에 참가하는 지적장애 선수들은 지적 기능에 따라 단일 등급(지적장애)으로 경쟁하는 반면, 스페셜올림픽에서는 모든 지적장애 선수가 참여할 수 있으며, 경기 운영 능력에 따라 그룹으로 나누어 경쟁하는 특징이 있다.

스페셜올림픽의 대진 편성은 '디비전 division'이라는 용어로 표현되며, 이는 지적장애 선수들이 유사한 능력

[그림 3.2.1] 장애 유형과 관계없이 기능적 등급분류로 같은 종목에서 경기

을 가진 선수들끼리 경기를 진행하도록 구성하는 방식을 의미한다. 스페셜올림픽 대회는 지적장애의 정도와 관계없이 모든 선수에게 동등한 성공 기회를 제공해야 한다는 원칙에 기반하고 있으며, 동일한 스포츠 종목에 참가하더라도 성별 gender , 나이 age , 능력 ability 에 따라 구분하여 비슷한 경기 수행 능력을 가진 선수들끼리 경기를 진행하는 것을 기본 원칙으로 삼고 있다(Special Olympics, 2023).

즉, 경기 종목에 참가하는 선수들은 첫째, 성별에 따라 구분되고, 둘째, 나이에 따라 나뉘며, 셋째, 기술 능력 평가 절차를 통해 최소 3명에서 최대 8명까지의 개인 또는 팀으로 편성된 대진에 배정된다. 디비전은 선수들을 성별, 나이, 능력 등 세 가지 요소에 따라 유사한 경기 수행 능력을 가진 그룹으로 분류하여 경쟁하도록 하는 것이다. 그러나 대진 선수나 팀을 편성하기 위해서는 '디비저닝 divisioning '이라는 능력 평가 과정을 거쳐야 하며, 이 절차는 선수나 팀의 능력과 수준을 결정하여 디비전에 배정하는 과정을 포함한다. 선수나 팀의 능력은 이전 경기의 참가 점수나 경기 자체의 시드전 및 예선 경기 결과에 따라 결정된다(Special Olympics, 2023).

02 수영 경기 등급분류의 역사 및 과정

등급분류의 역사

장애의 정도에 따라 스포츠에서의 활동 능력은 상당한 차이를 보인다. 패러 스포츠는 등급분류 시스템에 기반하고 있으며, 제2차 세계대전 이후 척수 손상을 입은 개인들의 재활 수단으로 스포츠가 활용되면서 동등한 경쟁을 위한 등급분류의 필요성이 대두되었다. 척수 손상을 가진 스포츠 참가자에 대한 등급분류는 국제 스토크맨더빌 휠체어 스포츠 연맹 ISMWSF 에 의해 개발되었으며, 최초의 등급분류는 1952년 Ludwig Guttmann 경이 스토크 맨더빌 병원에서 제정하였다(Wikipedia, 2022a). 당시의 등급분류 기준은 근력 평가에 중점을 두었으며, 이 근력 평가 방법은 의무 등급분류 시행 이후에도 본질적으로 변화하지 않았다(Doll-Tepper et al., 2001). 이 방법은 개별 근육 동작(예: 팔꿈치 굴곡, 무릎 신전)의 근력을 중력 및 수동 저항을 극복하는 능력에 따라 0(수의적 근수축 없음)에서 5(정상 해부학적 가동 범위의 근력)까지의 평점(grade)을 부여하는 도수 근력 검사 manual muscle testing, MMT 를 기반으로 하고 있다(Guttmann, 1976). 등급분류는 패러 스포츠에 출전할 자격이 있는지를 명확히 하고, 패럴림픽 선수가 되려는 목표를 달성할 기회를 제공하기 위해 수행된다. 또한, 등급분류는 선수를 스포츠 등급 sport classes 으로 그룹화하여 장애의 영향을 최소화하고, 스포츠 우수성 sporting excellence 에 의해 선수 또는 팀이 궁극적으로 승리할 수 있도록 하는 것을 목표로 한다(IPC, 2018).

1950년대의 등급분류는 척수 손상 선수들을 중심으로 한 스토크맨더빌 대회에 적용된 체계로, 1등급에서 6등급까지 척수 손상 부위에 따른 팔다리 및 몸통 근육 기능의 차이에 따라 분류되었다. 1960년 제1회 패럴림픽 대회에서는 앞서 설명한 등급분류 체계를 적용하여 경기를 진행하였다. 이 대회에서 척수 손상 수영 선수들은 5개 등급으로 완전 마비와 불완전 마비로 나뉘어 배영, 평영, 자유형을 25m와 50m 거리에서 경기를 하였다(IPC, 2016). 1970년대에 들어서면서 국제 위원회는 새로운 등급분류 체계 개발을 공식화하였고, 1972년에 최종 개정된 후 제4회 하이델베르크 Heidelberg 패럴림픽에서 6개의 등급으로 변경된 등급분류 체계로 수영 경기를 진행하였다. 이때 수영장에는 전자 터치 패드가 설치되었다(IPC, 2016). 1974년 7월, 국제 스토크맨더빌 게임 위원회는 개정된 등급분류 체계를 채택하였으며, 각 선수들에게 동등한 조건에서 경쟁할 수 있는 가장 공정한 기회를 제공하고자 하였다(van Rensburg, 1979). 1976년 토론토 Toronto 패럴림픽에서는 절단 장애 등급과 시각 장애 등급의 수영 선수들이 처음으로 참가하였고, 1980년 네덜란드 아른헴 Arnhem 패럴림픽에서는 뇌성마비 선수 4개 등급 중 2등급의 수영 선수가 처음으로 참가하였다. 1981년 국제 뇌성마비 스포츠 레크리에이션 협회 CP-ISRA 가 창립되어 뇌성마비 스포츠의 활성화에 기여하였으며, 1983년에는 뇌성마비 수영 등급이 5개 등급으로 나뉘었고, 1등급 선수는 25m 자유형 경기에 부유기구를 사용하여 참가할 수 있었다. 이후 뇌성마비 등급은 8개 등급으로 확대 개정되었으며, 이는 4개의 보행 등급과 4개의 휠체어 이동 등급으로 분류되었다(Wikiwand, 2022).

1984년 뉴욕 패럴림픽 대회에서는 이동운동 장애를 가진 선수들과 기타장애 Les Autres 선수들이 처음으로 참가하였다(IPC, 2016). 이로 인해 패럴림픽 수영 대회에 참가하는 선수들의 장애 유형은 척수 손상, 절단 장애, 시각 장애, 뇌성 마비, 기타장애 등으로 다양해졌으며, 각 장애 유형에 따라 등급분류가 이루어졌다. 이로 인해 영법과 거리가 동일하더라도 경기 종목이 상당히 많아져 경기 운영에 어려움이 발생하였다. 예를 들어, 1988년 서울 패럴림픽 수영의 100m 자유형 경기는 31개의 남녀 경기를 진행하기 위한 운영 계획을 수립해야 했다. 장애 유형별 등급분류는 각 등급에 해당하는 선수들이 등록해야 경기를 개최할 수 있었으나, 참가 선수가 부족하여 종목별로 경기를 열지 못하는 경우가 빈번하게 발생하였다.

1960년대부터 1980년대까지의 등급분류는 다수의 의무 등급분류사가 검사 테이블에 누워 있는 선수 주위에 서서 손과 핀으로 선수의 근육을 찌르는 방식으로 진행되었다. 이는 팔다리와 몸통의 근육 기능 및 관절 가동 범위에 따라 장애의 심각도를 평가하는 점수 시스템 points system 이었다. 이 과정에서 여러 가지 부정행위가 발생하였으며, 기능 수준이 다른 선수들이 동일한 등급으로 배정되는 경우가 있었다. 이로 인해 많은 수영 경기의 결과가 독단적이고 불공정하게 보이게 되었으며, 수영의 등급분류는 영법에 따라 선수의 기능을 특별히 고려하지 않고 특정 유형의 장애가 다른 장애보다 수영에 더 부정적인 영향을 미친다는 점에서 문제가 되었다 (NPHT, 2022). 의무 등급분류는 선수의 수영 경기력에 영향을 미치는 기능적 능력과는 관계없이 장애의 정도를 평가하여 등급을 분류하는 방식이었다.

1989년 국제패럴림픽위원회 IPC 의 설립은 패러 스포츠가 장애인을 위한 사회적 통합과 스포츠의 역할 변화에 중요한 수단으로 인식되게 하였다. 스포츠는 단순한 재활의 도구로 한정되지 않고, 그 자체로 중요한 의미를 지니게 되었다. 패러 스포츠의 핵심 요소인 등급분류는 장애 진단이나 의학적 평가에 의존하기보다는, 장애가 스포츠 경기력에 미치는 영향을 중심으로 한 분류 체계로 발전하였다(Tweedy & Vanlandewijck, 2011). 이는 재활을 고려한 의무 등급분류에서 벗어나 기능적 등급분류 체계의 필요성을 강조하게 되었다.

1985년 이전의 수영 경기는 장애 유형에 따라 31개의 의무 등급분류를 기준으로 경쟁하였으나, 1985년 기능 분류 체계의 도입으로 인해 동일한 등급 내에서 다양한 유형의 장애를 가진 선수들이 함께 경쟁할 수 있게 되어, 수영의 등급 수가 크게 감소하였다(Daly & Vanlandewijck, 1999). 수영의 신체장애 기능 등급분류 체계는 1980년대 비르제타 블롬퀴스트 Birgitta Blomquist 와 공동 연구자들에 의해 개발되었다(IPC, 2005a; Bailey, 2008). 1989년 11월, 국제조정위원회(ICC) 기술위원과 1992 바르셀로나 패럴림픽 조직위원회 위원들은 수영과 육상 종목의 기능적 등급분류에 대한 회의를 개최하였으며, 바르셀로나 패럴림픽 조직위원회와 IPC는 1992년 바르셀로나 패럴림픽에 참가하는 모든 패럴림픽 종목이 스포츠에 특화된 기능 분류 시스템을 사용하도록 규정하는 협정에 서명하였다. 이러한 행정적 결정은 기능적 등급분류 체계로의 전환을 가속화하였으며(Tweedy & Vanlandewijck, 2011), 1989년부터 국제 수영대회에서 기능적 등급분류 체계가 적용되던 상황에서(Green, 1991), IPC의 의무적인 통합 기능 등급분류 체계를 채택한 첫 번째 종목 중 하나로 자리매김하게 되었다(Howe & Jones, 2006).

1992년 스페인 바르셀로나에서 개최된 패럴림픽에서는 절단장애 및 기타장애 선수들을 위한 스포츠를 관장하는 국제장애인스포츠기구 International Sports Organization for the Disabled, ISOD , 척수 손상 선수를 위한 국제스토크맨드빌휠체어연맹 International Stoke Mandeville Wheelchair Federation, ISMWSF , 그리고 비진행성 운동장애 nonprogressive motor dysfunction 를 가진 뇌성마비 및 뇌손상 선수들을 위한 국제뇌성마비스포츠레크리에이션협회 Cerebral Palsy International Sports and Recreation Association, CP-ISRA 에서 통합 기능적 수영 등급분류 체계를 도입하였다. 이 체계는 현재까지 이어지는 통합 기능적 등급분류로, 신체장애는 S1 등급(중증장애)부터 S10 등급(최소장애)까지 10개의 등급으로 나뉘며, 시각장애는 S11에서 S13까지 3개의 등급으로 구분된다. 바르셀로나 패럴림픽 이후 이 신체장애 유형에 대한 통합 기능적 등급분류 체계는 개정되어 1996년 애틀랜타 패럴림픽에서 전면적으로 적용되었으며 10개 종목의 경기가 진행되었다(Daly & Vanlandewijck, 1999).

1996년 애틀랜타 하계 패럴림픽은 기능적 장애를 기반으로 수영이 완전히 통합된 최초의 대회로, 시각장애와 지적장애는 별도의 등급으로 구분되었고, 신체장애 유형의 등급분류는 기타장애, 뇌성마비, 절단장애, 휠체어 스포츠 4가지 유형으로 나누지 않았다. 따라서 패럴림픽 수영 참가 국가들은 장애 유형에 따라 별도의 국가대표팀을 구성하지 않고, 하나의 혼합 장애 국가대표팀을 출전시켰다(Wikiwand, 2022).

1996년 애틀랜타 패럴림픽에서는 처음으로 지적장애인 수영 경기가 개최되었으나, 2000년 시드니 패럴림픽 이후 스페인 지적장애 농구팀의 일반 선수 부정 출전에 대한 조사로 인해 모든 지적장애 종목 선수들은 2012년 런던 패럴림픽에 참가하기 전까지 출전이 정지되었다(IPC, 2016). 2012년 런던 패럴림픽에서 지적장애 수영 선수들에게는 S14 등급이 부여되었다. 바르셀로나 패럴림픽 이후 기능적 등급분류의 과학적 및 객관성에 대한 논란이 제기됨에 따라, 국제패럴림픽위원회(IPC)는 2003년에 새로운 등급분류 체계 개발 계획을 발표하였다. 이 체계는 2007년에 시행되었으며, 패럴림픽 수준에 참가할 신체장애 선수의 자격을 근력 장애, 사지 결함, 다리 길이 차이, 신장(키) 등을 기준으로 10가지 장애 유형으로 정의하였다. 또한, 시각장애 및 지적장애를 평가하는 방법도 포함되었다(Vanlandewijck & Thompson, 2016).

2007년 IPC는 기능적 등급분류 방법에 대한 과학적 논리 문제의 대안으로 증거기반 등급분류 evidence-based classification, EBC 체계 개발을 의무화한 최초의 문서인 'IPC 등급분류 규약 IPC Classification Code '을 승인하였으며, 각 스포츠 연맹이 관리 종목에 적합한 증거기반 등급분류 체계를 개발하도록 하였다(IPC, 2007). 이를 위해 IPC는 "패럴림픽 등급분류: 개념적 기초, 현재 방법 및 연구 업데이트"라는 연구 논문(Tweedy et al., 2014)을 통해 등급분류를 위한 타당한 장애 척도를 개발하고, 증거기반 등급분류 방법의 시작 및 개발에 대한 실질적인 조언을 제공하였다.

IPC는 2013년에 'IPC 등급분류 규약 IPC Classification Code '의 개정을 위한 협의를 시작하였다. IPC 수영연맹(2016년 세계패러수영연맹으로 개칭)은 2013년에 시작된 등급분류 규약의 광범위한 검토 과정을 거쳐 업데이트된 등급분류 규칙과 규정을 발표하였다. 새 문서는 IPC 등급분류 규약에 부합하도록 등급분류 절차, 자격 기준, 선수 평가 방법을 포함한 다양한 영역에 대한 업데이트를 포함하였다. 주요 내용으로는 수동적 가동 범위 테스트 수정과 저신장 선수에 대한 신장 상한제 도입 등이 있었다. 또한, 2016년 리우 패럴림픽 이후 추가 검토가 예상되는 기술 평가(수중 테스트)에 대한 설명도 포함되었다(IPC, 2015c). '2017 IPC 선수 등급분류 규약 및 국제 표준 2017 IPC Athlete Classification Code and International Standards ' 버전의 국제대회 적용은 2018년 8월 아일랜드 더블린에서 개막된 세계패러수영 알리안츠 유럽선수권대회였다. 이 대회에서는 신체장애 또는 지적장애를 가진 대부분의 선수들이 재평가를 받아야 했으며, 이는 패러 수영 발전의 중요한 단계로 평가되었다(IPC, 2017a).

IPC는 증거기반 등급분류를 확립하기 위해 세 번째 등급분류 규약 개정 검토를 시작하였다. 2015년에 개정된 등급분류 규약 수정 검토는 2021년에 승인되었고, 2022년 7월에는 IPC Classification Code 2단계 초안이 발간되었다. 2023년까지 3단계 검토 컨설팅이 진행된 후 새로운 IPC 선수 등급분류 코드와 국제 표준은 2025년 1월 하계 스포츠에, 동계 스포츠는 2026년 7월에 시행될 예정이다(IPC, 2022c).

패럴림픽 수영 등급분류의 중요한 역사(Connick et al., 2018)는 다음의 〈표 3.2.1〉에 정리되어 있다.

〈표 3.2.1〉 패럴림픽 수영 등급분류의 중요 역사

년도	내용
1948	[의무 등급분류] 제1회 Stoke Mandeville Games 개최. Ludwig Guttmann 박사는 재활 과정의 연장으로 스포츠에 공정한 참여와 적절한 경쟁체제를 갖추기 위해 의학적 검사와 진단을 기반으로 한 의무 등급분류 체계 도입(Romanov, 2020).
1967	국제장애인스포츠기구(International Sports Organisation for the Disabled, ISOD) 절단장애 선수를 위한 스포츠 규칙 및 등급분류 개발, 절단 유형 27개로 분류(Wikipedia, 2022a).
1976	제5회 토론토 패럴림픽에 절단장애(12개 등급)와 시각장애 선수 처음 참가
1977	ISOD는 척수 손상(SCI), 뇌성마비(CP), 절단, 시각장애(VI) 또는 청각장애 경기에 참가할 자격이 없는 기타장애(Les Autres, LA) 선수 등급분류 체계를 고안
1980	제6회 아른헴 패럴림픽 대회 CP 선수 처음 참가(2개 등급만). 세계보건기구(WHO)는 국제장애분류(International Classification of Impairment Disability and Handicap, ICIDH)를 발간
1983	휠체어농구 골드컵 챔피언십에서 기능 등급분류 시스템 최초 적용(Thiboutot & Craven, 1996)
1984	제7회 뉴욕 패럴림픽과 제3회 동계 패럴림픽에 기타장애(Les Autres) 처음 참가
1988	제8회 서울 패럴림픽에 기타장애의 한 유형으로 왜소증 선수 처음 참가
1989	국제패럴림픽위원회(International Paralympic Committee, IPC) 창립. 탁구, 육상, 수영 종목 기능적 접근을 적용하여 최초로 선수들을 능력에 따라 등급분류(Green, 1991)
1989	바르셀로나 패럴림픽 조직위원회와 IPC는 1992년 패럴림픽에 참가 모든 종목은 스포츠 특화 기능 분류 체계를 규정하는 협정에 서명(Tweedy & Vanlandewijck, 2011)
1992	[기능적 등급분류 도입] 제9회 바르셀로나 패럴림픽 대회부터 기능적 등급분류로 대회 개최
1996	제10회 애틀랜타 패럴림픽에 처음으로 ID 선수 참가
1998	제7회 일본 동계 패럴림픽에 처음으로 ID 선수 참가
2002	IPC 의무 위원회(Medical Committee)를 i) 스포츠 과학 및 교육, ii) 등급분류, iii) 도핑 방지 및 iv) 의료용 및 치료용 면제(exemption)에 대한 소위원회로 재구성
2003	IPC 이사회 범용 등급분류 코드(Universal Classification Code) 개발 전략 승인
2007	[1차 등급분류 코드] 2007년 IPC는 [증거 기반 등급분류](evidence-based classification, EBC) 시스템 개발을 의무화한 최초의 문서이자 EBC 시스템 개발을 위한 포괄적 프레임워크를 제공한 IPC 등급분류 규약 승인
2009	IPC 등급분류 규약에 대해 총 157개 NPC, 4개 지역, 3개 IOSD, 10개 IF가 승인을 위해 서명
2011	패럴림픽 스포츠 등급분류의 과학적 원칙에 관한 IPC 입장 발표. IPC Position Stand는 등급분류의 목적을 명시하고, 연구 문제를 해결하는 새로운 방법을 위한 EBC 정의를 제공하며, EBC 시스템을 개발 방법의 지침으로 제안
2014	[패럴림픽 등급분류] "개념적 기초, 현재 방법 및 연구 업데이트" 논문 PM&R에 게시. 이 논문은 가장 큰 과학적 도전은 타당한 장애 척도를 개발하는 것이며 증거기반 등급분류 방법을 시작하고 개발하는 방법에 대한 실질적인 조언을 제공
2015	[2차 등급분류 코드] IPC는 2013 ~ 2015년 3회 협의 후 2017년 IPC 선수 등급분류 규약 및 국제 표준(2017 IPC Athlete Classification Code and International Standards)의 최종 검토 버전 승인. 이는 2007년 발행 IPC 등급분류 코드(IPC Classification Code) 개정판으로 2017년부터 적용
2021	1월 IPC 이사회 2015년 IPC 선수 등급분류 코드 검토 승인
2022(6월)	IPC 이사회 코드 검토를 위한 수정 일정 승인
2022(7월)	IPC Classification Code 2단계 초안 발간
2021-2023	등급분류 코드 검토 컨설팅 3단계 진행
2024	[3차 등급분류 코드] 최종 문서 2024년 출간
2025-2026	IPC 선수 등급분류 코드와 국제 표준은 하계 스포츠 2025년 1월 시행 동계 스포츠 2026년 7월 시행 예정(IPC, 2022c)

등급분류의 과정

수영의 등급분류 시스템은 시각장애 및 지적장애 외에도 다양한 유형의 신체장애를 가진 선수들이 유사한 기능을 가진 선수들과 함께 경쟁할 수 있도록 하는 통합 기능 등급분류 체계이다. 국제 대회에서의 등급분류는 의학적 배경을 가진 두 명의 의무 등급분류사와 수영 기술 분류사 한 명으로 구성된 2인 패널에 의해 수행된다. 등급 평가 과정은 지상에서의 기능 검사 functional examination 와 경기 전 및 경기 중 선수의 관찰을 포함한다. 시각장애가 있는 수영 선수는 시력, 시야, 빛 지각을 기준으로 S11, S12, S13의 세 가지 등급으로 구분되며, 지적장애 선수는 S14라는 단일 등급으로 분류된다(Daly & Martens, 2011). 수영의 등급분류는 "선수 평가 athlete evaluation "라는 절차를 통해 이루어지며, 이는 선수에 대한 평가와 스포츠 등급 배정을 포함한다. 선수 평가는 스포츠 등급 및 스포츠 등급 상태 Sport Class Status 를 부여하는 절차와 평가 기준 및 방법론을 포함하며, 세 가지 단계로 구성된다. 첫째, 수영 관련 적격 장애 여부를 평가하고, 둘째, 세계패러수영연맹의 최소 자격 기준 minimum impairment criteria 준수 여부를 확인하며, 셋째, 수영의 기본 과제 및 활동 수행 능력에 따라 스포츠 등급을 배정하는 과정을 포함한다(IPC, 2018).

패럴림픽에 참가하고자 하는 모든 선수는 기저 건강 문제 underlying health condition 를 가진 적격의 영구 장애 permanent eligible impairment 를 가져야 한다. 패럴림픽은 신체장애, 시각장애, 지적장애 등 10가지 장애 유형 중 하나에 해당하는 장애를 가진 선수들에게 스포츠 참가 기회를 제공한다(표 3.2.2). 지적장애 선수의 의료 진단서는 국제지적장애스포츠연맹 INAS 의 주요 자격 검정을 통해 작성되어야 하며, 세계패러수영연맹에 제출해야 한다. 선수의 장애 정도는 수영 관련 최소 장애 기준에 부합해야 한다. 등급분류 패널은 최종적으로 스포츠 등급을 배정하고 스포츠 등급 상태를 지정하기 전에, 평가 내용이 신체 평가 또는 기술 평가와 일치하지 않거나, 관찰 평가 시 선수가 최상의 실력을 발휘하지 않았다고 판단될 경우, 지체장애 또는 지적장애 선수에 대해 대회 기간 동안 관찰 평가를 실시하여 스포츠 등급에 대한 재평가를 진행할 수 있다.

03 수영선수의 적격 장애

대부분의 패럴림픽 스포츠는 시각장애의 의무 등급분류를 제외하고, 현재 기능적이라고 간주되는 등급분류 시스템을 채택하고 있다. 패럴림픽 스포츠는 10가지의 장애 유형으로 구분되며, 이 중 8가지는 신체장애, 1가지는 시각장애, 그리고 1가지는 지적장애로 분류된다(표 3.2.2). 신체장애는 기능 장애와 구조 장애로 나눌 수 있으며, 기능 장애는 근력 장애, 가동 범위 장애, 과다근육긴장, 운동실조, 무정위운동 장애 등 5가지 유형으로 구분된다. 구조 장애는 사지 결손, 다리 길이 차이, 저신장 등 3가지 유형으로 나뉜다(Tweedy et al., 2014). 과다근육긴장, 운동실조, 무정위운동 장애는 일반적으로 뇌병변장애에 해당하는 적격 장애로, 모두 협응력 장애 coordination impairments 의 특성을 나타낸다(IPC, 2022a). 수영 종목에서는 모든 신체장애 유형이 등급별로 나누어 함께 경기를 진행하며, 시각장애와 지적장애는 각각 별도의 등급으로 경기를 치른다. 패럴림픽 수영 종목에 참가하기 위해서는 다음과 같은 조건을 충족해야 한다(IPC, 2022b).

○ 선수는 〈표 3.2.2〉에 명시된 장애 유형 특성 eligible impairment (장애 적격성) 중 최소 하나에 해당해야 한다.
○ 장애 유형 특성은 변하지 않아야 한다.
○ 장애 유형 특성은 기저 건강 문제(장애)로부터 직접적으로 기인해야 한다.

〈표 3.2.2〉 패러 수영 적격 장애 유형(IPC, 2022b)

장애명		장애 유형 특성	기저 건강 문제의 예
근력 손상		근력이 손상(impaired muscle power)된 선수는 움직이거나 힘을 쓰고자 할 때 수의적 근 수축력이 감소하였거나 근력이 없는 건강 문제가 있다.	근력이 손상되는 기저 건강 문제의 예로는 척수 손상(완전마비, 불완전마비, 사지마비, 하반신마비), 근이영양증, 소아마비 후 증후군 및 척추 이분증 등
수동적 가동 범위 손상		수동적 가동 범위 손상(impaired passive range of movement)이 있는 선수는 하나 이상의 관절에 수동적 움직임이 제한되거나 없다.	수동적 가동 범위 손상을 초래할 수 있는 기저 건강 문제의 예로는 관절에 영향을 미치는 만성 관절 고정 또는 관절만곡증, 관절 구축(contracture) 등
사지 결손		사지 결손(limb deficiency) 선수는 뼈나 관절이 완전히 또는 부분적으로 없다.	사지 결손의 기저 건강 문제 예로는 외상성 절단, 질병(예: 골암으로 인한 절단) 또는 선천성 사지 결손(예: 이상지기형) 등
다리 길이 차이		다리 길이 차이(leg length difference)가 나는 선수는 다리 길이에서 차이를 나타낸다.	다리 길이 차이를 나타내는 기저 건강 문제의 예로는 외상에 의한 혹은 사지 성장 장애로 인한 것
저신장		키가 작은(short stature) 선수는 상지, 하지, 몸통의 뼈의 길이가 줄어들어 있다.	저신장이 되는 기저 건강 문제의 예로는 연골무형성증, 성장호르몬 기능 장애, 불완전 골형성증 등
협응력 장애	과다 근육 긴장증	과다 근육 긴장증(hypertonia)인 선수는 중추신경계의 손상으로 인해 근육의 신장이 증가하고 근육의 신전 능력이 감소한다.	과다 근육 긴장증이 발현할 수 있는 기저 건강 문제의 예로는 뇌성마비, 외상성 뇌손싱, 뇌졸중 등
	운동실조증	운동실조증(ataxia) 선수는 중추신경계의 손상으로 협응이 안 되는 움직임을 나타낸다.	운동실조증으로 이어질 수 있는 기저 건강 상태의 예로는 뇌성마비, 외상성 뇌손상, 뇌졸중, 다발성 경화증 등
	무정위 운동증	무정위운동증(athetosis) 선수는 불수의적인 느린 움직임을 보인다.	무정위운동증이 일어나는 기저 건강 문제의 예로는 뇌성마비, 외상성 뇌손상, 뇌졸중 등
시각 장애		시각장애가 있는 선수는 눈의 구조, 시신경 또는 시각 경로(optical pathways), 뇌의 시각 피질의 손상으로 인해 시력이 감소하였거나 전혀 볼 수 없다.	시각장애로 이어질 수 있는 기저 건강 문제의 예로는 색소성 망막염과 당뇨망막병증(diabetic retinopathy)이 있음
지적 장애		지적장애가 있는 선수는 일상생활에 필요한 개념적, 사회적, 실제적 적응력에 영향을 미치는 지적 기능과 적응행동에 제약이 있다. 이 장애는 18세 이전에 존재해야 한다.	

수영선수의 스포츠 등급

선수가 스포츠 자격을 부여받은 후, 등급분류 패널은 해당 수영 선수가 어떤 등급에 참가할 수 있는지를 평가하게 된다. 스포츠 등급은 유사한 활동 제한을 가진 선수들이 공정하게 경쟁할 수 있도록 그룹화하는 것을 목적으로 한다. 선수가 특정 스포츠 등급에서 경쟁해야 하는지를 결정하기 위해서는 여러 단계의 과정을 거쳐야 하며, 이 과정에는 신체적 평가와 기술적 평가가 포함된다. 이후 경기 중 관찰을 통해 최종적으로 하나의 스포츠 등급 sport class 을 할당하고, 스포츠 등급 상태 sport class status 를 명시한다. 선수가 스포츠 종목에 적합한 최소 장애 기준을 충족하는지 여부를 평가하는 작업은 최소 두 명의 등급분류사가 수행한다. 등급분류사는 의사, 물리치료사, 코치, 스포츠 과학자, 심리학자, 안과 의사 등으로 구성된 훈련된 전문가들로, 장애가 각 스포츠에 미치는 영향에 대한 보완적인 지식을 보유하고 있다. 등급분류사의 자격 및 필요한 역량은 각 국제 스포츠 연맹에 의해 결정된다(IPC, 2022b).

스포츠 등급은 장애 유형에 따라 크게 신체장애, 시각장애, 지적장애로 구분되며, 일부 국가에서는 청각장애를 포함하기도 한다. 패럴림픽 수영에서 신체장애 선수의 등급은 중증 장애 선수(S1, SB1, SM1)부터 최소 장애 선수(S10, SB9, SM10)까지 다양하게 나뉘며, 시각장애 선수의 경우 중증 장애 선수(S11, SB11, SM11)에서 최소 장애 선수(S13, SB13, SM13)까지의 등급이 존재한다. 지적장애는 단일 등급(S14, SB14, SM14)으로 분류된다. 패럴림픽에서 부적격 장애로 간주되는 청각장애 수영선수는 국가에 따라 하나의 등급(S15, SB15, SM15)으로 구분될 수 있다. 수영에서의 스포츠 등급 표시는 접두사 "S" 또는 "SB"와 숫자로 구성되며, 접두사는 스트로크(영법)를 나타내고 숫자는 스포츠 등급을 의미한다. 접두사의 구체적인 의미는 다음과 같이 살펴볼 수 있다.

- S: 자유형, 접영, 배영　　• SB: 평영　　• SM: 개인혼영
  - "SM"이라는 접두사는 개인혼영 종목에 출전하는 선수를 의미함.
  - 스포츠 등급이 아니라 엔트리지수이며 (3 x S + SB)/4로 계산된다.
  - 3종목 혼영(three-discipline medley)으로 구성된 S1-4 등급의 경우
  공식은 (2S + SB)/3임.

신체장애 선수의 스포츠 등급

신체장애의 유형은 〈표 3.2.2〉에서 나타난 바와 같이 총 8가지로 분류되며, 스포츠 등급 평가는 신체 평가 physical assessment , 기술 평가 technical assessment , 그리고 대회 관찰 평가 observation in competition assessment 라는 세 가지 요소로 구성된다. 신체 평가는 여섯 가지 신체 요소를 측정하며, 기술 평가는 수중에서 표준화된 검사를 실시하고, 대회 관찰 평가는 등급분류사의 판단에 따라 필요 시 수행된다. 이 세 가지 평가는 활동 제한 정도를

점수로 환산하여 누적 점수 합계(최대 S영법: 300, SB영법: 290)를 통해 등급을 결정하는 데 사용된다. 등급 평가의 요소는 다음과 같다(IPC, 2022b).

○ **신체 평가**: 근력, 협응력, 관절 가동 범위, 사지 결손 측정, 신장, 다리 길이
○ **기술 평가**: 수중 영법(S, SB), 움직임(팔, 다리, 몸통), 스타트/다이빙, 턴/벽 밀기
○ **관찰 평가**: 등급분류 패널이 평가 완료를 위해 필요할 경우에만 요구됨

수영은 사지 결손, 뇌성마비(협응력 및 움직임 제한), 척수 손상(팔다리 쇠약 또는 마비) 및 기타장애(예: 왜소증, 주요 관절 제한 상태)와 같은 다양한 상태를 모든 등급에 걸쳐 통합한 유일한 스포츠이다. 특정 등급에서 선수들은 자신의 상태에 따라 다이빙이나 물속에서 스타트를 할 수 있으며, 이는 선수의 등급분류 시 고려되는 요소이다. 다음에 설명할 등급별 장애 특성은 일반적인 지침으로, 언급되지 않은 건강 문제도 해당 등급에 적합할 수 있다(Connecticut Swimming, 2022).

S1-S10: 자유형, 배영, 접영

- **S1**: 일반적으로 C4-C5 이하의 완전 척수 손상 또는 중증 사지마비를 특징으로 하는 뇌성마비 선수. 물잡기를 할 수 없음. 근육 약화, 가동 범위 제한 또는 협응되지 않은 움직임으로 인해 팔 추진력이 심각하게 제한됨. 몸통 제어 없음. 기능적인 다리 움직임이 없고 다리를 매우 끔. 보조받아 수중 스타트를 함. 보통 자유형 수영을 할 때 머리를 돌려 숨을 쉴 수 없어서 배영을 함.

- **S2**: 일반적으로 C6-C7 이하의 완전 척수 손상이나 유사한 근골격계 장애, 또는 중증의 사지 마비를 동반한 뇌성마비 선수들이 해당됨. 이들은 물속에서 손이나 손목을 제어하는 데 어려움을 겪으며, 근육 약화, 가동 범위의 제한, 또는 비협응적인 움직임으로 인해 팔의 추진력이 제한됨. 또한, 이들은 몸통 제어가 거의 없거나 전혀 없는 경우가 많음. 일부 뇌성마비 선수들은 다리의 추진력이 우세할 수 있으나, 대체로 기능적인 다리 움직임이 없고 다리를 매우 비정상적으로 사용함. 따라서 수중 스타트를 위해 보조가 필요할 수 있음.

- **S3**: 일반적으로 C7 이하의 완전 척수 손상 또는 C6 이하의 불완전 손상 선수. 보통 혹은 중증의 사지마비가 특징인 뇌성마비. 사지의 중증 무지증(無肢症)^amelia/이상지기형(異常肢畸形)^dysmelia, 사지의 중증 근위축증(muscular atrophy), 또는 관절만곡증(arthrogryposis)으로 인해 사지 모두에 영향을 미치며, 하체에서만 추진력을 발휘함. 손목 제어 제한으로 물잡기를 효과적으로 할 수 없음. 근육 약화, 가동 범위 제한 또는 협응되지 않은 움직임으로 인해 팔 추진력이 제한됨. 몸통 제어가 거의 없음. 확실한 다리 끌기. 일반적으로 벽 밀어내기가 아주 미약하며^minimal push-off 수중 스타트를 함.

[그림 3.2.2] S1의 수중 스타트

양측 사지 결손	왜소증	하지 장애
중국의 XU Qing CHN	영국의 Ellie-Simmonds https://www.gettyimages.no	쿠바의 PEREZ ESCALONA Lorenzo https://floridadecuba.wordpress.com/

[그림 3.2.3] S6에 해당하는 여러 가지 장애 유형

- S4: 일반적으로 C8 이하의 완전 척수 손상 또는 C7 이하의 불완전 손상 선수. 보통 혹은 중증 양측마비가 특징인 뇌성마비. 또는 세 팔다리의 중증 이상지기형이거나 관절만곡증으로 인해 사지 모두에 영향을 미치며, 상지의 추진력은 상당함. 손목 제어 및 일부 손가락 제어됨. 팔 움직임은 추진력이 있으나 협응이 잘되지 않을 수 있음. 몸통 제어가 거의 없음. 확실한 다리 끌기를 함, 그러나 S3 수영 선수들보다 신체 자세가 좋음. 일반적으로 벽 밀어내기가 제한적이며 수중 스타트를 함.

- S5: 일반적으로 T1-T8 이하의 완전 척수 손상 또는 C8 이하의 불완전 손상 또는 유사한 소아마비가 있는 선수. 중증 양측마비 또는 중증 편마비를 수반 뇌성마비. 중복 장애가 있는 왜소증 또는 팔다리 3개 부위에 보통 이상지기형 혹은 관절만곡증으로 상지 및 하지 모두 추진력에 영향을 미침. 손목과 손가락 제어됨. 팔 움직임은 추진력이 있지만 잘 협응되지 않을 수 있음. 몸통 제어 제한됨. 다리는 균형 또는 최소한의 추진력을 제공함. 일반적으로 최소한의 벽 밀어내기가 가능해 수중 스타트 혹은 보조 다이빙 스타트를 함.

- S6: 일반적으로 수영에 적합한 다리 기능이 없는 T9-L1의 완전 하반신 마비. 보통의 양측마비. 보통의 무정위운동증 혹은 보통의 운동실조증이 있는 뇌성마비. 같은 쪽의 팔꿈치 위와 무릎 위의 절단. 양쪽 팔꿈치 위의 절단. 왜소증 또는 세 팔다리의 선천성 절단. 물잡기를 할 수 있음. 효율적인 팔 움직임으로 만족스럽게 추진함. 몸통 상부 제어를 잘함. 효과적인 다리 추진력이 제한됨. 다이빙, 보조 다이빙, 수중 스타트를 사용할 수 있음.

- S7: 일반적으로 L2-L3의 하반신 마비 또는 동등한 소아마비인 선수. 몸통 양측마비 혹은 편마비 뇌성마비. 양쪽 팔꿈치 아래 절단 또는 양쪽 무릎 위 절단, 또는 팔꿈치 위 절단과 반대쪽 무릎 위 절단, 또는 팔마비와 같은 쪽 다리 기능의 심각한 제한. 물잡기 단계 조절됨. 스트로크 비율이 증가함에 따라 기능이 감소하는 뇌성마비를 제외하고 효율적 팔 움직임으로 추진함. 몸통 제어는 다양하나 일반적으로 약간 한계가 있음. 효과적인 다리 추진력이 제한됨. 다이빙, 보조 다이빙, 수중 스타트를 사용할 수 있음.

- S8: 일반적으로 L4-L5의 하반신 마비 또는 동등한 소아마비인 선수. 최소한의 양측마비, 최소한의 편마비 또는 사지에 최소한의 경련성이 있는 뇌성마비. 절주가 긴 양 무릎 위 절단, 양측 무릎 아래 절단, 한쪽 팔꿈치 위 절단 혹은 양손 절단 혹은 하지에 중증의 관절 제한. 효과적인 물잡기. 효율적이고, 제어되고,

추진력 있는 팔 움직임. 최소한의 몸통 제어 상실. 효과적인 다리 추진력이 제한됨. 다이빙, 보조 다이빙, 수중 스타트를 사용할 수 있음.

- ■ S9: 일반적으로 다리 또는 최소한의 소아마비로 "보행"이 되는 하반신 마비 선수. 최소한의 협응력 문제나 단측 마비가 있는 뇌성마비, 또는 한쪽 무릎 위 절단, 절주가 긴 한쪽 무릎 아래 절단 또는 한쪽 팔꿈치 아래 절단. 효과적인 물잡기. 효율적이고, 제어되고, 추진력 있는 팔 움직임. 완전한 몸통 제어. 발차기로 추진. 다이빙으로 스타트함.

[그림 3.2.4] S9/SM9 Natalie Du Toit
출처: https://timesofmalta.com/

- ■ S10: 일반적으로 다리의 기능이 최소 상실인 선수. 경련성 최소인 뇌성마비 혹은 한쪽 다리 마비 또는 한쪽 대퇴 관절의 심각한 제한. 무릎 아래, 양발 또는 손 절단임. 효과적인 물잡기. 효율적이고, 제어되고, 추진력 있는 팔 움직임. 완전한 몸통 제어. 강한 발차기. 다이빙으로 스타트함.

SB1-SB9: 평영

- ■ SB1: 일반적으로 C6 이하의 완전 척수 손상을 입은 선수 또는 유사한 근골격계 장애가 있는 선수; 매우 심각한 사지마비를 특징으로 하는 뇌성마비. 또는 아주 짧은 절주의 사지 모두 중증 무지증(無肢症) amelia /이상지기형(異常肢畸形) dysmelia. 물잡기를 할 수 없음. 근육 약화로 팔 추진력에 심한 한계가 있고, 가동 범위 제한 또는 움직임 협응이 안 됨. 몸통 조절 안 됨. 다리 추진력이 우세할 수 있는 일부 뇌성마비 선수를 제외하고는 기능적인 다리 움직임이 없고 다리를 매우 끔. 보조받아 수중 스타트함.

- ■ SB2: 일반적으로 C7 미만의 완전 척수 손상 또는 C6 미만의 불완전 척수 손상 또는 유사한 근골격계 장애가 있는 선수. 보통 정도의 사지마비를 특징으로 하는 뇌성마비 또는 팔다리 세 부위가 심한 이상지기형 또는 상지 및 하지 모두의 중증 근육 위축. 손을 구부러진 지세로 잡는 동자이 약하고 물잡기를 효괴적으로 하지 못함. 근육 약화로 팔을 움직일 때 파워에 한계가 있으며, 가동 범위 제한 또는 움직임이 협응되지 않음. 몸통 제어를 거의 하지 못함. 기능적인 다리 움직임이 없고 다리를 매우 끔(다리가 기능적인 경우, 추진 단계에서 발이 바깥쪽을 향해야 함). 일반적으로 보조받아 수중 스타트가 필요함.

- ■ SB3: 일반적으로 C8 이하의 완전 척수 손상 또는 C7 이하의 불완전 손상 또는 유사한 근골격계 장애가 있는 선수. 심각한 사지마비를 특징으로 하는 뇌성마비. 팔다리 3개 부위에 중증 무지증(無肢症) amelia /이상지기형(異常肢畸形) dysmelia 이 있거나 관절만곡증으로 사지 모두가 영향을 받고 상지로 어지간히 추진함. 손목을 조절하고 손가락 일부를 조절함. 근육 약화로 팔로 추진하는 데 한계가 있으며, 가동 범위 제한, 움직임이 협응되지 않거나 다리가 짧음. 몸통 제어를 거의 하지 못함. 이 등급의 선수 대부분은 기능적인 다리 움직임이 없고 뚜렷하게 다리를 끔. 중증 무지증/이상지기형 그리고 관절만곡증이더라도 기능적인 킥을 약간 할 수도 있음. 일반적으로 벽 밀어내기를 아주 미약하게 하면서 수중 스타트를 함.

■ SB4: 일반적으로 T6-10의 완전 척수 손상 또는 C8 이하의 불완전 손상 또는 유사한 근골격계 장애가 있는 선수. 심한 양측마비 또는 편마비를 수반한 뇌성마비. 중복 장애가 있는 왜소증. 또는 상지 및 하지 추진력이 꽤 있는 사지 관절만곡증. 대부분의 수영 선수는 물잡기 단계에서 손목과 손가락을 잘 제어함. 팔 움직임은 추진력이 있지만 잘 협응되지 않고 강력하지도 않을 수 있음. 몸통 제어는 한계가 있음. 이 등급 대부분의 수영 선수는 기능적인 다리 움직임이 없고 다리 끌림이 뚜렷하게 나타나고, 킥하거나 약간의 킥 하려는 움직임 의도를 보임. 일반적으로 벽 밀어내기를 약간 할 수 있으며 보조받아 다이빙하거나 수중 스타트를 함.

■ SB5: 일반적으로 T11-L1의 완전 척수 손상이 있는 선수. 보통의 양측마비 또는 보통 내지 중증의 편마비를 수반한 뇌성마비. 같은 쪽 팔꿈치 위와 무릎 위 절단 또는 짧은 절주 stumps 가 있는 양쪽 무릎 위 절단 또는 팔이 짧고 다리에 추가 기능 장애가 있는 왜소증 또는 이상지기형. 물잡기 할 수 있음. 추진 단계에서 힘이 있는 만족스러운 양팔 동작. 만족스러운 몸통 제어. 이 등급 대부분의 수영 선수는 기능적인 킥이 없고 다리를 약간 끌지만 일부는 킥, 추진력 또는 (왜소증) 기능적 킥을 하려는 의도를 나타냄. 다이빙, 보조 다이빙 또는 수중 스타트를 사용할 수 있음.

■ SB6: 일반적으로 L2-L3에서 완전 하반신 마비가 있는 선수. 보통의 양측마비가 있거나 보통의 편마비를 수반한 뇌성마비. 양측 무릎 위 절단이고 긴 절주, 또는 팔이 짧은 이상지기형이고 무릎 위 절단 혹은 상지 한쪽 마비와 같은 쪽 다리 기능 제한. 이 등급의 대부분의 수영 선수는 물잡기를 할 수 있음. 대부분은 팔 움직임을 완전히 제어하고 만족스러운 추진력을 발휘함. 몸통 상부 제어가 양호함. 다리 움직임은 장애 상태에 따라 전혀 하지 못하거나 의도적으로 추진하려고 킥하는 움직임까지 다양함. 다이빙, 보조 다이빙 또는 수중 스타트를 사용할 수 있음.

■ SB7: 일반적으로 L4 하반신 마비 또는 유사한 소아마비가 있는 선수. 경미한 양측마비 또는 보통 정도의 편마비를 수반한 뇌성마비. 양쪽 팔꿈치 아래 절단, 짧은 절주의 양쪽 무릎 위 절단과 반대쪽 무릎 위 절단 또는 하지의 중증 관절 제한. 물잡기 단계의 제어. 대부분의 수영 선수는 양팔 움직임(주기) 완전히 제어. 몸통 제어 상실이 최소이거나 상실 없음. 다리 움직임은 장애 상태에 따라 킥하려는 의도에서 추진 킥 움직임까지 다양함. 다이빙 또는 보조 다이빙을 사용할 수 있음.

■ SB8: 일반적으로 L5에 하반신 마비가 있거나 한쪽 다리에 기능이 없는 소아마비가 있는 선수. 최소한의 협응 문제, 최소한의 단마비 또는 경미한 편마비를 수반한 뇌성마비. 양측 팔꿈치 아래 절단, 한쪽 팔꿈치 위 절단 또는 이와 유사한 상완 신경총 병변, 긴 절주의 양쪽 무릎 아래 절단, 한쪽 무릎 위 절단, 짧은 절주의 한쪽 무릎 아래 절단 또는 짧은 절주의 한쪽 팔꿈치 아래 절단 또는 한쪽이 더 영향을 받은(장애가 더 심한) 하지의 부분적 관절 제한. 효과적인 물잡기. 팔 동작(주기) 완전 제어. 몸통 제어 상실이 최소이거나 상실 없음. 다리 추진력으로 양호한 정도로 제한. 다이빙 스타트를 사용함.

■ SB9: 일반적으로 다리에 장애가 최소인 소아마비 선수. 경미한 경련성 또는 운동실조증을 수반한 뇌성마비. 한쪽 무릎 아래 절단, 한쪽 팔꿈치 아래 절단, 발 절단이거나 손 절단. 또는 불완전한 에르브마비 Erb-palsy=Erb-Duchenne palsy 또는 상완 신경총 병변. 고관절 가동성 제한이 있는 페르테스병 Perthes disease(페

르테스병, 연소성변형성골연골염), 다른 다리 기능 장애와 결합된 심각한 대퇴 관절 제한 또는 최소한의 다리 약화와 결합된 두 발목 관절의 강직증 ankylosis. 완전 힘이 실린 효과적인 물잡기. 팔동작 완전 제어. 몸통 완전 제어. 장애가 있는 팔다리에 약간의 미흡한 발차기 추진. 다이빙 스타트를 함.

시각장애 선수의 스포츠 등급

신체장애의 유형은 〈표 3.2.2〉 적격 장애 중 시각장애 선수에게 해당한다. 시각장애 선수는 세계패러수영연맹의 수영 등급분류 S/SB/SM 11-13에 해당하는데, 안과의사에 의해 작성된 12개월 이내의 의료진단서를 제출해야 한다. 모든 선수의 스포츠 등급 배정은 최상의 시력 교정 장치를 착용했을 때 더 나은 시력 또는 시야를 가진 눈의 시력 평가를 기반으로 한다. S/SB/SM11 등급의 모든 선수(양안이 모두 의안인 경우 제외)는 경기하는 동안 불투명한 특수 안경(내부가 검은)을 착용해야 한다. 그리고 이들 선수는 태퍼 tapper 가 필요하다 (IPC, 2022IPC-C). 다음은 시각장애 수영선수의 등급별 특성을 설명한 것이다(Connecticut Swimming, 2022).

- S11: 전맹인 수영선수. 빛을 인지할 수 있지만 어떤 거리에서도 손 모양을 인식할 수 없음.
- S12: 시력이 20/600 이하이거나 시야가 5도 미만으로 제한된 수영선수.
- S13: 20/200 이상의 시력 또는 5~20도 범위의 시야를 가진 수영선수.

지적장애 선수의 스포츠 등급

지적장애는 〈표 3.2.2〉에 제시된 적격 장애 유형 중 지적장애 선수에게 해당한다. 지적장애 선수는 세계패러수영연맹의 등록 절차를 완료하기 이전에 INAS 자격 기준(INAS 웹사이트에 명시)을 충족해야 하며, 스포츠 등급 평가 최소 12개월 이전에 훈련 기록 및 스포츠 제한 설문조사 Training History and Sport Limitation Questionnaire, TSAL-Q 신청서를 작성해야 한다.

스포츠 등급 배정을 위한 선수 평가는 스포츠 인지 테스트를 통해서 이루어지며, 필요한 경우 대회 관찰평가를 수행한다. 스포츠 인지 테스트의 구성 요소는 다음 〈표 3.2.3〉과 같다.

지적장애 스포츠 등급은 인지 테스트 결과 점수로 결정하며, 필요 시 실시하는 관찰평가는 수영하는 모습을 촬영한 영상분석을 통해 수영장 중간에서의 수영 속도, 스트로크 비율을 분석해서 이전에 제출한 훈련 기록 및 스포츠 제한 설문조사 등을 종합하여 판정한다. 지적장애의 스포츠 등급은 자유형, 배영, 접영은 S14 그리고 평영은 SB14이며 개인 혼영은 SM14이다.

[그림 3.2.5] 시각장애 선수의 태퍼 장면

구성 요소	테스트	수 행	점 수
처리 속도 및 주의 집중 기술	Flanker Test	방해 요소와 관계없이 중앙 화살표 키 사용하여 4가지 자극에 최대한 빨리 반응	30초 동안의 정답수
기억력 및 학습력	Corsi	연속으로 보이는 블록을 기억하여 같은 순서로 반복	반복 평균
수행 기능	Tower of London	최소 이동 횟수로 공을 움직여 구조물 복사	정확히 해결한 항목수
시지각 및 유동성 지능	Block Design	3D 흰/빨간색 큐브 패턴을 복사	처리하지 못한 총점수
	Matrix Reasoning	행렬의 물음표에 있는 5개의 그림 중 해당하는 곳 표시	정확히 해결한 항목수
시각-운동 기술	Finger Tapping	잘 쓰는 손과 쓰지 않는 손으로 가능한 한 빨리 10초 동안 스페이스 바 누르기	

청각장애 선수의 스포츠 등급

패럴림픽 수영의 스포츠 등급 배정에서 청각장애는 부적격 장애 유형에 해당한다. 청각장애 수영은 각국의 장애인체육대회 또는 데플림픽 대회의 기본 종목으로서 반드시 포함되는 종목이다. 패러 수영대회를 개최하는 호주, 영국 등은 패럴림픽의 등급분류와 연계하여 지적장애 등급 다음 마지막에 청각장애를 S/SB/SM15 등급으로 배정하고 있다(Deaf Sports Australia, 2023).

"청각장애 Deaf"는 더 잘 들리는 귀에서 순음청력검사 pure tone audiometry, PTA 로 청력 손실이 최소 55데시벨 dB 인 상태로 정의된다(500, 1000 및 2000Hz에서 3음 주파수 평균, ISO 1969 표준). 선수가 한쪽 귀에 인공와우 cochlear implant 를 가지고 있다면, 그 귀에서 검사할 필요는 없으며 선수는 인공와우가 오디오그램 audiogram 형태로 어느 쪽 귀에 있는지 명시해야 한다. 선수가 제한 구역 내에서 준비 운동 및 경기 중에 보청기/증폭 또는 외부 달팽이관(인공와우) 이식 부품을 사용하는 것은 엄격히 금지된다. 스포츠에서 증폭기를 사용하는 것이 사용하지 않는 사람보다 분명 유리하기 때문이다. 그러므로 그것은 준비 운동과 경기에서는 금지된다(ICSD, 2018).

3

패러
수영 경기의 운영

CHAPTER

3

패러 수영 경기의 운영

국제적으로 개최되는 모든 수영 경기는 국제수영연맹 International Swimming Federation 의 규칙과 규정을 바탕으로 진행된다. 올림픽 수영 경기가 끝난 후 개최되는 패럴림픽 수영 경기는 올림픽이 진행된 동일한 수영장에서 이루어진다. 신체 장애, 시각 장애, 지적 장애, 청각 장애를 가진 선수의 수영 경기는 국제수영연맹의 규칙을 장애 유형별 특성을 반영하여 수정한 규정을 통해 운영된다.

수영선수를 지도하는 감독이나 코치와 같은 지도자들은 수영 경기의 방법과 규칙을 철저히 이해해야 하며, 선수들 또한 경기 규칙에 대한 충분한 이해가 필요하다. 세계패러수영연맹(World Para Swimming, 2018)의 규정에는 세계패러수영대회, 선수 자격 및 등급분류, 일반 규정, 영법 규칙 등이 포함되어 있다.

01 세계패러수영연맹 공인 대회

세계패러수영연맹은 대회의 규모 scale , 범위 size 및 성격에 따라 대회를 분류하고, 이에 따른 개최 관련 사항을 결정한다. 세계패러수영연맹이 공인하는 대회는 크게 세 가지 수준으로 구분되며(규정 3.1.2), 이는 국제패럴림픽위원회 IPC , 세계패러수영연맹 WPS , 그리고 각국의 패러수영연맹 NPC 에서 개최하는 대회를 포함한다 (표 3.3.1).

〈표 3.3.1〉 세계패러수영대회의 대회명, 대회 주기

대회 수준	대회명	대회주기(년)
IPC 게임	▪ 패럴림픽 게임	4
	▪ 패러팬아메리칸 게임	4
	▪ Asian Para Games	4
IPC 경기대회	▪ 세계패러수영연맹 선수권대회	1/3
	▪ 세계패러수영연맹 지역선수권대회	2/4
세계패러수영연맹 승인대회(Sanctioned)	▪ 세계패러수영연맹 월드시리즈(World Series)	1/2/3/4
	▪ 세계패러수영연맹 결정 기타 WPS국제대회(유스경기, IOSD 게임)	2
세계패러수영연맹 인가대회(Approved Competitions)	▪ 패러수영 국제대회	
	▪ 패러수영연맹 국내대회	
	▪ 각국 패러수영연맹 인정(endorsed) 대회	
	▪ 세계패러수영연맹 결정 패러수영 기타대회	

　IPC가 주관하는 수영 경기대회는 종합 경기대회와 선수권대회로 구분된다. 종합 경기대회에는 패럴림픽 게임, 패러팬아메리칸 게임, 아시안 패러게임 등이 포함되며, 선수권대회로는 세계패러수영연맹이 주관하는 세계패러수영선수권대회와 지역대회인 세계패러수영유럽선수권대회가 있다. 패럴림픽을 포함한 종합 경기대회는 4년 주기로 개최되며(규정 3.2), 세계선수권대회는 2016년 11월 IPC에서 세계패러수영연맹으로 명칭이 변경됨에 따라 'World Para Swimming Championships (Long Course)'로 명명되었고, 2023년부터는 'Para Swimming World Championships'로 변경되었다. 이 대회는 4년 주기로 번갈아 개최되었으나, 2022년 이후에는 지역선수권대회가 개최된 1년 후와 패럴림픽이 열리기 1년 전에 격년제로 진행되고 있다. 유럽선수권대회는 2018년부터 'World Para Swimming European (Open) Championships'라는 명칭으로 장애인 선수들이 참가하는 유럽 대륙의 수영 선수권대회로, 하계 패럴림픽 전에 개최되며 유럽 수영 선수들에게 가장 중요한 대회로 자리잡고 있다.

　세계패러수영연맹 World Para Swimming 이 주관하는 대회에는 세계패러수영연맹 월드시리즈 World Series , 국제패러청소년경기대회, 장애유형별 경기대회(예: IBSA 대회) 등이 포함된다. 월드시리즈는 2017년부터 매년 세계 여러 도시에서 순회 개최되고 있으며, 일반적으로 5개국 이상의 도시가 패러수영대회를 주최하고 있다.

　각국의 장애인수영연맹이 주관하는 대회는 대개 해당 국가의 연맹의 사정에 따라 진행되지만, 세계패러수영연맹의 인가를 받은 대회는 국제 규모의 패러 수영대회 또는 국내 수영대회를 국제 수준으로 개최할 경우, 해당 대회의 기록이 공인된다.

자격 및 등급분류

참가 자격

　선수가 세계패러수영연맹이 주관하는 대회에 참가하기 위해서는 자국의 패러수영연맹에 등록한 후, 세계패러수영연맹의 등급분류 규칙 및 규정을 준수하여 국제 등급분류를 완료하고 스포츠 등급을 부여받아야 한다.

대회에 참가할 수 있는 최소 연령은 대회 첫날 기준으로 12세 이상이어야 하며(규정 4.2.1.5), 청소년 패러수영 대회 youth Para swimming Competitions 에서는 남자부가 12-16세 및 17-18세, 여자부가 12-15세 및 16-18세로 구분되며, 이 또한 대회 개최 첫째 날을 기준으로 한다.

스포츠 등급

수영 영법 또는 종목을 구분하는 스포츠 등급은 영어 S, SB, SM으로 나타내며, 신체장애는 1~10(10개 등급), 시각장애 11-13(3개 등급), 지적장애 14(1개 등급)로 구분한다(IPC, 2016; Wikipedia, 2023).

영법의 구분

○ S: 자유형, 접영, 배영
○ SB: 평영
○ SM: 개인혼영 individual medley

등급의 특성

○ S1/SB1: 사지 마비 또는 다리, 팔, 손의 근력 상실이 있을 수 있는 선수로 휠체어 사용
○ S2/SB1: 손, 몸통, 다리의 기능이 제한되고 주로 팔에 의지하여 수영하는 선수
○ S3/SB2: 다리 또는 팔을 절단한 선수, 사지에 심각한 협응력 문제가 있거나 팔로 수영해야 하지만 몸통과 다리를 사용하지 않는 선수
○ S4/SB3: 손과 팔의 기능은 있으나 몸통이나 다리를 수영에 사용할 수 없거나 팔다리 세 부위가 절단된 선수
○ S5/SB4: 편마비 hemiplegia , 하반신마비 paraplegia 또는 저신장 short stature 선수
○ S6/SB5: 저신장, 팔 절단 또는 신체 한쪽의 협응력에 문제가 있는 선수
○ S7/SB6: 한쪽 다리와 다른 쪽 팔이 절단되었거나 몸의 한쪽이 마비된 선수. 이들은 팔과 몸통을 충분히 제어하나 다리의 기능은 다양함
○ S8/SB7: 한 부위 절단 또는 엉덩이, 무릎, 발목 관절의 움직임에 제한이 있는 선수
○ S9/SB8: 한쪽 다리의 관절 제한 또는 양 무릎 아래 절단이 있는 선수
○ S10/SB9: 경미한 신체적 장애가 있는 선수(예: 한 손의 상실)
○ S11/SB11: 시각장애가 심각하고 실명과 같이 광선지각이 매우 낮거나 없는 선수들은 경기하기 위해 검게 칠해진 고글을 착용해야 함. 출전할 때 태퍼 tappers 사용
○ S12/SB12: 중등도 정도의 시각장애가 있고 시야가 반경 5도 미만의 선수. 경기할 때 검게 칠한 고글을 착용해야 함. 선수가 원하면 태퍼를 사용할 수 있음
○ S13/SB13: 경미한 시각장애가 있고 높은 시력을 가진 선수. 경기할 때 검게 칠해진 고글을 착용해야 한다. 태퍼를 사용할 수 있음
○ S14/SB14: 지적장애가 있는 수영선수

수영 경기 대회에 관한 사항은 세계패러수영연맹의 규칙 및 규정 제10조에 명시되어 있다. 대회 운영을 위해서는 기술위원Technical Delegate, TD 과 임원들을 임명하거나 승인해야 한다. 기술위원은 세계패러수영연맹의 경기 규칙 및 규정의 준수를 감독하며, 대회 준비 및 운영에 대한 기술적 책임을 맡고 있다. 경기를 진행하기 위해 필요한 최소한의 임원 구성은 심판장 2명, 컨트롤실 주임 1명, 영법 심판 4명, 출발 심판 2명, 반환 심판 주임 2명(수영장 양 끝에 각각 1명), 반환 심판(각 레인 양 끝에 1명씩), 기록 주임 1명, 소집원 2명, 아나운서 1명 등으로 구성된다(규정 10.1.1). 자동 심판 장비가 사용 불가능할 경우, 계시 주임 1명과 각 레인당 계시원 1명, 추가 계시원 1명이 필요하다.

지도자는 영법 및 심판법에 대한 완전한 이해를 바탕으로 훈련 과정에서 선수들에게 정확한 정보를 제공해야 한다. 이를 통해 선수들은 심판들이 어떤 규정을 기준으로 경기를 심판하는지를 인지하고, 경기 중 불안감을 느끼지 않으며 자신감을 가지고 임할 수 있다. 다음은 임원들의 역할에 대한 간략한 설명이며, 경기 시 심판의 위치는 [그림 3.3.1]에 제시되어 있다.

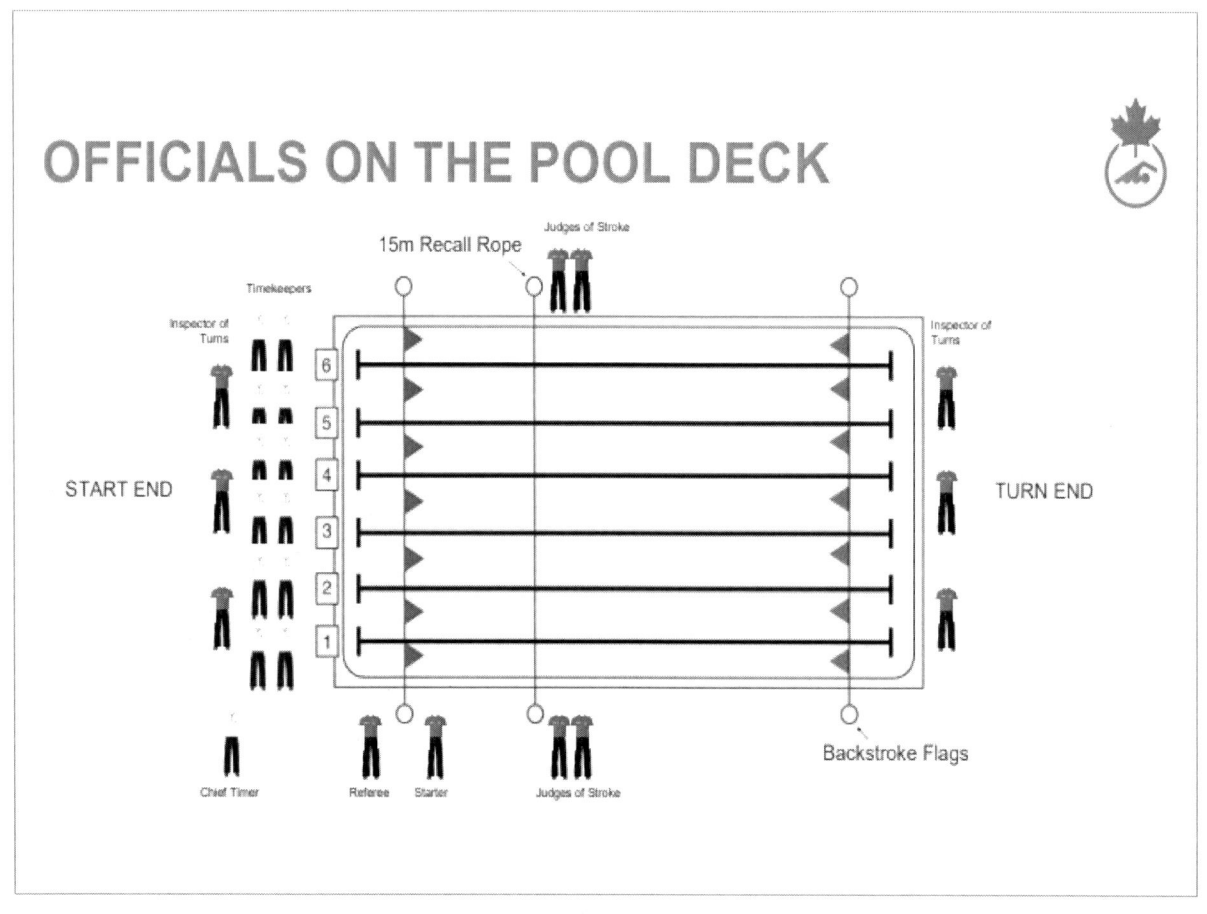

[그림 3.3.1] 수영 경기 시 심판의 위치

[그림 3.3.2] 출발 직전 심판의 모습
출처: Swim Norac (2023). Officials. https://swimnorac.com/officials/

○ **심판장** referee : 모든 임원을 통제하고 관할하며 임무를 부여한다. 대회와 관련된 모든 특수 사항 및 규칙에 관해 지시한다. 수영대회 진행과 관련된 모든 문제의 최종 결정권자이다.

○ **컨트롤실 주임** control-room supervisor : 자동계시운영을 관리하며, 컴퓨터 출력물의 결과를 점검하고, 심판장에게 부정 출발을 보고하며, 기록물을 관리 보존한다.

○ **영법심판** judge of stroke : 풀 양쪽에 각각 위치하여, 해당 종목의 수영 영법과 관련된 규칙이 잘 지켜지고 있는지를 확인하며 반환심판을 도와서 턴과 피니시를 관찰한다.

○ **출발심판** starter : 출발심판은 모든 수영 선수가 공정하고 공평하게 출발하도록 한다. 출발심판은 심판장과 긴밀히 협력하고, 심판장의 신호에 따라 출발에 대한 책임을 진다. 출발심판은 선수들이 출발 준비를 하면, "차렷(영어로는 take your mark)"하고 지시하고, 심판장과 함께 부정 출발이 언제 일어났는지 판단한다.

○ **반환심판 주임** chief inspector of turns : 풀 양 끝에 1명씩 위치하여 경기 중에 반환심판원들이 그들의 소임을 다하는지 확인한다.

○ **반환심판** inspector of turns : 각 레인의 양 끝에 1명씩 배치되어 선수들이 출발 직후, 턴 직후와 도착 시 규정을 준수하는지 확인한다. 각 반환심판은 출발신호부터 첫 스트로크 팔 동작이 끝날 때까지 그리고 매 턴 동작마다 터치패드에 닿기 직전 마지막 스트로크 팔 동작부터 턴 이후 첫 스트로크 팔 동작이 끝날 때까지 규칙을 따르는지 확인한다. 단, 평영의 경우에만 두 번째 팔 동작을 적용한다.

○ **계시주임** chief timekeeper : 계시원 자리와 계시할 레인을 배정한다. 레인마다 3명의 계시원을 배치하며, 만일 자동심판 장치가 없으면 2명의 추가 계시원을 정한다. 항상 각 예선의 1위 선수의 시간을 기록한다.

○ **계시원** timekeeper : 배정된 레인의 선수를 계시한다. 역영이 끝나면 계시된 시간을 적어서 계시주임에게 준다. 다음 경기를 알리는 심판장의 호각 신호에 시계 기록을 지운다.

○ **소집원** clerks of course : 각 종목 시작 전에 선수들을 소집하고, 광고 관련 위반사항이 있거나 호명 시 나타나지 않은 선수를 심판장에게 보고한다. 선수 대기실에서 출발 구역으로 선수들을 안내한다.

패러 수영 경기 대회는 일반적으로 14개 스포츠 등급에 따라 대회 종목 및 프로그램(규정 10.4)을 구성하여 운영된다. 그러나 대회의 규모, 참가 선수 수, 주최 측의 여건 등 다양한 특성에 따라 대회 구성은 변동이 가능하다. 이러한 점은 세계패러수영연맹의 기술 해설서 Technical Documentation 에서 제시된 대회 구성 방법을 참고할 필요가 있다. 대회의 구성 방식은 다음과 같은 방법으로 이루어질 수 있다(규정 10.3).

- **단일 등급 대회(single class event):** 1개 스포츠 등급(Sport Class)만의 경기 대회이지만 기술 해설서(Technical Documentation)에 따라 다른 스포츠 등급의 참가도 허용하는 대회이다. 참가 스포츠 등급은 최소 자격 기준(MQS)을 준수해야 하며, 메달은 시간 기록에 따라 1개 세트 수여.
- **등급별 대회(multiple class events):** 참가 스포츠 등급별로 최소 자격 기준(MQS)을 준수해 여는 대회(기술 해설서에 명시됨). 메달은 스포츠 등급별로 수여.
- **등급 포인트 대회(point system multiple class event):** 스포츠 등급을 포인트로 전환하여 개최하는 대회로, 각 스포츠 등급은 MQS를 준수해 참가(기술 해설서에 설명됨). 메달은 포인트별로 수여.

패러 수영 경기 대회는 통합 등급분류 시스템을 통해 다양한 장애 유형의 선수들이 함께 경쟁하는 특징을 지니고 있다. 그러나 경우에 따라 특정 등급의 참가 선수가 부족하거나 아예 없는 상황이 발생할 수 있다. 이에 따라 신체장애 1등급부터 9등급까지의 종목 경기는 규정(10.3.2)에 따라 선수들이 대회에 참가할 수 있도록 하고 있다. 즉, 신체장애의 최상위 등급(S10, SB9, SM10), 시각장애(S/SB/SM13), 지적장애(S/SB/SM14) 선수를 제외하고, 대회 프로그램에 해당 경기 종목이 포함되지 않거나 참가 선수가 적정 수에 미치지 못할 경우, 대회 기술 해설서에 명시된 바에 따라 해당 등급의 선수는 더 높은 스포츠 등급의 동일 영법 및 거리 종목에 참가할 수 있도록 허용될 수 있다. 선수는 출전하는 종목에서 자신의 스포츠 등급을 유지해야 한다.

대회 종목 및 프로그램

패럴 수영 대회는 남성과 여성 종목으로 구분되어 진행된다. 경기 종목은 기본적으로 14개의 스포츠 등급(신체장애 등급 10개, 시각장애 등급 3개, 지적장애 등급 1개)으로 나뉘며, 개인 종목, 릴레이, 오픈 워터로 크게 분류되어 영법과 거리별로 경기가 이루어진다. 개인 혼합영법 Individual Medley 의 쇼트 코스(25m 풀) 75m 및 100m 종목을 제외한 모든 경기는 롱코스(50m 풀)에서 진행된다. 릴레이 수영은 신체장애, 선수 4명의 등급을 포인트로 하여 그 합계에 제한을 두고 종목을 운영하고 있다. 2016년부터는 남녀 선수가 함께 참가하는 혼성 릴레이 경기가 도입되었으며, 이때의 혼성 경기 종목은 릴레이 20pts 혼성 자유형 4×50m였다. 세계패럴수영연맹의 규정에 따르면, 대회 프로그램(규정 10.4.1)은 총 139개 종목으로, 남녀 경기를 합치면 278개 종목에 이른다(표 3.3.2). 2020년 하계 패럴림픽 수영경기에서는 146개 종목(남자 76개, 여자 67개, 혼성 릴레이 3개)이 개최되어 프로그램의 52.5%만이 실현되었다(Wikipedia, 2023). 패럴림픽에서 개최되는 종목은 각국 선수의 참가 신청에 따라 구성되며, 등급에 따라 최소 장애 및 최소 자격 기준을 충족할 수 있는 선수가 부족하거나 없는 경우가 많아 개설되지 못하는 종목이 상당수 존재한다.

〈표 3.3.2〉 패러 수영 대회 종목(영법, 거리, 등급)(규정 10.4.1)

신체장애 = S1–S10, 시각장애 = S11–S13, ID = S14

구분 (영법)	거리	S1 / SB1 / SM1	S2 / SB2 / SM2	S3 / SB3 / SM3	S4 / SB4 / SM4	S5 / SB5 / SM5	S6 / SB6 / SM6	S7 / SB7 / SM7	S8 / SB8 / SM8	S9 / SB9 / SM9	S10 / SB10 / SM10	S11 / SB11 / SM11	S12 / SB12 / SM12	S13 / SB13 / SM13	S14 / SB14 / SM14
자유형(S)	50m	O	O	O	O	O	O	O	O	O	O	O	O	O	
	100m	O	O	O	O	O	O	O	O	O	O	O	O	O	O
	200m	O	O	O	O	O									O
	400m						O	O	O	O	O	O	O	O	
배영(S)	50m	O	O	O	O	O									
	100m	O	O				O	O	O	O	O	O	O	O	O
접영(S)	50m					O	O	O							
	100m								O	O	O	O	O	O	O
평영(SB)	50m			O	O	O	O	O							
	100m								O	O	O	O	O	O	O
개인혼영(SM)	75m	O	O	O	O	(접영 제외 쇼트 코스)									
	100m	(쇼트 코스만)				O	O	O	O	O	O	O	O	O	O
	150m	O	O	O	O	(접영 제외)									
	200m					O	O	O	O	O	O	O	O	O	O
릴레이		S1–10 최대 20pt					S1–10 최대 34pt					S11–13 최대 49pt			
자유형	4×50m			O											
	4×100m								O				O			O
혼영	4×50m			O											
	4×100m								O				O			O
혼성 자유형	4×50m			O											
	4×100m												O		
혼성 혼영	4×50m			O											O
	4×100m												O		
오픈워터	5km	O	O	O	O	O	O	O	O	O	O	O	O	O	O

패러 수영 경기의 계영 종목은 서로 다른 등급을 가진 4명의 선수가 팀을 이루어 경쟁하는 방식으로 진행된다. 이때, 각 선수의 개인 등급 합계는 주어진 포인트 총점을 초과해서는 안 된다. 예를 들어, 34포인트 자유형 계영을 위한 팀은 선수들의 등급 합이 최대 34까지 허용되므로, S8 등급의 선수 2명과 S9 등급의 선수 2명(9 + 9 + 8 + 8 = 34) 또는 S10 등급의 선수 1명과 S8 등급의 선수 3명(10 + 8 + 8 + 8 = 34)으로 구성한다.

최소 자격 기준(MQS)

수영 경기 대회를 성공적으로 운영하기 위해서는 선수들의 적극적인 참여가 필수적이다. 대회의 원활한 진행을 위해서는 적정 인원의 선수가 필요하며, 정해진 대회 일정에 맞춰 경기를 운영하기 위해서는 출전 선수의 수가 적정 수준을 유지해야 한다. 출전 선수가 과도하게 많을 경우 경기가 원활하게 진행되기 어려우며, 반대로 너무 적을 경우 경기가 개최되지 않을 수 있다. 일반적으로 참가를 희망하는 선수들이 많아 원활한 운영을 위해 일정 기준을 설정하여 선수의 참가를 제한하는 경우가 있다. 특히 기록 경기에 있어서는 대회 이전에 정해진 시점까지 참가 자격을 부여하기 위한 최소 기록을 요구하는데, 이를 '최소 자격 기준minimum qualifying standards, MQS' 또는 '최소 기준 기록'이라고 한다(규정 10.5). 이는 대회에 참가하기 위해서는 정해진 기록 수준을 달성한 선수만이 출전할 수 있음을 의미한다. 패러 수영의 MQS는 세계패러수영연맹이 공인한 대회에서만 획득할 수 있으며(규정 10.5.3), MQS는 스포츠 등급, 성별, 종목(영법, 거리), 기준 기록 등을 포함한다. 〈표 3.3.3〉은 2024년 파리 패럴림픽 수영 경기의 자유형 50m 종목에 대한 MQS의 예시이다.

패럴림픽 수영 경기에 참여하는 각 국가의 패럴림픽 위원회NPC는 메달 종목별로 최대 3명의 적격 선수를 MQS Minimum Qualification Standard 기준에 따라 참가시킬 수 있다. 수영의 MQS를 설정할 때는 일반적으로 최소

〈표 3.3.3〉 Paris 2024 Paralympic Games-자유형 50m 종목 경기의 MQS 및 MET (예)

종목	등급	남자		여자	
		MQS	MET	MQS	MET
자유형 50m	S3	00:54.92	00:59.22	N/A	N/A
	S4	00:40.63	00:40.63	00:44.50	00:49.93
	S5	00:35.15	00:35.96	N/A	N/A
	S6	N/A	N/A	00:35.69	00:37.63
	S7	00:29.48	00:31.76	N/A	N/A
	S8	N/A	N/A	00:33.03	00:34.48
	S9	00:26.29	00:26.62	N/A	N/A
	S10	00:25.49	00:25.72	00:28.88	00:29.41
	S11	00:27.69	00:28.25	00:33.13	00:34.99
	S13	00:24.96	00:25.34	00:28.57	00:29.07

N/A: 해당 없음(not applicable)
Swimming Canada (2022). Paris 2024 Paralympic Games - MQS and MET (pdf). https://www.swimming.ca

참가 기록Minimum Entry Time, MET 도 함께 제시된다. 선수는 제시된 기록 이상을 달성해야 출전할 수 있으며, 각 NPC는 1명의 선수를 등록할 수 있다. 릴레이 종목의 경우, MQS를 달성한 NPC는 각 릴레이 종목에 대해 최대 1팀을 참가시킬 수 있다. 릴레이 팀의 선수로 선정되기 위해서는 모든 팀원이 최소 1종목의 개인 경기에서 자격을 갖추어야 한다.

레인 배정

수영 대회에 다수의 선수가 참가할 경우, 본선 또는 결승전에 진출할 선수나 팀을 선발하기 위한 예선전이 진행된다. 대회에 참가하는 모든 선수는 참가 신청 마감일 이전에 공지된 기간 내에 자신의 최고 기록을 대회 주최 기관에 제출해야 하며, 제출된 기록은 빠른 순서대로 목록이 작성된다. 공식 기록을 제출하지 않은 선수는 가장 느린 기록으로 간주되어 목록의 마지막에 배치된다(규정 10.9.1.1). 만약 기록이 같거나 제출하지 않은 선수가 2인 이상일 경우, 이들의 순서는 추첨을 통해 결정된다. 이러한 절차는 선수들이 경기를 진행할 레인을 배정하고 예선 조를 선정하기 위한 것이다. 선수는 제출된 기록에 따라 예선 레인을 다음과 같은 방식으로 배정받는다.

레인 배정의 원칙

수영 경기에서 풀의 레인은 5개에서 10개까지 설치할 수 있으며, 선수 수가 5명인 경우에는 5개의 레인을 설치하는 것이 일반적이다. 선수들은 기록이 우수한 순서에 따라 레인에 배정되며, 이를 '시드 seed 배정'이라고 한다. 시드 배정은 수영 토너먼트에서 기록이 뛰어난 선수나 팀이 예선에서 서로 맞붙지 않도록 대진표를 구성하기 위한 절차이다. 선수의 레인 배정은 출발 위치에서 정면을 바라보았을 때, 오른쪽 끝 레인이 1번 레인, 그다음이 2번, 3번 레인 순으로 왼쪽으로 옮기며 번호가 부여된다. 경기는 예선전부터 "서클 시드 circle seeding" 방식을 통해 시드를 배정한다. 〈표 3.3.4〉는 수영장 풀의 레인 수에 따라 기록 순위에 기반한 시드 배정 방법이다. 예를 들어, 8레인 풀의 경우, 선수 배정은 기록 순위에 따라 1위가 4번 레인, 2위가 1위의 왼쪽인 5번 레인, 3위가 1위의 오른쪽인 3번 레인에 배정되며, 이후 순서는 왼쪽과 오른쪽을 번갈아 가며 진행된다.

〈표 3.3.4〉 수영장 규모별 수영기록 순위에 따른 레인 배정

레인 규모 \ 레인 번호	10	9	8	7	6	5	4	3	2	1
6 레인					6	4	2	1	3	5
7 레인				6	4	2	1	3	5	7
8 레인			8	6	4	2	1	3	5	7
9 레인		8	6	4	2	1	3	5	7	9
10 레인*	10	8	6	4	2	1	3	5	7	9

*10레인을 사용하는 경우 출발대에서 코스를 바라보아 풀 오른쪽에 1번 레인이 있음

1개 조 레인 배정: 8레인 수영장에서 8명 참가

예선 경기가 단일 조로 구성된 경우, 결승 경기는 최종 결승전으로 진행된다(규정 10.9.1.2.1). 이와 같은 상황에서는 예선이 단 하나의 조로 이루어져 있으므로, 시드 배정은 결승 기록 중 가장 빠른 예선전의 결과에 따라 결정된다. 경기는 레인 4에서 시작하며, 8명의 수영 선수가 모두 시드를 받을 때까지 왼쪽과 오른쪽을 번갈아 가며 진행된다. 이는 결승전에서의 시드 배정 방식이다.

〈표 3.3.5〉 8명 참가 레인 배정 서클 시드

기록 순위	예선1조	8	6	4	2	1	3	5	7
풀 레인 번호		8	7	6	5	4	3	2	1

2개 조 레인 배정: 8레인 수영장에서 16명 참가

예선 경기가 두 개의 조로 나뉘는 경우, 가장 빠른 선수가 두 번째 예선 조에 배정되며, 그 음은 빠른 선수가 첫 번째 예선 조에 배정됩니다. 이후에는 다음으로 빠른 선수가 두 번째 예선 조에, 그다음 선수가 첫 번째 예선 조에 배정되는 방식으로 진행된다. 이는 준결승 경기의 시드 배정 방법에 해당한다(규정 10.9.1.2.2).

〈표 3.3.6〉 16명 참가 레인 배정 서클 시드

기록 순위	예선 1조	16	12	8	4	2	6	10	14
기록 순위	예선 2조	15	11	7	3	1	5	9	13
풀 레인 번호		8	7	6	5	4	3	2	1

3개 조 레인 배정: 8레인 수영장에서 24명 참가

400m, 800m, 1500m 종목을 제외한 3개 조의 예선이 있는 경우, 가장 빠른 선수는 세 번째 예선 조에, 그다음 빠른 선수는 두 번째 예선 조에, 그다음으로 빠른 선수는 첫 번째 예선 조에 배치한다(규정 10.9.1.2.3).

〈표 3.3.7〉 24명 참가 레인 배정 서클 시드

기록 순위	예선 1조	24	18	12	6	3	9	15	21
기록 순위	예선 2조	23	17	11	5	2	8	14	20
기록 순위	예선 3조	22	16	10	4	1	7	13	19
풀 레인 번호		8	7	6	5	4	3	2	1

〈표 3.3.8〉 32명 이상 참가 레인 배정 서클 시드

기록 순위	예선 1조				34	33	35		
기록 순위	예선 2조	32	30	28	26	25	27	29	31
기록 순위	예선 3조	24	18	12	6	3	9	15	21
기록 순위	예선 4조	23	17	11	5	2	8	14	20
기록 순위	예선 5조	22	16	10	4	1	7	13	19
풀 레인 번호		8	7	6	5	4	3	2	1

5개 조 레인 배정: 8레인 수영장에서 35명 참가

예선이 4개 조 이상인 경우, 경기의 마지막 3개 조 예선은 위의 3개 조 레인 배정 방식을 따른다. 마지막 3개 예선 조 이전의 예선 조는 3개 예선 조 다음으로 빠른 수영선수로 구성한다. 레인은 앞서 설명된 패턴에 따라 각 예선 조 내에서 제출된 시간 기록의 내림차순 descending order 으로 지정된다(규정 10.9.1.2.4).

수영 복장

수영 복장은 세계패러수영연맹의 승인을 받은 수영복만을 사용할 수 있다. 현재 승인된 남녀 수영복, 수영모자, 수경 목록은 규정 10.15.1에 따라 연맹의 공식 웹사이트(https://www.paralympic.org/swimming)에 게시되어 있다. 선수의 장애 특성에 맞춰 수영복을 개조하는 경우, 규정 10.15.6의 신체 적용 범위 조건을 벗어나는 것이 허용된다. 규정 10.15.6은 수영복이 신체를 덮는 정도를 규정하고 있으며, 남성 수영복은 배꼽 위로 올라가거나 무릎 아래로 내려가서는 안 되고, 여성 수영복은 목을 덮거나 어깨를 넘어 가리거나 무릎 아래로 내려가서는 안 된다. FINA 규정은 모자와 고글을 포함한다(Masters Swimming WA, 2021).

- 수영복은 한 벌만 착용할 수 있으며, 수영복 안에 브래시어나 다른 의류를 착용할 경우 두 벌 착용으로 간주되어 금지된다.
- 경기 중에는 시계, 팔 밴드, 다리 밴드, 얼굴 장비, 매달린 장신구 또는 기타 액세서리를 착용할 수 없다.
- 심판장의 승인 없이 신체에 테이프를 부착하는 것은 허용되지 않는다.
- 기본 장신구(작은 귀걸이나 피어싱 등)는 두 명의 수영 선수가 동일한 레인에서 수영하지 않는 경우, 수영장 행사에서 벗을 필요가 없다.

FINA 일반 규정(GR) 5: 수영복

- 모든 선수의 수영복(수영복, 모자, 고글)은 품위 있고 개별 종목 경기에 적합해야 하며 불쾌감을 주는 모양이 되어서는 안 된다.
- 모든 수영복은 불투명해야 한다. 2개의 수영모를 착용하는 것은 허용된다.
- 심판장은 수영복이나 신체 상징이 이 규칙을 준수하지 않는 선수를 제외할 권한이 있다.

FINA 부칙

○ 풀 및 야외 수영 대회에서 선수는 수영복을 한 벌 또는 두 벌만 입어야 한다. 팔 밴드나 다리 밴드와 같은 추가 품목은 수영복의 부분으로 간주하지 않는다.

○ 수영장 수영 대회에서 남성용 수영복은 배꼽 위나 무릎 아래, 여성용 수영복은 목을 덮거나 어깨를 지나거나 무릎 아래까지 내려서는 안 된다. 수영복은 직물 소재로 제작되어야 한다.

〈표 3.3.9〉 허용되는 여성 수영복(예)

경기 수영복은 무릎이나 어깨를 가리지 않고, 목을 덮지 않고, 지퍼, 조임 장치, 장식이 없는 경우 허용	
레이서 백(racer-back) 원피스는 지퍼, 조임 장치, 장식이 없는 경우 허용. 수영복은 투명해서는 안 된다.	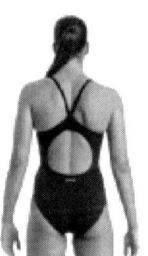 Racer-back
브래지어와 같은 버클(죔쇠), 조임 장치, 지퍼, 헐거운 매듭(loose ties), 장식 등이 없고 적절한 적용 가능한 경우에는 원피스 수영복의 다른 스트랩 변형(묶음 끈)이 허용된다. 수영복은 투명해서는 안 된다.	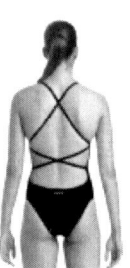
비키니(bikinis)와 탱키니(tankinis)를 포함한 투피스 수영복은 적절한 커버력, 지퍼, 조임, 장식이 있으면 착용할 수 있다. 수영복은 투명해서는 안 된다. [탱키니(tankinis): 스포츠 브라 형식의 탱크톱과 비키니 팬츠로 상하가 분리된 수영복]	

FINA 수영복 승인 기준

○ 수영복 착용은 도덕성과 품위를 해치지 않아야 한다.

○ 남성용 수영복은 배꼽 위나 무릎 아래를 가려서는 안 된다. 여성용 수영복은 목을 덮거나 어깨 넘어 가리고 무릎 아래까지 내려와서는 안 된다.

○ 남성용 수영복은 원피스이다. 품위 규칙 준수 및 가려지는 신체 표면의 제한 사항에 따라 여성용 수영복은 한 벌 또는 두 벌로 구성될 수 있다.

○ 색상은 자유롭게 바꿀 수 있다. 디자인이 나쁘지 않다면 색상은 규정에 영향을 미치지 않는다.

○ 수영복 소재는 안전하고 유연한 직물이어야 한다. 재료는 규칙적이고 평평해야 한다. 전체 두께 제한은 지지 또는 위생에 필요한 안감 재료(최대 두 겹)를 포함하여 0.8mm이다.

○ 지퍼나 기타 조임 장치는 허용되지 않는다. 이음새는 기능적 시스템으로 제한되어야 하며 외부 모양을 만들지 않아야 한다.

○ 수영복은 한 벌만 입을 수 있다. 여성 수영복은 한 벌 또는 두 벌일 수 있다. 색상과 패턴은 관계없다.

〈표 3.3.10〉 비규정 여성 수영복(예)

브래지어와 같은 버클/조임 장치는 허용되지 않는다. 브래지어는 수영복 속에 착용할 수 없다. 브래지어는 한 벌의 수영복 (one pair of bathers) 규칙을 위반하기 때문이다.	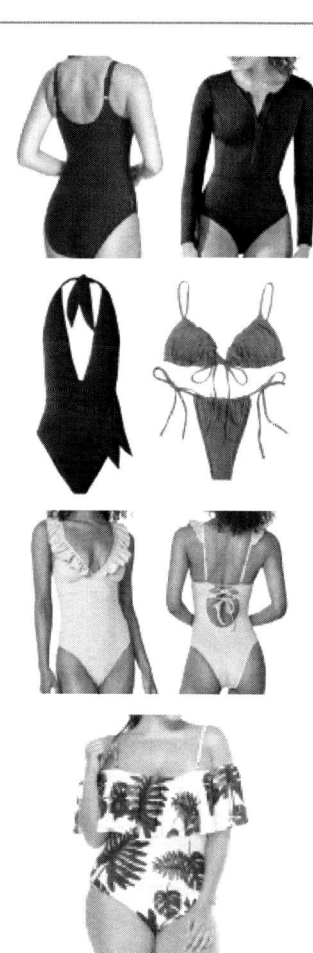
수영복은 어깨 너머로 늘어나거나 지퍼가 있어서는 안 된다. 네오프렌 소재의 수영복은 0.8mm 두께 규정을 위반하는 것이다. 네오프렌이나 부력이 있는 직물은 허용되지 않는다.	
장식(예: 주름, 술 장식, 보석)은 허용되지 않는다. 이와 같은 느슨한 조임 끈은 허용되지 않는다.	
속이 비치는 스타일은 수영 경기에 적합하지 않으며 품위 규칙의 위반이다. 수영복의 재단은 보기에 좋아야 하며 적절한 커버와 지지력을 제공해야 한다. 수영복은 투명하지 않아야 한다. 느슨한 조임 끈, 버클, 장식은 허용되지 않는다.	
어깨 너머로 늘어나는 수영복은 허용되지 않는다. 브래지어와 같은 버클/조임 장치는 허용되지 않는다. Rash shirts/t-shirts는 허용되지 않는다.	

남성용 수영복은 한 벌만 입을 수 있으며, 색상과 패턴은 중요하지 않다.

〈표 3.3.11〉 허용되는 남성 수영복(예)

재머(Jammers)/더 긴 수영복은 무릎 아래 또는 배꼽 위로 가지 않는 한 허용된다. 수영복에는 외부 모양을 만드는 클립/조임 장치 또는 장식은 있을 수 없다.	
수영복은 무릎 아래 또는 배꼽 위로 가지 않는 한 허용된다. 묶음 끈이나 장식이 없다.	
트렁크는 적절한 커버 범위가 있고 배꼽 위로 올라가지 않는 한 허용된다. 묶음 끈이나 장식이 없다.	
짧은 바지는 적절히 가릴 수 있고 배꼽 위로 올라가지 않는 한 허용된다. 묶음 끈이나 장식이 없다.	

일부 디자인 및 스타일의 수영복은 수영 경기에 적합하지 않으며, 이는 품위 규정을 위반하는 것으로 간주된다. 수영복의 구조는 시각적으로 매력적이어야 하며, 적절한 커버와 지지력을 제공해야 한다. 또한, 수영복은 투명하지 않아야 하며, 느슨한 조임 끈, 버클, 장식 등의 요소는 허용되지 않는다.

〈표 3.3.12〉 비규정 남성 수영복(예)

보드 반바지(Board Shorts)는 허용되지 않는다. 이것들 안에 속옷/수영복을 입는 것은 한 벌의 수영복 규정을 위반하는 것이다. 이것들 안에 수영복/속옷이 없다면, 품위 규칙(decency rules)을 위반하는 것이다.	
부력 수영복은 허용되지 않는다. 여기에는 모든 종류의 잠수복이 포함된다. 이 수영복은 0.8mm 두께의 규정을 위반하는 네오프렌 재질로 만들어졌다.	
잠수복, 수영복, 철인 3종 경기복은 착용할 수 없다. 그것들은 부력이 있고, 너무 두껍고, 외부 모양을 만드는 지퍼와 장식이 있다. 티셔츠, 래시(rashies), 퍼포먼스 슈트(performance suits)는 허용되지 않는다. 투피스 수영복은 남자에게는 허용되지 않는다.	

04 수영 규정

출발

수영 경기의 출발 절차(규정 11.1)는 두 차례의 휘슬 신호로 구성된다. 첫 번째 신호는 짧고 연속적인 휘슬로, 이는 선수들이 출발대(배영 및 혼계영의 경우 물속)에서 준비 동작을 취하도록 유도한다. 두 번째 신호는 길게 불리는 휘슬로, 선수들이 출발 자세를 취하도록 지시한다.

자유형, 평영, 접영 및 개인혼영 종목에서의 출발은 다이빙 방식으로 이루어진다. 심판장이 긴 호각을 불면 선수들은 출발대 위에 올라서게 된다. 출발 심판이 "차렷" 또는 영어로 "take your marks"라고 구령을 내리면, 선수들은 출발대 앞쪽에 최소한 한 발을 두고 출발 자세를 취한다. 이때 손의 위치는 제한되지 않는다. 모든 선수의 자세가 안정되었을 때, 심판은 출발 신호를 발신한다.

패러 수영은 통합 기능 등급분류 체계를 채택하고 있어, 선수들의 장애 유형이 다양하며 이에 따라 출발 방식도 선수의 기능적 능력에 따라 상이하다. 시각장애 선수의 경우, 출발 심판의 구령이 있기 전 심판장의 긴 호각 소리에 맞춰 출발 자세를 취하는 것이 허용된다. 출발대에서 균형을 잡기 어려운 선수는 보조원의 도움을 받을 수 있으며, 이 경우 보조원은 선수가 출발대에서 수직으로 90도 이상의 자세를 취하는 것을 방지해야 한다. 한쪽 다리가 절단된 선수는 출발대 앞쪽에서 한 손이나 다른 팔로 지탱할 수 있으며, 이 경우 다리를 지탱할 필요는 없다. 설 수 없는 선수는 출발대 위에서 앉은 자세를 취하거나 출발대 옆에서 출발할 수 있으며, 물속에서의 출발도 허용된다. S/SB/SM 1-3 등급의 선수들은 출발 신호가 주어질 때까지 한 발 또는 두 발로 벽

[그림 3.3.3] 2012년 런던 패럴림픽 수영 남자 S5 자유형 50m 예선의 다양한 출발 자세
출처: Payton, C., Hogarth, L., Burkett, B., & Jarvis, H. (2017).
Para swimming start performance: Is the current classification system fit for purpose?(pdf)

을 짚는 것이 허용된다. 물속에서 출발할 경우, 선수가 출발대를 잡을 수 없는 경우에는 보조원이나 출발 장치의 도움을 받을 수 있다.

배영, 75m 및 150m 개인혼영, 혼계영의 출발은 물속에서 이루어지며, 출발 신호 전에 출발하는 모든 선수는 실격 처리된다. 청각장애 선수는 섬광등이나 출발 라이트를 보고 출발하게 되며, 청각장애가 중복된 선수의 경우 출발 라이트 사용이 불가능할 경우, 보조원이 비언어적인 방법으로 출발 신호를 전달하는 것이 허용된다.

자유형

수영 경기에서 자유형(규정 11.2)은 선수가 출전하는 종목에서 어떠한 형태의 영법을 사용하여 수영할 수 있음을 의미한다. 그러나 개인혼영 및 혼계영에서의 자유형은 배영, 평영, 접영을 제외한 다른 영법을 사용해야 함을 명시하고 있다. 75m 및 150m 개인혼영에서 자유형은 배영과 평영을 제외한 모든 영법을 포함한다. 각 구간의 완료 및 종료 시, 선수의 신체 일부는 반드시 벽에 접촉해야 한다. 레이스 전반에 걸쳐 선수의 신체 일부는 수면 위에 있어야 하지만, 턴을 수행하는 동안, 출발 후 및 턴 후 15m 구간에서는 완전히 물속에 잠수할 수 있으며, 15m 이내에서는 머리가 수면 위로 나와 있어야 한다. S1-S5 등급의 선수들은 각 영법 사이클 동안 반드시 신체 일부가 수면 위에 있어야 한다. 스트로크 주기는 어깨 관절의 완전한 회전 또는 고관절의 완전한 상하 움직임으로 정의된다.

배영

배영 경기에서 출발 신호가 주어지기 전, 선수는 양손으로 출발대의 손잡이를 잡고 물속에서 출발대를 향해 정렬하는 과정을 거친다. 출발 시 배영 렛지 backstroke ledge 를 활용하는 경우, 선수의 두 발가락은 터치패드의 벽 또는 표면과 접촉해야 하며, 터치패드의 최상단에서 발가락을 구부리는 행위는 금지된다.

선수가 양손으로 출발대 손잡이를 잡을 수 없으면 한 손으로 손잡이를 잡아도 된다. 한 손으로도 출발 손잡이를 잡을 수 없는 경우, 풀의 끝부분을 잡는 것이 허용되며, 이것도 안 되는 선수는 보조원 또는 출발 장치의 도움을 받을 수 있다(규정 11.3.1.3). 선수는 출발신호가 있을 때까지 신체 일부를 벽에 접촉하고 있어야 한다.

[그림 3.3.4] 배영 렛지(backstroke ledge)

배영 경기에서는 선수는 레이스 전반에 걸쳐 수면에 누운 자세로 수영해야 하며, 신체의 일부는 항상 수면 위에 있어야 한다. 턴을 수행할 때는 신체의 일부가 반드시 레인의 벽에 접촉해야 하며, 턴을 제외한 모든 시간 동안에는 누운 자세를 유지해야 한다. 정상적인 누운 자세는 수평선으로부터 90도 미만의 각도로 몸을 회전시키는 것을 의미하며, 머리의 위치는 중요하지 않다. 팔이 없는 선수나 턴을 수행하는 동안 팔을 사용하지 않는 선수는, 몸이 누운 자세를 벗어난 후 즉시 턴을 시작해야 한다. 선수가 벽을 떠날 때는 반드시 다시 뒤로 누운 자세로 돌아와 있어야 하며, 레이스 종료 시에도 선수는 반드시 뒤로 누운 상태로 벽에 접촉해야 한다. 종료 시 선수의 몸이 완전히 물속에 잠기는 것은 허용되지 않는다.

평영

평영에서는 출발 및 턴 이후, 수영 선수가 물속에 완전히 잠긴 상태에서 한 번의 팔 스트로크를 다리까지 완전히 수행할 수 있다. 출발 후와 턴 이후 첫 평영 발차기 동작이 이루어지기 전에는 한 번의 접영 발차기가 허용된다. 두 번째 팔 동작 중 두 손이 가장 넓게 벌어진 상태에서 손이 안쪽으로 회전하기 전에 선수의 머리는 수면 위로 나와야 한다. 출발 및 각 턴 이후, 벽을 밀 수 없는 선수는 가슴 자세를 확보하기 위해 동시에 또는 수평면에서 팔 스트로크를 한 번 수행할 수 있다. 출발과 턴 후 첫 번째 팔 스트로크는 반드시 엎드린 자세에서 시작해야 하며, 수영장 벽을 터치하고 턴하는 방식은 자유롭게 선택할 수 있다. 그러나 이 경우를 제외하고는 언제든지 누운 자세는 허용되지 않는다. 전 구간에 걸쳐 스트로크 사이클은 한 번의 팔 스트로크와 한 번의 다리 킥 순서로 진행되어야 하며, 모든 팔 동작은 양팔이 교대로 움직이지 않고 동시에 동일한 수평면에서 이루어져야 한다. 팔이나 다리 또는 그 일부가 없는 선수는 발차기 또는 팔젓기 중 완전한 영법 사이클을 유지해야 한다.

선수는 손을 수면이나 물 아래 또는 위에서 가슴으로부터 앞으로 내밀어야 하며, 턴 전, 턴 도중 마지막 스트로크 및 피니시에서의 마지막 스트로크를 제외하고 팔꿈치는 수면 아래에 있어야 한다. 손을 뒤로 이동할 때는 수면이나 그 아래에서 수행해야 하며, 출발과 턴 후 첫 스트로크를 하는 동안을 제외하고는 손이 엉덩이 선을 넘어서는 안 된다. 시각장애 선수는 턴 또는 종료 지점에 가까워져 태핑힌 후 언제든지 손을 앞으로 내밀 수 있다(규정 11.4.3.1).

평영의 완전 사이클 동안 선수의 머리 일부는 수면 위로 나와야 하며, 모든 다리 동작은 교대로 움직이지 않고 동시에 동일한 수평면에서 이루어져야 한다. 하지 장애가 있는 선수는 레이스 내내 반드시 동시적인 움직임을 하려는 의도와 동일 수평선상에서 킥을 하려는 의도를 가져야 하며, 또는 레이스 내내 다리를 끌어야 한다(규정 11.4.4.1). 킥을 하는 동안 발은 바깥쪽으로 돌려 휘저어야 하며, 출발과 턴 이후를 제외하고는 가위차기 alternating movements 또는 하향 접영 킥 downward Butterfly kicks 이 허용되지 않는다. 하향 접영 킥이 따르지 않는 경우, 발이 수면 위로 나오는 것이 허용된다. 정상적인 추진력을 얻기 위해 한 다리 또는 양다리/발을 사용할 수 없는 경우, 킥 추진력을 내는 동안 해당 발을 바깥쪽으로 돌리지 않아도 된다.

매번 턴할 때와 레이스 종료 시에는 '분리된 separated' 양손으로 동시에 수면이나 그 아래 또는 위에서 터치해야 하며, 턴 전과 피니시 전 마지막 스트로크에서 킥하지 않은 팔 스트로크는 허용된다.

'분리된 손(separated hands)' [O]	겹쳐진 손 [X]
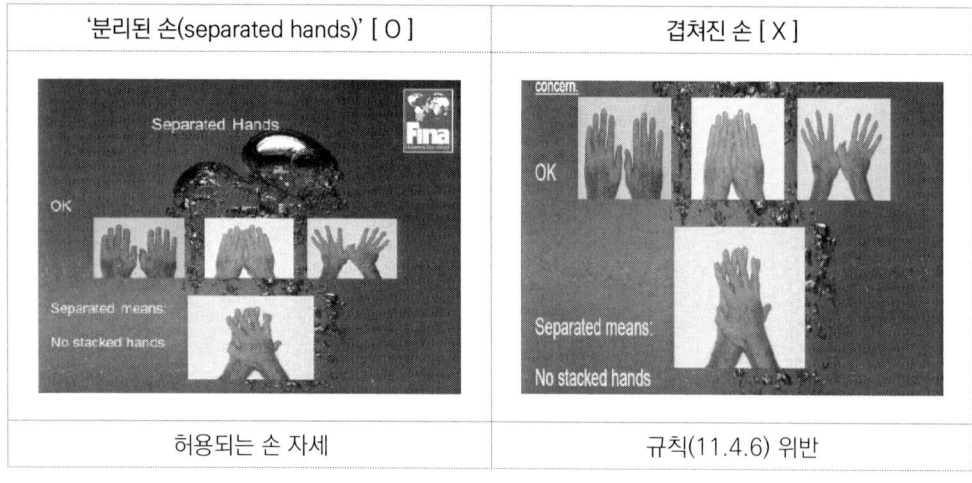	
허용되는 손 자세	규칙(11.4.6) 위반

[그림 3.3.5] 평영 턴 및 레이스 종료 시 터치 손 자세

선수가 마지막으로 팔을 완전히 또는 불완전하게 회전시키는 시점에서 머리가 수면 위로 나와 있다는 전제하에, 마지막 팔 당기기 이후 머리가 물속에 잠기는 것은 허용된다. 여기서 "분리된"이라는 용어는 두 손이 한 쪽 손에 겹쳐져서는 안 된다는 의미를 지닌다. 양손 사이에 반드시 공간을 두어야 하는 것은 아니며, 우연히 발생하는 손가락 간의 접촉은 문제되지 않는다. 선수의 팔 길이가 상이할 경우, 턴 및 레이스 종료 시에는 반드시 긴 팔만으로 터치해야 하며, 양팔은 동시에 앞으로 뻗어야 한다. 만약 상지가 너무 짧아 머리 위로 팔을 뻗을 수 없는 선수는 상체의 어느 한 부분으로 터치해야 한다. 장애로 인해 한 팔만 사용할 수 있는 경우, 사용하지 않는 팔은 끌거나 앞으로 뻗어야 한다. 선수의 양팔 사용에 제한이 있는 경우, 반드시 긴 팔로만 터치해야 하며, 이때도 양팔을 동시에 앞으로 뻗어야 한다.

SB11-12 등급의 선수는 레인 로프에 접촉하여 제약을 받을 경우, 턴 및 종료 시 동시에 터치하는 데 어려움을 겪을 수 있다. 이 경우, 선수에게 이득이 없다면 실격 처리되지 않는다.

접영

접영에서는 출발 후와 턴 이후의 첫 팔 동작이 시작될 때, 선수는 엎드린 자세를 유지해야 한다. 턴 동작을 제외하고는 등으로 돌아눕는 것이 금지된다. 출발 후와 턴 후에, 벽을 다리로 밀어낼 수 없는 선수는 가슴 자세를 확보하기 위해 양팔을 동시에 사용하지 않고 한 번의 팔 스트로크를 수행할 수 있다(규정 11.5.1.1). 접영에서는 양팔이 항상 동시에 앞과 뒤로 움직여야 한다. S11-12(시각장애) 선수들은 레인 로프에 닿더라도 이득이 되지 않는 한 실격되지 않으며, 턴 또는 종료 지점에 가까워질 때 태핑을 통해 수중에서 손을 앞으로 내밀 수 있다. 한 쪽 팔이 없는 선수는 양팔을 동시에 앞으로 움직여야 하며, 팔을 사용하지 않는 손도 앞으로 내밀어야 한다. 다리 기능이 없는 선수는 턴과 피니시 시 벽에 닿기 위해 수면 아래에서 팔로 하프 스트로크를 수행할 수 있다.

다리는 양 다리가 동시에 상하로 움직여야 하며, 교대 킥이나 평영 다리 동작은 허용되지 않는다. 한 다리만 사용하는 선수는 반대쪽 다리를 끌어야 한다 shall drag . 종료 시 터치는 양손이 동시에 이루어져야 하며, 팔 길이

에 차이가 있는 선수는 긴 팔로 터치하되 짧은 팔은 반대 팔과 동시에 앞으로 내밀어야 한다. 한 팔로 스트로크 하는 선수는 한 손으로 터치한다.

출발과 턴 시 선수는 물속에서 1회 이상의 다리 킥과 1회의 팔 동작이 허용되며, 선수는 동작 후 수면 위로 올라와야 한다. 출발 후와 턴 후 15m 이내의 거리에서 잠수할 수 있으나, 15m 이내에서 머리는 수면 위로 나와야 한다(규정 11.5.5).

혼영

혼영 medley swimming 은 정해진 거리를 선수 수에 따라 나누어 각기 다른 영법으로 경기를 진행하는 수영 종목이다. 4명의 선수가 한 팀을 이루는 혼영에서는 접영, 배영, 평영, 자유형의 순서로 네 가지 수영 방식이 요구되며, 각 영법은 전체 거리의 4분의 1을 차지해야 한다. 150m 및 75m 개인혼영 종목에서는 배영, 평영, 자유형 순으로 거리를 1/3씩 수영해야 한다. 자유형 구간의 선수는 턴을 제외하고 항상 엎드린 자세를 유지해야 하며, 킥이나 팔 동작을 시작하기 전에도 엎드린 자세를 유지해야 한다.

혼계영 Medley Relay events 종목에서는 4명의 선수가 각각 거리의 1/4을 배영, 평영, 접영, 자유형 순으로 수행해야 한다.

계영

계영 relays 종목은 각 국가당 1팀만 출전할 수 있으며, 계영 팀의 선수 구성은 예선과 결선 사이에 변경될 수 있다. 메달은 예선 또는 결선에 출전한 모든 선수에게 수여되며, 최대 8명까지 포함될 수 있다. 출전 선수의 이름과 스포츠 등급은 경기 시작 최소 한 시간 전에 수영할 순서에 따라 계영 신청서에 제출해야 한다. 계영 팀의 포인트 점수는 선수의 등급 번호를 기반으로 산정된다. 예를 들어, 34포인트 자유형 계영 종목의 선수 구성은 S8 선수 3명과 S10 선수 1명으로, 이들의 포인트 합계는 34(8 + 8 + 8 + 10 = 34)이다. 4명의 선수 등급 합계는 명시된 포인트를 초과해서는 안 된다. 시각장애 계영팀(49 포인트 계영)은 최소 1명의 S/SB11 선수를 포함해야 하며, 나머지 3명의 선수는 S/SB 11-13의 스포츠 등급을 가져야 한다(규정 11.7.8).

혼성 계영 mixed relays 은 2명의 남자 선수와 2명의 여자 선수로 구성된다. 계영 종목에서 선수는 물속에서 출발할 수 있으며, S/SB1-5 선수는 팀의 마지막 선수가 레이스를 마칠 때까지 레인에 머무를 수 있다. 물속에 남아 있는 선수는 레인 로프 가까이 풀의 끝에서 약간 떨어져 있어야 하며, 다른 레인에 있는 선수를 방해해서는 안 된다.

레이스

개인 경기 The Race 는 성별에 따라 구분하여 진행되어야 한다. 선수는 자신이 출발한 레인에서만 경기를 수행하고, 해당 레인에서 경기를 종료해야 한다(규정 11.8.3). 만약 태퍼가 있는 시각장애 선수가 사용하지 않는 레

〈표 3.3.13〉 시각장애 선수의 레인 레이스 규정

구분	규정	레인 사용	실격 여부
태퍼 보유 선수	11.8.3.1	비어있는 레인 사용	실격 아님
	11.8.3.2	선수가 있는 레인을 사용, 돌아오도록 노력하지만 할 수 없는 경우 반칙 아님	실격 아님
		선수가 있는 레인을 사용, 다른 선수를 방해	규정 11.8.7.1 참고
태퍼 미보유 선수	11.8.3	출발 레인에서 완주	실격 아님
	11.8.3	다른 레인에서 경주	실격

[규정 11.8.7.1] 출발 또는 턴 후 다른 선수 레인으로 넘어가거나 레인 로프와 가깝게 수영을 하는 등 레이스 중 시각장애 선수에 의해 의도치 않은 반칙이 발생한 경우, 심판장은 한 선수 또는 모든 선수의 재경기 권한이 있다. 만약 반칙이 결선에서 발생한다면, 심판장은 결선을 다시 하도록 명할 수 있다.

인으로 넘어가게 되면, 해당 선수는 출발 레인으로 돌아와야 한다. 태퍼는 선수의 이름을 부르지 않도록 하여 다른 선수를 방해하거나 혼동시키지 않으며, 레인을 벗어났음을 알리는 역할을 수행한다. 선수가 규정을 준수하며 경기를 마친 경우, 그 선수의 결과는 유효하다. 다음은 앞서 언급한 시각장애 선수의 레인 레이스 규정을 보완하는 내용이다.

선수가 다른 레인을 가로지르거나 기타 방법으로 다른 선수를 방해할 경우, 해당 선수는 실격 처리된다. 만약 반칙으로 인해 선수의 우승 기회가 위태롭게 될 경우, 심판장은 그 선수가 다음 예선에 참가할 수 있도록 허용할 수 있다. 또한, 반칙이 결승전 또는 마지막 예선에서 발생한 경우, 심판장은 재경기를 명할 수 있다(규정 11.8.7).

양쪽 눈이 모두 의안인 선수를 제외한 S11, SB11, SM11 선수는 불투명 수경을 착용해야 한다. 안면 구조상 안경을 착용할 수 없는 경우, 불투명한 안대로 눈을 가리도록 요구하며, 수경은 해당 경기가 종료된 후 검사를 받아야 한다(규정 11.8.8). 다이빙 중 안경이 우연히 흘러내리거나 레이스 도중 안경이 부러진 경우, 실격되지 않는다.

선수는 대회 중 속도, 부력, 지구력에 도움이 되는 장치나 수영복(물갈퀴가 달린 장갑, 오리발, 물갈퀴, 파워밴드, 접착밴드 등)의 사용이 금지된다. 또한, 움직임을 제한하는 어떠한 종류의 스트래핑도 허용되지 않는다. 각 경기 종료 시, 심판장은 두 번의 짧은 휘슬로 선수가 물에서 떠나야 한다는 신호를 주어야 하며, 선수의 페이스를 재촉하는 것은 허용되지 않으며, 그러한 효과를 가진 장비나 계획도 금지된다.

수영장 시설

일반 규정

수영장 시설 규정은 대회 및 훈련 시 최상의 경기 환경을 조성하는 것을 목표로 하고 있다. 세계패러수영연맹의 규칙 및 규정 중 시설 규정에 관한 내용은 "부록 둘: 시설"에 구체적으로 명시되어 있다.

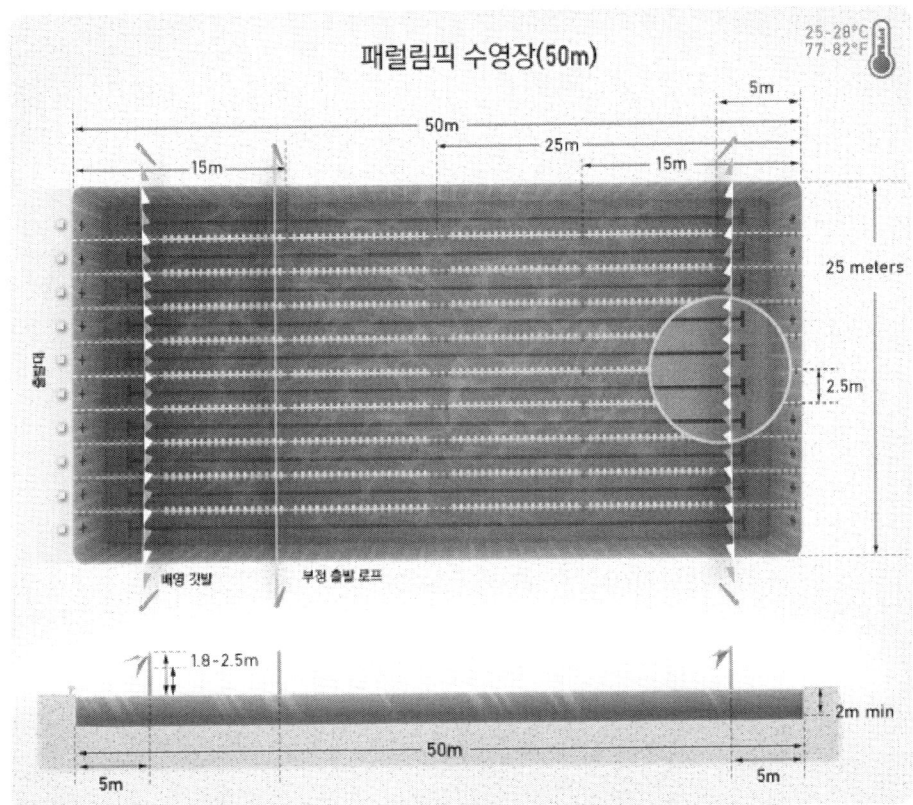

[그림 3.3.6] 수영장 최소 기준

IPC 경기, IPC 대회 및 WPS 승인 대회의 수영장 및 기술 장비는 대회 시작 전에 임명된 기술위원과 세계패러 수영연맹의 승인 절차를 거쳐야 한다. 승인된 대회에서는 모든 수영장이 최소한 대회 시작 2일 전에 선수들이 이용할 수 있도록 개방되어야 하며, 경기가 시작되기 1시간 30분 전에 개방되어야 한다. 또한, 대회 기간 중 경기가 없는 경우에는 훈련용으로 사용하도록 한다. 모든 수영장 및 시설은 휠체어 접근이 가능해야 하며, 풀 가장자리 1m 이내에는 매트를 설치해야 한다. 이 매트는 최소 폭 1m, 길이 2m의 규격을 충족해야 한다.

수영장 최소 기준

패럴림픽 수영 경기에서 사용되는 표준 수영장의 길이는 50m와 25m 두 가지 유형이 있으며, 수영장의 깊이는 출발대에서 6m까지 최소 1.35m를 유지해야 하고, 나머지 구간의 최소 깊이는 1.0m로 설정되어야 한다. 또한, 각 레인의 폭은 최소 2.5m 이상, 첫 레인과 마지막 레인의 외측에는 최소 0.2m의 여유 공간이 확보되어야 한다.

레인 로프

수영 선수들의 통로를 구분하는 장치인 레인 로프는 수영장에서 필수 요소로, 각 로프를 구성하는 플로트 float 의 직경은 10-15cm에 해당한다. 레인 로프의 플로트는 다양한 색상(붉은색, 녹색, 노란색, 파란색)으로 칠해져 있으며, 수영장 양 끝에서부터 5.0m 구간은 붉은색으로 표시된다. 또한, 풀의 양 끝에서 15m 지점에 위치한 '부정 출발 로프 false start rope' 주변의 플로트와 25m 지점의 플로트는 서로 다른 색상으로 구분된다. 레인을 구분하는 레인 로프는 색상이 다르게 설정되어 있으며, 8레인 또는 10레인 풀의 경우 좌우 끝 레인의 로프는 녹색으로, 가운데 4레인과 5레인을 구분하는 3개의 로프는 노란색으로, 나머지 8레인 풀의 4개 로프와 10레인 풀의 6개 로프는 파란색으로 지정되어야 한다.

[그림 3.3.7] 레인 로프

출발대

출발대는 수면 위에서 0.5m에서 0.75m의 높이를 가지며, 표면 면적은 0.5cm × 0.5cm로 미끄럼 방지 소재로 덮여야 하며, 경사도는 10도를 초과하지 않아야 한다. 또한, 출발대의 후면은 앞뒤로 이동하여 조절할 수 있는 구조로 설계되어야 한다. 출발 시, 출발대는 정면과 측면에서 플랫폼을 잡을 수 있도록 배치되어야 한다. 출발 플랫폼의 두께가 4cm를 초과할 경우, 좌우 측면에는 최소 10cm의 너비를, 전면에는 40cm의 너비를 가지며, 잡는 부분의 두께는 플랫폼 표면에서 3cm 이내로 설계되어야 한다(부록 시설 규정 1.2.7.5). 배영을 위한 손잡이는 수면 위에서 수평 및 수직으로 30cm에서 60cm 사이에 위치해야 하며, 이는 끝 벽에 평행하게 설치되

[그림 3.3.8] 출발대

어야 하며, 절대로 끝 벽을 넘어서는 돌출이 있어서는 안 된다. 배영의 렛지 backstroke ledge 는 최소 65cm의 길이를 가지며, 수면에서 상하로 4cm씩 조절 가능해야 하며, 높이는 8cm, 경사는 10도, 너비는 2cm로 설계되어야 한다.

패럴림픽 표준 수영장

패럴림픽 수영경기는 올림픽 수영경기가 진행되는 수영장에서 개최되며, 국제수영연맹 FINA 의 경기 규정 및 시설 규정을 준수하고 있다. 패럴림픽 표준 수영장에 대한 시설 규격, 부대시설, 및 용품 규정은 FINA의 경기 규정과 시설 규정을 바탕으로 하여 대한수영연맹(2020)의 "경기시설용품 공인업무 운영매뉴얼"에서 발췌하여 설명하였다. 이 운영매뉴얼은 대한수영연맹이 국내 수영장 시설의 공인을 위해 제정한 규정으로, 패럴림픽 대회는 특급 및 1급 수영장 시설 규격과 세부 시설 기준을 참조할 수 있다. 〈표 3.3.14〉는 수영장 시설 규격 및 부대시설의 세부 사항을 나타내며, 〈표 3.3.15〉는 경기 용품 공인 품목의 세부 사양을 제시하고 있다.

〈표 3.3.14〉 수영장 시설규격 및 부대시설 세부 사항

구 분		특급	1급	2급	3급
시설	길이	50m	50m	50m	50m 또는 25m
	넓이	고정수영장: 25m 임시수영장: 26m	25m	좌 동	16m-25m 12m-25m
	수심	3m 이상	2m 이상-3m 이하	1.8m 이상	1.35m 이상
	레인	10레인	좌 동	8레인 이상	-
	수온	25℃-28℃	좌 동	좌 동	좌 동
	조명	수영장 위 조명강도 1500 lux 이상	좌 동	스타트대 조명강도 600 lux 이상	좌 동
필수 부대 시설	웝엄풀	웝엄풀(8레인 이상)	웝엄풀(6레인 이상)	필요 시 설치	-
	선수대기실	2개 이상	1개 이상	좌 동	좌 동
	선수소집실	2개 이상(1·2차 소집실)	좌 동	좌 동	좌 동
	탈의실	수용인원: 150명 이상	수용인원: 80명 이상	좌 동	제한 없음
	샤워실	샤워호스: 70개 이상	샤워호스: 35개 이상	좌 동	제한 없음
	심판 대기실	4개	2개 이상	좌 동	1개 이상
개최 가능 대회		패럴림픽 세계선수권대회 전국규모대회	기타 국제대회 전국규모대회	전국규모대회	시도연맹 주최 선발대회 및 도민체전

* 상기 외 기타 세부사항은 FINA FACILITIES RULES(2017-2021) 및 종목별 경기규칙 참조

〈표 3.3.15〉 경기 용품 공인 품목 세부 사양

스타팅 블록	구 분	세부 사양
	규 격	- (표면) 최소 0.5×0.5m - (수면으로부터 출발대 높이) 0.5~0.75m
	특 성	- 표면은 미끄럼방지 재질로 덮여야 하고, 스프링 효과는 허용되지 않음. 뒷부분에 발지지 블록이 있어야 하며, 길이 조절이 가능해야 함.
	특이사항	- 스타팅블록 기울기는 최대 10도를 넘지 않아야 하며, 스타팅블록의 앞·측면을 잡을 수 있어야 함. - 배영 손잡이는 수면 위 0.3~0.6m 수평 수직 설치되어야 함.
배영 렛지	구 분	세부 사양
	규 격	- 800×150×(H)130mm (L*W*H)
	특 성	- 배영 렛지의 최소 길이는 65cm, 높이는 8cm, 넓이는 2cm이며, 기울기 10도이어야 함.
	특이사항	- 배영 경기 스타트 시 선수들이 사용하는 발판. - 배영 렛지의 길이를 조절할 수 있어야 하며, 0에서 -4단계, 0에서 +18단계까지 조절 가능해야 함.
경영 코스로프	구 분	세부 사양
	규 격	- 코스로프는 양 단벽에 설치된 걸쇠에 단단히 장착되어 레인 전 길이에 걸쳐야 함.
	특 성	- 걸쇠는 양 끝에 있는 부유물이 수면 위로 뜰 수 있게 해야 하고, 0.1m~ 0.15m까지 맞닿아 있는 부유물로 구성되어야 함.
	특이사항	- 코스로프의 주요 기능은 각 레인을 구분하고 수영경기 중 파도를 줄이는 구성요소를 갖추어야 함.

*추가적인 세부 사양 및 기준은 FINA 시설 규정 또는 FINA 주관·주최 대회에서 사용되는 품목 참조 요망

CHAPTER

4

수영 선수
테스트 프로토콜

4

수영 선수 테스트 프로토콜

수영 경기의 주요 목표는 대회에서 경쟁하는 선수들보다 뛰어난 기량을 발휘하여 우승하는 것이다. 수영 경기에서의 승패는 100분의 1초의 차이로 결정되므로, 훈련 과정에서 코치가 선수의 경기력을 점검하는 것은 필수적이다. 이를 위해 스포츠 과학의 생리학적 및 생체역학적 원리를 바탕으로 개발된 도구가 바로 수영 테스트 프로토콜이다. 스포츠 과학은 선수의 수영 경기와 관련된 잠재적 요소를 향상시키는 데 기여하여 기량의 변화를 이끌어낼 수 있다. 즉, 수영 선수의 현재 체력 상태를 이해하고, 점진적인 훈련 프로그램을 계획 및 실행하기 위해서는 훈련 전 테스트 평가와 정기적인 수영 테스트 프로토콜이 필요하다. 이러한 측정은 수영 선수의 능력을 정량화할 수 있게 하며, 이를 바탕으로 필요 시 훈련 프로그램을 수정할 수 있는 기초 자료를 제공한다. 테스트 프로토콜은 처음에 올림픽 수영 선수를 위해 개발되었으며, 전 세계적으로 다양하게 적용되고 있지만, 본질적으로 스텝 테스트 step test 및 효율성 측정을 포함하고 있다(Burkett, 2011).

테스트를 정확하게 수행하기 위해서는 지도자(코치)가 테스트 프로토콜의 목적, 방법, 절차 등을 올바르게 이해하는 것이 중요하다. 테스트 전에 선수들은 "선수 준비", "테스트 환경", "테스트 순서", "테스트 전 설문지", "인체 측정" 등의 기본 사항을 수행해야 하며, 코치는 테스트에 필요한 장비 목록을 점검하고, 테스트 결과 자료를 분석하기 위해 테스트 요소 간의 관계에 대한 지식을 갖추어야 한다(Pyne et al., 2013).

01 테스트 기본사항

선수 준비

테스트를 실시하기에 앞서 신뢰성과 유효성을 갖춘 데이터를 확보하기 위해 표준화된 사전 테스트 준비가 권장된다. 선수, 실험실, 수영장 환경의 준비와 관련된 구체적인 사항은 스포츠 과학 분야의 장비 테스트에 따라 다소 차이가 있을 수 있으며, 일반적으로 요구되는 준비 사항은 다음과 같다.

식이요법

테스트 전날과 테스트 당일에는 정상적인 고탄수화물-저지방 식단을 준수해야 한다. 수영 선수는 테스트 2시간 전에 카페인이나 알코올이 포함된 음식 및 음료를 피하도록 권장된다. 또한, 물이나 스포츠 음료를 통해 충분한 수분을 섭취하는 것이 중요하다. 이러한 방법은 고온 다습한 환경에서 실외 또는 실내 테스트를 수행할 때 특히 중요하다.

훈련

스트레스가 높은 수영 훈련은 18시간 이내에 수행해서는 안 되며, 수영 선수에게 익숙하지 않은 중량 훈련은 24시간 이내에 실시하지 않아야 한다.

테스트

수영 선수는 테스트를 수행하기 전에 충분한 휴식을 취하고, 질병이나 부상이 없는 상태여야 한다. 만약 테스트를 수행할 준비가 부족하다면, 해당 테스트를 다른 날로 연기하는 것이 바람직하다. 적절한 준비가 이루어지지 않았거나 동기 부여가 결여된 선수의 테스트 결과는 해석하기 어려울 수 있다.

수영장 테스트에 앞서, 주로 저강도에서 중간 강도의 유산소 수영과 약간의 페이스 운동으로 구성된 1,000~1,500m의 표준 준비운동을 실시하는 것이 권장된다. 이 준비운동은 일반적으로 다음 테스트에서 사용될 수 있는 당김 pull, 발차기 kick, 주 스트로크의 일부 요소를 자유롭게 수행하는 방식으로 진행된다. 또한, 준비운동은 점진적 스텝 테스트의 첫 번째 수영 속도로 수영하는 것이 바람직하다. 코치는 선수들이 레이스 전 표준 준비운동을 수행하도록 지도하며, 수영 선수는 테스트를 진행할 때마다 동일한 준비운동을 반복적으로 수행해야 한다.

테스트 환경

수영장의 수온(일반적으로 27.0 ± 1.0°C)과 수질 수준을 면밀히 관찰하고 점검하는 것이 중요하다. 이러한 조건은 수영장 적합성에 의문이 제기될 경우, 수영장 직원과 함께 확인해야 한다. 수온이 편안한 범위를 벗어날 경우, 부정적인 결과를 초래할 수 있다. 수영장 테스트는 실내 또는 실외 수영장에서 수행할 수 있으나, 계절적 영향을 최소화하기 위해 실내 수영장을 이용하는 것이 바람직하다. 실외에서 테스트를 진행할 경우, 주변 공기 온도와 바람이 테스트 결과에 영향을 미칠 수 있다. 따라서 준비 운동 절차와 적절한 테스트 시기를 위해 코치와 선수 간의 긴밀한 협력이 필요하다. 본 문서에서 설명하는 테스트는 일반적으로 롱 코스(50m) 풀에서 실시되며, 쇼트 코스(25m) 풀을 사용할 수도 있지만, 롱 코스와 쇼트 코스 간의 결과는 직접적으로 차이가 있을 수 있음을 유의해야 한다.

테스트 순서

인체 측정 anthropometry 은 훈련 또는 테스트 세션 이전에 실시되어야 한다. 가능하다면, 인체 측정 테스트의 시점은 표준화되어 항상 금식 상태(아침 식사 전) 또는 식사 후(아침 식사 후 또는 점심 식사 후)에 체질량 측정을 진행하는 것이 바람직하다. 스텝 테스트의 두 가지 변형인 5×200m와 6×100m 스텝 테스트는 측정 주기를 달리하여 수행하거나, 코치와 과학자의 결정에 따라 진행해야 한다. 훈련 시즌 동안 테스트 순서는 사전에 계획되어야 한다.

테스트 장비 점검표

테스트를 수행하기 전에 준비해야 할 사항은 테스트의 종류에 따라 다소 차이가 있을 수 있다. 테스트에 필요한 점검 목록은 다음의 〈표 3.4.1〉에 제시되어 있다.

〈표 3.4.1〉 테스트 장비 점검표

인체 측정	
☐ 신장계(벽 부착 Stadiometer) ☐ 체중계(±0.05kg까지 계측) ☐ 체지방 측정기(Skinfold calipers)	☐ 마커(pen) ☐ 인체 측정 테이프 ☐ 기록지(인체 측정)
※ 체성분분석기 InBody 이용할 경우, 여러 가지 측정치를 확인할 수 있음	
혈액 샘플 Blood Sampling	
☐ 젖산 분석기(소모품) ☐ 멸균 알코올 면봉 ☐ 채혈바늘(Lancet) 및 용기	☐ 종이수건(휴지) ☐ 일회용 고무장갑 ☐ 외과용 테이프
Aerobic Step Test (5×200m)	
☐ 스트로크 비율 기능 스톱워치 ☐ 심박수 모니터링 장비 ☐ 운동 자각도(RPE) 차트	☐ 사전 Step test 설문지 ☐ 기록지(수영 5×200m Step test) ☐ 채혈 장비(위와 같음)
Step Test (6×100m)	
☐ 스트로크 비율 기능 스톱워치 ☐ 심박수 모니터링 장비 ☐ 운동 자각도(RPE) 차트	☐ 사전 Step test 설문지 ☐ 기록지(수영 6×100m Step test) ☐ 채혈 장비(위와 같음)
Stroke Mechanics Test (6×50m)	
☐ 스트로크 비율 기능 스톱워치 ☐ 거리 마커 확인을 위한 줄자 ☐ 클립보드	☐ 기록지(6×50m 영법 자료 기록지) ☐ 펜

테스트 전 설문지

테스트를 실시하기에 앞서, 선수들은 질문지를 작성해야 하며, 코치는 이를 검토하여 테스트가 원활하게 진행될 수 있는지를 평가해야 한다. 설문지의 형식은 다음 〈표 3.4.2〉와 같이 제시된다.

〈표 3.4.2〉 수영 사전 검사 질문지

이름: _____ 생년월일: _____ 검사일: _____

검사장소: _____ 코치: _____ 측정자: _____

    ☐ 25m 수영장 또는   ☐ 50m 수영장

● 지난주에 의사나 물리치료사와 상담했던 부상으로 고통 받고 있습니까?

    ☐ Yes   ☐ No

    구체적으로 기록하세요. _____

● 질병을 앓고 있거나 지난주에 의사와 상담한 적이 있습니까?

    ☐ Yes   ☐ No

    구체적으로 기록하세요. _____

● 당신은 수정 과정 중 어떤 단계에 있습니까?

    ☐ 유산소 운동   ☐ 기능 향상   ☐ 테이퍼   ☐ 대회 참가   ☐ 회복

● 지난주에 몇 킬로미터를 수영했습니까?

    ☐ <30   ☐ 31-40   ☐ 41-50   ☐ 51-60   ☐ >60

● 다음 질문에 답하세요.

해당 번호에 ○ 표시하세요.	나쁨	그저 그럼	보통	좋음	매우 좋음
지난주 수면의 질은 어떠했는가?	1	2	3	4	5
지난주 전반적 건강 상태는 어떠했는가?	1	2	3	4	5
지난주 전반적 에너지 수준은 어떠했는가?	1	2	3	4	5
지난주 훈련에 잘 적응했는가?	1	2	3	4	5
지난주 전반적인 기분은 어떠했는가?	1	2	3	4	5
현재 수영에 대한 자신감은 어떠했는가?	1	2	3	4	5

출처: Australian Institute of Sport (2013), Physiological tests for elite athletes (2nd ed). Champaign, IL: Human Kinetics

인체 측정

수영 선수의 신체 크기와 형태를 나타내는 인체 측정치^{anthropometry} 는 우수한 수영 선수의 경기력에 있어 중요한 요소이다. 인체 측정 지표는 선수의 재능 평가, 발굴, 훈련 및 식이요법 관리에 필수적이다.

선수의 신장, 체질량지수 및 체지방률(피부두겹법, InBody S10)을 측정하는 과정은 수영 테스트 이전에 이루어져야 한다. 피부두겹법을 통해 측정된 체지방량은 삼두박근, 이두박근, 견갑하근, 극상근, 복부, 대퇴 및 종아리 등 7개 부위에서 기록된다. 현재는 캘리퍼를 사용하여 피하지방을 측정하는 피부두겹법을 활용하는 지도자가 드물어졌으며, 대신 InBody 체성분 분석기를 통해 보다 간편하게 다양한 인체 측정 정보를 수집하는 경향이 증가하고 있다.

자료 분석

인체 측정 데이터는 훈련 이전 및 경기 시즌 동안 선수(대상 내)를 주기적으로 관찰하여 활용된다. 젊은 선수에 대한 데이터 해석은 신체적 성장과 성숙의 시간적 변화를 설명하는 데 기여한다. 이러한 인체 측정 자료는 장기적인 활용을 위해 참고 자료로 축적될 필요가 있다. 특히 장애가 있는 수영선수의 경우, 수영 스포츠 등급에 따라 인체 측정 데이터의 다양성이 크기 때문에 기준 자료를 축적하는 것이 용이하지 않다. 결과 해석은 이

참 고   **APE 지수: 선수발굴에 지수를 이용하면?**

수영선수의 인체 측정 변인 중에 키와 양팔 벌린 길이(Wingspan or arm span)를 측정하여 그 키에 대한 양팔 벌린 길이의 비율을 계산하는 방식이 "APE 지수(APE index)"라 한다.

APE 지수 = 양팔 벌린 길이 / 키

일반적으로 두 값의 비율은 1로 간주한다. 스포츠에서는 양팔 길이가 키보다 길면 경기에서 유리할 수 있다는 논리와 그렇지 않다는 논리가 있지만 수영의 경우에는 연구 대상이 되고 있다(Dimitric et al., 2016; Ertaş Dölek, & Cengizel, 2019). APE 지수를 계산하는 또 다른 방법은 양팔 길이에서 키를 빼는 방법이다. 두 수치가 같으면 0, 팔이 길면 +, 팔이 짧으면 -로 표시한다(강승규, 2022). 미국의 유명 수영선수 Michael Phelps와 Caleb Dressel의 APE 지수를 계산하면 다음과 같다.

- Michael Phelps: 팔 198cm, 키 193cm, APE 지수 =198/193 = 1.025, 198-193 = 5
- Caleb Dressel: 팔 193cm, 키 191cm, APE 지수 =193/191 = 1.010, 193-191 = 2

APE 지수가 1보다 큰 값을 얻으면 수영 역학 측면에서 수영에 유리하다고 한다. 이는 팔이 짧은 상대보다 더 빨리 가속하고 더 적은 에너지를 사용하여 비슷한 거리를 이동할 수 있기 때문이다. 그러나 선수의 양팔 길이에 따라 근력, 파워, 테크닉 등이 일정하지 않을 뿐만 아니라 각각의 여러 변인이 스트로크 변인(비율, 길이, 추진력 등)에 미치는 영향이 다양하므로, APE 지수는 선수발굴 등에 참고 요인으로 이용하면 어떨까?

전 테스트 결과, 최근의 수영 훈련 이력, 식이 습관, 근력 및 컨디션 조절(지상) 훈련을 포함하여 설명할 수 있어야 한다. 가능하다면, 동일한 공인 인체 측정사가 개별 수영 선수에 대해 지속적으로 모니터링을 수행하는 것이 바람직하다.

훈련 전후 스텝 테스트 측정 요소의 관계

수영 스텝 테스트는 7×200m, 10×100m, 8×100m, 5×200m, 비프 테스트 등 다양한 형태로 존재한다. 이러한 테스트들은 수영 경기력에 필수적인 기술, 체력, 전략 등을 평가하기 위해 주로 운동학적 요소인 스트로크 변인과 생리학적 요소인 심박수 및 젖산 농도를 측정한다. 이를 통해 선수의 수영 수행력 변화를 분석하고자 한다. 지도자(코치)는 스텝 테스트가 단순한 훈련 프로그램의 절차로 그치지 않도록 하기 위해, 테스트의 목적을 명확히 설정하고 결과를 분석 및 활용할 준비를 갖추어야 한다. 훈련 전후에 수집된 스텝 테스트의 결과, 훈련 프로그램 운영 중 후속 테스트를 통해 얻을 수 있는 지식, 그리고 테스트 결과를 훈련 계획에 반영해야 할 사항들(Goldsmith, 2001)에 대해 충분히 이해할 필요가 있다.

훈련 전 스텝 테스트

○ 속도가 증가함에 따라 스트로크 수 Stroke Count (한 바퀴 lap 당 스트로크 수)가 증가한다. 즉, 각 영법으로 이동하는 거리가 감소한다.

이론적 근거: 선수가 속도를 높이려고 시도하면서 기술적 한계와 비효율적인 스트로크 기술로 인해 스트로크는 더 짧으면서 자주 하게 된다.

○ 속도가 증가함에 따라 스트로크 비율 Stroke Rate (분당 스트로크 수)이 증가한다. 이것은 일반적으로 스트로크 비율을 높임으로써 속도를 빠르게 하려는 양상이다. 그러나 스트로크 비율이 증가하면서 이동한 거리가 줄어든다면 이는 비효율적인 수영이 된다.

이론적 근거: 스트로크 수와 마찬가지로 수영 기술이 무너지면 같은 속도를 유지하기 위해 더 많은 스트로크(더 많은 에너지)가 필요하다.

○ 속도가 빨라질수록 심박수 Heart Rate 는 증가한다.

이론적 근거: 선수가 더 열심히 수영하면 산소가 풍부한 혈액이 더 많이 필요하므로, 심장은 운동하는 근육의 요구를 충족시키기 위해 더 열심히 작동해야 한다.

○ 속도가 증가함에 따라 젖산 Lactate 농도가 올라간다.

이론적 근거: 선수가 더 빨리 수영하려고 하면 젖산 생성과 젖산 제거율 사이의 균형이 바뀐다. 개인 최고 기록 personal best time, PB 에 가까워지면 근육이 활발히 움직일 때 젖산 생산이 젖산 제거량을 초과하여 젖산 농도가 올라간다.

○ 최종 100m 수영이 끝난 후, 선수의 심박수는 휴식을 취할 때와 회복성 수영 swim down 후에 꾸준히 감소해야 한다.

이론적 근거: 테스트 후 선수가 긴장을 풀고 수영을 할 때, 신체는 균형 상태를 이루려고 작용한다. 이산화탄소가 배출되고 젖산이 꾸준히 감소함에 따라, 심박수는 휴식 수준으로 떨어진다.

훈련 후 스텝 테스트

○ 수영 선수는 훈련하면 심박수는 같은 속도일 경우 더 낮아진다.

이론적 근거: 선수는 훈련하면 적응력이 더 좋아진다. 이는 생리학적으로 더 효율적이고 같은 속도에서 산소 요구량이 더 적다.

○ 스트로크 수는 같은 속도에서 더 적다.

이론적 근거: 선수는 물에서 더 효율적이면 스트로크 당 거리가 더 길다.

○ 선수의 스트로크 비율은 같은 속도에서 더 낮다.

이론적 근거: 수영 선수는 물에서 더 효율적이면 스트로크 당 거리가 더 길다.

○ 수영 선수의 젖산은 같은 속도에서 더 낮다.

이론적 근거: 수영 선수는 젖산에 견디고 제거하는 능력은 훈련을 통해 향상된다.

○ 수영 선수의 심박수는 마지막 100m 수영 후 더 짧은 시간에 거의 휴식 수준으로 돌아올 것이다.

이론적 근거: 수영 선수는 훈련하면서 회복 능력이 향상한다. 예를 들면 지구력 운동을 더 강조하게 되고, 그로 인해 회복 기술이 향상된다.

스텝 테스트 결과의 활용 방법

테스트 의 핵심 요소는 수집된 정보를 정확하게 분석하고 이를 바탕으로 훈련 프로그램을 효과적으로 조정하는 것이다. 일반적으로 수영 선수는 훈련을 통해 점차적으로 효율성을 향상시키며, 훈련 전과 비교했을 때 에너지와 산소 소비가 감소하고 일정한 속도에서의 스트로크 수가 줄어드는 경향이 있다. 코치의 역할은 수영 선수가 점점 더 빠른 속도에서 효율적으로 수영할 수 있도록 지도하는 것이다. 테스트 과정에서 뚜렷한 개선이 관찰된다면 문제가 없겠지만, 만약 테스트 결과가 경기력 저하를 나타낸다면 어떻게 대응해야 할까?

첫째, 테스트 결과에서 일정한 속도를 유지하기 위해 더 많은 스트로크를 사용하는 것으로 나타날 경우, 기술 훈련을 실시하고 보다 효율적인 스트로크를 개발하기 위해 스트로크 기술과 관련된 훈련을 진행해야 한다.

둘째, 일정한 속도로 수영하는 선수의 심박수가 더 높거나 테스트 후 회복 시간이 길어질 경우, 기본적으로 유산소 능력을 향상시키기 위해 길고 지속적이며 편안한 리듬의 훈련을 시도해야 한다.

셋째, 수영 선수가 스트로크당 거리가 감소하고 심박수가 상승한 상태에서 일정한 속도를 유지하기 위해 스트로크 비율이 현저히 증가하는 경우, 이는 선수의 피로를 나타낼 수 있으므로 충분한 휴식을 취한 후 피로가 회복된 상태에서 테스트를 재실시해야 한다.

테스트 결과는 단순히 참고용 지침에 불과하다는 점을 강조할 필요가 있다. 이러한 결과는 종종 코치나 선수의 주관적인 감정에 대한 객관적인 근거로 작용한다. 코치는 자신의 경험과 판단을 바탕으로 선수에게서 나타나는 특정한 특징을 뒷받침할 수 있는 확실한 증거를 수집하기 위해 테스트를 실시할 수 있다. 많은 경우, 가장 효과적인 테스트 프로토콜은 코치와 선수가 함께 앉아 훈련 프로그램에 대해 논의하는 것이다. 코치는 선수의 훈련을 "관찰"할 수 있지만, 수영 선수가 경험하는 감각을 직접 느낄 수는 없다. 반면, 수영 선수는 자신의 기술을 느낄 수 있지만 이를 외부에서 관찰하는 것은 불가능하다. 이러한 협의를 통해 코치가 관찰하는 것과 선수의 주관적인 경험이 결합될 때, 최상의 해결책을 도출할 수 있는 경우가 많다. 스텝 테스트는 유용한 코칭 평가 도구로, 코치와 선수에게 훈련 프로그램의 진행 상황과 발전에 대한 피드백을 제공하며, 향후 훈련 프로그램 계획에 대한 지침 역할을 할 수 있다.

02 패러 수영 테스트 프로토콜

패럴림픽 수영 선수들의 기량을 평가하기 위한 도구를 찾는 것은 쉽지 않으며, 패럴림픽 종목에 대한 경기력 및 체력 평가 도구 또한 마찬가지로 부족한 실정이다. 이는 장애 유형의 다양성과 선수 수의 제한, 그리고 전문 연구자의 수가 적기 때문일 수 있다. 그러나 호주의 Brendan Burkett 박사는 2000년 시드니 패럴림픽에서 자국 수영 선수단이 기대에 미치지 못하고 메달 순위 5위에 머물렀던 문제를 분석하였고, 이를 해결하기 위해 호주 패럴림픽 위원회 APC 는 패럴림픽 수영 선수단을 위한 국가 수영 테스트 프로그램을 개발하였다. 이 테스트는 호주 올림픽 수영 프로토콜을 기반으로 하여 패럴림픽 수영 선수의 다양한 요구 사항을 반영하여 수정되었다. 아래에 설명된 내용은 6×100m 레이스 전략 스텝 테스트 race strategy step test 로, Burkett(2002; 2011; 2015)의 발표 내용을 바탕으로 구성되었다.

개요

대부분의 패럴림픽 수영 선수들은 50m 및 100m 종목에 참가하며, 이는 전체 종목의 76.8%를 차지한다(제2장 〈표 3.3.2〉 대회 종목 참조). 올림픽 수영 선수들은 이러한 종목을 단거리 경기 sprint race 로 분류하지만, 중증 장애를 가진 일부 패럴림픽 수영 선수에게는 이러한 종목이 단거리보다는 중거리 종목으로 간주될 수 있으므로, 이에 따른 레이스 전략이 필요하다(Burkett, 2002).

수영 테스트 프로토콜은 수영 선수의 현재 체력 상태를 파악하고 점진적인 훈련 프로그램의 효과를 평가하는 데 유

[그림 3.4.1] 수영 측정용 시계

용하다. 또한, 측정 결과를 바탕으로 선수의 능력을 정량화할 수 있으며, 이를 통해 필요 시 훈련 프로그램을 수정할 수 있다. 수영 경기력 향상을 위해서는 일정 간격으로 테스트를 실시하고 선수에게 지속적인 피드백을 제공해야 하며, 수영 테스트 프로토콜과 비디오 촬영 기술 분석을 훈련 캠프의 기본 업무로 삼을 필요가 있다. 패러 수영 테스트 프로토콜은 첫째, 6×100m 레이스 전략 스텝 테스트 6×100m Race Strategy Step Test , 둘째, 스트로크 효율성 골프 테스트 프로토콜 Stroke Efficiency Golf Test Protocol , 셋째, 스타트 및 턴 테스트 등 세 가지 특정 테스트로 구성되어 있다.

6×100m 레이스 전략 스텝 테스트

6×100m 레이스 전략 단계 테스트 race strategy step test 는 패럴림픽 수영 선수들이 주요 경기에서의 페이스 pace 를 최대한 효율적으로 조절할 수 있도록 훈련하기 위해 설계되었다. 이 테스트는 100m 최고 기록을 기준으로 하여, 6번의 100m 수영을 5초씩 점진적으로 빠른 속도로 수행하는 방식이다. 처음 4번의 100m 수영에서는 느린 속도로 정확한 페이스 조절을 연습하고, 마지막 6번째 수영에서는 효율적인 수영을 목표로 한다. 이 과정에서 스트로크 비율 stroke rate 과 25m 구간 시간, 50m 랩마다의 스트로크 수를 기록한다. 〈표 3.4.3〉은 6번의 100m 수영 테스트 절차를 나타낸다.

지도자는 25m 구간별 스트로크 비율과 시간, 50m 랩의 스트로크 수를 요구한다. 이러한 정보는 수영 선수의 레이스 전략을 분석하고, 개선이 필요한 훈련 영역을 파악하는 데 기여할 수 있다. 예를 들어, 유산소 능력이나 최대 속도와 같은 요소들이 이에 해당한다. 지도자용 기록지는 〈표 3.4.4〉에 제시되어 있다.

테스트가 완료된 후, 수영 선수는 주 종목 수영을 수행하고 혈중 젖산 농도를 측정한다. 각 수영 선수에 대해 개별적인 회복 관리 계획을 수립하는 것이 권장된다. 예를 들어, 한쪽 팔을 잃고 다리 킥에 의존하는 선수는 800m 회복 수영을 실시할 수 있다.

훈련 캠프를 운영할 경우, 스텝 테스트의 비디오 분석뿐만 아니라 레이스에 대한 종합적인 생체역학적 요인을 분석하는 것이 필수적이다. 데이터는 첫 번째 훈련 캠프에서 얻은 데이터를 기준으로 비교할 수 있다. 수영 경기력 분석을 위한 생체역학적 측정 요인으로는 스트로크 비율 stroke rate , 스트로크 당 거리 distance per stroke, DPS , 자유 수영 속도 free swimming velocity , 스트로크 수 stroke count , 턴 타임 turn time , 스타트 시간 start time , 피니

〈표 3.4.3〉 수영 테스트 절차

스텝(step)	주기(cycle)	거리	수영 페이스
수영 1	2분	100m	최고 기록 + 25초
수영 2	2분	100m	최고 기록 + 20초
수영 3	2분	100m	최고 기록 + 15초
수영 4	2분	100m	최고 기록 + 10초
활동성 회복 수영 200m			
수영 5	2분	100m	최고 기록 + 5초
활동성 회복 수영 200m, 마지막 다이빙(스타트)			
수영 6	2분	100m	최고 기록 + 2초
종료 직후 젖산 테스트			

〈표 3.4.4〉 스텝 테스트 기록지

이름:		일시:					장소:			
	0–25m		25–50m		50–75m		75–100m		스트로크 수	
	SR	시간	SR	시간	SR	시간	SR	시간	0–50m	50–100m
1 (+25)										
2 (+20)										
3 (+15)										
4 (+10)										
5 (+5)										
6 (+2)										
SR: Stroke Rate										

시 시간 finish time , 랩 타임 lap time 및 총 시간 total time 등이 포함된다(표 3.4.5). 또한, 6번째 100m 수영을 비디오로 녹화하여 이 정보를 통해 수영 선수의 현재 레이스 전략을 파악할 수 있다.

전략 개선을 위한 주요 목표는 속도 저하(점선 다이아몬드 선)를 최소화하는 것이다(그림 3.4.2). 이를 위해서는 스트로크 비율(점선 삼각형 선)과 스트로크 당 거리(실선 사각형 선)의 조합을 최적화해야 한다. 스텝 테스트 데이터를 연중 주기적으로 수집함으로써 경기력 향상 여부를 모니터링하고, 경기력에 가장 중요한 요소를 규명한다.

〈표 3.4.5〉 훈련 시 측정 데이터의 예

구간	SR	DPS	V	SC	Turns	Lap time	100m기록
0–25m	45.3	1.87	1.41				
25–50m	43.2	1.99	1.44	41	6.10	0:33.39	
50–75m	42.6	1.94	1.38				
75–100m	43.2	1.95	1.40	46		0:34.75	1:08.14

스타트 시간: 8.67초, 피니시 시간: 3.55초
SR: 스트로크 비율, DPS: 스트로크 당 거리, V: 자유 수영 속도, SC: 스트로크 수

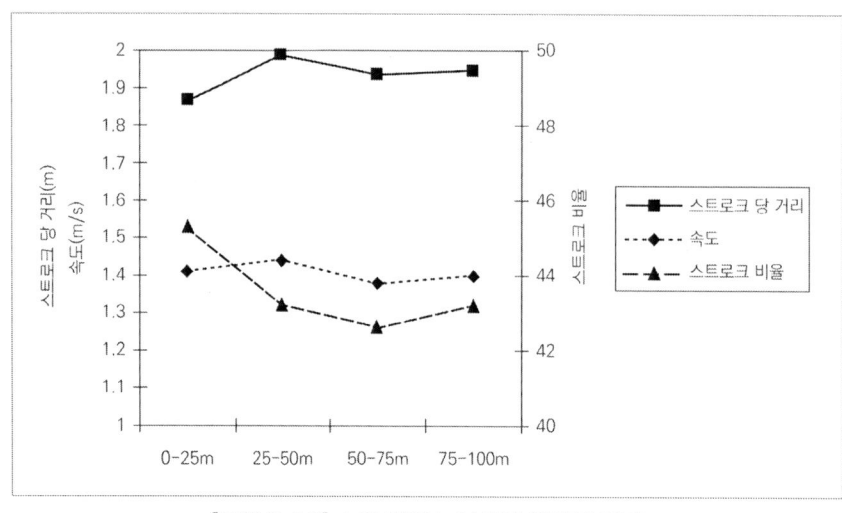

[그림 3.4.2] 수영 레이스 분석의 일반적 결과

수영 효율성 테스트 프로토콜 Stroke Efficiency Test Protocol

수영 효율성 테스트 프로토콜은 선수의 수영 효율성을 향상시키기 위해 설계된 평가 방법이다. 이 테스트는 선수의 100m 페이스 중 두 번째 50m 구간에서 유지하는 페이스로 6회 50m를 수영하는 방식으로 진행된다. 점수 산출을 위해 각 50m 구간을 수영하는 데 소요된 스트로크 수를 기록하고, 수영 시간을 측정한다. 이 두 가지 값(스트로크 수와 시간)을 합산하여 SWOLF 점수 "golf" handicap 를 산출한다.

> SWOLF = 수영 기록(초) + 스트로크 수

예를 들어, 50미터를 36회의 스트로크로 27초에 완주하였다면, SWOLF 점수는 63이 된다(SWOLF에 대한 자세한 설명은 다음 테스트 항목에서 다룰 예정이다). 이 테스트의 목적은 동일한 시간 내에 스트로크 수를 줄이거나 동일한 스트로크 수로 더 빠른 수영 기록을 달성함으로써, 시간이 경과함에 따라 수영 선수의 골프 핸디캡을 감소시키는 것이다(Burkett, 2015). SWOLF 기록의 예시는 다음 〈표 3.4.6〉에 제시되어 있다.

스타트 및 턴 테스트

이 테스트의 측정은 벽으로부터 5미터(배영 깃발) 지점에서 수행된다. 이는 대다수의 패럴림픽 수영 선수들이 제한된 다리 추진력으로 인해 물속에서 깃발을 통과하지 못하는 경향이 있기 때문이다. 또한, 5미터 지점에서의 측정은 경기 중 수영할 때보다 보다 일관된 결과를 제공할 수 있다.

〈표 3.4.6〉 SWOLF 기록지(예)

이름:		검사일:	장소:
	스트로크 수	시간	점수
1			
2			
3			
4			
5			
6			

〈표 3.4.7〉 스타트 시간 기록지(예)

스타트 시간 – 머리 통과 지점 15m 및 25m

이름:	검사일:	장소:

구분	스타트 측정 지점	
	15m 시간	25m 시간
1		
2		
3		
4		
5		
6		

　　위의 변수들과 함께 스타트 시간(0-15초), 턴 인 타임(턴 시 깃발에서 벽까지 소요되는 시간), 턴 아웃 시간(턴 후 깃발에서 벽까지 소요되는 시간), 피니시 시간(턴 후 깃발에서 벽까지 소요되는 시간) 및 각 25m 구간의 속도를 포함하는 비디오 영상을 통해 100m 수영 경기에 대한 포괄적인 생체역학적 분석 정보를 수집한다. 이 데이터는 해당 종목의 현재 레이스 전략과 관련된 정보를 제공하는 경기 분석 보고서에 포함될 예정이다(영법에 따라 다를 수 있음). 수영 선수의 레이스 전략 개선을 위한 목표는 스트로크 당 거리와 스트로크 비율의 조합을 최적화하여 레이스 전반에 걸쳐 발생하는 속도 감소를 최소화하는 것이다.

〈표 3.4.8〉 턴 시간 기록지(예)

턴 시간 – 머리 위치 벽에서 5m

구분	턴 시간 측정 지점	
	벽까지 5m	벽으로부터 5m
1		
2		
3		
4		
5		
6		

03 에어로빅 스텝 테스트(5x200m)

에어로빅 스텝 테스트 Aerobic Step Test 의 주된 목적은 수영 선수의 유산소 및 지구력 능력을 객관적으로 평가하는 방법론이다(Anderson, Hopkins, Roberts, & Pyne, 2008). 이 테스트는 수영 속도가 증가함에 따라 심혈관(심박수), 대사(혈중 젖산 농도), 운동학적(스트로크 비율 및 스트로크 수) 반응을 측정하는 점증적 테스트 progressive incremental test 로 구성된다. 이 테스트의 기본 전제는 최대하 운동에 대한 심박수 및 젖산 반응이 근지구력의 적합성을 나타내는 지표가 되며, 젖산 반응은 훈련에 따른 골격근의 적응과 밀접한 관련이 있다는 것이다(Foster et al., 1999). 100m 또는 200m 인터벌 거리를 수영하는 스텝 테스트는 단거리 및 중거리 수영선수의 훈련 및 경쟁 요건에 적합하게 설계되었다. 200m 인터벌은 신진대사에서 안정적인 상태를 달성하는 것과 경기 수준에 더 특화된 수영 속도에 도달하는 것 사이의 균형을 나타낸다. 단거리 sprint 수영 선수는 상대적으로 긴 인터벌에 대한 내성이 낮은 경향이 있다(Pyne et al., 2013).

5×200m 테스트 절차

○ 5분 주기(평영 선수의 경우 6분 주기는 선택 사항임) 테스트는 쉬운 단계 step 부터 최대 단계 step 까지 5번의 균등한 페이스의 수영을 시작한다.

○ 선수는 앞서 설명한 "선수 준비" 및 "테스트 환경" 지침을 준수한다. 선수는 테스트 전 코치와 상의하여 사전 단계 테스트 질문지(표 3.4.2)를 작성한다.

○ 목표 시간은 선수, 코치, 테스트 요원과 상의하여 훈련 전에 설정한다. 시간은 〈표 3.4.9〉에 제시된 지침을 사용하여 계산한다.

○ 최종 수영 시간을 추정하기 위해 푸시 스타트 push start 및 훈련 설정을 고려하여 5초를 추가한다(예: 1:50 + 0:05 = 1:55).

○ 다섯 번째와 마지막 수영부터 역순으로 각 후속 인터벌에 5초를 추가하여 전체 테스트 프로토콜을 설정한다.

○ 테스트는 한 번에 3~4명이 소그룹으로 수행할 수 있다(그룹 당 약 30분 소요). 모든 자료를 수집하기 위해 테스트한 선수 수와 같은 수의 테스트 요원과 코치가 필요하다.

○ 모든 수영은 푸시 스타트를 사용한다. 각 수영 전에 목표 시간을 설정하며, 균등한 페이스 또는 구간을 강조한다. 일반적인 실수는 첫 번째 수영에서 너무 빨리 가는 것이다.

○ 100m 구간 시간 split time 과 총 200m 시간을 기록한다. 수동 타이밍에서는 첫 번째 움직임을 스타트 시간으로 하고, 손 또는 발 터치로 턴과 마무리한다. 스트로크 비율은 세 번째 랩에서 측정하고, 네 번째 랩에서 스트로크 수를 측정한다.

○ 스텝별 수영이 완료되는 즉시, 심박수는 HR 모니터와 운동 자각도의 Borg 척도(6-20 또는 CR19) 차트

를 이용하여 힘든 정도를 측정한다.

○ 선수는 매 수영 후 수영장에서 나와 귓불이나 손가락 끝에서 가능한 한 빨리 모세혈관 혈액 샘플을 채취한다.

○ 선수가 5분(또는 6분) 사이클을 준수할 수 있도록 샘플을 신속하게 추출해야 한다. 수영 선수는 푸시 스타트 최소 15초 전에 수영장에 입수해야 한다.

○ 샘플은 보정된 혈중 젖산 분석기로 처리한다. 가능한 경우 스텝 테스트 내내 주어진 같은 분석기를 사용해야 한다.

○ 마지막 수영을 마치면 운동 후 3분에 혈액 샘플을 채취한다. 경우에 따라 코치는 운동 후 최고 젖산 농도를 잡기 위해 최대 10분 후에 추가 샘플을 채취한다.

○ 모든 결과는 유산소성 테스트(5×200m) 데이터 시트에 기록한다.

데이터 분석

유산소 스텝 테스트(5×200m)에 대한 일반적인 데이터 세트는 〈표 3.4.9〉에 제시되어 있다. 수영 속도는 직접적으로 속도(m/초)로 나타내거나 간접적으로 100m당 소요 시간(초)으로 표현할 수 있다. 일반적으로 코치는 100m당 소요 시간 측정을 선호하는 경향이 있다.

테스트의 변형

에어로빅 스텝 테스트에는 두 가지 주요 변형이 존재한다. 첫 번째 변형인 7×200m는 5×200m 유산소 스텝 테스트의 연장선상에 있으며, 테스트 간격 increments 이 다소 줄어들어 저강도 유산소 운동(첫 번째 수영)에서 최대 강도(일곱 번째 수영)까지 진행된다. 두 번째 변형은 동일한 세션 내에서 5×200m, 2×100m, 4×50m를 연속적으로 수행하는 방식이다. 이 테스트 세트는 6번째와 7번째 노력으로 두 번의 단속적 수영 two broken swims 을 포함한다. 6번째 노력에서는 평영을 1분 45초 사이클(자유형 및 배영) 또는 2분 15초 사이클로 2×100m 수영하며, 7번째 마지막 수영은 자유형과 배영의 경우 40초 사이클로 4×50m를, 평영의 경우 50초 사이클로 수행한다. 이러한 방식의 목적은 짧은 휴식 인터벌을 통해 선수가 테스트 중 레이스 속도에 도달할 수 있도록 지원하는 것이다.

〈표 3.4.9〉 에어로빅 스텝 테스트(5×200 m)의 목표 속도 설정 기준

기준	스텝(STEP)				
	1	2	3	4	5
목표 설정 시간 비율(%)	80%	85%	90%	95%	100%
최대하 심박수(회/분)	-40	-30	-20	-10	10-0
최종 목표 초과 시간(초)	-20	-15	-10	-5	0
예(개인 최고 기록 1:50)	2:15	2:10	2:05	2:00	1:55

테스트의 해석

데이터를 해석할 때 각 선수의 최근 훈련 이력과 건강 상태를 충분히 고려해야 한다. 여기에는 최근 또는 현재의 질병, 부상, 최근 훈련 불참, 현재 훈련 주기에서 완료한 주 수 및 테스트 결과 해석과 관련된 기타 정보가 포함된다. 심박수와 속도, 젖산과 속도의 관계는 스텝 테스트 데이터를 분석하고 해석하는 일반적인 방법이다. 심박수, 젖산과 속도의 관계 곡선은 체력이 저하된 경우 위쪽, 왼쪽 또는 두 방향으로 이동하게 되며, 반대로 아래쪽, 오른쪽 또는 두 방향으로 이동하는 것은 유산소 체력의 향상을 나타낸다. 젖산 역치의 오른쪽 이동은 유산소 내구성의 개선을 시사한다. 단순 선 그래프, 지수 곡선, 또는 2차 또는 3차 다항식 그래프의 선택은 분석자의 판단에 따라 결정된다. 추가적인 정보인 스트로크 비율, 스트로크 수, 스트로크 효율 지수, 운동 자각도 RPE 등도 유사한 방식으로 그래프화할 수 있다. 다음 질문은 테스트 결과를 해석하는 데 도움이 된다.

- ○ 최종 기록(예: 5번째 200m)은 이전 기록에 비해 상당히 빨라졌거나 느려졌는가? 그리고 200m에서 선수의 개인 최고 기록과 비교했을 때는 어떠한가?
- ○ 다섯 번의 수영 사이에서 속도의 증가 폭은 얼마인가?
- ○ 수영을 균등하게 또는 거의 균등하게 배분하여 완료하였습니까?
- ○ HR-속도 및 혈중 젖산-속도 곡선이 어느 방향으로 이동하였습니까?
- ○ 젖산 역치에서 도출된 속도의 변화 방향과 크기는 얼마입니까?
- ○ 경기력 및 생리학적 측정치의 변화가 각 측정치의 일반적인 측정 오차보다 더 컸습니까?
- ○ 스트로크 측정이 이루어졌습니까? (예: 스트로크 비율 또는 스트로크 수) 그리고 만약 그렇다면 생리학적 데이터와 일치합니까?

⟨표 3.4.10⟩ 남자 자유형 선수를 위한 에어로빅 스텝 테스트(5 X 200m)의 예

결과	STEP				
	1	2	3	4	5
200m(분:초)	2:21.40	2:18.10	2:11.15	2:05.13	1:59.47
첫 번째 100m(초)	71.0	69.3	65.1	62.5	59.5
두 번째 100m(초)	70.4	68.9	66.1	62.6	60.0
100m 평균(초)	70.7	69.1	65.6	62.6	59.7
심박수(회/분)	120	133	142	156	172
혈중 젖산(mmol/L)	1.8	1.9	3.3	4.7	8.8
스트로크 비율(stroke/분)	35.5	35.4	38.9	39.5	42.5
스트로크 수(stroke/50m)	38	37	38	38	38
운동 자각도(RPE)	8	11	12	15	17

* 자유형 남자 선수가 1분 59초 47로 5 X 200m 스텝 테스트 결과
- 마지막 수영 속도는 상대적으로 일정
- 심박수는 172회/분, 혈중 젖산은 8.8mmol/L
- 추정된 4mmol/L 젖산 역치 속도는 선형 회귀에 의해 64.0초/100m로 추정

○ 수영 선수의 기술에 대한 생체 역학적 또는 주관적 평가가 수행되었습니까?

○ 경기력 테스트에 대한 수영 선수의 인식은 어땠나요?

또 다른 주요 분석 접근법은 훈련 기간 동안 또는 훈련 기간 사이에 지속적으로 모니터링을 실시하면서 젖산 역치의 추정치 변화에 대한 해석이다(Anderson et al., 2006). 〈표 3.4.10〉은 남자 200m 자유형 선수의 일반적인 데이터 세트를 제시하고 있다. 5번째 및 최대 노력으로 기록된 200m 수영의 경기 시간은 약 1분 55초로 상당히 안정적이었으나, 2월 여름 대회 전과 7월 국제 경기 전에 4mmol/L 역치 속도가 현저히 개선되었다. 4mmol/L 역치에서의 심박수는 약 176회/분으로 비교적 일정하게 유지되었다.

글리코겐의 가용성 및 수영 효율성 향상과 같은 다른 요인들이 스텝 테스트 결과에 영향을 미칠 수 있다. 글리코겐이 고갈된 선수는 사용 가능한 기질의 부족으로 인해 젖산 반응이 저하될 수 있으며, 이러한 반응은 일반적으로 테스트의 마지막 단계에서 느려지고 수영 선수의 운동 자각 수준에 대한 젖산의 비율이 감소하는 경향이 있다. 심박수의 상승은 체력의 부족보다는 기술의 미숙함을 반영하는 것으로 해석될 수 있다. 스트로크 비율, 수, 효율성 모니터링을 통해 기술적 변화와 생리학적 적합성 변화를 구별할 수 있으나, 기술의 변화는 피로 또는 체력에 의해 유도될 수 있으므로 추가적인 조사가 필요할 수 있다.

테스트 결과의 예

〈표 3.4.11〉은 5×200m 에어로빅 스텝 테스트에 대한 일반적인 데이터를 제시하고 있다. 실제로, 모든 결과는 다양한 스트로크와 수영 거리의 영향을 받아 피험자 내(개인 선수) 맥락에서 해석된다. 따라서 최우수 선수의 테스트에 활용할 수 있는 표준 데이터 세트는 거의 존재하지 않는다.

〈표 3.4.11〉 젖산 역치(4mmol/L) 및 관련 매개변수의 변화에 대한 예

일정	5차 시기(최대 운동)				4mmol/L 추정			
	Time (분:초)	HR (회/분)	젖산 (mmol/L)	SR (stroke/분)	Time (초/100m)	HR (회/분)	SR (stroke/분)	SC (초/50m)
1월	1:54.0	184	11.1	36.0	62.2	172	29.5	28
3월	1:55.7	186	8.9	39.0	60.9	177	32.9	29
5월	1:54.5	185	9.1	35.3	61.8	173	30.9	28
7월	1:55.2	186	8.0	35.7	60.9	173	32.3	27
최고치	1:54.0	184	11.1	36.0	62.2	172	29.5	28
Mean	1:55.8	62	9.0	35.9	61.7	176	30.4	28
SD	0:01.3	4	1.3	1.5	0.5	4	2.7	2

* HR: 심박수, [La-]: 혈중 젖산농도, SC: 스트로크 수, SR: 스트로크 비율

04 스트로크 메카닉 테스트(6x50m)

스트로크 메카닉 테스트는 수영 중 단계적으로 속도를 증가시키며 스트로크의 효율성을 평가하는 도구로 정의된다. 수영은 기술적으로 도전적인 스포츠이며, 훈련 시간의 상당 부분이 수영 기술 향상에 할애된다. 수영 속도^V, 스트로크 비율^{SR}, 그리고 스트로크 당 거리^{DPS} 간의 관계를 규명하기 위해 6×50m의 점진적 속도 증가 수영이 활용된다. 이러한 관계는 다음과 같이 요약될 수 있다.

> 속도(V) = 스트로크 비율(SR) X 스트로크 당 거리(DPS)
> 속도(m/초) = 스트로크 비율(m/초) X 스트로크 당 거리(m/stroke)
> 스트로크 당 거리(m) = [속도(m/초) X 60]/스트로크 비율(stroke/분)

실제로 스트로크 당 거리를 정확하게 측정하기 위해서는 정교한 생체역학적 분석이 필요하며, 단순히 랩 당 스트로크 수를 세는 것은 수영 중 이동한 거리와 랩을 완전한 스트로크로 마무리했는지를 설명하는 데 한계가 있어 부정확할 수 있다. 따라서 스트로크 당 거리는 수영장에서 알려진 거리와 관련된 스트로크 특성을 기록함으로써 속도와 스트로크 비율을 통해 계산할 수 있다(Maw & Volkers, 1996; Pyne et al., 2013).

테스트 절차

○ 수영 선수는 앞서 언급된 "선수 준비" 및 "테스트 환경" 지침을 준수해야 한다. 선수는 테스트 실시 전에 지도자와 협의하여 사전 테스트 질문지(표 3.4.2)를 작성한다.

○ 테스트 프로토콜은 2분 간격으로 6회 50m 수영을 수행하는 것이다. 모든 선수는 자신의 주 종목을 수영하며, 개인 혼영 선수는 접영을 수행한다. 테스트는 50m 수영장에서 진행된다.

○ 테스트의 목표 시간은 다음과 같이 설정된다. 가장 느린 수영(1단계)은 당일 예측된 최고 시간보다 약 10초 느리게 수행되며, 이후 수영은 이전 시간보다 약 2초씩 빠르게 진행된다. 마지막 6번째 수영(최대 노력)이 완료될 때까지 이 과정을 반복한다. 즉, 프로토콜은 "사전에 예측된 50m 시간에 10초를 추가한 후, 각 단계마다 2초씩 줄여서" 수행된다. 일반적인 실수는 첫 번째 테스트를 지나치게 빠르게 수영하는 것이다.

○ 모든 수영은 푸시 스타트$^{push start}$ 방식으로 시작된다.

○ 계시가 수동으로 이루어질 경우, 첫 번째 관찰된 움직임은 스타트 시간을 기준으로 하며, 50m 피니시 시간은 손 터치로 기록된다.

○ 모든 시간은 6 X 50m 스트로크 역학 데이터 용지에 10분의 1초 단위로 기록된다.

○ 스트로크 당 거리 및 스트로크 비율은 다음 절차를 통해 반복 테스트마다 기록된다.

○ 스트로크 데이터^{DPS}는 각 50m 수영의 15m부터 45m 구간까지 기록된다. 이 구간을 수영하는 시간은

스톱워치로 측정된다. 스트로크 비율은 풀의 중간 지점에서 측정되며, 세 번의 완전한 스트로크 사이클에 대한 시간을 기록한다. 머리가 15m와 45m 마크를 통과하는 시간을 기준으로 한다.

○ 스트로크 비율(분당 스트로크)은 스톱워치를 사용하여 측정하며(수영 테스트 기능이 내장된 시계 권장), 스톱워치는 선수의 손이 스트로크를 시작하기 위해 물에 들어가는 순간 시작된다. 세 번의 완전한 스트로크 사이클이 완료되면 동일한 손이 네 번째로 물에 들어가는 순간 스톱워치를 정지한다. 또는 스트로크 사이클은 다음의 식(Maw & Volkers, 1996)을 사용하여 시간을 측정하고 스트로크 비율을 계산할 수 있다.

$$\text{스트로크 비율} = (60 \times 3) \, / \, \text{3회 스트로크 시간(초)}$$

예를 들어, 연속 3회 스트로크에 4.08초가 걸렸다면 SR = $(60 \times 3)/4.08$ = 분당 44.1 스트로크인 반면, 3.90초에 3회 스트로크의 경우 SR = $(60 \times 3)/3.90$ = 분당 46.2 스트로크이다.

○ 평영의 경우, 손이 물속에 들어가는 지점보다는 머리가 수면 위로 올라오는 지점을 기준으로 삼는 것이 더 용이하다.

○ 스트로크당 거리는 방정식[DPS = $(V \times 60)/$SR(스트로크/분)]을 활용하여 계산되며, 이는 스트로크당 미터 단위로 산출된다.

○ 수영 속도(x축)에 대한 스트로크 비율, 스트로크당 거리, 그리고 스트로크 수(y축)는 별도의 그래프에 시각적으로 표현된다.

자료 분석

스트로크 역학 테스트 stroke mechanics test 는 수영 선수가 점진적으로 더 빠른 속도로 수영하는 동안 스트로크 역학에 대한 정성적 분석을 수행하는 것을 전제로 한다. 이러한 분석 결과는 코치의 주관적인 평가와 함께 스트로크의 기술적 특성 technical quality 을 평가하는 데 활용된다. 각 수영 선수는 고유한 스트로크를 가지고 있으며, 이는 스트로크 당 거리와 스트로크 비율의 조합에 따라 다르게 나타난다. 우수한 기술 technique 은 느린 수영에서부터 빠른 수영까지 일관되게 유지되어야 한다. 수행력이 뛰어난 선수들은 속도를 증가시키면서도 스트로크를 안정적으로 유지할 수 있는 반면, 기술이 부족한 선수들은 스트로크 당 거리 또는 스트로크 비율이 일관되지 않게 변화하여 스트로크 조절력을 상실할 수 있다. 따라서 그래프를 활용하여 스트로크 역학의 조절이 저하되기 시작하는 속도나 스트로크 효율성이 최적화되는 시점을 표시함으로써 선수의 스트로크를 평가할 필요가 있다.

자료의 예

다음 〈표 3.4.12〉는 여자 접영 선수의 50m를 6번 수영할 때 측정한 스트로크 역학 테스트(6×50m) 결과의 예이다(Pyne et al., 2013).

〈표 3.4.12〉 여자 접영 선수의 스트로크 역학 테스트(6 X 50m) 결과

결 과	단 계					
	1	2	3	4	5	6
15m(초)	6.5	6.5	6.4	6.4	6.4	6.3
45m(초)	36.5	33.9	31.8	30.7	29.1	27.1
50m(초)	40.6	37.8	35.7	33.9	32.6	30.2
15-45m(초)	30.0	27.4	25.4	24.3	24.3	20.8
속도(m/초)	1.00	1.09	1.18	1.23	1.32	1.44
스트로크 비율(strokes/분)	32.8	37.1	42.9	45.1	54.7	54.7
스트로크 길이(m)	1.83	1.77	1.65	1.64	1.57	1.58
스트로크 효율 지수	1.83	1.94	1.95	2.03	2.08	2.28
스트로크 수(strokes/50m)	22	21	23	22	24	25

05 수영 효율성 테스트: SWOLF

SWOLF는 수영 swimming 과 골프 golf 라는 두 용어의 결합에서 유래된 개념으로, 수영의 효율성을 측정하는 지표로 활용된다(Wood, 2019). SWOLF는 특정 거리에서의 스트로크 수에 소요 시간을 초 단위로 추가하여 계산하는 간단한 측정 방법이다. 기본적으로 스트로크 수가 적고 소요 시간이 짧을수록 수영의 효율성이 높다고 할 수 있다. 따라서 수영 기술을 향상시키기 위해서는 SWOLF 점수를 낮추는 것이 중요하다. 골프와의 연관성은 수영 선수들이 점수를 줄이기 위해 노력하는 과정에서 비롯된다(Poirier-Leroy, 2022).

○ **목적:** 수영의 효율성 측정

○ **필요 장비:** 25m 또는 50m 수영장, 스톱워치 및 보조인력

○ **사전 테스트:** 대상자에게 테스트 절차를 설명하고, 건강 위험성 검사를 실시한 후 동의서를 작성하도록 한다. 또한, 나이, 키, 체중, 성별, 테스트 조건 등의 기본 정보를 기록한다.

○ **절차:** 준비운동 후, 정해진 거리(50m 권장-25m 풀은 변동성 있음)를 1회 수영하며, 이때의 50m 역영 기록과 스트로크 수를 기록한다. 스트로크 수는 왼손과 오른손의 입수 횟수를 합산하여 계산한다. 선수는 벽에서 푸시 스타트 또는 다이빙으로 출발할 수 있으나, SWOLF 점수를 비교하기 위해서는 동일한 출발 방법을 반복해야 한다. SWOLF 측정 기능이 내장된 스마트 시계를 사용하면 측정이 훨씬 용이해지며, 그렇지 않은 경우에는 수영 시간을 측정하고 스트로크 수를 세기 위해 보조자를 활용하는 것이 바람직하다.

○ **결과:** 수영 시간(초)과 스트로크 수를 활용하여 SWOLF 점수를 계산한다. SWOLF 점수는 수영 거리마다 다르게 나타나며, 더 빠른 수영 속도와 낮은 스트로크 수를 통해 점수를 향상시킬 수 있다. 참고로, 25m 이상의 거리에서 35~45점 사이의 SWOLF 점수는 매우 우수한 것으로 평가되며, 50m 이상의 점수에서 70대 초반은 뛰어난 선수로 간주된다. 러시아의 스프린트 챔피언인 Alexander Popov는 50m 수영장에서 20 스트로크에 25초 기록으로 SWOLF 45점을 기록하였다.

$$\text{SWOLF} = \text{수영 기록(초)} + \text{스트로크 수}$$

○ **활용**: 개인의 신체적 특성(예: 팔 길이에 따른 스트로크 길이의 차이)과 수영 기술이 상이하기 때문에, 서로 다른 수영 선수 간의 SWOLF 점수를 비교하는 것은 어려운 일이다. 따라서 자신의 SWOLF 점수를 향상시키는 데 집중하는 것이 바람직하다.

○ **대상 모집단**: SWOLF는 수영 선수를 위한 평가 도구이다.

○ **장점**: 이 테스트는 간단한 절차와 계산 방법을 가지고 있으며, 모든 수영 선수가 수행할 수 있다.

○ **주의**: 스트로크 수를 줄이는 것은 SWOLF 점수를 낮출 수 있지만, 물속에서의 활주 시간을 늘리면 전체 시간에 부정적인 영향을 미칠 수 있다. 따라서 단순히 스트로크 수만을 측정하는 것은 적절하지 않다.

06 운동 자각도(RPE)

수영 중 신체에서 발생하는 변화를 파악하는 것은 쉽지 않은 과제이다. 현재 스포츠 과학의 발전으로 인해 수중 운동 시 신체 반응을 원격 장치를 통해 측정할 수 있는 기술이 존재하지만, 수영 지도 현장에서는 운동 강도를 평가하고 이를 지도에 활용할 수 있는 방법이 제한적이다. 그러나 특별한 측정 도구 없이도 운동 중 느끼는 힘든 정도를 수치로 표현할 수 있는 설명 도표가 있다면, 운동 강도를 간단하게 파악할 수 있는 효과적인 방법이 마련될 수 있다.

스웨덴의 Gunnar Borg는 1960년대에 신체활동 중 운동 강도를 측정하기 위해 '운동 자각도 Rating of Perceived Exertion, RPE'라는 도구를 개발하였다. Borg의 운동 자각도는 두 가지 유형의 척도로 구성되어 있다. 첫 번째는 6부터 20까지의 숫자 척도로, 운동하지 않을 때(6)부터 최대 운동 시(20)까지 느끼는 감정을 수치로 표현하는 방법이다(Mahaffey, 2023). 이 6에서 20 사이의 척도는 심박수와 높은 상관관계를 보인다(CDC, 2022). 두 번째는 1에서 10까지의 숫자 척도로 구성된 Borg CR10 척도로, 이는 10단계의 새로운 범주 C-category와 비율 R-ratio 척도를 포함한다(Wikipedia, 2023).

Borg의 운동 자각도(RPE)와 CR10의 차이점

Borg 척도는 수영의 운동 강도를 평가하는 유용한 도구로 자리잡고 있다. 사용자들은 보다 간편하거나 이해하기 쉬운 척도를 선호할 수 있으며, 두 척도는 동일한 기능을 수행한다. 즉, 수영 선수의 주관적인 느낌에 기반하여 운동 강도를 측정하는 것이다. 각 척도는 수행되는 운동의 유형에 따라 다양한 장점을 제공한다.

Borg RPE 척도

이는 수영하는 동안 심박수 증가, 호흡률 증가, 발한 증가, 근육 피로 등을 포함하여 신체적 감각적 경험을 기반으로 한다. 비록 척도가 선수의 주관적 느낌을 통한 측정이지만, 6-20 사이의 15등급에 기초한 척도는 수영하는 동안 실제 심박수에 대한 매우 좋은 추정치를 제공한다(CDC, 2022). 운동 자각도에 10을 곱한 수치와 수영 중 실제 심박수 사이에는 상관관계가 높으므로, 운동 평가는 심박수에 대한 상당히 좋은 추정치를 제공한다(Borg, 1998). 예를 들어, 운동 자각도가 12인 경우, 12 × 10 = 120이므로 심박수는 분당 약 120회가 된다. 이 계산은 심박수의 근사치일 뿐이며, 실제 심박수는 나이와 신체 상태에 따라 상당히 다를 수 있다(CDC, 2022).

CR10 척도

이 척도는 운동할 때 최대 강도를 10이라는 척도로 고정해 나타내는 범주-비율 Category-Ratio, CR 척도로, 이는 힘 발휘(exertion)와 통증을 측정하기 위한 특정의 개략적 강도 척도이다(Williams, 2017). CR10 척도는 특히 호흡 곤란, 가슴 통증, 협심증 및 근육 골격 통증의 임상 진단 및 중증도 평가에 사용된다. CR-10 척도는 전반적인 운동 수행보다는 신체의 특정 부위에서 발생하는 감각적 변화를 평가하는 데 가장 적합하다. 예를 들어, 사두근의 근육통, 통증, 피로 또는 운동 중 폐의 반응을 측정하는 데 유용하다(Wikipedia, 2023). 수영 선수에게 있어 운동 자각도 Perceived Exertion Rate 는 훈련 및 경기 중 수행 강도를 모니터링하고 평가하는 간단하면서도 효과적인 방법으로 자리잡고 있다(EatSleepSwimCoach, 2023). 〈표 3.4.13〉은 Borg의 운동 자각도 Rating of Perceived Exertion, RPE 와 CR-10 척도에 따른 느낌 표현(힘든 정도) 간의 관계 및 호흡과 최대 심박수 비율 (%)을 나타내고 있다.

〈표 3.4.13〉 BORG 운동 자각도, CR 10의 척도 표현, 호흡 및 최대 심박수(%)의 관계

BORG 운동 자각도		CR 10		호흡	최대 심박수(%)
	6	0	느낌 없음	휴식 상태	50%-60%
대단히 편안함	7			아주 편안함	
움직임 최소	8	1	매우 편함		
매우 편안함	9				
	10	2	편함	깊은 호흡, 편안함 지속, 대화 가능	60%-70%
편안함	11				
	12	3	보통임	숨을 더 세게 쉼, 대화 곤란	70%-80%
약간 힘듦	13				
점점 더 힘듦	14	4			
힘듦	15	5	힘듦	숨을 몰아쉬고 불편해지기 시작함	80%-90%
	16	6			
매우 힘듦	17	7	너무 힘듦	깊고 강한 호흡, 거북함, 말하기 싫음	90%-100%
	18	8			
매우 매우 힘듦	19	9		극히 어려움	
너무 힘듦	20	10	너무 힘듦	최대의 노력	

Borg의 운동 자각도(RPE)의 해석

척도는 간단한 수치 목록으로 구성되어 있으며, 수영 선수들은 모든 감각과 신체적 스트레스, 피로감을 종합하여 활동 중의 힘든 정도를 평가한다. 예를 들어, 다리 통증이나 호흡 곤란과 같은 특정 요소는 무시하고, 수영하는 동안의 전반적인 신체적 느낌을 바탕으로 힘든 정도를 표현해야 한다(Williams, 2017; EatSleepSwimCoach, 2023). 이 수치는 수영 속도를 조절하는 데 필요한 활동의 강도를 나타낸다. 척도를 표현하는 데는 몇 초가 소요될 수 있으며, 지도자나 개인은 자신의 운동 강도를 관리하기 위해 이 척도를 한 번 또는 여러 번 언급할 수 있다. 운동 자각도 RPE 척도의 숫자는 다음과 같은 의미를 지닌다.

○ '9'는 몇 분 동안 자신의 속도로 천천히 수영하는 '매우 가벼운' 운동을 나타낸다.
○ '13'은 '약간 힘들다'는 느낌을 의미하며, 여전히 운동을 지속할 수 있다고 느낀다.
○ '17'은 '매우 힘들다'는 느낌으로, 수영을 계속하면서 상당한 피로감을 느끼게 된다.
○ '19'는 '매우 매우 힘들다'는 느낌으로, 수영 중 가장 힘든 상태를 나타낸다.

척도의 등급이 '0'에서 '20'이 아닌 '6'에서 '20'으로 설정된 것은 척도와 심박수 간의 높은 상관관계와 관련이 있다. 이에 따라 Borg RPE 척도에서 6은 건강한 운동선수의 경우 심박수가 분당 60회에 해당하며, 척도 8은 분당 80회에 해당하는 것으로 나타난다.

운동 자각도의 활용

○ 수영 선수는 특정 훈련이나 경기 중 경험하는 신체적 및 정신적 노력의 주관적인 수준을 평가하기 위해 RPE(자기보고식 운동 강도 척도)를 활용한다.
○ 선수는 수영이 자신의 전반적인 신체에 미치는 영향을 평가해야 한다.
○ 수영 코치는 특정 훈련에 대해 RPE를 설정하여 선수들에게 요구되는 이상적인 강도를 전달하고자 한다.
○ 따라서 수영 선수가 RPE의 개념을 이해하는 것은 매우 중요하다.
○ 일단 RPE에 대한 이해가 깊어지면, 많은 수영 선수들은 수영 강도를 필요에 따라 조절할 수 있는 능력을 갖추게 된다.

Borg 운동 자각도(15단계)의 적용

○ Borg 운동 자각도는 수영 선수가 특정 훈련이 경기 중에 느끼는 수영 강도의 주관적 척도를 제공하는 간단한 원리로 이루어진다.
○ 선수가 Borg 척도에서 지각하는 숫자가 무엇이든, 그 숫자의 끝에 0(×10)을 추가한다.
○ 이것은 특정 훈련 또는 경기 중의 심박수와 같다.
○ 예를 들어, 수영 선수가 200m 개인 혼영 경기를 수행하면서, 17 '매우 어려운' 수영이라고 느꼈다면. 그

들의 심박수는 분당 약 170회이다.

○ 이러한 심박수의 근사치는 젊고 건강한 수영 선수를 기준으로 한 것이다.

○ 선수는 운동 자각도의 척도를 이해하는 것이 중요하다.

○ 이를 통해 최적의 수영 경기력을 얻는 데 도움이 된다.

```
6 = 휴식 상태 / 전혀 운동하지 않음
7 = 대단히 편안함 / 매우 쉬움, 편안함
8 = 아주 조금 움직임 / 쉽고 짧고 느린 움직임
9 = 매우 편안함 / 편안히 힘들이지 않고 움직임
10 = 편안함 / 숨소리가 들리기 시작할 수 있음
11 = 편안함 / 한동안 이 속도로 수영할 수 있을 것 같음
12 = 가벼운 운동 / 스스로 수영하기 시작하는 느낌이 듦
13 = 약간 힘들다 / 수영을 힘들어하고 있다는 느낌이 듦
14 = 점점 더 힘듦 / 수영을 편안히 하고 있다고 느낌
15 = 힘듦 / 수영을 열심히 하고 있다고 느낌
16 = 운동 힘듦 / 무산소 역치 직전임
17 = 매우 힘듦 / 거북하고 피곤하기 시작함. 아마도 무산소 역치에서 운동하고 있음
18 = 매우 힘듦 / 너무 열심히 수영해서 호흡이 매우 가쁨
19 = 너무나 힘듦 / 더는 수영할 수 없을 정도여서 멈추기를 원함
20 = 최대로 힘든 상태임 / 전력을 기울임, 더는 움직일 수 없음
```

CR 10(10단계)의 적용

수영 선수는 RPE Rate of Perceived Exertion 를 이해하는 것이 중요하다.

○ 이는 수영 선수가 인지된 훈련이나 경쟁 강도를 쉽게 평가할 수 있도록 도와준다.

○ 척도 범위는 0 = 전혀 노력하지 않음에서 10 = 최대 노력까지이다.

```
0 = 신체활동 없음 / 수면과 같은 활동
1 = 매우 가벼운 활동 / 물에 들어가 있는 정도의 활동
2-3 = 가벼운 활동 / 이 강도를 몇 시간 동안 유지할 수 있는 느낌. 숨쉬기 쉬움
4-6 = 적당한 활동 / 숨을 크게 쉼. 여전히 다소 편안하나 눈에 띄게 더 힘들어짐
7-8 = 활발한 활동 / 거북해지기 직전. 호흡이 가빠짐
9 = 매우 힘든 활동 / 운동 강도를 유지하기 매우 어렵고, 숨을 거의 쉴 수 없음
10 = 최대 노력 활동 / 계속하기가 거의 불가능한 느낌. 완전히 숨이 참. 매우 짧은 시간 이상 유
       지할 수 없음
```

5

수영 경기력 분석 프로토콜

CHAPTER

5

수영 경기력 분석 프로토콜

코치와 선수가 수영 경기에 참여하는 이유는 여러 가지가 있을 수 있으나, 가장 적절하고 일반적인 설명은 우수한 성적을 달성하기 위함이다. 선수들은 경쟁자보다 더 나은 기록을 세우기 위해 힘든 훈련을 견뎌낸다. 선수들의 경기력을 향상시키기 위한 방법은 개별 선수에게 적합한 훈련 프로그램부터 경기 전략에 이르기까지 다양하다. 경기 결과에 미치는 영향 중 중요한 요소는 훈련을 통해 습득한 기술을 기록으로 나타낼 때, 스타트, 턴, 레이스 전략 등 기록 단축과 관련된 요소들을 개선하는 것이다. 따라서 우리는 스포츠 과학을 통해 경기력 향상을 위한 문제를 해결하고, 수영 수행에 관련된 다양한 요인을 분석해야 한다.

01 장애 수영 경기력 분석의 역사

수영 경기에서 기록에 영향을 미치는 요인을 분석하려는 최초의 시도는 1988년 서울 올림픽에서 이루어졌다(Kennedy et al., 1990). 국제수영연맹이 주도한 수영 스포츠 과학 프로젝트는 25m 구간에서의 출발 시간, 스트로크 비율, 스트로크 길이, 스트로크당 거리, 턴 시간, 피니시 시간, 수영 속도 등 다양한 경기력 결정 요인을 측정하였다(Burkett, 2016). 이후 국제연맹은 선수의 수영 경기력 요인 중 턴 타임과 구간 속도 등을 대회마다 측정하여 선수들에게 제공하고 있다.

올림픽 수영 경기와 유사하게, 국제패럴림픽위원회는 수영 경기력 향상을 위한 훈련 시 고려해야 할 수행 요소에 대한 연구를 1992년 바르셀로나 패럴림픽에서 최초로 시작하였다(Burkett, & Mellifont, 2008). 수영 경기 분석은 1996년 패럴림픽과 2000년 시드니 올림픽 및 패럴림픽에서도 동일한 방식으로 진행되었다 (Burkett, 2016). 그러나 2004년 아테네 올림픽과 패럴림픽, 2008년 베이징 올림픽과 패럴림픽에서는 수영 경기에 대한 공식적인 연구가 이루어지지 않았다. 올림픽 내 스포츠 과학의 발전에 따라, 국제 패럴림픽 위원회 ^{IPC} 는 1994년 IPC 스포츠 과학, 연구 및 교육 위원회를 설립하여 스포츠 과학의 중요성을 반영하였다. 이 위원회는 패럴림픽 대회를 포함한 모든 IPC 승인 경기대회에서 수행할 스포츠 과학 연구 프로젝트에 대한 신청을 조정하고 있다. 대부분의 패럴림픽 스포츠와 마찬가지로, 코치, 선수, 과학자들은 올림픽 경기에서의 경험과 지식을 바탕으로 패럴림픽 스포츠에 적용하고 있다(Burkett, 2016). 예를 들어, 패럴림픽 수영 선수를 위한 훈련 프로그램을 설계할 때, 코치와 스포츠 과학자는 올림픽 수영 선수의 훈련 시스템을 참고한다. 스포츠 과학 분석과 함께, 선수의 적응 과정을 면밀히 관찰하는 것이 중요하다. 이러한 지식은 경기력 향상을 위한 전략 개발에 기여할 수 있다. 스포츠 과학은 선수의 경기력을 정확하고 안정적으로 분석하는 데 중요한 역할을 하며, 이를 통해 코치는 패럴림픽 수영 선수의 훈련 프로그램에 대한 정보에 기반한 결정을 내릴 수 있다(Burkett, 2016).

현재의 레이스 분석 시스템은 선수들이 수영할 때 또는 레이스 영상을 통해 적절한 경기력 데이터를 자동으로 캡처하는 기능을 갖추고 있다. 기술의 발전으로 분석 절차는 더욱 자동화되고 정확해졌으며, 주요 대회에서 레이스를 분석하는 데 소요되는 시간이 단축되어 레이스 종료 후 몇 분 이내에 결과를 제공할 수 있게 되었다. 영국, 호주, 일본, 네덜란드, 스위스 등은 보다 휴대성이 뛰어나고 사용이 용이한 시스템을 개발하였다. 일반적으로 이러한 시스템은 노트북에 연결된 삼각대에 장착된 소형 비디오 카메라로 구성되어 레이스 장면을 컴퓨터에 전자 형식으로 직접 캡처한다. 레이스 분석은 경기가 종료된 직후에 완료할 수 있으며, 코치와 선수에게 수영 비디오와 시스템이 기록한 정량화 가능한 데이터로부터 생성된 경기력 요인에 대한 분석 피드백을 제공할 수 있다(Cossor, 2015).

02 수영 레이스의 구성 요소

수영 경기는 단순한 기록 경기가 아닌, 모든 스포츠와 마찬가지로 경쟁에서 승리하기 위해서는 경기력을 향상시키기 위한 지속적인 노력과 스포츠 과학의 지원이 필수적이다. 수영은 다른 스포츠와는 달리, 선수들이 공기보다 밀도가 높은 매체를 통해 최대한 빠르게 이동해야 하는 특성을 지닌 경기이다. 따라서 코치는 단순히 경험에 의존하는 것이 아니라, 수영 기록 경기의 구조적 특성을 이해하고 선수의 추진 동작과 속도(기록) 간의 관계를 파악하여, 운동학 ^{kinematic} 및 운동 역학 ^{kinetic} 변수가 경기력에 미치는 영향을 분석하여 지도해야 한다.

수영 경기 분석은 다양한 대회에서 수집된 레이스 정보를 바탕으로 이루어진다. 이에 따라 코치는 지도하는 선수에 대한 레이스 관련 정보를 최대한 많이 수집할 필요가 있다. 레이스에 대한 정보는 자유 수영 ^{free} ^{swimming} 의 기술 및 역영에 관한 것으로, 영법을 역영할 때 고려해야 할 요소로는 스트로크 비율/빈도 ^{stroke} $^{rate/frequency, SR}$, 스트로크 길이 $^{stroke\ length}$, 속도 $^{velocity/speed}$ 등이 있으며, 레이스의 기술적 구성 요소로는 스타트, 턴, 피니시 등이 포함된다(Cossor, 2015).

수영 경기에서 구간 시간 $^{split\ times}$ 에 대한 정보는 공식 타이밍 시스템에 의해 제공되므로, 코치는 경기를 관찰하면서 추가적인 정보를 수집할 수 있다. 각 랩을 여러 구간으로 나누고 각 구간을 완료하는 데 소요된 시간

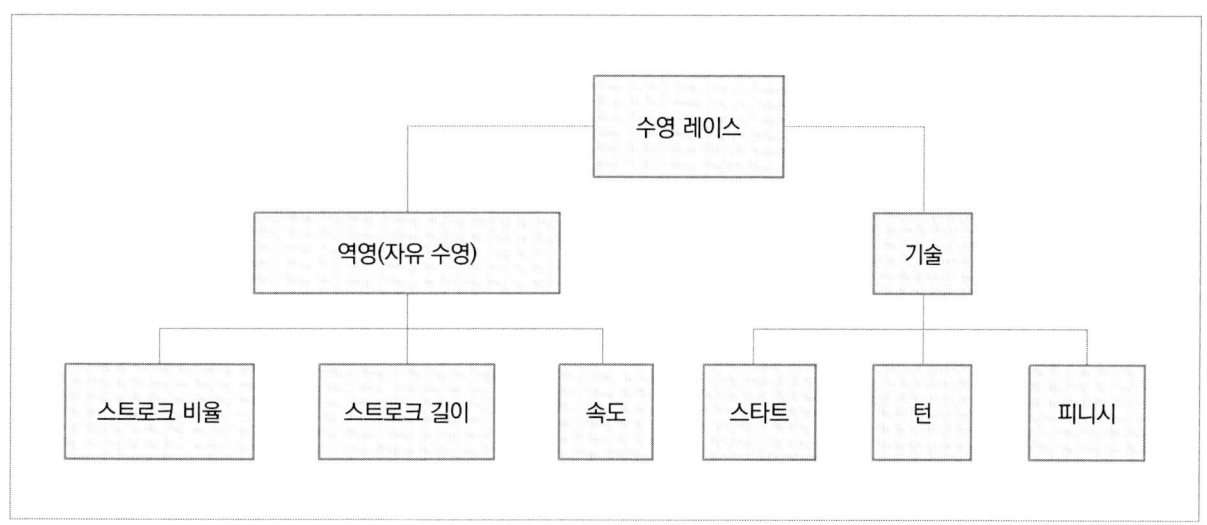

[그림 3.5.1] 레이스 구성 요소

을 측정함으로써 전체 랩의 속도를 추정할 수 있다. 특히, 첫 25m 구간은 출발 또는 턴 시 벽에서 밀어내는 동작으로 인해 일반적으로 두 번째 구간보다 빠른 경향이 있다.

가장 정확한 경기력 분석 방법으로는 비디오 녹화가 널리 알려져 있다. 그러나 비디오 녹화가 불가능한 경우, 코치는 스트로크 관련 데이터를 수집하는 방법을 활용할 수 있다. 스트로크 수는 쉽게 측정할 수 있으며, 스트로크 비율은 대개 스톱워치를 사용하여 결정할 수 있다. 스트로크 비율을 계산하는 데 사용되는 스트로크 주기 cycle 의 수가 많을수록 정확성이 높아지지만, 한 경기에서 두 명 이상의 수영 선수를 관찰할 때는 어려움이 따를 수 있다. 따라서 가능한 한 3회 이상의 완전한 스트로크 사이클을 목표로 하는 것이 바람직하다. 스트로크 비율은 후에 설명할 분당 스트로크를 통해 측정될 수 있다(Cossor, 2015).

레이스 분석 구성 요소

수영 레이스 분석은 수영 경기력에 영향을 미치는 다양한 요인을 규명하는 과정이다. 코치는 레이스의 구성 요소를 분석함으로써 선수 간의 경기력을 비교하고, 레이스 변수의 차이점과 장단점을 파악할 수 있다. 수영 레이스의 목표는 주어진 거리의 경기를 최소한의 시간 내에 완주하는 것이다. 경기력 분석을 위한 수영 레이스 기록은 스타트 시간 start time, ST , 영법 수영 시간 clean swimming time, CST , 턴 시간 turn time, TT 이라는 세 가지 주요 요소로 나눌 수 있다(Hay & Guimaraes, 1983). 스타트 시간은 출발 신호가 발신된 후 15m 부정 출발 로프 지점에 도달하기까지의 시간을 의미하며, 영법 수영 시간은 벽에서 15m 지점부터 턴이 시작되는 벽의 5m(배영 깃발 지점) 또는 7.5m 지점까지의 수영 시간을 포함한다. 턴 시간은 턴 전후 벽으로부터 5m(배영 깃발 지점) 또는 7.5m 지점까지 도달하는 시간을 나타낸다(그림 3.5.2).

레이스 시간을 구성하는 이 세 가지 구간에서 측정되는 운동학적 kinematic 매개변수는 〈표 3.5.1〉에서 확인할 수 있으며, 그 개념에 대해서는 아래에서 자세히 설명하고 있다.

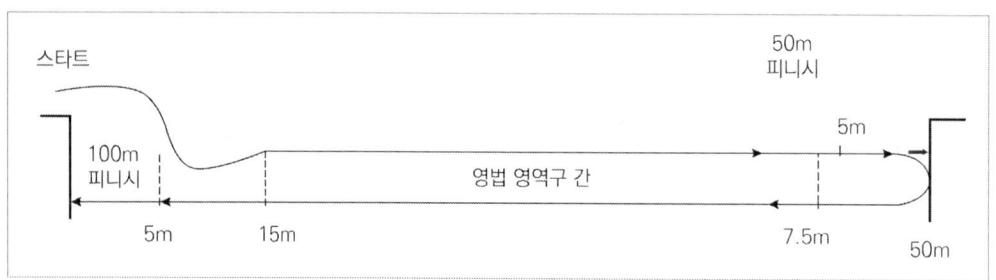

[그림 3.5.2] 수영 기록 분석을 위한 레인 길이 분할

〈표 3.5.1〉 레이스 시간 구성 요소별 측정 매개 변인

스타트(0~15m)		영법 구간		턴/피니시
시간(초)	반응시간	100m 구간	구간 1: 15m~25m	turn in
	비행시간		구간 2: 25m~45m	turn out
	수중시간		구간 3: 55m~75m	턴 시간
	자유수영시간		구간 4: 75m~95m	피니시 시간
	15m도달시간	랩 시간(lap times)		레이스 시간(race time)
거리(m)	입수거리	스트로크 비율(stroke rate)		
	수중이동거리	스트로크 길이(stroke length)		
	자유수영거리	스트로크 지수(stroke index)		
속도(m/초)	수중속도	스트로크 수(stroke count)		
	자유수영	속도(velocity)		

○ **스타트 시간** start time, ST : 출발 신호부터 선수의 머리가 부정 출발 로프 표시 15m 지점을 통과할 때까지의 시간

○ **턴 시간** turn time, TT : 선수의 머리가 벽에서 턴 방향으로 7.5m 떨어진 지점을 통과하고 턴 하고 나서 벽에서 7.5m 떨어진 동일 지점을 통과할 때까지의 시간. 패러수영 연구에서는 안팎으로 5m(배영 깃발 지점)를 기준으로 턴 타임을 결정하기도 함

○ **영법 수영 시간** clean swimming time, CST : 출발 후 부정 출발 로프 표시 지점으로부터 턴을 시작하는 지점까지의 시간. 경기 종목에 해당하는 영법으로 수영해야 함

○ **피니시** finish time, FT : 선수의 머리가 결승 벽에서 5m 지점 통과 시점부터 손 또는 발이 벽에 닿은 순간까지

○ **스트로크 거리** stroke length, SL : 완전한 팔 사이클(즉, 오른손 입수 후 다음 오른손 입수까지) 동안 선수의 머리가 이동한 거리

○ **스트로크 비율/빈도** stroke rate/frequency, SR : 분당 스트로크 사이클 수. 팔 스트로크 수를 해당 구간의 시간으로 나눈 것

○ **스트로크 수** stroke count : 정해진 거리에서 수행한 스트로크 수

○ **수영 속도** swimming speed/velocity, V : 출발 신호 후 종목을 완료하는 데 걸린 시간

○ **구간 속도** split times : 레이스에서 정해진 구간의 속도

❍ **영법 구간(100m):** 1구간: 15~25m, 2구간: 25~45m, 3구간: 55~75m, 4구간: 75~ 95m
[일반수영 구간 1: 15~25m; 구간 2: 25~42.5m, 구간 3: 57.5~75m; 구간 4: 75~95m]

❍ **랩 구간 속도** lap split times : 레인을 한 바퀴 도는 데 걸리는 시간

❍ **SWOLF:** 골프 핸디캡 golf handicap 점수. 수영 선수는 랩 구간을 헤엄치는 데 걸린 스트로크 수를 세고, 수영 시간을 기록하여, 이 두 값(스트로크 수와 시간)을 합산한 점수

❍ **반응 시간** block time : 선수의 발이 출발 신호 후 출발대 starting block 를 떠날 때까지의 시간

❍ **비행시간** flight time : 출발대를 떠나 입수할 때까지 공중에 있는 시간

❍ **수중시간** underwater time : 입수 후 수면으로 머리가 나올 때까지 물속에 있는 시간

❍ **턴 인** turn in : 벽에서 5m 지점부터 벽을 건드릴 때까지의 시간

❍ **턴 아웃** turn out : 벽을 건드린 후 턴하여 벽으로부터 5m까지 도달하는 시간

03 경기력 분석 요소

일반적인 레이스 분석은 선수와 코치에게 자세한 정보를 제공하여 다음 레이스나 후속 대회에서 수영 경기력을 향상하는 데 사용할 수 있는 개선 영역을 찾을 수 있도록 하는 것을 목표로 한다. 시간 기록은 상대적으로 측정하기 쉽다. 오늘날 수영 경기의 실제 구간 기록에 대한 정보는 대회의 공식 기록 공지 시스템에서 획득할 수 있다. 경기력을 조금 더 자세히 분석하기 위해 풀의 특정 길이를 구분하여 기록 및 수행 과정에 관한 정보를 수집하기도 한다. 대회 정보 시스템을 통해 획득할 수 있는 자료 이외에 경기력 향상을 위해 다음과 같은 기록(시간) 변인에 대한 정보를 수집하고 분석하여 훈련에 활용하면 도움이 될 것이다(Cossor, 2015).

[그림 3.5.3] 상지 절단 선수의 출발

○ **출발 시간** Start time : 출발 시간은 출발 신호인 총소리가 울린 직후 수영 선수의 머리가 보통 스타트 부정출발 로프 지점인 15m 거리를 통과할 때까지의 시간이다. 이 매개 변수 내에서 수영 선수가 출발대 block 에서 머무르는 시간 block time 뿐만 아니라 비행 단계 flight time 후에 물에 들어가고 수중 단계 후에 수면까지 떠오르는 시간 underwater time 에 대한 정보를 얻을 수 있으며, 또한 각 요소의 측정 시간에 따른 이동 거리에 대해서도 알 수 있다. 대부분의 수영 선수들이 15m 지점 이전에 수면으로 나오기 때문에, 이 시간에는 자유 수영 free-swimming 구성 요소가 포함된다.

○ **반응 시간** Block time : block time(출발대에 머무는 시간) 자체는 반응시간 reaction time (블록에서 출발 신호와 첫 번째 움직임 사이의 간격)과 동작 시간(블록에서 떠난 수직 및 수평 힘)을 합한 것으로, 전체적으로는 수영 선수의 발이 출발 신호 후 블록을 떠날 때까지의 시간 차이이다.

○ **턴 시간** Turn time : 턴 시간은 국가 간 시스템을 비교할 때 가장 큰 변동성을 보이는 측정 지표 중 하나이다. 일반적으로 턴 시간은 선수가 턴을 시작하는 지점에서 미리 설정된 거리에서 벽에 도달한 후, 두 번째 지점을 통과하기까지 소요되는 시간을 측정하는 방식으로 정의된다. 초기에는 턴 정보가 선수의 머리가 벽에서 7.5m 떨어진 지점에서 이동하여 턴을 한 후 되돌아오는 시간을 기준으로 측정되었다. 다른 시스템에서는 턴 시간을 계산하기 위해 벽까지의 거리인 5m를 기준으로 사용하고 있으며, 이는 경기와 훈련 모두에서 측정이 용이하기 때문이다. 출발 시간과 마찬가지로 턴 시간은 턴 동작뿐만 아니라 실제 수영에 대한 정보도 포함되지만, 설정된 거리를 활용함으로써 다른 선수들과의 비교가 가능해진다. 턴 시간의 비교는 턴을 시작하는 벽에서 5m 지점까지 도달하는 시간 turn in , 벽에 도달한 후 다시 5m 지점에 도달하는 시간 turn out , 그리고 이 두 시간을 합산한 총 턴 시간을 통해 이루어진다.

○ **피니시 타임** Finish time : 선수가 경기 race 를 마치려 할 때, 피니시 타임 finish time 은 머리가 5m 지점을 통과한 시점부터 손이 벽에 닿을 때까지 측정한다. 레이스 중에 이뤄진 다른 모든 시간 측정은 정해진 지점을 통과할 때 머리의 위치를 기준으로 하기 때문에, 이 단계에서 수영 선수의 뻗은 손은 허용된다. 피니시 타임을 기록할 때의 주요 이점은 레이스의 마지막 몇 스트로크 동안 속도 저하의 발생 여부를 확인하는 것이다.

○ **랩 구간 시간** Lap segment times : 각 랩 lap 내에서 수영 선수는 레이스의 각 50m 구간을 정확히 같은 속도로 이동할 가능성이 매우 낮다. 따라서 보다 상세한 분석을 제공하고 랩 내에서 속도가 어떻게 변화할 수 있는지 더 잘 파악하기 위해 풀 길이를 여러 구간 segment 으로 나눌 수 있다. 가장 전통적인 구분 division 은 25m 마크(롱 코스 경기의 경우)에서 발생하며, 랩 당 2개의 구간으로 나누지만, 다른 시스템은 랩을 3~5개의 구간으로 나눈다. 이 방법은 레이스의 각 단계에서 일어나는 일을 더 정확하게 표현할 수 있게 해주지만, 특히 더 긴 경기 종목에서 너무 많은 정보를 얻는 것으로 생각할 수도 있다.

○ **속도** Velocity : 레이스 분석의 자유 수영 구성 요소에서 생성된 시간 및 거리 데이터를 사용하여 V = d/t 공식을 사용하여 속도를 계산할 수 있다. 여기서 속도 V 는 초당 미터 m/s 로 표시되고 거리 d 는 미터 단위로 측정된 이동 거리이고, 시간 t 은 설정된 거리를 이동하며 걸린 시간(초)이다. 속도는 풀의 전체 길이 또는 랩 내의 더 작은 미리 정의된 구간에 대한 평균으로 계산할 수 있다. 수영 선수의 속도 velocity 는 스트로크

비율 stroke rate 과 스트로크 길이 stroke length 의 영향도 받으며 수학적 관계는 공식 V = SL × SR로 표시된다. 여기서 속도 V 는 초당 미터로 측정되고, 스트로크 길이 SL 는 스트로크 주기당 미터로 측정되며, 스트로크 비율 SR 은 초당 스트로크 주기이다.

○ **스트로크 비율** Stroke rate, SR : 레이스에서 스트로크 비율은 선수와 코치가 원하는 레이스 전략을 개발하기 위해 사용하는 가장 일반적인 척도이다(Daly et al., 2003). 스트로크 비율은 자유 수영 free-swimming 구간에서 얼마나 효율적인지에 대한 이해를 높이는 데 도움을 줄 수 있다. 이 측정은 설정된 수의 스트로크 사이클을 완료하는 데 필요한 시간으로 스톱워치를 사용하여 비교적 쉽게 수행할 수 있다. 네 가지 영법 각각의 스트로크 비율은 일반적으로 분(또는 초)당 스트로크 사이클로 표현되며 개별 스트로크(예: 자유형 또는 배영에서 한쪽 팔 당기기)를 특별히 고려하지 않는다. 스트로크 사이클은 팔의 동작을 기준으로 하는데 자유형과 배영의 경우는 한쪽 손이 입수하고 반대쪽 팔을 스트로크한 다음 다시 시작한 손이 입수하기 직전까지(예; 1회 스트로크 - 오른손 입수, 왼손 입수, 오른손 입수 직전까지의 동작)를 의미하며, 평영과 접영은 양팔이 동시에 움직이므로 주기 시간은 양손이 동시에 입수할 때 시작하고 다시 양손이 입수할 때까지를 의미한다. 스트로크 비율의 숫자는 선수가 전체 분(또는 초)당 같은 스트로크 비율을 유지한다면 각 시간 단위로 스트로크 수를 나타낸다. 자유형과 배영에서 스트로크 비율을 정확하게 측정하려면 한 번 오른손을 입수하고 다음 오른손 입수까지 스트로크 사이클 내의 일관된 시점 사이에서 시간을 기록해야 한다. 평영과 접영은 각각의 완전한 스트로크는 양팔을 동시에 당기기 때문에 스트로크 사이클로 분류한다. 요즘 스톱워치에서 사용할 수 있는 SR 기능을 사용하여 스트로크 비율을 계산하면 코치는 선수가 3회의 전체 스트로크 사이클을 완료하는 데 걸리는 시간을 측정할 수 있다. 예를 들어, 3회의 사이클이 3.36초라면 스트로크 비율은 1.12초/사이클이다. 이를 분당 스트로크 사이클로 표현하는 방식이 이해하기에 편할 수 있다. 즉, 스트로크 비율 1.12초/사이클을 분당 스트로크 사이클로 변환하면, 60초 ÷ 1.121.12초/사이클 = 54사이클이 된다. 스트로크 비율을 설명할 경우, 사이클당 1.12초로 수영하라고 하는 것보다 분당 54회 사이클로 수영하라고 하는 것이 이해하기 쉽다.

○ **스트로크 길이** Stroke length, SL : 스트로크 길이는 수영 선수들의 잠재력을 나타내는 지표이자 기술적 숙련도를 나타내는 지표로 사용되는 것이 일반적인 관행이다(Costill et al., 1992). 선수가 각 스트로크 사이클에서 이동하는 거리인 스트로크 길이는 스트로크 비율보다 측정하기가 조금 더 복잡하다. 일부 코치는 랩당 스트로크 수를 세고 이를 이동 거리로 나누는 것을 선호하는데, 일반적으로 수중에 있는 동안은 어떤 형태로든 허용된다. 그러나 더 정확한 측정은 "수영 속도 V = 스트로크 비율 SR × 스트로크 길이 SL" 방정식을 사용하는 것이다. 여기서 스트로크 속도는 초당 사이클로 표시된다(V = SR × SL). 속도와 스트로크 비율을 알면, 스트로크 길이(SL = V / SR)를 계산할 수 있다. 일반적인 경향으로는 스트로크 비율이 증가하면 스트로크 길이가 감소하여 비슷한 속도를 낸다는 것이다. 많은 레이스에서, 수영 선수들은 마지막 15m에서 스트로크 비율을 높이는 경향이 있다. 스트로크 길이는 스트로크 비율이 증가할 때 보통 감소하며, 스트로크 길이의 감소는 스트로크 비율 증가로 인한 이득을 상쇄하여 수영 속도를 감소시키고 에너지 사용을 증가시킨다.

○ **스트로크 수** Stroke count : 스트로크를 세는 것은 간단하며, 모든 스트로크에 대한 사이클이 아닌 좌우 팔 스트로크의 수를 세서 측정한다. 대부분의 수영 선수들은 정해진 거리(예: 50m)를 일정한 페이스 pace 의 스트로크 수로 간다. 코치는 주어진 페이스에서 스트로크 수의 변화를 기록하여 스트로크 효율 stroke efficiency 의 변화를 살펴볼 수 있다. 게다가, 그들은 경기 내내 변화를 기록할 수 있고 기술이 어떻게 변화하는지에 대한 느낌을 얻을 수 있다. 일반적으로, 수영 선수들은 레이스 첫 바퀴에서 스트로크 수가 더 적은 경향이 있지만, 만약 레이스를 한 가지의 영법 stroke 만으로 한다면 모든 랩에서 상당히 일관성이 있어야 한다. 스트로크 수의 변화는 수중 거리, 스트로크 길이 및 킥 비율의 변화로 인해 발생할 수 있다.

○ **스트로크 지수** Stroke index, SI : 스트로크 지수는 효율성 지수 efficiency index 라고도 하며, 수영의 평균 속도와 스트로크 길이 SL 와 곱으로 계산(SI = V × SL)하며 m2/초 단위로 측정한다. 즉, 지수가 크면 바르고 긴 수영을 의미한다. 이는 수영에서 효율성과 경제성의 지표로 사용되어 왔다(Coslill et al., 1985). 이것은 수영 선수가 긴 스트로크 길이를 유지하면서 빠른 스피드를 달성할 수 있기 때문에 효율성을 나타내는 좋은 지표이다(Malone et al., 2001).

○ **SWOLF**: SWOLF = SWimming + gOLF의 합성어로 스트로크 효율성을 평가하는 데 이용한다. SWOLF는 한 바퀴를 헤엄치는 데 걸리는 시간과 스트로크의 수 stroke count 를 더한 점수이다. 예를 들어, 50m를 30회의 스트로크로 40초 기록이었다면, SWOLF 점수는 70점이다. 40초 + 30 스트로크 = 70 SWOLF이다. 골프와 마찬가지로 수치가 낮을수록 좋으며 물속에서 스피드와 효율성이 증가함을 반영하는 수영 효율성 지표이다. 대부분의 수영 선수들이 한 바퀴나 한 바퀴를 헤엄치는 데 걸리는 시간에 초점을 두는 경향이 있으나, SWOLF 점수는 수영을 측정할 수 있는 또 다른 지표이다(Poirier-Leroy, 2022). 이는 같은 시간에 적은 스트로크를 사용하거나 같은 수의 스트로크 stroke count 를 사용하면서 더 빠르게 수영 기록을 만들어냄으로써 시간이 지남에 따라 수영 선수의 SWOLF를 줄이는 것이다(Burkett, 2015).

04 경기력 분석 요소의 관계

스트로크 비율, 스트로크 길이, 속도 ─────────────────────

수영 경기의 레이스 분석에 있어 공통적인 주요 변인으로는 스트로크 비율 stroke rate, SR , 스트로크 길이 stroke length, SL , 그리고 속도 velocity, V 를 포함한다. 이 세 가지 변인에 대한 설명은 이전에 다루었으나, 다시 정리하자면, 수영에서의 스트로크 비율 SR 은 시간 단위당 스트로크 수(스트로크/분)로 정의되며, 이는 수영 코치용 스톱워치를 통해 측정된다. 스트로크 길이 SL 는 한 번의 스트로크 동안(첫 번째 사이클에서 손이 물에 들어가는 시점부터 두 번째 사이클에서 손이 물에 들어가는 시점까지) 몸이 이동한 거리로, 스트로크당 미터로 측정된다. 수영 속도 V는 스트로크 비율과 스트로크 길이의 곱으로 계산되며, 이동 거리를 시간으로 나눈 값으로 정의된다. 이를 수학적으로 표현하면, 수영 속도 산출 공식은 $V^{m/t}$ = 이동 거리^d ÷ 시간^{t}이며, $V = SR \times SL$로 나타낼 수 있다. 따라서 스트로크 길이는 $SL = V \div SR$로 계산된다. 이와 같이, 수영 레이스 분석에 사용되는 이 세 가지 변인은 서로 밀접한 연관성을 지니고 있음을 보여준다.

수영 경주 속도를 분석할 때, 속도에 영향을 미치는 두 가지 주요 요소인 스트로크 비율과 스트로크 길이는 [그림 3.5.4]에서 나타나듯이, 스트로크 비율이 증가함에 따라 스트로크 길이가 감소하는 경향이 있으며, 이와 반대의 경우도 마찬가지로 두 요인은 역 U자 형태의 부적 관계를 형성한다(Maglischo, 2003/2008). 또한, 스트로크 길이와 수영 속도 간에는 강한 정적 상관관계가 존재한다(Arellano et al., 1994; Burkett, 2011). 즉, 수영 속도는 스트로크 비율의 증가에 따라 증가하지만, 스트로크 길이는 최저 속도에서 안정적으로 유지되며 속도가 계속 증가함에 따라 감소하는 경향이 있다(Sidney et al., 2011).

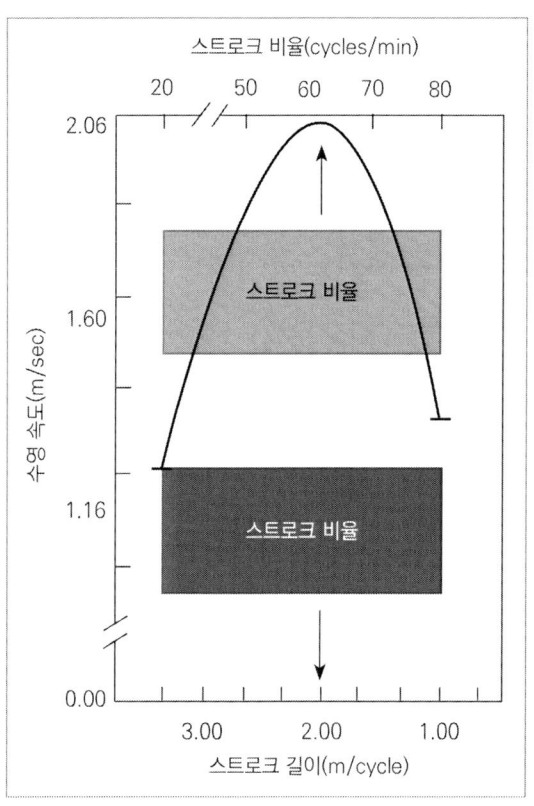

[그림 3.5.4] 스트로크 비율, 스트로크 길이, 수영 속도 사이의 관계

출처: Maglischo, E. W. (2003/2008)

따라서 스트로크 길이는 수영 선수의 잠재력을 나타내는 지표이자 기술적 숙련도의 척도로 일반적으로 활용된다(Costill et al., 1992).

선수는 매우 느린 스트로크 비율로 수영할 때 최대 스트로크 길이에 도달할 수 있으며, 이는 팔 스트로크 사이에 활주 및 오버 킥$^{over-kick}$(정상보다 많은 발차기)을 수행할 수 있기 때문이다. 반면, 스트로크 비율이 증가하면 스트로크 길이는 감소하게 되며, 이는 팔 스트로크 사이에 덜 미끄러져 나아가고 발차기를 줄이면시 전진하게 된다(Maglischo, 2016). [그림 3.5.4]는 50m를 점차 빠른 스트로크 비율로 수영할 때의 분석 결과를 보여준다. 레이스에서 가장 빠른 속도는 최적의 스트로크 비율과 스트로크 길이의 조합으로 달성되며, 그림의 예시에서는 스트로크 길이가 2.00m/초, 스트로크 비율이 62주기/분일 때 속도가 가장 빠른 2.06m/초에 도달하였다. 스트로크 비율이 높아지면 스트로크 길이가 줄어들어 속도가 느려지며, 반대로 스트로크 비율이 지나치게 낮아지면 스트로크 길이가 증가하더라도 수영 속도는 감소하게 된다(Maglischo, 2003/2008).

경기력을 분석하는 주된 목적은 수영 속도를 향상시키기 위한 방법을 모색하는 것이며, 수영 속도는 스트로크 비율^{SR}과 스트로크 길이^{SL}의 곱으로 산출되므로 두 변인을 조정함으로써 속도를 변화시킬 수 있다. 속도와 관련된 두 변인의 관계가 역 U자 형태로 나타났지만, 선수들이 최고 속도를 달성하기 위한 스트로크 길이와 스트로크 비율의 고유한 값은 존재하지 않는 것으로 알려져 있다. 수영 과학자들은 선수들 간의 레이스 속도 차이가 스트로크 비율보다 스트로크 길이와 더 밀접하게 관련되어 있다고 주장하고 있다(Daly et al., 2003;

〈표 3.5.2〉 세계적인 남녀 수영선수의 종목별 스트로크 비율과 스트로크 길이의 범위

구분		남 자		여 자	
		스트로크 비율 (cycle/분)	스트로크 길이 (m/cycle)	스트로크 비율 (cycle/분)	스트로크 길이 (m/cycle)
자유형	50m	56-57	1.88-2.16	58-65	1.71-1.96
	100m	50-56	2.17-2.50	53-56	1.80-2.05
	200m	43-51	2.20-2.40	48-54	1.90-2.02
	400m	38-46	2.20-2.60	42-55	1.75-2.20
배영	100m	48-53	2.05-2.20	50-56	1.85-2.03
	200m	42-44	2.27-2.46	42-50	1.90-2.08
평영	100m	52-55	1.50-1.88	47-52	1.60-1.90
	200m	38-39	2.14-2.28	34-45	1.97-2.48
접영	100m	52-56	1.90-2.15	52-56	1.80-1.92
	200m	48-54	1.91-2.18	42-54	1.74-1.90

출처: Maglischo, E. W. (2016). A Primer for Swimming Coaches Volume 2: Biomechanical Foundations. New York: Nova Science Publishers.

Daly & Vanlandewijck, 2003; Pelayo et al., 1999; Tejero, Flores et al., 2018).

세계적인 수준의 수영 선수들은 같은 종목에서 비슷한 스트로크 비율을 사용하는 경향이 있다. 비슷한 수영 속도로 수행하는 두 수영 선수의 스트로크 길이-스트로크 비율 조합은 반드시 똑같지 않으며 선수의 기능, 종목 유형, 성별, 수준, 특성에 따라 다르다고 한다. 수영 선수는 정해진 레이스 거리를 수영하며 페이스를 유지하는 데 자신만의 이상적인 스트로크 비율과 스트로크 길이의 최적 조합이 있어서 더 먼 거리에서는 더 천천히, 더 길게, 더 짧은 거리에서는 더 짧게 스트로크할 것이다. 선수의 수영 레이스 중 스트로크 비율과 스트로크 길이, 속도, 구간 시간에 대한 정보는 코치와 선수에게 경기력 향상을 위한 귀중한 데이터이다. 스트로크 분석 데이터는 훈련 계획을 최적화하는 데 유용한 도구가 될 수 있으며, 수영 선수의 등급과 장애를 고려하여 최상의 결과를 얻을 수 있도록 최적의 관계를 찾는 데 도움이 될 수 있다(Tejero et al., 2018). 〈표 3.5.2〉는 세계적인 남녀 수영선수의 스트로크 비율과 스트로크 길이의 범위를 조사한 결과이다(Maglischo, 2016). 패러 수영선수의 경우는 등급이 다양하고 신체적 기능(예; 킥, 스트로크 등)에서 오는 차이로 이 자료를 직접 비교하는 것은 어려우나 S10~S14 등급의 선수들의 경기력을 분석할 때는 참고로 활용할 수 있을 것이다.

〈표 3.5.2〉는 1996년 올림픽과 1998년 세계 수영 선수권 대회의 각 종목에서 여자와 남자 결승 진출자들이 사용한 스트로크 비율과 스트로크 길이를 조사한 결과이다. 표에서 확인할 수 있듯이, 세계적인 수준의 수영 선수들은 동일한 종목에서 유사한 스트로크 비율을 사용하는 경향이 있다. 그러나 여성의 스트로크 길이는 0.10~0.40m/cycle 미만의 범위에서 더 짧은 경향을 보인다. 한 가지 예외로, 평균적으로 남자와 여자의 스트로크 길이가 매우 유사한 평영 100m가 있다.

주요 국제대회의 결과를 연구한 바에 따르면(Maglischo, 2016), 지난 30년 동안 종목에 따라 스트로크 비율과 스트로크 길이에 변화가 있었다. 첫 번째 변화는 배영 종목으로, 100m 세계 정상급 선수의 스트로크 비율은 30년 동안 분당 5~6사이클 증가하였으나, 스트로크 길이는 크게 변화하지 않았다. 남자 배영 100m에서

스트로크 비율은 분당 2~3사이클 증가했으며, 스트로크 길이는 사이클당 0.20~0.30m 증가하였다. 여성 200m 배영에서 스트로크 비율은 분당 2~5사이클 증가했으나 평균 스트로크 길이는 0.20~0.30m/cycle로 감소하였다. 놀랍게도, 이 기간 동안 남자 200m 배영 선수의 스트로크 비율은 유사하게 유지되었으나, 평균 스트로크 길이는 여성 선수와 달리 0.30~0.40m/cycle 증가하였다. 두 번째 주요 변화는 200m 평영에서 선수들이 레이스의 처음 3/4 동안 더 많이 미끄러져 나아가는 경향이 나타났다. 여성의 스트로크 비율은 분당 2~8사이클 감소하였으나, 스트로크 길이는 평균 0.30~0.60m/cycle 증가하였다. 남성의 경우, 평균 스트로크 비율도 분당 2~5사이클 감소하였고, 스트로크 길이는 평균 약 0.30m/cycle 증가하였다. 다른 모든 경기에서 세계적인 수영 선수의 스트로크 비율과 스트로크 길이는 지난 수십 년 동안 매우 안정적으로 유지되었다. 이러한 관찰은 대회 결과에 대한 일상적인 평가에서 이루어졌으며, 그 중요성을 파악하거나 분석하지 않았다.

스트로크 지수

수영 경기력을 분석하는 과정에서 수영 영법의 효율성과 경제성을 평가하는 중요한 지표 중 하나는 "효율 지수 efficiency index "로 알려진 스트로크 지수 stroke index 이다. 스트로크 지수는 스트로크 길이 SL 와 수영 평균 속도 Swimming Velocity, V 의 곱으로 정의되며, 그 수식은 SI = SL × V로 나타낼 수 있다(Costill et al., 1985; Pelayo et al., 1999). 효율성이 높은 수영 선수는 긴 스트로크 길이를 유지하면서도 빠른 속도를 달성할 수 있기 때문에, 스트로크 지수는 선수의 효율성을 평가하는 유용한 지표로 활용되고 있다(Malone et al., 2001). 즉, 스트로크 지수는 레이스 분석에서 기술적 능력 technical ability 과 수영 적성을 측정하는 데 유용한 척도로 사용된다(Costill et al., 1985). 또한, 장애가 있는 수영 선수들에게 있어 스트로크 지수는 등급분류와 관련하여 신체적 장애가 있는 선수들의 수행력을 평가하기 위한 민감하고 객관적인 기준으로 활용될 수 있다 (Daly & Martens, 2011; Tejero et al., 2018).

스트로크 지수 Stroke Index, SI = V × SL 를 보다 심층적으로 분석하면, 수영 선수의 속도는 스트로크 길이에 스트로크 비율 SR 을 곱한 값으로 나타낼 수 있으며, 따라서 스트로크 지수 SI 는 다음과 같은 수식으로 표현된다. 이 수식에서 스트로크 지수는 임의의 수치로 정의되므로 단위는 사용되지 않는다.

$$SI = SL \times SL \times SR \text{ 또는 } SL^2 \times SR$$

이 공식에 따르면, 스트로크 지수는 스트로크 길이 SL 에 상당한 영향을 받는 것으로 해석될 수 있다. 그러나 수영 경기의 속도는 V = SR × SL로 표현되므로, 스트로크 비율 SR 과 스트로크 길이 SL 는 동일 가중치를 지닌다. 이는 궁극적으로 수영 경기의 최종 목표가 속도를 향상시키는 것과 관련하여, 스트로크 지수를 기준으로 다른 선수와의 비교가 가능할 수 있는지를 나타낸다. 스트로크 지수는 특정 선수를 반복적으로 측정하여 비교하는 것은 가능하지만, 다른 선수와의 비교는 불가능하다. 이상적인 경기에서는 수영 선수가 경기의 첫 번째 구간과 마지막 영법 구간(자유형)에서의 스트로크 지수 감소가 최소화될수록 바람직하다(Cossor, 2015).

〈표 3.5.3〉 영법별 남녀 스트로크 지수(Stroke Index)의 범위

구분	영법	25m 풀	50m 풀
남자	접영	2.2 – 3.1	2.9 – 3.7
	배영	2.4 – 3.4	2.7 – 3.5
	평영	1.8 – 2.7	2.4 – 3.4
	자유형	2.8 – 3.9	3.2 – 4.2
여자	접영	2.0 – 2.6	2.1 – 3.0
	배영	2.3 – 2.9	2.5 – 3.2
	평영	1.8 – 2.4	2.0 – 2.8
	자유형	2.5 – 3.3	2.8 – 3.5

출처: TritonWear (2023)

최근 캐나다의 웨어러블 기기 제조업체인 Triton은 수영용 초시계에 스트로크 지수Stroke Index 를 측정할 수 있는 기능을 추가하였으며, 이를 통해 스트로크 지수가 수영 선수의 전반적인 스트로크 효율성 stroke efficiency 을 평가하는 데 기여할 수 있다고 밝혔다(TritonWear, 2023). 스트로크 지수를 산출하는 방법은 스트로크 지수 공식SI = SL×V 을 기반으로 하며, 영법에 따라 배수를 다르게 적용한다. 자유형과 배영의 경우에는 2(2 스트로크 = 1 사이클)를 곱하고, 평영과 접영의 경우에는 1(1 스트로크 = 1 사이클)을 곱하여 계산한다. 이 지수의 범위는 수영장 크기(25m, 50m)와 영법, 성별에 따라 차이를 보이며, 이에 대한 자세한 내용은 〈표 3.5.3〉을 참조하면 된다.

스트로크 지수는 다른 수행력 지표에 비해 유용성이 높아, 경기력에 영향을 미치는 다양한 변인들의 변화가 수영 선수의 전반적인 효율성에 미치는 영향을 분석하는 데 활용될 수 있다. 선수는 속도와 스트로크 길이 간의 최적의 균형을 찾아 전체 시간을 손실 없이 최대의 스트로크 지수를 달성할 수 있도록 해야 한다. 이를 통해 주어진 스트로크 또는 거리에서 랩 당 목표 속도와 스트로크 길이를 설정할 수 있다(TritonWear, 2023).

경기력 분석의 예

수영 경기력 분석에 대한 논의는 실제 레이스 분석 결과의 구성 방식을 이해하기 쉽게 설명하기 위해 이루어졌다. 호주는 2004년 아테네 패럴림픽을 대비하여 수영팀의 경기력 향상을 위한 스포츠 과학 기술 지원을 계획하였다. 이 프로젝트를 주도한 스포츠 과학자는 호주 패러 수영 연구의 선구자인 생체역학 박사 Brendan Burkett이다. 그는 중도 절단 장애를 가진 S9 등급의 유능한 패러 수영 선수로, 1996년 애틀랜타 패럴림픽에서 자유형 S9 50m 종목에서 금메달을 획득한 경력이 있으며, 패럴림픽에서 총 6개의 메달(금 1, 은 3, 동 1)을 획득한 바 있다. Burkett 박사는 학문적 배경이 탄탄한 수영 과학자로, 그의 호주 수영 대표팀에 관한 연구 결과는 여러 차례 논문과 저술을 통해 발표되었다. 본 연구에서는 Burkett와 Mellifont(2008), Burkett(2011, 2015)의 연구를 예로 들어 패러 수영 선수의 경기력을 설명하였다.

경기력 분석의 내용은 14세에 처음 출전한 2002년 세계선수권대회부터 2004년 아테네 패럴림픽, 2006년

세계선수권대회에서 세계기록을 달성한 호주 수영 국가대표 선수를 추적 관찰한 스포츠 과학 및 코칭에 관한 기록이다(Burkett & Mellifont, 2008; Burkett, 2015). 이 분석의 목적은 과거 국제대회에서 100m 자유형 종목에 출전한 운동 장애 loco-motor disability 가 있는 패럴림픽 S9 등급 선수의 레이스 전략을 결정하기 위한 것이다.

연구 방법

비디오 영상 분석 및 레이스 분석 데이터는 레이스 분석을 위해 특별히 개발된 소프트웨어를 활용하여 실시간으로 수집 및 계산되었다. 데이터 측정을 위한 기준점은 15m 부정 출발선, 25m 중간 지점, 턴 시 벽에서 7.5m, 결승선에서 5m 지점으로 설정되었다. 데이터는 선수의 머리가 각 수영 구간의 기준선을 통과할 때를 기준으로 하였다.

- **스타트 시간**: 출발대에서 15m 지점까지의 머리 위치
- **턴 시간**: 벽에서 5m 지점에서의 머리 위치, 벽에서 발/손이 닿은 후 턴 후 5m 지점
- **피니시 타임**: 5m 지점에서의 머리 위치
- **영법 수영 구간(100m 수영)**: 1구간: 15~25m, 2구간: 25~45m, 3구간: 55~75m, 4구간: 75~95m

수영에서 일반적으로 사용되는 경기력 지표는 수영 선수의 스트로크 비율과 스트로크 길이, 그리고 속도 간의 관계를 통해 산출된 수영 레이스 분석을 포함한다. 이는 선수와 코치가 수영 경기력에 영향을 미치는 다양한 요인을 이해하는 데 도움을 준다. 측정되는 변인에는 스타트, 턴, 피니시 타임과 25m 및 50m 구간 시간이 포함된다. 연구자는 선수의 이름을 공개하지 않았으나, 대회 기록을 통해 추정한 결과 2004년 아테네 패럴림픽 S9 자유형 100m에서 금메달을 획득한 선수는 호주의 Matthew Cowdrey 선수로 확인되었다.

연구 결과

〈표 3.5.4〉는 등급 S9 자유형 100m 선수의 출전 대회별 기록을 비교하여 요약한 자료이다. 이 표는 레이스 구성 요소의 구간 segment 분석과 경기력 요인의 평균을 포함하고 있다. 〈표 3.5.4〉는 시각장애인 수영 선수의 남자 100m 레이스 변인의 평균 및 표준 편차, 레이스 구간 간의 수영 속도, 스트로크 비율, 스트로크 길이의 백분율 변화를 나타낸다.

2002년 세계수영선수권대회와 2004년 패럴림픽 기록을 비교할 때, 〈표 3.5.4〉에서 확인할 수 있듯이 경기 기록은 10% 향상되었으며, 2006년 세계선수권대회에서는 추가로 2.6% 빠른 세계 신기록이 수립되었다. 특히, 이 데

[그림 3.5.5] S9 자유형 호주 Matthew Cowdrey
선수의 역영 모습
출처: https://www.sbs.com.au/news

이터는 스트로크 비율, 스트로크 길이, 구간 속도, 스타트 타임, 턴 타임 등과 같은 다양한 요인에 대한 세부 정보를 제공한다. 선수의 경기력 향상의 주요 요인은 턴과 피니시 타임의 개선 및 페이스 유지 능력의 향상으로 분석된다(Burkett, 2015).

우리나라의 스포츠 과학 연구를 주도하는 기관은 한국스포츠정책과학원이다. 이 기관은 국가대표 선수들에게 기술, 심리, 체력, 전술을 포괄하는 종합적인 스포츠 과학 지원 시스템을 제공하여 우리나라 스포츠의 국제 경쟁력을 높이고자 한다. [그림 3.5.6]은 리우 올림픽에 출전하기 전 국내 대회에서 개인혼영 200m 경기력을 분석한 내용을 담고 있다(한국스포츠정책과학원, 2023). 분석에 포함된 경기력 요인으로는 스트로크 수, 스트로크 비율, 스트로크 길이, 스타트 반응 시간 block time, 스타트 시간, 랩 타임, 10m 구간 속도 및 변화 등이 있으며, 분석 결과에 대한 의견이 제시되어 있어 코치와 선수는 이를 참고하여 속도 향상을 위한 훈련에 효과적으로 활용할 수 있다.

〈표 3.5.4〉 S9 자유형 100m 선수의 대회별 경기력 요인 비교

	세계 선수권 (2002)	캐나다 결선 (2003)	그랑 프리 (2004)	패럴림픽 예선 (2004)	패럴림픽 결선 (2004)	영연방 대회 (2006)	세계 선수권 (2006)
경기 기록							
기록(초)	63.97	62.78	59.64	58.77	58.15	57.41	56.67
스타트(초)	7.81	7.85	7.31	6.70	7.17	6.86	6.89
25m 턴(초)	13.94	13.88	13.29	12.60	12.67	12.58	12.57
피니시(초)	3.42	3.37	3.01	3.48	3.28	3.24	3.11
스타트, 턴, 피니시	17.14	17.06	16.00	15.94	15.89	15.40	15.08
영법 수영	46.83	45.72	43.64	42.83	42.26	42.01	41.59
구간(Splits)							
50m	30.50	30.54	29.20	28.53	28.34	28.21	27.87
100m	63.78	62.63	59.64	58.77	58.15	57.41	56.67
50m 기록							
첫 번째 50m	30.51	30.54	29.20	28.53	28.34	28.21	27.87
두 번째 50m	33.28	32.09	30.44	30.24	29.81	29.20	28.80
턴							
턴(초)	5.91	5.84	5.68	5.76	5.44	5.30	5.08
스트로크 수							
Lap 1:	56	58	52	48	52	50	52
Lap 2:	64	64	58	56	60	54	56
평균							
속도(m/초)	1.49	1.53	1.60	1.63	1.65	1.65	1.68
스트로크 비율(str/min)	63.8	65.5	62.7	60.6	64.9	61.4	64.6
스트로크 거리(m)	1.43	1.42	1.54	1.63	1.54	1.61	1.57

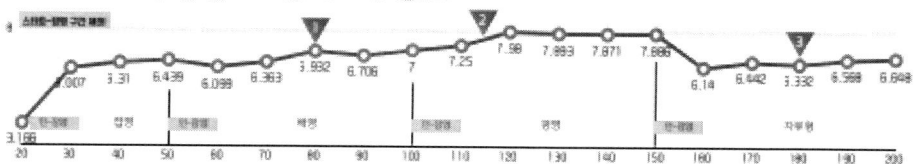
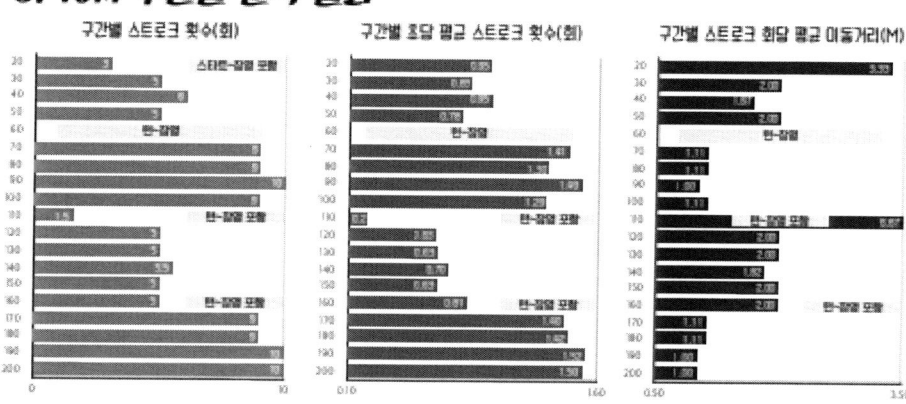

[그림 3.5.6] 한국스포츠정책과학원의 수영 경기력 분석 양식
출처: 한국스포츠정책과학원(2023). 수영 report. 스포츠 과학 밀착지원팀

05 장애 유형/스포츠 등급과 수영 경기력

신체장애 등급(S1~S10) 레이스 분석 —————————————————

패러 수영은 스포츠가 가능한 모든 장애 유형이 등급에 따라 경기에 출전할 수 있어서 선수들의 경기력 분석은 등급별로 선수 개개인의 장애 특징을 반영하여 이루어져야 하는 어려움이 있다. 신체장애가 있는 선수들의 장애 유형은 8가지로 분류되고 있으면서 스포츠 등급은 S1~S10으로 10개로 구분되고 있고, 4가지 경영(자유형, 배영, 평영, 접영) 규칙에 따라 경기를 진행한다. 보다 구체적으로 설명하면, 이동성(신체) 장애가 있는 선수들의 수영 경기는 여러 장애 유형의 선수들이 참가할 수 있는데, 수영은 같은 스포츠 등급 내에서뿐만 아니라 여러 스포츠 등급에 걸쳐 사지 상실(예, 절단, 기형 등), 뇌성마비, 척수 손상, 기타장애(예, 왜소증, 주요 관절 제한)의 조건을 모두 결합한 유일한 스포츠이다. 〈표 3.5.5〉는 패럴림픽 자유형, 배영, 접영에서 S6~S10 등급의 장애와 실제적인 개요를 나타낸 것이다(Daly & Martens, 2011).

패러 수영의 스포츠 등급은 숫자가 낮을수록 기능적으로 제한이 많은 선수를 의미한다. 즉 스포츠 등급 S1은 기능적 제한이 가장 심한 선수이고 S10은 최소 장애에 해당하는 선수이다. 따라서 스포츠 등급에 따른 경기력은 등급이 낮을수록 경기력은 감소한다(Daly et al., 1999). 패러 수영선수들의 경기력 요인은 올림픽 선수들의 경기력 요인과 비교하는 경우가 많은데, 일반적으로 이동성 장애가 있는 수영선수들은 스트로크 비율과 레이스 속도 패턴에서 비슷한 양상을 보이지만, 올림픽 수영선수들의 스타트, 턴, 피니시 타임 같은 여러 요소와는 차이기 있다고 한다(Burkett, 2011). 이는 장애의 특징으로 인해 필연적으로 출발과 턴 같은 경기력 변인에 영향을 미친다고 볼 수 있다. 예를 들어, 뇌성마비가 있는 수영선수의 스타트 시간은 신경근 동원 억제inhibited neuralmuscle 로 스타팅 블록에서 스타트에 필요한 비효율적인 운동 연결로 반응 시간에 영향을 미치는 것이 분명하다. 스타트 시간을 15m 까지로 해서 비교했을 때, 올림픽과 패럴림픽 선수 간에는 상당한 차이가 있었고, 패럴림픽 등급이 낮을수록 스타트 시간이 점진적으로 증가하는 것으로 나타났다(Dingley et al, 2014).

〈표 3.5.6〉은 2004년 패럴림픽, 2006년 세계수영선수권대회를 포함하여 3년간 호주, 영국, 독일, 미국에서 개최한 수영대회에 참가한 선수들의 스포츠 등급별 100m 자유형 결승 기록의 평균과 표준 편차를 나타낸 것으로, 참가 선수는 32개국을 대표하는 남자 120명, 여자 122명이었고 경기대회 수는 남자 361회, 여자 363회로 총 724개 대회이었다(Fulton et al., 2009). 이 자료에서 S1 등급은 참가 선수의 부족으로 경기가 성립되지 못한 경우가 많아 제외했다. 이러한 현상은 국제 수영대회에서도 마찬가지여서 2021년 도쿄 패럴림픽 남자 수영 경기에서는 14개 등급 경기 중 50%에 해당하는 7개 스포츠 등급(S1, S2, S3, S7, S9, S11, S13) 기록이 없었고, 여자 경기에서는 3개 등급(S8, S12, S13) 선수의 기록이 없었다. 수영 기록은 스포츠 과학의 발전과 더불어 빨라지는 추세이다. 〈표 3.5.6〉에 제시한 등급별 기록은 표준 편차의 빠른 기록값을 고려하더라도 세계 기록에는 미치지 못하고 있다. 그만큼 패러 수영 기록은 진보하고 있다고 볼 수 있다. 이 연구는 물론 최근에 보고된 패러 수영 선수의 경기력 요인에 관한 메타 분석(Feitosa et al., 2022)에서도 등급이 높아질수

록 경기기록은 빨라지는 것으로 나타났다(Feitosa et al., 2022). 패러 수영 선수의 경기력에 관한 메타 분석 결과에 의하면 스포츠 등급을 함께 고려했을 때 추정 평균 속도는 남자 선수는 1.29m/s, 여자 선수는 1.13m/s였다. 이는 경기력에 영향을 미치는 스타트, 턴뿐만 아니라 역영(자유 수영) 요소에 신체 기능적 측면이 결정적으로 작용하기 때문이라고 할 수 있다.

〈표 3.5.5〉 패럴림픽 경영(자유형, 배영, 접영) 신체장애 등급의 장애 프로필

등급	장애 프로파일(개요)	손 조절	양팔	몸통 조절	양 다리	출발+턴	기타
S10	- 소아마비/마미증후군 엉치신경(S1/2) 하지장애 최소 - 특정 테스트에서 경련 약간/운동실조 - 한쪽 다리의 마비 - 고관절 1개 심한 제한 - 무릎 아래 단일 또는 양발 절단 - 손 1/2 상실	- 정상 추진 - 절단 부위 가능	- 정상 기능 제외=CP (한쪽)	완전한	- 비교적 강한 킥 - 가능한 제한. 1 엉덩이 - 소아마비 1발 가능	- 효과적인 다이빙 및 턴	최소 장애
S9	- 하지마비 보행; 사지 최소 장애 - 한쪽 다리 기능 없는 소아마비 - 약간의 전반적인 기능적 협응 문제 - 한쪽 무릎위 또는 무릎 절단 - 양 무릎 아래 절단(1/3 이상) - 한쪽 팔굽 혹은 팔꿈치 아래 절단 - 하지 관절 부분제한, 한쪽 심한 장애	- 정상 추진 제외=절단	- 정상 추진 주기	완전한	- 추진력 있고 안정적인 발차기 가능	- 효과적인 다이빙 및 턴	뇌성마비로 협응 문제 약간
S8	- L4-L5 이하 완전 하지마비/소아마비 - 최소 몸통 장애로 최소 양하지마비 - 편마비 증거 최소 - 4개 짧다리의 최소 경련 - 양무릎 위 절단, 1/2보다 긴 절주 - 양 무릎 아래 절단, 1/3 이하 - 한쪽 팔꿈 아래 절단 또는 이에 상응하는 기능적 완전 상완신경총마비 - 양손 절단, 1/4 또는 손바닥 포함 - 하지 관절 심한 제한	- 제어된 추진 물삽기 제외 = 절단 +CP	- 주기 제어 제외=절단 + CP	최소 손실 가능성	- 추진력보다 균형 제외=팔 절단	- 블록에 서서 다이빙 또는 균형을 위해 블록 사용 - 나아가기 보통 제외 = 절단	
S7	- L2-L3이하 유사 완전하지마비/소아마비 - 상체, 몸통 장애 약간, 중등도 마비 - 중등도의 편마비 - 양 팔굽 아래 절단 - 양무릎 위 절단, 1/2보다 짧음 - 팔꿈치 위 절단과 반대 무릎 위 절단 - 한쪽 상지마비와 같은 쪽 다리 기능 심하게 제한	- 보통 완전 제어 제외=팔절단	- 보통 스트로크 단계에서 완전 제어 및 파워 제외=절단 + 편마비	- 제어 손실 최소	- 소용없지만 방해가 되지 않는다. - 측면 이동 없음 제외=CP+팔 절단	- 서서, 앉아 다이빙 - 나아가기 제한 제외 = 팔 절단	

-[다음 장에 이어서]-

-[앞 장에 이어서]-

등급	장애 프로파일(개요)	손 조절	양팔	몸통 조절	양 다리	출발+턴	기타
S6	- T9-L1 이하 완전 하지마비 또는 소아마비: 수영에 적합한 다리 기능 없음 - 몸통조절 좋고 어깨와 팔꿈치 추진력 보통에서 좋은 정도의 중등도 양측마비 - 장애 심한 상지 쪽 제한 중등도 편마비 - 중등도 무정위증 또는 운동실조증 - 같은 쪽 팔꿈치 위 및 무릎 위 절단 - 양 팔꿈치 위 절단 - 세 팔다리의 선천성 절단 - 짧은 팔[정상의 2/3]과 무릎 위 절단의 이상지기형 - 연골무형성증 여 130cm, 남 137cm 이하 - 무릎 위 절단과 같은 쪽 어깨 기능 제한 심함	- 보통 정확한 물잡기	- 보통 효율적 추진 - 팔 1개 편마비 제외=팔절단 +LA.	- 상부 트렁크 풀 컨트롤 존재 - CP = 공정한 통제 - 절단, LA, Dw=완전	- 절단+기타 장애 +추진, 안정	- 블록 또는 물속 출발 - 나아가기 일부, 최소 - 앉아 출발 가능	왜소증

출처: Daly, D., & Martens, J. (2011)

〈표 3.5.6〉 스포츠 등급별 자유형 100m 2004-2006 국내외 수영대회 결승 경기수와 기록 평균(SD), 2021 패럴림픽, 2021 세계기록

등급	남성		패럴림픽 (2021)	세계기록 (2021)	여성		패럴림픽 (2021)	세계기록 (2021)
	2004-2006 대회				2004-2006 대회			
	경기수	경기기록 평균(SD)			경기수	경기기록 평균(SD)		
S1	–	–	–	135.83	–	–	197.54	110.48
S2	22	160.9(11.1)	–	106.63	13	200.5(14.4)	152.47	116.51
S3	28	127.4(14.5)	–	92.69	21	151.7(14.8)	90.22	90.07
S4	18	99.4(10.4)	81.58	79.77	17	114.6(11.7)	95.27	85.42
S5	26	83.2(10.1)	70.45	66.24	24	95.0(10.4)	74.39	74.39
S6	26	74.1(7.9)	63.71	63.71	34	86.9(5.7)	71.07	71.07
S7	38	67.3(3.5)	–	60.34	45	82.4(7.9)	69.21	68.03
S8	46	65.7(4.5)	57.37	55.84	37	76.9(6.8)		63.66
S9	48	60.4(1.8)	–	53.03	52	69.4(3.6)	62.77	59.78
S10	42	57.3(2.0)	50.64	50.64	44	66.5(2.5)	58.14	58.14
S11	25	65.9(5.1)	–	56.15	21	78.0(4.7)	65.87	65.14
S12	14	57.7(2.2)	53.78	50.91	21	67.3(4.2)		58.41
S13	28	60.2(3.9)	–	50.65	34	66.0(5.3)		57.34
S14	–	–		51.52	–	–		56.58

출처: 1) 2004-2006 대회: Fulton et al., (2009)
2) 2021 패럴림픽, 세계기록: International Paralympic Committee (IPC) (2021)

패럴림픽 수영 선수들의 스트로크 변인을 비교하기 위해 2002년부터 2006년까지의 4년 동안 패럴림픽, 세계선수권 대회 및 여러 국가 선수권 대회를 포함한 총 13개 대회를 분석하였다(Burkett, 2011). 이 연구에서는 100m S7~S10 등급의 예선 경기(225회)와 결승전(217회)에서 총 442회의 경기력을 평가하였다. 레이스 시간(경기 기록)에 가장 큰 영향을 미친 변인은 평균적으로 스타트 시간이었으며, 그 다음으로 턴 시간이 영향을 미쳤고, 피니시 시간은 세 가지 변인 중에서 가장 적은 영향을 받았다. 스트로크 변인 중에서는 스트로크 비율의 영향이 스트로크 길이만큼 중요하지 않은 것으로 나타났다.

Feitosa 외(2022)의 패럴림픽 수영선수 경기력 메타 분석 연구에 따르면, 스트로크 비율은 기능 수준이 낮은 스포츠 등급의 남자 수영선수에서 더 높게 나타났으며, 남자 100m 자유형 선수와 대부분의 여자 수영선수에서도 높은 수치를 보였다. 스포츠 등급 S7~S10 사이에서는 유사한 경향이 관찰되었다. 스트로크 길이는 기능이 낮은 선수(예: S2)의 경우 짧았으며, 기능적 장애가 적은 등급일수록 길어지는 경향이 있었다. 모든 등급을 고려했을 때 남자 선수의 추정 평균 스트로크 길이는 1.56m, 여자 선수의 추정 평균 스트로크 길이는 1.43m로 나타났다. 레이스 속도는 예상대로 100m 수영 수행력의 모든 25m 구간에서 빠른 속도가 최적의 경기 기록에 기여하며, 상관 분석에서는 모든 종목에서 25m 구간 시간과 속도 간의 강한 관계가 나타났다(Burkett, 2011).

스포츠 과학적 분석에 따르면, 등급이 낮은 수영선수들은 스타트, 턴, 피니시 방법에서 차이를 보이므로 동일한 기술 수준이 아니며, 패럴림픽 수영 등급 간에는 서로 다른 경기 전략이 명백히 존재한다는 점을 인식할 필요가 있다. 즉, 등급 간의 경기 전략 차이를 이해하는 것이 중요하며, 이러한 전략은 패럴림픽 수영의 경기력을 최적화하는 데 중요한 요소가 될 수 있다. 등급 간 스트로크 변인에 대한 많은 결과는 일반 수영 연구에 따라 최적의 레이스 시간을 달성하기 위해 스트로크 길이에 집중하는 것이 중요하다는 것을 시사한다. 이는 수영 선수들이 100m 경기에서 긴 스트로크를 사용하고 랩당 스트로크 수를 줄이는 데 집중해야 함을 의미한다(Burkett, 2011).

시각장애 등급(S11~S13) 레이스 분석

시각장애가 있는 수영 선수들의 신체 능력은 일반 수영 선수와 거의 똑같아서 일반적으로 같은 수영 역학mechanics 및 기술technique 을 따른다고 볼 수 있지만, 시각장애가 있는 선수들은 수영장 벽에 접근할 때쯤 되면 수영 테크닉에 약간의 변화가 있을 수 있다. 이는 경험이 쌓이면 줄어들 것으로 생각되는데, 시력의 문제로 수영장 벽에 접근할 때 조심할 수 있어 경기력에 영향을 미칠 수 있다(Burkett, 2016).

〈표 3.5.7〉은 2000년 시드니 올림픽 수영 선수와 2000년 시드니 패럴림픽 시각장애 수영 선수의 100m 자유형 경기력 요인을 비교한 결과이다(Burkett & Mellifont, 2008). 시각장애 선수의 경기력은 스포츠 등급별로 조사되었다. 〈표 3.5.7〉에 나타난 바와 같이, 패럴림픽 시각장애 수영 선수와 올림픽 수영 선수 사이에 어느 레이스 구간에서도 시간에 대한 비율에 있어 거의 차이가 없었다. 절대적인 면에 있어서, 올림픽 100m 자유형 선수들이 S11 등급 선수들보다 유의미하게 빨랐다. 그렇지만 레이스 속도와 스트로크 패턴은 서로 상당

〈표 3.5.7〉 2000년 시드니 올림픽과 패럴림픽 100m 자유형 시각장애 남자 선수의 등급별 레이스 변인의 평균 및 표준편차 (SD)

구분	올림픽	S13	S12	S11
측정 선수 수	72	13	25	16
경기 기록(초)	48.94 (0.40)	58.81 (1.34)	58.61 (1.06)	63.02 (2.06)
레이스 구간 속도				
1구간: 15~25m	2.10 (0.05)*	1.77 (0.07)*	1.74 (0.04)*	1.69 (0.05)*
2구간: 25~42.5m	2.02 (0.02)*	1.71 (0.05)*	1.67 (0.02)*	1.60 (0.05)*
3구간: 57.5~75m	1.94 (0.03)*	1.65 (0.05)*	1.61 (0.05)*	1.52 (0.05)*
4구간: 75~95m	1.85 (0.03)*	1.56 (0.05)*	1.56 (0.04)*	1.43 (0.06)*
스트로크 비율(분당)				
1구간: 15~25m	55.55 (3.3)	52.62 (5.23)	53.65 (2.94)	54.68 (6.88)
2구간: 25~42.5m	51.47 (3.0)	49.00 (4.68)	49.34 (3.86)	50.51 (6.86)
3구간: 57.5~75m	50.80 (2.7)	49.33 (5.89)	47.41 (2.48)	50.06 (6.27)
4구간: 75~95m	50.40 (4.0)	47.70 (5.04)	48.68 (4.52)	49.51 (5.69)
스트로크 길이(m)				
1구간: 15~25m	2.31 (0.11)*	2.02 (0.17)*	1.94 (0.09)*	1.87 (0.22)*
2구간: 25~42.5m	2.36 (0.14)*	2.11 (0.18)*	2.03 (0.15)*	1.92 (0.22)*
3구간: 57.5~75m	2.29 (0.13)*	2.03 (0.18)*	2.04 (0.16)*	1.84 (0.20)*
4구간: 75~95m	2.21 (0.17)*	1.98 (0.17)*	1.93 (0.20)*	1.75 (0.19)*

* 올림픽 선수 기록과 패럴림픽 선수의 유의 차이 수준 (<0.05)

히 유사했으며 이동운동 장애가 있는 수영 선수들에게서 발견되는 것과 비교할 수 있었다. 스트로크 비율에서는 그룹 간에 절대적인 차이가 없었고 스트로크 길이에서만 차이가 있었다(Burkett, 2011). S11 등급 선수는 다른 그룹보다 스트로크 비율, 풀 중간 수영 속도, 레이스 시간이 현저하게 느렸다. 그러나 등급별로는 경기력 변인에 따라 뚜렷한 차이가 없었으며, S12와 S13 등급 두 종목 모두 간에는 유의한 차이가 나타나지 않았다. 이러한 결과는 시각장애 수영 선수 기록에 대한 메타 분석에서도 지적되고 있는데, 시각장애 선수의 스포츠 등급에 따른 스트로크 길이는 시력 제한이 적은 등급일수록 증가하는 경향이 있으며, 그러한 맥락에서 스포츠 등급 S11에 비해 S12 및 S13에서 더 빠른 레이스 속도를 설명하는 데 가장 중요한 매개변수로 스트로크 길이라고 분석되었다(Feitosa, et al., 2022). 수영 경기에서 S13과 S12 등급 사이에는 서로 다르지 않았지만, 올림픽 결승 진출자뿐만 아니라 S11 등급 선수와는 분명한 차이가 있었다. 이러한 스포츠 과학 분석에 의하면 100m 수영 레이스에 필요한 절대 스트로크 수의 변화는 예선과 결승 레이스 사이에서 약 3% 그리고 100m 자유형 레이스 두 바퀴lap 중 첫 바퀴와 둘째 바퀴 사이는 2% 미만이라는 결과가 나왔다. 이것은 50m 풀 랩 당

1/2 팔 사이클 미만의 차이로 해석된다. 따라서 수영 선수의 속도가 증가함에 따라 스트로크 비율을 증가시키면 레이스 시간이 감소하기 때문에 똑같은 수의 팔 사이클이 되어야 레이스 거리를 갈 수가 있다(Burkett, 2011).

시각장애가 있는 수영 선수들 사이에서는 시력의 감소에 따라 전반적인 성능 지표가 감소하는 경향이 관찰되었으나, 세 가지 등급 간의 스트로크 길이에는 유의미한 차이가 없었다. 이는 올림픽 수영 선수들과는 현저히 다른 양상이다. 시각장애의 정도와 관계없이, 대부분의 경기력 지표는 올림픽 및 패럴림픽 수영 선수들이 100m 종목에서 사용하는 유사한 경기 패턴을 보였다. 올림픽 수영 선수와 시각장애가 있는 패럴림픽 수영 선수 간의 본질적인 차이는 신체적 적성에 기인하는 것으로 판단되며, S12와 S13 등급의 경기력 간에는 거의 차이가 없거나 전혀 없는 것으로 나타났다. 따라서 시력이 약간만 있는 경우에도 최적의 상태에서 수영 경기를 수행하는 데 충분하다고 여겨진다(Burkett, 2011).

지적장애 등급(S14) 레이스 분석

지적장애가 있는 수영 선수들은 일반 수영 선수들과 유사한 신체 능력을 보이며, 수영의 역학mechanics 및 기술technique 또한 유사한 양상을 따르고 있다. 연구에 따르면, 경기력이 뛰어난 지적장애 선수의 체력 수준은 일반 선수와 유사하거나 다소 낮은 것으로 나타났다(Van de Vliet et al., 2006).

지적장애 수영 선수의 경기 전략을 분석한 연구에서는 스피드, 스트로크 비율, 스트로크 길이 패턴 등의 요소가 다른 수영 선수들과 유사하다는 결과가 제시되었으나(Burkett, 2016), 다른 연구에서는 지적장애 수영 선수들이 스트로크 길이가 짧고 스트로크 비율이 낮다는 주장을 하고 있다(Daly & Martens, 2011). 또한, 지적장애 수영 선수들은 턴 동작에서 비장애 선수들에 비해 약하고 불안정하며 느린 경향이 있으며, 이는 벽을 밀어내는 동작pushing off 보다 돌기 동작tumble 에서 더 많은 어려움을 겪기 때문으로 분석된다. 지적장애 수영 선수들은 출발이나 피니시에서의 속도는 크게 저하되지 않았으나, 기록은 비장애 수영 선수들에서 관찰되지 않는 매우 낮은 값을 나타냈다(Daly & Martens, 2011).

지적장애 선수들의 평영과 자유형을 비교한 결과, 일관된 차이를 보인다. 평영은 자유형에 비해 기술적으로 더 복잡하여 경기 중 변동성이 존재한다. 지적장애 선수의 평영 경기력에 미치는 구체적인 영향은 아직 명확히 규명되지 않았으나, 가능한 설명으로는 근력과 지구력의 부족, 스트레스 대처 능력, 훈련 배경, 경험, 그리고 낮은 인지 기능으로 인한 협응력 문제 등이 제시될 수 있다. 이러한 변수들, 특히 지적장애가 있는 개인의 운동 학습 및 제어 잠재력에 대한 추가 연구가 필요할 것이다(Daly & Martens, 2011). 가장 중요한 점은 지적장애가 있는 수영선수들이 일반 선수의 기술을 모델로 삼는 것이 중요하다는 것이다(Burkett, 2016).

〈표 3.5.8〉은 지적 및 발달장애 등급인 S14에 해당하는 우리나라 장애인 국가대표 선수(S14등급, 24세, 189cm, 80kg)의 2015년, 2017년, 2018년 장애인 전국체육대회 200m 자유형 경기 영상을 분석한 결과이다(김민창, 유시현, 2019). 자료 수집은 2대의 비디오 카메라로 60 frames/s의 속도로, 셔터 스피드는 250Hz로 50m 구간을 촬영하였다. 경기력 요인을 측정하기 위한 출발 거리와 턴 거리와 같은 구체적인 방법

이 제시되지 않아 구간별 스트로크 변인 수치에 대한 신뢰성을 판단하는 데 어려움이 있었다.

〈표 3.5.8〉에 따르면, 선수의 자유형 200m 구간별 기록 및 속도는 2015년에 비해 2016년과 2017년에 개선된 성과를 나타냈다. 특히 속도 측면에서 주목할 만한 점은 2017년의 첫 50m 구간에서의 속도가 1.82m/s, 2018년에는 1.87m/s로, 일반 선수들과 비교했을 때 느린 속도가 아니라는 점이다. 이는 마지막 150~200m 구간에서 더 빠른 속도로 질주할 수 있는 체력 훈련의 필요성을 강조한다. 또한, 구간별 스트로크 수가 감소하였고, 빠른 기록을 달성한 것은 효율적인 스트로크 기술을 구사했음을 시사한다. 스트로크 비율은 연도 간 큰 차이를 보이지 않았으나, 스트로크 길이는 초기보다 약 25cm 증가하여 기록 단축에 기여한 것으로 판단된다 (김민창, 유시현, 2019).

〈표 3.5.8〉 국가대표 남자 S14 200m 자유형 선수의 연도별 레이스 변인

구 분	2015	2017	2018	2016*
경기 기록(초)	126.86	119.38	120.77	121.86
평균 속도(m/s)	48.94 (0.40)	58.81 (1.34)	58.61 (1.06)	
스타트				
반응 시간(초)	0.70	0.10	0.16	
입수 시간(초)	1.40	0.90	1.03	
수중 시간(초)	5.30	5.50	5.90	
수중 거리(m)	12.20	16.10	12.97	
스트로크 수(n)				
1구간: 0~50m	34	29	29	
2구간: 50~100m	36	34	36	
3구간: 100~150m	38	36	37	
4구간: 150~200m	42	39	41	
스트로크 비율(초)				
1구간: 0~50m	1.05	1.05	1.09	
2구간: 50~100m	1.23	1.11	1.17	
3구간: 100~150m	1.22	1.16	1.18	
4구간: 150~200m	1.23	1.30	1.29	
스트로크 길이(m)				
1구간: 0~50m	1.47	1.72	1.72	
2구간: 50~100m	1.39	1.47	1.39	
3구간: 100~150m	1.32	1.39	1.35	
4구간: 150~200m	1.19	1.28	1.22	
스트로크 지수				
1구간: 0~50m	2.28	3.13	3.23	
2구간: 50~100m	2.37	2.39	2.25	
3구간: 100~150m	2.11	2.24	2.15	
4구간: 150~200m	1.75	2.13	1.91	

출처: 김민창, 유시현(2019).
* 2016 리우 패럴림픽 예선 4위 기록

CHAPTER

6

수영
트레이닝론

6

수영 트레이닝론

패럴림픽 수영 경기는 신체적 장애, 시각적 장애, 지적 장애 등 다양한 장애 유형의 선수들이 참여하는 종목으로, 청각 장애를 제외한 모든 장애 유형이 포함된다. 이로 인해 패럴림픽 수영의 메달 수는 전체 메달의 약 25%를 차지하며, 이는 도쿄 대회에서 146개, 파리 대회에서 141개의 세부 종목으로 나타나는 등 상당한 규모를 자랑한다(IPC, 2021; 2024). 이러한 배경 속에서 패럴림픽 강국으로 알려진 국가들은 수영 분야에서 다수의 메달을 획득하기 위해 스포츠 과학 연구를 통해 훈련을 지원하고 있다.

[그림 3.6.1] 아일랜드 S6 Patrick Flanagan 선수
출처: https://wwos.nine.com.au

스포츠 과학자들은 패럴림픽 수영 선수들의 경기력이 올림픽 수영 선수들보다 더 빠르게 발전하고 있다고 주장하고 있다. 올림픽 수영 선수들은 올림픽이 개최되는 해에 맞춰 대회에서 페이스를 유지하기 위해 연간 약 1%의 향상을 이루고, 대회에서 운동 기술 수행력을 약 1% 개선해야 시상대에 오를 수 있는 기회를 얻는다고 한다(Pyne et al., 2004). 따라서 패럴림픽 수영 선수들이 메달 획득 가능성을 높이기 위해서는 현재 올림픽 수영 선수들에게 요구되는 연간 1% 향상보다 더 높은 연간 1~2% 이상의 기록 향상을 목표로 삼아야 한다는 것이다(Burkett, 2015; Fulton et al., 2009).

수영 기록의 향상은 선수가 다양한 신체적 및 심리적 스트레스 요인에 효과적으로 적응할 수 있어야만 가능하다. 스포츠 과학자와 지도자들은 선수의 수행력을 개선하기 위해 다양한 훈련 중재, 회복 방법, 영양 전략, 생체 역학적 요인의 생리학적 개선 등을 지속적으로 연구하고 있다. 트레이닝 이론의 핵심은 선수 개개인의 생리적, 심리적, 경기력 특성을 고려한 통합된 훈련 체계를 구축하는 것이다. 이를 통해 트레이닝 적응 과정을 조절하며 특정 훈련 목표를 달성해야 한다(Bompa & Buzzichelli, 2019). 이러한 조절 및 목표 지향 과정은 수영의 신체적 요구를 충족하는 데 필요한 생체 에너지 기능을 이해함으로써 촉진된다. 수영에 필요한 생체 에너지뿐만 아니라 훈련 자극을 주는 시기가 선수의 신체 적응에 미치는 영향을 이해하는 코치는 더 효과적인 훈련 계획을 개발할 가능성이 높아진다. 이 과정에서 패럴림픽 수영 코치는 14개의 스포츠 등급과 그에 따른 장애가 있는 선수의 신체 기능 및 심리적 특성을 이해해야 하는 중요한 과제를 안고 있다. 또한, 패럴림픽 수영 경기 종목의 최대 거리가 자유형 400m이며 나머지 종목은 200m라는 점도 고려해야 한다. 이는 수영의 에너지 시스템, 훈련 거리 및 훈련량과 밀접한 관계가 있기 때문이다.

수영의 트레이닝 목적은 선수의 기록을 단축하는 데 있다. 이는 수영선수의 운동 능력, 기술 효율성, 심리적 자질 등을 개선하여 경기력을 향상시키는 것을 목표로 한다. 트레이닝은 장기적인 노력이 필요한 과정이다. 선수의 기록은 단기간에 단축될 수 없으며, 코치는 과학적이고 방법론적인 이론을 무시하거나 간과함으로써 기적을 기대할 수 없다. 선수는 훈련을 통해 훈련 부하에 적응하며 수행력을 증진시킨다. 운동선수의 해부학적, 생리적, 심리적 적응이 우수할수록 운동 능력이 향상될 가능성이 커진다.

01 트레이닝에 따른 신체 반응

우리 신체는 훈련, 온도 변화, 경기 전의 불안 등 다양한 자극, 즉 스트레스에 노출될 때, 이에 대한 반응으로 땀을 흘리거나 맥박이 증가하는 등의 생리적 변화를 나타낸다. 이러한 신체의 스트레스 반응에서 나타나는 독특한 생리적 변화는 일반적응증후군General Adaptation Syndrome, GAS으로 알려져 있으며, 이는 경보 반응alarm reaction, 저항resistance, 탈진exhaustion 의 세 가지 단계로 구성된다(그림 3.6.2).

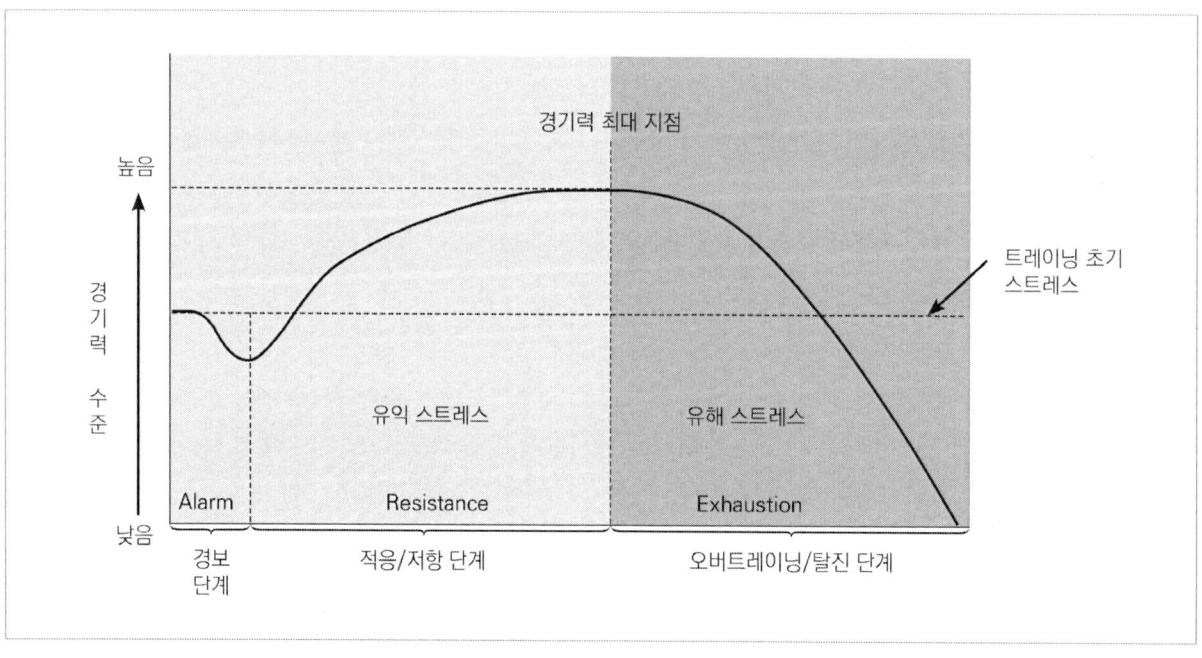

[그림 3.6.2] 일반적응증후군(GAS)의 단계

○ **경보 반응 단계**: 위협에 대처하기 위한 신체의 반응(fight-or-flight라고도 함)

○ **저항 단계**: 신체가 회복되는 단계

○ **탈진 단계**: 장기 또는 만성 스트레스에 대한 반응으로 발생하는 소진

수영 훈련에 따른 일반적응증후군은 신체가 수영 운동이라는 스트레스에 반응하여 나타나는 세 가지 단계의 과정을 의미한다. 이러한 반응을 유발할 수 있는 스트레스 요인은 훈련 환경과 관련된 심리적 요인, 과도한 훈련, 코치 및 동료 선수와의 관계, 합숙 생활, 그리고 추운 환경 등이 포함된다. 일반적응증후군은 선수가 스트레스를 받을 때 자신을 보호하기 위한 정상적인 생리적 과정이지만, 장기간 스트레스에 노출될 경우 경기력에 부정적인 영향을 미치는 신체적 및 정신적 건강 문제를 초래할 수 있다.

스트레스는 신체적, 정서적 또는 심리적 긴장을 유발하는 모든 형태의 변화를 정의할 수 있다. 이는 선수가 수행해야 할 훈련과 관련된 신체의 반응을 포함한다. 모든 선수는 스트레스를 경험하며, 신체는 적응과 경기력 향상을 촉진할 수 있는 유익한 스트레스 eustress 와 부상이나 과도한 훈련으로 이어질 수 있는 유해 스트레스 distress 를 모두 경험할 수 있다(Selye, 1976). 수영 선수가 특정 스트레스 요인을 어떻게 인식하느냐에 따라 긍정적 또는 부정적 영향을 미칠 수 있다. 유익한 스트레스는 긍정적인 신체적 및 생리적 반응을 유도하며, 수영에서 이러한 반응은 근력, 파워, 유산소 능력의 향상으로 나타날 수 있다. 반면, 디스트레스 distress 는 근육 손상, 부상 또는 과도한 훈련 overtraining 과 같은 부정적인 반응을 초래할 수 있다(Riewald, 2015). 스트레스는 단기적일 수도 있고 장기적일 수도 있으며, 두 경우 모두 다양한 증상을 유발할 수 있다. 특히 만성 스트레스는 시간이 지남에 따라 신체에 심각한 문제를 일으킬 수 있으며, 장기적으로 건강에 부정적인 영향을 미칠 수 있다. 스트레스에 따른 생리적 증상으로는 피로, 수면 부족, 두통, 심장 두근거림, 복통, 근육통, 면역 체계 약화 등이 있다(Yaribeygi et al., 2017).

선수의 훈련 과정에서 발생하는 일반적응증후군을 효과적으로 관리하기 위해서는, 코치가 이완 기법을 활용하고 선수 스스로 사기 관리를 실천하여 스트레스를 효과적으로 조절하는 것이 중요하다. 이는 훈련 계획 및 주기화 훈련 실행에 있어 경기력에 부정적인 영향을 미치는 여러 부작용의 위험을 최소화하는 데 중요하다.

일반적응증후군의 3단계

트레이닝에 의한 일반적응증후군은 3단계로 발생한다. 각 단계에서 우리 몸은 다양한 방식으로 반응한다. 이 과정에서 우리 몸이 겪는 생리적 변화는 장기적으로 부정적인 영향을 미칠 수 있으며, 다음은 일반적응증후군 GAS 의 3단계에 대한 설명이다(McCarty, 2016).

경보 반응 단계

일반적응증후군의 경보 반응 단계는 훈련 초기 단계에서 나타나는 신체적 반응으로, 흔히 투쟁-도피 반응 fight-or-flight response 으로 알려져 있다. 이 반응은 급성 스트레스 반응으로도 정의되며, 정신적 또는 육체적으

로 충격적인 상황에서 발생하는 생리적 반응을 의미한다. 경보 반응은 신체가 위협에 대응하거나 안전한 장소로 피할 수 있도록 준비하는 호르몬을 분비하는 과정에서 시작된다(Goldstein, 2010). 교감신경계의 활성화는 부신을 자극하여 스트레스 호르몬의 분비를 촉진하며, 이로 인해 심박수와 호흡수의 증가, 혈압 상승 등의 신체적 증상이 나타난다(Gordan et al., 2015). 예를 들어, 선수가 경기를 앞두고 손이 떨리고 가슴이 두근거리는 증상은 경보 반응 단계의 일환으로 볼 수 있다.

저항 단계

이 단계는 훈련에 따른 스트레스가 초기 충격 이후 신체가 자가 회복을 시도하는 과정으로 정의된다. 만약 스트레스가 유발되는 환경이 사라지고 스트레스를 극복할 수 있는 상황이 조성된다면, 이 단계에서 심박수와 혈압은 훈련 전의 정상 수준으로 회복되기 시작한다. 그러나 훈련이 장기간 지속되거나 스트레스 해소가 이루어지지 않을 경우, 신체는 정상적인 기능 수준으로 복귀하라는 명확한 신호를 받지 못하게 된다. 이로 인해 스트레스 호르몬의 지속적인 분비와 혈압의 상승이 발생하게 된다. 이러한 상태는 무감각, 좌절감, 과민성, 식욕 감소, 두통, 몸살, 불면증, 집중력 저하 등의 증상으로 나타날 수 있다. 이러한 문제들이 해결되지 않고 장기화될 경우, 이는 세 번째 단계인 탈진으로 이어질 수 있다. 예를 들어, 선수가 경기를 마친 후 수영복을 갈아입고 다른 활동에 집중하는 데 어려움을 겪는다면, 이는 일반적응증후군의 두 번째 단계에 해당할 가능성이 있다.

탈진 단계

트레이닝을 하면서 해소되지 못한 장기간 또는 만성적인 스트레스는 선수를 고통스럽게 하며, 장기간의 스트레스 후에는 탈진 단계 exhaustion stage 에 이르게 된다. 스트레스 요인을 해소하지 않고 견디면 신체적, 정서적, 정신적 자원이 고갈되어 신체가 더 이상 스트레스에 대처할 수 없게 된다. 이에 따른 징후로는 피로감, 심신 쇠약, 스트레스 내성 감소가 나타나며, 신체적 영향은 면역 체계를 약화시키고 심장병, 고혈압, 당뇨병, 우울증이나 불안과 같은 정신 건강 장애를 포함한 기타 만성 질환의 위험을 증가시킬 수 있다(Mariotti, 2015). 선수가 경기를 이미 끝냈어도 여전히 불안하고 우울하며, 잠을 자는 데 어려움을 겪고 남은 경기 또는 트레이닝을 어떻게 해야 할지 걱정한다면 탈진 단계를 의심해봐야 한다.

일반적응증후군(GAS)과 트레이닝

수영 훈련은 선수가 최상의 경기력을 발휘할 수 있도록 준비하는 과정으로 정의된다. 유능한 지도자는 수영 기술을 포함한 다양한 스포츠 과학 지식을 활용하여 체계적인 훈련 계획을 수립하고, 이를 바탕으로 선수에 대한 평가 및 관리를 개별적으로 수행해야 한다. 훈련 과정은 다양한 과제 수행과 관련된 특정 속성의 개발을 목표로 하며, 이러한 속성에는 선수의 스포츠 등급, 장애가 영법에 미치는 영향, 신체 발달, 스트로크 기술, 전술적 능력, 심리적 특성, 건강 유지, 부상 저항성, 이론적 지식 등이 포함된다. 이러한 속성의 성공적인 습득은 선수의 연령, 경험 및 재능 수준에 따라 개별화되며, 적절한 수단과 방법을 활용하는 데 기반을 두고 있다.

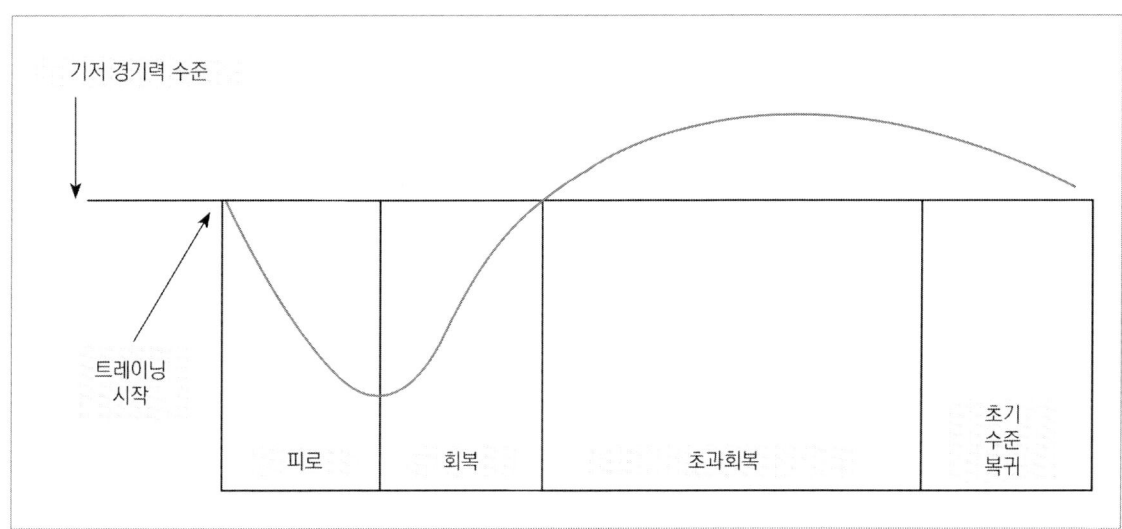

[그림 3.6.3] 일반적응증후군 과정과 경기력의 관계

신체는 훈련 스트레스에 반응하여 초기에는 경고 반응 상태에 진입하며, 이로 인해 경기력이 저하된다. 그러나 적절한 휴식을 취하게 되면 신체는 회복 과정을 거치고, 심지어는 초과 회복 단계에 도달하여 더 높은 수준의 수행력을 발휘할 수 있다. 하지만 이 단계에서 추가적인 자극이 없을 경우, 신체는 점차적으로 초기 자극이 가해지기 전의 기저 상태로 회귀하게 된다(그림 3.6.3).

일반적응증후군 모델에서 간과된 점은, 신체가 훈련 스트레스로부터 적절히 회복할 수 있도록 훈련 과정에 충분한 휴식이 포함되어 있지 않다는 것이다. 격렬한 훈련을 진행하기 전에 신체가 스트레스에서 회복할 수 있는 적절한 시간을 제공하는 방식으로 훈련을 구성함으로써, 신체는 초과 회복 supercompensation 단계를 경험하게 된다. 이후 신체는 훈련 초기의 운동 수행 시보다 후속 스트레스 요인을 보다 효과적으로 처리할 수 있는 능력을 갖추게 된다(Riewald, 2015). [그림 3.6.3]은 훈련을 통해 신체가 스트레스에 반응하는 방식과 그에 따른 경기력 변화를 시각적으로 나타낸 것이다. 따라서 훈련의 목표는 스트레스와 휴식을 적절히 주기적으로 반복하고, 도전적인 훈련 자극을 제공하는 동시에 신체가 회복할 수 있는 시간을 확보하는 것이다. 이러한 훈련 구성 방식을 통해 수영 선수는 결코 피로단계에 이르러서는 안 되며, 오히려 초과 회복을 경험하고 점차적으로 더 강하고 빠른 성과를 달성할 수 있을 것이다.

일반적응증후군 GAS 의 개념은 점진적 과부하 progressive overload 원리와 밀접하게 연관되어 있다. 점진적 과부하는 훈련 과정에서 신체에 가해지는 스트레스를 점차적으로 증가시키는 과정을 의미한다. 시간이 경과함에 따라 훈련 자극을 서서히 증가시키면 신체가 적절하게 적응할 수 있다는 이론적 근거가 존재한다. 그러나 수영장에서 훈련량을 급격히 증가시키거나 지상 프로그램에서 저항을 과도하게 높이는 경우, 수영선수에게 지나치게 많은 운동을 요구하게 되면 부상의 위험이 증가하고 신체가 스트레스 요인에 적절히 적응하지 못할 수 있다. 일반적응증후군에 대한 이론을 올바르게 적용하면 점진적 과부하 원리가 조화롭게 작용하여, 지상 훈련이나 수영 훈련 모두에서 선수의 수행 능력을 향상시킨다. [그림 3.6.4]는 이러한 작용 메커니즘을 설명하고 있다. 신체에 훈련 스트레스가 가해질 경우, 회복할 수 있는 기회가 반드시 필요하다. 이후 점진적으로 더 큰 자

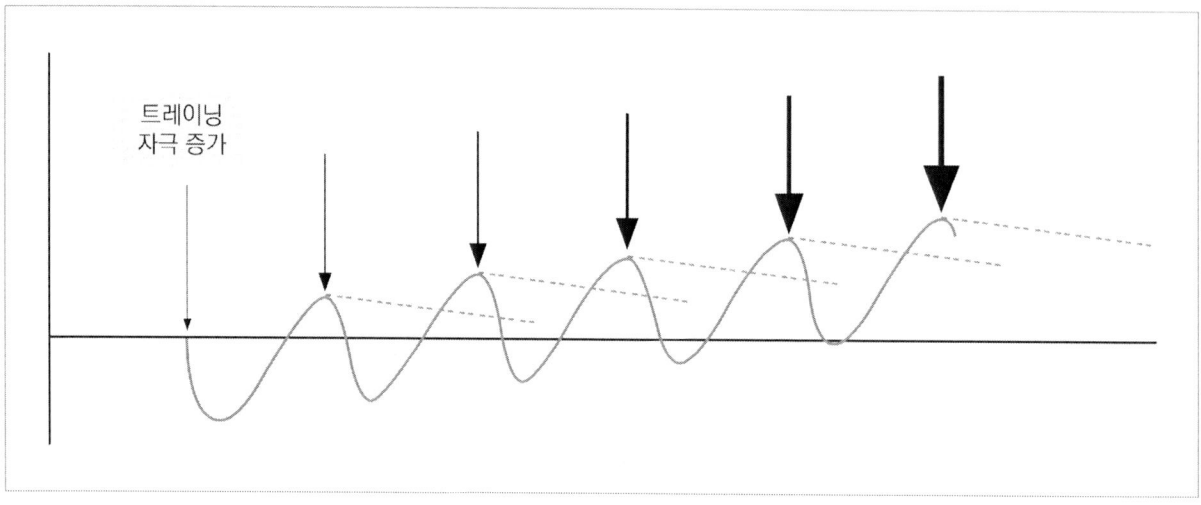

[그림 3.6.4] 점진적 과부하의 원리(principle of progressive overload)

극을 제공함으로써 수행 능력을 지속적으로 향상시킬 수 있다. 그림에서 화살표는 추가적인 적응을 유도하기 위해 점차적으로 증가하는 훈련 스트레스를 적용하는 과정을 나타낸다. 점선은 훈련 자극이 특정 지점에서 중단되었을 때 예상되는 가상의 기준선 궤도로의 복귀를 시사한다. 이후 신체는 초과 회복 단계에 진입하게 되며, 이 단계에서는 훈련 반응이 더욱 개선되고 신체는 새로운 평형 상태에 도달하게 된다. 그 결과, 스트레스를 증가시켜 훈련을 지속할 수 있는 여지가 생긴다. 이러한 과정은 수영 경기력 향상을 위한 지속 가능한 훈련 계획의 기초가 된다.

스트레스 관리

스트레스는 선수의 건강과 경기력에 심각한 영향을 미칠 수 있으므로, 효과적인 스트레스 해소 전략을 수립하는 것은 선수 관리의 중요한 요소이다. 일반적으로 국가대표 수영 선수들은 장기간에 걸친 훈련 프로그램에 참여하기 때문에, 스트레스에 효과적으로 대처하는 방법을 통해 탈진 상태에 이르는 것을 예방해야 한다.

스트레스를 관리하기 위한 특별한 방법은 존재하지 않는다고 알려져 있다. 따라서 선수의 스트레스 요인을

- 균형 잡힌 식단: 과일과 채소를 많이 섭취하면 스트레스를 줄임
- 체계적인 트레이닝 계획
- 호흡 연습: 느린 호흡과 복식호흡을 조절해서 긴장을 품
- 스트레스 유발요인 제거
- 자신의 감정 기록하기: 일기를 작성하며 스트레스를 수용하고 대처함
- 이완 기법: 명상, 마음 다스림, 심상, 점진적인 근육 이완, 요가 등

파악하고 이를 제거하거나 최소화하려는 노력이 가장 바람직하다. 경험에 기반한 몇 가지 방법을 통해 스트레스를 관리할 필요가 있다(Ohwovoriole, 2024). 무엇보다도 과도한 훈련으로 인한 일반적응증후군의 발생을 예방하고, 코치와 선수 간의 지속적인 소통을 통해 스트레스의 발생 및 누적 상황을 점검하는 것이 중요하다.

02 수영과 에너지 시스템

우리가 수영을 할 수 있는 이유는 부력, 물의 밀도 등 물의 다양한 특성을 활용하는 것뿐만 아니라, 팔과 다리를 움직여 물을 당기고 밀어내는 동작을 통해 가능하다는 점에서 기인한다. 이러한 동작은 근육의 수축에 의해 이루어지며, 근육이 수축하기 위해서는 우리가 섭취한 음식에서 얻은 영양소가 생화학적 반응을 통해 에너지로 전환되어야 한다. 자동차에 비유하자면, 자동차가 움직이기 위해서는 휘발유, 경유, LPG, 전기 등의 연료(에너지)를 사용하여 구동 장치(근육)를 작동시켜 바퀴(팔과 다리 등)를 회전시켜야 한다. 인체의 에너지 시스템이 작동함으로써 팔다리를 지속적으로 움직여 수영하며 빠르게 나아갈 수 있으며, 이는 수영뿐만 아니라 모든 스포츠에서 인체의 에너지 시스템에 의해 근육에 공급되는 에너지를 통해 이루어진다. 운동선수는 훈련을 통해 인체 에너지 시스템을 발전시키고 이를 효과적으로 활용함으로써 경기력 향상을 기대할 수 있다.

달리기와 관련하여, 100m 단거리 선수, 800m 중거리 선수, 그리고 마라톤 선수는 각각 다른 방식으로 인체 에너지를 공급받는다. 수영에서도 50m, 100m, 400m 종목에 따라 에너지 공급 방식이 다르며, 이러한 에너지 공급 과정과 저장된 화학 에너지의 활용을 이해하는 것이 중요하다. 각 수영 거리 종목에 필요한 에너지를 파악하고, 훈련을 통해 에너지 활용 능력을 향상시켜야만 경기에서 우수한 성과를 거둘 수 있다. 운동 에너지 시스템에 대한 구체적인 내용은 모든 스포츠 생리학 관련 서적에서 기본적으로 다루어지고 있으므로, 이를 심도 있게 이해하고자 한다면 전문 서적을 통해 지식을 쌓는 것이 필요하다. 본 서에서는 수영과 관련된 기본 개념에 중점을 두어 설명하고 있다.

인체 에너지의 종류

수영에 필요한 에너지는 우리가 섭취하는 음식과 음료에 포함된 주요 영양소인 단백질, 탄수화물, 지방 등이 물질대사 과정을 통해 ATP adenosine triphosphate, 3(인산염)라는 에너지 형태로 전환되어 제공된다. ATP는 모든 신체 기능 및 활동, 특히 근육 수축을 위한 유일한 에너지원이다. 운동 에너지를 생성하는 시스템은 세 가지 대사 경로로 구성되어 있다. 첫째, 무산소성 대사 경로인 인원질(비젖산) 과정과 해당(젖산) 과정이 있으며, 둘째, 산소가 충분히 공급되는 조건에서 ATP를 생성하는 유산소 대사 과정이 있다. 수영을 할 때는 이 세 가지 시스템이 동시에 작동하며, 운동의 강도와 지속 시간에 따라 각 에너지 시스템의 사용 비율이 달라진다. 그러나 각 시스템에서 생성되는 ATP의 양은 매우 제한적이기 때문에, 신체는 지속적으로 ATP를 생성하여 근육에 공급

〈표 3.6.1〉 인체 에너지 시스템의 특징

구분	ATP-CP 시스템 (인원질 시스템/비젖산 시스템)	젖산 시스템 (해당과정)	유산소성 시스템
사용 시간	5-10초	2분 정도	2분 이상
공급량	매우 적음	적음(한정됨)	무한정
ATP 생성	매우 빠름	빠름	느림
에너지원	ATP와 CP	글리코겐	탄수화물, 지방
산소 이용	무산소	무산소	유산소
수영 형태	스타트, 턴	50m, 100m	200m, 400m

해야 한다. 이러한 ATP의 재합성 과정은 세 가지 에너지 시스템에 의해 수행된다. 세 가지 에너지 시스템의 특성은 〈표 3.6.1〉에 요약되어 있다.

인원질 시스템(ATP-CP)/비젖산(alactic) 시스템

근육 세포에 소량 존재하는 ATP와 고에너지 화합물 creatine phosphate, cp 을 사용한다. 이 에너지 시스템은 산소가 필요하지 않기(무산소성) 때문에 에너지를 매우 빠르게 공급할 수 있으며, 젖산이 생성되지 않는다 (alactic 시스템). ATP-PC 시스템은 수영 시작 시 작동하며, 단시간(5~10초) 최고 속도 역영 시 에너지를 공급한다. 스타트, 턴, 그리고 10-25m의 매우 짧은 역영(스프린트) 동안 저장량의 약 50%가 고갈되고, 소비 에너지의 50%를 보충하기 위해서는 30초의 휴식이 필요하며 100% 보충을 위해서는 8~10분이 소요된다.

해당과정(Glycolysis)/젖산 시스템

근육 내 글리코겐 또는 혈중 포도당은 글리코겐 형태로 저장된 후, 무산소성 해당과정을 통해 ATP를 생성하는 데 사용된다. 이 과정은 산소를 필요로 하지 않으며, 글리코겐을 분해하여 에너지를 신속하게 공급하고, 최종 생성물로 젖산이 형성된다(젖산 시스템). 산소의 부족으로 인해 글리코겐이 완전히 분해되지 않고 젖산이라는 노폐물이 생성되며, 이는 근육의 피로를 유발하는 원인이 된다. 젖산 시스템은 주로 약 1분간 지속되는 고강도 운동에 활용된다. 이 시스템의 최대 출력은 10~15초 이내에 도달하며, 피로가 발생하기 전까지 약 2~3분 동안 지속된다. 무산소성 에너지 생산이 혈액 내 젖산이 축적되는 지점을 무산소성 역치 anaerobic threshold 라고 하며, 이는 일반적으로 운동 중 최대 심박수의 약 85%에서 나타난다.

유산소 시스템

산소를 활용하여 여러 단계를 통해 가장 많은 ATP를 생성하는 에너지 시스템은 탄수화물(포도당 및 글리코겐)과 지방을 이용하여 대량의 ATP를 보충한다. 이 과정은 많은 양의 산소가 필요하므로 에너지 생산에 다소 시간이 소요되지만, 그 결과로 오랜 시간 동안 지속 가능한 에너지원이 되어 지구력 활동의 주요한 원천으로 작용한다. 산소가 충분히 공급되면 젖산이 생성되지 않으며, 이 시스템은 최대 출력에 도달하는 데 약 40초에서 1.5분이 소요되지만, 해당 속도에서 에너지 전달은 약 5-7분 동안 유지될 수 있으며, 최대 운동 속도에서는 사실상 무한정 지속된다(Rodríguez & Mader, 2011). 유산소 시스템은 중강도에서 저강도 활동에 활용된다.

에너지의 원천 영양소

수영 시 필요한 에너지는 우리가 섭취하는 음식의 영양소에서 비롯된다. 배고픔을 느낄 때 힘을 발휘할 수 없는 이유는 체내에 저장된 에너지가 소진되었기 때문이다. 우리가 섭취한 음식은 화학적 에너지로 체내에 흡수되어 근육 수축 및 운동의 형태로 기계적 에너지로 전환된다. 음식은 소화 및 분해 과정을 거쳐 영양소가 흡수되고, 불필요한 물질은 장을 통해 배출된다. 영양소는 혈류를 통해 운반되어 세포에 저장되거나 일부는 즉시 사용되며, 나머지는 신체의 다른 부위에 저장된다. 운동 시작 직후에는 산소 공급이 부족하여 탄수화물이 분해된 포도당으로부터 에너지를 얻어 운동을 시작하고, 신체가 적응하여 산소 공급이 이루어지면 탄수화물과 지방으로부터 에너지를 공급받게 된다. 탄수화물, 지방, 단백질은 식품 에너지와 연료의 유일한 공급원이다.

탄수화물은 과일, 시리얼, 빵, 파스타, 야채 등에 포함된 당분과 전분으로, 특히 운동 중 신체가 선호하는 연료 공급원이다. 탄수화물은 고강도 및 단기간의 무산소 운동 시 주요 에너지원으로 작용하며, 분해되어 혈액에서는 포도당으로, 근육과 간에서는 글리코겐으로 저장된다. 과잉 탄수화물은 지방 조직으로 저장된다. 지방은 버터, 오일, 견과류에 포함되어 있으며, 휴식 시 신체가 선호하는 연료 공급원이다. ATP를 생산하기 위해 지방을 연료로 사용할 경우, 탄수화물보다 더 많은 산소가 필요하다. 지방은 탄수화물보다 훨씬 더 많은 ATP를 생산할 수 있는 능력을 가지고 있으나, 이를 생산하는 데 더 많은 산소와 동등한 양의 ATP가 필요하여 전환율이 낮다. 지방으로부터 분리된 지방산은 혈액에 저장되고, 중성지방은 근육에 저장되며, 과도한 지방은 신체 주변의 지방 조직으로 저장된다. 단백질은 고기, 생선, 가금류, 유제품, 달걀, 콩 등에 포함되어 있으며, 신체의 성장과 회복에 사용되며 극한 상황에서는 에너지원으로 활용된다. 신체는 글리코겐과 지방 공급원이 고갈되었을 때만 단백질을 에너지원으로 사용한다.

운동을 시작하면 어떤 운동이든 ATP-PC 시스템이 작동하고, 이어서 젖산 시스템, 마지막으로 유산소성 에너지 시스템이 작동한다. 운동 중에는 에너지 시스템의 사용 정도에 차이가 있지만, 무산소 및 유산소 시스템 모두가 사용된다. 어떤 시스템이 에너지의 주요 원인인지를 결정하는 요인은 운동 시간, 운동 강도, 훈련 수준 등이다. 짧은 시간(예: 50m 수영)이 소요되는 수영은 무산소 시스템에 필요한 에너지(탄수화물)를 주로 공급한다. 반면, 장시간 최대하(저강도) 수영인 400m의 경우 유산소 시스템을 주로 사용하며, 초기에는 탄수화물을 선호하여 글리코겐 저장량이 고갈됨에 따라 지방이 주된 에너지원이 된다. 운동 후 휴식 시에는 유산소 에너지 시스템이 작동하며, 이때는 피로를 유발하는 생성물이 생성되지 않기 때문에 지방(2/3)과 탄수화물(1/3)을 연료로 활용한다. 따라서 훈련 시에는 수영 종목과 훈련 거리를 고려하여 에너지 사용을 위한 적절한 음식을 섭취할 필요가 있다.

수영 시간과 에너지 시스템

　수영 경기는 50m에서 1,500m까지 다양한 거리에서 진행되며, 패럴림픽에서도 유사한 종목의 경기가 존재한다. 그러나 패럴림픽에서는 14개의 기능적 스포츠 등급(신체장애 10개 등급, 시각장애 3개 등급, 지적장애 1개 등급)에 따라 50m, 100m, 200m, 400m의 4개 종목에서 영법에 해당하는 경기가 실시된다. 패러 수영의 경기 기록은 등급이 높아질수록 경기 시간이 길어지며, 그 기록 범위는 매우 다양하다. 2023년 패러 국제 수영 경기대회에 참가한 선수들의 경기 기록을 분석한 결과, 자유형 종목의 거리별 1위 기록은 남자 자유형 50m에서 S10 등급이 23.42초로 가장 빠른 기록을 보였고(S1은 1:41.95), 남자 자유형 400m에서는 S6 등급이 4:52.42로 가장 느린 기록을 나타냈다(IPC, 2024). 4개 종목과 14개 등급을 기준으로 한 1위 선수의 자유형 경기 기록 범위는 0:23.42(남 50m S10)에서 4:52.42(남 400m S6)까지이며, 최하위 선수의 기록 범위는 0:33.88(남 50m S10)에서 8:45.51(남 400m S7)까지이다(IPC, 2024). 패러 수영의 경기 기록을 살펴보면, 전 종목 1위 기록의 92.6%는 4분 이내에 해당하며, 최하위 경기 기록의 92.9%는 5분 이내에 포함된다(IPC, 2024). 장애 유형, 레이스 거리, 영법에 따라 레이스 시간은 일반 수영 선수에 비해 7%에서 300%까지 느린 것으로 나타났다(Baumgart et al., 2021).

　단거리 수영에 필요한 에너지는 전적으로 인원질 공급원인 ATP-CP에 의해 제공되어야 한다. 다른 두 가지 에너지 시스템은 상당한 출력을 생성하는 데 더 많은 시간이 소요된다. 경기가 시작될 때(처음 5초) 또는 짧은 거리를 전력으로 수영하는 동안에는 휴식 상태보다 높은 대사 출력을 요구하므로, 에너지는 전적으로 즉시 사용할 수 있는 인원질 에너지원에서 공급된다. 이 과정에서 유산소 대사의 기여는 거의 없는 상태이다. 시간 경과에 따른 세 가지 에너지 시스템의 에너지 생성은 다음 [그림 3.6.5]와 같이 나타난다.

　수영을 시작할 때, 즉시 ATP가 몇 초 동안 공급되며, 크레아틴 인산^{CP}은 5-8초 동안 ATP의 재합성을 담당

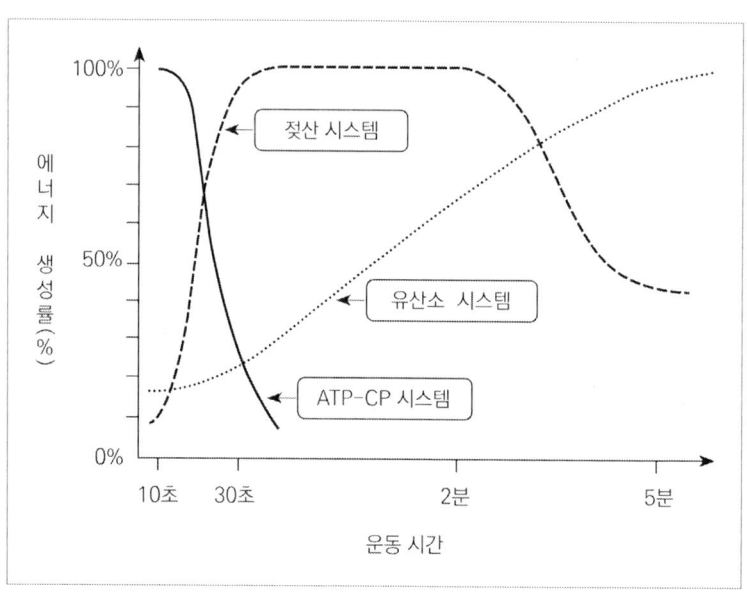

[그림 3.6.5] 운동시간 경과에 따른 3가지 에너지 시스템의 에너지 생성

한다. 약 10초가 경과하면, 2차 에너지원인 해당과정이 필요하게 된다. 해당과정의 에너지원으로서의 역할은 빠르게 증가하며, 초기 10초 이후에는 인산질 에너지 시스템을 대체하게 된다. 신경 내분비 인자가 해당과정에 신속하게 반응하기 때문에, 해당과정은 경기가 시작되기 훨씬 이전부터 활성화될 수 있다. 15초가 지나면 수영 속도가 약간 감소하기 시작하며, 직접적인 에너지원이 파워를 위해 더 이상 공급되지 않는다. 그러나 유산소 또는 무산소성 에너지 경로의 용량을 초과하는 에너지 생성이 지속적으로 요구되므로, 해당작용의 활동은 매우 빠르게 증가하여 에너지를 공급하게 된다. 20초가 지나면 에너지 공급이 증가하고 해당과정으로의 전환이 거의 완료된다. 50m 종목에서는 약 40%의 ATP-CP, 55%의 해당과정, 5%의 크렙스 사이클에 의해 에너지가 비례적으로 공급되는 것으로 추정된다(Stager & Coyle, 2005). 30초가 지나면 수영을 지속하기 위해 생성되는 에너지는 거의 대부분 해당과정에서 발생한다. 이때 특정 기질은 골격근 내에 저장된 복합 탄수화물, 즉 근육 글리코겐에서 유래한 포도당이다. 에너지는 무산소성 해당과정에 의해 유지되기보다는 유산소성 해당과정을 통해 점차적으로 더 많이 공급된다.

45초가 지나면서 운동을 지속할 경우 유산소 에너지 생성이 증가하게 된다. 그러나 유산소 신진대사가 최대 파워 생성에 도달하기 위해서는 거의 90초가 필요하다. 훈련은 유산소 대사를 위한 기질을 제공하는 중요한 전달 시스템을 개선함으로써 이러한 전환을 더 일찍 진행하는 데 기여할 수 있다. 해당과정은 5분 이상 지속하여 수영할 경우 주요 에너지원은 아니지만 여전히 중요하다. 90초 이상 운동을 지속하면 유산소 대사에 의존해야 하며, 해당과정은 중요한 초기 결정 요인으로 남아있고 탄수화물은 계속해서 연료 공급원으로 기능한다. 그러나 수영 속도가 감소하고 유산소 대사가 지배적이기 때문에, 훈련 계획은 유산소 능력을 더욱 크게 개발하는 데 초점을 맞출 필요가 있다. 400m 이상의 성공은 유산소 능력에 달려 있으며, 200m 경기(특히 자유형)는 이러한 맥락에서 "브레이크 포인트 break point"가 될 수 있다는 점이 대사 특성에서 예측된다. 200m를 성공적으로 수영할 만큼 충분히 오래 버틸 수 있는 스프린트 선수와 200m에서도 성공할 수 있는 장거리 수영 선수가 있을 수 있으며, 이 두 선수는 매우 다른 레이스를 수행한다고 가정할 수 있다(Stager & Coyle, 2005).

수영 거리와 에너지 시스템

최대 속도로 수영하기 위해 요구되는 대사적 파워와 세 가지 에너지 시스템의 상대적 기여도는 수영 거리와 최대 강도로 수영하는 시간에 따라 달라진다. 이는 장애 유무와 관계없이 모든 수영 선수에게 적용되는 이론이지만, 패러 수영에서는 특별히 주의해야 할 사항이 있다. 예를 들어, 패러 수영은 동일한 거리의 종목이라 하더라도 스포츠 등급에 따라 경기가 진행되므로, 등급 간의 기록 차이가 상당히 클 수 있다. 50m 남자 자유형 경기의 경우, S10 등급의 1위 기록은 0:23.42인 반면, S1 등급의 1위 기록은 1:41.95로, 같은 종목의 금메달 선수일지라도 등급에 따라 기록의 차이가 매우 크다(IPC, 2024). 다시 말해, 동일 종목의 선수라 하더라도 등급에 따른 기능적 수준의 차이로 인해 요구되는 에너지 시스템이 달라지므로, 트레이닝 시 지도자는 선수 개인의 기능적 수준과 경기 기록(시간)을 분석하여 적절한 트레이닝 계획을 수립해야 한다. 다음에 설명할 종목별 에너지 시스템 기여도는 올림픽 자유형 선수를 대상으로 에너지 공급 시스템을 예측한 것으로, 트레이닝 지도 시 고려해야 할 중요한 문제를 제시하고 있다.

거리	시간 (분:초)	에너지 시스템 기여도(%)		
		인원질	해당작용	유산소성
50m	22.0	38	58	4
100m	48.0	20	39	41
200m	1:45	13	29	58
400m	3:45	6	21	73
	7:50	4	14	82

[그림 3.6.6] 컴퓨터 시뮬레이션을 통한 올림픽 남자 자유형 경기 중 에너지 시스템 기여도

수영의 생리학적 요구(에너지 시스템)는 종목마다 다르며, 이는 각 종목의 경기 시간 기록 범위가 크기 때문이다. [그림 3.6.6]은 컴퓨터 시뮬레이션을 통해 올림픽 남자 자유형의 거리 종목별로 사용되는 세 가지 에너지 시스템의 기여도를 백분율로 나타낸 것이다(Rodríguez & Mader, 2011). 수영은 거리가 증가하고 지속 시간이 길어질수록 에너지 시스템 중 유산소 에너지 시스템의 기여도가 증가하는 반면, 경기 시간이 짧을수록 해당과정 시스템의 기여도가 높아지는 경향이 있다(Vandenbogaerde et al., 2019).

앞서 언급한 바와 같이 [그림 3.6.6]을 분석해보면, 종목의 거리가 증가함에 따라 무산소 과정인 ATP-CP와 해당과정에서 공급되는 에너지의 비율은 점차 감소하고, 유산소 에너지 시스템을 통한 에너지 공급이 증가하는 경향을 보인다. 특히 400m 종목의 경우 유산소 기여도가 80%에 달하는 것으로 나타난다.

50m 수영은 매우 높은 에너지 출력을 생성하기 위해 속근 섬유 비율이 높은 대량의 근육을 필요로 한다. 저장된 ATP와 고에너지 화합물은 신속하게 소모되며, 해당과정은 에너지 생성량을 유지하기 위해 거의 즉시 활성화되어 근육 수축을 위한 주요 에너지원으로 작용한다. 그러나 이 종목의 짧은 지속 시간은 높은 수준의 산성증을 방지하며, 최대 혈중 젖산 농도는 일반적으로 12-14 mmol/L 범위에 머무른다. 호흡 없이 경기를 완주할 수 있기 때문에 유산소 시스템의 활성화는 상대적으로 중요하지 않다.

100m 종목은 해당과정과 유산소 에너지 전달 과정의 신속하고 완전한 활성화, 그리고 활성 근육에서 높은 젖산 농도를 유지할 수 있는 능력을 요구한다. 최대 속도로 수영하기 위해서는 높은 에너지 출력을 유지해야 하며, 이는 산소 호흡과 해당과정의 짧은 시간 내 활성화를 필요로 한다. 이 거리는 경주 마지막 2/3 동안 유산소 파워를 유지하지 못할 경우 근수축이 감소하고 피로가 발생하기 시작한다. 경기 중 혈중 젖산 농도는 일반적으로 20mmol/L에 도달하거나 이를 초과한다.

수영 에너지 영역과 트레이닝

우리 신체에서 생성되는 에너지 ATP와 근육 수축을 위한 에너지 활용 방식은 수영 경기력에 있어 매우 중요한 요소이다. 수영 경기의 주요 목표가 주어진 거리를 가능한 한 짧은 시간 내에 수영하는 것임을 고려할 때, 우승하는 선수는 경기 중 가장 빠른 평균 속도를 기록하는 선수이다. 이는 본질적으로 신체 내에서 사용 가능

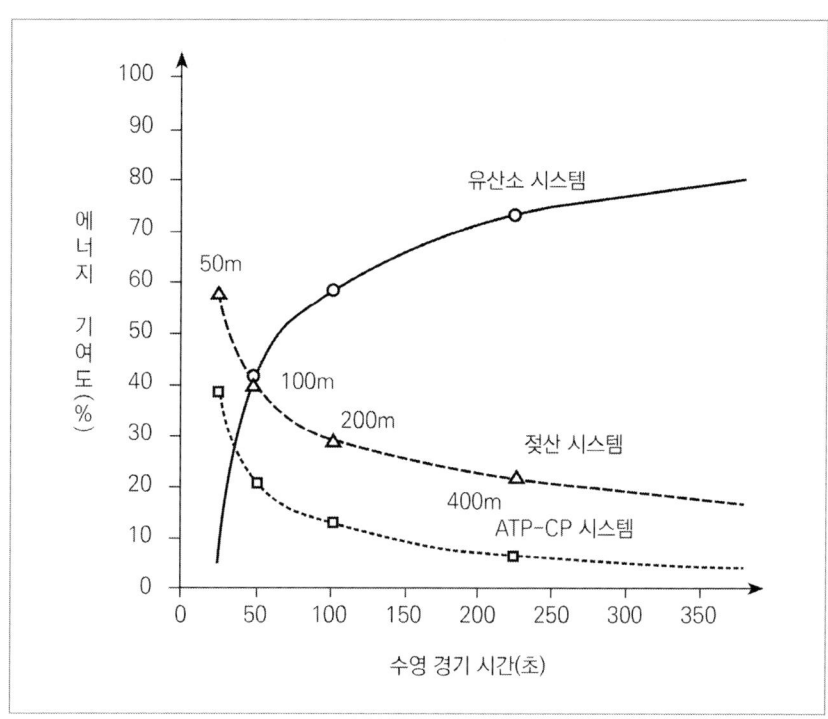

[그림 3.6.7] 자유형의 총에너지 수요에 대한 에너지 시스템 기여도

한 에너지가 어떤 시스템에 의해 생성되었는지, 그리고 이를 얼마나 효율적으로 활용하는지에 달려 있다. 수영 경기를 위한 에너지를 저장하고 생성하며 활용할 수 있도록 우리의 신진대사는 서로 다른 속도로 에너지를 공급하며, 에너지 경로에는 명확한 경계가 존재하지 않는다. 특정 시간 내에 단일 경로뿐만 아니라 여러 경로가 에너지 생산에 기여할 수 있지만, 주로 활성화되는 에너지 시스템은 운동의 시간과 강도에 따라 달라진다. 세 가지 에너지 시스템의 파워와 용량은 수영 경기력의 개인적 요소를 결정짓는 중요한 요소이다. 많은 선수들은 훈련의 상당 부분을 다양한 에너지 생성 메커니즘의 개선에 할애하는 경향이 있다(Rodríguez & Mader, 2011). 앞서 언급한 세 가지 에너지 시스템이 수영 경기 거리에서 차지히는 기여도는 [그림 3.6.7]을 통해 확인할 수 있으며(Phlex Swim, 2023), 유산소성 시스템과 무산소성 시스템의 총 에너지 소비에 대한 기여 비율은 일반적으로 〈표 3.6.2〉와 같다(Harrigan, 2015).

〈표 3.6.2〉 운동 시간과 강도에 따른 에너지 공급 시스템

운동 시간	운동 강도	에너지	무산소성 비율	유산소성 비율
1-15초	최대	ATP-CP	100-95	0-5
15-60초	최대	ATP-CP, 젖산	90-80	10-20
1-6분	최대하	젖산, 유산소성	70-(40-30)	30-(60-70)
6-30분	보통	유산소성	(40-30)-10	(60-70)-90
30분	저속	유산소성	5	95

〈표 3.6.3〉 IPC 2023 자유형 종목별 S1–S10 1위 선수의 최고와 최저 경기 기록 비교

| 종목 | 자유형 남자 1위 | | | | 자유형 여자 1위 | | | |
| | 가장 빠른 기록 | | 가장 느린 기록 | | 가장 빠른 기록 | | 가장 느린 기록 | |
	등급	기록	등급	기록	등급	기록	등급	기록
50m	S10	0:23.42	S1	1:41.95	S10	0:27.64	S1	1:35.44
100m	S10	0:51.02	S1	2:39.95	S10	0:59.88	S1	3:31.19
200m	S10	1:58.17	S1	4:39.31	S10	2:11.44	S2	4:41.46
400m	S10	4:06.96	S6	4:52.42	S10	4:33.43	S6	5:14.01

출처: IPC (2024)

이것이 우리에게 말해주는 사사점은 장거리 종목에서는 유산소성 시스템 개발에 더 집중해야 하고, 단거리 종목에서는 무산소 시스템에 집중해야 한다는 것이다. 그러나 수영 경기에서 100분의 1초의 차이가 결과에 중대한 영향을 미칠 수 있음을 감안할 때, 모든 에너지 시스템의 개발에 지속적으로 주의를 기울여야 한다. 특히 패럴림픽 수영 선수들의 종목별 경기 기록을 통해 에너지 시스템 개발의 방향성을 모색할 필요가 있다. 수영 경기가 개인 종목으로 이루어지기 때문에 훈련 처방 또한 개별적으로 진행되어야 하며, 국가대표의 집중 훈련이 모든 선수가 동일한 방식으로 진행되는 것은 바람직하지 않다. 〈표 3.6.3(IPC, 2024)〉을 통해 살펴보면, 패럴림픽 선수들이 동일한 종목에 속하더라도 스포츠 등급에 따라 동일한 종목으로 간주되지 않는다. 예를 들어, 자유형 50m 경기에서 S10 선수는 20초 중반의 기록을 세우며 무산소성 비젖산 에너지 시스템을 활용하고, S1 선수는 1분 40초대의 기록을 통해 비젖산 시스템을 일부 사용하면서도 대부분은 해당 작용을 통해 에너지를 공급받는 것으로 추정된다. 이는 선수의 등급과 종목 기록에 따라 훈련 방법에 차별화가 필요함을 시사한다.

일반적으로 수영에서의 에너지 "영역zone"은 세 가지 에너지 시스템을 기반으로 하여 수영 시간과 강도에 따라 여러 영역으로 구분된다. 에너지 "영역"은 훈련을 체계화할 수 있는 유용한 도구로, 선수와 코치가 종목에 적합한 에너지 시스템을 개발하여 생리학적으로 적응할 수 있도록 운동 부하를 정량화하고, 에너지 시스템 훈련량을 관찰 및 추적하여 주기화 훈련에 맞게 계획할 수 있도록 한다(Stott, 2021). 수영에서 에너지 영역을 이해해야 하는 이유는 다음과 같다(Sokolovas, n.d.).

○ 수영의 지속 시간과 강도가 다르면 에너지를 공급하는 시스템도 달라진다. 고강도 단기 수영 경기 동안 사용되는 에너지는 주로 무산소성 경로를 통해 공급되며, 저강도의 장시간 수영 종목에서는 대부분 산소를 사용하여 에너지를 공급받는다.

○ 하나의 에너지 시스템이 향상되더라도 다른 에너지 시스템에 미치는 영향은 없다. 따라서 수영 종목에 적합한 에너지 경로(시스템) 훈련이 필요하다.

○ 동일한 거리(종목)를 수영하더라도 서로 다른 에너지 영역zone에서 수영할 수 있다. 예를 들어, 선수는 더 빠른(강한) 고강도 또는 느린(편안한) 저강도로 수영할 수 있으며, 이는 에너지 생성이 다른 경로를 통해

이루어짐을 의미한다.

○ 우수한 선수가 되기 위해서는 에너지 영역별로 수영 강도를 개별적으로 평가해야 한다. 같은 수영 강도나 심박수라도 훈련 과정이 다른 단계일 경우(예: 훈련 중단, 강화훈련 후 등) 에너지 경로에 미치는 영향은 다를 수 있다. 따라서 수영 강도(심박수)를 확인하여 요구되는 에너지 영역에 대한 훈련을 진행해야 한다.

에너지 영역(zone)

수영 트레이닝에서 매우 중요한 요소로 적용하고 있는 에너지 영역 zone 에 대한 정의 또는 기준은 명확히 정해져 있지 않다. 에너지 시스템을 고려해 트레이닝을 하는 나라마다 또는 코치마다 모두 다르다. 〈표 3.6.4〉는 미국, 영국, 호주 수영 경기 단체에서 활용하고 있는 에너지 영역의 기준을 비교하여 나타낸 것이다. 미국수영연맹 USA Swimming 은 에너지 시스템을 7개 영역, 회복 Rec , 지구력 1 EN1 , 지구력 2 EN2 , 지구력 3 EN3 , 스프린트 1 SP1 , 스프린트 2 SP2 및 스프린트 3 SP3 으로 분류되었다. 오늘날에는 유럽 코치들이 활용하는 에너지 영역 수에 해당하는 5개로 줄였는데, 경기 지구력 범주에 속하는 무산소 레이스 페이스 및 고속 과부하 high velocity overload 를 포함한 유산소, 무산소 역치, 경기 지구력 high performance endurance 의 3개로 줄이기도 한다(Stott, 2021).

서로 다른 강도에 대한 운동선수들의 생리적 반응을 바탕으로, 운동 부하는 수영에서 여러 에너지 영역으로 나눌 수 있다. 현재 코치들이 트레이닝에 활용하는 에너지 영역의 분류는 5가지인 것으로 보인다 (LoneSwimmer, 2013). 이는 트레이닝 영역과 연관이 있다.

○ **유산소성** aerobic : 힘들이지 않고 수영하는 트레이닝에 해당하며 지구력 또는 회복 운동이라고도 한다. 산소를 충분히 섭취하면서 수영을 지속할 수 있으며 젖산 생성은 미미하다. 최대 심박수의 50-60%로 수영한다. 엄밀히 말하면 회복은 유산소성 훈련 중 가장 낮은 심박수로 운동하며, 숙련된 선수인 경우는 최대 심박수 60~70%에서 매우 쉽다고 여긴다. 휴식 간격은 짧고 설정된 거리는 길다.

○ **무산소성 역치** anaerobic threshold : 운동 중 선수의 근육이 주로 유산소 대사를 사용하는 것에서 주로 무산소 대사를 사용하는 것으로 전환되는 지점이다. AT는 종종 지구력의 지표로 사용된다. 최대 심박수의 60-70%로 수영한다.

○ **유산소성 지구력** aerobic endurance : 경기 지구력 high performance endurance 또는 임계 속도 critical speed 지구력이라고도 한다. 너무 강도 높게 시작하지 않고 속도와 강도를 증가시킨다. 최대 심박수의 70-80%로 수영한다.

○ **무산소성 젖산** anaerobic lactate : 레이스 페이스 훈련이라고도 하며, 일반적으로 젖산 훈련이라고도 알려져 있다. 신체는 근육 내 젖산을 견디는 법과 젖산 생성을 지연시키는 법을 익힌다. 최대 심박수의 80-90%로 수영한다.

○ **최대산소 섭취** VO2max/speed **스프린트**: 이것은 최대 속도 훈련이며 젖산 축적을 막기 위해 긴 휴식을 취하는 아주 짧은 거리에서만 수행할 수 있다. 최대 심박수의 90% 이상으로 수영한다.

<표 3.6.4> 각국의 수영 에너지 영역에 대한 기준 비교(심박수=박/분)

%HR	HR	미국*	호주	영국**	
<60	0 <120	REC(<120)	약하게	영역 1 A1(90-140)	
60.0	120	EN1(120-145)	영역 1 중간 정도 (120-140)		
62.5	125				
65.0	130				
67.5	135				
70.0	140				
72.5	145	EN2-3 (145-175)	영역 1 중간 정도 (141-160)	영역 1 A2(140-160)	
75.0	150				
77.5	155				
80.0	160				
82.5	165		영역 2 강하게 (161-185)	영역 2 AT(160-180)	영역 3 VO₂max (170-180)
85.0	170				
87.5	175	SP1-SP2 (175+)			
90.0	180				
92.5	185				
95.0	190		영역 3, 4 (>186)	영역 4 LP/LT (190)	
97.5	195				
100	200				
	최대	Speed	Speed	영역 5 Speed (최대)	

* : Rec(회복), EN(지구력), SP(스프린트)
** : A1(유산소성 저강도), A2(유산소성 유지/발달), AT(무산소성 역치), VO₂(유산소 과부하), LP(젖산 생성), LT(젖산 내성), Speed(스프린트 – ATP-PC)

에너지 영역을 기준으로 한 훈련 계획을 수립할 때, 가장 중요한 준비 사항은 에너지 시스템의 활용 정도를 측정하고 평가하는 것이다. 에너지 영역에 대한 분류는 국가나 코치에 따라 상이할 수 있으나, 에너지 시스템을 평가하는 방법은 일반적으로 혈중 젖산 농도, 심박수(Petala, 2023), 시간 기록, 운동 자각도 RPE 등을 포함한다. 운동 생리학적 평가는 선수와 코치가 쉽게 활용할 수 있어야 하며, 젖산 농도를 측정하기 위해 손가락 끝이나 귓불에서 채혈하여 젖산 분석기를 사용하는 것은 수영장 환경에서는 다소 번거로울 수 있다. 최근에는 무선 측정이 가능한 웨어러블 기기를 통해 심박수를 측정할 수 있는 방법이 개발되었으나, 이러한 기기가 없는 경우에는 경동맥을 촉지하여 10초 동안의 심박수를 측정한 후, 이를 6배하여 분당 심박수를 계산하는 방법이 사용되기도 한다. 또한, 20포인트 운동 자각도를 활용하여 운동의 강도를 평가하고 이를 바탕으로 심박수를 추정하는 경우도 있다. 에너지 영역을 파악하기 위해 최대 심박수의 비율을 이용하여 Karvonen 방법으로 목표 심박수를 계산하여 활용하는 경우도 있다.

> **＊ 목표 심박수 = (최대 심박수 – 안정 시 심박수) × 운동 강도 + 안정 시 심박수**
> – 최대 심박수 = 220-나이
> – 운동 강도 = 선수의 최대 심박수에 대한 비율(%)
> – 안정 시 심박수 = 편안히 쉬는 자세일 때의 심박수

　예를 들어, 20세의 개인이 안정 시 심박수가 72회이며, 회복을 위한 목표 심박수를 60%로 설정할 경우, 다음과 같은 계산을 통해 운동 처방 심박수를 도출할 수 있다. 먼저 최대 심박수를 계산하기 위해 220에서 나이를 빼면 200이 된다. 이후 (200 - 72) × 0.6(운동 강도) - 72를 계산하면 148.8박/분이 된다. 따라서 회복 수영을 위한 운동 처방 심박수는 분당 149회로 설정되어, 이를 기준으로 반복적으로 수영을 수행하게 된다. 에너지 영역을 분석하기 위한 또 다른 방법으로는 수영 기록과 휴식 시간 또는 개인 최고 기록에 5초 또는 10초를 추가하는 방법이 있다(Stott, 2021). 이 방법을 효과적으로 활용하기 위해서는 코치가 선수의 운동 및 경주 기록에 대한 정확한 이해를 바탕으로 적절한 에너지 영역에서 수영할 수 있도록 지도해야 한다.

수영의 지배적 생체운동 요소

　수영 경기는 본질적으로 속도를 중시하는 스포츠이다. 수영에서 요구되는 생체 운동 능력은 특정 체력 요소에 국한되지 않으며, 다양한 요소들이 결합하여 적절한 균형을 이루어 속도 향상에 긍정적인 영향을 미친다. 근력과 지구력의 조합은 근지구력을 형성하며, 이는 주어진 저항에 대해 오랜 시간 동안 스트로크를 반복할 수 있는 능력을 의미한다. 최대 근력과 최대 속도의 조합은 짧은 시간 내에 폭발적인 스트로크를 수행할 수 있는 파워를 생성한다. 또한, 지구력과 속도의 조합은 속도 지구력을 형성하여, 오랜 시간 동안 빠른 속도로 스트로크할 수 있는 능력을 나타낸다. 더욱 복잡한 예로는 속도, 협응력, 유연성, 파워의 조합이 민첩성을 생성하는데, 이는 수영의 출발 및 턴에서 필수적인 요소이다(Bompa & Buzzichelli, 2015). 유연성, 즉 관절의 가동 범위를 향상시키기 위한 운동은 그 자체로도 중요하며, 부상을 예방하고 최적의 수행력을 촉진하기 위해 다양한 수준의 유연성이 요구된다. 따라서 지도자와 선수는 수영 경기에서 우세를 나타내는 지배적인 에너지 시스템과 그 훈련의 연관성을 명확히 이해할 필요가 있다.

　신체는 음식을 분해하여 아데노신삼인산^{ATP}이라는 연료로 전환하며, 이를 지속적으로 보충하고 재사용해야 훈련을 진행할 수 있다. 세 가지 주요 에너지 보충 시스템인 무산소 비젖산$^{ATP-CP}$, 무산소 젖산, 유산소 시스템은 서로 독립적이지 않으며, 수영의 생리학적 요구 사항에 따라 함께 작용한다. 수영 훈련은 항상 지배적인 에너지 시스템을 중심으로 진행되어야 하며, 신체 능력의 발달은 구체적이고 체계적이어야 한다. 수영의 반복적인 스트로크에만 집중하여 지구력 운동에 치우치면 근력과 관련된 다른 생체 운동 능력에 부정적인 영향을 미칠 수 있다. 근력은 중요한 운동 능력이므로 항상 다른 능력과 함께 훈련해야 한다. 수영과 같은 속도 운동에서는 파워가 속도 향상의 주요 원천이 된다. 스프린트 선수는 강력한 파워를 요구하며, 강하고 빠르게 수축하는 근육은 높은 가속도와 빠른 팔다리 움직임, 높은 운동 빈도를 특징으로 한다. 그러나 극단적인 상황에

서는 최대 부하가 속도에 영향을 미칠 수 있다. 예를 들어, 최대 부하를 사용한 지치게 하는 훈련 후에 속도 훈련이 예정되어 있을 경우, 최대 부하가 속도에 부정적인 영향을 미칠 수 있다. 이 경우 신경계와 근육 수준의 피로는 신경 충동과 수행력을 저해할 수 있다. 이러한 이유로 최대 근력을 목표로 하는 매크로 사이클은 가속력 발달과 최대 속도를 포함해야 하며, 최대 속도는 파워와 연계되어 전개되는 것이 바람직하다. 훈련 단위 수준에서는 항상 근력 훈련 전에 스피드 훈련을 실시해야 한다.

수영은 반복적인 주기적 동작으로 구성된 스포츠로, 일반적으로 주기적인 지구력 스포츠로 분류된다. 그러나 패러 수영 경기는 대부분 단거리 경주에 해당하므로, 힘과 지구력이 결합된 근지구력이 요구된다. 이와 관련하여, 시간에 따라 구분되는 짧은, 보통, 긴 근지구력이 필요할 수 있다. [그림 3.6.8]은 힘(근력), 속도, 지구력 간의 상호 관계를 나타내고 있다(Bompa & Buzzichelli, 2015).

[그림 3.6.8]에서 힘 force , 지구력 endurance , 속도 speed 간의 관계를 통해 두 요소의 결합 결과로서 파워, 근지구력, 속도 지구력이 형성되며, 이에 따른 세부 요소들은 화살표로 표시되어 있다. 힘 F 에 가까운 화살표는 근력이 스포츠나 기술에서 중요한 역할을 한다는 것을 나타낸다. 각 변의 중간 지점에 위치한 화살표는 두 신체적 능력에 대한 기여도가 유사함을 의미한다. 반면, 화살표가 힘 F 에서 멀어질수록 힘 요소의 중요성은 감소하며, 이는 다른 능력이 더 두드러진다는 것을 시사한다. 그럼에도 불구하고 수영에서는 여전히 근력이 중요한 역할을 수행하고 있다.

근력 요소를 기반으로 수영 경기를 분석하면, 출발 파워 starting power , 가속 파워 acceleration power , 그리고 짧은 시간 근지구력 muscular endurance short, ME short 이 요구되는 스포츠임을 알 수 있다(Bompa & Buzzichelli, 2015). 힘과 지구력의 결합은 근지구력이 주도하는 근력 조합이 적용되는 스포츠에 해당한다. 모든 스포츠가 동일한 근력과 지구력의 요구를 가지는 것은 아니다. 패럴림픽 수영 종목은 50m에서 400m까지 다양하게 존재한다. 50미터 수영 경기는 스피드 지구력과 파워 지구력(대사적으로 젖산 파워)이 주를 이루지만, 거리가 증

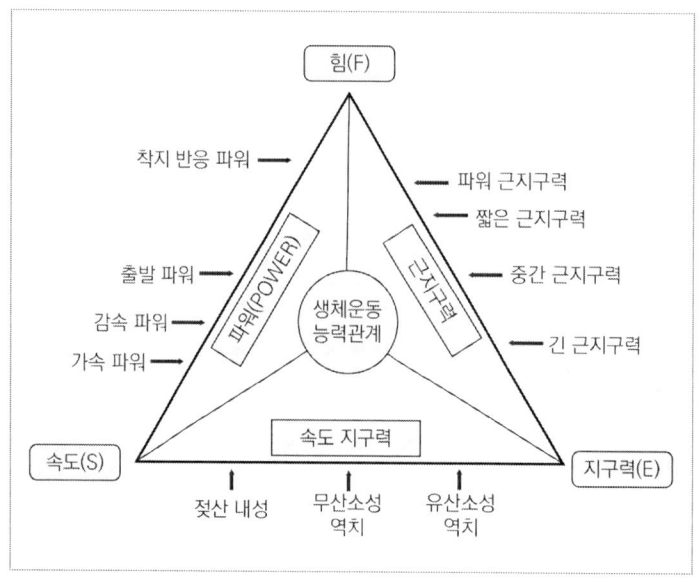

[그림 3.6.8] 생체운동능력 사이의 우세성 관계

〈표 3.6.5〉 속도-지구력의 결합과 대사 트레이닝

트레이닝	대사 작용	반복 시간	젖산농도(mmol/L)	최대 심박수(%)
젖산 내성	젖산 능력	30~60초	12-20	95-100%
최대산소소비	유산소 파워	1~6분	6-12	95-100%
무산소 역치	유산소 파워와 유산소 능력	1~8분	4-6	85-90%
유산소 역치	유산소 능력	10분 이상	2-3	70-75%

가함에 따라 근지구력(대사적으로 유산소 파워와 유산소 능력)의 중요성이 더욱 커진다. 그러나 반복적인 짧은 파워 동작과 긴 시간 동안 지속되는 강력한 동작(예: 50m 수영에서 사용되는 동작)을 구분하는 것이 필요하다. 이 두 가지 형태 모두 파워 지구력을 요구하지만, 짧은 파워 동작의 주요 에너지 시스템은 젖산 시스템(반복적으로 사용됨)이며, 이는 궁극적으로 짧은 휴식 간격 사이에 강력한 활동이 이루어지기 때문이다. 반면, 후자의 경우(긴 시간 지속되는 강력한 동작)는 주로 젖산 시스템의 파워(즉, 최대 비율로 ATP를 생산하는 젖산 시스템의 능력)에 의존한다.

짧은 시간 근지구력 ME short 은 40초에서 2분 사이의 종목에 필요한 근지구력으로, 이는 젖산 능력과 유산소 파워의 혼합으로 구성되어 있다. 예를 들어, 100m 수영 경기의 시작 부분은 처음 20회의 스트로크와 같은 파워 동작으로 이루어진다. 그러나 경주의 중간 지점부터 종료까지 근지구력은 파워만큼이나 중요해진다. 마지막 30~40m에서 중요한 요소는 속도를 유지하고 결승점에서 속도를 증가시키기 위해 팔을 당기는 힘을 일정하게 유지하는 능력이다. 따라서 근지구력은 100m 수영과 같은 종목의 최종 결과에 중대한 영향을 미친다. 중간 지속 시간(ME 중간)의 근지구력은 200m 및 400m 수영과 같이 활동이 2~8분 동안 지속되며 유산소 파워가 요구되는 수영 경기의 대표적인 특성을 나타낸다. 수영 경기에서 요구되는 지구력의 종류는 속도-지구력 speed-endurance 결합에 포함된다. 스피드 지구력은 수영 50m 경주에서 10초에서 20초 동안 속도를 유지하는 능력을 의미한다. 따라서 이러한 종목의 선수들은 속도 지구력을 향상시키기 위한 훈련을 수행해야 한다. 나머지 4가지 유형의 속도-지구력 결합은 〈표 3.6.5〉와 같이 거리가 증가함에 따라 속도와 지구력의 비율에 따라 변화한다.

03 훈련량: 수영 훈련 거리

수영부 학생들이나 우수 선수들의 훈련 과정을 분석할 기회가 주어진다면, 일상적인 훈련이나 합숙 훈련에서 선수들이 매일 반복하는 거리의 길이가 일반적인 인식보다 훨씬 길다는 사실에 놀랄 수 있다. 수영은 가능한 한 빠르게 헤엄치는 것을 목표로 하는 도전적인 활동이며, 이는 영법의 기술적 측면뿐만 아니라 체력과 신체 에너지와 같은 생리학적 요소를 간과할 수 없다. 따라서 트레이닝은 신체 에너지의 생성과 공급을 최적화하여 경기력을 향상시키고 회복 속도를 높이는 데 중점을 두어야 한다.

수영 훈련에서 중요한 고려 사항 중 하나는 레이스 시간, 즉 경주 기록이다. 패럴림픽 수영 경기는 50m에서 400m까지의 거리 종목으로, 대부분의 영법 기록이 25초에서 5분 미만의 시간 동안 경쟁한다. 에너지 공급 측면에서 볼 때, 대다수의 경주는 약 2분 정도의 시간 동안 에너지가 공급되며, 유산소성 시스템에 의한 에너지 공급이 이루어지는 경우는 드물다. 이는 수영 훈련의 방향성을 제시하며, 훈련량과 밀접한 관련이 있다.

수영에서 대부분의 에너지 시스템은 비교적 짧은 시간의 무산소성 종목으로, 적절한 에너지 시스템을 훈련하는 것이 합리적이다. 장거리 훈련을 견딜 수 있는 능력은 대부분의 수영 종목에서 요구되는 빠른 수영과는 거의 관련이 없다(Havriluk, 2018). 그럼에도 불구하고 수영 코치들은 저강도 유산소 훈련을 통해 선수의 유산소 에너지 시스템을 개발하는 데 중점을 두는 것으로 알려져 있다. 이는 수영 영법과 경기력 수준에 관계없이 공통적인 훈련 관행으로 자리 잡았다(Maglischo, 2003a; Sweetenham & Atkinson, 2003). 전통적인 코칭 스타일은 "많을수록 좋다"는 철학과 경기력과 수영 거리 간의 높은 상관관계에 대한 믿음에서 비롯된 것으로 해석될 수 있다(Stewart & Hopkins, 2000).

1970년대에는 수영 훈련 거리가 주당 100km 이상이었으며, 일반적으로 실시되는 수영 거리는 60~95km 범위였다(Stott, 2012). 최근 연구에 따르면, 세계적 수준의 일반 수영 선수들은 연간 훈련량이 800~1,200시간에 달하며, 이 중 600~900시간은 1,500~3,600km의 거리를 수영하고, 주당 훈련 거리는 40~70km에 이른다(Fulton et al., 2010). 이는 가장 높은 수준에 해당한다. 연간 훈련 시간이 많은 이유는 수영 시 몸을 수면에 누운 자세로 유지하며 기술과 심폐 시스템이 원활하게 작동해야 하므로 유산소성 운동을 통한 발달이 필요하기 때문이다. 또한, 수영 선수들은 근육, 뼈, 관절에 미치는 기계적 충격이 상대적으로 적기 때문에 높은 훈련 부하를 견딜 수 있다. 반면, 세계적 패럴림픽 수영 선수들의 주당 훈련 거리는 일반 수영 선수의 약 절반인 15~35km에 해당한다(Pollock et al., 2019). 물론 패럴림픽 수영 선수들의 훈련량은 등급에 따라 차이가 있다. 패럴림픽 수영 선수들의 훈련량에 대한 연구는 드물고 오래된 결과가 많지만, 등급별 주당 훈련 거리는 S3 13.9km, S4 16.1km, S5 20.0km, S6 24.5km, S7 28.9km, S8 30.5km, S9 35.4km, S10 37.0km 등으로 나타났다(Pelayo et al., 1999). 패럴림픽 선수는 기능적 등급이 높아질수록 훈련 거리가 증가하며, 메달을 획득한 선수의 경우 개인의 기능적 능력에 따라 훈련 거리가 달라진다. 예를 들어, 리우 패럴림픽에서 금메달을 획득한 척수 손상(S5/SB4) 선수의 주당 훈련 거리는 20~35km(Baumgart et al., 2021)였고, 뇌성마비 선수(S6, SM6, SB5)의 연간 훈련 거리는 1,500km에 달했다(Puce et al., 2018). 이는 엘리트 일반 수영 선수들에게서 보고된 훈련량 범위 중 가장 낮은 수준에 해당한다. 휠체어를 사용하는 패럴림픽 수영 선수는 일상생활과 훈련 중 상체를 사용하므로 훈련 사이에 회복을 위한 휴식이 많아져 훈련량이 줄어들 수 있다.

양적 트레이닝과 질적 트레이닝

수영 훈련의 양은 전통적으로 수영 거리, 훈련 기간 및 빈도를 기준으로 정의되어 왔다(Fulton et al., 2010). 그러나 경기력 향상과 관련된 훈련량은 생리적 반응을 반영하는 훈련 강도를 우선적으로 고려해야 한다. 훈련 강도는 운동과 피로와 밀접한 관련이 있으며, 최대산소섭취량 VO_2max, 심박수 HR, 운동 자각도 RPE 등을 통해 정량화된다. 반면, 훈련량의 양적 및 질적 측면을 논의할 때는 수영 속도가 주요 기준으로 사용된다. 수영 훈련에서 경기력 향상을 위한 적절한 수영 거리의 논의는 스포츠 과학자와 코치들 사이에서 중요한 관심사로 자리 잡고 있으나, 여전히 명확한 결론에 도달하지 못한 상태이다. 이 문제의 핵심은 훈련의 양과 질에 있다. 질적 측면에서는 높은 강도에서 훈련량이 적어야 한다는 주장이 제기되고 있으며, 양적 측면에서는 낮은 강도의 많은 훈련량이 수영 경기력을 향상시킨다는 주장이 대립하고 있다(Maglischo, 2003b; Sweetenham & Atkinson, 2003). 수영계에서는 '초단거리 레이스 페이스 훈련 Ultra-Short Race-Pace Training, USRPT'이라는 고강도 훈련 high intensity training, HIT 방법을 채택한 수영 선수들의 성공 사례가 이러한 논쟁을 더욱 부각시켰다(Beliaev, 2015; Goldsmith, 2016; Stott, 2014). USRPT는 개인 경주에서 달성된 최고 속도에 부합하는 고강도 수영 훈련으로 정의되며, 일반적으로 20초를 초과하지 않는 짧은 휴식과 짧은 거리의 반복 수영으로 구성된다(Rushall, 2011). USRPT를 지지하는 수영 선수들은 주당 평균 약 9~11km를 수영하는 것으로 보고되었으며(Stott, 2014), 이는 청소년 수영선수의 전통적인 주당 38~44km 및 엘리트 선수의 주당 54±19km와는 현저한 차이를 보인다(Pyne et al., 2001).

양적 훈련 프로그램은 청소년 수영선수들에게 유산소 체력 기반을 구축하고, 느린 속도로 수영하면서 영법 기술 개발을 촉진하며, 훈련이나 시합에서 회복을 강화하는 데 기여한다. 또한, 양적 훈련을 통해 먼 거리를 수영할수록 지구력이 향상되어 수영 시간이 단축된다는 주장이 제기되고 있다(Nugent et al., 2017). 반면, 질적 훈련 프로그램은 많은 훈련량에도 불구하고 선수들이 지속적으로 높은 강도의 훈련을 수행해야 하므로 어깨 통증 및 부상의 발생률이 높아지는 경향이 있다(McKenzie et al., 2023). 또한, 선수가 더 빠른 속도로 수영 인터벌을 수행할 경우 지구력 능력의 손실 없이 훈련 거리 mileage 를 줄일 수 있다는 주장도 제기되고 있다 (Nugent et al., 2017).

질적 트레이닝의 근거와 이점

훈련의 목적은 크게 두 가지로 요약될 수 있다: 경기력 향상과 회복 속도의 증기이다. 첫 번째 목표는 수영 속도를 높이는 것이며, 이를 위한 훈련 원칙은 "빠르게 수영하기 위해서는 빠른 훈련이 필요하다"는 것이다. 만약 선수가 긴 거리를 느리게 수영하고 그로 인해 피로를 느낀다면, 언제 빠르게 수영하는 방법을 배울 수 있을 것인가? 두 번째 목표는 회복 시간을 단축하는 것이다. 이는 선수들이 여러 종목에 참가할 때, 종목 간의 휴식이 어려운 상황에서 특히 중요하다. 6km 또는 8km의 훈련을 견디는 능력은 50m 또는 100m를 빠르게 수영하는 것과는 거의 관련이 없다. 훈련 거리의 정답은 없지만, 경기 시간이 25초에서 4분 이내라는 점을 고려할 때, 경기력은 지구력보다는 파워에 훨씬 더 큰 영향을 받는다. 여기서 파워는 근육이 짧은 시간에 수축하는 능력으로, 수영을 빠르게 수행할 수 있는 힘을 의미한다. 따라서 훈련은 파워 향상을 강조해야 하며, 파워가 손상될 수 있는 활동은 피해야 한다. 유산소 능력을 지속적으로 강조하는 것은 파워 향상에 거의 도움이 되지 않으며, 오히려 해로울 수 있다. 대신, 파워 향상과 그 파워를 수영에 적용하는 데 중점을 두어야 한다. 운동 강도를 높여 파워를 증가시키면서 훈련 거리를 단축하는 이점에 대해서는 다음과 같이 설명할 수 있다(Havriluk & Stager, 2012).

참고 | 트레이닝 거리 단축의 이점

- **어깨 스트레스로 인해 생길 수 있는 주의 집중이 방해되는 문제 감소**

  장거리 훈련 프로그램과 비교할 때 훈련 거리가 줄어드는 것은 스트로크 주기가 감소함을 의미한다. 지속적인 과도한 사용은 어깨에 스트레스를 가하게 되므로, 스트로크 주기가 줄어들수록 어깨에 가해지는 스트레스의 누적이 감소하게 된다. 스트레스를 받지 않고 염증으로 고통받지 않는 어깨는 기술 향상에 대한 집중을 방해하지 않는다.

- **코치와 선수 간의 상호작용 증대**

  훈련 거리의 감소는 코치와 선수 간의 상호작용을 위한 연습 시간의 증가를 가져온다. 코치는 기술 개념을 설명하고 선수가 기술을 연습할 때 피드백을 제공하는 데 더 많은 시간을 할애할 수 있다.

- **피로도 감소로 인한 기술 집중 용이**

  피로를 최소화하는 것은 기술 향상에 적절하게 집중하는 데 필수적이다. 훈련 시간에 가능한 모든 랩을 수영해야 하는 부담 없이 피로를 피하고 기술에 더 집중할 수 있도록 천천히 수영하는 데 시간을 할애할 수 있다.

- **영법 기술 발전을 위한 효과적인 연습**

  우수한 경기력을 달성하기 위해서는 10,000시간의 의도적인 연습이 필요하다. 그러나 비효율적인 기술(피로, 속도, 호흡 등)로 수행되는 스트로크는 전문 기술을 강화할 가능성이 없다. 따라서 전문 기술 발전을 위해서는 효과적인 기술을 수천 번 반복하는 것이 필수적이다.

- **분석 시간의 증가**

  훈련 거리가 짧아지면 테스트, 분석, 그리고 가장 중요한 선수에 대한 피드백에 더 많은 시간을 할애할 수 있다. 분석 절차가 일상화되면 더 빨리 경기력 관련 분석을 진행하고 개선에 대한 보고서를 신속히 받을 수 있다.

- **레이스별 연습에 더 많은 시간을 할애**

  기술 학습의 궁극적인 목표는 레이스 내내 가장 효과적인 테크닉을 유지하는 것이다. 거리 감소 계획은 선수가 모의 레이스 조건(즉, 연습 대회)으로 연습할 수 있는 시간이 더 많아진다. 스타팅 블록에서 출발, 수영 사이의 긴 휴식, 레인당 한 선수가 훈련하는 시간은 수영 선수에게 전체 레이스 동안 효과적인 기술을 유지하는 연습을 할 수 있는 기회를 제공한다.

04 트레이닝의 주기화

주기화의 개념

현대의 수영을 포함한 다양한 스포츠 훈련 방법에서 널리 사용되는 개념 중 하나는 주기화^{periodization}이다. 이 용어는 1960년대 올림픽에서 주기화 훈련을 통한 성과가 나타나면서 일반화되기 시작했으나, 주기화의 기원은 명확하지 않으며, 고대 올림픽 게임(기원전 776년부터 서기 393년)에서 선수 훈련 방법으로 존재했던 것으로 보인다(Bompa & Buzzichelli, 2019). 'Periodization'이라는 용어는 'period'(기간, 주기, 단계, 과정)에서 유래하며, 한국어로는 주기화(週期化)라고 번역된다. 이는 정해진 훈련 기간(주기, 단계, 과정 등)의 반복을 의미한다. 스포츠 훈련에서 주기화는 훈련 기간을 일간, 주간, 월간, 연간으로 구분하고, 훈련 단계(주기)는 운동 강도, 훈련량, 기술 등의 요소를 점진적으로 조절하여 실시하는 방법이다.

주기화 훈련은 Hans Selye가 제안한 일반적응증후군 GAS 이론에 기반하여 발전한 훈련 방법이다(Plaza, 2022). 신체의 스트레스 반응은 경고 반응, 저항, 탈진과 같은 예측 가능한 일련의 반응을 포함한다. 이 개념은 이후 수행력을 최적화하고, 스트레스 및 피로를 관리하며, 부상과 소진의 위험을 줄이기 위해 신체 컨디셔닝에 적용되어 최적의 경기력을 달성하는 데 기여한다(Wikipedia, 2024). 주기화 프로그램은 피로, 과도한 훈련, 운동 관련 부적응을 예방하는 데 도움을 준다(Kiely, 2018). 또한, 주기별 훈련 부하의 적절한 변화(세트, 반복, 운동 순서, 운동 횟수, 저항, 휴식 시간, 근수축 유형 또는 훈련 빈도)는 지속적으로 발생하는 피로를 고려하여 긍정적인 적응을 촉진하는 장점이 있다(Lorenz & Morrison, 2015). 주기화 트레이닝은 운동 부하를 점진적으로 증가시키고 신체에 스트레스를 준 후 휴식 기간을 갖는 신체 훈련을 의미한다.

많은 이들은 주기화 훈련 계획을 단순히 기간의 구분과 반복적인 훈련 단계로 이해하는 경향이 있으며, 연간 계획의 주기화와 생체 운동 능력의 주기화를 동일시하기도 한다. 주기화 트레이닝은 부상과 과도한 훈련 overtraining 의 위험을 최소화하면서 운동 수행력(경기력)과 생체 운동 능력 biomotor ability 변수를 의도적으로 조작하여 수영 경기 기록 향상을 위한 신체 자원의 극대화를 목표로 한다. 일반적으로 수영 주기화 트레이닝은 근육 관련 체력의 구성 요소(예: 근력, 근력-속도 및 근력-지구력)를 개선하기 위해 부하 감소 단계와 고부하 훈련을 체계적으로 번갈아 수행하는 프로그램을 설계한다. 주기화 프로그램의 전반적인 경향은 크게 두 가지 중요한 측면, 즉 연간 계획의 주기화 periodization of the annual plan 와 생체 운동 능력의 주기화 periodization of biomotor abilities 로 프로그램을 조직하는 것이 일반적이다(Bompa & Buzzichelli, 2019).

○ **연간 계획의 주기화:** 연간 훈련 계획을 더 작은 훈련 단계(기간)로 나누어 훈련 프로그램의 계획 및 관리를 쉽게 하고, 1년 중 주요 경기대회에서 최고의 경기력을 발휘할 수 있도록 하는 주기화 프로그램

○ **생체 운동 능력의 주기화:** 선수가 한 해의 주요 경기에서 가능한 최고 수준의 속도, 근력, 파워, 민첩성, 지구력을 발휘할 수 있도록 하는 체력 운동 프로그램

주기화 트레이닝의 목표

주기화 훈련에서 단계별 계획은 신체적 및 정신적 자극을 통해 생리적 및 심리적 적응을 촉진하도록 설계되며, 이는 수영선수의 경기력을 향상시키고 특정 수행 요소(신체적, 기술적, 전술적)를 순차적으로 개선하는 것을 목표로 한다. 주기화의 맥락에서 훈련은 수영선수의 기술과 운동 잠재력을 단계적으로 향상시키는 접근 방식이다. 이러한 접근 방식이 순차적으로 이루어져야 하는 이유는 세 가지로 요약될 수 있다. 첫째, 선수의 경기력 요소를 최적화하는 데는 상당한 시간이 소요된다. 둘째, 이러한 과정은 훈련 방법과 수단의 특수성을 높여 다음 단계의 훈련 방법과 수단을 강화하며, 궁극적으로 선수의 경기력 향상을 위한 형태 기능적 적응 morpho-functional adaptations 을 유도해야 한다. 셋째, 선수의 생리적 및 심리적 능력을 연중 지속적으로 유지하는

것은 불가능하다. 수영선수의 경기 준비 상태는 훈련 단계와 유형, 그리고 심리적 및 사회적 스트레스에 따라 달라진다. 따라서 연간 훈련 계획은 경기력을 극대화하기 위해 필요한 특정 측면을 단계적으로 개발하는 방향으로 세분화할 필요가 있다(Bompa & Buzzichelli, 2019).

따라서 주기화의 기본 이론은 다양한 단계와 훈련 주기를 통해 여러 훈련 변수를 체계적으로 강화하는 것이다. 또한 기술을 발전시키기 전에 기본 요소를 먼저 단련해야 한다. 예를 들어, 파워를 향상시키기 전에 근력을 강화해야 한다. 이러한 훈련 설계에 따라 기술 기반을 구축함으로써, 선수는 수영장과 웨이트장에서 매주, 매월, 연간 경기력 발전을 경험할 수 있다.

코치와 선수는 주기화 계획의 단계에 포함될 수 있는 훈련 목표를 명확히 이해해야 한다. 훈련 단계와 연중 시기에 따라 다음과 같은 훈련 요소를 목표로 설정할 수 있다(Riewald, 2015).

- ○ 신체 적응 및 부상 예방
- ○ 시즌 후 회복과 재충전
- ○ 최대 근력 – 몸 전체의 근력을 강화
- ○ 근지구력 – 피로하지 않고 반복해서 힘을 생성할 수 있는 능력
- ○ 파워 – 단시간에 큰 힘 생성. 근력 × 수축 속도 = 파워(순발력)
- ○ 파워 지구력 – 피로 없이 동작을 힘차게 반복 수행 능력
- ○ 근력 유지 – 일주일에 1회 이상 근력 운동 실시
- ○ 총체적 신체 발달 – 건강 체력과 운동 체력 훈련
- ○ 수영 생체운동 능력 훈련 – 수중 근력, 파워 훈련 또는 지상 훈련
- ○ 심리적 발달 – 수영 경기력 관련 정신적 기술을 개발
- ○ 기술 숙련도 – 기술은 훈련의 중요한 구성 요소임

수영 주기화 프로그램 구성

연간 주기화 훈련 계획의 단계 배분

1년간의 훈련 계획은 연도 또는 경기연맹의 행정 절차에 따라 구분되지만, 수영 시즌이나 대회에 따라 훈련 기간은 다양할 수밖에 없다. 예를 들어, 한 해가 시작되면 8월에 열리는 패럴림픽을 대비한 훈련 계획은 최대 7개월을 기준으로 수립될 것이다. 장기적인 훈련을 위해서는 선수들의 신체적 준비 상태를 점검하고, 경기력을 극대화하며, 회복을 위한 일련의 과정이 필수적이다. 연간 주기화 훈련 계획은 트레이닝 프로그램의 운영을 용이하게 하고, 연간 주요 경기 일정에 맞추어 경기력을 최상으로 끌어올리기 위해 연간 계획을 트레이닝 단계에 따라 세분화하는 것을 의미한다. 일반적으로 연간 훈련 계획은 여러 개의 기간 또는 단계로 나누어 진행된다. 수영의 연간 트레이닝 주기는 준비기, 시합기, 이행기의 3단계로 구분된다.

연간 트레이닝 계획						
훈련 시기	준비기			시합기		전환기
하위 단계	일반 준비 단계	특정 준비 단계	경기 전 단계	경기 진행 단계		전이 단계
대주기						
소주기						

[그림 3.6.9] 훈련 시기와 주기의 연간 훈련 계획 배분

수영의 연간 훈련 계획에서 준비기 preparatory phase 는 경기력을 위한 생리적 기반을 형성하는 중요한 단계로, 이 단계는 일반 준비 단계와 특정 준비 단계의 두 하위 단계로 나뉜다. 일반 준비 단계에서는 일반적이고 구체적인 훈련 방법을 통해 생리학적 기반을 구축하는 데 중점을 둔다. 반면, 특정 준비 단계는 주로 스트로크별 거리 종목에 필요한 특성을 개발하는 데 초점을 맞춘다. 훈련의 시합 단계는 시합 전 단계와 시합 단계로 세분화된다. 시합기는 경기 일정에 맞춰 경기력을 극대화하는 시기로, 경기 전 단계와 경기 진행 단계(주경기 단계)로 구분된다. 준비 단계가 충분히 이루어지지 않으면 경기력이 극대화되지 않는데, 이는 최적의 경기력을 위해 필요한 생리적 적응이 이루어지지 않았기 때문이다(Bompa & Buzzichelli, 2019). 전환기 transition phase 는 대회 종료 후 시즌 동안 쌓인 피로를 해소하고, 선수가 경기로 인한 생리적 및 심리적 스트레스에서 회복할 수 있도록 돕는 시기이다.

연간 계획의 각 단계는 다음에 설명할 훈련 구조에서 대주기와 소주기를 포함하며, 각 소단위는 연간 훈련 계획의 목표와 밀접하게 연관된 목표를 지닌다. [그림 3.6.9]는 연간 훈련 계획을 단계와 주기로 구분한 내용을 나디낸다.

수영 생체운동 능력의 주기화

생체운동 능력 biomotor ability 은 선수의 운동 능력을 나타내는 개념으로, 일반적으로 '체력'으로 이해될 수 있다. 많은 이들은 연간 계획의 구분으로서의 주기화와 생체운동 능력의 주기화 간의 차이를 명확히 인식하지 못한다. 운동 수행력은 운동선수의 생리적 적응, 훈련에 대한 심리적 적응, 그리고 스포츠에 필요한 기술 및 능력을 개발하고 숙달하는 능력에 따라 달라진다. 연간 계획의 각 하위 단계의 기간은 선수의 훈련 상태(준비도)를 향상시키고, 해당 연도의 주요 대회에서 생리적 잠재력(준비도)을 발휘하는 데 필요한 시간에 따라 결정된다. 각 훈련 단계의 기간을 결정하는 주요 요인은 경기 일정이다. 운동선수는 적절한 시기(예: 주요 대회)에 경기력을 최적화하기 위해 수개월 간 훈련을 진행한다. 따라서 훈련 계획은 체계적으로 수립되어야 하며, 생리적 적응을 단계적으로 개발하고, 피로도를 관리하여 선수의 경기력이 저하되지 않도록 해야 한다(Bompa & Buzzichelli, 2019).

수영선수를 위한 훈련은 수영에 필요한 신체적 요건을 물속과 물밖에서 모두 반영하여, 경기 수행에 적합한 신체를 준비하는 데 중점을 두어야 한다. 수영에 필요한 신체적 요건을 고려할 때, 잘 설계된 근력 훈련 프로그램의 중요성이 더욱 부각된다. 수영 시 근육의 역할에 따라 기초 근력 foundational strength 과 수영에 특화된 근력 swimming-specific strength 이라는 두 가지 일반적인 개념으로 구분할 수 있다(Riewald, 2015). 기초 근력은 수영 경기를 수행하는 데 필수적인 근력으로, 기초 근력을 향상시키는 목표는 최대 근력을 증대시키는 것이 아니라, 수영선수가 파워와 수영에 특화된 근력을 개발할 수 있는 근력 기반을 구축하는 데 있다. 반면, 수영에 특화된 근력은 네 가지 스트로크를 수행하는 동안 요구되는 뛰어난 능력을 발휘하는 데 필요한 근력을 의미한다. 각 스트로크는 서로 다른 근육을 다양한 방식으로 활용해야 하는 특정한 요구 사항을 가지고 있다. 일부 코치들은 수영에 특화된 근력을 기능적 근력이라고 지칭하며, 이는 경기력 극대화를 위한 수중 근력 개발을 나타낸다. 또한, 생체운동 능력의 관점에서 수영의 근력 요소는 출발을 위한 파워 starting power, 속도를 위한 가속 파워 acceleration power, 그리고 종목 거리를 스트로크하기 위한 근지구력 muscular endurance short and long)을 포함한다(Bompa & Buzzichelli, 2015).

수영의 경기력은 힘 force, 속도 speed, 지구력 endurance 요소가 역학적 축의 관계를 형성하며, 그에 따른 생체 운동 능력은 힘-속도의 관계 축은 파워, 힘-지구력 축은 근지구력, 속도-지구력 축은 속도 지구력으로 구분할 수 있다.

[그림 3.6.8]에서 살펴 본 힘-지구력 축에 해당하는 종목은 근지구력이 지배적인 스포츠이다. 수영의 모든 거리 종목이 같은 근력과 지구력이 요구되는 것은 아니다. 예를 들어, 패럴림픽 수영 종목의 거리는 50m에서 400m이다. 50m 수영 경기는 속도 지구력과 파워 지구력(젖산 파워 대사)이 지배적이지만, 거리가 증가함에 따라 근지구력(유산소 파워와 용량)이 더욱 중요해진다. 그렇지만 우리는 반복되는 짧은 파워 동작(50m 수영)과 장시간 지속하는 강력한 동작(400m 수영)을 구별해야 한다. 이 두 가지 형태 모두 파워 지구력이 필요하지만, 짧은 파워 동작의 주요 에너지 시스템은 젖산 시스템이다. 먼 거리일 경우에는 주로 젖산 시스템의 파워 (즉, 최대 비율로 ATP를 생산하는 젖산 시스템의 능력)에 의존한다.

단시간 근지구력 ME short 은 40초~2분 범위의 종목에 필요한 근지구력으로, 젖산 능력과 유산소 파워가 혼합되어 있다. 예를 들어, 100m 수영 경기의 시작은 처음 20회의 스트로크와 마찬가지로 파워 동작이다. 그러나 경주 race 의 중간 지점부터 끝까지 근지구력은 적어도 파워만큼 중요해진다. 마지막 30~40m에서 중요한 요소는 속도를 유지하고 결승점에서 속도를 높이기 위해 팔을 당기는 힘을 똑같이 하는 능력이다. 따라서 근지구력은 100m 수영과 같은 종목의 최종 결과에 큰 역할을 한다. 지속 시간이 조금 더 긴 종목의 근지구력은 200m 및 400m 수영과 같은 활동이 2~8분 동안 지속되고 유산소 파워가 필요한 주기적인 스포츠의 대표적인 특징이다. 속도-지구력 축에 해당하는 속도 지구력이란 10초에서 20초(예: 수영 50m) 동안 속도를 유지하는 능력을 말한다. 따라서 이러한 종목의 선수들은 속도 지구력을 발달시키는 훈련을 해야 한다.

주기화 트레이닝 프로그램에 있어서 생체운동 능력의 단계는 준비기에 해당한다고 볼 수 있는데, 이는 수영 선수가 물에서 성공하는 데 필요한 근력, 파워, 지구력, 스포츠별 특성을 키우는 데 중점을 두는 단계이다 (Riewald, 2015). 이 훈련 단계의 초점은 근력과 컨디셔닝 수준을 높이고, 이를 통해 수영 경기력 향상을 도모하는 일이다. 이때 다음과 같은 몇 가지 구체적인 지침을 준수해야 한다.

○ 훈련은 4~12주에 걸쳐 높은 수준의 근력을 키우고 컨디셔닝의 기초를 확립하도록 한다.

○ 이 단계의 초기 몇 주 동안 달성한 근력은 스프린트 선수에게 필요한 파워나 장거리 수영선수에게 필요한 근지구력의 기초를 형성한다. 최고 수행력은 운동에 따라 결정된다.

○ 단계 끝 무렵에는 스프린트 선수는 파워, 장거리 선수는 근지구력 개발에 초점을 둔다. 파워 개발에는 4~5주, 근지구력을 위한 신체적, 생리학적 적응에는 6~8주를 계획한다.

○ 프로그램은 일반적인 훈련과 특정 훈련 요소로 구분하여, 일반 준비는 유산소 기반 구축에 초점을 맞추고, 특정 준비 훈련은 수영에 특화된 근력과 파워 개발, 파워를 물에 적용하는 방법도 배운다.

주기화 트레이닝의 기간

주기화 훈련의 기간은 훈련 계획의 여러 단계로 구분되며, 이를 대주기 macrocycle, 중주기 mesocycle, 소주기 microcycle 라는 용어로 설명한다. 트레이닝 시간은 주기화의 가장 기본적인 계획 단위로, 하루에 한 번 또는 여러 번 설정할 수 있다. 각 시간 설정에는 영법, 체력, 기술 등 다양한 훈련 요소가 포함될 수 있다. 소주기는 전체 주기화 훈련 일정 중 가장 짧은 기간을 의미하며, 여러 개의 소주기가 결합하여 중주기를 형성하고, 중주기가 다시 모여 대주기를 구성한다. 연간 훈련 계획은 일반적으로 대회 및 경기 일정을 고려하여 이 세 가지 기간 유형을 선수의 컨디셔닝과 경기력 목표에 맞추어 적절히 조직한다.

소주기(microcycle)

소주기는 3일 또는 4일에서 최대 2주까지 설정할 수 있으며, 일반적으로 1주일로 연장하는 것이 보편적이다. 소주기는 특정 수행력 변인 또는 프로그램 변인을 통합하여 개발하는 데 중점을 두고 설계될 수 있다. 이러한 소주기는 공통된 기능을 가지며, 훈련량과 운동 강도에 따라 구성된다. 예를 들어, 소주기는 피로를 유발하고, 파워를 개발하며, 기술 향상을 촉진하고, 회복을 도모하거나 기타 목표를 달성하기 위해 설계될 수 있다. 이 기간 동안 훈련 부하를 관리하는 것이 매우 중요하다. 소주기 중 수영선수는 하루 또는 최대 이틀 동안 한계 목표 영역에서 훈련을 수행해야 하며, 일주일에 최소 하루는 저강도 운동이나 활동적인 휴식 및 회복에 집중해야 한다.

중주기(mesocycle)

중주기 periodization 는 일반적으로 2주에서 8주 사이의 기간으로 설정되며, 각 소주기 microcycle 의 길이가 약 1주일인 경우, 중주기는 대개 2개에서 8개의 소주기로 구성된다. 중주기의 중요한 특징은 특정 신체적 특성의 개발에 중점을 두어 선수의 경기 준비를 위한 훈련 계획의 특정 단계로 설정된다는 점이다. 수영 시즌은 준비, 훈련, 대회, 활동성 휴식 단계 또는 전환 단계로 나눌 수 있으며, 각 단계는 훈련 계획 내의 중주기에 해당하며, 특정 훈련 목표 및 수행 목표를 달성하기 위한 방향으로 진행된다.

수영선수가 진정한 훈련 적응을 이루기 위해서는 중주기를 설정하는 것이 필수적이다. 근력이나 심혈관 지구력과 같은 신체적 특성이 발달하기 위해서는 일반적으로 6주에서 8주 정도의 기간이 필요하다. 적절한 훈련 자극을 제공하면서 선수들이 계절 계획의 목표를 달성할 수 있도록 하기 위해서는 충분한 시간이 요구된다. 훈련량과 강도가 소주기 내에서 다양하게 조정되어야 하듯이, 중주기 내에서도 주기적으로 조절되어야 한다. 이러한 다양성과 변형은 중주기 설계의 중요한 요소로 작용한다. 근지구력과 유산소 능력의 향상에 중점을 두는 8주간의 준비 단계에서 코치는 주로 이러한 수행력 변인의 개발에 집중하게 된다. 그러나 파워 개발이나 기술 훈련을 강조하는 몇 주의 1주일 소주기도 계획에 포함될 수 있으며, 이러한 방식으로 특정 훈련 목표를 반복함으로써 훈련의 신선함을 유지할 수 있다.

대주기(macrocycle)

대주기는 주기화 계획 내에서 가장 큰 단계로, 일반적으로 긴 기간을 의미하며, 이는 전체 수영 시즌을 포함합니다. 패럴림픽 선수들에게 있어 대주기는 4년 단위로 설정될 수 있습니다. 대주기의 훈련 목표는 주요 대회에서 최소 한 차례의 최고 경기력을 발휘할 수 있도록 계획하는 것입니다.

대주기에 대한 정해진 규칙은 없으며, 코치들은 대주기 훈련과 경기의 전체 연도를 아우르는 주기화 계획을 수립합니다. 대주기는 일련의 중주기 훈련 단계로 구성되며, 이들 단계는 서로 연결되어 포괄적인 훈련 계획을 형성합니다. 선수가 1년 내내 정점에 도달할 것으로 예상되는 경우, 연간 계획이라는 용어는 대주기와 동의어로 사용될 수 있습니다. 그러나 연간 두 개의 시즌이 존재할 경우(예: 단기 시즌과 장기 시즌), 연간 계획은 두 개의 대주기로 구성됩니다.

대주기는 특정 대회에 참가하기 위해 최고 적응 상태를 목표로 하는 일련의 중주기 단계로 구성됩니다. 예를 들어, 패러수영월드시리즈 Citi Para Swimming World Series 와 같이 연간 여러 차례 대회에 출전할 계획이 있는 경우, 주기 기간을 조정하여 구성합니다. 출전 대회에서 최고의 경기력을 달성하기 위해 소주기와 중주기를 대회 일정에 맞추어 역산하여 계획합니다(Plaza, 2022).

주기화 유형

주기화 트레이닝 개념이 처음 도입된 이후, 코치들은 다양한 방식으로 훈련 설계를 구성하고 있다. 주기화 트레이닝에 대해 논의할 때, 비주기 트레이닝 non-periodized training 과 비선형 주기화 non-linear periodization 를 혼동하는 경우가 흔하다. 비주기 트레이닝은 구조화가 고려되지 않은 훈련 방식으로, 모든 종류의 주기화 트레이닝과는 달리 논리적이고 정렬된 순서 없이 진행된다(Plaza, 2022). 주기화 트레이닝의 유형으로는 선형 linear , 비선형 non-linear , 블록 block 트레이닝 등이 있다. 선형 주기화 linear periodization 는 몇 주에 걸쳐 훈련량과 강도를 점진적으로 증가 또는 감소시키는 방식인 반면, 비선형 주기화는 더 정교하게 훈련량과 강도를 짧은 기간 내에 변화시킨다. 이러한 점에서 비주기 트레이닝과 비선형 주기화가 혼동될 수 있는 이유는, 비선형 주기화가 일반적으로 일주일 내내 부하를 기복 있게 수행하기 때문이다. 그러나 비선형 주기화는 시즌 내에 모든 요소가 구성되는 반면, 비주기 트레이닝은 무작위로 진행된다(Plaza, 2022). 다음은 주기화 프로그램을 구성하는 데 사용되는 몇 가지 방법과 그에 따른 장단점을 설명한 것이다(Riewald, 2015).

선형 주기화

선형 주기화 linear periodization 는 특정 기간 동안 훈련량을 점진적으로 감소시키고 강도를 점차적으로 증가시키며, 수영 기술 습득 또한 강도와 함께 향상시키는 훈련 접근 방식이다(그림 3.6.10). 이 방법은 근력 강화 및 컨디셔닝 프로그램에 자주 활용되며, 수영 훈련에 적용할 수 있는 효과적인 전략으로 평가된다. 선형 주기화는 일반적으로 훈련을 특정 목표 또는 적응에 맞춘 개별 단계로 구성하는 것을 포함한다. 이러한 주기화 방식은 수영의 체력과 경기력을 향상시키는 데 효과적일 수 있다.

이는 고전적 주기화 모델로서, 초보 선수나 지상 운동 및 수영 훈련을 처음 시작하는 이들에게 적합한 모델이다. 이 훈련법 초기에는 높은 훈련량과 낮은 강도의 운동으로 시작하여 근력, 기술의 기초를 개발하는 데 중점을 둔다. 훈련의 초점은 기초 근력 개발에서 시작하여 최대 근력 개발, 파워 개발, 그리고 주요 대회를 위한 최고 수준으로 진행된다. 이후 활동성 휴식 단계가 이어지며, 훈련 계획을 통한 진행은 수영 경기력뿐만 아니라 느리고 안정적인 적응을 촉진한다. 그러나 고전적 또는 선형적 방법의 가장 큰 단점은 특정 신체적 특성의 발달에 집중할 경우 다른 특성이 잠재적으로 저해될 수 있다는 점이다. 따라서 선형 훈련 계획을 수립할 때 몇 가지 중요한 요소를 고려해야 한다(Herodek et al., 2012). 훈련량을 적절히 조정하는 것이 필수적이며, 코치는 선수가 과도한 훈련을 하지 않도록 전체 훈련량(수중 수영, 지상 훈련, 기타 스트레스 요인)을 면밀히 측정해야 한다. 또한, 연초에 근력을 강화한 후 대주기 후반의 근력 개발을 소홀히 하는 모델을 따를 경우, 수영선수는 시즌 내내 증가된 근력을 유지하지 못할 위험이 있다.

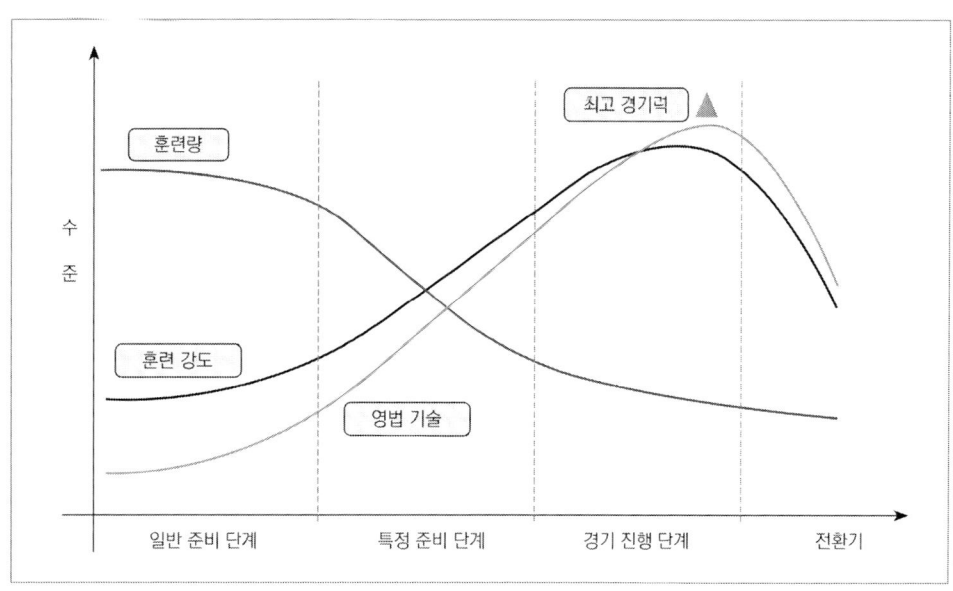

[그림 3.6.10] 선형 주기화 훈련 모델

비선형 또는 파동형 주기화

파동형 주기화nonlinear or undulating periodization 는 파동형 주기화nonlinear or undulating periodization 는 비선형 주기화 non-linear periodization 라고도 불리며, 선형 주기화 모델보다 훈련 변인(훈련량, 강도, 운동 종류, 훈련 방식 등)이 매일 훈련하는 것처럼 자주 바뀌는 것이 특징이며, 격주, 매주 또는 매일 바뀔 수 있다(Lorenz et al., 2010) (그림 3.6.11). 훈련 부하의 주간 변동은 부하를 더 예측할 수 없어서 선형 모델에 비해 신경근 적응이 더 좋을 수 있다. 또 다른 장점은 이러한 비선형 주기화가 선수의 회복에 따라 훈련 프로그램을 수정할 수 있다. 파동적 접근법을 채택하는 또 다른 이점은 중주기 또는 소주기에 특정 훈련을 중점적으로 할 수 있으면서 특정 훈련 단계 내에서 여러 훈련 목표를 동시에 해결할 수 있다는 것이다. 이 접근 방식은 연중 대회 참가를 자주 하는 수영선수에게 유익하다. 또한 훈련 블록이나 시즌 내에서 적응할 수 있는 유연성이 뛰어나다. 하나의 예로 주간 파동 주기화는 훈련량과 강도를 매주 변동하여 훈련하는 것을 의미하는데, 한 주는 파워에 초점을 맞춘 운동에, 다음 주는 근육량 증가에 전념하는 등 신체 적응력과 관계없이 운동할 수 있다. 매주 변경하는 대신 매일 훈련량과 강도를 수정하는 것을 일일 파동 주기화 모델이라고 한다. 예를 들어, 같은 주에 월요일은 파워, 수요일은 근비대, 금요일은 최대 근력에 전념할 수 있다(Plaza, 2022).

파동형 주기화의 가장 큰 장점은 변동성이면서도 가장 큰 우려 사항이기도 하다. 코치는 동시에 너무 많은 수행력 변인을 개선해 보고자 다양한 계획을 수립할 수 있다. 훈련의 초점이 너무 많은 훈련 양식에 걸치게 되면 집중할 수 없는 결과를 초래한다. 한 영역에서 경기력을 극대화하기 위한 훈련을 충분히 할 수 없기 때문이다. 연중 특정 시기에 변화를 계획적으로 줄이는 것은 운동선수가 특정 기술이나 일련의 기술 개발에 집중하고 잠재적으로 해당 영역의 개발을 촉진할 수 있다. 파동형 주기화는 중상급 수준의 선수 또는 장기간 최고의 근력과 경기력을 유지하고자 하는 선수에게 적합한 훈련 모델이다. 이는 훈련 변인과 그것이 경기력에 미치는 영

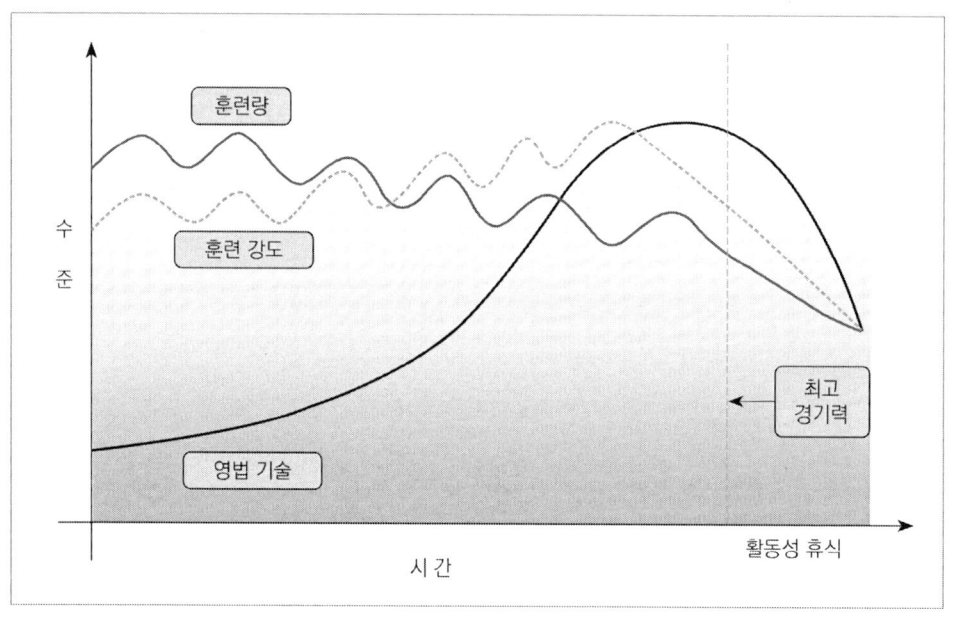

[그림 3.6.11] 파동형 주기화 훈련 모델

향에 대한 더 깊은 이해가 필요한 보다 복잡한 모델이다. 그러나 수영선수 개개인의 특정 요구 사항을 충족하도록 맞춤 설정할 수 있는 보다 유연한 훈련 모델이기도 하다.

역선형 주기화

역선형 주기화 reverse linear periodization 는 선형 주기화와 유사하게 대주기 과정에서 훈련 요인의 일관된 변화를 추구하지만, 그 접근 방식은 고전 모델과는 정반대의 방향성을 지닌다. 즉, 훈련 강도는 점진적으로 감소하는 반면, 훈련량은 점진적으로 증가하는 특징을 보인다(Harries et al., 2015). 이러한 방식은 궁극적으로 수영 선수의 파워 개발보다는 근지구력을 극대화하는 데 중점을 둔다(Herodek et al., 2012). 초기에는 상대적으로 적은 훈련량과 높은 강도로 시작하여, 대주기의 마지막 단계에서는 많은 훈련량과 낮은 강도로 마무리하게 된다. 대주기가 종료된 후, 수영 선수는 장거리 경기에서의 경기력 향상에 기여할 수 있는 더욱 강력한 근지구력을 갖추게 된다.

공액 주기화

선형 주기화 모델은 특정 수행력 변인을 발전시키고, 이후 다른 변인의 향상을 목표로 하여 훈련 설계를 순차적으로 실행하는 접근 방식을 채택하고 있다. 공액 conjugation 은 훈련 변인 간에 특별한 관계가 존재하여 서로 교환하더라도 그 특성이 변하지 않는 경우를 의미한다. 공액 또는 동시 주기화 방법 conjugated method of periodization 은 여러 능력을 동시에, 때로는 모든 능력을 동시에 발전시키려는 전략이다. 즉, 공액 주기화는 특정한 측면에만 집중하기보다는 다양한 신체적 특성(예: 근력, 속도)을 동시에 훈련하는 것을 지향한다(그림 3.6.12). 이러한 유형의 주기화는 신중한 계획과 조정이 요구되는 발전된 접근 방식으로, 모든 신체 능력을 동일한 훈련 기간에 향상시키려는 것을 반드시 의미하지는 않지만, 동일한 훈련 단계와 전체 훈련 계획을 통해 발전시키려는 방법이다.

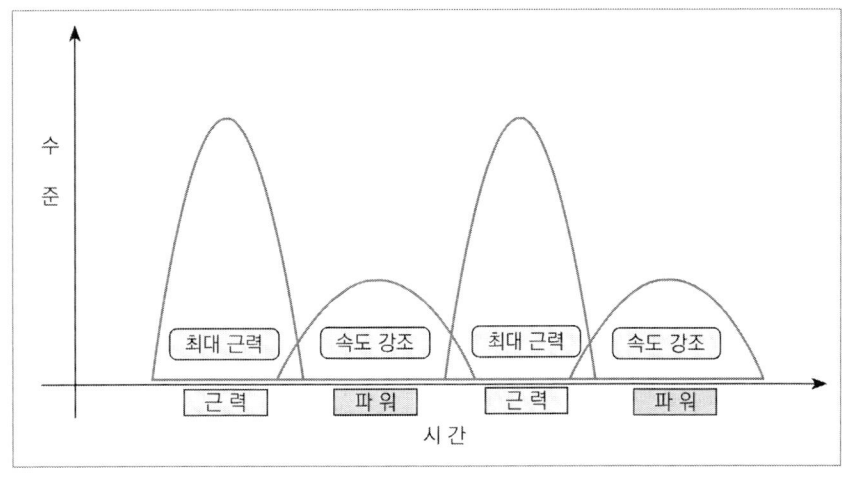

[그림 3.6.12] 공액 주기화 훈련 모델

공액 주기화 방식의 한 가지 잠재적 문제는 목표 영역(변인)이 다수 존재하여 운동량이 분산될 수 있다는 점이다. 생체 운동 능력 변인을 향상시키기 위해서는 운동량의 집중이 필요하나, 이 접근 방식으로 최대 성과에 도달하는 데 어려움이 발생할 수 있다. 이 방법의 변형은 중주기 mesocycle 전반에 걸쳐 모든 훈련 요소를 포함하되, 특정 훈련 단계에서 하나 또는 몇 가지 요소에 집중하는 것이다. 이러한 접근 방식을 통해 수영 선수는 특정 능력에 집중하면서도 다른 능력을 유지할 수 있어 훈련되지 않은 특성이 퇴보할 것이라는 우려를 줄일 수 있다.

표면적으로 이 접근 방식은 선형 주기화 모델과 유사하게 보일 수 있으나, 각 소주기와 중주기에는 훈련량, 강도, 운동 유형 선택에 있어 상당한 변화가 포함될 수 있다. 이 접근 방식의 핵심은 최소한의 훈련량으로 다른 모든 특성을 유지하면서 특정 특성을 강조하고 향상시키려는 것이다. 이를 통해 운동선수는 다양한 자극을 유지하고 정체, 과도한 훈련, 피로를 피하면서 특정 자극에 최적으로 적응할 수 있다. 이러한 집중적인 주기화 방법은 엘리트 운동선수가 동시에 다수의 자극에 적응하고 회복할 수 없다는 전제를 바탕으로 한다. 이들 운동선수는 특정 능력에 집중하고 노력할 때 더 많은 이점을 얻을 수 있으며, 시간이 경과함에 따라 다른 능력 개발에 중점을 둘 수 있다.

블록 주기화

블록 주기화 block periodization 모델은 선형 주기화와 비선형 주기화를 결합한 형태의 훈련 모델로, Issurin(2010)에 의해 제안되었다. 이 모델은 선형 주기화와 유사하게 시즌당 단 한 번의 경기력 극대화에 중점을 두지 않으며, 비선형 모델처럼 훈련의 강도와 양을 빈번하게 변화시키지 않는다. 블록 주기화는 훈련 변수를 최소화하여 집중적인 훈련을 통해 목표 능력을 향상시키는 데 기여한다. 각 블록의 지속 기간은 인체의 생리적 변화를 고려하여 최소 2주에서 6주로 설정되며, 대부분 중주기 블록 mesocycle-blocks 으로 구성된다. 수영 훈련에서는 일반적으로 2주에서 4주 사이의 짧은 기간 동안 특정 능력(예: 속도 또는 지구력)을 개발하는 데 중점을 둔다. 이는 수행 능력의 특정 측면을 세밀하게 조정해야 하는 상급 수영 선수에게 특히 유용하다. 훈련 주기화는 이전 몇 주 동안의 잔여 효과를 유지하면서 신체 능력의 발전에 집중하는 방식으로 진행된다 (Plaza, 2022).

블록 접근 방식은 세 가지 단계로 나뉜다(Stone et al., 2021).
- **축적 단계** accumulation phase : 목표는 운동 능력을 향상하고, 근력을 키우며, 운동선수가 근력, 파워, 지구력의 전반적인 기반을 개발한다. 많은 훈련량 및 중간 강도로 운동 능력을 개발한다.
- **변형 단계** transformation phase : 축적 단계를 기반으로 생체운동 능력을 수영 기술에 적용한다. 수영 경기력 개선을 위해 구체적인 운동, 중간 훈련량 및 다소 많은 훈련 부하를 통해 신체 능력을 개선한다.
- **실현 단계** Realization phase : 훈련량을 줄이고 강도를 약간 낮춰야 되므로 테이퍼 단계라고도 한다. 이는 피로를 줄이고 초과 회복 supercompensation 을 하여 최고의 경기력을 발휘하도록 돕는다.

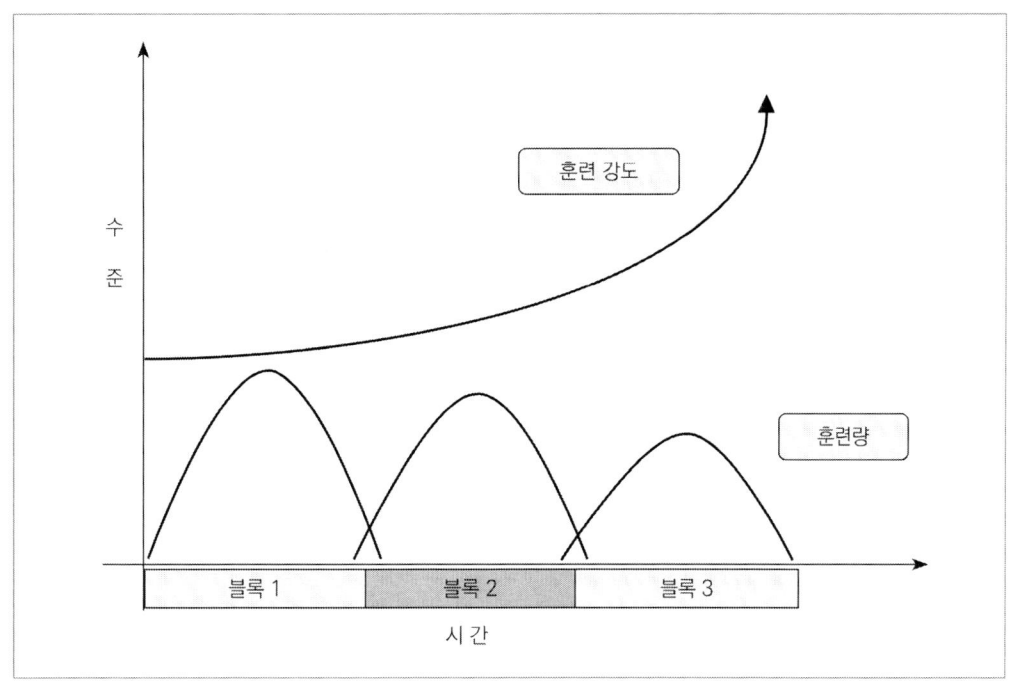

[그림 3.6.13] 블록 주기화 훈련 모델

주기화 모델의 휴식 및 회복

수영 선수들은 장기간에 걸쳐 집중적인 훈련을 수행하는 과정에서 피로가 누적되어 휴식이 필요하다는 신호를 경험할 수 있다. 이러한 신호는 특정 선수에게는 훈련 중단을 요구하는 질병의 징후일 수 있으며, 다른 경우에는 부상의 전조일 수 있다. 주기화 훈련 계획의 주요 장점 중 하나는 휴식과 회복이 훈련 계획의 필수적인 요소로 포함된다는 점이다. 휴식 기간은 각 훈련 주기에 따라 조정되어야 한다.

수영 선수는 매주 소주기 동안 경험하는 스트레스로부터 신체가 회복될 수 있도록 적절한 휴식이 필요하다. 전통적으로 대부분의 훈련 프로그램은 소주기의 주말을 휴식과 회복을 위한 일정으로 설정한다. 그러나 일부 프로그램은 4대1 훈련 일정을 채택하는 등 다소 다른 접근 방식을 취할 수 있다. 이 경우 선수들은 4회의 훈련을 수행하고 1회의 휴식을 갖게 된다. 하루에 두 번 훈련하는 프로그램에서는 선수는 소주기의 첫째 날과 둘째 날에 두 번의 훈련을 실시하고, 셋째 날에는 한 번의 훈련만 진행한다. 선수는 회복을 위한 추가 시간을 확보하기 위해 각 소주기 동안 하루 이상 훈련을 쉬는 것이 권장된다(Riewald, 2015). 대부분의 코치는 각 훈련 소주기에서 하루를 전면 휴식으로 계획하지만, 일부 코치는 매주 훈련을 통해 성과를 내기도 한다. 그럼에도 불구하고 대부분의 선수들은 주말 동안 수영장에서 벗어나 휴식 시간을 가질 수 있기를 희망한다.

테이퍼의 이해 (Understanding the Taper)

수영 시즌은 일반적으로 훈련량이 감소하는 테이퍼 기간 taper period 이후 주요 대회로 이어진다. 테이퍼의 주된 목적은 신체에 가해지는 신체적, 생리적, 정신적, 정서적 스트레스를 경감시켜 주 경기가 시작될 때까지 완전한 회복을 이루는 것이다. 테이퍼링 tapering 은 수영 문화의 일환으로, 수영 선수가 자신의 기술과 경기 전략을 세밀하게 조정하기 위해 일정 기간의 테이퍼가 필요하다. 그러나 많은 코치와 운동선수들은 테이퍼에 지나치게 큰 중요성을 부여하고 이를 시즌의 성패를 결정짓는 요소로 간주하는 경향이 있다.

여러 측면에서 테이퍼를 지나치게 강조하는 것은 훈련 주기화의 일반적인 철학에 반하는 것으로 볼 수 있다 (Riewald, 2015). 테이퍼의 이론적 배경은 수영 선수가 본선에 참가하기 위해 신체에 과도한 스트레스를 가할 경우, 회복에 상당한 시간이 필요하다는 것이다. 적절하게 설계된 훈련 계획에서는 구조화된 휴식이 포함되어 있어 수영 선수는 극심한 피로 상태에 빠지지 않아야 한다. 따라서 수영 선수는 시즌 중 언제든지 빠르게 수영할 준비가 되어 있어야 하며, 테이퍼는 수영 선수가 최고의 경기 성적을 달성할 수 있도록 하는 주기화의 중요한 요소로 간주된다.

주기화 훈련 계획 수립(Building a Periodized Training Plan)

주기화 훈련 계획을 수립할 때 가장 효과적인 접근 방식은 역순으로 계획을 세우는 것이다. 우선 해당 연도의 주요 대회를 파악한 후, 이를 바탕으로 나머지 훈련 계획을 작성하는 것이 바람직하다. 특히 처음으로 주기화 훈련 계획을 수립하는 과정은 반복적이며, 경험이 풍부한 코치조차도 처음 계획을 세울 때 모든 요소가 적절히 정렬되어 시즌에 맞춰질 것이라고 기대하기는 어렵다. 주기화 프로그램을 구성하기 위해서는 다음과 같은 단계를 따르는 것이 적절하다(Riewald, 2015).

○ 시즌의 가장 중요한 수영 대회를 확인하고, 이를 기준으로 역순으로 훈련 계획을 수립한다. 대회 일정과 이에 따른 테이퍼 taper 시간을 고려한 후, 일단 계획을 멈춘다.

○ 활동성 휴식 단계를 계획한다. 각 주요 대회가 종료된 후 1~2주 동안 교차 훈련 cross-train 을 실시하고 수영 훈련을 중단한다. 모든 계획이 수립될 때까지 휴식을 포함시키면 회복 시간이 일정에서 완전히 누락되는 경우가 많다.

○ 각 활동성 휴식 단계 이후에는 수영 선수가 물속과 육상에서 수영 훈련의 흐름으로 복귀할 수 있도록 적절한 예비 단계가 뒤따라야 한다.

○ 기초적인 근력과 컨디셔닝을 구축한 후, 수영에 특화된 근력 훈련 단계로 전환하기 위해 각 예비 단계에 따라 시간을 계획한다. 이 과정은 팀이나 특정 운동선수가 여유가 있을 경우 더 오랜 기간 지속될 수 있으며, 여러 중주기로 나눌 수 있다.

○ 시즌의 시합 단계를 계획한다. 이 단계는 최소 4주 동안 지속되어야 하며, 선수의 수영에 특화된 근력과 파워를 지속적으로 향상시키는 방향으로 전환된다.

○ 계획을 더욱 구체화한다. 각 대주기, 중주기, 소주기의 목표를 명확히 설명한다. 각 훈련 단계에는 주요 주제가 설정되어야 하며, 훈련 블록의 주요 초점이 아닌 신체적 및 생리적 특성을 유지하는 가변성과 운동을 포함해야 한다.

05 테이퍼링(Tapering/훈련량 점감)

테이퍼의 정의

코치와 선수는 수영대회 출전을 위한 훈련 계획을 수립할 때, 주기별 또는 단계별로 훈련량(훈련 거리)과 운동 강도를 최고 수준에서 낮은 수준으로 조정하는 것을 고려한다. 경기를 앞두고 수영훈련량을 점진적으로 감소시키는 과정을 '테이퍼 taper'라고 하며, 모든 테이퍼의 주요 목표는 적절한 시점에 경기력을 극대화하는 것이다(Bompa & Buzzichelli, 2019). 테이퍼는 "일상적인 훈련으로 인해 발생한 생리적 및 심리적 스트레스를 감소시키고, 경기력 최적화를 위한 시도로서 훈련 부하를 점진적으로 비선형적으로 줄이는 훈련 기간의 변동을 의미한다(Mujika & Padilla, 2000)." 테이퍼는 주요 대회에 이르는 훈련의 마지막 몇 주 동안 관계자가 널리 채택되는 방법이다. 코치는 테이퍼 기간 동안 훈련의 유형, 빈도, 기간, 강도를 적절히 조절하여 경기에서 최상의 성과를 달성하고자 한다. 테이퍼의 기본 목적은 경기력을 향상시키는 것이다. 훈련 처방의 다양한 요소를 고려한 테이퍼의 조작적 정의는 훈련 기간의 변동에 따라 훈련 부하를 점진적으로 감소시켜 매일의 훈련에서 생리적 및 심리적 스트레스를 줄이고 스포츠 경기력을 최적화하는 것이다(Mujika & Padilla, 2003).

테이퍼의 종류

테이퍼링은 본질적으로 점진적인 과정이며, 각 수영 선수의 특성에 따라 훈련 부하가 선형 또는 비선형 형태로 감소하는 양상을 보인다. 테이퍼라는 용어에서 유추할 수 있듯이, 테이퍼링 동안의 훈련 부하는 일반적으로 점진적으로 감소하는 경향이 있다(Bompa & Buzzichelli, 2019). 테이퍼링의 유형은 훈련량을 줄이는 방식에 따라 스포츠 경기력을 최적화하기 위한 다양한 접근을 포함하며, 이는 [그림 3.6.14]에서 시각적으로 설명되는 네 가지 형태로 나타난다.

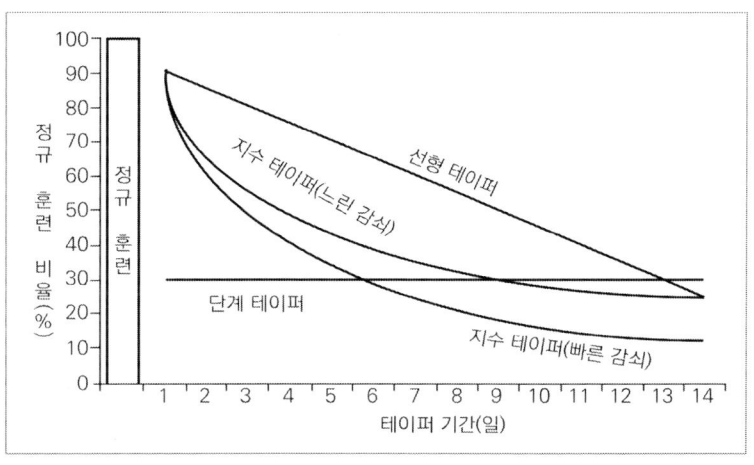

[그림 3.6.14] 4가지 유형의 테이퍼
출처: Mujika & Padilla (2003)

테이퍼 기간 동안 훈련량을 감소시키는 방식은 크게 세 가지로 구분된다. 첫째, 선형 테이퍼 linear taper 는 훈련량을 직선적으로 감소시키는 방법이다. 둘째, 지수형 테이퍼 exponential taper 는 훈련량을 곡선 형태로 빠르게 또는 서서히 줄이는 방식이다. 마지막으로, 단계 테이퍼 step taper 는 훈련량을 일정 수준으로 줄여 유지하는 형태이다.

[그림 3.6.14]에서 확인할 수 있듯이, 선형 테이퍼는 지수형 테이퍼에 비해 훈련 부하가 더 높음을 나타낸다. 또한, 지수형 테이퍼는 대회가 가까워질수록 훈련량을 점진적으로 또는 급격히 줄일 수 있으며, 느린 감쇠 테이퍼 slow decay taper 에서는 훈련 부하가 더 높게 유지된다.

선형 테이퍼는 훈련량 또는 훈련 부하를 단계적으로 감소시키며, 이는 아마도 엘리트 수영 선수들에게 가장 일반적인 방법일 것이다. 많은 코치와 선수들은 시즌의 마지막 2~4주 동안 총 훈련량, 개인 훈련 기간, 주 훈련 세트를 점진적으로 줄이며 훈련을 진행한다. 이와 함께, 훈련 부하를 빠르거나 느리게 감소시키는 지수형 테이퍼도 널리 활용되고 있다. 반면, 단계 테이퍼는 테이퍼 기간 동안 훈련 부하를 일정하게 줄여서 훈련하는 방식으로, 국제 수영 선수들에게는 덜 일반적이지만 일부 나이 든 남성 단거리 선수들은 이 유형의 테이퍼를 성공적으로 적용하고 있다. 대부분의 코치들은 훈련 계획이나 실행 단계에서 미세한 차이를 보이지만, 이러한 유형의 테이퍼 중 하나를 활용하고 있다(Pyne & Mujika, 2011).

테이퍼 기간, 전략

테이퍼 기간에 대한 과학자들의 의견은 다양하며, 대부분의 수영 선수들은 주요 대회 전에 수일에서 몇 주까지 테이퍼를 실시한다. 테이퍼 기간은 대회 전 준비 과정에서 결정하기 가장 어려운 요소 중 하나로 여겨진다. 테이퍼 단계의 시작은 대회 전 마지막 2주에서 3주 사이로 권장되며(Trappe et al., 2001), 이 시기는 목표 시간에 맞춰 최대 경기력을 발휘하는 것을 목표로 한다. 테이퍼의 주된 목적은 테이퍼 이전에 이루어진 훈련 적응을 유지하면서도 고강도 훈련으로부터 회복하는 것이다. 경기력 측면에서 테이퍼의 효율성은 지속 시간, 훈련 부하 감소 속도, 감소 형태(단계적, 선형적, 지수적 테이퍼), 훈련량과 운동 강도의 균형 유지 등 여러 특성에 따라 달라진다(Thomas & Busso, 2005). 이러한 특성은 테이퍼 이전의 훈련 기간의 특성에 따라 영향을 받을 수 있다. 또한, 수영 선수들은 테이퍼 단계에 접어들면 신체적 및 정신적 피로를 경험하는 경우가 많으며, 테이퍼를 통해 생리적 및 심리적 스트레스를 감소시키는 효과를 얻을 수 있다. 이로 인해 피로가 점진적으로 줄어들면서 힘과 속도가 증가하는 현상이 나타난다. 향상된 최대 수영 속도로 효과적으로 전환하기 위해서는 생리학적 적응을 위해 우수한 수영 기술을 유지해야 한다(Pyne & Mujika, 2011). 다음은 메타 분석을 통해 최적의 테이퍼 전략에 대한 결론과 그 실제적 의미를 도출한 내용이다(Mujika & Padilla, 2003).

○ 테이퍼의 주요 목표는 추가적인 생리적 적응이나 체력 향상보다는 누적된 피로를 최소화하는 데 있다. 이 목표는 이전에 습득한 적응력과 체력 수준에 부정적인 영향을 미치지 않도록 달성되어야 한다.

○ 경기력을 최적화하기 위해 훈련 변수를 감소시킬 수 있는 충분한 회복이 가능하다면, 디트레이닝 detraining (훈련 효과 감소 과정)을 방지하기 위해 훈련 강도(예: 질 높은 훈련)를 유지하는 것이 필요하다.

○ 훈련량을 60~90%로 줄이는 경우, 고도로 훈련된 운동선수에게 긍정적인 생리적, 심리적, 경기력 반응이 유도되는 것으로 나타난다.

○ 고도로 훈련된 개인은 디트레이닝 detraining 또는 "감각 상실"을 방지하기 위해 빈번한 훈련이 필요하며(>80%), 반면 적당히 훈련된 개인(30-50%)은 매우 적은 훈련 빈도로도 훈련으로 인한 적응을 쉽게 유지할 수 있다.

○ 4~28일 동안 지속되는 테이퍼의 결과로 긍정적인 생리적 및 경기력 적응이 기대되지만, 완전한 비활동으로 인한 부정적인 영향은 운동선수에게 쉽게 나타날 수 있다.

○ 점진적인 지수형 테이퍼 기법은 단계 테이퍼 전략보다 경기력에 더 뚜렷한 긍정적인 영향을 미치는 것으로 보인다.

○ 테이퍼 전략은 일반적으로 경기력 향상에 효과적이지만, 기적적으로 기록 단축이 이루어지지는 않는다. 최종 테이퍼의 현실적인 경기력 목표는 약 3%의 향상(일반적으로 0.5~6.0% 범위)이다.

〈표 3.6.6〉 최적 테이퍼 전략(Mujika & Padilla, 2003)

테이퍼 전략(요약)
- 체력 저하 없이 피로 최소화 - 훈련 강도 유지 - 훈련량 60~90% 감소 - 훈련 빈도를 >80%로 유지 - 4일에서 28일 사이의 테이퍼 기간을 개별화 - 점진적인 비선형 테이퍼링 설계 사용 - 약 3%(범위 0.5~6.0%)의 경기력 개선 기대

CHAPTER

7

경기력 향상
트레이닝

CHAPTER

7

경기력 향상 트레이닝

현대 패러 수영의 성과는 스포츠 과학의 적용에 기초하고 있다. 패러 수영선수를 훈련하고 지도하는 방법의 결정은 스포츠 과학의 원리를 이해하는 것에서 출발한다. 지도자가 선수를 훈련할 때, 트레이닝과 관련된 지식을 갖추지 않고 오로지 경험에 의존하여 훈련 계획을 수립하는 경우는 드물 것이다. 수영 훈련 계획은 레이스의 다양한 운동학적 요소와 생체 운동 능력 등 선수의 경기력에 영향을 미치는 요인을 평가한 후, 트레이닝 이론에 기반하여 훈련 변인의 개선 방안을 모색해야 한다. 물론 훈련 프로그램은 국내 대회와 국제 대회 간의 수영 경기력의

[그림 3.7.1] 뉴질랜드 Cameron Leslie 선수
사지결손 S5, SB3, SM4 150m IM 금메달 3개
출처: https://www.insidethegames.biz

변동성에 맞추어 선수의 경기력을 자극하고 향상시킬 수 있어야 한다.

수영 훈련의 주요 목표는 선수들이 주어진 종목에서 가능한 한 짧은 시간 내에 수영할 수 있도록 하는 것이다. 이는 주로 수영선수의 생리적, 생체 역학적, 기술적 능력에 의해 결정된다(Barbosa et al., 2008). 패러 수영의 거의 모든 경기 종목은 5분 미만으로 진행되지만, 코치들은 수영 능력의 최적화를 명분으로 훈련량(주 40km 이상)을 지나치게 중시하는 경향이 있는 것으로 알려져 있다(Nugent et al., 2017). 훈련량 중심의 트레이닝 방법은 스포츠 과학이나 코칭 교육에 대한 관심 없이 오로지 경험에 의존하여 지도하려는 지도자들의 욕구에서 비롯된 것으로 볼 수 있다.

수영 프로그램은 생체운동 능력, 기술, 전략, 수영 프로그램은 생체운동 능력, 기술, 전략, 심리적 트레이닝 측면을 포함하여야 한다. 이러한 요소는 선수의 장애 유형, 등급(기능적 수준), 연령, 개인 잠재력, 운동 발달 수준, 훈련 경력 또는 훈련 단계와 관계없이 훈련 프로그램에 필수적이며, 요소 사이에 강력히 연관되어 있다. 생체운동 능력은 모든 요소 개발의 기초로서(그림 3.7.2), 생체운동 능력이 강할수록 기술, 전략, 심리적 특성

을 개발할 수 있는 잠재력이 크다. 생체운동 능력 기반이 부적절하면 쉽게 피로해져서 선수는 다른 훈련 요소를 개발할 수 없다. 이는 준비기가 너무 짧고 적절한 생리적 적응이 개발되지 않을 때 종종 발생하며, 이런 일이 발생하면 전술, 기술, 심리적 능력을 효과적으로 개발하는 능력이 손상되어 경기 중 성적이 좋지 않을 위험이 있다. 그리고 기술은 전술 능력 개발의 핵심이며, 또한 생체운동 능력이 향상되면 기술, 전술 능력도 향상되어 자신감 등 심리적인 요소가 향상된다. 따라서 생체운동 능력은 관련 요소 개발의 초석이며 궁극적으로 수영에서 뛰어난 능력을 발휘하는 능력으로 이어진다.

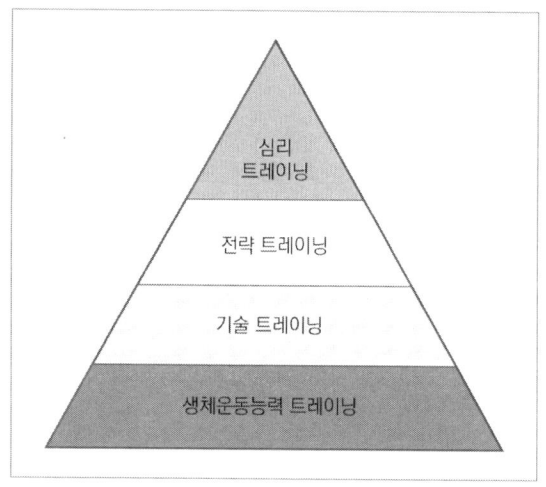

[그림 3.7.2] 트레이닝 요인의 위계

01 에너지 영역의 트레이닝

인원질 시스템과 유·무산소 에너지 시스템을 기반으로 에너지 영역zone 을 분류하는 것은 궁극적으로 트레이닝을 통해 경기력을 향상시키기 위한 목적을 가지고 있다. 트레이닝 영역과 에너지 영역의 분류는 학자나 코치에 따라 상이할 수 있으나, 트레이닝을 수행할 때 이러한 분류 단계가 동일하다고 보아도 큰 문제가 되지 않는다. 많은 코치들이 활용하는 수영의 트레이닝 영역zone 은 에너지 시스템을 토대로 구성되어 있다. 구체적으로, 유산소 에너지 시스템 영역은 영역 1과 2로, 무산소성 에너지 시스템 영역은 영역 3과 4로, 그리고 ATP-CP 에너지 시스템은 영역 5로 구분된다(Sweetenham & Atkinson, 2003). 〈표 3.7.1〉은 이 두 영역의 개념을 요약하여 제시하고 있다.

각 에너지 시스템은 수영 중에 발생할 수 있는 파워 생성의 용량이 상이하다. ATP-CP 경로를 통한 에너지 공급의 용량은 훈련의 결과로 10-20%의 변화를 보일 수 있으며, 이는 근육량과 섬유 유형의 분포에 의해 영향

〈표 3.7.1〉 트레이닝 영역과 에너지 영역의 관계 및 주요 목적

트레이닝 영역	에너지 영역	트레이닝의 주요 목적	%HRmax
Zone 1	유산소성 저강도	편히 하는 회복 수영, 기술 훈련	50-60%
Zone 2	무산소성 역치	유산소 능력 개발	60-70%
Zone 3	유산소성 지구력	컨디셔닝과 체력 증진	70-80%
Zone 4	무산소성 젖산	젖산 내성 개선	80-90%
Zone 5	최대산소섭취량	스피드 향상	90% ↑

을 받을 수 있다. 유전적 특성과 훈련 상태는 해당 과정의 총 유산소 생산 용량에 있어 모집단 간 50-100%의 차이를 초래할 수 있다고 Stager와 Coyle(2005)는 주장한다. 세 가지 에너지 시스템의 상대적 기여도는 활동의 강도와 수영 경기의 지속 시간에 따라 결정되며, 이는 운동 강도, 속도 및 종목의 지속 시간과 밀접한 관련이 있다. 수영 중 순간 평균 속도는 50m 경주에서 2.5m/초에 달하지만, 수영 거리가 증가함에 따라 점차 감소하여 200m에서는 평균 속도가 약 1.8m/초로 떨어진다. 이는 수영 속도가 에너지 공급과 밀접한 관계가 있음을 나타내며, 더 빠른 수영 속도는 더 많은 에너지를 요구한다. 비록 이 관계가 직선적이지는 않지만, 종목 거리가 증가함에 따라 속도에 비례하여 필요한 순간 에너지 요구량은 감소한다(Stager & Coyle, 2005).

수영 속도가 증가할수록 필요한 파워 생성량도 증가한다. 최단 거리 경기에서 수영 속도가 가장 높기 때문에 순간적인 파워 요구량도 가장 크다. 스프린트 종목에서는 파워의 필요성이 크므로 많은 에너지를 공급해야 한다. 세 가지 대사 경로의 에너지 용량으로 인해 수영 속도는 종목 거리가 증가함에 따라 대략 선형적으로 감소하며, 이 속도로 수영하는 데 필요한 파워 생성은 훨씬 더 빠른 속도로 감소한다. 따라서 느린 속도(또는 더 긴 거리)와 비교할 때, 빠른 수영 속도에서는 속도가 약간 감소하더라도 해당 속도를 유지하는 데 필요한 에너지가 훨씬 더 많이 감소한다. 그러나 반대로, 누군가가 더 빨리 수영할수록 조금이라도 더 빠르게 수영하기 위해 필요한 에너지 생산 속도는 더욱 증가한다는 점도 고려해야 한다. 예를 들어, 빠른 속도로 수영할 때 0.5초를 단축하는 경우(예: 50m 자유형) 추가로 소모되는 에너지는 0.5초 느리게 수영할 때 절약되는 에너지의 두 배에 이를 수 있다. 코치들은 경험적으로 수영 선수가 빠르게 수영할수록 더 높은 속도로 수영하기가 어려워진다고 언급한다. 다음으로 설명할 내용은 훈련 영역의 개요, 주요 내용 및 훈련의 예시를 제시할 것이다(Eat Sleep Swim Coach, 2020). 훈련 영역의 번호가 증가할수록 수영 강도는 강해지고 심박수는 증가하며 휴식 인터벌은 길어지는 경향이 있다.

트레이닝 영역의 개요

수영의 트레이닝 영역 zones 은 운동 부하의 변화에 따른 강도에 기반한 생리적 반응으로 다섯 가지로 구분될 수 있다. 모든 에너지 영역은 상대적으로 경계가 없지만, 각 영역은 에너지 생성을 위한 주요 경로를 포함하고 있다. 에너지 영역을 이해하는 것은 수영 훈련의 분류와 선수에게 필요한 에너지 생성 경로의 개발에 기여한다. 코치는 다양한 에너지 영역을 고려해야 하며, 그 수는 코치의 판단에 따라 결정된다. 에너지 영역의 수가 많아질수록 각 영역 간의 경계를 명확히 하는 것이 어려워진다.

따라서 코치가 미국수영연맹과 유사하게 7개의 에너지 영역을 활용하고자 할 경우, 수영 훈련 방법에 따라 각 에너지 영역의 정확한 분류가 필요하다. 이는 어려운 작업일 수 있으나, 운동량을 정밀하게 추적하는 데 기여할 수 있다(Sokolovas, G., n.d.). 에너지 영역을 5개로 축소한 상태와 훈련 영역 간의 주요 관계는 〈표 3.7.1〉에 제시되어 있다. 모든 에너지 영역은 운동 강도(심박수 또는 지속 시간)를 기준으로 설정된다. 선수가 더 오랜 시간 동안 훈련을 진행할 경우, 수영의 상대적 강도는 감소하게 되며, 이로 인해 선수는 더 낮은 에너지 영역을 활용하게 된다. 에너지 영역 훈련은 일반적으로 유산소 및 무산소 시스템의 독립적인 개발과 관련이

〈표 3.7.2〉 영국수영연맹의 트레이닝 영역 분류

트레이닝 Zones	이름	특성	HR (bpm)	LA (mmM)	RPE
Zone 1	A1	유산소성 저강도 기본 컨디셔닝과 기술 훈련; 준비운동과 정리운동 주로 지방 대사; 주로 지근섬유 동원	90-140	< 2	< 9
Zone 1	A2	유산소성 유지/발달 기본 유산소 훈련 심폐 시스템 개선, 젖산 제거 강화	140-160	2-4	10-12
Zone 2	AT	무산소성 역치 젖산 생성 = 젖산 제거로 최대 젖산 안정 상태 유산소 능력 발달을 위한 최적의 강도	160-180	3-6	14-15
Zone 3	VO$_2$	유산소 과부하 대략 VO$_2$max의 고강도 작업 훈련에는 심박수 및 임계 속도 훈련 포함 VO$_2$max 및 유산소성 파워 향상	170-180	6-12	17-19
Zone 4	LP	젖산 생성 훈련 강도는 젖산축적 속도로 최대화 훈련에는 레이스 페이스 훈련 포함 해당과정 에너지 생산 속도 향상	190	8-15	17-19
Zone 4	LT	젖산 내성 젖산축적 개선을 위해 중간 휴식과 함께 고강도 운동 근육의 젖산을 견딜 수 있는 능력 개발	190	12-20	19-20
Zone 5	Speed	스프린트 고강도, 짧은 시간, 긴 휴식 반복 비젖산 에너지 생산(ATP-PC), 신경근 협응과 속근섬유 동원 개선 설계	최대	–	–

출처 : British swimming (2005)

있지만, 아마도 가장 중요한 점은 훈련을 통해 경기력을 얼마나 향상시킬 수 있는지를 이해하는 것이다. 〈표 3.7.2〉는 British Swimming(2005)의 5단계 훈련 영역 분류를 나타내며, 세부적으로는 에너지 생성과 관련하여 7개의 영역으로 나누고 각 영역에 따른 특성과 운동 강도(심박수, 젖산, 운동 자각도)를 제시하고 있다.

트레이닝 영역 1: 유산소성 저강도(A1과 A2)

영역 1의 유산소성 운동은 최대 심박수의 50~60% 수준에서 수행되는 수영을 지칭한다. 이 영역은 유산소 저강도(A1) 수영과 유산소성 유지 및 발달(A2) 수영을 통합한 것으로 이해된다. 선수는 자연스러운 호흡을 유지하며 젖산 생성이 낮은 상태에서 회복 수영 및 기술 훈련을 병행할 수 있다. 반복 수영 사이의 휴식 인터벌은 짧게 설정된다. 선수는 주 종목 영법이 아닌 다양한 스트로크를 활용하며, 하지를 사용할 수 있는 선수는 발차기를 포함하기도 한다. 저강도 훈련은 400m 자유형과 200m 배영을 혼합하여 4×600m를 수행하며, 이때 휴식 인터벌은 15초로 설정된다. 300m를 왕복 거리 기준으로 할 경우, 4×300m를 실시하며, 200m는 자유형,

100m는 배영으로 수행하되 반복 수영 인터벌은 15초로 유지한다. 유산소성 유지 및 발달(A2) 훈련은 유산소 훈련 강도의 기초로, 심폐 시스템의 향상과 지방 연소에 기여하는 훈련으로, 목표 시간을 단축하는 수영을 자주 실시한다. 훈련은 자유형으로 9×100m를 수행하며, 3×100m를 3세트로 나누어 각 세트 내의 3회 수영 목표 시간을 5초씩 단축하고, 세트 간의 목표 시간도 5초씩 줄여서 진행한다.

트레이닝 영역 2: 무산소성 역치(AT)

영역 2는 무산소성 역치에 해당하며, 이는 최대 심박수의 60~70% 수준에서 수행되는 수영 훈련을 의미한다. 이 훈련은 유산소성 능력을 개발하고 유지하기 위한 목적으로 진행되며, 점진적으로 젖산이 축적되고 일부 지방이 에너지원으로 사용된다. 훈련의 거리 설정은 영역 1보다 짧아야 하며, 휴식 간격 또한 짧게 유지되어야 한다. 이러한 훈련은 시즌 초반에 정기적으로 실시된다. 예를 들어, 반복 수영 훈련의 거리가 300m일 경우, 자유형 200m와 배영 100m로 구성된 4×300m 세트를 수행하며, 휴식 인터벌은 10초로 설정한다. 또한, 반복 수영 거리가 200m일 경우에는 자유형 150m와 배영 50m로 구성된 4×200m 세트를 수행하고, 이 또한 휴식 인터벌을 10초로 설정한다.

트레이닝 영역 3: 유산소성 지구력(AE)

영역 3은 유산소성 지구력 Aerobic Endurance, AE 훈련으로, 최대 심박수의 70~80% 수준에서 수행된다. 유산소성 능력의 향상은 운동 중 신체가 활용할 수 있는 최대 산소량의 증가를 의미하며, 이는 인터벌 트레이닝을 통해 달성될 수 있다. 이 영역은 높은 강도로 진행되며, 과부하 유산소성 운동, 임계 속도 훈련, 그리고 경기 지구력 high-performance endurance 으로도 알려져 있다. 훈련은 50m에서 200m 사이의 반복 수영을 포함하며, 반복 사이의 휴식 시간은 20초에서 45초로 충분히 확보되어야 한다. 이 영역은 선수의 컨디셔닝과 심혈관 건강을 증진시키기 위해 자주 활용된다.

트레이닝 영역 4: 무산소성 젖산 생성(LP) 및 내성(LT)

영역 4는 유산소성 지구력 Aerobic Endurance, AE 훈련으로, 최대 심박수의 80~90% 수준에서 수행되는 수영을 의미한다. 이 영역의 훈련은 신체가 젖산을 견딜 수 있는 능력을 개발하고, 젖산 생산을 지연시키는 데 기여한다. 훈련은 목표 시간을 설정하여 레이스 페이스로 진행되며, 때때로 구간 기록, 스트로크 비율, 스트로크 횟수 등을 목표로 삼아 실시된다. 반복 수영 사이에는 충분한 휴식이 필요하다. 젖산 생성 Lactate Production, LP 훈련은 ATP 및 글리코겐 생산을 향상시키는 데 도움을 주는 훈련이다. 이 훈련은 150m를 자유형으로 레이스 템포로 수행하고, 100m 회복 수영을 2회 진행하는 방식으로 이루어진다. 또는 레이스 템포로 4×50m를 수행하고, 휴식 시간은 45초로 설정할 수 있다. 젖산 내성 훈련은 근육 내 젖산 축적에 대한 저항력을 향상시키는 데 중점을 둔다. 이러한 훈련은 시즌 초반에 간소하게 실시되며, 시즌이 진행됨에 따라 훈련의 빈도가 증가할 수 있다. 훈련은 레이스 속도로 4×50m를 수영하고, 휴식 시간은 90초로 설정한다.

트레이닝 영역 5: 단거리 질주(speed)

영역 5는 레이스 속도로 최대 심박수의 100% 수준으로 실시하는 수영이다. 트레이닝은 레이스 속도로 4 X 25m를 수영하되 휴식 인터벌은 60초로 한다. 일반적으로 수영과 휴식의 비율은 1:3~1:4로 한다.

02 속도 향상을 위한 트레이닝

수영 선수가 훈련을 통해 궁극적으로 얻고자 하는 목표는 기록(시간)을 단축하는 데 있다. 앞서 경기력 분석 부분에서 설명하였듯이 수영의 속도는 다음 공식으로 표현된다.

> 수영 속도 = 스트로크 비율(SR) X 스트로크 길이(SL)

수식을 통해 알 수 있듯이 선수는 훈련을 통해서 속도를 증가시키기 위해서는 스트로크 비율^{SR} 또는 스트로크 길이^{SL} 변인, 혹은 두 변인 모두를 변화시켜야 한다. 즉, 속도 $V = SR \times SL$를 증가시키기 위한 훈련을 구체적으로 열거하면 다음과 같이 다섯 가지의 방법이 존재한다(Sidney et al., 2011).

> • 스트로크 비율을 일정하게 유지하면서 스트로크 길이 늘림
> • 스트로크 길이를 일정하게 유지하면서 스트로크 비율을 높임
> • 스트로크 길이와 스트로크 비율을 같이 늘림
> • 스트로크 길이 늘리면서, 스트로크 비율을 상대적으로 낮춤
> • 스트로크 비율을 높이고, 스트로크 길이를 상대적으로 줄이기

속도 향상을 위한 다양한 스트로크 변인 조정 방법 중, 이론적으로 선수들이 레이스 전반에 걸쳐 더 긴 스트로크 길이와 더 높은 스트로크 비율을 유지하는 것이 성과를 향상시킬 수 있다. 사실, 두 변인을 동시에 증가시키는 것이 이상적일 수 있으나, 실제로는 이러한 상황이 발생하지 않는다(Maglischo, 2016). 경기력 분석에서 언급한 바와 같이, 속도와 관련된 스트로크 비율^{SR}과 스트로크 길이^{SL} 간의 관계는 부적 관계(역 U자 형태)를 보이며, 스트로크 비율이 증가할 경우 스트로크 길이는 감소하는 경향이 있다. 선수는 매우 낮은 스트로크 비율로 수영할 때 최대 스트로크 길이에 도달할 수 있지만, 최고 속도를 달성하기 위한 스트로크 길이와 스트로크 비율의 고유한 값은 존재하지 않는다. 따라서 수영 선수가 정해진 레이스 거리를 수영하며 페이스를 유지하기 위해서는 이상적인 스트로크 비율과 스트로크 길이의 최적 조합을 찾아야 하며, 이를 위해 코치와 선수는 훈련을 통해 두 요인의 최적 관계를 규명해야 한다.

선수가 빠른 수영을 위해서는 자신의 종목에 적합한 스트로크 비율과 스트로크 길이의 최적 조합을 찾아 이

를 수행하는 것이 필수적이다. 이를 위해 활용할 수 있는 방법 중 하나는 스트로크 비율을 다양하게 조정하여 레이스 속도로 25~100회 반복 수영하는 것이다(Maglischo, 2003a). 스트로크 비율은 스트로크 주기를 세 번 측정하여 분당 스트로크 주기로 계산할 수 있다. 앞서 제시된 〈표 3.5.2〉에 나타난 세계적인 선수의 종목별 스트로크 비율과 스트로크 길이의 범위를 참고하여 각 레이스에서 예상되는 최적의 스트로크 비율 범위를 확인할 필요가 있다.

속도 향상을 위한 훈련에서는 처음에 스트로크 비율 범위 중 가장 낮은 비율로 수영을 시작한다. 이후 정해진 거리에 대해 노력을 덜 하거나 같은 시간 내에 더 빠르게 수영할 수 있을 때까지 스트로크 비율을 점진적으로 증가시킨다. 수영 후에는 심박수, 회복 심박수, 운동 자각도 등을 활용하여 수영의 에너지 소비를 평가해야 한다. 특정 레이스 거리에 대한 최적의 스트로크 비율을 결정하는 또 다른 방법은 여러 대회에서의 비율 수치를 기록하는 것이다. 특정 종목에서 제한된 범위의 스트로크 비율로 최고의 기록을 지속적으로 달성할 경우, 이 시점이 선수의 최적 스트로크 비율 범위일 가능성이 높다(Maglischo, 2003b).

스트로크 비율과 스트로크 길이 간의 관계를 개선하여 더 빠르거나 적은 노력으로 수영할 수 있는 두 가지 방법이 있다. 첫 번째 방법은 스트로크 비율을 이전 수준 또는 유사하게 유지하면서 스트로크 길이를 늘리는 것이다. 두 번째 방법은 스트로크 길이를 크게 줄이지 않고 스트로크 속도를 증가시키는 것이다(Maglischo, 2003b). 스트로크 수는 이 관계를 개선하는 가장 간단한 방법 중 하나이다. 스트로크 길이를 늘리기 위한 훈련은 스트로크 비율을 거의 감소시키지 않으면서 더 적은 스트로크로 짧은 시간에 반복 거리를 주파해야 한다. 스트로크 비율을 줄이지 않고 스트로크 길이를 늘리면 스트로크 수가 줄어들더라도 시간이 느려질 수 있다는 점을 유념해야 한다. 스트로크 길이를 지나치게 줄이면서 비율 증가를 동반하지 않더라도 스트로크 비율을 증가시켜 수영 속도를 향상시킬 수 있다. 〈표 3.7.3〉은 스트로크 비율과 스트로크 길이의 변화가 반복 시간 및 반복 중에 수행한 스트로크 수의 관계를 요약한 것이다.

반복하는 동안 스트로크 수가 변하지 않더라도 시간이 빨라지면 긍정적인 효과를 나타낸다. 이는 스트로크 길이를 크게 줄이지 않고 스트로크 비율이 증가했음을 의미한다. 만약 반복 당 스트로크 수가 감소하고 수영 시간이 같거나 빨라지면 스트로크 길이가 증가하는 것도 긍정적인 효과로 간주된다. 반면, 스트로크 수에 변화가 없이 시간이 느려지면 부정적인 효과를 나타낸다. 이는 스트로크 길이가 거의 또는 전혀 증가하지 않은 채

〈표 3.7.3〉 스트로크 비율과 스트로크 길이 변화가 반복 속도 및 스트로크 수에 미치는 영향

스트로크 수	수영 속도	스트로크 비율에 미치는 영향	스트로크 길이에 미치는 영향
▸ 긍정적 효과			
변화 없음	더 빠름	증가	변화 없음
더 적음	더 빠름	변화 없음	증가
더 적음	같음	감소	증가
▸ 부정적 효과			
변화 없음	더 느림	감소	변화 없음
더 많음	더 느림	변화 없음	감소
더 많음	같음	증가	감소

출처: Maglischo (2003b)

스트로크 비율이 과도하게 감소했을 가능성을 시사한다. 스트로크 수가 증가하고 반복 거리 주파 시간이 같거나 느려지면 효과는 더욱 부정적이다. 이러한 상황은 스트로크 비율의 증가 또는 변화 없음과 연관되어 스트로크당 거리(스트로크 길이)가 상당히 줄어든 것을 의미한다.

다음은 스트로크 길이와 스트로크 비율을 증가시키기 위한 몇 가지 훈련 방법을 소개하고 있다.

스트로크 수 세기 훈련

수영 속도와 관련된 변수를 분석할 때, 스트로크 거리는 한 번의 팔 사이클 동안 이동한 거리이며, 스트로크 비율은 분당 수행되는 스트로크 사이클의 수를 의미한다. 이러한 변수를 정확히 계산하기 위해서는 스트로크 수stroke count를 정확하게 측정하는 것이 필수적이다. 즉, 수영 속도를 향상시키기 위해 스트로크 비율이나 스트로크 길이를 조정하고자 할 경우, 우선적으로 스트로크 수를 세는 훈련이 필요하다. 일반적으로 선수들에게 스트로크 수를 줄이도록 지시할 경우, 그들은 더 강하게 킥을 하고 힘차게 당기며 더 멀리 나아가려는 경향이 있지만, 이러한 접근 방식에는 한계가 존재한다. 스트로크 수를 세는 훈련의 한 방법으로는 경기력 분석에서 소개된 SWOLF라는 수영 효율성 측정 방법이 있다. 이 방법에 따르면, 선수는 적절한 간격으로 25m, 50m, 75m 또는 100m를 반복하여 수영하며, 실제 레이스 속도에 근접할 수 있도록 충분한 회복 시간을 확보한다. 선수는 자신의 스트로크 수를 기록하고 각 반복의 시간을 측정하여 이를 합산하여 SWOLF 점수를 산출한다. 이후 선수는 시간을 줄이지 않으면서 스트로크 수를 줄이거나, 스트로크 수를 증가시키지 않고 속도를 높여 점수를 낮추기 위해 노력한다.

스트로크 길이 늘리기 훈련

스트로크 길이는 일반적으로 훈련을 통해 조정할 수 있는 요소로, 코치와 수영 선수들이 스트로크 사이클당 평균 속도를 향상시키기 위해 가장 널리 활용하는 방법 중 하나이다. 스트로크 수행 시 팔의 움직임 속도를 시각적으로 확인하기는 어렵지만, 팔을 들어 올리고 물을 잡은 후 당기는 과정에서 수면으로 채워지는 단계에서 속도의 변화가 발생한다. 팔과 손의 스트로크 속도가 일정하게 유지된다면 운동의 효율성은 크게 향상될 것이다. 스트로크를 통해 전진하는 과정에서 과도한 활주, 팔다리 방향의 갑작스러운 변화, 또는 추진력이 부족한 스트로크는 속도 손실의 일반적인 원인으로 작용한다(Maglischo, 2016).

스트로크 사이클 중에는 속도가 급격히 감소하는 순간이 존재하는데, 이를 "사각 지점dead spots"이라고 한다. 선수는 스트로크 사이클의 특정 구간에서 다음 구간으로 전환할 때 속도의 최소 변화를 감지하고, 몸이 과도하게 위아래 또는 옆으로 움직여 저항이 발생하는 자세를 줄여야 한다. 이를 통해 스트로크의 연속성을 유지하고 사각 지점을 최소화하기 위해 레이스에 가까운 속도로 반복적으로 수영해야 한다. 한 스트로크 단계에서 다음 단계로의 전환 시 속도 손실을 줄이는 데 집중하는 것이 중요하다. 선수들은 처음에는 느린 속도로 수영할 수 있지만, 스트로크 길이를 늘리는 기술을 습득하면서 점차 레이스 속도에 근접한 상태로 스트로크를 조정해야 한다. 이는 스트로크 주기의 감속 단계에서 효율성이 향상되고 속도가 감소하기 때문이다. 따라서 이러한 훈련은 시간과 스트로크 길이 측정을 결합하여 레이스 페이스 개선에 보다 구체적으로 적용될 필요가 있다.

효과적인 훈련 방법 중 하나는 기능 강화 훈련으로, 이는 [그림 3.7.3]에서 설명되고 있다. 선수는 레이스 시의 70~80%의 노력 또는 150~160회/분의 심박수로 45초 동안 3회 50m 또는 2분 동안 3회 100m를 수영하며, 이 과정에서 자신의 스트로크 수를 기록한다. 이후에는 45초 간격으로 20회 50m 세트 또는 2분 간격으로 15회 100m를 수영하되, 100m를 수영할 때마다 스트로크 수가 1~2회 이상 증가하지 않도록 주의한다. 이러한 훈련 방법은 선수에게 피로한 상태에서도 스트로크 길이를 유지하는 방법을 가르치는 데 효과적이다. 자유형 및 배영 선수는 이 훈련 중 각 스트로크를 1로 계산하며(각 스트로크 사이클이 아닌), 가장 구체적인 훈련 방법은 레이스 속도의 90%~95%로 25m, 50m, 100m를 반복 수영하는 것이다. 이때 스트로크 수를 세고 시간을 기록한 후, 긴 휴식 후에는 적은 수의 스트로크로 동일한 시간에 수영하거나 스트로크 수를 증가시키지 않고 더 빠르게 반복 수영하는 방식으로 진행한다.

속도 변인을 향상시키기 위한 또 다른 방법으로 '킥인 KICK-INS' 훈련이 있다. 이 훈련은 스트로크의 손실을 최소화하면서 스트로크 길이를 증가시키는 효과적인 방법으로, [그림 3.7.4]에서 자세히 설명되어 있다. 훈련은 적절한 인터벌 시간을 설정하여 50m 또는 100m를 반복 수영하는 방식으로 진행된다. 선수는 목표 거리를 1~3회 반복하며 각 반복에서의 스트로크 수를 기록하고, 반복 거리의 평균 스트로크 수를 계산한다. 이후 선수는 전체 반복 거리에서 스트로크 수를 1~2회 줄이는 것을 목표로 하여 다시 수영을 진행한다. 중요한 점은 정해진 스트로크 수에 도달하면 수영을 중단하고, 반복 거리의 끝까지 킥으로 이동해야 한다는 것이다. 그러나 하지 기능에 어려움이 있는 패러 수영 선수에게는 이 방법이 적합하지 않다.

기능 강화 훈련(ADD-ONS)
- 70~80% 노력으로 45초에 3×50m 수영. 스트로크를 세고 시간을 기록
- 45초로 20×50m 수영. 스트로크 수를 50m당 1 혹은 2 이상 증가하면 안 됨
- 자유형과 배영은 스트로크마다 사이클 1로 계산
- 혹은 70~80% 노력으로 45초에 3×100m 수영. 스트로크를 세고 시간을 기록
- 45초에 20×100m 수영. 스트로크 수를 100m당 1 혹은 2 이상 증가하면 안 됨
- 짧은 풀에서 휴식은 짧게, 수영은 긴 세트를 한다는 것을 강조

[그림 3.7.3] 스트로크 길이 증가 훈련
출처: Maglischo, 2016

스트로크 길이와 스트로크 비율 개선 훈련

마무리 킥 훈련(Kick ins)
- 상당히 짧은 인터벌 시간(send-off time)으로 50m 또는 100m 수영
- 스트로크 세기
- 스트로크를 1회 또는 2회 적게 시도하면서 반복 수영하기
- 원하는 스트로크 수에 도달하면 수영을 중지하고 나머지 거리는 킥으로만 피니시 함

[그림 3.7.4] 속도 변인 개선 훈련
출처: Maglischo, 2016

03   Stroke Index 개선을 위한 트레이닝

수영 경기는 일반적으로 더 빠르고 더 멀리 나아가는 ^{DPS} 것을 목표로 하며, 이때 스트로크 지수가 높을수록 수영의 효율성이 증가한다고 할 수 있다. 이는 선수가 경기 중 각 랩에서 에너지를 절약하고, 레이스 전반에 걸쳐 일관된 속도를 유지하거나 마지막에 강력한 마무리를 위한 에너지를 비축하는 방식으로 이해될 수 있다. 스트로크 지수의 핵심 요소는 안정적인 구간 기록 ^{split time} 을 측정하는 것이다. 따라서 스트로크 지수 ^{Stroke Index} 는 선수가 수영을 얼마나 효율적으로 수행하는지를 나타내는 중요한 지표로 작용한다.

> Stroke Index = 속도 X 스트로크당 거리(DPS) = (DPS X SR) X DPS

위에 제시한 공식에 따르면, 속도와 스트로크당 거리 ^{DPS} 간의 최적 균형을 찾아 전체 시간을 손실 없이 최대한의 스트로크 지수를 달성하는 것이 중요하다. 이를 통해 선수는 주어진 스트로크 또는 거리에서 목표 속도와 DPS를 달성할 수 있다(Triton Wear, 2023). 만약 선수가 구간 기록을 유지하면서 스트로크 지수를 향상시킬 수 있다면, 이는 스트로크의 효율성을 높이는 것으로 간주될 수 있다. 실제 결과 지수는 상대적이며, 경기력을 향상시키기 위한 지수 개선 방법은 선수의 경기 전략에 따라 크게 달라질 수 있다. 수영 전략을 수립할 때, 코치와 선수는 고려해야 할 다양한 변수가 존재한다.

선수가 최적의 스트로크 지수를 결정한 후, 다음 단계는 경기력 목표를 달성하기 위해 지수의 여러 요소 중 어떤 것을 개선할지를 결정하고 실행하는 것이다. 스트로크 지수를 향상시키기 위한 기본적인 접근법은 구간 시간 ^{split time} 을 유지하면서 스트로크 길이 ^{DPS} 와 속도를 증가시키는 것이다. 중요한 점은 다른 측정항목을 희생하면서 하나의 측정항목만을 개선할 수 없다는 점이다. 스트로크를 늘리고 스트로크 길이를 증가시키는 경우, 속도와 스트로크 비율을 유지해야 하며, 그렇지 않으면 전체 구간 시간이 느려질 수 있다. 코치와 수영 선수는 매 훈련 후, 훈련 전반에 걸쳐 스트로크 지수가 어떻게 변화했는지를 분석하는 데 집중해야 한다. 운동과 개선 사항 간의 상관관계를 파악하는 것이 중요하다. 데이터를 정기적으로 분석함으로써, 선수가 다른 선수들보다 스트로크 지수를 더 효과적으로 향상시키는 데 기여할 수 있는 특정 반복 연습이나 방향을 식별할 수 있다. 이후 이러한 반복 연습이나 방향은 선수의 훈련에 보다 정기적으로 적용되어 개선을 촉진하고 결과 목표에 더 신속하게 도달할 수 있도록 도와줄 수 있다(Marr, 2022).

04   SWOLF 개선을 위한 트레이닝: 수영 효율성 지표

SWOLF ^{SWim + gOLF} 는 수영의 효율성을 평가하기 위해 개발된 측정 기준으로, '골프 핸디캡'이라는 용어로도 알려져 있다. 이 지표는 50m를 수영할 때의 선수의 스트로크 수와 소요 시간을 기록하여 두 값을 합산하여 점수를 산출한다. SWOLF 측정의 주된 목적은 동일한 시간 내에 더 적은 스트로크를 사용하거나 동일한 스트로크 수로 더 빠르게 수영함으로써 수영의 효율성을 평가하는 것이다(Burkett, 2011). SWOLF는 수영의 효율성을 측정하는 지표이므로, 골프와 마찬가지로 점수가 낮을수록 바람직하다. 현재 판매되는 다양한 멀티 스포츠 시계에는 SWOLF 기능이 탑재된 제품들이 존재한다(예: Garmin Forerunner 945, Suunto 9 등).

SWOLF 수치는 수영 훈련에 과학적인 접근 방식을 적용하고 경기력을 향상시키기 위한 도구로 활용된다. 이는 스트로크 수와 수영 속도(=스트로크 비율 × 스트로크 거리)라는 두 가지 변인에 의해 측정되며, 이를 통해 스트로크 길이와 스트로크 비율 간의 최적 관계를 규명하고자 한다. 최적의 SWOLF 점수를 도출하기 위한 훈련은 25m 또는 50m를 수영하며 스트로크 수를 세고 시간을 기록하는 방식으로 진행된다. 이 과정은 반복적으로 수행되며 기준 점수를 설정한다. 점수를 낮추기 위해서는 스트로크 길이와 스트로크 비율을 조정해야 하며, 훈련 목표는 (1) 더 적은 스트로크로 더 빠르게 수영하기, (2) 거의 변화 없는 스트로크 수로 더 빠르게 수영하기, 또는 (3) 더 적은 스트로크 수로 동일한 시간 또는 유사한 시간 내에 수영하기를 통해 점수를 줄이는 것이다(Maglischo, 2003/2008).

SWOLF 점수는 수영 선수의 유형, 거리, 스트로크에 따라 상이하다. 예를 들어, 스프린트 수영 선수는 일반적으로 장거리 선수에 비해 50m 스프린트 동안 SWOLF 점수가 더 높게 나타난다. 다음으로 설명할 내용은 수영장에서 구간 수영을 통해 SWOLF 점수를 개선하고 낮추는 방법이다(Poirier-Leroy, 2022).

수영 속도를 일정하게 유지하면서도 더 적은 스트로크로 동일한 기록을 달성하는 데 집중할 수 있다. SWOLF 점수를 낮추는 간단한 방법 중 하나는 턴 시 벽으로부터 밀어내는 push-offs 거리를 늘리는 것이다. 예를 들어, 200m를 3회 또는 400m를 7회 턴할 경우, 동일한 거리를 밀어내도록 노력해야 한다. 마지막으로, 수영 중에 스트로크 수를 세는 습관을 기르는 것이 중요하다. 이는 수영 기술에 대한 피드백을 제공하는 효과적인 방법이다. 스트로크 수를 세어 스트로크 변인을 개선하는 방법은 [그림 3.7.5]와 같다.

SWOLF를 통한 스트로크 변인 개선 훈련

- 인터벌 시간을 상당히 짧게 해서 50m 또는 100m 반복 수영
- 스트로크 수를 세고 및 기록을 인지
- 시간 손실 없이 스트로크 수를 줄이거나 스트로크를 추가하여 속도를 높임
  (예시) 50m를 4회 반복하여 수영하며 SWOLF 계산

시간(초)	스트로크 수	Swolf 점수
35.0	40	75
35.0	38	73
34.0	39	73
34.0	38	72

[그림 3.7.5] 스트로크를 계산하기 위한 SWOLF의 예

출처: Maglischo, 2016

트레이닝의 실제

트레이닝의 실제 (예 1): 척수 손상 S5, SB4

패러 수영 선수의 트레이닝에 대한 실제의 예는 2016년 리우 패럴림픽을 준비하며 2012/2013 시즌부터 2016 시즌까지의 훈련 일지에 담긴 정보를 바탕으로 훈련 상황을 분석한 것이다(Baumgart et al., 2021).

훈련 대상

여자 S5/SB4 등급. 23~26세, 체중 60~62kg, 키 174cm. 19세 때, 수술 오류로 흉수 6번 척수 손상. 어릴 때부터 수영했으며 수술 후 3개월 만에 수영을 다시 시작. 2012년 런던 패럴림픽에서 금메달 2개와 은메달 2개, 2016년 리우 패럴림픽에서 금메달 2개, 은메달 1개, 동메달 2개를 획득한 선수이다.

훈련 방법

훈련 부하는 연간 훈련 시간, 주간훈련 시간/수영 거리, 훈련 강도를 파악했다. 훈련 강도는 운동 자각도 RPE, 운동량 및 % 최고 심박수 %HRpeak 를 근거로 하였다. 훈련을 위한 운동 강도의 범위는 4가지로 저강도 1-2, 중강도 3, 고강도 4-5, 그리고 레이스 페이스 6-8로 설정하였으며, 각 운동 강도에 따른 % 최고 심박수, 혈중 젖산농도, 운동 시작 후 탈진 도달 시간, 페이스 훈련 목표 거리와 시간 범위를 결정하였고 그에 따른 훈련의 예시를 파악하였다. 강도별 운동 후 활동성 휴식으로 자유 수영을 수행하였다. 이에 관한 구체적인 운동 강도별 훈련 내용은 〈표 3.7.4〉와 같다.

〈표 3.7.4〉 패럴림픽 수영 S5/SB4 다승 선수의 운동 강도에 따른 부하(심박수, 혈중 젖산, RPE), 탈진 시간, 훈련 목표 속도 및 훈련 예시

	강도 범위	%HR_peak	젖산 (mmol/L)	운동 자각도	탈진 시간	페이스 훈련목표	훈련의 예
레이스 페이스	8	–	–	–	15초	속도 15m/25m (10-20초)	4 X (평영 6 X 20m, 시작 2분, 목표 17초), 휴식-자유수영 200m, 강도 1
	7	–	최고	19-20	1분	속도 35m/100m (45-90초)	택 1) 평영 20 X 25m, 시작 1:30분, 목표 21초 택 2) 6 X (평영 2 X 50m, 시작 2분, 목표 48-50초, 휴식-자유수영 300m, 강도 1
레이스 페이스	6	–	6 이상	19-20	4분	속도 200m/400m (3-5:30분)	6x(평영 1x75m, 강도 6, 목표 1:17-1:19초+자유형1x75m, 강도 1, 목표 1:20초), 휴식 1분

-[다음 장에 이어서]-

-[앞 장에 이어서]-

	강도 범위	%HR$_{peak}$	젖산 (mmol/L)	운동 자각도	탈진 시간	페이스 훈련목표	훈련의 예
고강도	5	92 이상	4-5.9	19-20	10분	속도 800m (10-12분)	4x(평영 1x100m, 시작 2:30분, 목표 1:48+평영2x50m, 시작 1:30, 목표 22초), 휴식 1:30분
	4	88-92	2.5-3.9	17-18	30분	속도 1500m/2000m (20-30분)	평영 2×200m, 시작 4:30분, 목표 4:00-4:05+평영4×100m 시작 2:30, 목표 평영 1:55+8×50m, 시작 1:30. 목표 50초
중강도	3	82-87	1.7-2.4	15-17	60분	속도 3000m/4000m (45-60초)	자유수영 30×100m, 시작 1:50, 목표 1:30
저강도	2	75-82	1.2-1.6	12-14	3시간		10x(계영 100m, 시작 2:20분, 목표 1:50분+자유수영 200m, 시작 3:45, 목표 3:15)
	1	60-74	1.2이하	8-11			자유수영 4x400m, 시작 7:00분, 목표 6:20분+자유수영 3x300m, 시작 5:30, 목표 4:50분+자유수영 2x200m, 시작 3:45, 목표 2:20분+자유수영 1x100m, 목표 1:35

프로그램

훈련 프로그램은 주간 단위로 정리되며, 준비 기간(표 3.7.5), 강화 훈련(표 3.7.6), 그리고 국제 대회 출전전 테이퍼 기간(표 3.7.7)으로 구분된다. 하루 훈련 일정은 오전과 오후의 시간을 포함하고 있으며, 훈련 내용은 운동 강도에 따라 저강도, 중강도, 고강도의 수영 및 레이스 페이스 훈련, 근력 운동, 그리고 기본 기술 운동을 포함한다. 프로그램에 제시된 숫자는 총 운동 거리와 운동 시간을 나타낸다.

〈표 3.7.5〉 준비기 주간훈련

A	월	화	수	목	금	토	일
이른 아침	저강도 4500m 1:45시간	저강도+8 4500m 1:45시간	저강도 4000m 1:45시간	저강도+8 4500m 1:45시간	저강도 4500m 1:45시간	고강도 (600m 강도 7) 5000m 2시간	휴식
늦은 아침	근력운동 1:10시간	자유시간	근력운동 1:10시간	자유시간	근력운동 1:10시간	휴식	휴식
오후 훈련직전	기본 기술 30분	기본 기술 30분	휴식	기본 기술 30분	기본 기술 30분	휴식	휴식
오후	중강도 (1800-2500 강도 2/3) 5000m 2시간	50m, 100m race pace (600m 4/5) 4000m 2시간		고강도 (800-1000 강도 4/5) 4000m 2시간	저강도 5500m 2시간		

〈표 3.7.6〉 강화 훈련 캠프 주간훈련

B	월	화	수	목	금	토	일
이른 아침	저강도+8 4500m 2시간	저강도 5000m 2시간	저강도+8 4500m 2시간	저강도 5500m 2시간	저강도 5000m 2시간	중강도 (800-1200m 강도 3) 4500m 2시간	저강도 5000m 2시간
늦은 아침	근력운동 1시간	휴식	휴식	휴식	근력운동 1시간	휴식	휴식
오후 훈련직전	기본 기술 30분	기본 기술 30분	기본 기술 30분	휴식	기본 기술 30분	기본 기술 30분	기본 기술 30분
오후	저강도 4000m 2시간	중강도 (800-1000 강도 3) 4500m 2시간	저강도 4000m 2시간		저강도+8 4000m 2시간	고강도 (400-600m 강도 7) 4000m 2시간	저강도 4000m 2시간

〈표 3.7.7〉 주요 국제대회 전 테이퍼 기간의 주간훈련

C	7일차	6일차	5일차	4일차	3일차	2일차	1일차
이른 아침	저강도 3500m 1:30시간	저강도 3500m 1:30시간	저강도 3000m 10시간	중강도 (400-600m 강도 2-4) 3500m 1:30시간	저강도 3000m 1:30시간	고강도 (400-600m 강도 6-7) 2500m 1시간	저강도 2500m 45분
늦은 아침	휴식	근력운동 45분	휴식	휴식	휴식	휴식	휴식
오후 훈련 전	기본 기술 30분	기본 기술 30분	휴식	기본 기술 30분	휴식	기본 기술 30분	휴식
오후	중강도 (600-800m 강도 2-4) 3000m 1시간	50m, 100m race pace (200-300m 강도 5) 2400m 1시간		고강도 (200-300m 강도 7) 2000m 45분		저강도 2000m 45분	

훈련 결과

패러 수영선수들은 매년 패럴림픽을 대비하여 훈련을 실시하며, 이로 인해 연간 훈련 거리 2,000km에 도달하는 성과를 보인다. 이는 일반 엘리트 수영선수들의 훈련량과 유사하며, 패러 수영선수들 사이에서 보고된 최고 수준의 훈련량으로 평가된다. 주간 훈련의 구성 요소로는 근력 운동, 지상 기본 운동 기술, 그리고 점진적인 운동량 증가가 포함되어 있으며, 이는 높은 훈련 강도를 견디고 부상을 예방하며 테크닉 개발technical development 을 촉진하기 위한 목적을 가지고 있다. 저강도 수영훈련은 총 수영 거리의 91~94%를 차지하며, 이는 효율적인 기술을 유지하면서도 상당한 훈련 부하를 수행할 수 있도록 한다. 또한, 중강도 및 고강도 훈련과 레이스 페이스 훈련은 경기력 향상에 있어 중요한 보완적 자극으로 작용한다. 대다수의 훈련은 저강도에서 이

루어지며, 영법의 약 78-84%는 자유형 기술 훈련에 할애되었는데, 이는 자유형이 다른 수영 기술에 비해 상대적으로 낮은 기술적 요구 사항을 반영하고 있다(Baumgart et al., 2021).

트레이닝의 실제 (예 2): 고강도 인터벌 트레이닝

운동을 수행할 때, 힘들다고 느낄 정도로 빠른 속도로 반복적인 운동을 진행한다고 가정할 경우, 이는 지속 가능한 운동 강도가 아니며, 이러한 운동을 가능한 한 오랜 시간 동안 지속하고자 한다면 결국 운동 강도를 낮출 필요가 있다. 이는 운동을 힘들게 유지할 경우 피로로 인해 더 이상 운동을 수행할 수 없다는 인식을 초래할 수 있다. 일반적으로 피로가 발생하는 시점에서 젖산이 많이 축적되는 것을 지연시키고 에너지 수요를 유지하기 위해서는 보다 빠른 수준의 당 연소 작용(당분해 작용) glycolysis 이 요구된다. 동일한 운동을 고강도로 수행하고 완전한 휴식 기간 또는 낮은 수준의 활동성 회복 기간을 포함하여 일시적으로 중단할 경우, 해당 작용의 에너지 속도가 완화되어 젖산 생성이 억제되는 반면, 심혈관 부담은 여전히 높은 상태를 유지하여 운동 자각도를 낮출 수 있다(Laursen & Buchheit, 2019). 경기력 향상을 위해서는 지속적인 훈련이 필요하며, 이를 위해 피로를 느끼지 않고 운동을 지속할 수 있는 방법을 모색하게 되는데, 이러한 요구를 충족시키는 훈련법으로 고강도 인터벌 훈련 high-intensity interval training, HIIT 이 알려져 있다.

고강도 인터벌 훈련은 일반적으로 젖산 역치("힘든 hard " 이상의 노력으로 인식됨) 또는 임계 스피드/파워 critical speed/power 이상의 고강도 운동을 반복 수행하면서, 고강도 운동 사이에 저강도 운동 또는 완전한 휴식 기간을 포함하는 훈련을 의미한다(Laursen & Buchheit, 2019). 올림픽을 위한 고강도 인터벌 훈련은 생리학적으로 단거리(50m, 100m), 중거리(200m, 400m), 장거리(800m, 1500m)로 분류되며, 프로그램은 저 유산소성, 고 유산소성, 무산소성, 레이스 특성, 속도 등으로 구성된다. 패러 수영선수의 경우, 생리학적으로 거리에 따른 분류는 스포츠 등급에 따라 경기 시간이 올림픽 선수의 800m 기록에 해당할 수 있으므로, 여기서 설명하는 내용은 모든 선수에게 동일하게 적용될 수는 없다. 또한, 고강도 인터벌 훈련은 선수 개인의 능력과 종목 특성에 따라 프로그램 구성이 달라지며, 이에 따라 훈련 세트는 총 반복 횟수, 휴식 긴격, 반복 수영 거리, 스트로크 속도 등을 조정하여 설계할 필요가 있다. 다음은 프로그램 구성 요소에 대한 설명이다 (Vandenbogaerde et al., 2019).

○ **저 유산소성:** 저 유산소성 low aerobic 훈련은 최대 심박수(220에서 나이를 뺀 값)보다 70~40회/분 낮은 심박수 또는 최대 100m 수영 속도의 75~85%에 해당하는 속도로 수행된다. 예를 들어, 20세의 경우 자유형 100m 기록이 2분 30초일 때, 저 유산소성 수영 훈련의 최대 심박수는 220 - 20 = 200으로 계산되며, 이에 따라 심박수는 160~130회/분 범위로 유지된다. 또한, 수영 속도는 2분 53초에서 3분 8초 사이로 설정하고, 반복 수영 사이의 휴식 시간은 15초로 정해진다.

○ **고 유산소성:** 고 유산소성 high aerobic 훈련에서 반복 수영은 최고 평균 속도에 근접하거나 최대 속도로 수행되며, 인터벌 휴식 시간은 짧게 설정된다.

○ **무산소성:** 무산소성 anaerobic 훈련은 25~50m의 반복으로 매우 빠르게 수영하며, 무산소성 해당 작용의 역할이 크도록 소극적 휴식 passive rest 을 적절히 하는 훈련이다.

○ **레이스 특성 훈련:** 레이스 특성 훈련 Race-Specific Training 은 생리학적으로 단거리 운동이 무산소 운동으로 분류될 수 있는 반면, 중거리 수영선수는 무산소 운동 또는 고강도 유산소 운동을 수행한다. 거리별 특수성 훈련은 필요한 생리적 능력을 개발하는 데 그치지 않고, 기술적 능력, 정신적 능력, 페이스 조절, 피로 상태에서의 기술 유지 등에도 매우 중요한 역할을 한다.

○ **스피드 훈련:** 스피드 훈련은 상대적으로 긴 휴식 시간을 포함하여 10~20m의 반복을 매우 빠른 속도로 수행함으로써 인원질 phosphagen 시스템을 활성화하는 방식으로 구성된다. 스프린트 훈련과 유사한 스피드 훈련의 한 예로는 2분 간격으로 4회 20m의 최대 스프린트 스타트를 들 수 있다. 이러한 고속 운동은 중추신경계에 의한 근섬유 자극의 속도와 패턴을 증가시키며, 결과적으로 인원질 시스템이 촉발된다.

시즌 중 주간훈련 프로그램

50m

50m 수영 종목에서 경기 수행 시간은 올림픽 남자 자유형 선수의 경우 약 21초, 엘리트 여자 평영 선수의 경우 약 29초에 달한다. 참고로, 2023년 패럴림픽 수영에서 남자 S2 부문 1위 기록은 51초 30, 남자 S10 부문은 23초 42였으며, 여자 S2 부문은 57초 05, 여자 S10 부문은 27초 64로 나타났다(IPC, 2024).

50m 종목에서 성공하기 위해서는 선수들이 수영의 특성상 뛰어난 파워와 기술을 바탕으로 폭발적인 힘을 발휘해야 한다. 이 종목에 전문화된 선수들은 속도 훈련과 함께 무산소 및 유산소 훈련을 병행하며, 예상보다 더 많은 훈련량을 소화하고 있다. 〈표 3.7.8〉은 50m 자유형에서 올림픽 메달을 획득한 수영 선수의 시즌 중반 주간 훈련 프로그램의 예시로, 해당 주의 총 수영량은 35km에 달했다. 이 주간 훈련에는 6회의 지상 훈련이 포함되었으며, 그 중 3회는 웨이트 트레이닝으로 구성되었다. 전통적으로 50m 프로그램에서는 근력 훈련이 상대적으로 큰 비중을 차지하고 있다.

〈표 3.7.8〉 엘리트 50m 자유형 수영선수의 시즌 중반 중점 수영 훈련과 프로그램 훈련 거리를 포함한 주간훈련 요약

	월	화	수	목	금	토	일
오전 6-8시	유산소성/ 스피드 4,000m	휴식	테크닉 4,000m	휴식	최대 스피드 편한 스피드 3,000m	저 유산소성 4,000m	휴식
오전 9-10시	웨이트 트레이닝	지상 훈련	웨이트 트레이닝	지상 훈련	웨이트 트레이닝	지상 훈련	
오후 4-6시	킥과 이동 4,500m	저 유산소성 4,500m	스피드 3,000m	저 유산소성 4,500m	킥과 저항 3,400m	휴식	휴식
						총 35,000m	

〈표 3.7.9〉 엘리트 50m 자유형 수영선수의 시즌 중반 중점 수영 훈련과 프로그램 훈련 거리를 포함한 주간훈련 요약

	월	화	수	목	금	토	일
오전 6-8시	저 유산소성 4,000m	저 유산소성 2,600m	휴식	저 유산소성 3,300m	저 유산소성 3,600m	100m race-pace 4,000m	휴식
오전 9-10시	웨이트 트레이닝		웨이트 트레이닝		웨이트 트레이닝		
오후 4-6시	고 유산소성 4,800m	100m race- pace/스피드 4,800m	저 유산소성 5,000m	고 유산소성 race-pace 5,000m	저 유산소성 3,400m	휴식	휴식
						총 42,000m	

100m

100m 종목에서 경기 수행 시간은 올림픽 남자 자유형의 경우 ~47초, 엘리트 여자 평영의 경우 ~65초이다. 참고로, 2023년 패러 수영선수의 자유형 남자 1위 기록은 S2 1분 56초 61이고 남자 S10은 51초 02였으며, 여자 S2는 2분 17초 07, 여자 S10은 59초 88이었다(IPC, 2024). 100m 종목은 50m 랩 2회로 구성된다. 100m 레이스 중 에너지의 ~30%~45%가 무산소 해당과정으로 공급된다. 훈련 중 개인적인 관찰과 함께 경기 수행 시간을 보면 일부 선수는 50m와 100m가 주 종목일 수도 있고, 어떤 선수는 100m와 200m가 주 종목일 수도 있다. 50m와 100m가 주 종목인 선수는 일반적으로 고강도 훈련에서 더 빠른 속도와 더 긴 회복 시간이 필요하지만, 100m와 200m가 주 종목인 선수는 일반적으로 더 많은 훈련량을 견디면서 고강도 운동 후 더 빠르게 회복한다. 수영훈련은 항상 속도, 무산소성 및 유산소성 훈련의 조합으로 구성되며, 인터벌 훈련량과 내용을 적용하는 방법과 개인별 선수에 대한 프로그램 조정을 결정하는 것은 코치의 몫이다.

모든 100m 종목 선수는 좋은 기술을 바탕으로 유산소 및 무산소 능력을 개발하는 것이 중요하다. 따라서 속도와 레이스에 특화된 기술을 개발하고 세부적으로 프로그램을 조정하는 것이 중요하다. 〈표 3.7.9〉는 주 3회의 웨이트 트레이닝 훈련을 포함하고 있는데, 이 종목의 선수에게 지상 훈련 효과에 대한 설명은 명확하지 않다(Vandenbogaerde et al., 2019). 지상 근력 운동은 어떤 경우에는 수영 경기력에 큰 영향을 미칠 수 있지만, 이 훈련 구성 요소에서 개별화 individualization 및 주기화 periodization 는 필수적이다.

200m

200m 종목의 경기 수행 시간은 엘리트 남자 자유형 선수의 경우 약 1분 45초, 여자 평영 선수의 경우 약 2분 20초로 나타난다. 200m 종목은 상대적으로 긴 시간 동안 속도를 유지해야 하므로, 속도, 무산소 파워, 유산소 파워는 모두 훈련을 통해 개발되고 극대화되어야 한다. 200m 자유형 올림픽 수영선수의 실제 경주 상황에서는 세 가지 에너지 시스템인 무산소성(13%), 해당 작용(29%), 유산소성(58%) 대사가 모두 관여하는 것으로 예측된다(Rodríguez & Mader, 2011).

모든 형태의 이동 운동과 마찬가지로, 이 세 가지 에너지 시스템은 개별 수영선수의 시스템 능력, 경기 시간, 레이스 수행 및 페이스 전략에 따라 비례적으로 다르게 작용하지만 동시에 함께 사용된다. 훈련 프로그램의 구성은 100m 주간 훈련의 구성 요소와 유사하나, 훈련량은 전체적으로 31.5% 증가한 53,200m로 설정되며, 토요일에는 지상 훈련이 포함된다.

400m

400m 경기의 소요 시간은 남자 엘리트 400m 자유형에서 약 3분 43초, 여자 400m 개인혼영에서 약 4분 30초로 나타난다. 400m 선수에 초점을 맞춘 훈련 주간 동안에는 총 10회의 수영 훈련이 포함되었으며, 이 중 4회는 고강도 유산소 훈련(월요일, 토요일 오전 및 화요일, 목요일 오후)으로 진행되었다. 이때 운동 자각도는 최고 10점 만점에 8~9에 해당하였다. 저강도 유산소 훈련은 오전에 4회, 오후에 2회 실시되었다. 또한, 일요일에는 회복 운동으로 3,000m를 수영하며, 지상 기반 운동은 이미 개발된 근력을 유지하기 위해 월요일과 수요일에 각각 2회 실시하고, 심폐지구력 운동은 금요일에 30분 동안 진행된다. 주말에는 교차 훈련으로 복싱이 포함된 프로그램으로 구성되었다. 총 훈련량은 69,200m에 달하였다.

훈련 부하 모니터링

현대의 코치와 과학자들은 훈련량을 특정 훈련 강도에서의 수영 거리로 분석하는 경향이 있으며, 이는 훈련 부하를 정확하게 측정하는 방법 중 하나로 여겨진다. 선수의 내적 훈련 부하를 평가하기 위해 사용되는 모니터링 도구로는 운동 자각도 RPE 와 심박수가 있다. 또한, 훈련 중 RPE를 활용하면 지상 훈련 부하를 동시에 모니터링할 수 있는 장점이 있다.

전 세계의 수영팀들은 훈련 일지 또는 디지털 애플리케이션을 통해 특정 부하 변수를 모니터링하고 있다. 〈표 3.7.10〉은 훈련 부하(수영 수행 거리)와 내적 훈련 부하(인지된 훈련 강도) 외에도 시간, 수면의 질, 훈련 흐름(물속에서의 움직임에 대한 느낌)과 같은 기타 모니터링 변수를 포함한 선수 훈련 일지의 예시를 제시하고 있다. 훈련 일지의 작성은 정확성을 요구하며, 훈련 및 수행력 평가를 위한 유용한 정보를 제공할 수 있다.

트레이닝의 실제 (예 3): 뇌성마비 S6/SM6/SB5

패러 수영선수의 훈련에 대한 실제 사례로는 2016년 리우 패럴림픽을 대비하여 2015년 2월부터 2016년 9월까지 진행된 훈련을 들 수 있다. 이 훈련은 선수의 준비 과정에서 3개의 국제대회를 목표로 하였으며, 각각 4개월 동안 지속되는 3개의 연속적인 중주기 mesocycles 로 구성된 대주기 macrocycle 훈련 체계를 분석한 연구에 기반하고 있다(Puce et al., 2018).

〈표 3.7.10〉 400m 자유형이 주 종목인 선수의 훈련일지(예)

	대회까지 남은 날짜	93	92	91	90	89	88	87
		월	화	수	목	금	토	일
		9. 23	9. 24	9. 25	9. 26	9. 27	9. 28	9. 29
수면	총 시간	8	8	7	8	7	8	10
	낮잠 시간	1	1		1			
	수면의 질	7	7	7	8	7	7	8
오전 훈련	저 유산소(HR>155, m)	5,900	6,700	5,900	7,640	6,400	4,400	
	고 유산소(>HR155<RP, m)	1200	300				3,000	
	200m race-pace(m)					150		
	100m race-pace(m)					100		
	50m race-pace(m)					50		
	스피드(0-25m)(m)							
	총 거리(m)	7,100	7,000	6,000	7,800	6,700	7,700	0
	운동 강도	6	6	4	5	7	8	
	수중느낌	5	4	5	5	5	6	
체육관	운동 강도			7				
오후 훈련	저 유산소(HR>155, m)	3,280	6,525		5,500	6,600		
	고 유산소(>HR155<RP, m)	3,600			900	400		
	200m race-pace(m)		475		600			
	100m race-pace(m)							
	50m race-pace(m)							
	스피드(0-25m)(m)	120						
	총 거리(m)	7,000	7,000	0	7,000	7,000	0	0
	운동 강도	8	8		8	6		
	수중느낌	7	6		6	5		
체육관	운동 강도	7						

HR: 심박수(heart rate); RP: 레이스-페이스(race pace); 수중 느낌(Flow): 물속에서 움직이는 느낌

□ 수중 느낌 　(물속에서 움직이는 느낌) □ 수면의 질	10 대단히 좋음 9 아주 아주 좋음 8 매우 좋음 7 좋음 6 꽤 좋음 5 보통 4 조금 나쁨 3 나쁨 2 매우 나쁨 1 대단히 나쁨 0 없음	□ 훈련 강도(RPE)	10 대단히 힘듦 9 아주 아주 힘듦 8 매우 힘듦 7 힘듦 6 꽤 힘듦 5 보통 4 조금 쉬움 3 쉬움 2 매우 쉬움 1 대단히 쉬움 0 훈련 없음

훈련 대상

이탈리아 Francesco Bocciardo 선수. 1994년생, 남자 IPC 수영 등급(연구 당시)은 S6, SM6, SB5. 2020년 도쿄 패럴림픽 기능 악화로 S5 등급으로 출전. 체중 70kg, 키 1.71m, 경련성 뇌성마비. 보카르도는 패러 자유형 수영에서 세계선수권대회 3회 우승, 2016년 리우 패럴림픽 400m 자유형 S6 금, 2020년 도쿄 패럴림픽 100m와 200m 자유형 S5에서 금메달을 획득한 선수이다.

훈련 계획

선수는 3개의 국제 대회를 대주기 macrocycle 로 설정하고, 각 대회에 앞서 4개월씩의 중주기 mesocycles (M1, M2, M3)를 계획하였으며, 각 중주기는 1개월 단위의 소주기 microcycle 로 구성하여 훈련을 진행하였다. 3개 대회의 일정은 다음과 같다.

○ **대회 1:** IPC 세계수영선수권대회(2015. 7. 13-19)
○ **대회 2:** IPC 유럽수영선수권대회(2016. 4. 30-5.7)
○ **대회 3:** 2016 리우 패럴림픽(2016. 9. 7-18)

첫 대회 참가 이후 6개월의 공백 기간 동안, 선수의 심신 회복을 위해 저강도의 짧은 거리 유지 훈련 프로그램을 설계하였다. 각 중주기 동안 4개월간, 선수는 계획된 훈련을 변경하지 않고 대신 레이스 페이스 훈련 프로그램으로 간주하여 지역 대회 및 국내 경기대회에 참가하였다. 훈련 결과의 평가는 스트로크 수, 스트로크 길이, 스트로크 비율, 수영 속도, 구간 속도, 스트로크 지수 등을 관찰하고 분석함으로써 이루어졌다.

훈련 방법

계획된 훈련 기간인 대주기 macrocycle 는 이탈리아 수영연맹 Italian Swimming Federation, FIN 의 지침에 따라 국가대표 선수의 신체적 특성에 맞추어 조정된 훈련 형태와 부하 변인(표 3.7.12) 및 훈련 프로그램의 예시(표 3.7.13)를 제시하였다. 또한, 3개의 중주기 mesocycles 에서 실행되는 훈련 형태를 요약하면 다음과 같다. 훈련 형태는 유산소 지구력(A: A1, A2), 유산소 능력(B: B1, B2), 무산소 시스템 경로(C: C1, C2, C3), 그리고 레이스 페이스(D)로 구분된다.

〈표 3.7.11〉 훈련 프로그램의 일정

				대회 1							대회 2					대회 3
중주기 M1 4개월					유지기 6개월	중주기 M2 4개월					중주기 M3 4개월					
2015.3.13-7.12				2015.7		2016.1.2.-5.1				2016.5	2016.5.8.-9.6				2016.9	
1.1	1.2	1.3	1.4			2.1	2.2	2.3	2.4		3.1	3.2	3.3	3.4		

○ **A1** : 수영 기술 향상을 목표로 하는 운동과 준비운동, 정리운동, 회복 단계의 운동으로 느린 페이스가 특징

○ **A2** : 유산소 지구력 향상이 목표. 뇌성마비로 인한 운동 시 반응 관찰(경련, 협응 등)

○ **B1** : 무산소 역치 개선을 목표로 중간~높은 수준의 신체 활동이 특징

○ **B2** : 심박수 160회/분 이상의 최대 운동. B1 속도보다 5% 빠른 페이스 유지

C1, C2, C3 형태는 단기간의 고강도 신체 활동으로 최대 심박수에 근접한다. C1과 C2 형태는 근육 긴장 이상, 간헐성 경련, 근육통, 이상긴장성 운동 dystonic motion 등을 유발하며, 증상은 일반적으로 ~25-30분 정도 휴식 후에 소멸한다.

○ **C1** : 기술 수행에 부정적 영향 없이 산과다증 acidosis 상태에서 근육 운동과 페이스를 유지하는 무산소성 운동

○ **C2** : C1보다 고강도 훈련으로 젖산 농도가 최고로 축적됨. 수영 거리 부하 300m 이하로 감소, 구간 거리 50~75m 감소

○ **C3** : 수영 역학 mechanics 의 향상과 근 파워 향상을 통한 최대 수영 속도 향상이 목표. 최대 구간 거리는 20m, 10초 미만의 수영, 반복 사이의 완전한 회복

○ **D** : 특정 대사 자극과 관계없이 구간 거리별 레이스 페이스의 모의 훈련. 훈련 목표는 400m 자유형 경기에서 경기 마지막 단계에서 경기력에 해로운 영향을 주지 않으면서 다양한 페이스 변화를 수행할 수 있는 능력 향상

〈표 3.7.12〉 패럴림픽 선수의 신체적 특성에 맞게 조정된 훈련 형태와 부하 변인

훈련 형태	훈련 유형	시간 (분)	훈련거리 (m)	반복거리	반복 간 휴식	심박수 (회/분)	젖산 (mmol/L)
유산소성지구력	A1	가변적	2500-3500	100/150/200/300/400	10/15/20/25/25초	120-130	≤2
	A2	45-60	2500-3000	100/150/200/300	10/15/20/25초	<150	≤3
유산소성 능력 (무산소성역치)	B1	20-35	1500-2500	100/150/200/250	10/10/20/30초	160-170	3-5
유산소성(유산소시스템 최대 자극)	B2	10-20	800-1600	200과 400은 25/50/100으로 분할	200과 400 3-5분, 분할시 3/5/10초	>180	4-8
무산소성 능력	C1	≤8	≤600	50/100/150	45/75/120초	최대	8-10
최고 젖산농도	C2	3-4	≤300	50-75	A1 pace로 2-4분/활동성휴식	최대	최대
무산소성 파워: 최대 속도	C3	2-3	200-300	10-15-20	A1 pace로 3분/활동성 휴식	최대역치 이하	≤3
레이스 페이스	D	5	400	25/50/75/100/150	가변적	최대	5-8

<표 3.7.13> 훈련 프로그램의 예

A1	400m+4x100m 1번	300m+2x150m 2번	300m+2x150m 2번	200m+4x100m 3번
A2	300m+2x150m 1번 2회 반복		200m+2x100m 1번 2회 반복	
B1	250m 1번	200m 2번	150m 3번	100m 6번
B2	100m x 4 ~ 200m(5') 활동휴식(A1)	50m x 4 ~ 100m(3') 활동휴식(A1)	100m x 4 ~ 200m(5') 활동휴식(A1)	25m x 8
C1	150m 1번	100m 2번		50m 3번
C2	75m 1번 ~ 25m 활동성 휴식(A1) 3회 반복			
C3	10mx6 ~40m 활동 휴식(A1)	15mx4 ~35m 활동 휴식(A1)	20mx2 ~30m 활동 휴식(A1)	
D	A2 pace로 100mx4	D pace로 50mx4	A2 pace로 50mx4	D pace로 25m X 4
	A2 pace로 25mx4	D pace로 15mx4	A1 pace로 35mx4	~100-200m(3'-5') 활동성 휴식(A1) X 4

프로그램

중주기를 구성하는 소주기(월)에 실시하는 월 수영 거리와 이를 구성하는 프로그램을 요약 설명하면 아래와 같으며, 그에 따른 훈련 형태 비율을 중주기별 소주기의 훈련량을 비교하면 〈표 3.7.14〉와 같다.

- ○ **M1**: 총거리 부하는 600km이며, 그중 70%는 유산소성 지구력(A1, A2)이고, 26.5%는 유산소성 능력 aerobic capacity (B1, B2)이며, 3.5%만이 무산소성 형태 anaerobic regimes (C1-3, D)이다.
- ○ **M2**: 총거리 부하는 500km, 그중 유산소성 지구력(A1, A2) 43%, 유산소성 능력(B1, B2) 47%, 무산소성 형태(C1-3, D)는 10%이다.
- ○ **M3**: 총거리 부하는 400km, 그중 유산소성 지구력(A1, A2) 41%, 유산소성 능력(B1, B2) 38%, 무산소성 형태(C1-3, D) 21%이며 주로 C1과 C3이다.

〈표 3.7.14〉 소주기 훈련 프로그램의 수영 거리를 구성하는 훈련 형태 비율

소주기 구 분	중주기 M1	중주기 M2	중주기 M3
	수영 거리(훈련 형태 비율) (A1,2 : B1,2 : C1,2,3 : D)	수영 거리(훈련 형태 비율) (A1,2 : B1,2 : C1,2,3 : D)	수영 거리(훈련 형태 비율) (A1,2 : B1,2 : C1,2,3 : D)
1	130km(85 : 13 : 1 : 1)	120km(43 : 55 : 1 : 1)	100km(37 : 52 : 10 : 1)
2	170km(78 : 20 : 1 : 1)	150km(40 : 52 : 5 : 3)	130km(42 : 45 : 9 : 4)
3	200km(58 : 39 : 2 : 1)	150km(42 : 47 : 8 : 3)	100km(38 : 32 : 15 : 15)
4 테이퍼	100km(61 : 30 : 5 : 4)	80km(51 : 26 : 13 : 10)	70km(52 : 14 : 21 : 13)
총거리	600km(70 : 26.5 : 2 : 1.5)	500km(43 : 47 : 6 : 4)	400km(41 : 38 : 13 : 8)

테이퍼링 단계(Tapering phase)

테이퍼링 프로그램은 세 개의 중주기 동안 약 30일간 지속되었으며, 훈련 내용은 〈표 3.7.14〉의 소주기 4에서 훈련 형태 비율로 나타내어졌다. 대주기의 테이퍼링을 분석한 결과, 거리 부하는 30%에서 50%로 감소하였다. 거리 감소와 관련하여, 모든 중주기의 테이퍼링 단계에서 C 및 D 형태의 훈련 강도가 직전 소주기에 비해 3%에서 8% 증가한 것으로 나타났다.

훈련 결과

세 개의 대회에서 전체 레이스 시간과 평균 속도는 다음과 같다: 대회 1에서는 5분 06.49초(속도: 1.31m/초), 대회 2에서는 5분 03.02초(속도: 1.32m/초), 대회 3에서는 5분 02.15초(속도: 1.33m/초)로 나타났다. 이는 훈련을 통해 경기 기록이 1.2% 향상된 결과이다.

결론적으로, 우수한 경기 성과는 훈련 프로토콜과 밀접한 연관이 있으며, 이는 뇌성마비 선수들을 위한 훈련 지침으로 활용될 수 있다. 연간 훈련 프로그램에서는 지구력 향상을 위한 거리 부하가 첫 4개월 동안 주기적으로 우세해야 하며, 유산소 운동 형태는 수영 기술 향상을 목표로 설정해야 한다. 다음 주기에서는 총 거리 부하를 약 15% 감소시켜야 한다. 2차 주기 단계에서는 무산소 운동의 상대적 비율이 증가해야 하며, 동시에 지구력 운동은 비교적 높은 비율을 유지해야 한다. 패럴림픽 전 주기에서는 거리 부하를 20% 추가로 줄이고, 레이스 페이스 이상의 속도와 긴 휴식이 특징인 중·단거리 훈련을 계획해야 한다.

마지막 단계에서는 고강도 훈련 후 가벼운 유산소 운동과 수동적 회복을 실시하는 것이 중요하다. 이러한 회복 및 휴식 시간은 상위 운동 뉴런 병변의 영향을 받는 모든 패럴림픽 수영 선수의 신체적 특성을 고려해야 하며, 이는 모든 훈련 방법의 성공적인 결과를 위한 핵심 요소이다.

트레이닝의 실제 (예 4): 국가대표

우리나라의 패러 수영 경기는 1988년 서울 패럴림픽을 계기로 국내에 보급되기 시작하였으며, 2016년 리우 패럴림픽에서는 4개의 금메달과 1개의 은메달을 획득하여 역대 최고의 성과를 기록하였다. 그러나 올림픽이나 패럴림픽에 출전하는 우리나라 수영선수의 훈련에 관한 자료를 찾는 것은 쉽지 않은 상황이다. 이러한 현상의 원인은 여러 가지가 있을 수 있으나, 스포츠 전반에 걸쳐 스포츠 과학에 대한 열의와 관심이 부족한 점이 가장 큰 문제일 수 있으며, 코치 및 지도자들이 스포츠 과학에 대한 지식을 갈구하는 태도가 부족한 결과일 수도 있다. 본 논문에서는 2012년 런던 패럴림픽을 준비하는 수영선수에 대한 지도 결과보고서(대한장애인체육회, 2011)와 2022년 제4회 항저우 아시안 패러 게임에서의 상위 입상을 위한 훈련지원 사업계획(대한장애인수영연맹, 2022)에 포함된 훈련 프로그램을 설명하고자 한다. 두 자료 모두 국제대회 참가를 위한 출국 전 주간 훈련 계획을 포함하고 있으며, 이는 국가대표 훈련 내용을 분석하려는 의도가 아니라, 작성된 보고서를 통해 패러 수영의 훈련 현실을 조명하고자 하는 목적을 가지고 있다.

훈련 프로그램 (1)

2012년 런던 패럴림픽을 대비한 국가대표 선수들의 1차 훈련은 2011년 6월 15일부터 7월 29일까지, 2차 훈련은 2011년 8월 15일부터 10월 15일까지 대한장애인체육회 훈련원에서 진행되었다. 훈련 프로그램은 선수 개개인의 컨디션 조절을 위한 스트레칭, 심폐지구력 훈련, 재활 운동으로 구성된 지상 훈련(표 3.7.15)과 수영장 훈련으로 나뉘어 있다(표 3.7.16). 지상 훈련은 두 단계로 나뉘며, 1단계에서는 스트레칭 운동과 심폐지구력 운동 프로그램이 포함되고, 2단계에서는 재활 운동 프로그램이 포함된다. 수영장에서의 주간 훈련 계획은 1차 훈련 기간 중 마지막 주의 훈련 계획과 국제대회 INAS-FID GLOBAL GAME 출국 전의 주간 훈련 계획으로 구성되었다.

〈표 3.7.15〉 2011 국가대표 수영 1차(6주) 훈련 개인별 컨디셔닝 프로그램

Step 1				
A. 스트레칭				
Static Stretching	Set	Intensity	Duration	comment
대흉근	3		30s	
상부 승모근	3		30s	
능형근	3		30s	
어깨 외회전근	3		30s	
상완이두근	3		30s	
B. 심폐지구력				
상지 에르고메터	2	bpm	min	

Step 2					
A. 재활 운동					
Exercise	Set	Rep	Intensity	Rest	comment
스캡션	3	15	1kg(=2lbs)	90s	
밴드 45도 굴곡 후인	3	15	빨랑 밴드	90s	
밴드 90도 굴곡 후인	3	15	빨랑 밴드	90s	
밴드 130도 굴곡 후인	3	15	빨랑 밴드	90s	
외회전 밴드	3	15	파랑 밴드	90s	
수평외전 밴드	3	15	파랑 밴드	90s	
프론탈 플렉션 크로스	3	15	덤벨 3kg	90s	
전거근	3	20	덤벨 kg	90s	
이두 컬	3	12	덤벨 kg	90s	
로잉	3	12	kg	90s	
손목 회내 회외	3	12	회내회외 바	90s	
손목 굴곡 신전	3	12	파랑 밴드	90s	
패턴 볼 던지기	3	30s	1kg	90s	좌측 D2 패턴
바디 블레이드	3	30s	scapular nature position	90s	좌측 IR ER

〈표 3.7.16〉 2011 국가대표 수영 1차(6주) 훈련 중 최종주간 훈련 계획서

구 분	월(07/25)	화(07/26)	수(07/27)	목(07/28)	금(07/29)
새 벽	over distant (EN1/EN2)	over distant (EN1/EN2)	over distant (EN1/EN2)	over distant (EN1/EN2)	over distant
오 전	중량훈련 balance/ Endurance	중량훈련 balance/ Endurance	중량훈련 balance/ Endurance	중량훈련 balance/ Endurance	2011년 수영국가대표 강화훈련 퇴소
오 후	over distant (EN1/EN2)	over distant (EN1/EN2)	운동부하검사	밸런스측정 근력측정	
훈련 강도	일반적응훈련기				
훈련 시간	새벽 05:30~07:00/오전 11:00~12:00/오후 15:00~18:00, 수·목 훈련 13:00~18:00				

　　1차 훈련 프로그램의 첫 단계에서는 스트레칭이 팔 스트로크 동작에 관여하는 상지 근육을 중심으로 5개의 근육을 대상으로 하며, 운동량은 3세트로 설정되고 휴식 시간은 30초로 정해졌다. 운동 강도에 대한 구체적인 지침은 제공되지 않았다. 심폐지구력 훈련은 상지 에르고미터를 이용하여 2세트 실시하는 것으로 구성되었다. 두 번째 단계는 재활 운동으로, 밴드, 덤벨, 공, 바디 블레이드 등의 기구를 활용하여 14가지 근력 운동을 계획하고, 각 운동에 대해 3세트, 반복 횟수 및 휴식 시간을 설정하였다.

　　수영은 개인 운동이므로 운동 처방 또한 개별화되어야 하며, 계획은 개인별로 구체적인 운동 처방 요소(강도, 빈도, 기간)를 반영하는 것이 바람직하다. 주간 훈련 계획에 따르면, 하루 훈련은 새벽(90분), 오전(60분), 오후(180분)으로 나누어 실시하며, 1차 훈련 시(표 3.7.16) 새벽에는 유산소성 향상(EN1)과 유·무산소성 혼합(EN2)을 통한 지구력 능력 향상을 위한 수영으로 구성된다. 오전 운동은 체육 단련실에서 중량 운동, 평형성, 지구력 운동 등을 실시하고, 오후에는 오전 운동과 같은 수영을 3시간 동안 진행한다.

　　2차 훈련 시(표 3.7.17) 하루 훈련은 새벽(90분), 오전 체력 운동(90분) 또는 수영(180분), 오후(180분)으로 나누어 실시한다. 새벽에는 주 3회의 유산소성 회복(REC)과 주 2회의 유·무산소성 혼합(EN2) 수영, 그리고 개인 보강훈련 또는 휴식으로 구성된다. 오전 운동은 주 3회 체력 운동 또는 수영의 경우 주 2회 유·무산소성 혼합(EN2, EN3) 및 무산소성(SP1) 향상 수영 훈련을 실시하며, 오후에는 3시간 동안 주 3회 유·무산소성 혼합(EN2, EN3) 및 무산소성(SP1) 향상 수영 훈련을 진행하고, 오전 운동과 동일한 수영을 3시간 실시하며, 주 2회의 개인 보강훈련 또는 휴식으로 구성된다.

　　주간 훈련 계획은 에너지 영역 zone 을 기반으로 수영 훈련을 체계적으로 구성하여 에너지 재생을 위한 특정 경로를 개발하고자 하였다. 그러나 에너지 영역이 많을수록 훈련량과 강도에 대한 정의가 더욱 어려워진다. 따라서 코치가 다양한 에너지 영역을 활용하고자 할 경우, 각 수영 훈련이 어떤 에너지 영역에 속하는지를 정확히 파악해야 한다. 이는 운동량을 보다 정확하게 추적하는 데 기여할 것이다 Sokolovas (연도 미상). 앞서 언급한 컨디셔닝 프로그램에서 지적된 개인 운동 처방의 문제는 주간 훈련 계획에서도 동일하게 나타나며, 선수 개인의 훈련량을 정량화하여 경기력 향상을 도모할 필요가 있다. 이러한 계획을 바탕으로 한 훈련 후, 2012년 제14회 런던 패럴림픽 수영에서 평영 100m(SB5) 및 배영 50m(S3)에서 금메달을 획득하였고, 자유형 200m(S14)에서 동메달을 획득하는 성과를 이루었다.

〈표 3.7.17〉 2011 국가대표 수영 2차(8주) 훈련 중 대회 전 주간훈련 계획서

구 분	월(09/19)	화(09/20)	수(09/21)	목(09/22)	금(09/23)	토(09/24)
새벽	무산소 역치 지구력 역치 (EN2, REC)	무산소 역치 지구력 역치 (EN2, EN3, SP1)	무산소 역치 지구력 역치 (EN2, EN3, SP1)	무산소 역치 지구력 역치 (EN2, REC)	개인보강훈련 및 휴식	무산소 역치 지구력 역치 (EN2, REC)
오전	중량훈련 balance/ Endurance	무산소 역치 지구력 역치 (EN2, EN3, SP1)	무산소 역치 지구력 역치 (EN2, EN3, SP1)	중량훈련 balance/ Endurance	중량훈련 balance/ Endurance	INAS-FID GLOBAL GAME 출국 주말외박
오후	무산소 역치 지구력 역치 (EN2, EN3, SP1)	개인 보강훈련 및 휴식	개인 보강훈련 및 휴식	무산소 역치 지구력 역치 (EN2, EN3, SP1)	무산소 역치 지구력 역치 (EN2, EN3, SP1)	
훈련 강도	특정전문지구력기					
훈련 시간	새벽 05:30~07:00/오전 10:30~12:00(체력), 화·수 09:00~12:00(수영)/오후 15:00~18:00					
비 고	INAS – FID GLOBAL GAME; 23일 금요일 새벽훈련 후 집으로 귀가 후 24일 출국					

훈련 프로그램 (2)

대한장애인수영연맹은 2022년 항저우 아시아 패럴림픽(10월 22~28일)과 2022년 마데이라 WPS 세계선수권대회(6월 12~18일, 포르투갈)에서의 상위 입상을 목표로 합숙 훈련 계획을 수립하였다(표 3.7.18). 이 훈련 계획은 준비기(63일), 단련기(99일), 완성기(37일)로 세 가지 단계로 나누어 훈련 목표와 방침, 체력 및 기술 훈련의 비중 배분 등을 포함하고 있으며, 훈련 기간 동안 참가할 국내 대회 5개와 국제 대회 2개를 포함하였다. 그러나 합숙 훈련 중 선수별 세부 강화 훈련 자료를 확보하지 못해 훈련 과정을 면밀히 분석하기 어려웠고, 이로 인해 경기력 향상과 관련된 구체적인 계획을 예측하는 데 한계가 있었다.

2022년 수영 국가대표의 합숙 훈련에서는 훈련 시간이 오전 90분 (09:30~12:00)과 오후 210분(14:00~17:30)으로 설정되어 단계별 훈련 계획에 따라 수행되었다. 주간 훈련의 예시는 준비기 종료 1주 전의

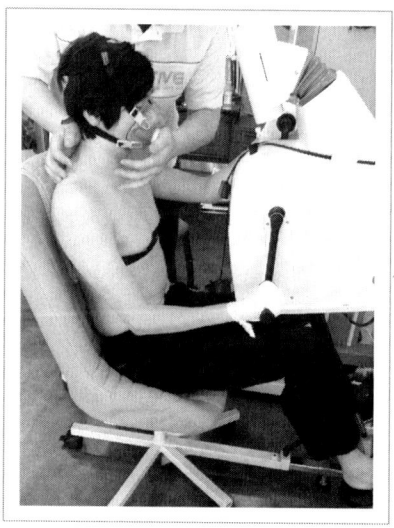

[그림 3.7.6] 국가 대표 선수의 암에르고미터 이용 체력 측정

계획(표 3.7.19)과 완성기에 장애인 전국체육대회에 6일간 참가한 후 국제대회 출전을 앞두고 3개월 동안의 훈련 계획(표 3.7.20)으로 구성되어 있다. 주간 계획을 통해 확인할 수 있는 정보는 오전과 오후 두 차례에 걸쳐 훈련이 진행되며, 오전에는 수영 훈련을, 오후에는 수영과 체력 운동을 병행하는 내용이다.

국가대표를 포함한 모든 선수의 훈련은 경기 기록 단축과 최적의 컨디션 유지를 위한 훈련 후 빠른 회복을 목표로 설정되어 계획된다. 지도자는 올림픽 수영선수 및 패럴림픽 수영선수 훈련에 대한 충분한 지식과 정보를 이해하고, 패럴림픽 선수의 각 등급별 특징을 명확히 파악해야 한다. 훈련 계획에서 개인의 경기력 수준 평가는 필수적이며, 기술 훈련, 에너지 시스템을 고려한 훈련 방법, 운동 강도를 기반으로 한 훈련량 등을 포함한 계획서가 제시되기를 기대한다.

〈표 3.7.18〉 2022 국가대표 수영훈련 계획서

기 별	4, 5, 6월 1단계 (준비기)				7, 8, 9월 2단계 (단련기)				10, 11, 12월 3단계 (완성기)			
훈련기간	04. 04~04. 30(27일) 05. 02~06. 06(36일)				07. 04~10. 17(99일)				10. 25~10. 28(03일) 11. 14~02. 17(34일)			
목 표	1. 유산소 훈련을 병행하여 필요한 경우 지구력 강화 2. 지상 보조 훈련을 통해 신체 밸런스 강화 3. 해외 경쟁선수에 대한 조사 및 분석 4. 세계선수권 대비 훈련				1. 전문체력과 근파워의 최대화 2. 전문 기술의 실제 사용화 및 대회 전략 구성 3. 구체적 대회 전략을 훈련에 적용하여 자동화 4. 심상기법을 통해 이미지훈련 5. 훈련과 휴식의 균형을 유지 6. 부상 방지에 노력				1. 최상의 컨디션 유지 2. 전반적인 지구력의 강화 3. 심리적 안정과 적절한 휴식을 통한 집중력 향상 4. 전지훈련을 통해 적합한 대회 전술 구상 및 훈련 적용 5. 기록 경신 및 대회 입상 6. 적절한 긴장 상태 유지			
방 침	■ 합숙 훈련 실시 ■ 체력 훈련 강도의 극대화 ■ 개인기술 문제점 분석 교정 ■ 경쟁선수와 비교분석을 통해 목표의식과 동기 부여				■ 합숙 훈련 실시 ■ 근파워를 중점적으로 훈련 ■ 대회 상황에 대한 대비 훈련 ■ 피로가 누적되어 부상이 생기지 않도록 휴식을 적절히 배치				■ 합숙 훈련 실시 ■ 선수 개인별 자기관리방법과 목표를 제시하고 지속적으로 교육시켜 대회 준비하는 능력 키움 ■ 기술의 완성을 위한 동영상 시청			
훈련 비중 (%) 체력	80	80	70	70	60	50	80	80	70	50	50	40
기술	20	20	30	30	40	50	20	20	30	50	50	60
대 회	WPS 세계선수권대회 – 06.12 ~ 06.18. 국내 대회(서울) – 6월				국내 대회(청주) – 8월 국내 대회(제주) – 7월				전국체전(울산) – 10월 국내대회(전주) – 9월 폴란드국제대회 – 11.4 ~6.			

〈표 3.7.19〉 2022년 수영 국가대표 준비기 최종 주간훈련 계획서

구분	월	화	수	목	금	토	일
일자	5/23	5/24	5/25	5/26	5/27	5/28	5/29
오전	수영	수영	수영	수영	수영	수영	
장소	수영장	수영장	수영장	수영상	수엉장	수연장	
오후	수영·체력	수영·체력	휴식·치료	수영·체력	수영·체력		개인별 훈련
장소	풀·체육관	풀·체육관	숙소·병원	풀·체육관	풀·체육관		체육관

〈표 3.7.20〉 2022 수영 국가대표 완성기 국제대회 전 주간훈련 계획서

일자	10/24	10/25	10/26	10/27	10/28	10/29	10/30
오전		입소	수영	수영	출국	국제대회	국제대회
장소	전국체전	숙소	수영장	수영장	숙소	폴란드	폴란드
오후	6일간	수영·체력	수영·체력	수영·체력	폴란드		
장소		풀·체육관	풀·체육관	풀·체육관			

참고문헌

강승규(2022). 유인원 지수(Ape Index)란? https://cafe.naver.com/ktriathlonservice/36407

김민창, 유시현(2019). Analysis of Freestyle 200m Swimming Race Management Ability of S14-Class National Swimmer with Intellectual and Developmental Disabilities: Focused on Swimmer In-guk Lee. *Asia-Pacific Journal of Intellectual Disabilities, 6*(1), 86-96.

대한수영연맹(2020). **대한수영연맹 경기시설용품 공인업무 운영매뉴얼.**

대한장애인수영연맹(2022). **국가대표 훈련지원 사업계획(안).** 내부 자료.

대한장애인수영연맹(2022). **선수 등록 현황.** 내부 자료.

대한장애인체육회(2011). **2011 수영 전임지도자 연간 실적 보고서.** 내부 자료.

위키백과(2022). **황연대 성취상.** https://ko.wikipedia.org

최승권(2018). **특수체육론.** 레인보우북스.

홍성두, 여승수(2011). **증거기반교수의 개념과 연구적 타당성에 관한 이론적 고찰. 특수아동교육연구, 13**(1), 169-191.

Anderson, M. .E., Hopkins, W. G., Roberts, A. D., & Pyne, D.B. (2008). Ability of test measures to predict competitive performance in elite swimmers. *Journal of Sports Science. 26*(2), 123-130.

Arellano, R., Brown, P., Cappaert, J., & Nelson, R. C. (1994). Analysis of 50-, 100-, and 200-m freestyle swimmers at the 1992 Olympic Games. *Journal of Applied Biomechanics. 19,* 189–200.

Atlanta Paralympic Organizing Committee. (1996). Paralympic spirit: An unforgettable *Journey of struggle and triumph.* On S.E.A. Multimedia [CD]. Israel, CDI Ltd.

Australian Institute of Sport. (2013), *Physiological tests for elite athletes* (2nd ed). Human Kinetics.

Bailey, S. (2008). *Athlete first: A history of the Paralympic movement.* John Wiley & Sons.

Barbosa, T. M., Fernandes, R. J., Keskinen, K. L., & Vilas-Boas, J. P. (2008). The influence of stroke mechanics into energy cost of elite swimmers. *European Journal of Applied Physiology, 103,* 139-149.

Baumgart, J. K., T ø nnessen, E., Eklund, M., & Sandbakk, Ø. (2021). Training distribution during a Paralympic cycle for a multiple swimming champion with paraplegia: A case report. *International Journal of Sports Physiology and Performance, 16*(12), 1888-1894.

Beliaev, S. (2015). Ultra-short race-pace training - Breakthrough or a phantom from the past. *Swimming Technique Magazine.* February ed. Phoenix, AZ: Sports Publications Inc, 5-7.

Bompa, T. O., & Buzzichelli, C. (2019). *Periodization: Theory and methodology of training* (6th ed.). Human Kinetics.

Bompa, T., & Buzzichelli, C. (2015). *Periodization training for sports* (3nd ed). Human Kinetics.

Borg, G. (1998). *Borg's perceived exertion and pain scales.* Human Kinetics.

British Swimming. (2005). British swimming training classification. English Institue of Sport. https://uk.teamunify.com

Buckinghamshire County Council. (2014). Mandeville legacy: Swimming. http://www.mandevillelegacy.org.uk

Burkett, B. (2002). National test protocols for Australian Paralympic swimmers. *Australian swim coach: Journal of the Australian Swimming Coaches Association, 18*(1), 10-13.

Burkett, B. (2011). Contribution of sports science to performance: Swimming. In Y. Vanlandewijck, & W. R. Thompson (Eds.), *Handbook of sports mdicine and science: The Paralympic athlete. (pp. 264-281).* John Wiley & Sons.

Burkett, B. (2015). Adaptive swimmers. In S. Riewald & S. Rodeo (Eds.), *Science of swimming faster* (pp. 525-548). Human Kinetics.

Burkett, B. (2016). Contribution of sports science to performance: Swimming. In Y. Vanlandewijck, & W. R. Thompson (Eds.), *Handbook of sports mdicine and science: The Paralympic athlete.* (pp. 264-281). John Wiley & Sons.

Burkett, B., & Mellifont, R. (2008). Sport science and coaching in Paralympic swimming. *International Journal of Sports Science & Coaching, 3*(1), 105-112.

Burkett, B., Malone, L., & Daly. D. (2003). 100m race strategy comparison between Olympic and visually impaired Paralympic swimmers. *Journal of Science and Medicine in Sport, 6* (4, supplement 1), 80.

Burkett, B., Payton, C., Van de Vliet, P., Jarvis, H., Daly, D., Mehrkuehler, C., & Hogarth, L. (2018). Performance characteristics of para swimmers: How effective is the swimming classification system?. *Physical Medicine and Rehabilitation Clinics, 29*(2), 333-346.

Centers for Disease Control and Prevention (CDC). (2022). Perceived exertion (Borg rating of perceived exertion scale). https://www.cdc.gov/physicalactivity/basics/measuring/exertion.htm

Connecticut Swimming. (2022). Disability or adapted swimming: Guide to adapted swimming classifications. https://www.ctswim.org/Customer-Content/www/ CMS/files/policies_meets/AdaptedClassification.pdf

Connick, M. J., Beckman, E., & Tweedy, S. M. (2018). Evolution and development of best practice in Paralympic classification. In A. Beacom and E. M. Beckman (Eds.), *The Palgrave handbook of Paralympic studies* (pp. 389-416). Palgrave Macmillan.

Cossor, J. (2015). Analyzing elite swimming performances. In S. Riewald & S. Rodeo (Eds.), *Science of swimming faster* (pp. 241-259). Human Kinetics.

Costill, D. L., Kovaleski, J., Porter, D., Kirwan, J., Fielding, R. & King, D. (1985). Energy expenditure during front crawl swimming: Predicting success in middle-distance events. *International Journal Sports Medicine 6,* 266-270.

Costill, D. L., Maglischo, E. W., & Richardson, A. B. (1992). *Swimming.* Blackwell Scientific Publications,.

Daly, D., Djobova, S., Malone, L., Vanlandewijck, Y., & Steadward, R. (2003). Swimming speed patterns and strokes variables in the paralympic 100m freestyle. *Adapted Physical Activity*

Quarterly, 20(3), 260-278.

Daly, D. J., & Vanlandewijck, Y. (2003). Performance evolution in Paralympic breaststroke swimmers. In J. C. Chatard (Ed.), *Biomechanics and medicine in swimming IX* (pp. 271-276). Publications de l' Université de Saint-Etienne.

Daly, D. J., & Vanlandewijck, Y. (1999). Some criteria for evaluating the "fairness" of swimming classification. *Adapted Physical Activity Quarterly, 16*(3), 271-289.

Daly, D. J., Malone, L., Vanlandewijck, Y., & Steadward, R. (1999). Comparison of men's and women's 100m freestyle performances at the 1996 Paralympic Games. In R. S. Sanders & B. J. Gibson (Eds.), *Proceedings of XVII international symposium of biomechanics in sports* (pp. 357-360). Edith Cowan University.

Daly, D., & Martens, J. (2011). Competitive swimming and disabilities. In L. Seifert, D. Chollet and I. Mujika (Eds.). *World book of swimming: From science to performance* (pp. 459-480). Nova Science Publishers.

Deaf Sports Australia. (2023). Classification. https://deafsports.org.au/

Deaflympics. (2022). History. https://www.deaflympics.com/icsd/history

Dimitric, G., Cokorilo, N., & Bogdanovski, M. (2016). Relations between anthropometric characteristics and motor abilities of 14–15U female swimmers on 50m result for each technique. *Sport Mont, 14*(3), 37-40.

Dingley, A., Pyne, D. B., & Burkett, B. (2014). Phases of the swim-start in Paralympic swimmers are influenced by severity and type of disability. *Journal of Applied Biomechanics, 30*(5), 643–648.

Doll-Tepper, G., Kröner, M., & Sonnenschein, W. (Eds.). (2001). Organisation and administration of the classification process for the Paralympics. *New horizons in sport for athletes with a disability: Proceedings of the international VISTA'99 conference*, Cologne, Germany, 28 August-1 September 1999. Vol. 1. Meyer & Meyer Sport.

Dummer, G. M. (1999). Classification of swimmers with physical disability. *Adapted Physical Activity Quarterly, 16*, 216-218.

EatSleepSwimCoach. (2020). Swimming training zones: An introduction. https://www.eatsleepswimcoach.com

EatSleepSwimCoach. (2023). The Rate of Perceived Exertion for Swimmers. https://www.eatsleepswimcoach.com/rpe-swimmers/

Ertaş Dölek, B., & Cengizel, E. (2019). Examination of stroke mechanics and athletic performance components in swimmers according to age categories. *Journal of Education and Learning, 8*(5), 219-224.

Feitosa, W. G., Correia, R. D. A., Barbosa, T. M., & Castro, F. A. D. S. (2022). Performance of disabled swimmers in protocols or tests and competitions: A systematic review and meta-analysis. *Sports biomechanics, 21*(3), 255-277.

Foster, C., Fitzgerald, D. J., & Spatz, P. (1999). Stability of the blood lactate - Heart rate relationship in competitive athletes. *Medicine and Science in Sports and Exercise. 31*(4), 578-582.

Fulton, S. K., Pyne, D. B., Hopkins, W. G., & Burkett, B. (2009). Variability and progression in competitive performance of Paralympic swimmers. *Journal of Sports Sciences, 27*(5), 535-539.

Fulton, S. K., Pyne, D. B., Hopkins, W. G., & Burkett, B. (2010). Training characteristics of Paralympic swimmers. *The Journal of Strength & Conditioning Research, 24*(2), 471-478.

Goldsmith, W. (2001). Ten x 100 Swim Test Protocol: A simple & effective test for swimmers of all ages. Lakeshore Swim Club. Toronto: Canada. https://memberdesq.sportstg.com/assets/console/customitem/attachments/10x100swimtestprotocol.pdf

Goldsmith, W. (2016). The distance debate: How much swim training should we be doing. *Swimming World Magazine.*

Goldstein, D. S. (2010). Adrenal responses to stress. *Cellular and Molecular Neurobiology, 30*, 1433-1440.

Gordan, R., Gwathmey, J. K., & Xie, L. H. (2015). Autonomic and endocrine control of cardiovascular function. *World Journal of Cardiology, 7*(4), 204-14.

Green, A. (1991). Report on functional classification (swimming) study and examination tour of St. Etienne, Assen, and Stoke Mandeville Games. July & August. 1990. *Ampsports, 2*(8), 39, 41,43. 45.

Guttmann, L. (1976). *Textbook of sport for the disabled.* HM+ M.

Harries, S. K., Lubans, D. R., & Callister, R. (2015). Systematic review and meta-analysis of linear and undulating periodized resistance training programs on muscular strength. *Journal of Strength and Conditioning Research, 29*(4), 1113-1125.

Harrigan, D. (2015). Body systems used in swimming. https://www.slideshare.net

Havriluk, R., & Stager, J. (2012). Scientific basis and benefits of reduced training distance. www.swimmingworldmagazine.com

Havriluk, R. (2018). *Swimming science: Optimizing trainning and performance.* The University of Chicago Press.

Hay, J. G., & Guimares, A. C. S. (1983). A quantitative look at swimming biomechanics. *Swimming Technique, 1*, 11-17.

Herodek, K., Simonovic, C., & Rakovic, A. (2012). Periodization and strength training cycles. *Activities in Physical Education and Sport, 2*(2), 254-257.

Howe, P. D., & Jones, C. (2006). Classification of disabled athletes:(dis) empowering the Paralympic practice community. *Sociology of Sport Journal, 23*(1), 29-46.

International Committee of Sport for the Deaf (ICSD). (2018). *Audiogram regulations.* Lausanne,

International Federation of Adapted Physical Activity (IFAPA). (2020). INAS-FID is now VIRTUS. https://ifapa.net

International Paralympic Committee (IPC). (2005). *Swimming classification manual.*

International Paralympic Committee (IPC). (2007). *IPC classification code and international standards.*

International Paralympic Committee (IPC). (2009) *Chapter 4.4 - Position statement on background and scientific rationale for classification in Paralympic sport* (PDF).

International Paralympic Committee (IPC). (2015a). Explanatory guide to Paralympic classification : Paralympic summer sports. https://www.paralympic.org/classification

International Paralympic Committee (IPC). (2015b). *IPC athlete classification code.*

International Paralympic Committee (IPC). (2015c). IPC swimming updates classification rules. https://www.paralympic.org/press-release

International Paralympic Committee (IPC). (2016). Sport week: History of swimming. https://www.paralympic.org/swimming

International Paralympic Committee (IPC). (2016). Sport week: Classification in swimming. https://www.paralympic.org/press-release.

International Paralympic Committee (IPC). (2016). The IPC to rebrand the 10 sports it acts as international federation for. https://www.paralympic.org/news

International Paralympic Committee (IPC). (2017a). Dublin 2018: Record number of classifications. https://www.paralympic.org/press-release

International Paralympic Committee (IPC). (2017b). World para swimming to introduce revised classification rules and regulations from 2018. https://www.paralympic.org/press-release

International Paralympic Committee (IPC). (2018). *World para swimming classification rules and regulations.*

International Paralympic Committee (IPC). (2021). IPC sport data management system: World para swimming world records. https://db.ipc-services.org/sdms/

International Paralympic Committee (IPC). (2021). Sport week: 10 things to know about Para swimming. https://www.paralympic.org/swimming

International Paralympic Committee (IPC). (2021). *Tokyo 2020 Paralympic games : Qualification regulations.*

International Paralympic Committee (IPC). (2022). 2015 IPC athlete classification code review consultation phase 2. https://www.paralympic.org

International Paralympic Committee (IPC). (2022a). Celebrating 60 years since Rome 1960 - the first Paralympic Games! https://www.paralympic.org

International Paralympic Committee (IPC). (2022b). IPC classification. https://www.paralympic.org

International Paralympic Committee (IPC). (2022c). Review of the 2015 IPC athlete classification Code. https://www.paralympic.org/

International Paralympic Committee (IPC). (2024). Paris 2024 Paralympic Games : Qualification regulations.

International Paralympic Committee (IPC). (2024). World para swimming rankings official world rankings 2023. https://www.paralympic.org/swimming/rankings

International Paralympic Committee (IPC). (2024a). *Paris 2024 Paralympic games : Qualification regulations.*

International Paralympic Committee (IPC). (2024b). World para swimming rankings official world rankings 2023. https://www.paralympic.org/swimming/rankings

Issurin, V. B. (2010). New horizons for the methodology and physiology of training periodization. *Sports Medicine, 40*(3), 189–206.

Kennedy, P. W., Brown, P., Changalur, S. N., & Nelson. R. C. (1990). Analysis of male and female Olympic swimmers in the 100-meter events. *International Journal of Sport Biomechanics, 6,* 187–197.

Kiely, J. (2018). Periodization theory: Confronting an inconvenient truth. *Sports Medicine, 48*(4), 753–764.

Laursen, P., & Buchheit, M. (2019). *Science and application of high-intensity interval training.* Human Kinetics.

Legg, D., & Steadward, R. (2011). The Paralympic games and 60 years of change (1948–2008): unification and restructuring from a disability and medical model to sport-based competition. *Sport in Society, 14*(9), 1099-1115.

Lepore, M., Gayle, G. W., & Stevens, S. F. (2007). *Adapted aquatics programming: A professional guide.* Human Kinetics.

LoneSwimmer (2013). How to: Understand zone training for swimming. https://loneswimmer.com

Lorenz, D. S., Reiman, M. P., & Walker, J. C. (2010). Periodization: Current review and suggested implementation for athletic rehabilitation. *Sports Health, 2*(6), 509–518.

Lorenz, D., & Morrison, S. (2015). Current concepts in periodization of strength and conditioning for the sports physical therapist. *International Journal of Sports Physical Therapy, 10*(6), 734.

Maglischo, E. W. (2003a). Endurance training. In: *Swimming fastest.* Human Kinetics, 417–450.

Maglischo, E. W. (2003b). *Swimming fastest.* Human Kinetics.

Maglischo, E. W. (2008). **가장 빠른 수영** (심성섭, 여봉구, 노호성, 김도균, 박상욱, 함경수, 김성국, 이남현, 이영준, 김병, 김천봉 역.). 대한미디어. (원저 2003 출판)

Maglischo, E. W. (2016). *A primer for swimming coaches volume 2: Biomechanical foundations.* Nova Science Publisfers.

Mahaffey, K. (2023). The rate of perceived exertion (RPE) scale explained. https://blog.nasm.org/

Malone, L. A., Sanders, R. H., Schiltz, J. H., & Steadward, R. D. (2001). Effects of visual impairment on stroke parameters in Paralympic swimmers. *Medicine & Science in Sports & Exercise, 33*(12), 2098-2103.

Mariotti, A. (2015). The effects of chronic stress on health: New insights into the molecular mechanisms of brain–body communication. *Future Science OA, 1*(3).

Marr. K. (2022). From interpreting to improving stroke index. https://www.tritonwear.com/

Maw, G., & Volkers, S. (1996). Measurement and application of stroke dynamics during training in your own pool. *Australian Swimming Coach. 12*(3), 34-38.

McCarty, R. (2016). The alarm phase and the general adaptation syndrome: Two aspects of Selye's inconsistent legacy. *In Stress: Concepts, cognition, emotion, and behavior* (pp. 13-19). Academic Press.

McKenzie, A., Larequi, S. A., Hams, A., Headrick, J., Whiteley, R., & Duhig, S. (2023). Shoulder pain and injury risk factors in competitive swimmers: A systematic review. *Scandinavian Journal of Medicine & Science in Sports, 33*(12), 2396-2412.

Morais, J. E., Barbosa, T. M., Bragada, J. A., Ramirez-Campillo, R., & Marinho, D. A. (2023). Interaction of kinematic, kinetic, and energetic predictors of Yyung swimmers' speed. *International Journal of Sports Physiology and Performance, 1*(aop), 1-7.

Mujika, I., & Padilla, S. (2000). Detraining: loss of training-induced physiological and performance adaptations. Part I: short term insufficient training stimulus. *Sports Medicine, 30,* 79-87.

Mujika, I., & Padilla, S. (2003). Scientific bases for precompetition tapering strategies. *Medicine & Science in Sports Exercise, 35,* 1182-1187.

National Paralympic Heritage Centre (2022). Swimming. https://www.paralympicheritage.org.uk/

National Paralympic Heritage Trust (NPHT) (2022). Swimming. https://www.paralympicheritage.org.uk/swimming

Nugent, F. J., Comyns, T. M., & Warrington, G. D. (2017). Quality versus quantity debate in swimming: Perceptions and training practices of expert swimming coaches. *Journal of Human Kinetics, 57*(1), 147-158.

Ohwovoriole, T. (2024). What is general adaptation syndrome? https://www.verywellmind.com

Paralympicanorak. (2012a). Madrid 1992 - the Paralympic games that time forgot. https://paralympicanorak.wordpress.com]

Paralympicanorak. (2012b). Stoke Mandeville Games 1953: Swimming makes its first splash. https://paralympicanorak.wordpress.com/page/4/

Payton, C., Hogarth, L., Burkett, B., & Jarvis, H. (2017). Para swimming start performance: Is the current classification system fit for purpose?(pdf)

Pelayo, P., Sidney, M., Moretto, P., Wille, F., & Chollet, D. (1999). Stroking parameters in top level swimmers with a disability. *Medicine & Science in Sports and Exercise, 31*(12), 1839-1843.

Petala, A. (2023). A coach's guide to energy zones in swimming. https://blog.tritonwear.com/energy-zones

Phlex Swim (2023). The importance of training zones and how to individualize training. https://www.phlexswim.com

Plaza, J. V. (2022). The basics of periodization training in sports. https://vitruve.fit

Poirier-Leroy, O. (2022). What is SWOLF in swimming? (and How to improve SWOLF score). https://www.yourswimlog.com/ysb/

Poirier-Leroy, O. (2022). What is SWOLF in swimming? https://www.yourswimlog.com/ysb/

Pollock, S., Gaoua, N., Johnston, M. J., Cooke, K., Girard, O., & Mileva, K. N. (2019). Training regimes and recovery monitoring practices of elite British swimmers. *Journal of Sports Science & Medicine, 18*(3), 577.

Puce, L., Marinelli, L., Pierantozzi, E., Mori, L., Pallecchi, I., Bonifazi, Bove, M., Franchini, E., & Trompetto, C. (2018). Training methods and analysis of races of a top level Paralympic swimming athlete. *Journal of Exercise Rehabilitation, 14*(4), 612-620.

Pyne, D. B., & Mujika, I. (2011). The taper: Physiology, performance, and planning. In L. Seifert, D. Chollet & I. Mujika (Eds.). *World book of swimming: From science to performance* (pp. 345-358). Nova Science Publishers.

Pyne, D. B., Lee, H., & Swanwick, K. M. (2001). Monitoring the lactate threshold in world-ranked swimmers. *Medicine & Science in Sports & Exercise, 33*(2), 291-297.

Pyne, D. B., Trewin, C. B., & Hopkins, W. (2004). Progression and variability of competitive performance of Olympic swimmers. *Journal of Sports Sciences 22,* 613–620.

Pyne, D., Maw, G., and Goldsmith, W. (2013), Swimmers. In C, J. Gore (Ed.), *Physiological Tests for Elite Athletes* (pp. 435-448). Human Kinetics.

Readmikenow. (2022). Natalie du Toit: First disabled athlete to swim in the Olympics. https://howtheyplay.com/individual-sports

Richter, K. J., Adams-Mushett, C., Ferrara, M. S., & McCann, B. C. (1992). Integrated swimming classification: A faulted system. *Adapted Physical Activity Quarterly, 9*(1), 5-13.

Riewald, S. (2015). Periodization and planning. In S. Riewald and S. Rodeo (Eds.). *Science of swimming faster* (pp. 173-198). Human Kinetics.

Rodríguez, F. A., & Mader, A. (2011). Energy system in swimming. In L. Seifert, D. Chollet and I. Mujika (Eds.). *World book of swimming: From science to performance* (pp. 411-424). Nova Science Publishers.

Romanov, R. (2020). Basic concepts of understanding disease, damage and invalidity (PDF). http://vojvodinahouse.eu

Rushall, B. S. (2011). Swimming energy training in the 21st century: The justification for radical changes. *Swimming Science Bulletin, 39,* 1-59.

Scruton, J. (1998). *Stoke Mandeville road to the Paralympics: Fifty years of history.* Peterhouse.

Selye, H. (1976). The stress of life. Rev ed. McGraw-Hill.

Sherrill, C. (1999). Disability sport and classification theory: A new era. *Adapted Physical Activity Quarterly, 16,* 206-215.

Sidney, M., Alberty, M., Leblanc, H., & Chollet, D. (2011). Stroking parameters during competition. In L. Seifert, D. Chollet & I. Mujika (Eds.). *World book of swimming: From science to performance* (pp. 443-458). Nova Science Publishers.

Sokolovas, G. (n.d.). Energy zones in swimming. USA Swimming, www.usaswimming.

Special Olympics. (2022a). About: History. https://www.specialolympics.org/about? locale=en

Special Olympics. (2022b). Sports: Swimming. https://www.specialolympics.org/what-we-do/sports /swimming

Special Olympics. (2023). Resources : Sports essentials - Divisioning. https://resources.specialolympics.org

Stager, J. M., & Coyle, M. A. (2005). Energy system. In J. M. Stager and D. A. Tanner (Eds.). *Handbook of sports medicine and science: Swimming* (2nd ed.). (pp. 1-19). Blackwell Science.

Stewart, A. M., & Hopkins, W. G. (2000). Seasonal training and performance of competitive swimmers. *Journal of Sports Sciences, 18*(11), 873-884.

Stone, M. H., Hornsby, W. G., Haff, G. G., Fry, A. C., Suarez, D. G., Liu, J., Gonzalez-Rave, J. M., & Pierce, K. C. (2021). Periodization and block periodization in sports: Emphasis on strength-power training-A provocative and challenging narrative. *Journal of Strength and Conditioning Research, 35*(8), 2351-2371.

Stott, M. J. (2012). The case for volume. *Swimming World, 53*(2), 26-27.

Stott, M. J. (2014) A new way to train. *Swimming World.* USA: Sports Publications, 25-29.

Stott, M. J. (2021). A coachs guide to energy systems https://www.swimmingworldmagazine.com

Sweetenham, B., & Atkinson, J. (2003). *Championship swim training.* Human Kinetics.

Sweetenham, B., & Atkinson, J. (2003). Training systems. In: *Championship swim training.* Human Kinetics, 3-16.

Swim Norac. (2023). Officials. https://swimnorac.com/officials/

Swimming Canada. (2022). Paris 2024 Paralympic games – MQS and MET (pdf). https://www.swimming.ca

Tejero, J. P., Flores, A. A., López, J. C., Navandar, A., & Fernández, S. V. (2018). Freestyle stroke parameters of national level swimmers with physical impairments. *RICYDE. Revista Internacional de Ciencias del Deporte, 14*(53), 268-279.

Thiboutot, A., & Craven, P. (1996). *The 50th anniversary of wheelchair basketball.* Waxmann Verlag.

Thomas, L., & Busso, T. (2005). A theoretical study of taper characteristics to optimize performance. *Medicine and Science in Sports and Exercise, 37*(9), 1615-1621.

Trappe, S., Costill, D., & Thomas, R. (2001). Effect of swim taper on whole muscle and single muscle fiber contractile properties. *Medicine & Science in Sports Exercise, 33,* 48-56.

TritonWear. (2023). Stroke index. https://www.tritonwear.com/

Tweedy, S., & Howe, P. D. (2011). Introduction to the Paralympic movement. In Y. C. Valandewijck & W. R. Thompson (Eds.). *Handbook of sports medicine and science : The Paralympic athlete* (pp: 3-32). Wiley-Blackwell.

Tweedy, S. M. (2002). Taxonomic theory and the ICF: Foundations for a unified disability athletics classification. *Adapted Physical Activity Quarterly. 19*(2), 220-237.

Tweedy, S. M., & Vanlandewijck, Y. C. (2011). International Paralympic Committee position stand— Background and scientific principles of classification in Paralympic sport. *British journal of sports medicine, 45*(4), 259-269.

Tweedy, S. M., Beckman, E. M., & Connick, M. J. (2014). Paralympic classification: conceptual basis, current methods, and research update. *Physical Medicine and Rehabilitation, 6,* S11-S17.

Van Rensburg, C. K. (1979). Classification in sport for the disabled. *South African Journal of Physiotherapy, 35*(1), 5.

Vandenbogaerde, T., Derave, W., & Hellard, P. (2019). Swimming. In P. Laursen & M. Buchheit (Eds.), *Science and application of high-intensity interval training.* (pp. 325-345). Human Kinetics.

Vanlandewijck, Y. C., & Chappel, R. J. (1996). Integration and classification issues in competitive sports for athletes with disabilities. *Sport Science Review, 5*(1), 65-88.

Vanlandewijck, Y. C., & Thompson, W. R. (Eds.). (2016). *Handbook of sports medicine and science: Training and coaching the Paralympic athlete.* John Wiley & Sons.

Virtus. (2022a). Global games results. https://www.virtus.sport/results-rankings-records#tab-id-16

Virtus. (2022b). World swimming championships results. https://www.virtus.sport/results-rankings-records#tab-id-16

Wikipedia. (2023). Rating of perceived exertion. https://en.wikipedia.org/wiki/Main_Page

Wikipedia. (2022a). Disability sport classification. https://en.wikipedia.org

Wikipedia. (2022b). Laureus world sports swards. https://en.wikipedia.org

Wikipedia. (2022c). Swimming at the 2020 Summer Paralympics. https://en.wikipedia.org

Wikipedia. (2022d). International Sports Federation for Persons with Intellectual Disability. https://en.wikipedia.org

Wikipedia. (2023). Swimming at the 2020 Summer Paralympics. Retrieved from https://en.wikipedia.org

Wikipedia. (2024). Sports periodization. https://en.wikipedia.org

Wikiwand. (2022). Cerebral palsy swimming classification. https://www.wikiwand.com/en/Cerebral palsy sport classification

Williams, N. (2017). The Borg rating of perceived exertion (RPE) Scale. *Occupational Medicine, 67*(5), 404-405.

Wood, R. (2019). SWOLF - swimming efficiency test. https://www.topendsports.com/testing/tests/swolf.htm

World Para Swimming. (2017). 2017 World para swimming world series. https://www.paralympic.org/swimming/world-series-2017

World Para Swimming. (2018). World para swimming rules and regulations.

World Para Swimming. (2019). World para swimming world series 2019. https://www.paralympic.org/swimming/world-series-2019

World Para Swimming. (2022a). World para swimming world records. https://db.ipc-services.org/sdms/web/record/sw/pdf/type/WR/category/LC/age/senior

World Para Swimming. (2022b). World para swimming rankings: Official world rankings 2022. https://db.ipc-services.org/sdms/web/ranking

Wu, S. K., & Williams, T. (1999). Paralympic swimming performance, impairment, and the functional classification system. *Adapted Physical Activity Quarterly, 16*(3), 251-270.

Yaribeygi, H., Panahi, Y., Sahraei, H., Johnston, T. P., & Sahebkar, A. (2017). The impact of stress on body function: A review. *EXCLI Journal, 16,* 1057-1072.

찾아보기

[한글]

ㄱ

[영문]

A

B

장애인 수영(입문/트레이닝)

패러 수영
Para Swimming

2025년 9월 1일 인쇄
2025년 9월 5일 발행

저 자 | 최승권, 안승옥

인 쇄 | 레인보우북스
주 소 | 서울특별시 관악구 신림로 75 레인보우 B/D
전 화 | 02-2032-8800
팩 스 | 02-871-0935
이메일 | min8728151@rainbowbook.co.kr

값 35,000원
ISBN 978-89-6206-579-4 (93690)